3D-Spiele mit C++ und DirectX in 21 Tagen

WOCHE 1	**Tag 1**	**Tag 2**	**Tag 3**	**Tag 4**	**Tag 5**	**Tag 6**	**Tag 7**
	Alles halb so wild. Heute lernen Sie die Grundlagen der Windows-Programmierung kennen und erstellen mit diesem Wissen eine einfache Game-Shell für ihre Spiele.	Sie beschäftigen sich mit Look-up-Tabellen, Zufallszahlen, verketteten Listen, dem Speichermanagement und der Dateiverwaltung.	Sie werden lernen, wie sich die zweidimensionale Spielewelt am Computer darstellen und manipulieren lässt.	Heute werden Sie die engen Fesseln der zweidimensionalen Welt sprengen und die Geheimnisse der dritten Dimension erkunden.	Wind und Sturm, Geschossflugbahnen, Reibungseinflüsse sowie Gravitationsanomalien, Bewegungsmodelle für Raumschiffe u.v.m. – alles ganz einfach zu simulieren, wenn man weiß, wie's geht.	Sie beschäftigen sich mit der Beschreibung von Kollisionsvorgängen sowie mit verschiedenen Verfahren zur Vermeidung unnötiger Kollisionstests.	Zum Ende von Woche 1 befassen Sie sich dann intensiv mit den verschiedenen Methoden zur Kollisionserkennung.
WOCHE 2	**Tag 8**	**Tag 9**	**Tag 10**	**Tag 11**	**Tag 12**	**Tag 13**	**Tag 14**
	DirectX Graphics – der erste Kontakt: Textausgabe, Zeichnen von Punkten, Linien und Kreisen sowie die Grundlagen des Texture Mappings erlernen.	Sorgen Sie mit DirectInput für Interaktion in ihren Projekten.	Binden Sie Hintergrundmusik und 3D-Sound mit Hilfe von DirectX Audio in ihre Projekte mit ein.	2D-Objekte in der 3D-Welt: Lernen Sie Transformationsfunktionen für die Darstellung von Billboardeffekten, sowie die Kameradrehungen im 3D-Raum kennen.	Heute beschäftigen Sie sich mit Licht, Shading, Texturfilterung, Multitexturing, Alpha Blending, sowie mit der algorithmischen Erzeugung von 3D-Objekten.	Heute entwickeln Sie einen einfachen Terrain-Renderer inkl. Wasseranimationen auf der Basis dreidimensionaler Tiles.	Zum Abschluss dieser Woche entwickeln Sie noch einen kleinen Indoor-Renderer unter Verwendung eines einfachen Portalsystems.
WOCHE 3	**Tag 15**	**Tag 16**	**Tag 17**	**Tag 18**	**Tag 19**	**Tag 20**	**Tag 21**
	Sie beginnen die letzte Woche mit der Ausarbeitung eines Konzeptpapiers für das Spieleprojekt »Sternenkriege«.	Im nächsten Schritt entwickeln Sie die Dateiformate, in denen alle spielrelevanten Daten abgespeichert werden.	Game-Design: Sie entwickeln ein Tool für die einfache Erzeugung neuer Spielszenarien.	Sie beginnen mit dem Programmentwurf: Benennung der Funktionsprototypen, Entwurf der Strukturen und Klassengerüste.	KI – Zustandsautomaten und probabilistische Systeme, lernen und Adaption, Patterns, Flugsteuerung, Wegpunkte-Systeme und strategische Flottenbewegung.	Am heutigen Tag werden Sie die grafischen Features für unser Spieleprojekt entwickeln.	Am letzten Tag beschäftigen Sie sich mit der Spielmechanik und sorgen dafür, dass tatsächlich auch Leben ins Spiel kommt.

IN 21 TAGEN

3D-Spiele mit C++ und DirectX

Schritt für Schritt zum Profi

ALEXANDER RUDOLPH

Markt+Technik

Bibliografische Information Der Deutschen Bibliothek

Die Deutsche Bibliothek verzeichnet diese Publikation in der Deutschen Nationalbibliografie; detaillierte bibliografische Daten sind im Internet über <http://dnb.ddb.de> abrufbar.

Umwelthinweis:
Dieses Buch wurde auf chlorfrei gebleichtem Papier gedruckt.

10 9 8 7 6 5 4 3 2 1

05 04 03

ISBN 3-8272-6453-7

Lektorat: Melanie Kasberger, mkasberger@pearson.de
Fachlektorat: Christian Rousselle, Aachen
Korrektur: Marita Böhm, München
Herstellung: Philipp Burkart, pburkart@pearson.de
Satz: reemers publishing services gmbh, Krefeld, (www.reemers.de)
Coverkonzept: independent Medien-Design, München
Coverlayout: Sabine Krohberger
Druck und Verarbeitung: Bercker, Kevelaer
Printed in Germany

Inhaltsverzeichnis

Einleitung

Über das Buch

Begeistern Sie sich für Computerspiele und wollen Sie mehr über deren Entwicklung erfahren? Träumen Sie davon, irgendwann einmal den Beruf des Spieleprogrammierers oder -designers auszuüben, oder sind Sie auf der Suche nach einer interessanten, geradezu süchtig machenden Freizeitbeschäftigung? Ist Ihr Kopf voll von fantastischen Ideen für ein ultimatives Spiel oder suchen Sie einfach einen Aufhänger, um die Computersprache C/C++ zu erlernen. Hier sind Sie richtig!

Nie zuvor waren die Möglichkeiten besser, realistische Spielewelten zu erschaffen, und ein Ende der Entwicklung ist längst noch nicht abzusehen. Nie zuvor waren aber auch die Ansprüche an den Spieleprogrammierer größer, wenn es darum geht, die Hardware bis an ihre Grenzen auszulasten. Diese rasante Entwicklung macht es nicht gerade leicht, in der Spieleindustrie Fuß zu fassen. Dieses Buch jedoch soll Ihnen bei Ihrem Werdegang zum Spieleprogrammierer zur Seite stehen.

In den ersten sieben Kapiteln beschäftigen wir uns mit den Grundlagen der C/C++-Windows-Programmierung, der Mathematik (Beschreibung der Spielewelt durch Vektoren und Matrizen, Kollisionserkennung ...) und der Physik (Simulation von Geschossflugbahnen, Gravitationsanomalien, Stoßprozessen ...). In der zweiten Woche steigen wir in die DirectX-Programmierung ein und begeben uns nach der Entwicklung eines einfachen Terrain- sowie Indoor-Renderers in ein wohlverdientes Wochenende. Mit neuer Frische machen wir uns in der dritten Woche an die Planung und Umsetzung eines vollwertigen 3D-Spiels – ein Genremix aus Echtzeitstrategie und einer Space-Combat-Simulation.

Begleitend zum Buch finden Sie auf der CD-ROM das neueste DirectX SDK, eine Visual C++-Autorenversion, alle Programm- und Übungsbeispiele sowie das in der dritten Woche entwickelte 3D-Spiel. Darüber hinaus befinden sich auf der CD-ROM eine Vielzahl kleinerer Beispielprogramme sowie ein C/C++-Lehrgang, mit deren Hilfe sich insbesondere Anfänger in die Geheimnisse der C/C++-Programmierung einarbeiten können.

Was müssen Sie leisten?

Zu den wichtigsten Eigenschaften eines Spieleprogrammierers gehören Kreativität, Durchhaltevermögen und noch einmal Durchhaltevermögen. Die Kreativität beschränkt sich dabei nicht nur auf das Gestalterische, sondern auch auf die Fähigkeit, Probleme eigenständig zu lösen. Während der Spieleprogrammierung werden Sie auf eine Fülle von Schwierigkeiten stoßen. Zwar gibt es für viele dieser Probleme bereits Lösungsansätze, dennoch müssen Sie auch in der Lage sein, eigene Lösungen zu finden, was mitunter sehr viel Durchhaltevermögen erfordert. Dies müssen Sie auch an den Tag legen, wenn Sie in den Olymp der Spieleprogrammierung vorstoßen wollen, denn ohne jahrelange Erfahrung auf diesem Gebiet ist es praktisch unmöglich, ein kommerzielles Spiel zu programmieren.

Konventionen

Bei der Lektüre des vorliegenden Buches werden Ihnen eine ganze Reihe von Konventionen auffallen, die Ihnen das Lesen erleichtern sollen.

Zur Veranschaulichung des Erklärten werden wir mit vielen Abbildungen und Tabellen arbeiten.

Zum Programmcode zugehörige Textteile wie Variablen, Klassen- und Funktionsbezeichnungen werden in `dieser Schrift` dargestellt.

Weiterhin kommen die folgenden Abschnittsmarkierungen zum Einsatz, um Ihre Aufmerksamkeit auf besondere Textpassagen zu lenken:

Hinweise bieten weiterführende Erläuterungen zum Thema und machen Sie auf interessante und wichtige Punkte aufmerksam.

Warnungen machen Sie auf mögliche Probleme und Gefahren aufmerksam und wie Sie diese umgehen.

Dieses Icon wird für die Hervorhebung mathematischer und physikalischer Definitionen verwendet.

Feedback und weiterführende Informationen im Web

Für Fragen, Anregungen und natürlich auch für Kritik und Lob können Sie mich und den Verlag unter *alexander.rudolph@mut.de* erreichen. Begleitend zu diesem Buch wird es eine Internetseite geben, auf der Sie alle aktuellen Informationen über das Buch, weitere Beispiele sowie viele Tipps und Tricks finden. Besuchen Sie dazu *www.mut.de/books/3827264537/*.

Danksagung

Zunächst einmal möchte ich mich ganz herzlich bei allen Mitarbeitern des Verlags Markt+Technik und insbesondere bei Melanie Kasberger, Marita Böhm, Marcus Beck und Christian Rousselle für all ihre Geduld und Hilfsbereitschaft bedanken. Ein großes Dankeschön geht auch an dich, Lydia, denn ohne deine moralische Unterstützung wäre das Buch sicher niemals fertig geworden.

WOCHE 1

WOCHE 2

WOCHE 3

Woche 1: Basics der Spieleentwicklung

Die erste Woche wird so manchen Leser, der schon in seinen Spielewelten schweben will, auf den Boden der Realität zurückholen. Sicherlich, die Entwicklung von Computerspielen ist eine spannende Sache, doch in erster Linie ist es eine sehr lern- und zeitintensive Angelegenheit. So werden wir die erste Woche damit verbringen, uns eine solide Wissensbasis auf den Gebieten Programmierung, Mathematik und Physik anzueignen.

Die Woche 1 im Überblick

- An **Tag 1** steigen wir in die Welt der Windows-Programmierung ein. Hier werden Sie alles Notwendige lernen, um ein Windows-Rahmenprogramm für Ihre Spiele – eine so genannte Game Shell Application –, schreiben zu können.
- An **Tag 2** werden wir uns mit einigen relevanten Themen der Spieleprogrammierung beschäftigen, als da wären Look-up-Tabellen, Zufallszahlen, verketteten Listen, dem Speichermanagement und der Dateiverwaltung.
- An **Tag 3** kommt die Mathematik mit ins Spiel. Sie werden lernen, wie sich die zweidimensionale Spielewelt am Computer darstellen und manipulieren lässt.
- An **Tag 4** werden wir die engen Fesseln der zweidimensionalen Welt sprengen und uns in die dritte Dimension erheben.
- An **Tag 5** meldet sich die Physik zu Wort. Anhand ausgewählter Beispiele werden Sie lernen, wie sich Wind und Sturm, Geschossflugbahnen, Reibungseinflüsse sowie Gravitationsanomalien in einem Computerspiel simulieren lassen. Des Weiteren lernen Sie ein Bewegungsmodell kennen, das wir für die Raumschiffe im Rahmen unserer Sternenkriegs-Simulation (Woche 3) einsetzen werden.
- An **Tag 6** tauchen wir in die komplexe Welt der Kollisionen ein. Gemeinsam werden wir ein Verfahren für die physikalisch korrekte Beschreibung von Kollisionsvorgängen herleiten und uns mit den verschiedenen Verfahren zur Vermeidung unnötiger Kollisionstests beschäftigen.
- An **Tag 7** befassen wir uns dann intensiv mit den verschiedenen Methoden zur Kollisionserkennung.

Windows-Programmierung für Minimalisten – Entwicklung einer Game Shell Application

Um Computerspiele programmieren zu können, müssen wir uns zunächst etwas mit der Windows-Programmierung vertraut machen. Wenn Sie den heutigen Tag überstanden haben, dürfen Sie sich guten Gewissens mit dem Titel »Minimalist für Windows-Programmierung« ansprechen lassen und haben genug Kenntnisse erworben, um ein Windows-Rahmenprogramm für Ihre Spiele – eine so genannte Game Shell Application – schreiben zu können.

1.1 Über die Arbeit mit Visual C++

Für unsere Arbeit werden wir das Entwicklungssystem Microsoft Visual C++ in der Version 6.0 oder neuer verwenden. Auf der beiliegenden CD-ROM finden Sie eine Autorenversion, die gegenüber der Standardversion nicht beschränkt ist. Sie dürfen lediglich die damit erstellten Anwendungen nicht kommerziell vertreiben. Als Schüler/in bzw. Student/in haben Sie zudem die Möglichkeit, eine kostengünstige Studentenlizenz zu erwerben. Auf diese Weise erhalten Sie die jeweils aktuelle Version von Visual C++; die damit erstellten Programme dürfen aber wiederum nicht kommerziell vermarktet werden. Wenn Sie den einzelnen Anweisungen bei der Installation der Entwicklungsumgebung genau Folge leisten, dann sollte Ihnen diese keine allzu großen Schwierigkeiten bereiten.

Damit bei der Erstellung des ersten Projekts nichts schief geht, verdeutlichen wir uns die einzelnen Arbeitsschritte beim Neuanlegen eines Projekts anhand einiger Abbildungen.

Rufen Sie in Visual C++ unter DATEI/NEU zunächst ein neues Projekt auf (s. Abb. 1.1).

Nachdem Sie die Art des Projekts festgelegt haben (s.Abb. 1.2), müssen Sie dem Projektassistenten mitteilen, wlche Art von Programmgerüst er für Sie erstellen soll (s. Abb. 1.3).

Nun müssen Sie dem Projekt bloß noch eine oder mehrere neue Dateien hinzufügen (s. Abb. 1.4) und festlegen, welche Art von Datei dies sein soll und welchen Namen sie tragen soll (s. Abb. 1.5).

Ausführen können Sie das Projekt nun, indem Sie unter ERSTELLEN auf den Eintrag AUSFÜHREN VON ... klicken (s. Abb. 1.6).

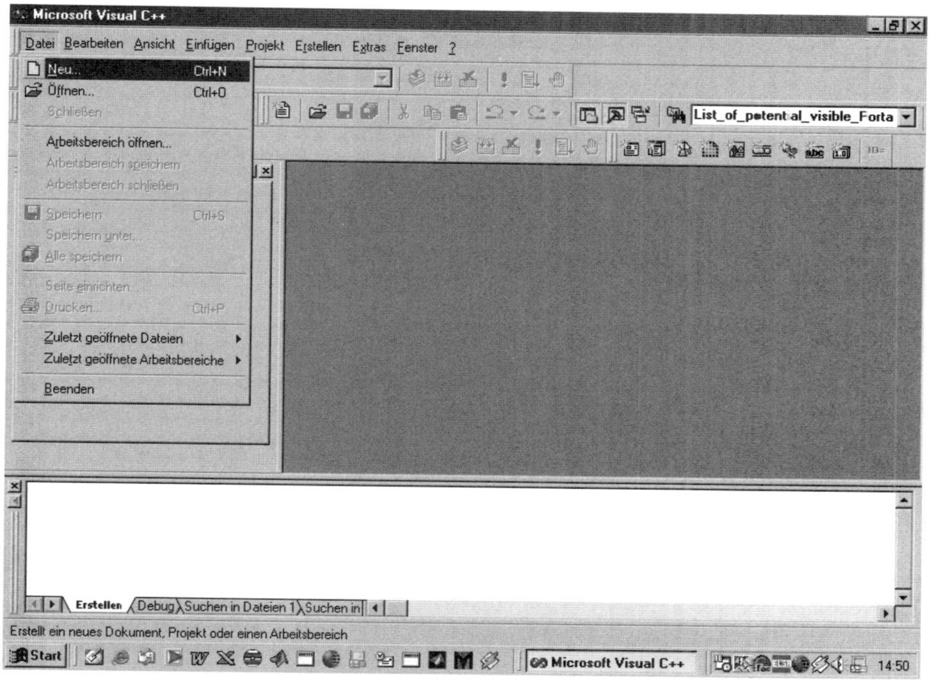

Abbildung 1.1: Beginn eines neuen Projekts

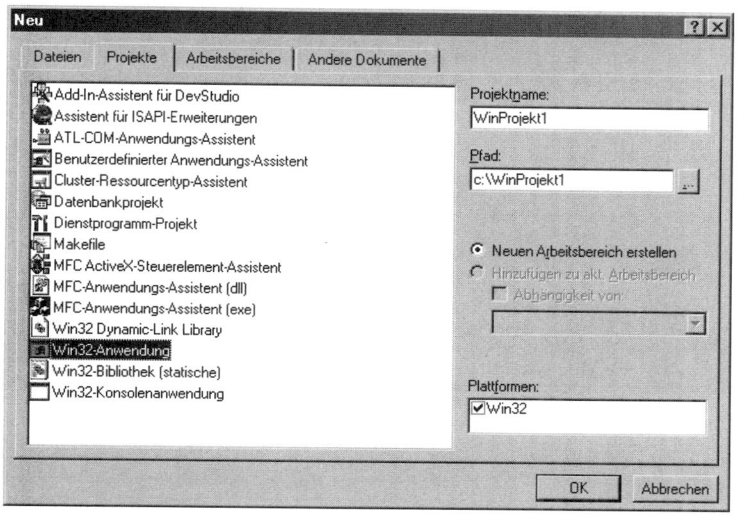

Abbildung 1.2: Art des Projekts festlegen

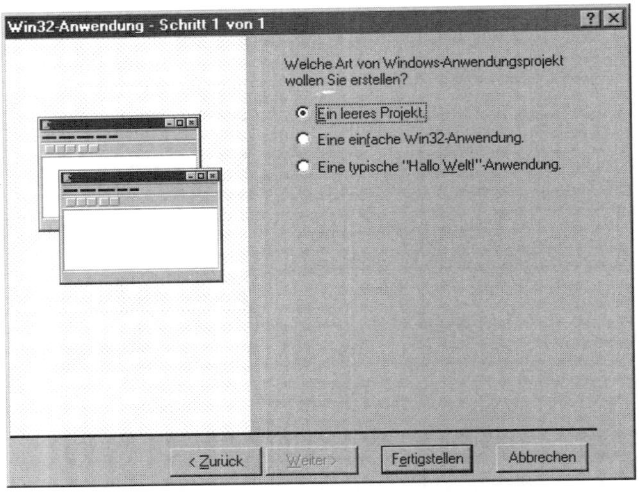

Abbildung 1.3: Festlegen, ob ein bzw. welche Art von Programmgerüst der Projektassistent für uns erstellen soll

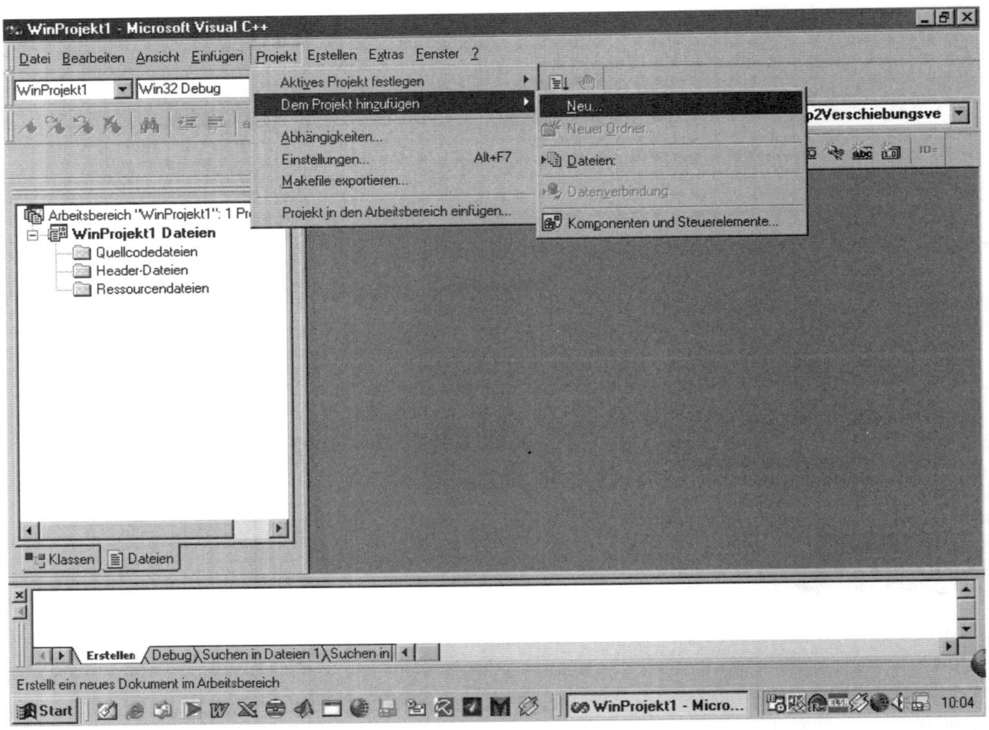

Abbildung 1.4: Dem Projekt eine neue Datei hinzufügen

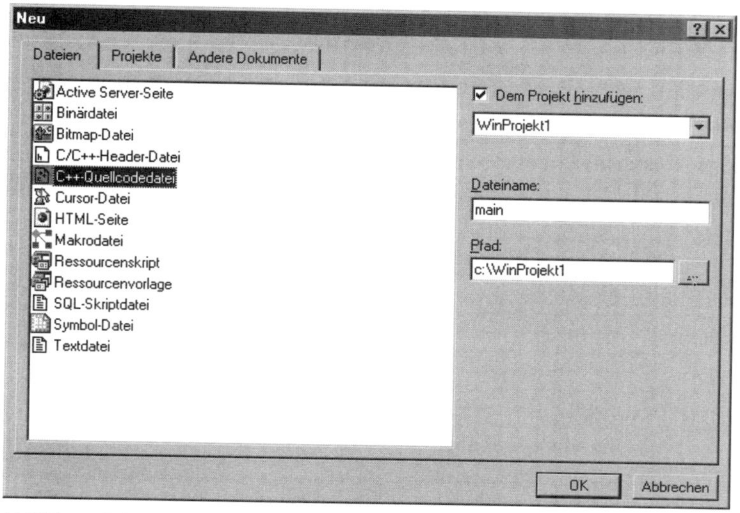

Abbildung 1.5: Es soll dem Projekt eine C++-Quellcodedatei mit dem Namen main.cpp hinzugefügt werden.

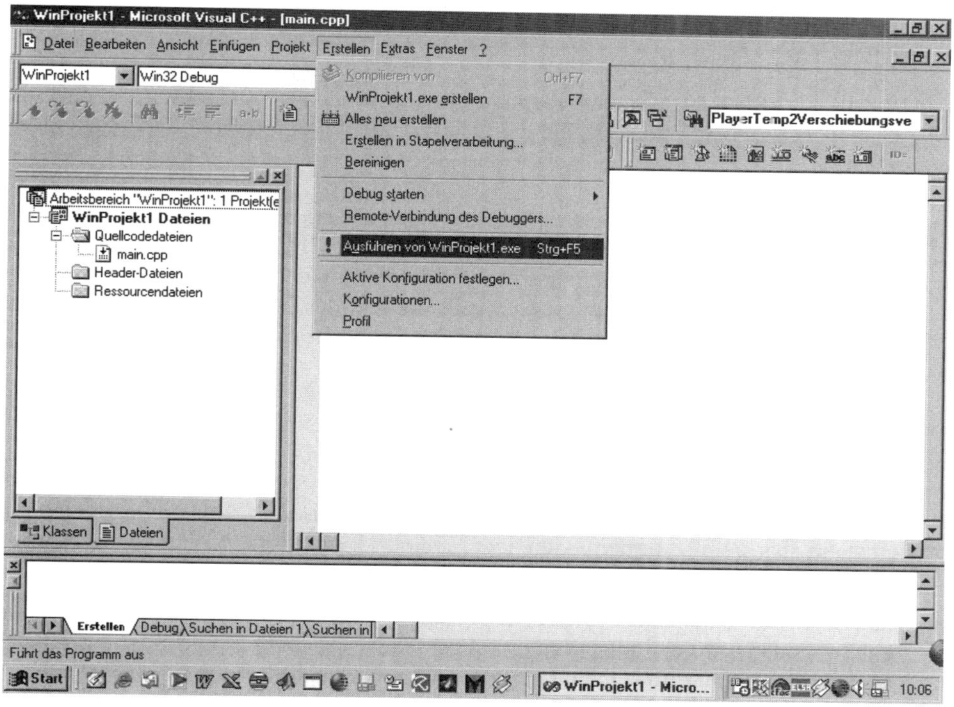

Abbildung 1.6: Erstellen einer EXE-Datei und Ausführen des Programms

1.2 Das erste Windows-Programm

Nachdem wir Visual C++ startklar gemacht und unser erstes Projekt angelegt haben, wird es Zeit für unser erstes kleines Windows-Programm.

Unser erstes Projekt ist zugegebenermaßen etwas kurz geraten, aber dennoch ganz lehrreich. Es wird lediglich eine Dialogbox auf dem Desktop erzeugt, und das war es auch schon (Beispielprogramm *HelloWindows*).

Listing 1.1: Eine Dialogbox erzeugen

```
#define WIN32_LEAN_AND_MEAN
#include <windows.h>

int WINAPI WinMain(HINSTANCE hinstance, HINSTANCE hprevinstance,
                   LPSTR lpcmdline, int ncmdshow)
{
    MessageBox(0, "Hurra, man kann mich sehen!", /*Inhalt Dlg.-Box*/
                 "Mein erstes Windows-Programm",/*Titelleiste*/
                  MB_OK | MB_ICONEXCLAMATION);  /*OK-Button+!Bild*/

return 0;
}
```

Wer hat eigentlich behauptet, Windows-Programmierung sei schwer? Zunächst müssen wir die Header-Datei *windows.h* einbinden, in der die Deklarationen aller relevanten Windows-Funktionen stehen.

Kenner der Windows-Programmierung werden sicherlich schon etwas von der MFC (Microsoft Foundation Classes) gehört haben. Die MFC ist eine riesige Bibliothek, in deren Klassen alle wichtigen Windows-API-Funktionen eingekapselt sind. Für unsere Zwecke ist die MFC jedoch vollkommen überdimensioniert und durch das Makro `WIN32_LEAN_AND_MEAN` weisen wir den Compiler darauf hin, dass wir die MFC nicht verwenden wollen.

Das gesamte Programm – mit anderen Worten: die Darstellung der Dialogbox – wird innerhalb der Funktion `WinMain()` ausgeführt. Wahrscheinlich fragen Sie sich im Augenblick, was es mit dem Schlüsselwort `WINAPI` auf sich hat. Für uns ist das eigentlich nicht weiter von Interesse; merken Sie sich einfach, dass dieses Schlüsselwort festlegt, dass die Funktionsparameter von links nach rechts abgearbeitet werden sollen. Der Funktionskopf selbst enthält mehrere Parameter, die wir uns im Folgenden etwas genauer ansehen werden:

`hinstance`: Dieser Parameter ist ein so genanntes Handle (eine Identifikationsnummer) auf die Instanz einer Windows-Anwendung. Windows weist jedem Programm beim Start ein solches Handle zu. Dadurch können alle laufenden Programme voneinander unterschieden werden.

`hprevinstance`: Dieser Parameter ist ein Relikt aus der Urzeit von Windows und wird jetzt nicht mehr genutzt. Es handelt sich hierbei um ein Handle auf die aufrufende Instanz des Programms.

`lpcmdline`: Dieser Parameter ist ein Zeiger auf einen String, in dem die Kommandozeile gespeichert ist, die dem Programm beim Start übergeben wurde.

`ncmdshow`: Dieser Parameter ist vom Typ `int` und enthält Informationen über die Gestalt des Fensters der Anwendung.

Nachdem wir die `WinMain()`-Funktion besprochen haben, widmen wir uns jetzt der `MessageBox()`-Funktion, die sich, wie der Name schon sagt, für die Darstellung einer MessageBox verantwortlich zeigt. Bevor wir aber zu sehr ins Detail gehen, betrachten wir erst einmal nur die von uns übergebenen Parameter:

Der erste Parameter `NULL` (oder einfach 0) bewirkt, dass die Messagebox auf dem Desktop angezeigt wird. Wenn wir stattdessen ein Windows-Programm am Laufen hätten, aus dem heraus eine Dialogbox angezeigt werden soll, würden wir an dieser Stelle das Handle der Anwendung übergeben.
Der zweite Parameter `"Hurra, man kann mich sehen!"` ist einfach der Text, der innerhalb der Box angezeigt werden soll.
Der dritte Parameter `"Mein erstes Windows-Programm"` ist der Titel der Messagebox, der in der Titelleiste angezeigt wird.
Als vierten Parameter übergeben wir `MB_OK|MB_ICONEXCLAMATION`, welche die Gestalt der Messagebox bestimmen. In unserem Beispiel sollen sowohl ein OK-Button als auch ein AUSRUFEZEICHEN-Icon angezeigt werden.

Jetzt, da Sie wissen, was die einzelnen Parameter bewirken, betrachten wir der Vollständigkeit halber auch die Funktionsdeklaration:

Listing 1.2: MessageBox() – Funktionsprototyp

```
int MessageBox(HWND hWnd,          /* Handle auf die Windows-Anwendung, zu der die
                                      Messagebox gehört */
               LPCTSTR lpText,     /* Zeiger auf den String, der den
                                      Message-Text enthält */
               LPCTSTR lpCaption,  /* Zeiger auf den String, der den
                                      Überschriftstext enthält */
               UINT uType);        /* Aussehen der Messagebox */
```

1.3 Windows-Datentypen

Unter Windows und unter DirectX werden Ihnen eine ganze Reihe neuer Typen begegnen. Die folgende Tabelle enthält eine Reihe von Datentypen, die Ihnen in Zukunft noch häufig begegnen werden:

Datentyp	Beschreibung/Basistyp
`BOOL`	`int; 0 == FALSE , !0 == TRUE`
`BYTE`	`unsigned char`
`WORD`	`unsigned short`
`DWORD`	`unsigned long`
`LONG`	`long`
`UINT`	`unsigned int`
`LPARAM`	32-Bit-Wert als Funktionsparameter
`LPCSTR`	Zeiger auf konstante Zeichenkette
`LPSTR`	Zeiger auf Zeichenkette
`LPVOID`	Zeiger auf undefinierten Typ
`LRESULT`	32-Bit-Rückgabewert
`WNDPROC`	Zeiger auf eine Windows-Funktion
`WPARAM`	16-Bit-Wert als Funktionsparameter
`COLORREF`	32-Bit-Wert für Farbinformation

Tabelle 1.1: Häufig anzutreffende Windows-Datentypen

1.4 Ungarische Notation

Ein Ungar mit Namen Simony war es, der für Ordnung sorgte und der chaotischen Namensgebung bei Konstanten, Variablen und Funktionen ein für alle Mal ein Ende setzte. Die so genannte Ungarische Notation sieht vor, dass eine Variable bestimmten Typs auch mit einem bestimmten Präfix beginnen muss.

Aus folgender Tabelle können Sie einige der Präfixe entnehmen, die in der Ungarischen Notation verwendet werden.

Präfix	Datentyp
c	char
by	BYTE
n	number (short / int)
i	int
x, y	short (x-Koordinate, y-Koordinate)
cx, cy	short (x- or y-lengths)
b	BOOL
w	WORD
l	LONG
dw	DWORD
fn	function pointer
s	string
sz, str	NULL terminated string
lp	32 Bit long pointer
h	Handle
msg	Message

Tabelle 1.2: Ungarische Notation

Inwieweit Sie sich an diese Konventionen halten, bleibt Ihnen überlassen. Es schadet aber nichts, diese Namensgebung im Hinterkopf zu behalten. Es soll bekanntlich auch Programmierer außerhalb von Microsoft geben, die sich dieser Notation bedienen.

1.5 Die drei Phasen des Spielablaufs

Die drei Phasen des Spielablaufs lassen sich einteilen in Initialisierung, Game-Loop (Spielschleife) und Shutdown (Aufräumarbeiten). Die in den jeweiligen Phasen anfallenden Arbeiten werden in unserer Game Shell durch die folgenden drei Funktionen delegiert:

```
void Game_Init(void);
void Game_Main(void);
void Game_Shutdown(void);
```

Initialisierung

In der Initialisierungsphase werden alle Arbeiten verrichtet, die zum Starten eines Spiels notwendig sind. Dazu zählen:

- die Initialisierung der Engine-Einstellungen: Farbtiefe, Auflösung, Renderoptionen wie Transform und Lightning, Framerate, Spielgeschwindigkeit sowie Grafik, Sound und Keyboardeinstellungen
- die Initialisierung von DirectX (Grafik, Input (Joystick, Maus und Keyboard), Sound und Musik)
- die Initialisierung der 3D-Modellklassen
- die Initialisierung aller global verwendeten Texturen

Game-Loop

Nachdem die Initialisierung abgeschlossen ist, wird die Spielschleife in ständiger Wiederholung bis zur Beendigung des Spiels durchlaufen. Betrachten wir den Code für einen möglichen Game-State (hier ein strategisches Szenario). Alle weiteren Elemente, die zur Schleife gehören, lassen wir zunächst einmal außen vor.

Listing 1.3: Game-Loop für einen möglichen Game-State

```
else if(Game_State == 2)
{
    start_time = GetTickCount();

    if(Pause == FALSE) // alternativ: if(!Pause)
    {
        ShowStrategicScenario(); // In dieser Funktion wird das
                                 // gesamte Spielgeschehen
                                 // aktualisiert und gerendert.
    }

    // Eingabegeräte (Joystick, Maus und Keyboard) abfragen:
    ReadImmediateDataJoystick();
    ReadImmediateDataMouse();
    ReadImmediateDataKeyboard();

    // Eingaben, die den Spieler betreffen, werden in dieser Funktion verarbeitet:
    Player_Game_Controll();

    if(RenderStyle == 1) // Frame Based Rendering
    {
        while((dt = GetTickCount()-start_time) <= InvMaxFrameRate);
```

```
        FrameRate = 1000.0f/dt;
        FrameTime = 0.001f*GameSpeed*dt;
    }
    else if(RenderStyle == 2) // Time Based Rendering
    {
        dt = GetTickCount()-start_time;
        FrameRate = 1000.0f/dt;
        FrameTime = 0.001f*GameSpeed*dt;
    }
}
```

Über die ganzen Details, die sich hinter den Funktionsaufrufen verbergen, werden wir zum jetzigen Zeitpunkt noch nicht sprechen. Die komplexeste Funktion dieses Codebeispiels verbirgt sich ohne Zweifel hinter dem Aufruf `ShowStrategicScenario()`. In dieser Funktion läuft die gesamte Spiellogik (z.B. Ressourcengewinnung und -verbrauch) ab, es wird die Bewegung der Game-Objekte (z.B. Raumschiffe) berechnet (künstliche Intelligenz) und am Ende die komplette 3D-Szene auf den Monitor gebracht (gerendert).

Frame Based versus Time Based Rendering

Die beiden `if/else if`-Anweisungen haben sicherlich zu etwas Verwirrung geführt. Grund genug, um uns genauer damit zu befassen.

Ein Spiel sollte, wenn möglich, auf jedem Computer mit gleicher Geschwindigkeit laufen, sofern die minimalen Hardware-Anforderungen erfüllt sind. Um diese Forderung zu erfüllen, gibt es nun zwei Ansätze:

Frame Based Rendering

Man bremst das Spiel aus, so dass nur noch eine bestimmte Anzahl von Bildern pro Sekunde gerendert werden kann, z.B. 30 Frames pro Sekunde (fps). Diese Framerate sollte auch auf einem Computer mit der minimalen Hardware-Anforderung erreicht werden. Bei langsameren Computern läuft hingegen das gesamte Spielgeschehen langsamer ab.

Time Based Rendering

Bei dieser Art des Renderns wird die Geschwindigkeit, mit der das Spielgeschehen abläuft, durch Berücksichtigung der Framezeit unabhängig von der Framerate gemacht. Die Framezeit ist die Zeit, die für die Berechnung und Darstellung einer Spielszene benötigt wird. Betrachten wir die Bewegung eines Asteroiden von Punkt A nach B, wobei die Bewegung insgesamt 1 Sekunde dauert. Bei einer Framerate von 10 fps sieht man den Asteroiden an zehn verschiedenen Positionen während seiner Bewegung. Bei einer Framerate von 50 fps sind es entsprechend 50 Positionen. Die Bewegung von Frame zu Frame ist also um 1/5 kürzer als bei 10 fps. Je kürzer die Bewegung von Frame zu Frame ist, desto flüssiger wirkt sie. Bei zu kleinen Frameraten hingegen sieht man die Objekte von Position zu Position springen.

Die Framezeit und Framerate

Beim Time Based Rendering ist es erforderlich, die Zeit `dt` zu ermitteln, die für den Szenenaufbau benötigt wird. Um das zu realisieren, werden wir die Windows-API-Funktion

```
DWORD GetTickCount(VOID)
```

einsetzen, welche die Zeit in Millisekunden (ms) liefert, seit der Computer hochgefahren wurde. `dt` berechnet sich jetzt aus der Zeitdifferenz zwischen Ende und Beginn des Szenenaufbaus:

```
dt = GetTickCount()-start_time;
```

Wenn wir beispielsweise eine Framerate von 30 fps vorgeben (Frame Based Rendering), stehen für den Aufbau einer Szene **1/30fps*1000 = 33 (Millisekunden pro Frame)** zur Verfügung. Ist der Szenenaufbau schon nach einer kürzeren Zeit beendet, muss das Programm die restliche Zeit in einer Warteschleife (Framebremse) absitzen:

```
while((dt = GetTickCount()-start_time) <= 33);
```

oder etwas allgemeiner:

```
while((dt = GetTickCount()-start_time) <= InvMaxFrameRate);
```

wobei gilt **InvMaxFrameRate (Millisekunden pro Frame) = 1/MaxFrameRate*1000**.

In die Berechnung der Framezeit kann weiterhin ein so genannter Game-Speed-Faktor einbezogen werden, mit dem sich die Spielgeschwindigkeit einstellen lässt. Da die Framezeit für die zeitliche Synchronisierung aller Bewegungen benötigt wird, wird sie sinnvollerweise in einer globalen Variablen zwischengespeichert:

```
FrameTime = 0.001f*GameSpeed*dt;
```

Der Faktor `0.001f` ist für die Umrechnung von Millisekunden in Sekunden notwendig.

Die Framerate (in Sekunden) können wir jetzt aus der Zeit berechnen, die für den Szenenaufbau benötigt wurde:

```
FrameRate = 1000.0f/dt;
```

Der Faktor `1000.0f` ist für die Umrechnung von Millisekunden in Sekunden notwendig.

HINWEIS

Beim Time Based Rendering ist die Begrenzung der Framerate nach oben hin nicht unbedingt erforderlich. Unter Umständen lassen sich so aber unangenehme »Ruckler« vermeiden, die immer dann auftreten, wenn die Framerate von Frame zu Frame zu stark variiert. **Bedenken Sie, dass die Framezeit immer zur Synchronisierung der Bewegung im nächsten Frame eingesetzt wird.** Nehmen wir einmal eine hohe Framerate bzw. eine kleine Framezeit an. Wenn plötzlich die Framerate absinkt, wird die Bewegung mit einer zu geringen Framezeit synchronisiert. Das geht natürlich gründlich schief; die Bewegung erscheint kurzzeitig zu langsam, was sich durch einen Ruckler bemerkbar macht. Beim Übergang von kleiner zu großer Framerate gibt es ebenfalls einen Ruckler, weil die Bewegungen für einen kurzen Moment zu schnell wirken. Eine weitere Möglichkeit, den Rucklern entgegenzuwirken, besteht darin, die Framezeit über mehrere Frames zu mitteln.

Der Framefaktor

Eine zweite Möglichkeit der zeitlichen Synchronisierung besteht in der Verwendung eines so genannten Framefaktors. Hierbei muss man die Geschwindigkeit bzw. die Beschleunigung in Relation zu der angepeilten Framerate setzen. Der Framefaktor ist jetzt das Verhältnis aus angepeilter Framerate zur aktuellen Framerate:

```
FrameFactor = 75.0f/FrameRate
```

Die Synchronisierung erfolgt nun einfach durch die Multiplikation des Framefaktors mit der Geschwindigkeit bzw. der Beschleunigung.

Aufräumarbeiten

Vor dem Spielende müssen alle verwendeten Ressourcen wieder freigegeben werden, damit nach Beendigung des Spiels alles seinen gewohnten Gang nehmen kann. Am besten wird es sein, wenn wir wiederum ein praktisches Beispiel betrachten:

Listing 1.4: Beispielhafte Aufräumarbeiten vor dem Spielende

```
if(Game_State == -1)
    CleanUpTacticalScenario();
else if(Game_State == 1)
    CleanUpIntro();
else if(Game_State == 2)
    CleanUpStrategicScenario();
else if(Game_State == 3)
{
    CleanUpTacticalScenario();
    CleanUpStrategicScenario();
}

    FreeDirectInput();
    CleanUpD3D();
    DestroySoundObjects();
```

Zu beachten ist, dass sich ein Spiel zum Zeitpunkt der Beendigung in verschiedenen Spielphasen (Game-States) befinden kann (3D-Raumschlacht, Intro usw.). Je nachdem, in welcher Phase sich das Spiel befindet, sind mitunter unterschiedliche Aufräumarbeiten erforderlich.

1.6 Funktionsweise einer Windows-Anwendung

In diesem Kapitel lassen wir die Programmierung erst einmal außen vor. Es geht jetzt einfach darum, die Funktionsweise einer Windows-Anwendung verstehen zu lernen.

Windows ist ein fensterbasiertes und ereignisgesteuertes Betriebssystem. Mit anderen Worten, eine Windows-Anwendung muss ein oder mehrere Fenster erzeugen und auf Ereignisse, die der Benutzer auslöst, reagieren können.

Klingt eigentlich ganz einfach, oder? Wer dies als ironische Bemerkung versteht, kann sich beruhigt zurücklegen. Die Sache ist wirklich nicht so kompliziert, wie man vermuten könnte.

Beginnen wir bei den Fenstern. Deren Eigenschaften werden in einer Struktur mit dem Namen `WNDCLASSEX` gespeichert. Nachdem wir die Fenstereigenschaften festgelegt, also einer Strukturvariablen vom Typ `WNDCLASSEX` alle hierfür notwendigen Werte übergeben haben, müssen wir unser schickes Fenster registrieren lassen – Windows ist halt ein Betriebssystem, das über alle Vorgänge genau informiert werden will. Für die Registrierung steht uns die Funktion `RegisterClassEx()` zur Verfügung. Ist die Registrierung erfolgreich verlaufen, steht der Erzeugung des Fensters mit Hilfe der Funktion `CreateWindowEx()` nichts mehr im Wege.

So, mit den Fenstern sind wir durch, kommen wir jetzt zur Ereignissteuerung. Wenn Sie die nachfolgende Abbildung betrachten, werden Sie mir sicher recht geben, dass die Dinge gar nicht so kompliziert sind.

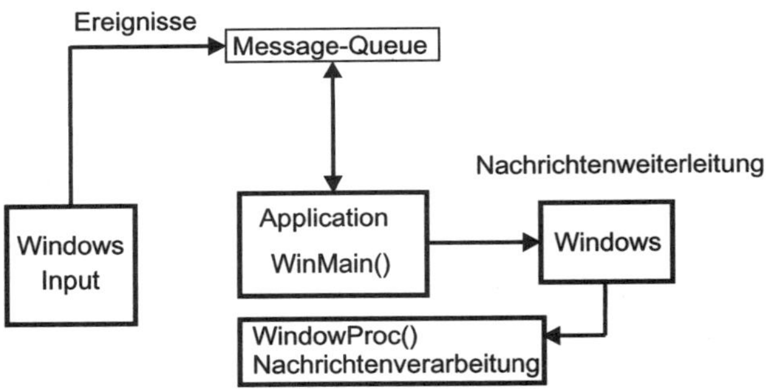

Abbildung 1.7: Nachrichtenverarbeitung unter Windows

Für jedes laufende Programm erzeugt Windows eine so genannte Message-Queue. Wenn irgendein Ereignis stattfindet, das Ihr Programm betrifft (z. B. ein Mausklick), wird dieses Ereignis in eine Nachricht umgewandelt und in der Message-Queue platziert. Wenn mehrere Ereignisse stattfinden, bildet sich in der Message-Queue eine so genannte Nachrichtenwarteschlange.

Im weiteren Verlauf muss unser Programm die Nachrichten aus der Message-Queue holen. Hierfür lassen sich die Funktionen `GetMessage()` oder `PeekMessage()` einsetzen. Für uns als Spieleprogrammierer ist die `PeekMessage()`-Funktion interessant (*to peek* kommt aus dem Englischen und heißt übersetzt »kurz hingucken« oder »einen kurzen Blick auf etwas werfen«). Und genau das macht diese Funktion auch, sie schaut kurz nach, ob eine Nachricht zur Bearbeitung ansteht. Falls das der Fall ist, muss die Nachricht für die Weiterbearbeitung in ein bestimmtes Format übersetzt werden. Hierfür ist die Funktion `TranslateMessage()` verantwortlich. Jetzt kommt Windows wieder ins Spiel. Mit Hilfe der Funktion `DispatchMessage()` übergeben wir Windows die Nachricht mit der Bitte um Weiterleitung an die zuständige Callback-Funktion `WindowProc()`, welche für die Nachrichtenbearbeitung zuständig ist. Für den Aufruf dieser Funktion ist das Windows-Betriebssystem verantwortlich.

Eine Callback-Funktion ist eine Funktion, die zwar im eigenen Programm definiert ist, aber nur durch ein anderes Programm (z.B. dem Windows-Betriebssystem) aufgerufen wird. Der Funktionsname ist frei wählbar, die Parameterliste ist jedoch fest vorgegeben.

Etwas muss noch erwähnt werden. Wenn wir die Fenstereigenschaften festgelegen, müssen wir der zugehörigen Strukturvariablen auch den Namen dieser Callback-Funktion übergeben. Auf diese Weise legen wir eindeutig fest, dass die Bearbeitung der Nachrichten, die unsere Anwendung betreffen, von dieser Funktion übernommen werden soll.

Alle Achtung, wir haben es geschafft. Sie wissen jetzt im Prinzip alles, was Sie wissen müssen, um ein komplettes Windows-Rahmenprogramm für Ihre zukünftigen Spiele schreiben zu können. Um die Details werden wir uns im nächsten Kapitel kümmern.

1.7 Game Shell Application – der erste Versuch

Die Zeit des Redens ist vorbei. Gemeinsam wagen wir jetzt den Sprung ins kalte Wasser und erstellen unsere erste richtige Windows-Anwendung. Den kompletten Programmcode finden Sie im Programmbeispiel *GameShell1*.

Listing 1.5: Game-Shell-Application – der erste Versuch

```
//-----------------------------------------------------
// DEFINES
//-----------------------------------------------------

#define WINDOW_CLASS_NAME "Game Shell Window"
#define WIN32_LEAN_AND_MEAN

//-----------------------------------------------------
// INCLUDES
//-----------------------------------------------------

#include <windows.h>
```

```
//-----------------------------------------------------------
// MACROS
//-----------------------------------------------------------

#define KEYDOWN(vk_code) ((GetAsyncKeyState(vk_code)&0x8000)?1:0)
#define KEYUP(vk_code)   ((GetAsyncKeyState(vk_code)&0x8000)?0:1)

//-----------------------------------------------------------
// GLOBALS
//-----------------------------------------------------------

HWND      main_window_handle = NULL;
HINSTANCE hinstance_app      = NULL;

//-----------------------------------------------------------
// Wichtige GAME-Funktionsprototypen
//-----------------------------------------------------------

void Game_Shutdown(void);
void Game_Init(void);
void Game_Main(void);

//-----------------------------------------------------------
// Funktionsdefinitionen
//-----------------------------------------------------------

LRESULT CALLBACK WindowProc(HWND hwnd,
                            UINT msg,
                            WPARAM wparam,
                            LPARAM lparam)
{
    PAINTSTRUCT ps;
    HDC         hdc;

    // Nachrichtenverarbeitung
    switch(msg)
    {
        case WM_CREATE:
        {
            return(0)
        }
        break;

        case WM_PAINT:
        {
            hdc = BeginPaint(hwnd,&ps);
            EndPaint(hwnd,&ps);
            return(0);
```

```
        }
        break;

        case WM_DESTROY:
        {
            PostQuitMessage(0);
            return(0);
        }
        break;

        default:
        break;
    }
    return (DefWindowProc(hwnd, msg, wparam, lparam));
}

//////////////////////////////////////////////////////////////

int WINAPI WinMain(HINSTANCE hinstance,
                   HINSTANCE hprevinstance,
                   LPSTR lpcmdline,
                   int ncmdshow)
{
    WNDCLASSEX winclass;
    HWND       hwnd;
    MSG        msg;

    // Fenstereigenschaften festlegen:
    winclass.cbSize        = sizeof(WNDCLASSEX);
    winclass.style         = CS_HREDRAW | CS_VREDRAW;
    winclass.lpfnWndProc   = WindowProc;
    winclass.cbClsExtra    = 0;
    winclass.cbWndExtra    = 0;
    winclass.hInstance     = hinstance;
    winclass.hIcon         = LoadIcon(NULL, IDI_APPLICATION);
    winclass.hCursor       = LoadCursor(NULL, IDC_ARROW);
    winclass.hbrBackground = (HBRUSH)GetStockObject(BLACK_BRUSH);
    winclass.lpszMenuName  = NULL;
    winclass.lpszClassName = WINDOW_CLASS_NAME;
    winclass.hIconSm       = LoadIcon(NULL, IDI_APPLICATION);

    hinstance_app = hinstance;

    if(!RegisterClassEx(&winclass))
        return(0);

    if(!(hwnd = CreateWindowEx(NULL,
                               WINDOW_CLASS_NAME,
```

```
                                "My Game Shell",
                                WS_OVERLAPPEDWINDOW | WS_VISIBLE,
                                0,0,
                                800,600,
                                NULL,
                                NULL,
                                hinstance,
                                NULL)))

    return(0);

    main_window_handle = hwnd;

    Game_Init();

    while(TRUE) // Nachrichtenweiterleitung
    {
        if(PeekMessage(&msg,NULL,0,0,PM_REMOVE))
        {
            if(msg.message == WM_QUIT)
                break;

            TranslateMessage(&msg);
            DispatchMessage(&msg);
        }

        Game_Main();
    }

    Game_Shutdown();

    return(msg.wParam);
}

/////////////////////////////////////////////////////////////////

void Game_Init(void)
{}

/////////////////////////////////////////////////////////////////

void Game_Main(void)
{
    // Mit ESC kann die Anwendung verlassen werden
    if(KEYDOWN(VK_ESCAPE))
        SendMessage(main_window_handle,WM_CLOSE,0,0);
}

/////////////////////////////////////////////////////////////////
```

```
void Game_Shutdown(void)
{}
```

Die WNDCLASSEX-Struktur

Also dann, kümmern wir uns um die noch ausstehenden Details. Beginnen werden wir mit der Initialisierung der Strukturvariablen `winclass` vom Typ `WNDCLASSEX`. Zunächst einmal stellt sich die Frage, welche Daten überhaupt in dieser Struktur abgespeichert werden. Ein Blick auf die Strukturdeklaration gibt uns hierüber Aufschluss:

Listing 1.6: Die WNDCLASSEX-Struktur

```
struct WNDCLASSEX
{
    UINT    cbsize;             // Größe der Datenstruktur
    UINT    style;              // Flags des Erscheinungsbilds
    WNDPROC lpfnWndProc;        // Zeiger auf die CALLBACK-Funktion
    INT cbClsExtra;             // Extrainformation für die Struktur
    INT cbWndExtra;             // Extrainformation für das Fenster
    HANDLE hInstance;           // Handle der Windows-Anwendung
    HICON hIcon;                // Programm-Icon
    HCURSOR hCursor;            // Cursorform im Fenster
    HBRUSH hbrBackground;       // Pinsel für den Hintergrund
    LPCTSTR lpszMenuName;       // Fenstermenü
    LPCTSTR lpszClassName;      // Name der Klasse
    HICON hIconSm;              // Icon des minimierten Fensters
};
```

In der ersten Variablen `cbsize` wird die Größe der `WNDCLASSEX`-Struktur gespeichert.

Für das Erscheinungsbild des Fensters setzen wir die Flags `CS_HREDRAW` sowie `CS_VREDRAW`. Dadurch wird gewährleistet, dass das Fenster nach einer Manipulation (Größenänderung, Verschiebung) horizontal wie vertikal neu gezeichnet wird. Wenn zudem das Schließsymbol deaktiviert werden soll, muss zusätzlich das Flag `CS_NOCLOSE` gesetzt werden.

Weiterhin muss, wie schon zuvor erwähnt, ein Zeiger auf die zuständige Callback-Funktion übergeben werden.

Für unsere Anwendung reicht es aus, ein Standard-Icon und den Standardmauszeiger (Pfeil) zu verwenden. Dementsprechend einfach gestalten sich auch die Aufrufe der Funktionen `LoadIcon()` und `LoadCursor()`. Da wir weder Icon- noch Cursor-Ressourcen einsetzen, übergeben wir beiden Funktionen als ersten Parameter eine `NULL`. Der zweite Parameter ist der Bezeichner des verwendeten Icons/Cursors.

Der Fensterhintergrund soll schwarz eingefärbt werden. Hierfür verwenden wir den Funktionsaufruf

```
(HBRUSH)GetStockObject(BLACK_BRUSH)
```

Da der Aufruf von `GetStockObject()` leider einen Rückgabewert vom falschen Datentyp liefert, müssen wir einen entsprechenden Typecast vornehmen.

Registrieren der Fensterklasse

Zum Registrieren der Fensterklasse müssen wir der Funktion `RegisterClassEx()` die Adresse unserer zuvor initialisierten `WNDCLASSEX`-Strukturvariablen übergeben. Schlägt die Registrierung fehl, muss das Programm abgebrochen werden:

```
if(!RegisterClassEx(&winclass))
    return(0);
```

Erzeugen eines Fensters

Im nächsten Schritt wird das Fenster erzeugt. Riskieren wir einmal einen Blick auf den Prototyp der `CreateWindowEx()`-Funktion:

Listing 1.7: CreateWindowEx() – Funktionsprototyp

```
HWND CreateWindowEx(DWORD dwExStyle,      /* erweiterter Stil */
                    LPCSTR lpClassName,   /* Klassenname */
                    LPCSTR lpWindowName,  /* Fenstername */
                    DWORD dwStyle,        /* Fensterstil */
                    int x,                /* Fensterursprung in */
                    int y,                /* der linken oberen Ecke*/
                    int nWidth,           /* Fensterbreite */
                    int nHeight,          /* Fensterhöhe */
                    HWND hWndParent,      /* Elternfenster */
                    HMENU hMenu,          /* Menu */
                    HINSTANCE hInstance,  /* Anwendungsinstanz */
                    LPVOID lpParam);      /* wichtig für WM_Create */
```

Wenn Sie noch einmal in den Programmcode schauen, werden Sie feststellen, dass für einige der Funktionsparameter eine `NULL` übergeben wurde. Diese Parameter sind für uns nicht weiter wichtig. Mit Ausnahme der Style-Flags sollten Sie die Bedeutung der anderen Parameter verstehen können. Mittels des Flags `WS_OVERLAPPEDWINDOW` wird ein Windows-Standardfenster erzeugt. Lässt man dieses Flag weg, wird nur ein einfaches Fenster erzeugt. Mit Hilfe des Flags `WS_POPUP` wird ein rahmenloses Fenster erzeugt. Das Flag `WS_VISIBLE` bewirkt, dass das Fenster von Beginn an sichtbar ist.

Nachrichtenweiterleitung

Kommen wir jetzt zur Nachrichtenweiterleitung. Ich habe Ihnen ja bereits erzählt, dass Windows alle Nachrichten, die Ihre Anwendung betreffen, in einer so genannten Message-Queue ablegt. Diese Nachrichten müssen jetzt aus der Queue geholt, konvertiert und an Windows mit der Bitte um Weiterleitung an die zugehörige Callback-Funktion übergeben werden. Der nachfolgende Code ist für das Ganze verantwortlich:

Listing 1.8: Nachrichtenweiterleitung

```
while(TRUE)
{
    if(PeekMessage(&msg,NULL,0,0,PM_REMOVE))
    {
        if(msg.message == WM_QUIT)
            break;

        TranslateMessage(&msg);
        DispatchMessage(&msg);
    }

    Game_Main();
}
```

Der gesamte Code zur Weiterleitung steht innerhalb einer Endlosschleife, die erst dann verlassen wird, wenn die Nachricht `WM_QUIT` zur Beendigung der Anwendung in der Message-Queue vorliegt. Für den Zugriff auf die Nachrichten ist die Funktion `PeekMessage()` verantwortlich. Dieser Funktion wird die Adresse der Strukturvariablen `msg` (vom Typ `MSG`) übergeben, in welcher die Nachricht gespeichert wird. Das Flag `PM_REMOVE` bewirkt, dass die Nachricht anschließend aus der Message-Queue entfernt wird. Der Vollständigkeit halber betrachten wir einmal den Prototyp:

Listing 1.9: PeekMessage() – Funktionsprototyp

```
BOOL PeekMessage(LPMSG lpMsg,          /* Zeiger auf MSG-Struktur */
                 HWND hWnd,            /* Handle des Fensters */
                 UINT wMsgFilterMin,   /* erste Nachricht */
                 UINT wMsgFilterMax,   /* letzte Nachricht */
                 UINT wRemoveMsg)      /* removal Flags (Nachricht aus
                                          der Queue entfernen?) */
```

Die Funktionen `TranslateMessage()` und `DispatchMessage()` übernehmen dann die Konversion und Weiterleitung der Nachricht.

Nachrichtenverarbeitung durch die WindowProc()-Funktion

Zu guter Letzt müssen wir uns noch die Callback-Funktion anschauen, die von Windows aufgerufen wird und für die Nachrichtenverarbeitung verantwortlich ist:

Listing 1.10: Nachrichtenverarbeitung durch die WindowProc()-Funktion

```
LRESULT CALLBACK WindowProc(HWND hwnd,
                            UINT msg,
                            WPARAM wparam,
                            LPARAM lparam)
{
    PAINTSTRUCT ps;
    HDC         hdc;

    // what is the message
    switch(msg)
    {
        case WM_CREATE:
        {
            return(0)
        }
        break;

        case WM_PAINT:
        {
            hdc = BeginPaint(hwnd,&ps);
            EndPaint(hwnd,&ps);
            return(0);
        }
        break;

        case WM_DESTROY:
        {
            PostQuitMessage(0);
            return(0);
        }
        break;

        default:
        break;
    }
    return (DefWindowProc(hwnd, msg, wparam, lparam));
}
```

Als Erstes fällt der `switch`-Codeblock ins Auge, in dem alle Nachrichten, auf die das Programm reagieren soll, abgearbeitet werden. In unserem Programmbeispiel werden lediglich die Nachrichten `WM_CREATE` (wird aufgerufen, wenn das Fenster erzeugt wird), `WM_PAINT` (wird aufgerufen, wenn das Fenster neu gezeichnet werden muss) sowie `WM_DESTROY` (wird beim Beenden des Programms aufgerufen) bearbeitet. Das Neuzeichnen eines Fensters wird von der Funktion `BeginPaint()` durchgeführt. Wenn die Anwendung beendet werden soll, muss mittels der Funktion `PostQuitMessage()` die Nachricht `WM_QUIT` abgeschickt werden. Steht diese Nachricht dann zur

Bearbeitung an, so wird die while-Schleife, die innerhalb von WinMain() für die Nachrichtenweiterleitung verantwortlich ist, verlassen und die Anwendung beendet.

1.8 Game Shell Application – der zweite Versuch

Für den ersten Versuch ist unsere Game-Shell-Anwendung gar nicht so schlecht geworden. Aber wie immer gibt es auch einiges zu bemängeln, was man noch verbessern könnte. Den kompletten Programmcode der überarbeiteten Game Shell finden Sie im Programmbeispiel *GameShell2*.

Zum einen ist der Quellcode nicht modular aufgebaut. Bei großen Projekten kann der Programmcode daher sehr schnell unübersichtlich werden. Zu diesem Zweck schreiben wir alle Deklarationen in die Datei *GameShell.h* und alle Implementierungen in die Datei *GameShell.cpp*. Weiterhin führt die Verwendung der Funktionen Game_Init(), Game_Main() sowie Game_Shutdown() ebenfalls zu unübersichtlichem Programmcode, falls die zum Spiel zugehörigen Routinen innerhalb dieser Funktionen implementiert werden. Schwerer noch wiegt der Nachteil, dass die Game Shell Application durch dieses Vorgehen zu unflexibel wird, da natürlich für jedes Spiel der Programmcode dieser drei Funktionen unterschiedlich sein wird. Dieser Nachteil lässt sich jetzt dadurch beheben, dass man diese Funktionen nur für den Aufruf der eigentlichen Spieleroutinen verwendet:

Listing 1.11: Die Funktionen Game_Init(), Game_Main() und Game_Shutdown()

```
void Game_Init(void)
{
    GameInitialisierungsRoutine();
}

/////////////////////////////////////////////////////////////////

void Game_Main(void)
{
    // Mit ESC kann die Anwendung verlassen werden
    if(KEYDOWN(VK_ESCAPE))
       SendMessage(main_window_handle,WM_CLOSE,0,0);

    GameMainRoutine();
}

/////////////////////////////////////////////////////////////////

void Game_Shutdown(void)
{
```

```
    GameCleanUpRoutine();
}
```

Die eigentlichen Spieleroutinen werden einfach in den drei Funktionen `GameInitialisierungsRoutine()`, `GameMainRoutine()` sowie `GameCleanUpRoutine()` implementiert, die dann nur noch durch die Funktionen `Game_Init()`, `Game_Main()` sowie `Game_Shutdown()` aufgerufen werden müssen. Auf diese Weise lässt sich die Game Shell Application dann ohne irgendwelche Änderungen in den verschiedensten Spieleprojekten einsetzen. Bleibt noch die Frage zu klären, wohin mit den neuen Funktionsprototypen und -definitionen?

Ganz klar, wir erweitern unsere Game Shell einfach durch zwei weitere Dateien mit Namen *GameRoutines.h* und *GameRoutines.cpp*. Wir dürfen nun aber nicht vergessen, die drei Funktionen `GameInitialisierungsRoutine()`, `GameMainRoutine()` sowie `GameCleanUpRoutine()` als Externals mit in die Datei *GameShell.h* einzubinden.

Erweiterungen

Zusätzlich zu den soeben beschriebenen Änderungen erweitern wir unsere Game Shell noch um zwei weitere Funktionen, mit deren Hilfe sich aus externen Dateien die einzustellende Bildschirmauflösung, die Farbtiefe sowie die Renderoptionen laden lassen. Weiterhin wird mit der Funktion `MainGameRoutine()` ein lauffähiges Funktionsgerüst erstellt, das wir zukünftig für die Spieleprogrammierung einsetzen werden.

InitResolution()

Durch die Funktion `Init_Resolution()` werden bei Programmstart aus der externen Datei *Resolutions.txt* die Informationen über Bildschirmauflösung, Farbtiefe sowie den Anwendungsmodus (Fenster/Fullscreen) geladen, die dann später bei der Initialisierung von DirectX zum Einsatz kommen. Diese Datei hat den folgenden Aufbau:

```
possible_Resolutions:

Resolution_800_600_16
Resolution_800_600_32
Resolution_1024_768_16
Resolution_1024_768_32

Resolution_Nr: 1

Windows/Fullscreen_(0/1): 1
```

Werfen wir jetzt einen Blick auf die Funktion, wie sie in der Datei *GameRoutines.cpp* implementiert ist:

Listing 1.12: Die Funktion InitResolution()

```
void InitResolution(void)
{
    long ResolutionNr;
    long RenderMode;

    FILE* pfile;

    if((pfile = fopen("Resolutions.txt","r")) == NULL)
        Game_Shutdown();

    fscanf(pfile,"%s", stringBuffer);
    fscanf(pfile,"%s", stringBuffer);
    fscanf(pfile,"%s", stringBuffer);
    fscanf(pfile,"%s", stringBuffer);
    fscanf(pfile,"%s", stringBuffer);

    fscanf(pfile,"%s", stringBuffer);
    fscanf(pfile,"%d", &ResolutionNr);

    if(ResolutionNr == 1)
    {
        screenwidth  = 800;
        screenheight = 600;
        Farbtiefe    = 16;
    }
    else if(ResolutionNr == 2)
    {
        screenwidth  = 800;
        screenheight = 600;
        Farbtiefe    = 32;
    }
    else if(ResolutionNr == 3)
    {
        screenwidth  = 1024;
        screenheight = 768;
        Farbtiefe    = 16;
    }
    else if(ResolutionNr == 4)
    {
        screenwidth  = 1024;
        screenheight = 768;
        Farbtiefe    = 32;
    }

    WidthCorrection = screenwidth/800.0f;
    HeightCorrection = screenheight/600.0f;
```

```
    fscanf(pfile,"%s", stringBuffer);
    fscanf(pfile,"%d", &RenderMode);

    if(RenderMode == 0)
        g_bFullScreen = false;
    else if( RenderMode == 1)
        g_bFullScreen = true;

    fclose(pfile);
}
```

Die Funktion selbst wird aufgerufen, bevor das Anwendungsfenster erzeugt wird.

Listing 1.13: Aufruf der Funktion InitResolution()

```
InitResolution();

if(!(hwnd = CreateWindowEx(NULL,
                            WINDOW_CLASS_NAME,
                           "My Game Shell",
                            WS_OVERLAPPEDWINDOW | WS_VISIBLE,
                            0,0,
                            screenwidth,screenheight,
                            NULL,
                            NULL,
                            hinstance,
                            NULL)))
return(0);
```

InitRenderOptions()

Durch die Funktion `InitRenderOptions()` werden bei Programmstart aus der externen Datei *RenderingAndMore.txt* die voreingestellten Renderoptionen geladen:

```
T&L-Options:
Transform_And_Lightning_with_PureDevice(0)_without(1)
Mixed_Transform_And_Lightning(2)
Non_Transform_And_Lightning(3)

OptionNr: 3

Frame/TimeBased(1/2): 2
MaxFrameRate(FrameBased): 80
MinimalAcceptableFrameRate: 50
```

Die Funktion findet sich ebenfalls in der Datei *GameRoutines.cpp*.

Listing 1.14: Die Funktion InitRenderOptions()

```
void InitRenderOptions(void)
{
    FILE* pfile;

    if((pfile = fopen("RenderingAndMore.txt","r")) == NULL)
        Game_Shutdown();

    fscanf(pfile,"%s", stringBuffer);
    fscanf(pfile,"%s", stringBuffer);
    fscanf(pfile,"%s", stringBuffer);
    fscanf(pfile,"%s", stringBuffer);

    fscanf(pfile,"%s", stringBuffer);
    fscanf(pfile,"%d", &RenderingOption);

    fscanf(pfile,"%s", stringBuffer);
    fscanf(pfile,"%d", &RenderStyle);

    fscanf(pfile,"%s", stringBuffer);
    fscanf(pfile,"%f", &MaxFrameRate);

    InvMaxFrameRate = 1000.0f/MaxFrameRate;

    fscanf(pfile,"%s", stringBuffer);
    fscanf(pfile,"%f", &MinimalAcceptableFrameRate);

    fclose(pfile);
}
```

HINWEIS

Die letzte Variable `MinimalAcceptableFrameRate` ist uns bisher noch nicht begegnet. Fällt im Spiel die Framerate unterhalb des in dieser Variablen gespeicherten Werts ab, sollte die Game Engine mit reduzierter Darstellung arbeiten (weniger Partikel, vereinfachte Modelle usw.). Auf diese Weise kann sich die Framerate wieder stabilisieren. Diese Idee lässt sich natürlich durch Verwendung von abgestuften Grenz-Frameraten beliebig verfeinern. In diesem Zusammenhang spricht man von einer dynamisch skalierbaren Game Engine.

Die Funktion selbst wird aus der Funktion `GameInitialisierungsRoutine()` heraus aufgerufen:

Listing 1.15: Aufruf der Funktion InitRenderOptions()

```
void GameInitialisierungsRoutine(void)
{
    InitRenderOptions();
}
```

GameMainRoutine() (Spielschleife)

Mit den Informationen über Frame Based/Time Based Rendering erstellen wir jetzt ein lauffähiges Funktionsgerüst, das wir in unseren zukünftigen Projekten einsetzen werden.

Listing 1.16: Die Funktion GameMainRoutine()

```
void GameMainRoutine(void)
{
    if(Game_State == -1)
    {
        start_time = GetTickCount();

        if(Pause == false)
        {
            // An dieser Stelle wird das
            // gesamte Spielgeschehen
            // aktualisiert und gerendert.
        }

        // Eingabegeräte (Joystick, Maus und Keyboard) hier abfragen

        // Eingaben, die den Spieler betreffen, hier  verarbeiten

        if(RenderStyle == 1) // Frame Based Rendering
        {
            while((dt=GetTickCount()-start_time)<=InvMaxFrameRate);
            FrameRate = 1000.0f/dt;
            FrameTime = 0.001f*GameSpeed*dt;
        }
        else if(RenderStyle == 2) // Time Based Rendering
        {
            dt = GetTickCount()-start_time;
            FrameRate = 1000.0f/dt;
            FrameTime = 0.001f*GameSpeed*dt;
        }
    }
}
```

1.9 Zusammenfassung

So, für heute sind wir am Ende angelangt und mit Stolz darf ich Ihnen den Titel »Minimalist der Windows-Programmierung« verleihen.
Spaß beiseite, die Überschrift des heutigen Tages besagt eigentlich schon alles; wir haben gerade einmal die Oberfläche der Windows-Programmierung angekratzt. Für uns als Spieleprogrammierer ist das aber vollkommen ausreichend, denn unser Interesse besteht ja nur darin, ein funktionierendes Windows-Rahmenprogramm – eine so genannte Game Shell Application – für unsere zukünftigen Spiele zu schreiben.

1.10 Workshop

Fragen und Antworten

F *Erklären Sie in kurzen Sätzen die Funktionsweise einer Windows-Anwendung?*

A Alle Ereignisse, die eine Windows-Anwendung betreffen, werden vom Betriebssystem in der Message-Queue dieser Anwendung platziert. Mit Hilfe der Funktionen `GetMessage()` oder `PeekMessage()` werden diese Nachrichten aus der Queue geholt, mit der Funktion `TranslateMessage()` in ein anderes Format übersetzt und dann mit Hilfe der Funktion `DispatchMessage()` an Windows mit der Bitte um Weiterleitung an die zuständige Callback-Funktion `WindowProc()` weitergegeben. Diese Callback-Funktion wird ihrerseits von Windows aufgerufen und kümmert sich um die Nachrichtenverarbeitung.

Quiz

1. Welches sind die drei Phasen des Spielablaufs?
2. Erklären Sie den Unterschied zwischen Frame Based Rendering und Time Based Rendering?
3. In welchem Zusammenhang werden die Framezeit und der Framefaktor benötigt?
4. Wie berechnet sich die Framerate?
5. Was versteht man unter einer dynamisch skalierbaren Game Engine?
6. Welche Funktion wird für die Darstellung einer Dialogbox verwendet?
7. In welcher Struktur werden die Eigenschaften eines Windows-Fensters gespeichert?
8. Welche beiden Funktionen müssen aufgerufen werden, bevor sich ein Windows-Fenster verwenden lässt?
9. Innerhalb welcher Funktion läuft eine Windows-Anwendung ab?

10. Was ist eine Message-Queue?
11. Welche Funktionen sind für die Nachrichtenweiterleitung zuständig?
12. Welche Aufgabe hat die `WindowProc()`-Funktion?
13. Innerhalb welcher drei Funktionen werden wir in Zukunft die gesamten Spieleroutinen implementieren?
14. Welche Funktionen verwenden wir in Zukunft für die Einstellung der Bildschirmauflösung, der Farbtiefe sowie der Renderoptionen?

Übungen

1. Modifizieren Sie sowohl den Inhalt als auch den Titel der Dialogbox in unserem ersten Beispielprogramm.
2. Ändern Sie sowohl die Größe als auch das Erscheinungsbild des Anwendungsfensters in den Beispielprogrammen *GameShell1* und *GameShell2*.

Look-up-Tabellen, Zufallszahlen, Listen, Speichermanagement und Dateiverwaltung

Heute, am zweiten Tag, werden wir uns mit einigen relevanten Themen der Spieleprogrammierung beschäftigen. Dazu gehören:

- Look-up-Tabellen
- Zufallszahlen
- Einfach verkettete Listen
- Speichermanagement
- Dateiverwaltung

Ein zusätzliches Kapitel zum Thema Bäume finden Sie im Ordner *Tag 02/...* auf der Begleit-CD.

2.1 Look-up-Tabellen

Auch wenn die Hardware immer leistungsfähiger wird und sich die Grenzen des Möglichen immer weiter in Richtung des Unmöglichen verschieben, bedeutet das noch lange nicht, dass wir uns keine Gedanken mehr über optimierten Programmcode zu machen brauchen. Stellen Sie sich einfach eine Spielszene Ihrer Wahl vor und bedenken Sie, dass solch eine Szene ca. 35-mal in der Sekunde berechnet werden muss, damit der Eindruck einer ruckelfreien Animation entsteht. Wenn die Framerate in einer komplexen Szene zu niedrig wird, werden Sie sich wie der Ehrengast in einer Diashow fühlen. In einer Space-Combat-Simulation beispielsweise fängt der Ärger damit an, dass Sie die bewegten Sterne plötzlich mehrfach bewundern dürfen, und wenn Sie dann auf einen Planeten zusteuern, sind Sie mittendrin in der schönsten Ruckelarie.

Wo geht Ihrer Meinung nach die meiste Performance verloren?

Der Gedanke liegt nahe, dass die grafische Darstellung ein Spiel ausbremst. Mit dieser Aussage liegen Sie bei einigen Spielen richtig, bei anderen Spielen aber weit daneben. Die KI (künstliche Intelligenz) ist nicht selten der kritische Faktor, und da hilft Ihnen leider auch keine GeForce-Grafikkarte. Nehmen Sie als Beispiel ein Echtzeit-Strategiespiel mit einer erstklassigen KI; wird die Zahl der vom Computer kommandierten Einheiten zu groß, können Sie wiederum eine herrliche Diashow genießen. Nach wie vor müssen wir als Programmierer nach Wegen suchen, den Programmcode so gut wie möglich zu optimieren.

HINWEIS

Mit Hilfe von Look-up-Tabellen lassen sich zeitaufwendige, immer wiederkehrende Berechnungen vermeiden. Zu Beginn des Spiels werden einfach alle benötigten Werte vorberechnet. Vor dem Erstellen der Look-up-Tabellen muss man sich darüber im Klaren sein, für welche Funktionen solche Tabellen angelegt werden sollen (sin, cos, Quadratwurzel usw.) und welche Genauigkeit diese Tabellen haben müssen.

Einfache Tabellen

Wir werden jetzt die folgenden vier Look-up-Tabellen anlegen:

- Sinustabelle (Genauigkeit 1°)
- Kosinustabelle (Genauigkeit 1°)
- Quadratwurzeltabelle (Wertebereich 0 bis 2)
- Arkuskosinustabelle (Wertebereich –1 bis 1)

Sowohl die Sinus- als auch die Kosinustabelle werden mit einer Genauigkeit von 1° initialisiert; mit anderen Worten, es werden nur die Werte für die Winkel 0°, 1° bis 359° gespeichert.

In einer dritten Tabelle werden die Quadratwurzeln der Zahlen im Bereich von null bis zwei tabelliert. Die berechneten Werte werden in einem Array mit 2001 Elementen abgelegt, woraus eine Genauigkeit von 1:1000 resultiert. Beispielsweise findet sich die Quadratwurzel von zwei im Arrayelement 2000.

Die Look-up-Tabelle für den Arkuskosinus erstreckt sich über einen Wertebereich von –1 bis +1 (**cos(180°) = –1**; **cos(0°) = 1**). Da diese Tabelle ebenfalls eine Genauigkeit von 1:1000 besitzen soll, wird wiederum ein Array mit 2001 Elementen benötigt.

Die Arbeitsweise dieser Look-up-Tabellen können Sie im Programmbeispiel *LookUp1* studieren.

Listing 2.1: Look-up-Tabellen

```
#include <iostream.h>
#include <math.h>  // Header-Datei für die verwendeten mathemat. Fkt.

// Makros für die Freigabe von Heap-Speicher:
#define SAFE_DELETE(p) {if(p) {delete (p); (p)=NULL;}}
#define SAFE_DELETE_ARRAY(p) {if(p) {delete[] (p); (p)=NULL;}}

float* SinLookUp    = NULL;
float* CosLookUp    = NULL;
float* ArcCosLookUp = NULL;
float* WurzelLookUp = NULL;

inline void Berechne_LookUpTabellen(void)
{
    for(long winkel = 0; winkel < 360; winkel++)
    {
        SinLookUp[winkel] = sinf(winkel*3.141592654f/180.0f);
        CosLookUp[winkel] = cosf(winkel*3.141592654f/180.0f);
    }

    for(long i = 0; i < 2001; i++)
    {
        WurzelLookUp[i] = sqrtf(i/1000.0f);
```

```
        ArcCosLookUp[i] = 180.0f/3.141592654f*
                          acosf((i-1000.0f)/1000.0f);
    }
}

// Zugriffsfunktionen
inline float ReturnSineValue(float winkel)
{
    return(SinLookUp[(long)winkel]);
}

inline float ReturnCosineValue(float winkel)
{
    return(CosLookUp[(long)winkel]);
}

inline float ReturnArcCosineValue(float value)
{
    return(ArcCosLookUp[(long)(value*1000+1000)]);
}

inline float ReturnSqrtValue(float value)
{
    return(WurzelLookUp[(long)(value*1000)]);
}

int main(void)
{
    SinLookUp    = new float[360];
    CosLookUp    = new float[360];
    ArcCosLookUp = new float[2001];
    WurzelLookUp = new float[2001];

    Berechne_LookUpTabellen();

    cout <<"sin(45 DEG) = "   << ReturnSineValue(45.0f)<<endl;
    cout <<"cos(214 DEG) = "  << ReturnCosineValue(214.0f)<<endl;
    cout <<"ArcCos(-0.7) = "  << ReturnArcCosineValue(-0.7f)<<endl;
    cout <<"Wurzel(1.4) = "   << ReturnSqrtValue(1.4f)<<endl;

    // Bei Programmende - Zerstören der Arrays
    SAFE_DELETE_ARRAY(SinLookUp)
    SAFE_DELETE_ARRAY(CosLookUp)
    SAFE_DELETE_ARRAY(WurzelLookUp)
    SAFE_DELETE_ARRAY(ArcCosLookUp)

    return 0;
}
```

Den Quellcode sollten Sie eigentlich ohne allzu große Probleme nachvollziehen können. Vielleicht erscheint Ihnen die Erzeugung und das Auslesen der Quadratwurzel- und Arkuskosinustabellen etwas merkwürdig – aus diesem Grund werden wir uns diesen Sachverhalt etwas genauer ansehen.

Mit Hilfe der Anweisung

```
WurzelLookUp[i] = sqrtf(i/1000.0f);
```

wird die Quadratwurzel von `(i/1000.0f)` berechnet und in das i'te Arrayelement geschrieben. Setzen wir `i=0`, wird die Quadratwurzel von null berechnet und in das nullte Arrayelement geschrieben. Setzen wir `i=2000`, wird die Quadratwurzel von `(2000/1000.0f)=2.0f` berechnet und in das 2000. Arrayelement geschrieben. Setzen wir `i=1200`, wird die Quadratwurzel von `(1200/1000.0f)=1.2f` berechnet und in das 1200. Arrayelement geschrieben usw.

Mit Hilfe der Anweisung

```
return(WurzelLookUp[(long)(value*1000)]);
```

wird der Wert, der im Arrayelement `(long)(value*1000)` gespeichert ist, ausgelesen. Beispielsweise findet sich die Quadratwurzel von `1.2f` im Arrayelement `(long)(1.2f*1000)=1200`.

Mit Hilfe der Anweisung

```
ArcCosLookUp[i] = 180.0f/3.141592654f*acosf((i-1000.0f)/1000.0f);
```

wird der Arkuskosinus von `((i-1000.0f)/1000.0f)` berechnet und in das i'te Arrayelement geschrieben. Setzen wir `i=0`, wird der Arkuskosinus von `((-1000.0f)/1000.0f)=-1.0f` berechnet und in das nullte Arrayelement geschrieben. Setzen wir `i=2000`, wird der Arkuskosinus von `((2000-1000.0f)/1000.0f)=1.0f` berechnet und in das 2000. Arrayelement geschrieben

Mit Hilfe der Anweisung

```
return(ArcCosLookUp[(long)(value*1000+1000)]);
```

wird der Wert, der im Arrayelement `(long)(value*1000+1000)` gespeichert ist, ausgelesen. Beispielsweise findet sich der Arkuskosinus von `-1.0f` im Arrayelement `(long)(-1.0f*1000+1000)=0`.

Klassen für Look-up-Tabellen

Die Look-up-Tabellen aus dem letzten Programmbeispiel sind für den praktischen Einsatz viel zu unflexibel, da die Genauigkeit dieser Tabellen nicht variiert werden kann. Die Einkapselung einer Look-up-Tabelle in einer Klasse erleichtert jetzt sowohl ihre flexible Initialisierung als auch ihre Handhabung. Weiterhin werden wir auch Vorsorge treffen, dass man immer nur diejenigen Werte abfragen kann, die auch wirklich in der Tabelle gespeichert sind. Im Programmbeispiel *LookUp2* können Sie solche Klassen im Einsatz erleben.

Listing 2.2: Klassen für Look-up-Tabellen

```
#include <iostream.h>
#include <math.h>

#define SAFE_DELETE(p) {if(p) {delete (p); (p)=NULL;}}
#define SAFE_DELETE_ARRAY(p) {if(p) {delete[] (p); (p)=NULL;}}

class CSinLookUp
{
private:
    long   AnzElements;
    float  Genauigkeit;
    float* Tabelle;

public:
    CSinLookUp(float Schrittweite = 1.0f)
    {
        Genauigkeit = 1.0f/Schrittweite;
        AnzElements = (long)(360*Genauigkeit);
        Tabelle     = new float[AnzElements];

        for(long winkel = 0; winkel < AnzElements; winkel++)
        {
            // Berechnung der Sinus-Look-up-Tabelle
            Tabelle[winkel] = sinf(winkel*Schrittweite*
                                   3.141592654f/180.0f);
        }
    }

    ~CSinLookUp()
    {
        SAFE_DELETE_ARRAY(Tabelle)
    }

    float ReturnSinValue(float winkel)
    {
        if(winkel < 0.0f)
            winkel += 360.0f;
        else if(winkel > 360.0f)
            winkel -= 360.0f;

        return(Tabelle[(long)(winkel*Genauigkeit)]);
    }
};
```

```
class CAcosLookUp
{
private:
    long   AnzElements;
    long   Genauigkeit;
    float* Tabelle;

public:
    CAcosLookUp(long genauigkeit = 1000)
    {
        Genauigkeit = genauigkeit;
        AnzElements = 2*Genauigkeit+1;
        Tabelle     = new float[AnzElements];

        for(long i = 0; i < AnzElements; i++)
        {
            // Berechnung der ArkusKos-Look-up-Tabelle
            Tabelle[i] = 180.0f/3.141592654f*
            acosf((float)(i-Genauigkeit)/Genauigkeit);
        }
    }

    ~CAcosLookUp()
    {
        SAFE_DELETE_ARRAY(Tabelle)
    }

    float ReturnAcosValue(float value)
    {
        if( value < -1.0f || value > 1.0f)
            return 0.0f;
        else
       return(Tabelle[(long)(value*Genauigkeit+Genauigkeit)]);
    }
};

// Eine Look-up-Tabelle zum Abschätzen von Quadratwurzeln
// (square roots)

class CSqrtLookUp
{
private:
    long   AnzElements;
    long   Genauigkeit;
    float  MaxValue;
    float* Tabelle;
```

```
public:
    CSqrtLookUp(long genauigkeit = 1000, float maxValue = 1.0f)
    {
        MaxValue    = maxValue;
        Genauigkeit = genauigkeit;
        AnzElements = Genauigkeit+1;
        Tabelle     = new float[AnzElements];

        for(long i = 0; i < AnzElements; i++)
        {
            // Berechnung der Sqrt-Look-up-Tabelle
            Tabelle[i] = sqrtf(MaxValue*i/Genauigkeit);
        }
    }

    ~CSqrtLookUp()
    {
        SAFE_DELETE_ARRAY(Tabelle)
    }

    float ReturnSqrtValue(float value)
    {
        if(value < 0.0f)
            value = -value;
        if(value > MaxValue)
            value = MaxValue;

        return(Tabelle[(long)(value*Genauigkeit/MaxValue)]);
    }
};
```

Der komplette Quellcode befindet sich im Programmbeispiel *LookUp2*.

2.2 Zufallszahlen

Zufallszahlen werden in einem Spiel hauptsächlich für die Variation des Spielablaufs und des Gegnerverhaltens eingesetzt.

Einfache Inline-Funktionen für Zufallszahlen

Mit der `rand()`-Funktion verfügt der C/C++-Programmierer über eine komfortable Möglichkeit für die Erzeugung von Zufallszahlen. Der Zufallszahlengenerator wird mit der Funktion `srand()` initialisiert. Als Parameter werden wir später die Windows-API-Funktion `GetTickCount()` verwenden. Zu diesem Zeitpunkt werden wir jedoch die Funktion `time()` einsetzen, die uns die Zeit in ms liefert, die seit dem Systemstart vergangen ist. Für die Erzeugung von Zufallszahlen schreiben wir jetzt die beiden Inline-Funktionen `frnd()` (für Fließkommazahlen) und `lrnd()` (für Ganzzahlen).

Es ist nahe liegend, beiden Funktionen als Parameter die kleinste sowie die größte zu erzeugende Zufallszahl zu übergeben. Für den praktischen Einsatz ist es jedoch sinnvoller, wenn die erzeugten Zufallszahlen stets kleiner als der Größtwert sind. Nehmen wir einmal an, dass mit Hilfe einer Zufallszahl auf ein bestimmtes Arrayelement zugegriffen werden soll, dann lässt sich diese Zufallszahl einfach durch den Aufruf `lrnd(0, AnzElements)` erzeugen. Da die erzeugten Zufallszahlen stets kleiner als `AnzElements` sind, besteht keine Gefahr, eventuell auf ein nicht existierendes Arrayelement zuzugreifen.

Im Programmbeispiel *Zufallszahlen* können Sie diese Funktionen in voller Aktion erleben.

Listing 2.3: Zufallszahlen

```
#include <stdlib.h>  // Header für die Funktionen rand() und srand()
#include <iostream.h>
#include <time.h>    // Header für die Funktion time()

// Einfache Inline-Funktionen zur Erzeugung von Zufallszahlen
long tempLrnd;
float tempFrnd;

inline float frnd(float low, float high)
{
    tempFrnd = low + ( high - low ) * ( (long)rand() ) / RAND_MAX;

    if(tempFrnd < high)
        return tempFrnd;
    else
        return low;
}

inline long lrnd(long low, long high)
{
    tempLrnd = low + ( high - low ) * ( (long)rand() ) / RAND_MAX;

    if(tempLrnd < high)
        return tempLrnd;
    else
        return low;
}

int main(void)
{
    // Initialisierung des Zufallsgenerators
    srand(time(0));

    cout << lrnd(0,3) << endl;
```

```
    cout << frnd(-5.0f,5.0f) << endl;

    return 0;
}
```

Eine Klasse für Zufallszahlen

Wie heißt es doch so schön: »... und die Kritik folgt auf dem Fuße« – die rand()-Funktion benötigt natürlich Rechenzeit, und diese können wir einsparen, wenn wir stattdessen eine Look-up-Tabelle für Zufallszahlen erzeugen. Wir werden es aber nicht bei einer einfachen Tabelle belassen, sondern eine Klasse implementieren, mit der sich komfortabel arbeiten lässt. Im Programmbeispiel *ZufallszahlenKlasse* findet sich neben der Klasse für die Erzeugung ganzzahliger Zufallszahlen auch eine Klasse für die Erzeugung von Fließkomma-Zufallszahlen.

Listing 2.4: Eine Klasse für Zufallszahlen

```
class CLongRandomNumberList
{
private:
    long counter;     // Diese Variable enthält das aktuelle Element
                      // der Zufallszahlen-Tabelle
    long   AnzElements;
    long   SmallestNumber; // kleinste Zufallszahl
    long   HighestNumber;  //größte Zufallszahl

    long* ZahlenListe;     //Zeiger auf das Array ZahlenListe

public:
    CLongRandomNumberList(long Anzahl, long s, long h)
    {
        srand(time(0));  // Initialisierung des Zufallsgenerators
        AnzElements = Anzahl;
        SmallestNumber = s;
        HighestNumber = h;
        ZahlenListe = new long[AnzElements];

        // Erzeugung der Zufallszahlen:
        for(counter = 0; counter < AnzElements; counter++ )
            ZahlenListe[counter] = lrnd(SmallestNumber,
                                        HighestNumber);

        counter = 0;  //Variable wird auf das erste Element der
                      // Zufallszahlen-Tabelle gesetzt.
    }

    ~CLongRandomNumberList()
```

```
    {
        SAFE_DELETE_ARRAY(ZahlenListe)
    }

    long NeueZufallsZahl(void)
    {
        if(counter < AnzElements-1)
            counter++;     // counter wird auf das nächste Element der
                           // Tabelle gesetzt.
        else
            counter = 0; // Wenn counter schon auf das letzte
                         // Element zeigt, dann wird der
                         // counter wieder auf das
                         // erste Element zurückgesetzt.

        return ZahlenListe[counter];
    }
};

int main(void)
{
    CLongRandomNumberList* LZufallszahlen=new CLongRandomNumberList(
                                          1000, -10, 10);

    cout << LZufallszahlen-> NeueZufallsZahl() << endl;
    cout << LZufallszahlen-> NeueZufallsZahl() << endl;
    cout << LZufallszahlen-> NeueZufallsZahl() << endl;
    cout << LZufallszahlen-> NeueZufallsZahl() << endl;

    SAFE_DELETE(LZufallszahlen)

    return 0;
}
```

2.3 Einfach verkettete Listen

Haben Sie schon einmal etwas von Borg-Datenknoten gehört? Für alle Nichttrekkies: Ein Borg-Datenknoten ist eine Einheit zur Speicherung und Verarbeitung relevanter Daten. Hier auf der Erde sind sie besser bekannt unter den Begriffen verkettete Listen und Bäume. In diesem Kapitel werden wir uns auf die Listen beschränken. Wenn Sie eine einfach verkettete Liste im Einsatz erleben wollen, werfen Sie am besten einen Blick in das Programmbeispiel *SimpleLinkedList*.

Eine einfach verkettete Liste besteht aus einer Reihe von Borg-Datenknoten, wobei jeder Knoten über einen Zeiger mit dem nachfolgenden Knoten verbunden ist. Ein Knoten selbst ist entweder eine Strukturvariable oder ein Klassenobjekt. Für gewöhnlich wird der erste Knoten einer Liste als Head-Knoten (Kopfknoten) und der letzte Knoten als Tail-Knoten (Schwanzknoten) bezeichnet.

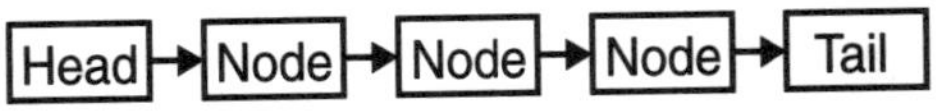

Abbildung 2.1: Eine einfach verkettete Liste

In verketteten Listen lassen sich Spieleobjekte wie Asteroiden und Raumschiffe oder auch einfach Namen, Adressen- und Telefonnummern speichern. Wir werden uns an dieser Stelle mit einer Liste begnügen, die lediglich ein paar persönliche Daten speichern kann.

Für jeden neuen Listeneintrag wird zunächst ein Klassenobjekt oder eine Strukturvariable erzeugt und dann der bestehenden Liste hinzugefügt. Eine Funktion mit den Namen `Insert_Node()`wird diese Aufgabe für uns erledigen.

Weiterhin benötigen wir die Funktion `Traverse_List()`, mit deren Hilfe die gesamte Liste durchlaufen werden kann, sei es zum Auffinden einer Telefonnummer oder zur Bewegung und zum Rendern der Asteroiden oder Raumschiffe.

Natürlich können Asteroiden auch zerstört und persönliche Daten gelöscht werden. Wir benötigen also eine `Delete_Node()`-Funktion, um einzelne Knoten aus der Liste entfernen zu können.

Weiterhin benötigen wir eine `Delete_List()`-Funktion, um bei Programmende die gesamte verbleibende Liste zerstören zu können.

Der Borg-Datenknoten

Zunächst einmal definieren wir einen kleinen Datenknoten. Dabei kommt der letzten Zeile eine besondere Bedeutung zu, denn über den Zeiger `NextKnoten` wird ein Knoten innerhalb der einfach verketteten Liste mit dem nachfolgenden Knoten verbunden.

Listing 2.5: Verkettete Liste – Datenknoten

```
struct Knoten
{
    long id;
    long age;
    char name[100];

    Knoten* NextKnoten;
};
```

Jede verkettete Liste beginnt mit einem Head-Knoten und endet mit einem Tail-Knoten. Damit wir überhaupt eine Liste erzeugen können, müssen wir diese Zeiger erst einmal initialisieren:

```
Knoten* head = NULL;
Knoten* tail = NULL;
```

Die verkettete Liste durchlaufen

Als Aufwärmübung werden wir erst einmal die Funktion Traverse_List() betrachten, mit deren Hilfe sich die verkettete Liste durchlaufen lässt. Diese Funktion hat die folgenden Aufgaben zu erfüllen:

- Starte beim Head-Knoten und gebe, sofern dieser Knoten nicht gleich NULL ist, die Daten aus, die in diesem Knoten gespeichert sind.
- Gehe zum nächsten Knoten und gebe, sofern dieser Knoten nicht gleich NULL ist, die Daten aus, die in diesem Knoten gespeichert sind.
- Wiederhole den vorherigen Schritt so lange, bis der nächste Knoten gleich NULL ist.

Listing 2.6: Verkettete Liste – die Funktion Traverse_List()

```
void Traverse_List(Knoten* head)
{
    // Überprüfen, ob die Liste existiert:
    if(head == NULL)
    {
        printf("\nListe ist leer!\n");
        return;
    }

    while(head != NULL)
    {
        // Auslesen der Daten:
        printf("\nID: %d", head->id);
        printf("\nAge: %d", head->age);
        printf("\nName: %s \n", head->name);

       // Auf zum nächsten Knoten:
       head = head->NextKnoten;
    }
}
```

Einen neuen Knoten einfügen

Nun müssen wir uns überlegen, wie man einen neuen Knoten in die Liste einfügen kann. Natürlich könnte er an einer beliebigen Stelle eingefügt werden; wir werden uns hier aber nur damit beschäftigen, wie sich ein weiterer Knoten an die Liste anhängen lässt. Hierbei müssen drei Fälle berücksichtigt werden:

- Im einfachsten Fall existiert noch keine Liste. Der neue Knoten wird zugleich zum Kopf- und Schwanzknoten der neu erzeugten Liste.

- Im zweiten Fall besteht die Liste schon aus einem einzelnen Knoten. Der neue Knoten wird direkt an den Kopfknoten angehängt und wird so selbst zum neuen Schwanzknoten.
- Im dritten Fall besteht die Liste schon aus zwei oder mehr Elementen. Der neue Knoten wird direkt an den Schwanzknoten angehängt und wird selbst zum neuen Schwanzknoten.

Die Arbeitsweise der `Insert_Node()`-Funktion lässt sich wie folgt veranschaulichen:

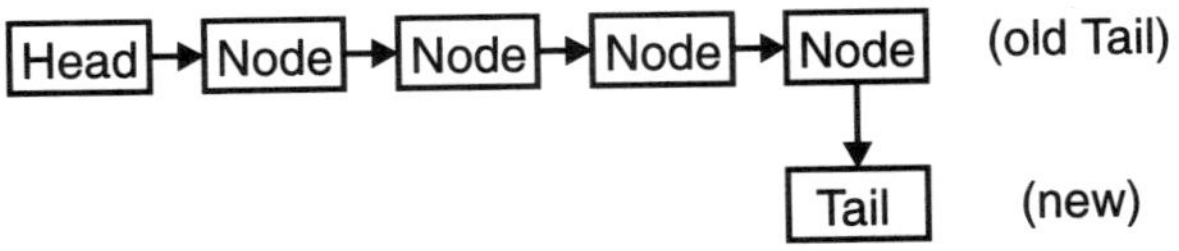

Abbildung 2.2: Ein neues Element an eine bestehende Liste anhängen

Hier der Quellcode für die Funktion `Insert_Node()`:

Listing 2.7: Verkettete Liste – die Funktion Insert_Node()

```
void Insert_Node(long id, long age, char *name)
{
    Knoten* neuerKnoten= new Knoten;  // neuen Knoten erzeugen

    // Dem neuen Knoten die neuen Werte zuweisen:
    neuerKnoten->id = id;
    neuerKnoten->age = age;
    strcpy(neuerKnoten ->name, name);
    neuerKnoten->NextKnoten = NULL;  // wilde Zeiger sind gefährlich

    // Den Status der Liste überprüfen:
    if(head == NULL)
    {
        // leere Liste
        head = tail = neuerKnoten;
    }
    else if(head != NULL && (head == tail))
    {
        // Liste besteht aus exakt einem Element
        head->NextKnoten = neuerKnoten;
        tail = neuerKnoten;
    }
    else
    {
        // Liste besteht aus zwei oder mehr Elementen
        tail->NextKnoten = neuerKnoten;
        tail             = neuerKnoten;
    }
}
```

Einen Knoten löschen

Jetzt kümmern wir uns um die Funktion `Delete_Node()`, mit der sich ein Knoten aus der Liste löschen lässt. Dieser Funktion wird als Parameter die `id` des zu löschenden Knotens übergeben. Ist der Knoten mit der zugehörigen `id` gefunden, müssen beim Löschvorgang vier Fälle berücksichtigt werden:

- Der zu löschende Knoten ist zugleich Kopf- und Schwanzknoten.
- Der zu löschende Knoten ist der Kopfknoten.
- Der zu löschende Knoten ist der Schwanzknoten.
- Der zu löschende Knoten befindet sich zwischen Kopf- und Schwanzknoten.

Bevor ein Knoten mit `delete` gelöscht werden kann, muss dieser zunächst einmal aus der Liste entfernt werden:

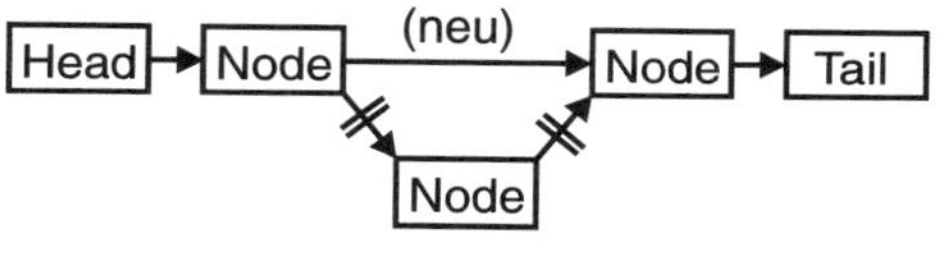

Abbildung 2.3: Entfernen eines Knotens aus einer verketteten Liste

Listing 2.8: Verkettete Liste – die Funktion Delete_Node()

```
void Delete_Node(int id)
{
    // benötigte Hilfszeiger
    Knoten* current_ptr = head;     // current pointer
    Knoten* previous_ptr = head;    // previous record

    // testen, ob überhaupt eine Liste vorhanden ist:
    if(head == NULL)
        return;

    // Die Liste durchgehen und den Knoten suchen, der gelöscht
    // werden soll:
    while(current_ptr->id != id && current_ptr != NULL)
    {
        previous_ptr = current_ptr;

        if( current_ptr == tail)  // damit das Listenende
            return;               // nicht überschritten wird

        current_ptr = current_ptr->NextKnoten;
    }
```

```
// Entweder wurde der Knoten gefunden oder das Ende der Liste
// wurde erreicht.
// Falls der zu löschende Knoten nicht gefunden wurde:
if(current_ptr == NULL)
    return;   //Funktion wird verlassen

// Der gesuchte Knoten wurde gefunden:
// Jetzt müssen wir wieder verschiedene Fälle überprüfen.

//Fall 1: Liste besteht nur aus einem Element
if(head == tail)
{
    // Knoten löschen:
    delete head;
    head = tail = NULL;

}
//Fall 2: Der Kopfknoten soll gelöscht werden
else if(current_ptr == head)
{
    //der nachfolgende Knoten wird der neue Kopfknoten
    head = head->NextKnoten;
    //Knoten löschen:
    delete current_ptr;
    current_ptr = NULL;
}
//Fall 3: Der Schwanzknoten soll gelöscht werden:
else if(current_ptr == tail)
{
    // Es muss dafür Sorge getragen werden, dass der vorletzte
    // Knoten nicht mehr auf den alten Schwanzknoten zeigt.
    // Der vorletzte Knoten wird zum neuen Schwanzknoten!
    previous_ptr->NextKnoten = NULL; // previous_ptr zeigt auf
                                     // den vorletzten Knoten
    // Knoten löschen
    delete current_ptr;
    current_ptr = NULL;
    // Der vorletzte Knoten wird zum neuen Schwanzknoten
    tail = previous_ptr;
}
// Fall 4: Der zu löschende Knoten befindet sich irgendwo
// zwischen dem Kopf- und dem Schwanzknoten
else
{
    // Verbinden des vorhergehenden Knotens mit dem
    // nachfolgenden Knoten. Der zu löschende Knoten wird
    // praktisch überbrückt.
    previous_ptr->NextKnoten = current_ptr->NextKnoten;
    // Knoten löschen
```

```
        delete current_ptr;
        current_ptr = NULL;
}
}
```

Die gesamte Liste löschen

Zu guter Letzt benötigen wir noch eine Funktion, welche die gesamte Liste löschen kann. Diese Funktion arbeitet so ähnlich wie die Funktion `Traverse_List()`, mit dem Unterschied, dass jetzt alle Knoten nacheinander gelöscht werden.

Listing 2.9: Verkettete Liste – die Funktion Delete_List()

```
void Delete_List(void)
{
    // Testen, ob überhaupt eine Liste vorhanden ist:
    if(head == NULL)
    return;

    Knoten* pointer = NULL;
    while(head != tail)
    {
        pointer = head;
        head = head->NextKnoten;
        delete pointer;
    }

    delete head;
    head = tail = pointer = NULL;
}
```

2.4 Einen eigenen Memory-Manager entwickeln

Verkettete Listen sind eine schöne Sache. Sie zeugen von Eleganz, man kann mit ihnen angeben und sie sind langsam. Spaß beiseite, warum sind verkettete Listen langsam? Betrachten Sie beispielsweise die Funktion zum Löschen eines Knotens. Wenn Sie irgendeinen Knoten suchen, sei es, um ihn zu löschen oder um sonst etwas mit ihm zu machen, müssen Sie erst einmal die ganze Liste durchlaufen, bis Sie den Knoten überhaupt gefunden haben. Die Reihenfolge, in der die Game-Objekte in der Liste abgespeichert sind, entspricht normalerweise nicht der Reihenfolge, in der Sie auf diese Objekte Zugriff nehmen müssen.

Weiterhin beansprucht die Erzeugung und Vernichtung der Objekte während des Spiels kostbare Zeit, die man sicher auch anders nutzen kann. Und wenn einmal nicht genügend Speicher vorhanden ist und die Erzeugung eines neuen Objekts fehlschlägt, bringt das bestenfalls den Spielablauf durcheinander.

HINWEIS

Ich sollte Ihnen noch etwas zur Arbeitsweise der new-Anweisung erklären. Jedes Objekt, das Sie erzeugen wollen, benötigt eine bestimmte Menge Speicherplatz. Die sizeof()-Funktion kann Ihnen darüber genaue Auskunft geben. new sucht jetzt nach einem Speicherblock der benötigten Größe. Nur wenn solch ein Block gefunden wird, kann das Objekt erzeugt werden. Wenn die gefundenen Speicherblöcke allesamt zu klein sind, dann haben Sie halt Pech gehabt. Der Teufel, gegen den Sie hier ankämpfen müssen, nennt sich Speicherfragmentierung. Alle laufenden Programme reservieren ständig Speicher und geben ihn hoffentlich auch wieder frei. Vergleichen Sie diese Vorgänge ruhig einmal mit der steten Suche nach einem Parkplatz. Größere Autos (Objekte) benötigen einen größeren Parkraum als kleinere Autos (Objekte). Das führt letztlich zur Verschwendung von Parkraum. Sie kennen es alle – überall ist etwas Platz, nur nicht genug, damit Ihr Auto da hineinpasst. Setzen Sie nun den Parkraum mit dem Speicherplatz gleich und Sie können sich in etwa ein Bild von den Vorgängen in Ihrem Computerspeicher machen.

Die soeben besprochenen Probleme können durch die Verwendung von Arrays umgangen werden. Kritiker werden sicherlich einwenden, dass man Unmengen an Speicherplatz verschenkt und Arrays viel zu unflexibel in der Anwendung sind.

Diese Annahme ist schlichtweg falsch – jedenfalls was die Spieleprogrammierung betrifft. Stellen Sie sich ein 3D-Szenario vor, in dem Sie einige Asteroiden platzieren wollen. Was spricht dagegen, eine Obergrenze für deren Anzahl festzulegen? Aus Performancegründen können sowieso nicht beliebig viele Objekte animiert und gerendert werden. Speicherverschwendung ist das auch nicht, denn wir gehen ja davon aus, dass zu irgendeinem Zeitpunkt die Obergrenze erreicht wird. Weiterhin ist der Zugriff auf ein Arrayelement deutlich schneller möglich als der Zugriff auf ein Element der verketteten Liste.

Im Folgenden werden wir eine Klasse für die Speicherverwaltung entwickeln, die mit einem vorinitialisierten Array arbeitet. Auf dieser Klasse baut später in unserem Spieleprojekt die Speicherverwaltung auf. Wenn Sie den Memory-Manager in Aktion sehen wollen, sollten Sie einfach einen Blick in das Beispielprogramm *MemoryManager* werfen.

Eine beispielhafte Objektklasse

Zunächst einmal schreiben wir eine beispielhafte Klasse, deren Instanzen von der Memory-Manager-Klasse verwaltet werden können:

Listing 2.10: Memory-Manager – CObject-Klasse

```
class CObject
{

public:
    long id;
    bool active;
```

```
    CObject()
    { active = false; }

    ~CObject()
    {}

    void Initialisieren(long ID)  // muss immer aufgerufen werden,
                                  // wenn das Arrayelement
                                  // reinitialisiert werden soll
    {
        active = true;
      id = ID
    }

    void Zuruecksetzen()  // muss immer aufgerufen werden,
                          // wenn das Arrayelement nicht
                          // mehr benötigt wird
    {
        active =false;
    }
    void Do_Something()  // irgendeine Methode
    {}
};
```

Die Memory-Manager-Klasse

Bevor wir uns wieder auf den Programmcode stürzen, werden wir uns erst einmal die einzelnen Klassenmethoden näher ansehen:

- Für die Initialisierung eines neuen Objekts stellt die Memory-Manager-Klasse die Methode `New_Object()` zur Verfügung. Innerhalb dieser Methode wird die Liste `pUsedElements` nach einem Arrayelement durchsucht, das zur Zeit nicht verwendet wird. Ist ein solches Element gefunden, wird der zugehörige Index in eine Leseliste (`pReadingOrder`) eingetragen und das Objekt initialisiert. Hierfür wird die Methode `Initialisieren()` der Objektklasse aufgerufen.
- Die Methode `Traverse_ObjectList()` durchläuft jetzt die Leseliste und führt irgendwelche Dinge mit den entsprechenden Objekten aus.
- Für das Zurücksetzen eines aktiven Objekts stehen die beiden Methoden `Delete_Object_with_ListPosition_Nr()` sowie `Delete_Object_with_Index_Nr()` zur Auswahl. Beide Funktionen rufen ihrerseits die Methode `Zuruecksetzen()` der Objektklasse auf.
- Weiterhin steht mit `Delete_all_Objects_in_List()` eine Methode zum Zurücksetzen aller Arrayelemente zur Verfügung.

Listing 2.11: Memory-Manager – CObject_Memory_Manager-Klasse für das Handling aller CObject-Instanzen

```
class CObject_Memory_Manager
{
private:

    CObject* pObject;
    long Element_Unbenutzt;
    long NoMore_Element;

    long* pReadingOrder;  // Zeiger auf pReadingOrder-Array
    long* pUsedElements;  // Zeiger auf pUsedElements-Array

    long ActiveElements;  // Anzahl der aktiven Elemente
    long Size;            // Arraygröße

public:

    CObject_Memory_Manager(long size = 20)
    {
        Element_Unbenutzt = -10000;
        NoMore_Element    = -10000;

        Size = size;

        pUsedElements = new long[Size]; // In dieser Liste stehen die aktiven
                                        // und nicht aktiven Arrayelemente.
    // Bei einer Neuinitialisierung wird hier nach dem ersten nicht
    // benutzten Element gesucht

        pReadingOrder = new long[Size+1]; // In dieser Liste stehen alle
                                          // Elemente, die von der Funktion
                                          // Traverse_ObjektList
                                          // bearbeitet werden.
    // Die Liste wird immer mit NoMore_Element abgeschlossen, darum
    // das +1!

        pObject = new CObject[Size];  // Hier wird das Array für die
                                      // Game-Objekte erzeugt.

    // Zu Beginn sind alle Elemente unbenutzt, das wird in die
    // pUsedElement-Liste eingetragen.

        for(long i = 0; i < Size; i++)
        {
            pObject[i].id = i;
            pUsedElements[i] = Element_Unbenutzt;
        }
```

```
        pReadingOrder[0] = NoMore_Element ; // kein aktives Element
                                            // zur Zeit

        ActiveElements = 0;      // keine aktiven Elemente zur Zeit

    }

    ~CObject_Memory_Manager()
    {
        SAFE_DELETE_ARRAY(pUsedElements)
        SAFE_DELETE_ARRAY(pReadingOrder)
        SAFE_DELETE_ARRAY(pObject)
    }

    void New_Object()  // Hier werden neue Game-Objekte
                       // initialisiert.
    {
        // In dieser Schleife wird erst einmal nach einem
        // unbenutzten Arrayelement gesucht.
        // Ist dieses gefunden, dann wird es initialisiert.
        // In die pUsedElements-Liste wird eingetragen, dass das
        // betreffende Element jetzt verwendet wird.
        // Die pReadingOrder-Liste wird um das neue Element
        // erweitert.
        // Die Anzahl der aktiven Elemente wird um 1 erhöht.
        // Die pReadingOrder-Liste wird mit NoMore_Element
        // abgeschlossen.

        for(long i = 0; i < Size; i++)
        {
            if(pUsedElements[i] == Element_Unbenutzt)
            {
                pObject[i].Initialisieren(i);
                pUsedElements[i] = i;
                pReadingOrder[ActiveElements] = i;
                ActiveElements++;
                pReadingOrder[ActiveElements] = NoMore_Element;
                break;
            }
        }
    }

    void Traverse_ObjectList()
    {
        // In dieser Schleife werden die gewünschten Aktionen mit
        // den Elementen ausgeführt, die in der pReadingOrder-Liste
        // stehen.
```

```
        long i, j;

        for(j = 0, i = 0; i < Size; i++)
        {
            j = pReadingOrder[i];
            if(j != NoMore_Element)
            {
                pObject[j].Do_Something();

// An dieser Stelle kann das Objekt natürlich auch zerstört werden:

                if(pObject[j].active == false)
                {
                    // Variante 1
                    //Delete_Object_with_Index_Nr(j);

                    // Variante 2
                    Delete_Object_with_ListPosition_Nr(i);
                    i--;
                }
            }
            else if(j == NoMore_Element)
                break;
        }
    }

    void Delete_all_Objects_in_List()
    {
        ActiveElements = 0;

        for(long i = 0; i < Size; i++)
        {
            pReadingOrder[i] = NoMore_Element;
            pUsedElements[i] = Element_Unbenutzt;
            pObject[i].Zuruecksetzen();
        }

        pReadingOrder[Size] = NoMore_Element;
    }

    void Delete_Object_with_Index_Nr(long element)
    {
        // Innerhalb der äußeren Schleife wird in der pReadingOrder-
        // Liste nach dem zu löschenden Element gesucht.
        // Dieses Element wird dann aus der Liste entfernt, indem
        // die nachfolgenden Elemente um eine Position nach links
        // (vorn) geschoben werden, bis der Eintrag NoMore_Element
```

```
    // gefunden wird.
    // Die Anzahl der aktiven Elemente wird um 1 erniedrigt.
    // In die pUsedElements-Liste wird dann an die entsprechende
    // Stelle Element_Unbenutzt eingetragen.
    // Anschließend wird das Objekt zurückgesetzt.

    for(long i = 0; i < Size; i++)
    {
        if(pReadingOrder[i] == element)
        {
            for(long j = i; j < Size; j++)
            {
                pReadingOrder[j] = pReadingOrder[j+1];

                if(pReadingOrder[j] == NoMore_Element)
                    break;
            }
            ActiveElements--;
            pUsedElements[element] = Element_Unbenutzt;
            pObject[element].Zuruecksetzen();

            break;
        }
    }
}

void Delete_Object_with_ListPosition_Nr(long ii)
{
    // Vorsicht, wenn die Listenposition nicht besetzt ist, dann
    // kommt es zum Programmabsturz.
    // In dieser Funktion geschieht dasselbe wie in der Funktion
    // zuvor, mit dem Unterschied, dass man nicht den Arrayindex
    // übergibt, sondern die Position in der pReadingOrder-
    // Liste. Aus dieser Liste muss der Arrayindex ermittelt
    // werden, bevor das Element zurückgesetzt werden kann.
    // Diese Funktion ist etwas schneller als die vorherige
    // Funktion, da die Position in der pReadingOrder-
    // Liste nicht erst gesucht werden muss.

    ActiveElements--;
    pUsedElements[pReadingOrder[ii]] = Element_Unbenutzt;
    pObject[pReadingOrder[ii]].Zuruecksetzen();

    for(long j = ii; j < Size; j++)
    {
        pReadingOrder[j] = pReadingOrder[j+1];
```

```
            if(pReadingOrder[j] == NoMore_Element)
                break;
        }
    }
};
```

2.5 Dateiverwaltung

Okay, das Thema Dateiverwaltung klingt irgendwie staubtrocken, aber dennoch müssen wir es zumindest kurz ansprechen. Stellen Sie sich nur die Katastrophe vor, wenn der Spieler sein abgespeichertes Spiel nicht mehr starten kann oder wenn gar überhaupt keine Speicherfunktion existiert. Wir werden jetzt ein kleines Programm schreiben (*Dateiverwaltung*), mit dessen Hilfe man auf alle Szenario-Dateien (Maps) eines Spiels zugreifen kann. Zu Demonstrationszwecken habe ich einige Szenario-Textdateien erzeugt und sie im Ordner *Szenarien* abgelegt.

Den gesamten Code, der für die Dateiarbeit zuständig ist, implementieren wir in der Funktion `Select_Spielvariante()`. Dieser Funktion übergeben wir als Parameter eine Dateinummer, welche die gesuchte Datei repräsentiert. Nachdem diese Datei gefunden wurde, wird ein String mit dem Namen und der Pfadangabe der Datei erzeugt. Hierfür werden die beiden Funktionen `strcpy()` (kopiert eine Zeichenkette in eine andere) und `strcat()` (hängt eine Zeichenkette an eine andere an) verwendet. Die Deklarationen beider Funktionen stehen in der Header-Datei `string.h`. Zum Reinitialisieren des Strings wird die `memset()`-Funktion verwendet.

Kern unseres Programms ist die Struktur `_finddata_t`, in der alle benötigten Informationen für die Dateiarbeit gespeichert werden. Mit Hilfe der `_findfirst()`-Funktion wird zunächst getestet, ob der Ordner *Szenarien* überhaupt existiert. Wenn das der Fall ist, werden alle Dateien innerhalb des Ordners nacheinander mit Hilfe der `_findnext()`-Funktion durchlaufen.

Werfen wir einen Blick auf den Quellcode:

Listing 2.12: Dateiverwaltung

```
#include <io.h>
#include <stdio.h>
#include <string.h>

struct _finddata_t  c_file;
long hFile;
long pos = 0;
const long MaxLength = 100;
char TempStrategisches_ScenarioName[2*MaxLength];
char Strategisches_ScenarioName[MaxLength];

void Select_Spielvariante(long Strategische_ScenarioNr = 1);
```

```
int main(void)
{
    Select_Spielvariante(1);
    printf("%s\n", Strategisches_ScenarioName);
    Select_Spielvariante(2);
    printf("%s\n", Strategisches_ScenarioName);
    Select_Spielvariante(3);
    printf("%s\n", Strategisches_ScenarioName);
    Select_Spielvariante(4);
    printf("%s\n", Strategisches_ScenarioName);

    return 0;
}

void Select_Spielvariante(long Strategische_ScenarioNr)
{
    long SavedStrategicScenarioDateiNr = 0;

    memset(Strategisches_ScenarioName, '\0', 2*MaxLength);


    if((hFile = _findfirst("Szenarien/*.*", &c_file)) != -1)
    {

        while(_findnext(hFile, &c_file) == 0)
        {
            if(SavedStrategicScenarioDateiNr ==
              Strategische_ScenarioNr)
            {
                memset(TempStrategisches_ScenarioName, '\0',
                       MaxLength);

                for(pos = 0; pos < MaxLength; pos++)
                {
                    if(c_file.name[pos] == '.')
                        break;

                    TempStrategisches_ScenarioName[pos] =
                    c_file.name[pos];
                }
            }

            // string der zu ladenden Datei zusammensetzen:
            strcpy(Strategisches_ScenarioName,"Szenarien/");
            strcat(Strategisches_ScenarioName,
                   TempStrategisches_ScenarioName);
            strcat(Strategisches_ScenarioName,".txt");
```

```
            SavedStrategicScenarioDateiNr++;
        }
        _findclose(hFile);
    }
}
```

2.6 Zusammenfassung

Der zweite Tag ist vorbei und wir haben wieder eine Menge geschafft. Sie wissen jetzt, wie man mit Look-up-Tabellen und Zufallszahlen arbeitet. Im Anschluss daran haben Sie einen Einblick in die Arbeit mit verketteten Listen erhalten. Näheres zum Thema Bäume finden Sie auf der Begleit-CD. Weiterhin haben wir einen kleinen Memory-Manager entwickelt, den wir in Woche 3 in unserem Spieleprojekt einsetzen werden. Zu guter Letzt haben wir noch einen kurzen Blick auf die Dateiverwaltung geworfen. Sie sind nun in der Lage, auf Spielstände und Szenario-Dateien (Maps) zuzugreifen.

2.7 Workshop

Fragen und Antworten

F *Welchen Vorteil bringt der Einsatz von Look-up-Tabellen?*

A Mit Hilfe von Look-up-Tabellen lassen sich zeitaufwendige, immer wiederkehrende Berechnungen vermeiden, da die benötigten Werte einfach zu Beginn des Spiels vorberechnet werden. Die Verwendung von Look-up-Tabellen ist natürlich nicht auf die Speicherung von Funktionswerten (sin, cos usw.) beschränkt. Beispielsweise lassen sich auch Zufallszahlen und Geometriedaten (z.B. welche Wände sind sichtbar, wenn sich der Spieler in Raum 13 befindet?) in einer solchen Tabelle speichern.

Quiz

1. Wie erzeugt man Zufallszahlen und für welche Zwecke werden sie in einem Spiel benötigt?
2. Was ist eine verkettete Liste?
3. Welche Nachteile birgt die Verwendung einer verketteten Liste aus der Sicht des Spieleprogrammierers?
4. Welche Struktur spielt für die Dateiverwaltung eine Rolle?
5. Welche Funktionen sind für die Dateiverwaltung wichtig?

Übungen

Machen Sie sich mit allen Programmbeispielen vertraut, experimentieren Sie mit den Ihnen vorliegenden Codebeispielen und arbeiten Sie die Dokumentation zum Thema Bäume durch.

1. Schreiben Sie zur Übung eine Klasse für die Erzeugung von Fließkomma-Zufallszahlen.
2. Schreiben Sie für das Spiel »Schiffe versenken« eine Routine, welche die einzelnen Schiffe nach dem Zufallsprinzip über das Spielfeld verteilt. Denken Sie daran, die Anzahl der Schiffe zu begrenzen.
3. Erweitern Sie das Programmbeispiel *MemoryManager*. Erweitern Sie sowohl die Objekt- als auch die Memory-Manager-Klasse dahin gehend, dass ein reales Objekt (z.B. ein Asteroid oder ein Raumschiff) simuliert werden kann. Überlegen Sie sich in diesem Zusammenhang, welche Funktionen für die Simulation benötigt werden (Bewegung, künstliche Intelligenz, grafische Darstellung usw.).

Zweidimensionale Spielewelten

Programmieren ist eine Art Handwerkszeug, mit dem Sie dem Computer mitteilen können, was zu tun ist, doch es sind die Mathematik und die Physik, die ein Spiel zum Leben erwecken. Ohne eine gehörige Portion Grundlagenwissen auf diesen Gebieten geht gar nichts. Grafik, Sound, Spielmechanik und künstliche Intelligenz – nichts von alledem würde funktionieren. In den kommenden Tagen von Woche 1 werden wir gemeinsam die Grundlagen der Mathematik und Physik erarbeiten und auf diese dann im weiteren Verlauf immer wieder zurückgreifen. Gerade die Nichtmathematiker und -physiker unter Ihnen werden erstaunt und hoffentlich auch fasziniert davon sein, was sich alles für tolle Dinge (aus der Sicht des Spieleentwicklers) mit ein wenig Mathematik und Physik anstellen lassen. Die Themen heute:

- Beschreibung der zweidimensionalen Spielewelt durch Vektoren
- Zweidimensionale Welttransformationen durch Matrizen

3.1 Gott schuf das Spieleuniversum, und am Anfang war es zweidimensional ...

Und sie bewegt sich doch – Simulation der Bewegung der Erde um die Sonne

Können Sie sich noch an den Einheitskreis erinnern oder an die Zeit, die Sie damit verbracht haben, irgendwelche Punkte in ein kartesisches Koordinatensystem einzutragen? Hätten Sie damals schon gewusst, dass Sie all diese Dinge später einmal für die Spieleentwicklung benötigen würden, wären Sie sicher mit etwas mehr Enthusiasmus an die Sache herangegangen.

Nur für den Fall, dass Sie sich nicht mehr erinnern: Am Einheitskreis werden die Grundlagen der Trigonometrie erläutert und im Zusammenhang mit dem kartesischen Koordinatensystem wird der Begriff des Vektors eingeführt.

Wir müssen uns hier nicht, den Astronomen sei Dank, mit einem abstrakten Einheitskreis herumquälen. Denn geht man davon aus, dass die Umlaufbahn der Erde um die Sonne kreisförmig ist (in der Tat ist sie elliptisch), dann beschreibt diese Bahn einen Einheitskreis. Lassen Sie sich nicht von der Tatsache irritieren, dass der Abstand der Erde von der Sonne ca. 150 Millionen Kilometer beträgt, denn die Astronomen haben für genau diese Distanz eine neue Einheit eingeführt:

150 Millionen Kilometer ≅ 1 astronomische Einheit (aU)

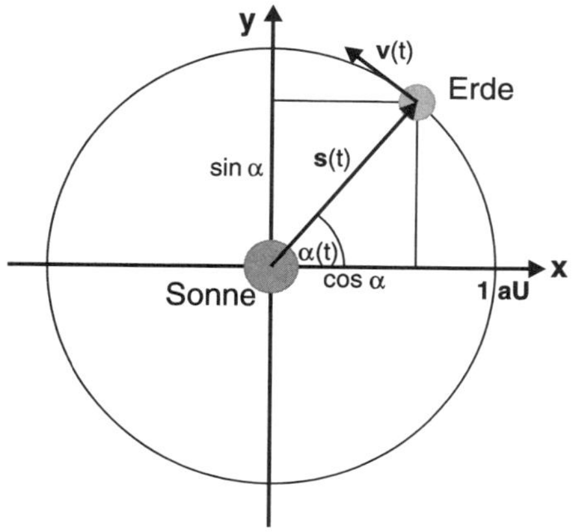

Abbildung 3.1: Umlaufbahn der Erde um die Sonne

Wir stehen jetzt als angehende Spieleentwickler vor der Aufgabe, die Bewegung der Erde um die Sonne in Echtzeit zu simulieren.

Wahl des Koordinatensystems

Um beide Himmelskörper im Computer darstellen zu können, benötigen wir als Erstes ein Koordinatensystem. Glücklicherweise findet die Bewegung der Erde in einer Ebene statt. Wir kommen daher mit einem zweidimensionalen Koordinatensystem aus. Als Nächstes ist die Frage zu klären, wohin man den Ursprung (Position 0/0) dieses Systems legen sollte. Natürlich hat man hier die freie Wahl, der Ursprung sollte aber so gewählt werden, dass die Bewegung der Erde so einfach wie möglich beschrieben werden kann. Da die Bewegung der Sonne in unserer Beschreibung vernachlässigt wird und der Abstand Erde-Sonne konstant bleiben soll (Kreisbahn), fällt die Wahl des Ursprungs zweckmäßigerweise auf den Sonnenmittelpunkt.

Ortsvektoren (Abstandsvektoren) für Sonne und Erde

Die Position der Erde im Koordinatensystem wird durch einen Pfeil gekennzeichnet, der im Koordinatenursprung beginnt und an der aktuellen Position (Ort) der Erde endet. Die Mathematiker bezeichnen diesen Pfeil als Ortsvektor bzw. Abstandsvektor (ein Pfeil lässt sich halt schneller zeichnen als ein ganzer Planet und trägt zudem noch zur Übersichtlichkeit bei). Da die Umlaufbahn der Erde auf einem Einheitskreis liegt und der zugehörige Ortsvektor dementsprechend eine Länge von eins hat, spricht man auch von einem Einheitsvektor. Auch die Position der Sonne wird durch einen Ortsvektor beschrieben. Da deren Länge aber null ist, lässt sich dieser Vektor nicht zeichnen. Man bezeichnet solch einen Vektor als Nullvektor. Wie wir wissen, enthält der Ortsvektor der Erde die aktuelle Position im Sonnensystem. Da sich die Erde bewegt, ist deren Position natürlich von der Zeit abhängig. Mathematisch ausgedrückt ist der Ortsvektor eine Funktion der Zeit s(t).

Wir wollen uns darauf einigen, dass wir im Fließtext die Vektoren durch fettgedruckte Buchstaben kennzeichnen; zum Beispiel steht **s** für einen Ortsvektor und **v** für einen Geschwindigkeitsvektor.

Zeilen- und Spaltenvektoren

In einem zweidimensionalen Koordinatensystem besitzt jeder Vektor zwei Komponenten. Allgemein gesprochen besitzt jeder Vektor so viele Komponenten wie das Koordinatensystem Dimensionen. Es gibt nun zwei Möglichkeiten, die Komponenten eines Vektors aufzuschreiben:

- Zeilenform: $\langle s| = (x \quad y)$
- Spaltenform: $|s\rangle = \begin{pmatrix} x \\ y \end{pmatrix}$

An dieser Stelle erscheint Ihnen die Unterscheidung zwischen Zeilen- und Spaltenvektoren wahrscheinlich völlig überflüssig zu sein. Aber spätestens dann, wenn wir uns mit dem Aufstellen von Transformationsmatrizen (Skalierung, Rotation und Translation) beschäftigen, spielt diese Unterscheidung eine wichtige Rolle. Beispielsweise arbeitet DirectX mit Zeilenvektoren, was wir natürlich bei der Aufstellung dieser Matrizen mit berücksichtigen müssen.

Addition und Subtraktion von Vektoren

Die Addition und Subtraktion von Vektoren erfolgt komponentenweise:

- Addition: $|s_3\rangle = |s_1\rangle + |s_2\rangle = \begin{pmatrix} x_1 \\ y_1 \end{pmatrix} + \begin{pmatrix} x_2 \\ y_2 \end{pmatrix} = \begin{pmatrix} x_1 + x_2 \\ y_1 + y_2 \end{pmatrix}$
- Subtraktion: $|s_3\rangle = |s_1\rangle - |s_2\rangle = \begin{pmatrix} x_1 \\ y_1 \end{pmatrix} - \begin{pmatrix} x_2 \\ y_2 \end{pmatrix} = \begin{pmatrix} x_1 - x_2 \\ y_1 - y_2 \end{pmatrix}$

Bei vielen Problemen, wie etwa die Berechnung eines Zielanflugsvektors, führen Vektoraddition und -subtraktion auf die korrekte Lösung. Betrachten wir einmal die geometrische Bedeutung beider Rechenoperationen:

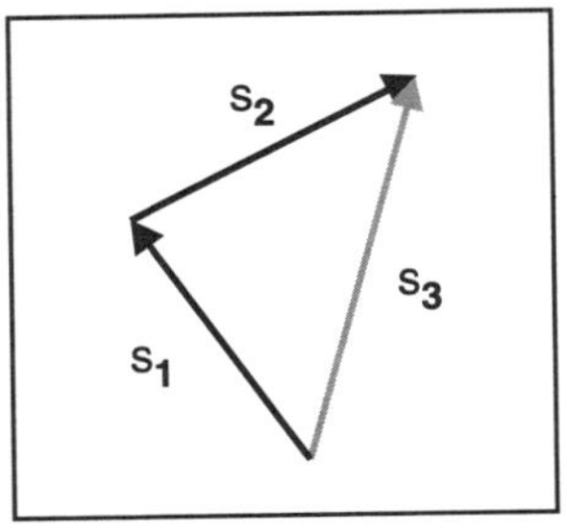

Abbildung 3.2: Vektoraddition

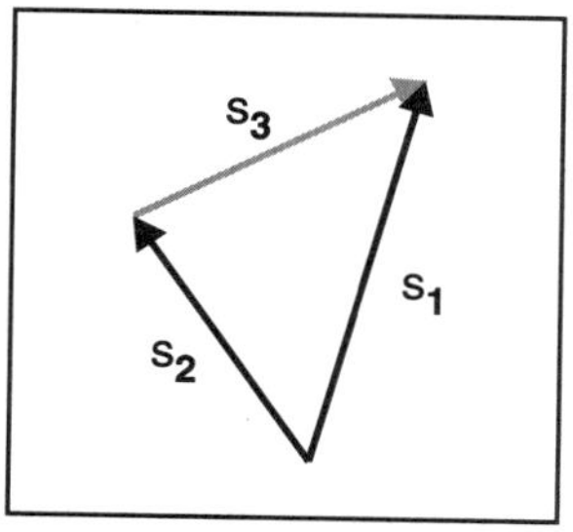

Abbildung 3.3: Vektorsubtraktion

Berechnung von Skalarprodukten (Punktprodukten)

Sicherlich sind Sie noch alle mit dem Satz des Pythagoras vertraut.

Satz des Pythagoras: $s^2 = x^2 + y^2$

Zum gleichen Ergebnis gelangt man, wenn man das Skalarprodukt eines Vektors mit sich selbst bildet. Hierfür müssen wir einfach einen Vektor so mit sich selbst multiplizieren, dass als Ergebnis eine Zahl herauskommt:

$$\langle s|s\rangle = \begin{pmatrix} x & y \end{pmatrix} \cdot \begin{pmatrix} x \\ y \end{pmatrix} = x^2 + y^2 = s^2$$

Dabei wird jede Komponente des Zeilenvektors mit der entsprechenden Komponente des Spaltenvektors multipliziert und die einzelnen Produkte dann addiert.

Für das Skalarprodukt zweier unterschiedlicher Vektoren **a** und **b** ergibt sich:

$$\langle a|b\rangle = \begin{pmatrix} a_x & a_y \end{pmatrix} \cdot \begin{pmatrix} b_x \\ b_y \end{pmatrix} = a_x b_x + a_y b_y$$

Anhand einiger Beispiele werden wir das Skalarprodukt jetzt noch etwas genauer untersuchen.

- Für das Skalarprodukt der Vektoren **(0, 1)** und **(1, 0)** findet man:

$$\begin{pmatrix} 0 & 1 \end{pmatrix} \cdot \begin{pmatrix} 1 \\ 0 \end{pmatrix} = 0 \cdot 1 + 1 \cdot 0 = 0$$

Merke: Das Skalarprodukt zweier senkrechter (linear unabhängiger = orthogonaler) Vektoren ist Null.

- Für das Skalarprodukt zweier paralleler (in gleiche Richtung zeigender) Vektoren **(2, 0)** und **(1, 0)** ergibt sich:

  $$(2 \quad 0)\cdot\begin{pmatrix}3\\0\end{pmatrix}=2\cdot3+0\cdot0=6$$

  Merke: Das Skalarprodukt zweier paralleler Vektoren ist gleich dem Produkt der Beträge der beiden Vektoren.

- Für zwei antiparallele (in entgegengesetzte Richtung zeigende) Vektoren **(-2, 0)** und **(3, 0)** ergibt sich:

  $$(-2 \quad 0)\cdot\begin{pmatrix}3\\0\end{pmatrix}=-2\cdot3+0\cdot0=-6$$

  Merke: Das Skalarprodukt zweier antiparalleler Vektoren ist gleich dem Produkt der Beträge der Vektoren mal -1.

Offenbar lässt sich das Skalarprodukt berechnen, indem man die Beträge der Vektoren miteinander multipliziert und zudem einen Faktor berücksichtigt, der sich aus dem Winkel zwischen den Vektoren ergibt. Dieser Faktor ist gleich 1, wenn der Winkel zwischen den Vektoren 0° ist, gleich 0, wenn der Winkel zwischen den Vektoren 90° ist, und gleich -1 bei einem Winkel von 180°. Die Kosinusfunktion erfüllt genau diese Bedingungen.

DEFINITION

Fassen wir zusammen, für ein beliebiges Skalarprodukt gilt:

$$\langle a|b\rangle = |a|\cdot|b|\cos\alpha$$

HINWEIS

Für die Berechnung des Skalarprodukts stellt uns DirectX natürlich eine Funktion zur Verfügung:

```
FLOAT D3DXVec3Dot(const D3DXVECTOR3* pV1,
                  const D3DXVECTOR3* pV2);
```

Betrag und Norm eines Vektors

Durch die Berechnung der Quadratwurzel des Skalarprodukts eines Vektors mit sich selbst erhält man den Betrag des Vektors:

$$|s| = \sqrt{\langle s|s\rangle} = \sqrt{x^2 + y^2}$$

Mit Hilfe seines Betrags kann ein Vektor normiert, also in einen Einheitsvektor verwandelt werden. Man muss lediglich alle Komponenten durch den Betrag des Vektors teilen:

- Zeilenform: $\langle s_N| = \begin{pmatrix} \frac{x}{|s|} & \frac{y}{|s|} \end{pmatrix}$ bzw. $\langle s_N| = \frac{1}{|s|} \cdot \begin{pmatrix} x & y \end{pmatrix}$
- Spaltenform: $|s_N\rangle = \begin{pmatrix} x/|s| \\ y/|s| \end{pmatrix}$ bzw. $|s_N\rangle = \frac{1}{|s|} \cdot \begin{pmatrix} x \\ y \end{pmatrix}$

Zweidimensionale Polarkoordinaten, Kreisgleichung, Winkel und trigonometrische Funktionen

Kommen wir wieder zu unserer eigentlichen Aufgabe zurück, die Simulation der Umlaufbewegung der Erde um die Sonne. Wir benötigen jetzt ein Verfahren, mit dem sich alle möglichen Positionen der Umlaufbahn berechnen lassen. Suchen wir also nach einem sinnvollen Ansatz, der uns einer möglichen Lösung etwas näher bringt.

Ansatz: Bei einer Kreisbewegung ist der Betrag der Ortsvektoren konstant: $|s| = \text{konst.}$

$$|s| = \sqrt{x^2 + y^2} = \text{konst} \quad \text{bzw.} \quad s^2 = x^2 + y^2 = \text{konst}$$

Den letzten Ausdruck bezeichnet man üblicherweise als Kreisgleichung. Dabei entspricht s dem Radius des beschriebenen Kreises.

Durch Umstellen dieser Gleichung lassen sich nun alle möglichen Positionen der Erde berechnen:

$$y = \sqrt{s^2 - x^2} \quad \text{mit} \quad -1AU \leq x \leq 1AU \quad \text{und} \quad s^2 = 1AU^2$$

Die gültigen x-Werte erstrecken sich über einen Bereich von –1AU bis 1AU. Setzt man einen dieser Werte in die letzte Gleichung ein und berücksichtigt ferner den Betrag des Ortsvektors, lässt sich auf diese Weise die zugehörige y-Koordinate berechnen.

Wir haben unser Problem zwar gelöst, doch die Lösung ist noch viel zu kompliziert. Werfen wir noch einmal einen Blick auf die erste Abbildung und stellen uns die Erde in Bewegung vor. Alles, was sich dabei ändert, ist der Winkel (Drehwinkel) zwischen dem Ortsvektor und der x-Achse. Die Länge des Ortsvektors bleibt dagegen konstant. Was liegt also näher, als die Umlaufbahn der Erde als Funktion ihres Drehwinkels zu beschreiben.

DEFINITION

Der Mathematiker bezeichnet die Beschreibung eines Vektors durch einen Winkel und den Vektorbetrag als zweidimensionale Polarkoordinatendarstellung.

Bei einem Winkel gilt es zwischen dem Bogenmaß und dem Gradmaß zu unterscheiden. Dem normalsterblichen Menschen ist sicher das Gradmaß vertrauter, obgleich es sich dabei nur um eine rein willkürliche Definition handelt – 90°, 180°, 270° und 360° sind halt ganze Zahlen, die man sich sehr leicht merken kann. Dagegen rechnen die Mathematiker und Physiker hauptsächlich mit dem Bogenmaß.

Der Mathematiker definiert einen Winkel als einen beliebigen Teilumfang des Einheitskreises (Kreisbogen – daher auch die Bezeichnung Bogenmaß).

Der Kreisumfang lässt sich mit der folgenden Formel berechnen:

$$U = 2 \cdot \pi \cdot r \; ; \quad \text{mit } \pi = 3{,}141592654 \text{ (Kreiszahl)}$$

Für den Einheitskreis ergibt sich jetzt ein Umfang von U = 2π = 6,283185307, was einem Winkel von 360° im Bogenmaß entspricht.

Für die gegenseitige Umrechnung von Grad- und Bogenmaß stehen die folgenden beiden Formeln zur Verfügung:

$$x = \frac{\pi}{180^\circ} y^\circ \quad \text{bzw.} \quad y^\circ = \frac{180^\circ}{\pi} x$$

Eng verbunden mit der Definition des Winkels sind die so genannten trigonometrischen Funktionen (sin, cos, tan ...). Machen wir die Sache nicht unnötig kompliziert:

- Die x-Komponente eines Einheitsvektors entspricht dem Kosinus des Winkels, der von diesem Vektor und der x-Achse eingeschlossen wird.
- Die y-Komponente entspricht dem Sinus des Winkels.
- Der Vollständigkeit halber sei hier auch noch der Tangens erwähnt:

$$\tan\alpha = \frac{\sin\alpha}{\cos\alpha}$$

Mit Hilfe der trigonometrischen Funktionen sind wir jetzt in der Lage, den Einheits-Ortsvektor der Erde in Polarkoordinaten auszudrücken:

- Zeilenform: $\langle s| = (\cos\alpha \quad \sin\alpha)$
- Spaltenform: $|s\rangle = \begin{pmatrix} \cos\alpha \\ \sin\alpha \end{pmatrix}$

Für Vektoren mit einem beliebigen Betrag s lautet die Polarkoordinatendarstellung:

- Zeilenform: $\langle s| = (|s| \cdot \cos\alpha \quad |s| \cdot \sin\alpha)$ bzw. $\langle s| = |s| \cdot (\cos\alpha \quad \sin\alpha)$
- Spaltenform: $|s\rangle = \begin{pmatrix} |s| \cdot \cos\alpha \\ |s| \cdot \sin\alpha \end{pmatrix}$ bzw. $|s\rangle = |s| \cdot \begin{pmatrix} \cos\alpha \\ \sin\alpha \end{pmatrix}$

Geschwindigkeitsvektoren und Winkelgeschwindigkeit

Die Bewegungsrichtung der Erde lässt sich ebenfalls durch einen Vektor darstellen. Die Pfeillänge kennzeichnet hierbei den Geschwindigkeitsbetrag. Damit die Erde auf ihrer Bahn bleibt, muss sich die Geschwindigkeitsrichtung kontinuierlich verändern.

Im Rahmen unserer Simulation müssen wir natürlich auch die Bewegung der Erde simulieren. Dabei könnten wir jetzt streng physikalisch unter Berücksichtigung aller wirksamen Kräfte vorgehen, oder aber wir versuchen das Problem so weit wie möglich zu vereinfachen, was in Anbetracht der begrenzten Leistungsfähigkeit eines Computers durchaus vernünftig ist – Hauptsache, das Ergebnis stimmt.

DEFINITION

In diesem Zusammenhang führen wir jetzt die Winkelgeschwindigkeit ein:

$$\omega = \frac{2\pi}{T}\ ;\quad \text{T: Umlaufzeit; } 2\pi\text{: Umlaufbahn auf dem Einheitskreis}$$

Mit Hilfe der Winkelgeschwindigkeit sind wir in der Lage, den Winkel des Ortsvektors als Funktion der Zeit zu berechnen, sofern uns der Drehwinkel zu einem beliebigen Zeitpunkt bekannt ist:

$$\alpha(t) = \omega \cdot t + \alpha_0$$

Nun können wir auch den Ortsvektor der Erde als Funktion der Zeit ausdrücken:

- Zeilenform: $\langle s(t)| = |s| \cdot (\cos\alpha(t) \quad \sin\alpha(t))$
- Spaltenform: $|s(t)\rangle = |s| \cdot \begin{pmatrix} \cos\alpha(t) \\ \sin\alpha(t) \end{pmatrix}$

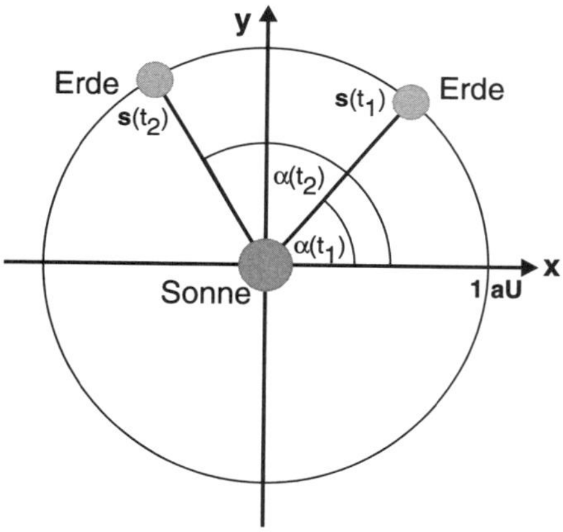

Abbildung 3.4: Ortsvektor der Erde als Funktion der Zeit

Damit sind wir jetzt in der Lage, die Bewegung der Erde zu simulieren, ohne auch nur eine Ahnung davon zu haben, welche Kräfte eigentlich für die Bewegung verantwortlich sind.

Beschleunigungs- und Kraftvektoren

An dieser Stelle wollen wir verstehen lernen, welche Kräfte die Erde bei ihrer Bewegung um die Sonne auf der Bahn halten. Erstaunlicherweise kommen wir der Lösung auf die Spur, wenn wir uns mit der Bewegung eines Kettenkarussells beschäftigen (unglaublich, aber wahr).

Stellen Sie sich einmal den größten anzunehmenden Unfall bei einem Kettenkarussell vor – bei voller Drehung reißt plötzlich die Kette. Was passiert dann? Betrachten Sie einfach die nächste Abbildung und beten Sie, dass der Sitz leer ist:

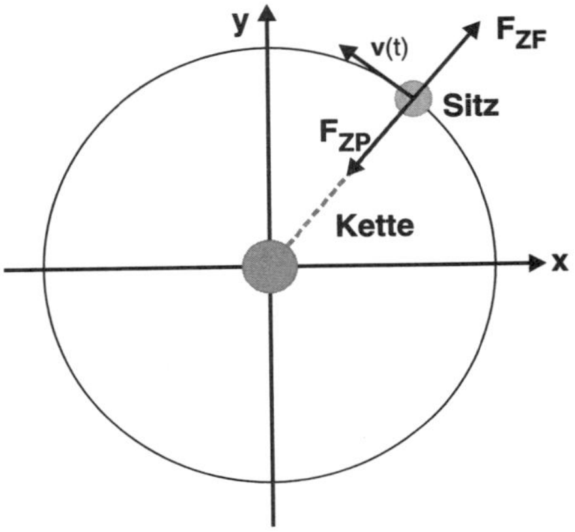

Abbildung 3.5: Wirksame Kräfte bei einem Kettenkarussell

Wenn in dieser Situation die Kette plötzlich reißt, bewegt sich der Sitz aufgrund seiner Massenträgheit in diejenige Richtung weiter, in die auch der Geschwindigkeitsvektor zeigt. Ist die Kette intakt, wird über diese eine Kraft ausgeübt, die den Sitz auf seiner Kreisbahn hält. Diese Kraft wird Zentripetalkraft ($\mathbf{F_{ZP}}$) genannt und zeigt in Richtung Karussellmitte. Die Beschleunigung, die durch diese Kraft auf den Sitz ausgeübt wird, nennt man entsprechend Zentripetalbeschleunigung. Kraft und zugehörige Beschleunigung zeigen natürlich in dieselbe Richtung. Die Gegenkraft, die den Sitz bei einem Kettenbruch wegschleudert, nennt man Zentrifugalkraft oder Fliehkraft ($\mathbf{F_{ZF}}$). Beide Kräfte sind vom Betrag her gleich groß, zeigen aber in entgegengesetzte Richtungen. Addiert man beide Kraftvektoren, erhält man einen Nullvektor. Die Kräfte heben sich auf. Das ist übrigens auch der Grund, warum ein Astronaut im Erdorbit schwerelos ist. Nur ist die Ursache der Zentripetalkraft in diesem Fall die Massenanziehungskraft zwischen Erde und Astronaut. Bei der Bewegung der Erde um die Sonne ist die Ursache der Zentripetalkraft die Massenanziehung zwischen Erde und Sonne.

Kommen wir nun zur allgemeinen Definition einer Kraft.

DEFINITION

Wirkt eine Kraft **F** auf eine Masse m, erfährt diese Masse die Beschleunigung **a**:

$\mathbf{F} = m*\mathbf{a}$

Kraft = Masse mal **Beschleunigung**

Mit dieser Gleichung allein kann man natürlich noch nicht viel anfangen; die Beschleunigung lässt sich erst dann berechnen, wenn man den korrekten Kraftausdruck kennt.

DEFINITION

Für die Gravitation lautet das Kraftgesetz:

$$\vec{F} = G\frac{m_1 \cdot m_2}{\left|\vec{s}_1 - \vec{s}_2\right|^2} \cdot \vec{r}_N \quad \text{mit} \quad \vec{r}_N = \frac{\vec{s}_1 - \vec{s}_2}{\left|\vec{s}_1 - \vec{s}_2\right|}$$

(Wir verwenden hier eine weitere Notation für Vektoren, bei der kein Unterschied zwischen einem Zeilen- und einem Spaltenvektor gemacht wird.) Der Betrag der Gravitationskraft ist abhängig von den wechselwirkenden Massen sowie von deren Abstandsquadrat. $\mathbf{r}_N$ ist ein so genannter Einheitsrichtungsvektor, der die Kraftrichtung angibt. Der Zahlenwert der Gravitationskonstanten G ist lediglich davon abhängig, in welcher Einheit die Kraft ausgedrückt werden soll. Nichts hindert uns daran, G=1 zu setzen und eine entsprechende Einheit zu definieren. Die Physiker indes müssen sich an eine internationale Vereinbarung halten und die Größe der Kraft in SI-Einheiten angeben:

$$[F] = 1\,N = 1\,kg \cdot m \cdot s^{-2}$$

Die SI-Einheit der Kraft ist das Newton, die Einheit der Masse ist das Kilogramm und für die Beschleunigung ergibt sich als Einheit Meter pro Quadratsekunde.

HINWEIS

Sollten Sie in irgendeinem Spiel für irgendeine außerirdische Rasse ein neues Einheitensystem definieren, vergessen Sie nicht, eine entsprechende Umrechnungstabelle zu erstellen. So mussten beispielsweise über 20 Jahre vergehen, bis eine allgemeingültige Tabelle für die Umrechnung der Warpgeschwindigkeit in Einheiten der Lichtgeschwindigkeit veröffentlicht wurde.

Aufbruch ins All, Simulation eines Raumflugs

Nachdem wir die erste Aufgabe so erfolgreich gemeistert haben, wartet schon die nächste Herausforderung auf uns – die Simulation des ersten Raumflugs.

Das Raumschiff

Zunächst benötigen wir ein Raumschiff. Uns stehen jetzt zwei Möglichkeiten zur Auswahl. Wir könnten das Schiff durch eine einfache Bitmapgrafik darstellen oder wir erzeugen ein Drahtgittermodell. Wir entscheiden uns für die zweite Variante, denn alle 3D-Modelle basieren letzten Endes auf mehr oder weniger komplexen Drahtgittermodellen, die zusätzlich noch mit einer Textur überzogen worden sind.

3D-Objekte werden üblicherweise in so genannten 3D-Editoren erzeugt. Wir wollen die Sache aber nicht unnötig verkomplizieren und erzeugen unser Schiffsmodell per Hand. Hierfür definieren wir ein Koordinatensystem, in das wir alle Eckpunkte (Vertices) des Modells einzeichnen und diese anschließend auf festgelegte Weise miteinander verbinden. Da das verwendete Koordinatensystem nur für unser Raumschiffmodell von Bedeutung ist, spricht man von einem lokalen Koordinatensystem oder auch von einem Modellkoordinatensystem.

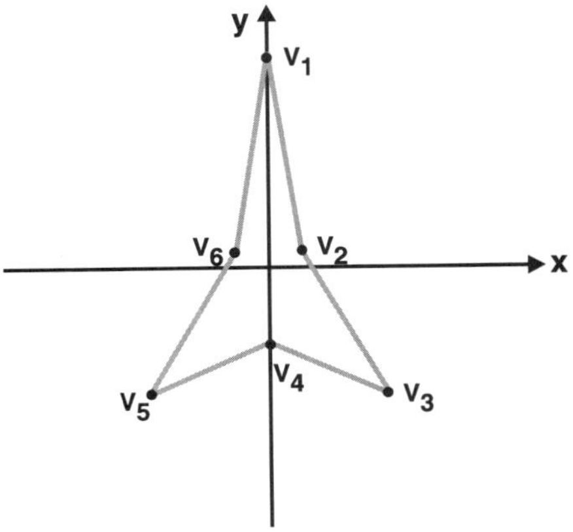

Abbildung 3.6: Ein einfaches Raumschiffmodell in einem lokalen Koordinatensystem

Das Raumschiff ist zu klein – bitte neu skalieren!

Wir haben den Frachtraum des Raumschiffs leider zu klein ausgelegt und sind jetzt gezwungen, den Schiffsrumpf zu vergrößern. Da wir mit einem zweidimensionalen Schiffsmodell arbeiten, müssen wir entsprechend zwei Skalierungsfaktoren (scaleX und scaleY) festlegen, welche die Vertices das Schiffs einmal in x-Richtung und einmal in y-Richtung skalieren:

- Ortsvektor eines Schiffs-Vertex im Modellkoordinatensystem:

$$|v_M\rangle = \begin{pmatrix} x_M \\ y_M \end{pmatrix}$$

- skalierter Ortsvektor eines Schiffs-Vertex im Modellkoordinatensystem:

$$|v_{M,\,S}\rangle = \begin{pmatrix} \text{scaleX} \cdot x_M \\ \text{scaleY} \cdot y_M \end{pmatrix}$$

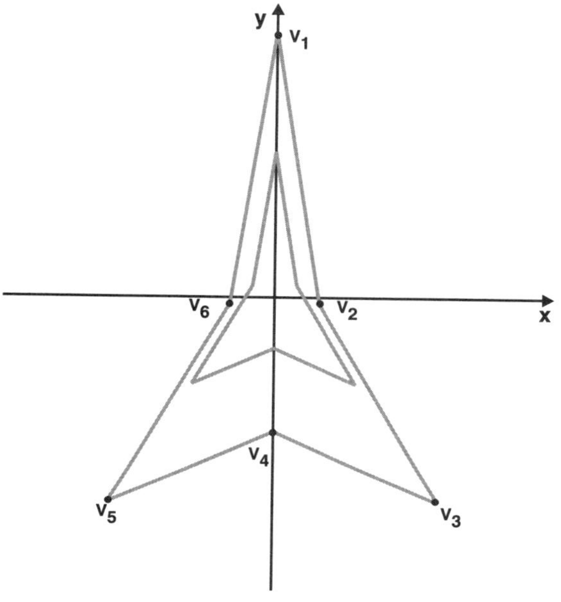

Abbildung 3.7: Das neu skalierte Raumschiff

Triebwerke starten – die Translationsbewegung

Das Schiff ist jetzt startbereit. Es bleibt nur noch die Frage zu klären, wie die Bewegung des Raumschiffs simuliert werden kann.

Im ersten Schritt muss das Schiff an die gewünschte Position im Weltkoordinatensystem transformiert werden.

Hierfür müssen wir einfach die Komponenten des Ortsvektors **s** unseres Schiffs (im Weltkoordinatensystem) zu den Komponenten der Schiffs-Vertices hinzuaddieren:

- Ortsvektor des Schiffs im Weltkoordinatensystem:

$$|s\rangle = \begin{pmatrix} x_s \\ y_s \end{pmatrix}$$

- Ortsvektor eines Schiffs-Vertex im Modellkoordinatensystem:

$$|v_M\rangle = \begin{pmatrix} x_M \\ y_M \end{pmatrix}$$

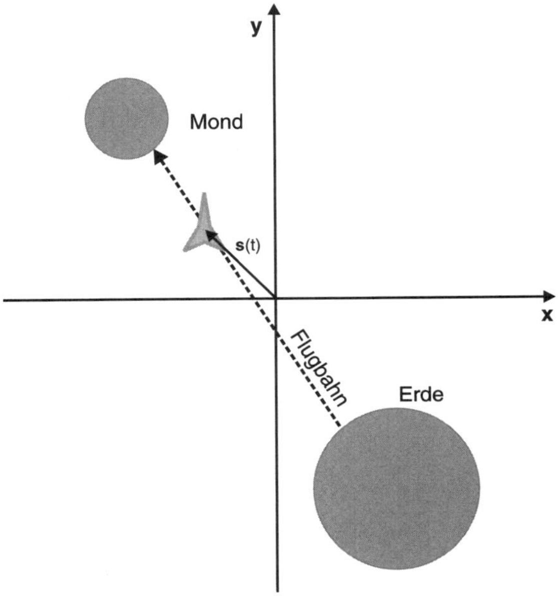

Abbildung 3.8: Das Raumschiff im Weltkoordinatensystem

- Ortsvektor eines Schiffs-Vertex im Weltkoordinatensystem:

$$|v_W\rangle = \begin{pmatrix} x_W \\ y_W \end{pmatrix} = \begin{pmatrix} x_M \\ y_M \end{pmatrix} + \begin{pmatrix} x_s \\ y_s \end{pmatrix}$$

Die Bewegung des Schiffs entspricht jetzt der Änderung des Ortsvektors mit der Zeit. Als Beispiel betrachten wir die beiden Ortsvektoren zu den Zeitpunkten t und t+Δt. Innerhalb der Zeitdauer Δt legt das Schiff die Strecke **Δs** zurück (s. Abbildung 3.9). Diese Strecke wird häufig auch als Verschiebungsvektor bezeichnet.

DEFINITION

Die mittlere Geschwindigkeit des Raumschiffs berechnet sich zu:

$$\bar{\vec{v}} = \frac{\vec{s}(t+\Delta t) - \vec{s}(t)}{\Delta t} = \frac{\Delta\vec{s}}{\Delta t}$$

Die Bewegung lässt sich jetzt simulieren, indem man den Verschiebungsvektor **Δs** zu den aktuellen Vertexkoordinaten des Schiffsmodells im Weltkoordinatensystem hinzuaddiert:

$$|v_W(t+\Delta t)\rangle = \begin{pmatrix} x_W(t+\Delta t) \\ y_W(t+\Delta t) \end{pmatrix} = \begin{pmatrix} x_W(t) \\ y_W(t) \end{pmatrix} + \begin{pmatrix} \Delta x \\ \Delta y \end{pmatrix}$$

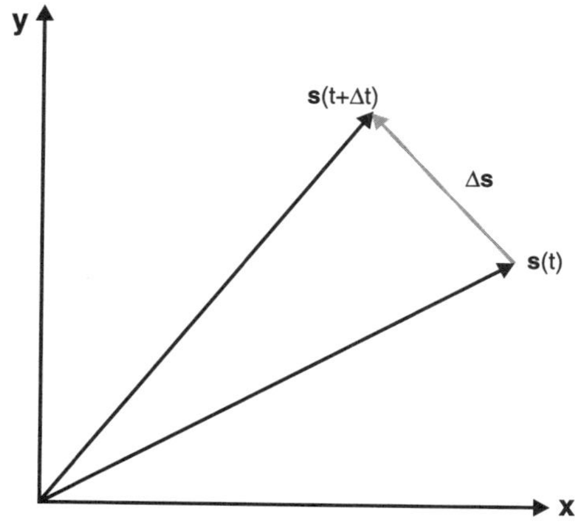

Abbildung 3.9: Bewegung als Änderung des Ortsvektors

Steuermann, bringen Sie das Schiff auf Kurs!

Um das Schiff auf Kurs zu bringen, suchen wir jetzt nach einem Verfahren, um die Vertices korrekt auszurichten.

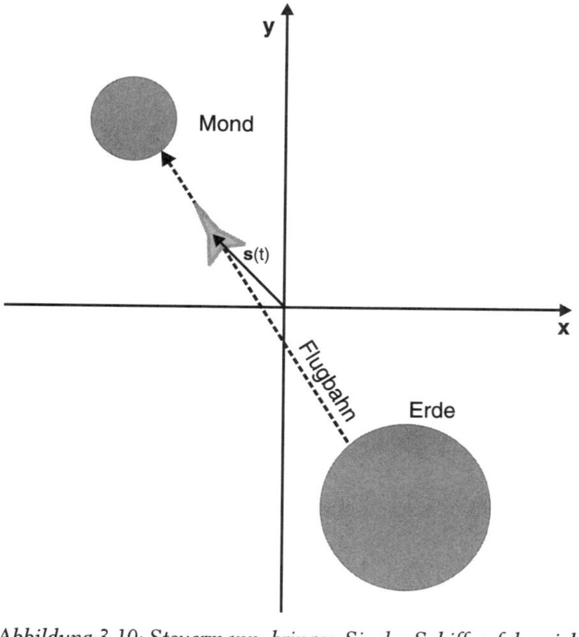

Abbildung 3.10: Steuermann, bringen Sie das Schiff auf den richtigen Kurs!

Wie man der Abbildung 3.10 entnehmen kann, müssen die Vertices hierfür um den Schiffsmittelpunkt gedreht werden. Nach dieser Drehung können sie dann ins Weltkoordinatensystem transformiert werden.

Da die Drehung im Modellkoordinatensystem erfolgen muss, betrachten wir das Problem am besten noch einmal aus dieser Perspektive:

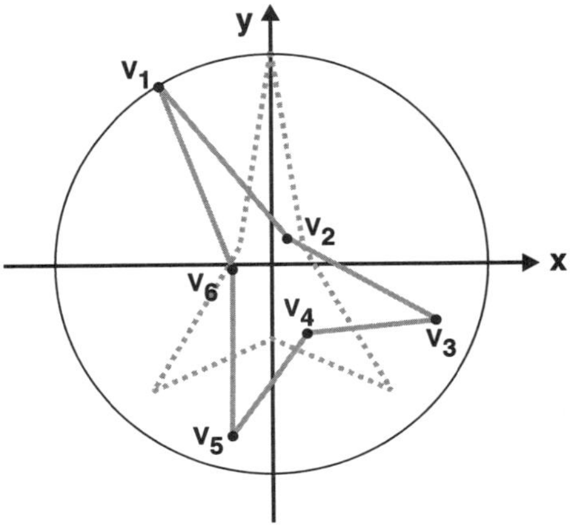

Abbildung 3.11: Ausrichtung des Schiffsmodells im Modellkoordinatensystem

Die Drehung des Schiffs erfolgt um die z-Achse, die aber in der letzten Abbildung nicht eingezeichnet ist.

Es gibt jetzt mehrere Möglichkeiten, die gesuchte Rotationsformel zu finden. Für gewöhnlich ist es am einfachsten, die Lösung anhand verschiedener Spezialfälle abzuleiten und diese dann auf Allgemeingültigkeit hin zu überprüfen. Genau das werden wir hier auch tun.

Wir werden jetzt die folgenden Spezialfälle genauer betrachten:

- $\begin{pmatrix} 0 \\ 2 \end{pmatrix} \xrightarrow{90°} \begin{pmatrix} -2 \\ 0 \end{pmatrix}$
- $\begin{pmatrix} -2 \\ 0 \end{pmatrix} \xrightarrow{90°} \begin{pmatrix} 0 \\ -2 \end{pmatrix}$
- $\begin{pmatrix} 0 \\ 2 \end{pmatrix} \xrightarrow{0°} \begin{pmatrix} 0 \\ 2 \end{pmatrix}$
- $\begin{pmatrix} 2 \\ 0 \end{pmatrix} \xrightarrow{0°} \begin{pmatrix} 2 \\ 0 \end{pmatrix}$

Wenn man sich die ersten beiden Spezialfälle anschaut, kann man erkennen, dass bei einer Drehung um 90° die x- und y-Koordinaten miteinander vertauscht werden. Im ersten Beispiel ändert sich zudem das Vorzeichen. Wir versuchen es daher mit dem folgenden Ansatz:

$$x_{neu} = a \cdot x_{alt} + b \cdot y_{alt}$$

$$y_{neu} = c \cdot x_{alt} + d \cdot y_{alt}$$

Wir müssen jetzt nur noch die vier Koeffizienten **a, b, c** und **d** bestimmen, und schon haben wir die Lösung. Die Mathematik sagt uns jetzt, dass wir hierfür vier unabhängige Bestimmungsgleichungen benötigen bzw. vier Spezialfälle betrachten müssen:

- **Fall 1:**

  Unter Berücksichtigung von **sin(90°) = 1** und **cos(90°) = 0** findet man:

  $$x_{neu} = x_{alt} - y_{alt} \cdot \sin(90°)$$

  $$y_{neu} = x_{alt} \pm y_{alt} \cdot \cos(90°)$$

- **Fall 2:**

  $$x_{neu} = \pm x_{alt} \cdot \cos(90°) - y_{alt} \cdot \sin(90°)$$

  $$y_{neu} = x_{alt} \cdot \sin(90°) \pm y_{alt} \cdot \cos(90°)$$

- **Fall 3:**

  Unter Berücksichtigung von **sin(0°) = 0** und **cos(0°) = 1** findet man:

  $$x_{neu} = \pm x_{alt} \cdot \cos(0°) - y_{alt} \cdot \sin(0°)$$

  $$y_{neu} = x_{alt} \cdot \sin(0°) + y_{alt} \cdot \cos(0°)$$

- **Fall 4:**

  $$x_{neu} = x_{alt} \cdot \cos(0°) - y_{alt} \cdot \sin(0°)$$

  $$y_{neu} = x_{alt} \cdot \sin(0°) + y_{alt} \cdot \cos(0°)$$

Setzen Sie einfach die Zahlenwerte von der vorangegangenen Seite ein. Für die Rotation um die z-Achse erhalten wir damit die folgenden beiden Gleichungen:

$$x_{neu} = x_{alt} \cdot \cos(\alpha) - y_{alt} \cdot \sin(\alpha)$$

$$y_{neu} = x_{alt} \cdot \sin(\alpha) + y_{alt} \cdot \cos(\alpha)$$

Welttransformationen – mit Matrizen geht alles viel schneller

Wir sind jetzt in der Lage, einen Raumflug zu simulieren. Wir können unser Raumschiff skalieren, rotieren und verschieben – aber leider noch nicht schnell genug. Hier helfen uns die Matrizen weiter. Auch wenn Sie vielleicht noch nicht wissen, was eine Matrix ist, nehme ich das Ende dieses Kapitels schon einmal vorweg. Wir werden eine Matrix erzeugen, mit deren Hilfe die Rotation, Translation und Skalierung der Vertices in einem Rutsch durchgeführt werden können. Gerade bei komplexen Schiffsmodellen lassen sich auf diese Weise viele Rechenoperationen einsparen, weil die einzelnen Welttransformationen nun nicht mehr nacheinander durchgeführt werden müssen. Beißen Sie sich also durch den theoretischen Teil durch und behalten Sie immer das Ergebnis im Auge.

Die Rotationsmatrix

Matrizen wurden erfunden, weil Mathematiker schreibfaule Menschen sind. Diese Aussage ist natürlich nicht korrekt, man könnte aber leicht auf diese Idee kommen. Nehmen wir nur die Rotationsgleichungen aus dem letzten Kapitel als Beispiel:

$$x_{neu} = x_{alt} \cdot \cos(\alpha) - y_{alt} \cdot \sin(\alpha)$$

$$y_{neu} = x_{alt} \cdot \sin(\alpha) + y_{alt} \cdot \cos(\alpha)$$

Für einen Mathematiker ist das viel zu viel Schreibarbeit. Mit Hilfe von Matrizen lässt sich diese Gleichung wie folgt schreiben:

$$\begin{pmatrix} x_{neu} \\ y_{neu} \end{pmatrix} = \begin{pmatrix} \cos\alpha & -\sin\alpha \\ \sin\alpha & \cos\alpha \end{pmatrix} \cdot \begin{pmatrix} x_{alt} \\ y_{alt} \end{pmatrix}$$

Die neue Gleichung bezeichnet man jetzt auch als Matrixgleichung. Genau wie sich Zahlen multiplizieren lassen, können natürlich auch Matrizen miteinander multipliziert werden.

Matrizenmultiplikation

Vom Prinzip her wissen Sie schon alles, was es über die Matrizenmultiplikation zu wissen gibt, denn Sie können bereits das Skalarprodukt zweier Vektoren berechnen. Auch hierbei handelt es sich um eine Matrizenmultiplikation, denn ein Vektor ist nichts anderes als eine einzeilige oder einspaltige Matrix. Betrachten wir ein Beispiel:

$$\begin{pmatrix} 1 & 3 \end{pmatrix} \cdot \begin{pmatrix} 2 \\ 4 \end{pmatrix} = 1 \cdot 2 + 3 \cdot 4 = 14$$

Die Zeile(n) der ersten Matrix werden komponentenweise mit den Spalte(n) der zweiten Matrix multipliziert und die Produkte anschließend addiert (**Zeile mal Spalte**). Wenn sich diese Regel einmal nicht korrekt anwenden lässt, dann ist auch die Multiplikation verboten.

$$\begin{pmatrix}1 & 3 & 5\end{pmatrix}\cdot\begin{pmatrix}2\\4\end{pmatrix}=1\cdot 2+3\cdot 4+5\cdot ?=\text{ geht nicht!}$$

$$\begin{pmatrix}1 & 3\end{pmatrix}\cdot\begin{pmatrix}2\\4\\7\end{pmatrix}=1\cdot 2+3\cdot 4+?\cdot 7=\text{geht nicht!}$$

In den nächsten beiden Beispielen müssen wir unsere goldene Multiplikationsregel zweimal anwenden:

$$\begin{pmatrix}1 & 3\end{pmatrix}\cdot\begin{pmatrix}2 & 1\\4 & 2\end{pmatrix}=\begin{pmatrix}1\cdot 2+3\cdot 4 & 1\cdot 1+3\cdot 2\end{pmatrix}=\begin{pmatrix}14 & 7\end{pmatrix}$$

$$\begin{pmatrix}2 & 1\\4 & 2\end{pmatrix}\cdot\begin{pmatrix}1\\3\end{pmatrix}=\begin{pmatrix}2\cdot 1+1\cdot 3\\4\cdot 1+2\cdot 3\end{pmatrix}=\begin{pmatrix}5\\10\end{pmatrix}$$

Vertauschen wir hingegen die Faktoren, dann versagt unsere Regel:

$$\begin{pmatrix}2 & 1\\4 & 2\end{pmatrix}\cdot\begin{pmatrix}1 & 3\end{pmatrix}=\text{geht nicht!}$$

$$\begin{pmatrix}1\\3\end{pmatrix}\cdot\begin{pmatrix}2 & 1\\4 & 2\end{pmatrix}=\text{geht nicht!}$$

Als Letztes betrachten wir noch ein Beispiel mit zwei 2x2-Matrizen:

$$\begin{pmatrix}2 & 1\\4 & 2\end{pmatrix}\cdot\begin{pmatrix}1 & 2\\4 & 3\end{pmatrix}=\begin{pmatrix}2\cdot 1+1\cdot 4 & 2\cdot 2+1\cdot 3\\4\cdot 1+2\cdot 4 & 4\cdot 2+2\cdot 3\end{pmatrix}=\begin{pmatrix}6 & 7\\12 & 14\end{pmatrix}$$

Die Einheitsmatrix

Ein wichtige Matrix, die uns noch häufig begegnen wird, ist die Einheitsmatrix:

$$\begin{pmatrix}1 & 0\\0 & 1\end{pmatrix}$$

Die Multiplikation eines Vektors oder einer Matrix mit der Einheitsmatrix liefert als Ergebnis immer den Vektor oder die Matrix selbst:

$$\begin{pmatrix}1 & 3\end{pmatrix}\cdot\begin{pmatrix}1 & 0\\0 & 1\end{pmatrix}=\begin{pmatrix}1\cdot1+3\cdot0 & 1\cdot0+3\cdot1\end{pmatrix}=\begin{pmatrix}1 & 3\end{pmatrix}$$

$$\begin{pmatrix}2 & 1\\4 & 2\end{pmatrix}\cdot\begin{pmatrix}1 & 0\\0 & 1\end{pmatrix}=\begin{pmatrix}2\cdot1+1\cdot0 & 2\cdot0+1\cdot1\\4\cdot1+2\cdot0 & 4\cdot0+2\cdot1\end{pmatrix}=\begin{pmatrix}2 & 1\\4 & 2\end{pmatrix}$$

Die Nullmatrix

Die Multiplikation mit einer Nullmatrix liefert immer einen Nullvektor oder eine Nullmatrix:

$$\begin{pmatrix}1 & 3\end{pmatrix}\cdot\begin{pmatrix}0 & 0\\0 & 0\end{pmatrix}=\begin{pmatrix}1\cdot0+3\cdot0 & 1\cdot0+3\cdot0\end{pmatrix}=\begin{pmatrix}0 & 0\end{pmatrix}$$

Addition und Subtraktion von Matrizen

Addition und Subtraktion funktionieren genauso, wie wir es von den Vektoren her gewohnt sind:

$$\begin{pmatrix}2 & 1\\4 & 2\end{pmatrix}+\begin{pmatrix}1 & 3\\4 & 2\end{pmatrix}=\begin{pmatrix}2+1 & 1+3\\4+4 & 2+2\end{pmatrix}=\begin{pmatrix}3 & 4\\8 & 4\end{pmatrix}$$

Natürlich müssen die Dimensionen (Größen) der Matrizen miteinander übereinstimmen.

Multiplikation mit einem Skalar (einer Zahl)

An verschiedenen Stellen haben wir bereits die Multiplikation von Vektoren mit einem Skalar (einer Zahl) kennen gelernt. Mit Matrizen funktioniert das natürlich auch:

$$4\cdot\begin{pmatrix}1 & 0\\0 & 1\end{pmatrix}=\begin{pmatrix}4 & 0\\0 & 4\end{pmatrix}$$

Die Skalierungsmatrix

Die Multiplikation eines Vektors mit der Einheitsmatrix liefert den Vektor selbst. Anders ausgedrückt, der Vektor wird um den Faktor eins skaliert. Multipliziert man eine Einheitsmatrix beispielsweise mit dem Faktor vier, sollte der Vektor bei der Multiplikation mit dieser Matrix ebenfalls um den Faktor vier skaliert werden:

$$\begin{pmatrix} 4 & 0 \\ 0 & 4 \end{pmatrix} \cdot \begin{pmatrix} x \\ y \end{pmatrix} = \begin{pmatrix} 4 \cdot x + 0 \cdot y \\ 0 \cdot x + 4 \cdot y \end{pmatrix} = \begin{pmatrix} 4x \\ 4y \end{pmatrix}$$

Berücksichtigt man die Skalierungsfaktoren in x- und y-Richtung, erhält man:

$$\begin{pmatrix} scaleX & 0 \\ 0 & scaleY \end{pmatrix}$$

Eine Matrix für Skalierung und Drehung

Gleich zu Beginn des Kapitels haben wir eine Matrix kennen gelernt, mit deren Hilfe ein zweidimensionaler Vektor um die z-Achse gedreht werden kann. Diese Matrix werden wir jetzt mit einer Skalierungsmatrix kombinieren, um so zwei Transformationen in einem Schritt durchführen zu können.

Im ersten Schritt werden wir einen Vektor skalieren und im Anschluss daran den skalierten Vektor noch um einen beliebigen Winkel um die z-Achse drehen:

Schritt 1, Skalierung des Vektors:

$$\begin{pmatrix} x_{skaliert} \\ y_{skaliert} \end{pmatrix} = \begin{pmatrix} scaleX & 0 \\ 0 & scaleY \end{pmatrix} \cdot \begin{pmatrix} x_{alt} \\ y_{alt} \end{pmatrix}$$

Schritt 2, Drehung des Vektors:

$$\begin{pmatrix} x_{rotiert+skaliert} \\ y_{rotiert+skaliert} \end{pmatrix} = \begin{pmatrix} \cos\alpha & -\sin\alpha \\ \sin\alpha & \cos\alpha \end{pmatrix} \cdot \begin{pmatrix} x_{skaliert} \\ y_{skaliert} \end{pmatrix}$$

Wir setzen jetzt die erste Gleichung in die zweite Gleichung ein und erhalten:

$$\begin{pmatrix} x_{rotiert+skaliert} \\ y_{rotiert+skaliert} \end{pmatrix} = \begin{pmatrix} \cos\alpha & -\sin\alpha \\ \sin\alpha & \cos\alpha \end{pmatrix} \cdot \begin{pmatrix} scaleX & 0 \\ 0 & scaleY \end{pmatrix} \cdot \begin{pmatrix} x_{alt} \\ y_{alt} \end{pmatrix}$$

Wenn wir jetzt die Skalierungs- und die Rotationsmatrix miteinander multiplizieren, erhalten wir eine Matrix, welche die Skalierung und die anschließende Drehung in einem Schritt durchführt:

$$\begin{pmatrix} scaleX \cdot \cos\alpha & -scaleY \cdot \sin\alpha \\ scaleX \cdot \sin\alpha & scaleY \cdot \cos\alpha \end{pmatrix}$$

Die Translationsmatrix

Zu guter Letzt benötigen wir noch eine Translationsmatrix (Verschiebungsmatrix). Wenn wir uns jetzt noch einmal die allgemeine Matrixgleichung ansehen, die Grundlage sowohl der Rotations- als auch der Skalierungsmatrix ist, ergibt sich ein großes Problem:

$$x_{neu} = a \cdot x_{alt} + b \cdot y_{alt}$$

$$y_{neu} = c \cdot x_{alt} + d \cdot y_{alt}$$

oder als Matrixgleichung:

$$\begin{pmatrix} x_{neu} \\ y_{neu} \end{pmatrix} = \begin{pmatrix} a & b \\ c & d \end{pmatrix} \cdot \begin{pmatrix} x_{alt} \\ y_{alt} \end{pmatrix}$$

Nach dieser Gleichung ist x_{neu} sowohl abhängig von x_{alt} als auch von y_{alt}. Für y_{neu} gilt Entsprechendes. Die Verschiebungen Δx bzw. Δy sind hingegen unabhängig von den Komponenten y_{alt} bzw. x_{alt} – was nun?

Für den Fall, dass keine Verschiebung stattfindet (trivialer Fall), wäre die gesuchte Matrix die Einheitsmatrix:

$$\begin{pmatrix} x_{neu} \\ y_{neu} \end{pmatrix} = \begin{pmatrix} x_{alt} \\ y_{alt} \end{pmatrix} = \begin{pmatrix} 1 & 0 \\ 0 & 1 \end{pmatrix} \cdot \begin{pmatrix} x_{alt} \\ y_{alt} \end{pmatrix} = \begin{pmatrix} 1 \cdot x_{alt} + 0 \cdot y_{alt} \\ 0 \cdot x_{alt} + 1 \cdot y_{alt} \end{pmatrix}$$

Bei Berücksichtigung der Verschiebung muss die Gleichung jetzt um eine zusätzliche Komponente erweitert werden:

$$\begin{pmatrix} x_{neu} \\ y_{neu} \\ 1 \end{pmatrix} = \begin{pmatrix} x_{alt} + \Delta x \\ y_{alt} + \Delta y \\ 1 \end{pmatrix} = \begin{pmatrix} 1 & 0 & \Delta x \\ 0 & 1 & \Delta y \\ 0 & 0 & 1 \end{pmatrix} \cdot \begin{pmatrix} x_{alt} \\ y_{alt} \\ 1 \end{pmatrix} = \begin{pmatrix} 1 \cdot x_{alt} + 0 \cdot y_{alt} + \Delta x \cdot 1 \\ 0 \cdot x_{alt} + 1 \cdot y_{alt} + \Delta y \cdot 1 \\ 0 \cdot x_{alt} + 0 \cdot y_{alt} + 1 \cdot 1 \end{pmatrix}$$

Diese zusätzliche Komponente (w-Komponente) soll uns nicht weiter stören, da ihr Wert immer gleich eins bleibt.

Eine Matrix für Skalierung, Drehung und Verschiebung

Zunächst einmal müssen wir die zuvor gefundene Matrix für eine kombinierte Skalierung und Drehung um eine Dimension erweitern.

$$\begin{pmatrix} scaleX \cdot \cos\alpha & -scaleY \cdot \sin\alpha & 0 \\ scaleX \cdot \sin\alpha & scaleY \cdot \cos\alpha & 0 \\ 0 & 0 & 1 \end{pmatrix}$$

Jetzt müssen wir diese Matrix noch mit der Translationsmatrix multiplizieren. Da die Verschiebung erst dann stattfinden soll, nachdem alle Vertices korrekt skaliert und gedreht worden sind, müssen wir die Multiplikation in der folgenden Reihenfolge durchführen:

$$\begin{pmatrix} x_{\text{verschoben+rotiert+skaliert}} \\ y_{\text{verschoben+rotiert+skaliert}} \\ 1 \end{pmatrix} = \begin{pmatrix} 1 & 0 & \Delta x \\ 0 & 1 & \Delta y \\ 0 & 0 & 1 \end{pmatrix} \cdot \begin{pmatrix} x_{\text{rotiert+skaliert}} \\ y_{\text{rotiert+skaliert}} \\ 1 \end{pmatrix}$$

$$\begin{pmatrix} x_{\text{verschoben+rotiert+skaliert}} \\ y_{\text{verschoben+rotiert+skaliert}} \\ 1 \end{pmatrix} = \begin{pmatrix} 1 & 0 & \Delta x \\ 0 & 1 & \Delta y \\ 0 & 0 & 1 \end{pmatrix} \cdot \begin{pmatrix} \text{scaleX} \cdot \cos\alpha & -\text{scaleY} \cdot \sin\alpha & 0 \\ \text{scaleX} \cdot \sin\alpha & \text{scaleY} \cdot \cos\alpha & 0 \\ 0 & 0 & 1 \end{pmatrix} \cdot \begin{pmatrix} x \\ y \\ 1 \end{pmatrix}$$

$$\begin{pmatrix} x_{\text{verschoben+rotiert+skaliert}} \\ y_{\text{verschoben+rotiert+skaliert}} \\ 1 \end{pmatrix} = \begin{pmatrix} \text{scaleX} \cdot \cos\alpha & -\text{scaleY} \cdot \sin\alpha & \alpha x \\ \text{scaleX} \cdot \sin\alpha & \text{scaleY} \cdot \cos\alpha & \alpha y \\ 0 & 0 & 1 \end{pmatrix} \cdot \begin{pmatrix} x \\ y \\ 1 \end{pmatrix}$$

Auf die Multiplikation der Rotations-Skalierungsmatrix mit der Translationsmatrix kann verzichtet werden. Stattdessen genügt es, wenn man die Verschiebungen Δx und Δy einfach zur Skalierungs-Rotationsmatrix hinzuaddiert:

$$\begin{pmatrix} \text{scaleX} \cdot \cos\alpha & -\text{scaleY} \cdot \sin\alpha & \Delta x \\ \text{scaleX} \cdot \sin\alpha & \text{scaleY} \cdot \cos\alpha & \Delta y \\ 0 & 0 & 1 \end{pmatrix} = \begin{pmatrix} 0 & 0 & \Delta x \\ 0 & 0 & \Delta y \\ 0 & 0 & 0 \end{pmatrix} + \begin{pmatrix} \text{scaleX} \cdot \cos\alpha & -\text{scaleY} \cdot \sin\alpha & 0 \\ \text{scaleX} \cdot \sin\alpha & \text{scaleY} \cdot \cos\alpha & 0 \\ 0 & 0 & 1 \end{pmatrix}$$

Merken Sie sich für die Zukunft, dass die Reihenfolge der Matrizenmultiplikation immer die Transformation des Vektors bestimmt. Wenn Sie eine Matrixgleichung für ein gegebenes Problem aufstellen und mit Spaltenvektoren rechnen wollen, müssen Sie diese Gleichung immer von rechts nach links lesen. Entsprechend werden die Transformationsmatrizen immer von rechts nach links abgearbeitet. Soll ein Vektor beispielsweise zuerst durch die Matrix1, dann durch die Matrix2 und zuletzt durch die Matrix3 transformiert werden, lautet die zugehörige Matrixgleichung wie folgt:

Matrixgleichung für die Transformation eines Spaltenvektors:
neuer Vektor = Matrix3*Matrix2*Matrix1*alter Vektor

Die Matrixgleichung für unser soeben besprochenes Problem lautet in Kurzform:
neuer Vektor = Translation*Rotation*Skalierung*alter Vektor

Eine Transformationsmatrix für Zeilenvektoren

Die Transformationsmatrix, die wir gerade hergeleitet haben, lässt sich nur in Verbindung mit Spaltenvektoren einsetzen. Wenn wir später mit DirectX arbeiten, benötigen wir jedoch Transformationsmatrizen für Zeilenvektoren. Am besten betrachten wir das Problem anhand eines kleinen Beispiels:

$$\begin{pmatrix} 2 & 1 & 3 \\ 0 & 5 & 4 \\ 3 & 1 & 3 \end{pmatrix} \cdot \begin{pmatrix} 1 \\ 1 \\ 1 \end{pmatrix} = \begin{pmatrix} 2+1+3 \\ 0+5+4 \\ 3+1+3 \end{pmatrix} = \begin{pmatrix} 6 \\ 9 \\ 7 \end{pmatrix}$$

Gesucht wird jetzt die Matrix, welche die gleiche Transformation mit dem zugehörigen Zeilenvektor durchführt:

$$\begin{pmatrix} 1 & 1 & 1 \end{pmatrix} \cdot \begin{pmatrix} ? & ? & ? \\ ? & ? & ? \\ ? & ? & ? \end{pmatrix} = \begin{pmatrix} 2+1+3 & 0+5+4 & 3+1+3 \end{pmatrix} = \begin{pmatrix} 6 & 9 & 7 \end{pmatrix}$$

Da uns die Regeln der Matrizenmultiplikation bekannt sind, können wir ohne große Probleme die gesuchte Matrix aufschreiben:

$$\begin{pmatrix} 2 & 0 & 3 \\ 1 & 5 & 1 \\ 3 & 4 & 3 \end{pmatrix}$$

Vergleicht man beide Matrizen miteinander, stellt man fest, dass die Matrixelemente einfach an der Hauptdiagonalen (Diagonale von links oben nach rechts unten) gespiegelt sind. Der Mathematiker spricht hier von einer transponierten Matrix.

Also dann, bilden wir die transponierte Skalierungs-Rotations-Translationsmatrix:

$$\begin{pmatrix} \text{scaleX} \cdot \cos\alpha & \text{scaleX} \cdot \sin\alpha & 0 \\ -\text{scaleY} \cdot \sin\alpha & \text{scaleY} \cdot \cos\alpha & 0 \\ \Delta x & \Delta y & 1 \end{pmatrix}$$

Da der Zeilenvektor bei der Multiplikation im Vergleich zum Spaltenvektor auf der anderen Seite der Matrix steht, müssen wir beim Aufstellen einer Matrixgleichung auch die Reihenfolge der Matrizen umdrehen:

Matrixgleichung für die Transformation eines Zeilenvektors:

neuer Vektor = alter Vektor*Matrix1*Matrix2*Matrix3

neuer Vektor = alter Vektor*Skalierung*Rotation*Translation

Damit sind wir auch schon am Ende des Kapitels angekommen. Machen Sie sich jetzt bereit, die Pfade der dritten Dimension zu erkunden.

3.2 Zusammenfassung

In diesem Kapitel haben Sie einen ersten Einblick darin bekommen, welchen mathematischen Anforderungen Sie als Spieleprogrammierer gewachsen sein müssen. Wir haben uns damit beschäftigt, wie sich die zweidimensionale Spielewelt im Computer durch Vektoren darstellen lässt und wie man diese mit Hilfe von Matrizen manipulieren kann.

3.3 Workshop

Fragen und Antworten

F *Erklären Sie die Begriffe Modell- und Weltkoordinatensystem.*

A Üblicherweise werden 3D-Objekte in einem Modellerprogramm (z. B. 3D Studio Max) erzeugt. Die einzelnen Eckpunkte (Vertices), aus denen sich diese Objekte zusammensetzen, werden dabei in einem lokalen Koordinatensystem, dem so genannten Modellkoordinatensystem, definiert. Die Spielewelt hingegen wird in Weltkoordinaten definiert.

Quiz

1. Was versteht man unter der zweidimensionalen Polarkoordinatendarstellung von Vektoren?
2. Weswegen muss man zwischen der Zeilen- und der Spaltenform eines Vektors unterscheiden?
3. Was versteht man unter dem Skalarprodukt?
4. Warum werden für die Transformation von Vektoren Matrizen verwendet?
5. Welche Bedeutung hat die w-Komponente im Zusammenhang mit dem Aufstellen der Translationsmatrix?
6. Wie werden zwei Matrizen miteinander multipliziert?
7. Inwieweit hat die Multiplikationsreihenfolge zweier Matrizen Auswirkung auf die Gesamttransformation eines Objekts?
8. Was ist eine transponierte Matrix?

Übung

An Tag 8 werden wir die Bewegung der Erde um die Sonne in einem kleinen Übungsprojekt grafisch darstellen. Im Abschnitt "Geschwindigkeitsvektoren und Winkelgeschwindigkeit" haben Sie gelernt, wie sich der Ortsvektor der Erde als Funktion der Zeit in Polarkoordinaten ausdrücken lässt. Entwerfen Sie jetzt eine kleine Funktion, die bei ihrem Aufruf immer die aktualisierte Position der Erde entlang ihrer Umlaufbahn berechnet.

Tag 4

Dreidimensionale Spielewelten

4.1 Doch schon bald darauf erhob sich der Mensch in die dritte Dimension

Nun, da wir zu Beherrschern der zweiten Dimension geworden sind, ist es an der Zeit, deren enge Fesseln zu sprengen und uns in die dritte Dimension zu erheben. Die Themen heute:

- Beschreibung der dreidimensionalen Spielewelt durch Vektoren
- dreidimensionale Welttransformationen durch Matrizen
- Schnelle Quadratwurzelberechnungen
- Schnelle Berechnung von Rotationsmatrizen

Koordinatensysteme

Das zweidimensionale Koordinatensystem lässt sich jetzt auf zwei Arten in die dritte Dimension erweitern. Zeigt die positive z-Achse in den Monitor (oder ins Buch) hinein, spricht man von einem Linkssystem, zeigt die z-Achse in die entgegengesetzte Richtung, spricht man von einem Rechtssystem. Für uns als DirectX-Programmierer ist nur das Linkssystem von Bedeutung. Wer aber die Grafik-API von OpenGL nutzen möchte, muss sich an den Umgang mit dem Rechtssystem gewöhnen.

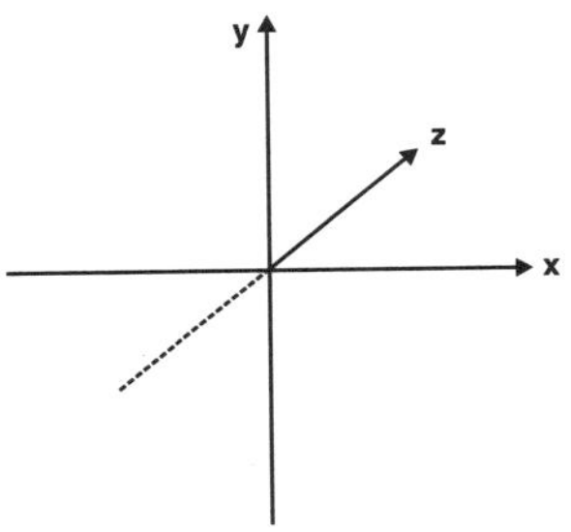

Abbildung 4.1: Linkssystem

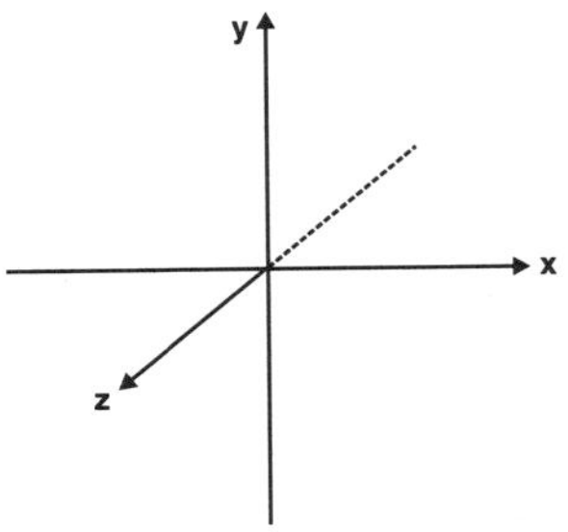

Abbildung 4.2: Rechtssystem

Das Vektorprodukt

Definition des Vektorprodukts

Im dreidimensionalen Raum lässt sich ein weiteres Produkt zweier Vektoren definieren – das Vektorprodukt oder Kreuzprodukt. Wie der Name schon andeutet, ergibt das Vektorprodukt zweier Vektoren **a** und **b** einen Vektor **c**, der noch dazu senkrecht auf **a** und **b** steht. Mathematisch kennzeichnet man dieses Produkt durch ein Kreuz.

$$\vec{c} = \vec{a} \times \vec{b}$$

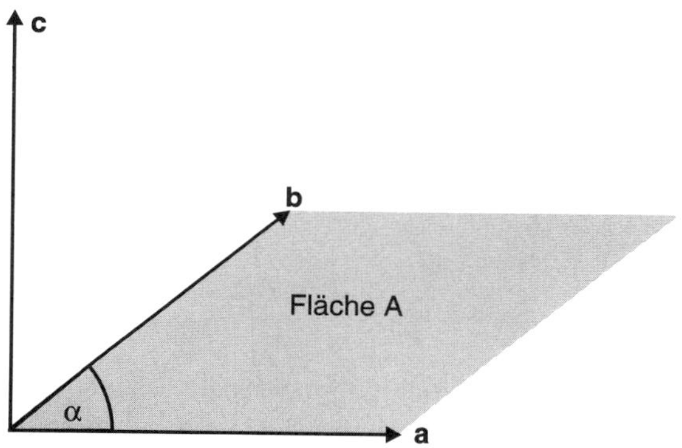

Abbildung 4.3: Definition des Vektorprodukts für Winkel < 180°

Der Betrag des Vektors **c** ist gleich dem Flächeninhalt der Fläche A, die von den Vektoren **a** und **b** aufgespannt wird. Die Größe dieser Fläche ist proportional zu den Beträgen dieser Vektoren sowie vom Sinuswert des von ihnen eingeschlossenen Winkels:

$$|c| = |a| \cdot |b| \cdot \sin\alpha$$

Der Abbildung entnimmt man, dass der Flächeninhalt bei Parallelität der Vektoren **a** und **b** verschwindet und bei Orthogonalität (orthogonal: senkrecht) den maximal möglichen Wert annimmt. Weiterhin ist diese Fläche vorzeichenbehaftet, was sich in der Richtung des Vektors **c** ausdrückt. Ist der Winkel größer als 180°, zeigt **c** in die entgegengesetzte Richtung und die Fläche erhält entsprechend ein negatives Vorzeichen (der Sinuswert eines Winkels größer als 180° ist immer negativ):

Anstatt mit einem Winkel größer als 180° zu hantieren, kann man auch mit dem negativen Winkel arbeiten (Winkel – 360°). Das Vorzeichen des Winkels legt hierbei einfach nur fest, in welcher Reihenfolge die Vektoren **a** und **b** miteinander multipliziert werden:

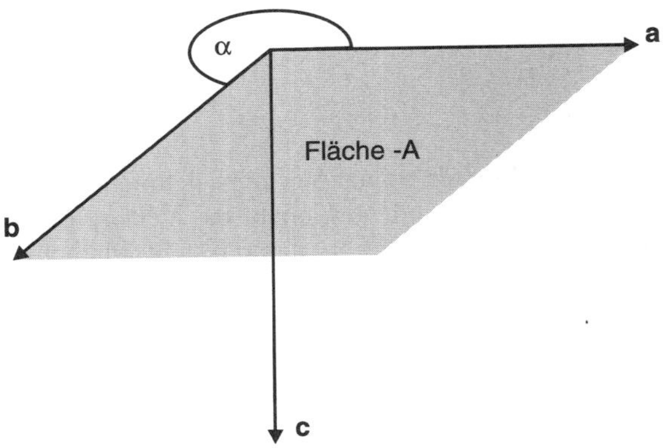

Abbildung 4.4: Definition des Vektorprodukts für Winkel > 180°

- Winkel < 180°: $\vec{c}_1 = \vec{a} \times \vec{b}$
- Winkel > 180° bzw. negativ: $\vec{c}_2 = \vec{b} \times a$

Da wir weiterhin wissen, dass die Vektoren $\mathbf{c_1}$ und $\mathbf{c_2}$ antiparallel sind, finden wir:

$$\vec{c}_1 + \vec{c}_2 = 0 = \vec{a} \times \vec{b} + \vec{b} \times a \quad \text{und somit} \quad \vec{a} \times \vec{b} = -\vec{b} \times a$$

Dreifinger-Regel der linken Hand

Bei der Lösung vieler Probleme ist es recht hilfreich, die Richtung des Produktvektors auch ohne Rechnung bestimmen zu können. Hier hilft uns die Dreifinger-Regel der linken Hand weiter:

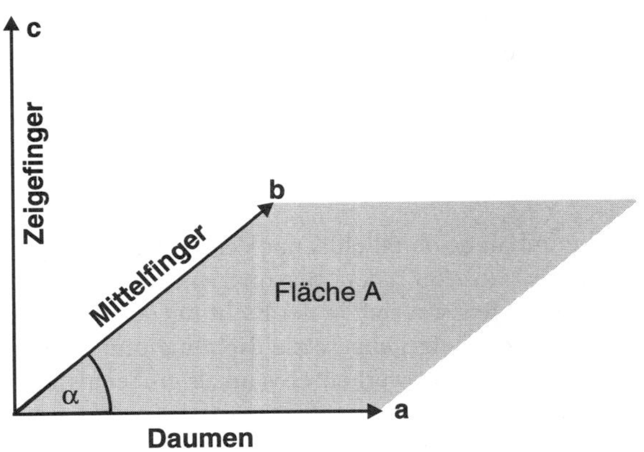

Abbildung 4.5: Dreifinger-Regel der linken Hand

Basisvektoren

Bevor wir uns an die Berechnung der Komponenten des Produktvektors heranwagen können, müssen wir noch den Begriff des Basisvektors einführen.

Betrachten wir hierfür noch einmal unsere beiden dreidimensionalen Koordinatensysteme. Die drei Achsen werden durch drei Pfeile repräsentiert und Pfeile symbolisieren bekanntlich Vektoren. Wir haben also, ohne es bisher zu bemerken, unsere Koordinatensysteme durch zueinander senkrecht stehende Vektoren, so genannte Basisvektoren, aufgespannt. Wenn wir zudem annehmen, dass diese Vektoren normiert sind, dann können wir alle Vektoren ohne Probleme als Linearkombination der Basisvektoren aufschreiben. Eine Linearkombination ist nichts weiter als eine Summe von Basisvektoren, wobei die einzelnen Summanden noch mit einem beliebigen Skalar (einer Zahl) multipliziert werden.

DEFINITION

Basisvektoren eines dreidimensionalen, rechtwinkligen Koordinatensystems:

- Basisvektor, der die x-Achse repräsentiert: **i** = (1 0 0)
- Basisvektor, der die y-Achse repräsentiert: **j** = (0 1 0)
- Basisvektor, der die z-Achse repräsentiert: **k** = (0 0 1)

Beispiel für die Darstellung eines Vektors als Linearkombination der Basisvektoren:

(3 -2 5) = 3***i** + (-2)***j** + 5***k**

Berechnung des Vektorprodukts mit Hilfe von Determinanten

Aus der Sicht des Spieleprogrammierers ist die Determinante ein nützliches Werkzeug für die Berechnung des Vektorprodukts. All die anderen tollen Dinge, die man mit Determinanten anstellen kann, interessieren uns hier nicht. Springen wir also ins kalte Wasser und betrachten eine beliebige 3x3-Determinante:

$$\begin{vmatrix} 1 & 4 & 2 \\ -1 & 5 & 6 \\ 2 & -8 & 3 \end{vmatrix}$$

Um eine Determinante ausrechnen zu können, benötigen wir den so genannten Laplaceschen Entwicklungssatz. Dieser Satz besagt, dass man eine Determinante in Unterdeterminanten zerlegen kann, bis letztlich nur noch Zahlen (1x1-Determinanten) übrig bleiben. Aus einer 3x3-Determinante werden so im ersten Schritt drei 2x2-Determinanten und im zweiten Schritt werden aus jeder dieser 2x2-Determinanten zwei 1x1-Determinanten:

Schritt 1:

$$\begin{vmatrix} a & b & c \\ d & e & f \\ g & h & i \end{vmatrix} = a \cdot \begin{vmatrix} e & f \\ h & i \end{vmatrix} - b \cdot \begin{vmatrix} d & f \\ g & i \end{vmatrix} + c \cdot \begin{vmatrix} d & e \\ g & h \end{vmatrix}$$

Schritt 2:

$$\begin{vmatrix} a & b & c \\ d & e & f \\ g & h & i \end{vmatrix} = a \cdot (e \cdot |i| - f \cdot |h|) - b \cdot (d \cdot |i| - f \cdot |g|) + c \cdot (d \cdot |h| - e \cdot |g|)$$

Da 1x1-Determinanten nichts weiter als normale Zahlen sind, erhalten wir:

$$\begin{vmatrix} a & b & c \\ d & e & f \\ g & h & i \end{vmatrix} = a \cdot (e \cdot i - f \cdot h) - b \cdot (d \cdot i - f \cdot g) + c \cdot (d \cdot h - e \cdot g)$$

Und jetzt das Ganze noch einmal mit Zahlen:

Schritt 1:

$$\begin{vmatrix} 1 & 4 & 2 \\ -1 & 5 & 6 \\ 2 & -8 & 3 \end{vmatrix} = 1 \cdot \begin{vmatrix} 5 & 6 \\ -8 & 3 \end{vmatrix} - 4 \cdot \begin{vmatrix} -1 & 6 \\ 2 & 3 \end{vmatrix} + 2 \cdot \begin{vmatrix} -1 & 5 \\ 2 & -8 \end{vmatrix}$$

Schritt 2:

$$\begin{vmatrix} 1 & 4 & 2 \\ -1 & 5 & 6 \\ 2 & -8 & 3 \end{vmatrix} = 1 \cdot (5 \cdot 3 - 6 \cdot (-8)) - 4 \cdot (-1 \cdot 3 - 6 \cdot 2) + 2 \cdot (-1 \cdot (-8) - 5 \cdot 2) = 119$$

Das Vektorprodukt lässt sich jetzt wie folgt in Determinantenform schreiben und berechnen:

$$\vec{a} \times \vec{b} = \begin{vmatrix} \vec{i} & \vec{j} & \vec{k} \\ \vec{a}_x & a_y & a_z \\ b_x & b_y & b_z \end{vmatrix} = \vec{i} \cdot (a_y \vec{b}_z - a_z b_y) - j \cdot (a_x b_z - a_z b_x) + k \cdot (a_x b_y - a_y b_x)$$

In der ersten Zeile der Determinante stehen die drei Basisvektoren unseres Koordinatensystems. In der zweiten Zeile stehen die Komponenten des Vektors **a** und in der dritten Zeile die des Vektors **b**.

In Spaltenform lautet die Berechnungsformel wie folgt:

$$\begin{pmatrix} a_x \\ a_y \\ a_z \end{pmatrix} \times \begin{pmatrix} b_x \\ b_y \\ b_z \end{pmatrix} = \begin{pmatrix} a_y b_z - a_z b_y \\ a_z b_x - a_x b_z \\ a_x b_y - a_y b_x \end{pmatrix}$$

HINWEIS

Für die Berechnung des Vektorprodukts stellt uns DirectX die folgende Funktion zur Verfügung:

```
D3DXVECTOR3* D3DXVec3Cross(D3DXVECTOR3* pOut,
                           const D3DXVECTOR3* pV1,
                           const D3DXVECTOR3* pV2);
```

Daten für den Navigationscomputer – dreidimensionale Polarkoordinaten (Kugelkoordinaten)

Stellen Sie sich vor, Sie sind der Steuermann des imperialen Flagschiffs und sollen jetzt Kurs auf die Erde nehmen. Auf Anfrage legt Ihnen der Navigationscomputer folgende Daten vor:

30° nach rechts drehen; 40° nach oben drehen; 0,5 aU geradeaus fliegen

Sie drehen das Schiff also um 30° nach rechts, dann um 40° nach oben, fliegen 0,5 astronomische Einheiten geradeaus, und schon befinden Sie sich im Erdorbit.

Der Navigationscomputer hat Ihnen hier die Ortskoordinaten der Erde relativ zu Ihrem Schiff in Form von dreidimensionalen Polarkoordinaten geliefert. Natürlich hätte Ihnen der Computer auch die kartesischen Koordinaten (x-, y-, z-Koordinaten) liefern können, aber Sie werden mir sicher zustimmen, dass sich die Polarkoordinaten viel leichter interpretieren lassen. Später, wenn es an die Konstruktion der 3D-Szenarien unserer Weltraumsimulation geht, werden wir uns das zunutze machen und die Positionen der Sonne und der Hintergrundnebel ebenfalls in Form von Polarkoordinaten definieren.

Für die zweidimensionale Polarkoordinatendarstellung benötigen wir einen Winkel sowie die Länge des Ortsvektors. In der dritten Dimension kommt jetzt noch ein weiterer Winkel hinzu. Am besten werfen wir gleich einen Blick auf die Definitionsgleichungen und machen uns anhand zweier Spezialfälle mit ihnen vertraut.

DEFINITION

Dreidimensionale Polarkoordinaten:

x = Entfernung*cos(Vertikalwinkel)*sin(Horizontalwinkel)

y = Entfernung*sin(Vertikalwinkel)

z = Entfernung*cos(Vertikalwinkel)*cos(Horizontalwinkel)

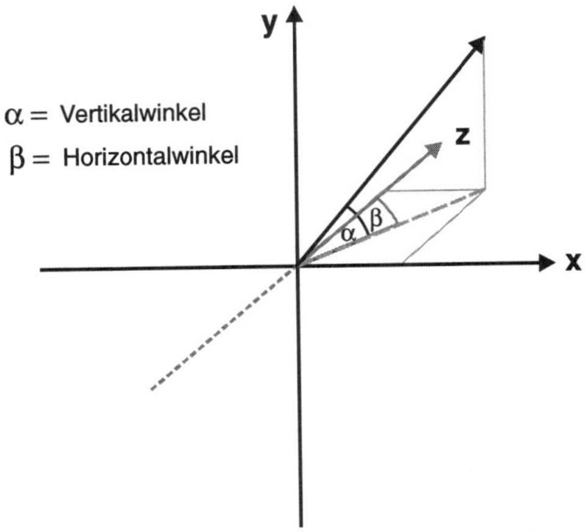

Abbildung 4.6: Definition der räumlichen Polarkoordinaten

Der Horizontalwinkel ist derjenige Winkel, um den man sich nach rechts (positiver Wert) oder links (negativer Wert) drehen muss, und der Vertikalwinkel ist derjenige Winkel, um den man sich nach oben (positiver Wert) oder unten (negativer Wert) drehen muss, um das gesuchte Ziel anzupeilen.

Fall 1:

Setzt man jetzt für den Vertikalwinkel 90° ein, zeigt der Ortsvektor immer in die positive y-Richtung.

Fall 2:

Ist der Vertikalwinkel gleich 0° und der Horizontalwinkel gleich 180°, zeigt der Ortsvektor in die negative z-Richtung.

Quadratwurzelberechnungen

Eine der häufigsten Rechenoperationen, die in einem Spiel wieder und wieder durchgeführt werden müssen, ist die Berechnung von Quadratwurzeln im Zusammenhang mit der Normierung und Längenberechnung von Vektoren. Da diese Berechnungen leider sehr viel Prozessorleistung beanspruchen, sollten wir eine eigene, schnelle Quadratwurzel-Routine entwickeln. Als Spieleprogrammierer darf man nicht blindlings auf die Performance der Standard-API-Funktionen (Quadratwurzel, Sinus, Kosinus, Arkuskosinus) vertrauen, sondern man sollte stattdessen eigene, schnellere Funktionen entwickeln und verwenden. Doch zunächst einmal müssen wir in einem Mathematikbuch nach einem Näherungsverfahren Ausschau halten.

Ein Iterationsverfahren für die Berechnung von Quadratwurzeln

Ein bekanntes Rechenverfahren geht auf den alten Heron zurück:

$$x = \sqrt{y} = \quad ; = x^2 = y \quad ; \quad x_1 x_2 \quad y \quad ; \quad x_2 \quad \frac{y}{x_1}$$

x_1 ist der Startwert der Rechnung. Eingesetzt in die vierte Gleichung, ergibt sich der Wert x_2. Anschließend wird der Mittelwert x_1' von x_1 und x_2 berechnet. Mit diesem Wert beginnt die Rechnung dann von neuem. Ausgehend von der vierten Gleichung lässt sich folgende Rechenvorschrift ableiten:

$$x_1' = \frac{x_1 + x_2}{2} \qquad \frac{x_1 + \frac{y}{x_1}}{2}$$

x_1' wird jetzt als neuer Anfangswert x_1 im zweiten Rechendurchgang verwendet. Man wiederholt die Rechnungen nun so lange, bis die gewünschte Genauigkeit erreicht ist. Übrigens, die Mathematiker bezeichnen ein solches Vorgehen als Iteration.

Die nachfolgende Funktion sollte man ohne Probleme verstehen können. Damit sie fehlerfrei arbeitet und keine Programmabstürze verursacht, müssen vor der eigentlichen Rechnung noch einige Tests durchgeführt werden. Zunächst einmal wird überprüft, ob die Zahl, von der die Quadratwurzel berechnet werden soll, überhaupt positiv ist. Sollte das nicht der Fall sein, wird stattdessen mit dem positiven Zahlenwert gerechnet. Weiterhin wird überprüft, ob die Wurzel von null berechnet werden soll. Weil dann im ersten Iterationsschritt eine Division durch null stattfinden würde, was eventuell einen Programmabsturz zur Folge haben könnte, wird die Funktion einfach mit 0 als Rückgabewert beendet. Im nächsten Schritt wird der Startwert der Rechnung festgelegt. Hier gilt: Ein guter Startwert verringert die Anzahl der benötigten Rechenschritte und damit auch die Rechenzeit.

Listing 4.1: Eine Funktion für die Berechnung einer Quadratwurzel – der erste Versuch

```
// globale Variablen für die Wurzelberechnung:

float temp1Wurzel;
float temp2Wurzel;

inline float FastWurzelExact(float r)
{
    if(r == 0.0f)
        return 0.0f;

    if(r < 0.0f)
        r = -r;

    if(r >= 10000.0f)
```

```
        temp2Wurzel = r*0.01f;
    else if(r >= 100.0f && r < 10000.0f)
        temp2Wurzel = r*0.1f;
    else if(r > 2.0f && r < 100.0f)
        temp2Wurzel = r*0.5f;
    else if(r <= 2.0f)
        temp2Wurzel = r;

    do
    {
        temp1Wurzel = temp2Wurzel;
        temp2Wurzel = 0.5f*(temp1Wurzel + r/temp1Wurzel);
    }
    while(temp1Wurzel - temp2Wurzel > 0.05f);

    return temp2Wurzel;
}
```

Für den ersten Versuch ist unsere Funktion zur Berechnung einer Quadratwurzel gar nicht mal so schlecht. Dennoch gibt es zwei Dinge zu kritisieren:

- Die Startwerte sind zu schlecht, daher sind zu viele Iterationsschritte notwendig,
- Die Schleifenkonstruktion verlangsamt die Berechnung zusätzlich.

Für die Bestimmung eines optimalen Startwerts gibt es einen Trick, der zugegebenermaßen etwas seltsam anmutet.

Im Zuge einer kleinen Internetrecherche habe ich diesen Trick auf der folgenden Website entdeckt: *http://www.azillionmonkeys.com/qed/sqroot.html.* Kommt es nicht so sehr auf die Genauigkeit an, dann ist der auf diese Weise bestimmte Startwert eine gute Abschätzung für die gesuchte reziproke Quadratwurzel:

Listing 4.2: Eine Funktion zum Abschätzen einer Quadratwurzel

```
unsigned long *ptr = NULL;
float Value;

inline float FastWurzel(float r)
{
    if(r == 0.0f)
        return 0.0f;

    if(r < 0.0f)
        r = -r;

    Value = r;
    ptr = (unsigned long*)&r;
    *ptr=(0xbe6f0000-*ptr)>>1;
```

```
    return Value*r;
}
```

Was passiert hier? Im ersten Schritt weist man dem Zeiger `ptr` vom Typ `unsigned long*` die Speicheradresse derjenigen Fließkommavariablen zu, deren Quadratwurzel es zu bestimmen gilt. Fließkommavariablen werden normalerweise im so genannten IEEE-Format abgespeichert. Dabei wird die Fließkommazahl in Vorzeichen, Exponent und Mantisse zerlegt. Da der Zeiger vom Typ `unsigned long*` ist, werden die im IEEE-Format gespeicherten Bits so interpretiert, als seien sie die Bits einer Ganzzahl. Im nachfolgenden Schritt wird diese Ganzzahl von einer Ganzzahlkonstanten (angegeben im Hex-Format) abgezogen und durch zwei geteilt. Dadurch erhält man eine sehr gute erste Näherung für die gesuchte reziproke Quadratwurzel. Durch die Multiplikation dieser Näherung mit dem Wert, dessen Quadratwurzel bestimmt werden soll, erhält man schließlich die Näherung für die gesuchte Quadratwurzel.

$$\sqrt{y} = y \cdot \frac{1}{\sqrt{y}}$$

Bei Verwendung des so bestimmten Startwerts in der exakten Rechnung kann auf die Schleifenkonstruktion verzichtet werden, denn nach zwei Iterationsschritten ist die Quadratwurzel bereits genügend genau bestimmt:

Listing 4.3: Eine Funktion für die Berechnung einer Quadratwurzel – der zweite Versuch

```
inline float FastWurzelExact(float r)
{
    if(r == 0.0f)
        return 0.0f;

    if(r < 0.0f)
        r = -r;

    Value = r;
    ptr = (unsigned long*)&r;
    *ptr=(0xbe6f0000-*ptr)>>1;
    temp1Wurzel = Value*r;

    temp1Wurzel = 0.5f*(temp1Wurzel + Value/temp1Wurzel);
    temp1Wurzel = 0.5f*(temp1Wurzel + Value/temp1Wurzel);

    return temp1Wurzel;
}
```

Unsere neue Funktion ist zwar schon deutlich schneller als die erste Variante, die beiden Divisionen beanspruchen aber noch zu viel Rechenzeit.

Vermeiden Sie unnötige Divisionen und ersetzen Sie diese, wenn möglich, durch eine Multiplikation mit dem inversen Element. Beispiel:

```
a/2.0f = 0.5f*a
```

Eine Multiplikation beansprucht deutlich weniger Rechenzeit!

Glücklicherweise sind Mathematiker sehr vielseitige Menschen und haben für uns ein zweites Näherungsverfahren parat, das gänzlich ohne eine Division auskommt:

$$\frac{1}{\sqrt{y}} \approx 1.5 \cdot x - 0.5 \cdot y \cdot x^3 = x \cdot \left(1.5 - 0.5 \cdot y \cdot x^2\right) \quad \text{mit} \quad x\text{: Startwert des Iterationsschrittes}$$

Also dann, implementieren wir dieses Näherungsverfahren doch einfach in unserer `FastWurzelExact()`-Funktion:

Listing 4.4: Berechnung einer Quadratwurzel – der dritte Versuch

```
inline float FastWurzelExact(float r)
{
    if(r == 0.0f)
        return 0.0f;

    if(r < 0.0f)
        r = -r;

    Value = r;
    halfValue = 0.5f*r;
    ptr = (unsigned long*)&r;
    *ptr=(0xbe6f0000-*ptr)>>1;
    temp1Wurzel = r;

    temp1Wurzel *= 1.5f-temp1Wurzel*temp1Wurzel*halfValue;
    temp1Wurzel *= 1.5f-temp1Wurzel*temp1Wurzel*halfValue;

    return Value*temp1Wurzel;
}
```

Funktionen für die Normierung und Längenberechnung von Vektoren

Unter Verwendung der `FastWurzelExact()`-Funktion lässt sich jetzt eine Funktion für die Berechnung des Vektorbetrags schreiben. Die quadratische Länge des Vektors wird mittels der DirectX-Funktion `D3DXVec3LengthSq()` berechnet.

Listing 4.5: Eine Funktion für die Berechnung der Vektorlänge

```
float tempNorm;  // wird als Global beim Normieren verwendet

inline float Calculate3DVectorLength(D3DXVECTOR3* pVectorIn)
{
    if(*pVectorIn == NullVektor)
    {
        return 0.0f;
    }

    tempNorm = D3DXVec3LengthSq(pVectorIn);
    tempNorm = FastWurzelExact(tempNorm);
    return tempNorm;
}
```

Für die Normierung eines Vektors bietet sich der Einsatz von drei verschiedenen Funktionen an. Hier die Standardvariante:

Listing 4.6: Eine Funktion zum Normieren eines Vektors

```
inline float NormalizeVector(D3DXVECTOR3* pVectorOut,
                             D3DXVECTOR3* pVectorIn)
{
    if(*pVectorIn == NullVektor)
    {
        *pVectorOut = *pVectorIn;
        return 0.0f;
    }

    tempNorm = D3DXVec3LengthSq(pVectorIn);
    tempNorm = FastWurzelExact(tempNorm);
    *pVectorOut  = (*pVectorIn)/tempNorm;
    return tempNorm;
}
```

Nicht immer ist es erforderlich, einen Vektor exakt zu normieren. In diesem Fall bietet sich der Einsatz der `FastWurzel()`-Funktion an:

Listing 4.7: Eine Funktion zum näherungsweisen Normieren eines Vektors

```
inline float NormalizeVectorApprox(D3DXVECTOR3* pVectorOut,
                                   D3DXVECTOR3* pVectorIn)
{
    if(*pVectorIn == NullVektor)
    {
        *pVectorOut = *pVectorIn;
        return 0.0f;
    }
```

```
    tempNorm = D3DXVec3LengthSq(pVectorIn);
    tempNorm = FastWurzel(tempNorm);
    *pVectorOut = (*pVectorIn)/tempNorm;
    return tempNorm;
}
```

Bei der Drehung von Vektoren kommt es aufgrund von Rundungsfehlern immer wieder zu kleinen Längenänderungen. In diesem und anderen Fällen bietet sich der Einsatz einer Funktion an, die zunächst einmal überprüft, ob der Vektor überhaupt normiert werden muss. Es ist absolut unnötig, einen schon normierten Vektor noch ein zweites Mal zu normieren:

Listing 4.8: Eine Funktion zum Normieren eines noch nicht normierten Vektors

```
inline float NormalizeVector_If_Necessary(D3DXVECTOR3* pVectorOut,
                                          D3DXVECTOR3* pVectorIn)
{
    if(*pVectorIn == NullVektor)
    {
        *pVectorOut  = *pVectorIn;
        return 0.0f;
    }

    tempNorm = D3DXVec3LengthSq(pVectorIn);

    if(tempNorm != 1.0f)
    {
        tempNorm = FastWurzelExact(tempNorm);
        *pVectorOut = (*pVectorIn)/tempNorm;
        return tempNorm;
    }
    else
    {
        *pVectorOut = *pVectorIn;
        return 1.0f;
    }
}
```

Manipulation der 3D-Welt

Auf die wichtigsten Matrizen zur Manipulation der 2D-Welt sind wir bereits eingegangen. Jetzt ist es an der Zeit, diese Konzepte auf die dreidimensionale Welt zu übertragen.

HINWEIS: Als DirectX-Programmierer müssen wir gottlob nicht mehr jeden Vertex eines Objekts einzeln transformieren. Wir müssen nur die Adresse der Transformationsmatrix an die DirectX-Funktion `SetTransform()` mit dem Hinweis übergeben, dass sich die Transformation auf das Weltkoordinatensystem bezieht (Welttransformation):

```
SetTransform(D3DTS_WORLD, &TransformationsMatrix);
```

Die grafische Darstellung (der Renderprozess) des Objekts erfolgt dann in der korrekten Größe (Skalierung), Ausrichtung und Verschiebung – cool, oder?

Die Translationsmatrix für die Bewegung im Raum

Als Erstes betrachten wir die Erweiterung der Translationsmatrix **T** für die Bewegung im Raum:

$$\begin{pmatrix} x & y & z & 1 \end{pmatrix} \cdot \begin{pmatrix} 1 & 0 & 0 & 0 \\ 0 & 1 & 0 & 0 \\ 0 & 0 & 1 & 0 \\ \Delta x & \Delta y & \Delta z & 1 \end{pmatrix} = \begin{pmatrix} x+\Delta x & y+\Delta y & z+\Delta z & 1 \end{pmatrix}$$

Eine Translationsmatrix lässt sich mit Hilfe der folgenden DirectX-Funktion erzeugen:

```
D3DXMATRIX* D3DXMatrixTranslation(D3DXMATRIX* pOut, FLOAT x,
                                  FLOAT y, FLOAT z);
```

Die Skalierungsmatrix

Auch die Skalierungsmatrix **S** lässt sich ohne Probleme um eine Dimension erweitern:

$$\begin{pmatrix} x & y & z & 1 \end{pmatrix} \cdot \begin{pmatrix} s_x & 0 & 0 & 0 \\ 0 & s_y & 0 & 0 \\ 0 & 0 & s_z & 0 \\ 0 & 0 & 0 & 1 \end{pmatrix} = \begin{pmatrix} s_x x & s_y y & s_z z & 1 \end{pmatrix}$$

Eine Skalierungsmatrix lässt sich mit Hilfe der folgenden DirectX-Funktion erzeugen:

```
D3DXMATRIX* D3DXMatrixScaling(D3DXMATRIX* pOut, FLOAT sx, FLOAT sy,
                              FLOAT sz);
```

Die Einheitsmatrix

Alle Transformationsmatrizen werden wir stets als Einheitsmatrix initialisieren.

$$\begin{pmatrix} 1 & 0 & 0 & 0 \\ 0 & 1 & 0 & 0 \\ 0 & 0 & 1 & 0 \\ 0 & 0 & 0 & 1 \end{pmatrix}$$

Eine Einheitsmatrix lässt sich mit Hilfe der folgenden DirectX-Funktion erzeugen:

```
D3DXMATRIX* D3DXMatrixIdentity(D3DXMATRIX* pOut);
```

Transformation eines Vektors durch eine Matrix

Auch über die Transformation eines Vektors mit Hilfe einer Matrix haben wir bereits gesprochen. Es ist nun an der Zeit, eine Funktion zu schreiben, die diese Transformation für uns durchführt. Man beachte, dass die w-Komponente des Vektors bei der Multiplikation unverändert gleich eins bleibt, da die ersten drei Matrixelemente in der vierten Spalte `_14, _24, _34` allesamt gleich null sind und nur das vierte Element `_44 = 1` ist.

Listing 4.9: Eine Funktion für die Multiplikation eines Vektors mit einer Matrix

```
inline void MultiplyVectorWithMatrix(D3DXVECTOR3* pVecOut,
                                     D3DXVECTOR3* pVecIn,
                                     D3DXMATRIX* pMatrix)
{
    tempX = pVecIn->x;
    tempY = pVecIn->y;
    tempZ = pVecIn->z;

    pVecOut->x = tempX*pMatrix->_11 + tempY*pMatrix->_21 +
                 tempZ*pMatrix->_31 + pMatrix->_41;
    pVecOut->y = tempX*pMatrix->_12 + tempY*pMatrix->_22 +
                 tempZ*pMatrix->_32 + pMatrix->_42;
    pVecOut->z = tempX*pMatrix->_13 + tempY*pMatrix->_23 +
                 tempZ*pMatrix->_33 + pMatrix->_43;
}
```

Natürlich stellt uns DirectX ebenfalls eine Funktion für die Transformation eines Vektors zur Verfügung:

```
D3DXVECTOR3* D3DXVec3TransformCoord(D3DXVECTOR3* pOut,
                                    const D3DXVECTOR3* pV,
                                    const D3DXMATRIX* pM);
```

Die Multiplikation eines Vektors mit einer Rotationsmatrix ist etwas weniger rechenintensiv, da nun auch die ersten drei Matrixelemente der vierten Zeile `_41, _42, _43` allesamt gleich null sind. Mit Ausnahme des Elements `_44 = 1` handelt es sich bei einer Rotationsmatrix also um eine reine 3x3-Matrix. Entsprechend einfacher ist jetzt auch die Multiplikationsfunktion:

Listing 4.10: Eine Funktion für die Multiplikation eines Vektors mit einer Rotationsmatrix

```
inline void MultiplyVectorWithRotationMatrix(D3DXVECTOR3* pVecOut,
                                             D3DXVECTOR3* pVecIn,
                                             D3DXMATRIX* pMatrix)
{
    tempX = pVecIn->x;
    tempY = pVecIn->y;
    tempZ = pVecIn->z;

pVecOut->x=tempX*pMatrix->_11+tempY*pMatrix->_21+tempZ*pMatrix->_31;
pVecOut->y=tempX*pMatrix->_12+tempY*pMatrix->_22+tempZ*pMatrix->_32;
pVecOut->z=tempX*pMatrix->_13+tempY*pMatrix->_23+tempZ*pMatrix->_33;
}
```

Rotationsmatrizen für die Drehung im Raum

Im dreidimensionalen Raum kann sich ein Objekt um eine beliebig orientierte Achse drehen. Zunächst einmal werden wir die Drehungen um die x-, y- und z-Achse behandeln, im Anschluss daran werden wir uns mit der Drehung um eine beliebige Achse befassen.

Rotation um die x-Achse

Die Rotation eines Vektors um die x-Achse lässt sich durch die folgenden drei Gleichungen beschreiben:

$$x_{neu} = x$$
$$y_{neu} = y\cos\alpha - z\sin\alpha$$
$$z_{neu} = y\sin\alpha + z\cos\alpha$$

Anhand dreier ausgezeichneter Winkel (0°, 90°, 180°) werden wir diese Gleichungen jetzt einmal nachprüfen:

Gleichung 1:

Zur ersten Gleichung gibt es nichts zu sagen. Die Rotation um die x-Achse lässt natürlich die x-Komponente des Vektors unbeeinflusst.

Gleichung 2:

Eine Drehung um 0° überführt die alte y-Komponente in die neue y-Komponente. Eine Drehung um 90° überführt die negative z-Komponente in die neue y-Komponente und eine Drehung um 180° überführt die y-Komponente in die negative y-Komponente.

Gleichung 3:

Eine Drehung um 0° überführt die alte z-Komponente in die neue z-Komponente. Eine Drehung um 90° überführt die y-Komponente in die neue z-Komponente und eine Drehung um 180° überführt die z-Komponente in die negative z-Komponente.

Die zugehörige Matrix **Rx** hat jetzt den folgenden Aufbau:

$$(x \quad y \quad z \quad 1) \cdot \begin{pmatrix} 1 & 0 & 0 & 0 \\ 0 & \cos\alpha & \sin\alpha & 0 \\ 0 & -\sin\alpha & \cos\alpha & 0 \\ 0 & 0 & 0 & 1 \end{pmatrix} = (x_{neu} \quad y_{neu} \quad z_{neu} \quad 1)$$

HINWEIS

Die x-Achsen-Rotationsmatrix lässt sich mit Hilfe der folgenden DirectX-Funktion erzeugen:

```
D3DXMATRIX* D3DXMatrixRotationX(D3DXMATRIX* pOut, FLOAT Angle);
```

Rotation um die y-Achse

Die Rotation eines Vektors um die y-Achse lässt sich durch die folgenden drei Gleichungen beschreiben:

$$x_{neu} = x\cos\alpha + z\sin\alpha$$
$$y_{neu} = y$$
$$z_{neu} = -x\sin\alpha + z\cos\alpha$$

Gleichung 1:

Eine Drehung um 0° überführt die alte x-Komponente in die neue x-Komponente. Eine Drehung um 90° überführt die z-Komponente in die neue x-Komponente und eine Drehung um 180° überführt die x-Komponente in die negative x-Komponente.

Gleichung 2:

Zur zweiten Gleichung gibt es nichts zu sagen. Die Rotation um die y-Achse lässt natürlich die y-Komponente des Vektors unbeeinflusst.

Gleichung 3:

Eine Drehung um 0° überführt die alte z-Komponente in die neue z-Komponente. Eine Drehung um 90° überführt die negative x-Komponente in die neue z-Komponente und eine Drehung um 180° überführt die z-Komponente in die negative z-Komponente.

Die zugehörige Matrix **Ry** hat jetzt den folgenden Aufbau:

$$(x \quad y \quad z \quad 1) \cdot \begin{pmatrix} \cos\alpha & 0 & -\sin\alpha & 0 \\ 0 & 1 & 0 & 0 \\ \sin\alpha & 0 & \cos\alpha & 0 \\ 0 & 0 & 0 & 1 \end{pmatrix} = (x_{neu} \quad y_{neu} \quad z_{neu} \quad 1)$$

Die y-Achsen-Rotationsmatrix lässt sich mit Hilfe der folgenden DirectX-Funktion erzeugen:

```
D3DXMATRIX* D3DXMatrixRotationY(D3DXMATRIX* pOut, FLOAT Angle);
```

Rotation um die z-Achse

Die Rotation eines Vektors um die z-Achse lässt sich durch die folgenden drei Gleichungen beschreiben:

$$x_{neu} = x\cos\alpha - y\sin\alpha$$
$$y_{neu} = x\sin\alpha + y\cos\alpha$$
$$z_{neu} = z$$

Gleichung 1:

Eine Drehung um 0° überführt die alte x-Komponente in die neue x-Komponente. Eine Drehung um 90° überführt die negative y-Komponente in die neue x-Komponente und eine Drehung um 180° überführt die x-Komponente in die negative x-Komponente.

Gleichung 2:

Eine Drehung um 0° überführt die alte y-Komponente in die neue y-Komponente. Eine Drehung um 90° überführt die x-Komponente in die neue y-Komponente und eine Drehung um 180° überführt die y-Komponente in die negative y-Komponente.

Gleichung 3:

Zur dritten Gleichung gibt es nichts zu sagen. Die Rotation um die z-Achse lässt die z-Komponente des Vektors unbeeinflusst.

Die zugehörige Matrix **Rz** hat nun den folgenden Aufbau:

$$\begin{pmatrix} x & y & z & 1 \end{pmatrix} \cdot \begin{pmatrix} \cos\alpha & \sin\alpha & 0 & 0 \\ -\sin\alpha & \cos\alpha & 0 & 0 \\ 0 & 0 & 1 & 0 \\ 0 & 0 & 0 & 1 \end{pmatrix} = \begin{pmatrix} x_{neu} & y_{neu} & z_{neu} & 1 \end{pmatrix}$$

Die z-Achsen-Rotationsmatrix lässt sich mit Hilfe der folgenden DirectX-Funktion erzeugen:

```
D3DXMATRIX* D3DXMatrixRotationZ(D3DXMATRIX* pOut, FLOAT Angle);
```

Rotation um eine beliebige Achse

Kommen wir nun zur Rotation um eine beliebige Achse. Der eigentliche Kniff bei der Aufstellung der Matrixgleichung besteht jetzt darin, die Rotationsachse einfach auf eine derjenigen drei Achsen zu transformieren (z.B. die z-Achse), für welche wir die zugehörige Rotationsmatrix bereits kennen. Die Drehung um eine beliebige Achse wird dadurch zu einer Drehung um die z-Achse mit dem gleichen Winkel. Anschließend muss man die behelfsmäßige Rotationsachse natürlich wieder in die ursprüngliche Rotationsachse zurücktransformieren. Hierfür benötigt man die inversen x- und y-Achsen-Rotationsmatrizen:

$$R(\gamma) = R_x(\alpha)R_y(\beta)R_z(\gamma)R_y^{-1}(\beta)R_x^{1}(\alpha)$$

Die Einzelheiten lassen wir einmal außen vor, aber unabhängig davon wollen Sie jetzt sicher noch wissen, was eigentlich eine inverse Matrix ist, oder?

Mit Hilfe der inversen Matrix lässt sich die Transformation einer Matrix wieder rückgängig machen. Bewirkt eine Rotationsmatrix beispielsweise eine Drehung von 10° um die x-Achse, so bewirkt die inverse Rotationsmatrix eine Drehung von –10° um die x-Achse.

Für die Berechnung der inversen Matrix stellt uns DirectX die folgende Funktion zur Verfügung:

```
D3DXMATRIX* D3DXMatrixInverse(D3DXMATRIX* pOut, FLOAT* pDeterminant,
                              const D3DXMATRIX* pM);
```

Die Rotationsmatrix für eine Drehung um eine beliebige Achse hat jetzt den folgenden Aufbau:

$$(1-\cos\alpha)\begin{pmatrix} x^2 & xy & xz & 0 \\ xy & y^2 & yz & 0 \\ xz & yz & z^2 & 0 \\ 0 & 0 & 0 & 1 \end{pmatrix} + \cos\alpha\begin{pmatrix} 1 & 0 & 0 & 0 \\ 0 & 1 & 0 & 0 \\ 0 & 0 & 1 & 0 \\ 0 & 0 & 0 & 1 \end{pmatrix} - \sin\alpha\begin{pmatrix} 0 & -z & y & 0 \\ z & 0 & -x & 0 \\ -y & x & 0 & 0 \\ 0 & 0 & 0 & 1 \end{pmatrix}$$

Dabei kennzeichnen x, y und z die Komponenten der normierten Rotationsachse.

Natürlich findet sich auch hier die passende DirectX-Funktion:

```
D3DXMATRIX* D3DXMatrixRotationAxis(D3DXMATRIX* pOut,
                                   const D3DXVECTOR3* pV,
                                   FLOAT Angle);
```

Frame-Rotationsmatrizen und Gesamtrotationsmatrizen

Bei der Drehung eines Objekts gilt es, zwischen zwei Typen von Rotationsmatrizen zu unterscheiden. Zum einen ist da die Gesamtrotationsmatrix , welche für die entgültige Ausrichtung eines Objekts aus dessen Anfangsorientierung heraus verantwortlich ist, und zum anderen die Frame-Rotationsmatrix, welche nur die Drehung während des aktuellen Frames beschreibt.

Die neue Gesamtrotationsmatrix nach einer Framedrehung erhält man durch die Multiplikation der Frame-Rotationsmatrix mit der Gesamtrotationsmatrix des vorangegangenen Frames. Dabei ist die Multiplikationsreihenfolge abhängig vom gegebenen Problem.

Für die Rotation von Planeten, Wolken und Asteroiden müssen beide Matrizen wie folgt miteinander multipliziert werden:

R(neue Rotationsmatrix) = **R**(alte Rotationsmatrix) * **R**(für die Drehung pro Frame)

HINWEIS: Zu Beginn des Spiels muss die Gesamtrotationsmatrix **R** unbedingt als Einheitsmatrix initialisiert werden!

```
D3DXMatrixIdentity(&RotationsMatrix);
```

Wollen wir hingegen die Kurvenbewegung eines Raumschiffs simulieren, müssen wir die Multiplikationsreihenfolge umdrehen:

R(neue Rotationsmatrix) = **R**(für die Drehung pro Frame) * **R**(alte Rotationsmatrix)

Haben Sie noch ein klein wenig Geduld, am nächsten Tag werden wir uns ausführlich mit der Kurvenbewegung eines Raumschiffs beschäftigen.

Simulation der Bewegung eines Asteroiden durch die unendlichen Weiten des Weltraums

Bei all der Theorie verliert man schon einmal den Blick auf das Wesentliche. Es ist in etwa wie mit dem Wald, den man vor lauter Bäumen nicht mehr sehen kann. Ein praktisches Beispiel wird uns helfen, den Fokus wiederzufinden. Die Simulation der Bewegung eines Asteroiden durch die unendlichen Weiten des Weltraums eignet sich hervorragend dazu, den Gebrauch von Rotations-, Translations- und Skalierungsmatrizen zu demonstrieren.

Für die Beschreibung dieser Bewegung benötigen wir folgende Variablen:

```
D3DXVECTOR3 Ortsvektor;
D3DXVECTOR3 Eigenverschiebung;
D3DXVECTOR3 Rotationsachse;
float       Rotationsgeschwindigkeit;
```

Für die Transformationen werden die folgenden Matrizen benötigt:

```
D3DXMATRIX Transformationsmatrix;
D3DXMATRIX Scalematrix;
D3DXMATRIX Rotationsmatrix;
D3DXMATRIX FrameRotationsmatrix;
D3DXMATRIX Translationsmatrix;
```

Alle Matrizen initialisieren wir zunächst als Einheitsmatrizen:

```
D3DXMatrixIdentity(&Transformationsmatrix);
D3DXMatrixIdentity(&Scalematrix);
D3DXMatrixIdentity(&Rotationsmatrix);
```

```
D3DXMatrixIdentity(&FrameRotationsmatrix);
D3DXMatrixIdentity(&Translationsmatrix);
```

In der Annahme, dass die Größe des Asteroiden unverändert bleibt, muss die Skalierungsmatrix nur einmal erzeugt werden:

```
Scalematrix._11 = scaleX;
Scalematrix._22 = scaleY;
Scalematrix._33 = scaleZ;
```

Weiterhin müssen wir die Rotationsachse sowie die Rotationsgeschwindigkeit festlegen:

```
Rotationsachse = D3DXVECTOR3(0.0f, 1.0f, 0.0f);
Rotationsgeschwindigkeit = 0.002f;
```

Als Nächstes berechnen wir die Rotationsmatrix, welche die Rotation von Frame zu Frame beschreibt:

```
D3DXMatrixRotationAxis(&FrameRotationsmatrix, &Rotationsachse,
                       Rotationsgeschwindigkeit)
```

Den aktuellen Ortsvektor erhält man, wenn man zum Ortsvektor des vorangegangenen Frames die Eigenverschiebung des Objekts hinzuaddiert:

```
Ortsvektor = Ortsvektor+Eigenverschiebung;
```

Mit Hilfe des Ortsvektors lässt sich die aktuelle Translationsmatrix erzeugen:

```
Translationsmatrix._41 = Ortsvektor.x;
Translationsmatrix._42 = Ortsvektor.y;
Translationsmatrix._43 = Ortsvektor.z;
```

Die aktuelle Rotationsmatrix ergibt sich jetzt aus der Frame-Rotationsmatrix und der Rotationsmatrix des vorangegangenen Frames:

```
Rotationsmatrix = Rotationsmatrix*FrameRotationsmatrix;
```

Im nächsten Schritt wird die Gesamttransformationsmatrix für die korrekte Darstellung des Asteroiden im Weltraum erzeugt:

```
Transformationsmatrix = Scalematrix*Rotationsmatrix*
                        Translationsmatrix;
```

Alternativ lässt sich die Gesamttransformationsmatrix auch wie folgt erzeugen:

```
Translationsmatrix = Rotationsmatrix
Translationsmatrix._41 = Ortsvektor.x;
Translationsmatrix._42 = Ortsvektor.y;
Translationsmatrix._43 = Ortsvektor.z;

Transformationsmatrix = Scalematrix*Translationsmatrix;
```

Schnelle Berechnung von Rotationsmatrizen

Wie wir bereits wissen, stellt uns DirectX für die Erzeugung von Rotationsmatrizen eine Reihe von Funktionen zur Verfügung. Das Problem ist nur, dass bei der Berechnung der Sinus- und Kosinuswerte eine relativ langsame API-Funktion zum Einsatz kommt:

Listing 4.11: Die DirectX-Graphics-Funktion D3DXMatrixRotationX() für die Berechnung einer Rotationsmatrix um die x-Achse

```
D3DXMATRIX* WINAPI D3DXMatrixRotationX(D3DXMATRIX *pOut,
                                       float angle)
{
    #if DBG
        if(!pOut)
            return NULL;
    #endif

    float sin, cos;
    sincosf(angle, &sin, &cos);

    pOut->_11 = 1.0f; pOut->_12 =  0.0f;   pOut->_13 = 0.0f;
    pOut->_14 = 0.0f;
    pOut->_21 = 0.0f; pOut->_22 =  cos;    pOut->_23 = sin;
    pOut->_24 = 0.0f;
    pOut->_31 = 0.0f; pOut->_32 = -sin;    pOut->_33 = cos;
    pOut->_34 = 0.0f;
    pOut->_41 = 0.0f; pOut->_42 =  0.0f;   pOut->_43 = 0.0f;
    pOut->_44 = 1.0f;

    return pOut;
}
```

Auch wenn Computer immer schneller werden, sollte man doch bitte keine unnötige Rechenzeit verschwenden. An irgendeiner anderen Stelle fehlt sie dann mit Sicherheit.

Wie können wir es also besser machen?

Rotationsmatrizen mit Look-up-Tabellen erzeugen

Eine Methode kennen Sie bereits. Anstatt die Sinus- und Kosinuswerte immer wieder neu zu berechnen, können wir natürlich auch Look-up-Tabellen einsetzen.

Wie immer gibt es da natürlich noch ein kleines Problem. Drehungen lassen sich immer in zwei Richtungen durchführen, je nachdem, ob der Drehwinkel positiv oder negativ ist. Natürlich ist es eine gehörige Speicherverschwendung, Look-up-Tabellen für einen Bereich von -360° bis +360° zu erstellen. Wir müssen also die negativen Winkel in positive Winkel umwandeln. Zum Glück ist das ganz einfach. Beispielsweise entspricht ein Winkel von –10° einem

Winkel von 350° (360°+ (–10°)). Merken Sie sich einfach die folgende Regel, dann kann nichts schief gehen:

360° + negativer Winkel = positiver Winkel

Rotationsmatrizen mit gleichbleibendem Rotationswinkel

Für den Fall, dass ständig Rotationsmatrizen mit gleichbleibendem Rotationswinkel benötigt werden, bietet es sich an, diese Matrizen nur einmal zu erzeugen und dann immer wieder zu verwenden – eine einfache Optimierungsmethode, die leider aber immer wieder vergessen wird.

Rotationsmatrizen mit Hilfe von vorberechneten Sinus- und Kosinuswerten erzeugen

Rotationsmatrizen lassen sich auch erzeugen, indem man einer entsprechenden Funktion statt des Winkels die vorberechneten Sinus- bzw. Kosinuswerte übergibt. Diese werden dann direkt in die Matrix eingesetzt. Ein Problem ergibt sich wiederum daraus, dass die Rotation in zwei Richtungen erfolgen kann.

Wenn man aber die Symmetrien der Sinus- und Kosinusfunktionen bezüglich des Ursprungs (0°) berücksichtigt, ist das Problem schnell aus der Welt geschafft:

```
Cosinus     symmetrische Funktion:     cos(10°) = cos(-10°)
Sinus       asymmetrische Funktion:   -sin(10°) = sin(-10°)
```

Als Beispiel betrachten wir jetzt eine Rotation um +10°/-10°:

- Zunächst einmal werden der Sinus- und Kosinuswert von 10° im Voraus berechnet.
- Für eine Drehung um +10° übergibt man einfach die im Voraus berechneten Werte.
- Für eine Drehung um –10° übergibt man der Funktion statt des positiven Sinuswerts einfach den negativen Wert. Um den Kosinuswert brauchen wir uns keine Gedanken zu machen, da dieser symmetrisch zum Ursprung ist.

Listing 4.12: Funktionen für den Aufbau von Rotationsmatrizen mit Hilfe der vorberechneten Sinus- und Kosinuswerte des Drehwinkels

```
inline void CreateRotXMatrix(D3DXMATRIX* pMatrix, float s, float c)
{
    pMatrix->_11 = 1.0f; pMatrix->_12 = 0.0f; pMatrix->_13 = 0.0f;
    pMatrix->_14 = 0.0f;
    pMatrix->_21 = 0.0f; pMatrix->_22 = c;    pMatrix->_23 = s;
    pMatrix->_24 = 0.0f;
    pMatrix->_31 = 0.0f; pMatrix->_32 = -s;   pMatrix->_33 = c;
    pMatrix->_34 = 0.0f;
    pMatrix->_41 = 0.0f; pMatrix->_42 = 0.0f; pMatrix->_43 = 0.0f;
```

```
    pMatrix->_44 = 1.0f;
}

inline void CreateRotYMatrix(D3DXMATRIX* pMatrix, float s, float c)
{
    pMatrix->_11 = c;    pMatrix->_12 = 0.0f; pMatrix->_13 = -s;
    pMatrix->_14 = 0.0f;
    pMatrix->_21 = 0.0f; pMatrix->_22 = 1.0f; pMatrix->_23 = 0.0f;
    pMatrix->_24 = 0.0f;
    pMatrix->_31 = s;    pMatrix->_32 = 0.0f; pMatrix->_33 = c;
    pMatrix->_34 = 0.0f;
    pMatrix->_41 = 0.0f; pMatrix->_42 = 0.0f; pMatrix->_43 = 0.0f;
    pMatrix->_44 = 1.0f;
}

inline void CreateRotZMatrix(D3DXMATRIX *pMatrix, float s, float c)
{
    pMatrix->_11 = c;    pMatrix->_12 = s;    pMatrix->_13 = 0.0f;
    pMatrix->_14 = 0.0f;
    pMatrix->_21 = -s;   pMatrix->_22 = c;    pMatrix->_23 = 0.0f;
    pMatrix->_24 = 0.0f;
    pMatrix->_31 = 0.0f; pMatrix->_32 = 0.0f; pMatrix->_33 = 1.0f;
    pMatrix->_34 = 0.0f;
    pMatrix->_41 = 0.0f; pMatrix->_42 = 0.0f; pMatrix->_43 = 0.0f;
    pMatrix->_44 = 1.0f;
}
```

Rotationsmatrizen für kleine Winkel

Für gewöhnlich drehen sich Objekte in jedem Frame nur um einen kleinen Winkel. Was liegt also näher, als die zugehörigen Frame-Rotationsmatrizen mit Hilfe von Sinus- und Kosinusnäherungen für kleine Drehwinkel zu berechnen.

Wenn Sie die grafische Darstellung einer Sinusfunktion in der Nähe des Ursprungs (0°) betrachten (in einer Formelsammlung Ihrer Wahl), werden Sie feststellen, dass dort ein linearer Zusammenhang zwischen dem Winkel und dem zugehörigen Sinuswert besteht. Was liegt also näher, als für kleine Winkel den Sinuswert mittels einer Geradengleichung zu berechnen. Etwa bis zu einem Winkel von 10° gilt die folgende Näherung:

$\sin(\alpha) \approx \alpha$ (Achtung: Näherung bezieht sich auf Winkel im Bogenmaß!)

Prüfen Sie diese Beziehung nach, rechnen Sie den Winkel von 10° ins Bogenmaß um, berechnen Sie dann den zugehörigen Sinuswert und vergleichen Sie beide Werte miteinander. Sie stimmen annähernd überein. Die Übereinstimmung wird umso besser, je kleiner die Winkel sind. Ab welchem Winkel die Abweichungen nicht mehr tolerierbar sind, hängt von der von Ihnen gewünschten Genauigkeit ab.

Als Nächstes betrachten wir die Darstellung der Kosinusfunktion in der Nähe des Ursprungs. Erinnert Sie die Kurve nicht ein wenig an eine Parabel? Richtig, eine Kosinusfunktion kann für kleine Winkel durch eine Parabelfunktion ersetzt werden. Hier ist der korrekte Zusammenhang:

$$\cos(\alpha) \approx 1 - 0.5 \cdot \alpha^2$$ (Achtung: Näherung bezieht sich auf Winkel im Bogenmaß!)

Sind Sie daran interessiert, wie man diese Näherungen mathematisch herleiten kann? Wenn Sie gerade ein Mathematikbuch zur Hand haben, schlagen Sie doch einfach die Stichwörter Taylor- bzw. Maclaurin-Reihe nach oder lassen Sie eine Internetsuchmaschine Ihrer Wahl nach diesen Begriffen suchen.

Nur so viel sei gesagt: Mathematische Funktionen lassen sich unter bestimmten Bedingungen in eine so genannte Reihe entwickeln (auch ein Taschenrechner nutzt solche Reihenentwicklungen). Denken Sie an eine Geradengleichung (**y = mx+b**). Kennt man die Steigung **m** und den y-Achsenabschnitt **b**, lassen sich alle Punkte der Geraden berechnen. Im Zuge der Differentialrechnung lernt man, dass die Steigung einer Funktion gleich ihrer ersten Ableitung ist. Zwei kluge Mathematiker hatten nun die geniale Idee, dass man die Funktionswerte von nicht so geradlinig verlaufenden Funktionen dadurch berechnen kann, dass man einfach auch die höheren Ableitungen dieser Funktionen berücksichtigt.

Listing 4.13: Funktionen für die Berechnung von Rotationsmatrizen mit Hilfe der Sinus- und Kosinusnäherungen für kleine Drehwinkel

```
inline void CalcRotXMatrixS(D3DXMATRIX* pMatrix, float w)
{
    tempCos = 1.0f-0.5f*w*w;

    pMatrix->_11 = 1.0f; pMatrix->_12 = 0.0f;  pMatrix->_13 = 0.0f;
    pMatrix->_14 = 0.0f;
    pMatrix->_21 = 0.0f; pMatrix->_22 = tempCos; pMatrix->_23 = w;
    pMatrix->_24 = 0.0f;
    pMatrix->_31 = 0.0f; pMatrix->_32 = -w;  pMatrix->_33 = tempCos;
    pMatrix->_34 = 0.0f;
    pMatrix->_41 = 0.0f; pMatrix->_42 = 0.0f; pMatrix->_43 = 0.0f;
    pMatrix->_44 = 1.0f;
}

inline void CalcRotAxisMatrixS(D3DXMATRIX* pMatrix,
                               D3DXVECTOR3* pAxis, float w)
{

    NormalizeVektor_If_Necessary(&AxisNormalized, pAxis);

    tempCos = 1.0f-0.5f*w*w;

    tempX = AxisNormalized.x;
    tempY = AxisNormalized.y;
    tempZ = AxisNormalized.z;
```

```
    tempDiff = 1.0f-tempCos;

    pMatrix->_11 = tempX*tempX*tempDiff+tempCos;
    pMatrix->_12 = tempX*tempY*tempDiff+tempZ*w;
    pMatrix->_13 = tempX*tempZ*tempDiff-tempY*w;
    pMatrix->_14 = 0.0f;
    pMatrix->_21 = tempY*tempX*tempDiff-tempZ*w;
    pMatrix->_22 = tempY*tempY*tempDiff+tempCos;
    pMatrix->_23 = tempY*tempZ*tempDiff+tempX*w;
    pMatrix->_24 = 0.0f;
    pMatrix->_31 = tempZ*tempX*tempDiff+tempY*w;
    pMatrix->_32 = tempZ*tempY*tempDiff-tempX*w;
    pMatrix->_33 = tempZ*tempZ*tempDiff+tempCos;
    pMatrix->_34 = 0.0f;
    pMatrix->_41 = 0.0f;
    pMatrix->_42 = 0.0f;
    pMatrix->_43 = 0.0f;
    pMatrix->_44 = 1.0f;
}

// usw.
```

Rotationsmatrizen für beliebige Winkel

Ganz ohne Rotationsmatrizen für beliebige Winkel kommen wir nun doch nicht aus. Wir sind also gezwungen, unsere Maclaurin-Reihen für die Berechnung der Sinus- und Kosinuswerte um ein paar Glieder zu erweitern. Die Frage ist jetzt, nach wie vielen Gliedern wir die betreffenden Reihen abbrechen können, schließlich wollen wir nicht eine langsame Funktion durch eine andere langsame Funktion ersetzen. Durch Ausprobieren findet man schließlich die folgende Lösung:

$$\cos(\alpha) \approx 1 - \frac{\alpha^2}{2} + \frac{\alpha^4}{24} - \frac{\alpha^6}{720} + \frac{\alpha^8}{40320}$$

$$\sin(\alpha) \approx \alpha - \frac{\alpha^3}{6} + \frac{\alpha^5}{120} - \frac{\alpha^7}{5040}$$

Mit Hilfe dieser beiden Näherungen lässt sich der Sinus- bzw. der Kosinuswert eines Winkels in einem Bereich von -180° bis +180° mit genügend großer Genauigkeit berechnen. Positive Winkel, die größer als 180° sind, müssen der Rechengenauigkeit wegen zuvor in den negativen Winkel umgerechnet werden (Winkel-360°). Entsprechend müssen negative Winkel, die kleiner als -180° sind, in den positiven Winkel umgerechnet werden (360°+Winkel).

HINWEIS: Bei der praktischen Implementierung der Maclaurin-Reihen dürfen wir nicht vergessen, die Divisionen durch entsprechende Multiplikationen zu ersetzen – nicht vergessen, Divisionen beanspruchen viel mehr Rechenzeit!

Listing 4.14: Funktionen für die Berechnung von Rotationsmatrizen mit Hilfe der Sinus- und Kosinusnäherungen für beliebige Drehwinkel

```
inline void CalcRotXMatrix(D3DXMATRIX* pMatrix, float w)
{
    if(w > D3DX_PI)
        w = w - 6.283185308f;
    else if(w < -D3DX_PI)
        w = w + 6.283185308f;

    temp1Factor = w*w;
    temp2Factor = temp1Factor*temp1Factor;
    temp3Factor = temp2Factor*temp1Factor;
    temp4Factor = temp2Factor*temp2Factor;

    tempCos = 1.0f-0.5f*temp1Factor+0.0416667f*temp2Factor-
              0.0013889f*temp3Factor+0.000024802f*temp4Factor;

    tempSin = w-w*temp1Factor*0.16666667f+w*temp2Factor*0.00833333f-
              w*temp3Factor*0.000198413f;

    pMatrix->_11 = 1.0f;
    pMatrix->_12 = 0.0f;
    pMatrix->_13 = 0.0f;
    pMatrix->_14 = 0.0f;
    pMatrix->_21 = 0.0f;
    pMatrix->_22 = tempCos;
    pMatrix->_23 = tempSin;
    pMatrix->_24 = 0.0f;
    pMatrix->_31 = 0.0f;
    pMatrix->_32 = -tempSin;
    pMatrix->_33 = tempCos;
    pMatrix->_34 = 0.0f;
    pMatrix->_41 = 0.0f;
    pMatrix->_42 = 0.0f;
    pMatrix->_43 = 0.0f;
    pMatrix->_44 = 1.0f;
}

inline void CalcRotAxisMatrix(D3DXMATRIX* pMatrix,
                              D3DXVECTOR3* pAxis, float w)
{
    if(w > D3DX_PI)
        w = w - 6.283185308f;
    else if(w < -D3DX_PI)
        w = w + 6.283185308f;

    NormalizeVektor_If_Necessary(&AxisNormalized, pAxis);
```

```
    temp1Factor = w*w;
    temp2Factor = temp1Factor*temp1Factor;
    temp3Factor = temp2Factor*temp1Factor;
    temp4Factor = temp2Factor*temp2Factor;

    tempCos = 1.0f-0.5f*temp1Factor+0.0416667f*temp2Factor-
              0.0013889f*temp3Factor+0.000024802f*temp4Factor;

    tempSin = w-w*temp1Factor*0.16666667f+w*temp2Factor*0.00833333f-
              w*temp3Factor*0.000198413f;

    tempX = AxisNormalized.x;
    tempY = AxisNormalized.y;
    tempZ = AxisNormalized.z;
    tempDiff = 1.0f-tempCos;

    pMatrix->_11 = tempX*tempX*tempDiff+tempCos;
    pMatrix->_12 = tempX*tempY*tempDiff+tempZ*tempSin;
    pMatrix->_13 = tempX*tempZ*tempDiff-tempY*tempSin;
    pMatrix->_14 = 0.0f;
    pMatrix->_21 = tempY*tempX*tempDiff-tempZ*tempSin;
    pMatrix->_22 = tempY*tempY*tempDiff+tempCos;
    pMatrix->_23 = tempY*tempZ*tempDiff+tempX*tempSin;
    pMatrix->_24 = 0.0f;
    pMatrix->_31 = tempZ*tempX*tempDiff+tempY*tempSin;
    pMatrix->_32 = tempZ*tempY*tempDiff-tempX*tempSin;
    pMatrix->_33 = tempZ*tempZ*tempDiff+tempCos;
    pMatrix->_34 = 0.0f;
    pMatrix->_41 = 0.0f;
    pMatrix->_42 = 0.0f;
    pMatrix->_43 = 0.0f;
    pMatrix->_44 = 1.0f;
}

// usw.
```

4.2 Zusammenfassung

In diesem Kapitel haben wir uns damit beschäftigt, wie sich die dreidimensionale Spielewelt im Computer durch Vektoren darstellen lässt und wie man diese mit Hilfe von Matrizen manipulieren kann. Weiterhin haben wir uns mit verschiedenen Verfahren zur schnellen Quadratwurzelberechnung befasst, da diese Rechenoperation in einem Spiel sehr häufig durchgeführt werden muss. Zum Schluss haben wir mehrere Möglichkeiten besprochen, wie sich die Berechnung von Rotationsmatrizen beschleunigen lässt. Dabei spielt die Approximation (Annäherung) von Sinus- und Kosinuswerten durch Maclaurin-Reihen eine zentrale Rolle.

4.3 Workshop

Fragen und Antworten

F *Erklären Sie den Unterschied zwischen einem Rechts- und einem Linkssystem.*

A Die Bezeichnungen Rechts- und Linkssystem legen fest, wie ein dreidimensionales Koordinatensystem aufgespannt wird In einem Linkssystem (wird von DirectX verwendet) zeigt die z-Achse immer in das Buch oder den Bildschirm hinein, in einem Rechtssystem (wird von OpenGL verwendet) zeigt die z-Achse in die entgegengesetzte Richtung.

F *Welche Transformationen vom Modell- ins Weltkoordinatensystem kennen Sie?*

A Für die Transformation eines 3D-Objekts in die Spielewelt stehen Translations-(Verschiebung), Skalierungs- (Größenänderung) und Rotationsmatrizen zur Verfügung.

Quiz

1. Was versteht man unter der dreidimensionalen Polarkoordinatendarstellung von Vektoren?
2. Worin liegt der Vorteil bei der Verwendung von Polarkoordinaten?
3. Was versteht man unter dem Vektorprodukt?
4. Inwieweit unterscheidet sich die Multiplikation eines Vektors mit einer Transformationsmatrix von der Multiplikation mit einer reinen Rotationsmatrix?
5. Welche Rotationsmatrizen für die Rotation im Raum kennen Sie?
6. Was ist eine inverse Matrix?
7. Wofür wird die Einheitsmatrix benötigt?
8. Was ist der Unterschied zwischen einer Gesamt- und einer Frame-Rotationsmatrix?
9. Welche Näherungen haben Sie im Zusammenhang mit der Berechnung von Quadratwurzeln kennen gelernt?
10. Welche Funktionen haben Sie für die Normierung eines Vektors kennen gelernt und in welchem Zusammenhang werden die einzelnen Funktionen verwendet?
11. Welche Bedeutung haben Maclaurin-Reihen für die Berechnung von Rotationsmatrizen?
12. Welche weiteren Möglichkeiten kennen Sie, um die Erzeugung von Rotationsmatrizen zu beschleunigen?

Übung

Nehmen Sie die Simulation der Bewegung eines Asteroiden als Ausgangspunkt und versuchen Sie, die dreidimensionale Bewegung eines Planeten um die Sonne zu simulieren. Wie könnte man ferner die **gleichmäßige** Bewegung einer Wolkendecke um den Planeten simulieren?

Die Physik meldet sich zu Wort

Am heutigen Tag werden wir uns mit der Simulation physikalischer Vorgänge beschäftigen, denn kein modernes Computerspiel kommt heutzutage ohne ein Mindestmaß an Physik aus. Das Kapitel erhebt keinen Anspruch auf Vollständigkeit, es soll Ihnen vielmehr zur Anregung dienen und Ausgangspunkt bei der Lösung eigener Probleme sein. Die Themen heute:

- Geschwindigkeit und Beschleunigung
- Raumschiffe in Bewegung
- Der freie Fall
- Wind und Sturm
- Geschossflugbahnen
- Simulation von Reibungseinflüssen
- Schwarze Löcher und Gravitationsschockwellen

5.1 Geschwindigkeit und Beschleunigung in der virtuellen Welt

Grundlage jeder Bewegung sind die Geschwindigkeit und die Beschleunigung. Beides ist uns aus dem täglichen Leben wohl vertraut. In diesem Kapitel werden wir uns damit beschäftigen, wie wir beide Größen in unserer virtuellen Welt simulieren können.

Translationsbewegung

Über die physikalischen Definitionen von Geschwindigkeit und Beschleunigung haben wir bereits am vorangegangenen Tag gesprochen:

Geschwindigkeit (velocity): *Änderung des Orts mit der Zeit*

Beschleunigung (acceleration): *Änderung der Geschwindigkeit mit der Zeit*

Bei der Simulation der Bewegung eines Objekts müssen wir zusätzlich zu dessen eigener Bewegung (Eigenverschiebung) auch die Bewegung der Kamera berücksichtigen, aus deren Blickwinkel wir die Spielewelt betrachten. Wir sind also an der Relativbewegung (Relativgeschwindigkeit) zwischen Kamera und Objekt interessiert:

```
Verschiebungsvektor = Eigenverschiebung-PlayerVerschiebung;
```

Bewegen sich die Kamera und ein Objekt in die gleiche Richtung, ist die Relativgeschwindigkeit entsprechend klein, bewegen sich beide in entgegengesetzte Richtungen, ist die Relativgeschwindigkeit entsprechend groß.

Mit Hilfe des Verschiebungsvektors lässt sich im Anschluss daran die neue Position berechnen:

```
Ortsvektor = Ortsvektor+Verschiebungsvektor;
```

Da die Geschwindigkeit eine vektorielle Größe ist, bedeutet Beschleunigung entweder Richtungsänderung, Betragsänderung oder aber beides. Für die Simulation einer beschleunigten Bewegung ist es daher sinnvoll, die Geschwindigkeit in Richtungsvektor und Geschwindigkeitsbetrag zu zerlegen:

```
Eigenverschiebung = Bewegungsrichtung*velocity_betrag;
Eigenverschiebung = Flugrichtung*velocity_betrag;
```

Relative Geschwindigkeitsskalen

In einem Spiel können wir sowohl absolute Geschwindigkeitsbeträge wie beispielsweise km/h als auch relative Geschwindigkeitsskalen wie beispielsweise den Impuls- oder Warpfaktor verwenden. In einer Space-Combat-Simulation ist es beispielsweise sinnvoll, die Geschwindigkeiten relativ zur Lichtgeschwindigkeit anzugeben.

```
// Flüge unterhalb der Lichtgeschwindigkeit:
Eigenverschiebung = Flugrichtung*Impulsfaktor; // z. B. 0 - 1

// Flüge oberhalb der Lichtgeschwindigkeit:
Eigenverschiebung = Flugrichtung*Warpfaktor;   // z. B. 1 - 10
```

Vergessen Sie aber nicht, falls nötig, eine Umrechnungstabelle mit anzugeben!

Beschleunigung in Bewegungsrichtung

Die Beschleunigung ist wie die Geschwindigkeit eine vektorielle Größe. Erfolgt die Beschleunigung in Bewegungsrichtung, muss man einfach den Geschwindigkeitsbetrag um den entsprechenden Beschleunigungswert `acceleration_betrag` vergrößern oder verkleinern:

```
velocity_betrag = velocity_betrag+acceleration_betrag;
```

Im Anschluss daran kann die neue Eigenverschiebung wie gehabt berechnet werden:

```
Eigenverschiebung = Bewegungsrichtung*velocity_betrag;
```

Beschleunigung in beliebiger Richtung

Liegen Beschleunigung und Bewegungsrichtung nicht auf gleicher Linie, muss man die Beschleunigungswerte in x-, y- und z-Richtung explizit berücksichtigen, da sich während der Beschleunigungsphase natürlich auch die Bewegungsrichtung ändert:

```
Eigenverschiebung.x += x_acceleration;
Eigenverschiebung.y += y_acceleration;
Eigenverschiebung.z += z_acceleration;
```

Bewegungsrichtung und Geschwindigkeitsbetrag berechnen sich jetzt wie folgt:

```
velocity_betrag = NormalizeVector(&Bewegungsrichtung,
                                  &Eigenverschiebung);
```

Beschleunigungsvektoren

Die einzelnen Beschleunigungswerte in x-, y- und z-Richtung lassen sich natürlich auch zu einem Vektor zusammenfassen:

```
Beschleunigung = D3DXVECTOR3(x_acceleration,
                             y_acceleration,
                             z_acceleration);
```

Die neue Eigenverschiebung erhält man jetzt durch einfache Vektoraddition:

```
Eigenverschiebung += Beschleunigung;
```

Framegeschwindigkeit und Framebeschleunigung

Alle zuvor beschriebenen Berechnungen werden von Frame zu Frame durchgeführt. Es ist daher nahe liegend, die Geschwindigkeit und die Beschleunigung etwas anders zu definieren, als es die Physiker tun:

Framegeschwindigkeit: *Änderung des Orts pro Frame*

Framebeschleunigung: *Änderung der Geschwindigkeit pro Frame*

Für die Umrechnung in die jeweilige physikalische Einheit benötigen wir die Framerate. Betrachten wir hierzu ein praktisches Beispiel:

Framegeschwindigkeit = 5 Meter/Frame; Framerate = 75 Frames/Sekunde

Geschwindigkeit = 5 Meter/Frame * 75 Frames/Sekunde = 375 Meter/Sekunde

Gibt man die Geschwindigkeit eines Objekts in Metern pro Sekunde an, so muss zur Darstellung der Bewegung pro Frame die Geschwindigkeit in die Framegeschwindigkeit umgerechnet werden. Hierfür benötigen wir die Framezeit:

Framegeschwindigkeit = Geschwindigkeit*FrameTime

Somit erhält man für den Verschiebungsvektor:

```
Verschiebungsvektor=Eigenverschiebung*FrameTime-PlayerVerschiebung;
```

Alternativ kann man auch den Framefaktor verwenden:

```
Verschiebungsvektor=Eigenverschiebung*FrameFactor-
                    PlayerVerschiebung;
```

Die Umrechnung der Beschleunigung in die Framebeschleunigung verläuft analog zur Umrechnung der Geschwindigkeit.

Framebeschleunigung = Beschleunigung*FrameTime

Entsprechend berechnet sich die neue Geschwindigkeit wie folgt:

```
Eigenverschiebung += Beschleunigung*FrameTime;
(Eigenverschiebung += Beschleunigung*FrameFactor;)
```

Drehbewegungen im Raum – Raumschiffe in Bewegung

Im Folgenden werden wir uns mit den Drehbewegungen beschäftigen, die in drei Dimensionen möglich sind. Gute Beispiele hierfür sind die Bewegungsmodelle für ein Raumschiff oder ein Flugzeug.

```
//Flugeigenschaften eines Raumschiffs:
maximale_Kurvengeschwindigkeit: 15°/Sekunde
maximale_Kurvenbeschleunigung: 11.25°/QuadratSekunde
```

Unser Ziel ist jetzt die realistische Simulation der Kurvenbewegung eines Raumschiffs. Zu Beginn der Richtungsänderung sieht man das Schiff langsam in die Kurvenbewegung einschwenken. Der Kurvenradius wird immer enger, bis schließlich das Maximum erreicht ist (`maximale_Kurvengeschwindigkeit`). Im umgekehrten Fall sieht man den Kurvenradius immer größer werden, bis sich das Schiff letzten Endes wieder geradeaus bewegt.

HINWEIS

Bei wendigen Objekten wie Raketen können wir uns die Sache einfacher machen. Die Verwendung einer konstanten Kurvengeschwindigkeit reicht hier vollkommen aus. Bei großen, trägen Objekten würde eine konstante Kurvengeschwindigkeit jedoch völlig unrealistisch wirken.

Betrachten wir das Codefragment zum Vergrößern beziehungsweise zum Verkleinern der horizontalen Kurvengeschwindigkeit:

```
if(ShipDrehungRight == TRUE)
{
    if(HorKurvengeschwindigkeit < KurvengeschwindigkeitMax)
      HorKurvengeschwindigkeit += HorKurvenbeschleunigung*FrameTime;
}
else if(ShipDrehungLeft == TRUE)
{
    if(HorKurvengeschwindigkeit > -KurvengeschwindigkeitMax)
      HorKurvengeschwindigkeit -= HorKurvenbeschleunigung*FrameTime;
}
```

Die Variable `HorKurvengeschwindigkeit` speichert die aktuelle horizontale Kurvengeschwindigkeit im Bogenmaß pro Sekunde. Die Variable `KurvengeschwindigkeitMax` speichert die maximale Kurvengeschwindigkeit im Bogenmaß pro Sekunde. Für die Änderung der Kurvengeschwindigkeit pro Frame wird die Kurvenbeschleunigung `HorKurvenbeschleunigung` benötigt. Für die Umrechnung der Kurvenbeschleunigung (Einheit: Bogenmaß pro Quadratsekunde) in die Frame-Kurvenbeschleunigung wird wiederum die Framezeit benötigt.

Drehung um die x- und y-Achse (Nicken und Gieren)

Kommen wir nun zu den beiden Methoden, die uns die zugehörigen Rotationsmatrizen für eine horizontale bzw. vertikale Kurvenbewegung erzeugen.

Listing 5.1: Bewegungsmodell für ein Raumschiff – Drehung um die y-Achse (Gieren)

```
void CSternenkreuzer::Sternenkreuzer_HorizontalDrehung(void)
{
   CalcRotYMatrixS(&tempMatrix1,HorKurvengeschwindigkeit*FrameTime);
    RotationsMatrix = tempMatrix1*RotationsMatrix;

    Flugrichtung.x = RotationsMatrix._31;
    Flugrichtung.y = RotationsMatrix._32;
    Flugrichtung.z = RotationsMatrix._33;

    NormalizeVector_If_Necessary(&Flugrichtung,&Flugrichtung);

    Eigenverschiebung = Flugrichtung*Impulsfaktor;
}
```

Listing 5.2: Bewegungsmodell für ein Raumschiff – Drehung um die x-Achse (Nicken)

```
void CSternenkreuzer::Sternenkreuzer_VertikalDrehung(void)
{
  CalcRotXMatrixS(&tempMatrix1,VertKurvengeschwindigkeit*FrameTime);
    RotationsMatrix = tempMatrix1*RotationsMatrix;

    Flugrichtung.x = RotationsMatrix._31;
    Flugrichtung.y = RotationsMatrix._32;
    Flugrichtung.z = RotationsMatrix._33;

    NormalizeVector_If_Necessary(&Flugrichtung,&Flugrichtung);

    Eigenverschiebung= Flugrichtung*Impulsfaktor;
}
```

Zunächst einmal muss die Frame-Kurvengeschwindigkeit berechnet werden. Hierfür benötigen wir wiederum die Framezeit. Wirklich interessant ist jetzt die Multiplikationsreihenfolge bei der Berechnung der Gesamtrotationsmatrix – am vorangegangenen Tag haben wir das Thema bereits kurz angerissen. Nachdem sich ein Raumschiff gedreht hat, entsprechen die lokalen Drehachsen natürlich nicht mehr den x-, y- und z-Achsen des Weltkoordinatensystems. Als Folge davon müssten wir nach jedem Rotationsschritt (Rotation von Frame zu Frame) die lokalen Drehachsen immer wieder neu berechnen und jedes Mal die rechenintensive Funktion `CalcRotAxisMatrixS` für die Berechnung der Rotationsmatrizen verwenden. Als Spieleprogrammierer sind wir natürlich an einer schnelleren Variante interessiert, bei der wir ohne die Berechnung der lokalen Drehachsen auskommen. Aufgrund der Multiplikationsreihenfolge wird die Frame-Rotationsmatrix `tempMatrix1` zuerst auf unser Raumschiff angewendet. Vor dieser ersten Transformation befindet sich das Raumschiff noch untransformiert auf seinen lokalen Koordinaten (so, wie wir es im 3D-Modeller entworfen haben) mit der x- und y-Achse als Drehachsen und der z-Achse als Flugrichtung. Die Berechnung der lokalen Drehachsen und die Verwendung der Funktion `CalcRotAxisMatrixS` können wir uns also schenken! Im Anschluss an die Framedrehung wird das Modell dann in die endgültige Ausrichtung transformiert.

Kommen wir nun zum zweiten Trick. Da wir die positive z-Achse beim Entwurf der Raumschiffe als Flugrichtung festgelegt haben, entspricht die neue Flugrichtung nach einer Drehung jetzt einfach der dritten Zeile der Rotationsmatrix.

Am besten versuchen wir das anhand einiger Spezialfälle nachzuvollziehen. Hierfür rufen wir uns noch einmal die jeweils dritte Zeile der x-Achsen- bzw. y-Achsenrotationsmatrix in Erinnerung:

x-Achsenrotationsmatrix (dritte Zeile): 0, -sin α, cos α, 0

- Bei einer Drehung von 180° um die x-Achse zeigt die Flugrichtung in Richtung der negativen z-Achse (**z = cos(180°) = -1**), bei einer Drehung von 0° (trivialer Fall) in Richtung der positiven z-Achse.
- Bei einer Drehung von 90° zeigt die Flugrichtung in Richtung der negativen y-Achse (**y = -sin(90°) = -1**).
- Bei einer Drehung von 270° zeigt die Flugrichtung in Richtung der positiven y-Achse (**y = -sin(270°) = 1**).

y-Achsenrotationsmatrix (dritte Zeile): sin α, 0, cos α, 0

- Bei einer Drehung von 180° um die y-Achse zeigt die Flugrichtung in Richtung der negativen z-Achse (**z = cos(180°) = -1**), bei einer Drehung von 0° (trivialer Fall) in Richtung der positiven z-Achse.
- Bei einer Drehung von 90° zeigt die Flugrichtung in Richtung der positiven x-Achse (**x = sin(90°) = 1**).
- Bei einer Drehung von 270° zeigt die Flugrichtung in Richtung der negativen x-Achse (**x = sin(270°) = -1**).

Anhand der nächsten Abbildung führen wir uns die möglichen Drehbewegungen im Raum noch einmal vor Augen:

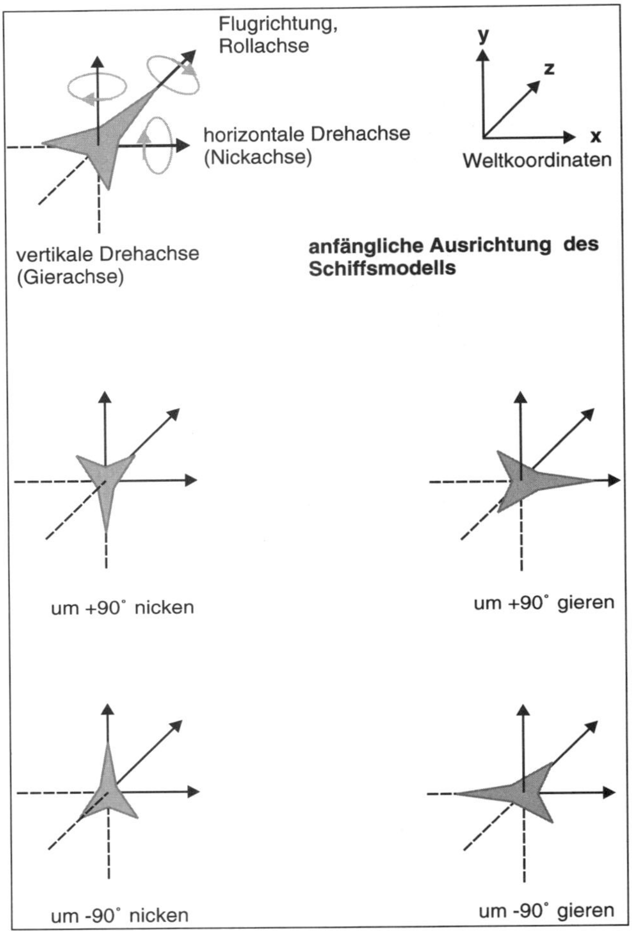

Abbildung 5.1: Gier- und Nickbewegungen

Drehung um die Flugrichtungsachse (Rollen)

Als Nächstes betrachten wir die Drehung um die Flugrichtungsachse. Nutzen wir die Gunst der Stunde und vergleichen zwei mögliche Varianten miteinander. In der ersten Variante kommt unsere Funktion `CalcRotAxisMatrixS` zum Einsatz. Als Drehachse übergeben wir einfach die Flugrichtung. Aufgrund der Reihenfolge bei der Matrizenmultiplikation von Rotationsmatrix und Frame-Rotationsmatrix wird das Raumschiff im ersten Schritt in die Ausrichtung vor der eigentlichen Frame-Flugdrehung transformiert. Die Frame-Flugdrehung findet dann um die momentane Flugrichtungsachse statt:

Listing 5.3: Bewegungsmodell für ein Raumschiff – Drehung um die Flugrichtungsachse (Rollen), Variante 1

```
void CSternenkreuzer::Sternenkreuzer_FlugDrehung(void)
{
    CalcRotAxisMatrixS(&tempMatrix1, &Flugrichtung,
                       FlugDrehgeschwindigkeit*FrameTime);

    RotationsMatrix = RotationsMatrix*tempMatrix1;
}
```

In der zweiten Variante gehen wir wieder vom untransformierten Raumschiff aus. Dementsprechend ändert sich auch die Reihenfolge bei der Multiplikation von Rotationsmatrix und Frame-Rotationsmatrix. Die Drehung erfolgt jetzt um die z-Achse:

Listing 5.4: Bewegungsmodell für ein Raumschiff – Drehung um die Flugrichtungsachse (Rollen), Variante 2

```
void CSternenkreuzer::Sternenkreuzer_FlugDrehung(void)
{
    CalcRotZMatrixS(&tempMatrix1,FlugDrehgeschwindigkeit*FrameTime);
    RotationsMatrix = tempMatrix1*RotationsMatrix;
}
```

Weitere Überlegungen

An dieser Stelle sollten wir für einen Moment innehalten. Unsere High-Speed-Funktionen arbeiten bisher immer nur dann korrekt, wenn man alle Schiffe zu Beginn des Spiels auf die gleiche Weise im Raum ausrichtet:

x-,y- und z-Achsen als Drehachsen; z-Achse als Flugrichtung

Obgleich eine beliebige Anfangsorientierung nicht möglich ist, können wir die Situation dadurch interessanter gestalten, dass wir beispielsweise für die eigenen Schiffe als Flugrichtung die positive z-Richtung und für die gegnerischen Schiffe als Flugrichtung die negative z-Richtung festlegen. Beide Raumflotten würden sich dann von Anfang an aufeinander zu bewegen. Die Flottenzugehörigkeit und damit verbunden auch die Anfangsorientierung lässt sich beispielsweise anhand der Modellnummern der Schiffe bestimmen (z.B. Modell-Nr. 0–4: eigene Schiffe; Modell-Nr. 5–10: Feindschiffe). Damit die Feindschiffe von Beginn an in die negative z-Richtung fliegen, müssen wir sie bei ihrer Initialisierung um 180° um die y-Achse drehen. Dabei ändern sich natürlich die Vorzeichen der horizontalen Drehachse und der Flugrichtungsachse. Bei unseren erweiterten Rotationsfunktionen sind nun zwei Dinge zu berücksichtigen:

- Zeigt die Flugrichtung von Beginn an in die negative z-Richtung, ist der Drehsinn der Flugdrehung vertauscht (bei Verwendung der z-Achsen-Rotationsmatrix).
- Zeigt die horizontale Drehachse von Beginn an in die negative x-Richtung, ist der Drehsinn der vertikalen Drehung vertauscht (bei Verwendung der x-Achsen-Rotationsmatrix).

Am besten verdeutlichen wir uns den Sachverhalt wieder anhand einer Abbildung:

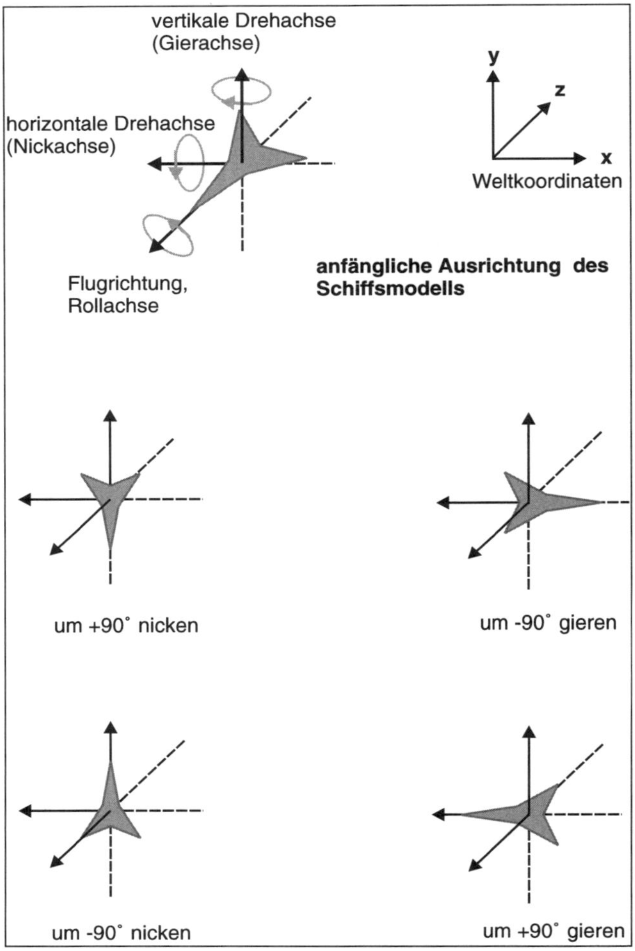

Abbildung 5.2: Gier- und Nickbewegungen bei inverser Anfangsorientierung

Listing 5.5: Bewegungsmodell für ein Raumschiff – erweiterte Funktion für die Drehung um die Flugrichtungsachse (Rollen)

```
void Sternenkreuzer_FlugDrehung(void)
{
   if(ModellNr < 5)
   CalcRotZMatrixS(&tempMatrix1,FlugDrehgeschwindigkeit*FrameTime);
   else
```

```
    CalcRotZMatrixS(&tempMatrix1,-FlugDrehgeschwindigkeit*FrameTime);

    RotationsMatrix = tempMatrix1*RotationsMatrix;
}
```

Listing 5.6: Bewegungsmodell für ein Raumschiff – erweiterte Funktion für die Drehung um die x-Achse (Nicken)

```
void Sternenkreuzer_VertikalDrehung(void)
{
 if(ModellNr < 5)
 CalcRotXMatrixS(&tempMatrix1,VertKurvengeschwindigkeit*FrameTime);
 else
 CalcRotXMatrixS(&tempMatrix1,-VertKurvengeschwindigkeit*FrameTime);

    RotationsMatrix = tempMatrix1*RotationsMatrix;

    Flugrichtung.x = RotationsMatrix._31;
    Flugrichtung.y = RotationsMatrix._32;
    Flugrichtung.z = RotationsMatrix._33;

    NormalizeVector_If_Necessary(&Flugrichtung,&Flugrichtung);

    Eigenverschiebung= Flugrichtung*Impulsfaktor;
}
```

5.2 Der einfache freie Fall

Auf alle Objekte in der Nähe des Erdbodens wirkt die konstante Gewichtskraft **F** = m**g**. Diese Kraft bewirkt, dass frei fallende Objekte wie Regentropfen, Schneeflocken, Fallschirmspringer usw. mit einer Fallbeschleunigung von **g** = 9.81 m/s² in Richtung Erdboden beschleunigt werden.

Legen wir als Fallrichtung die y-Achse fest, können wir den freien Fall wie folgt simulieren:

Schritt 1: Berechnung der Geschwindigkeitsänderung sowie der neuen Eigenverschiebung pro Frame (**v**(t+Δt) = **v**(t)+**g**Δt mit Δt: Framezeit):

```
Eigenverschiebung.y -= g*FrameTime;
```

Schritt 2: Berechnung des Verschiebungsvektors:

```
Verschiebungsvektor = Eigenverschiebung*FrameTime-
                      PlayerVerschiebung;
```

Schritt 3: Berechnung der neuen Position:

```
Ortsvektor = Ortsvektor+Verschiebungsvektor;
```

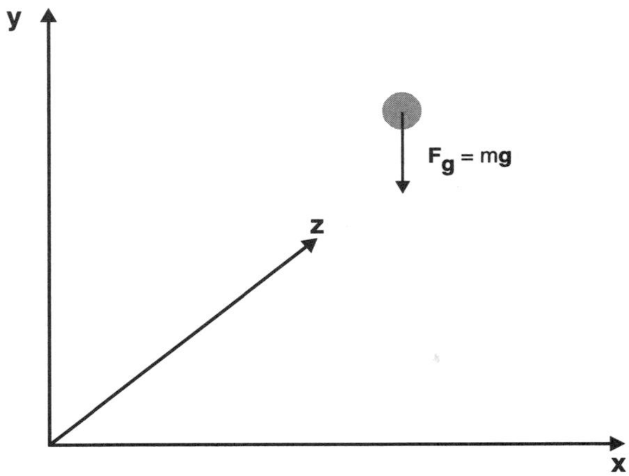

Abbildung 5.3: Der einfache freie Fall

Die Luftreibung meldet sich zu Wort

Beim freien Fall aus großer Höhe muss man natürlich auch die Luftreibung beachten. Diese Reibungskraft nimmt mit dem Quadrat der Geschwindigkeit zu und verhindert bei einer bestimmten Geschwindigkeit eine weitere Beschleunigung. Die Luftreibung könnten wir, vorausgesetzt, wir haben einen Supercomputer zur Verfügung, natürlich auch exakt simulieren. Wir gehen stattdessen umgekehrt an die Sache heran und definieren einfach einen maximalen Fallgeschwindigkeitsbetrag, der nicht überschritten werden kann. Dabei müssen wir berücksichtigen, dass die Fallgeschwindigkeiten negativ sind, denn der freie Fall erfolgt in Richtung der negativen y-Achse:

```
if(Eigenverschiebung.y > y_velocity_Max)
    Eigenverschiebung.y -= g*FrameTime;
```

Wenn wir den freien Fall von Schneeflocken und Regentropfen simulieren wollen, legen wir einfach die zugehörigen maximalen Fallgeschwindigkeiten so fest, dass die Fallbewegungen realistisch wirken. Für Schneeflocken ist die maximale Geschwindigkeit natürlich sehr viel kleiner als für Regentropfen (Schnee rieselt, Regen fällt).

HINWEIS: Nun könnten Sie zu Recht argumentieren, dass die maximalen Fallgeschwindigkeiten doch schon längst erreicht sind, noch bevor der Schnee oder der Regen überhaupt für den Spieler sichtbar wird. In diesem Fall wäre die Fallbewegung einfach eine Konstante:

```
Eigenverschiebung.y = y_velocity_Max;
```

5.3 Ein Sturm zieht auf – freier Fall mit Windeinflüssen

Erste Überlegungen

Wollen wir hingegen einen Sturm simulieren, funktioniert die Sache mit der maximalen Fallgeschwindigkeit nicht mehr. Ob es sich nun um Blätter, Zweige, Schnee oder Regen handelt – die Bewegung ist jetzt viel komplizierter. Am besten verdeutlichen wir uns das Problem anhand einer Abbildung:

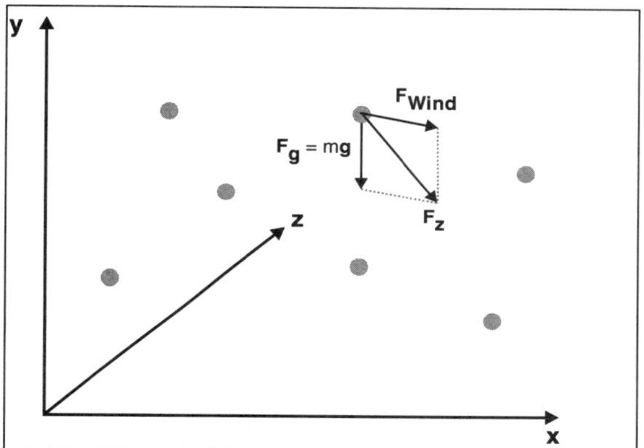

Leichte Objekte wie Schneeflocken passen sich einer neuen Windgeschwindigkeit ohne Verzögerung an. Die Windgeschwindigkeit muss einfach zur Bewegung ohne Wind hinzuaddiert werden:

Eigenverschiebung + **Windgeschwindigkeit**

Bei schweren Objekten wird der Einfluss der Windgeschwindigkeit durch einen Wirkungsfaktor (> 0; << 1) reduziert (langsame Geschwindigkeitsänderung):

Eigenverschiebung += Wirkungsfaktor * **Windgeschwindigkeit**

Abbildung 5.4: Freier Fall mit Windeinflüssen

Es ist beispielsweise nur etwas Aufwind erforderlich, um die Fallbewegung abzubremsen. Ebbt der Aufwind ab, nimmt die Fallgeschwindigkeit wieder zu usw. In diesem Kapitel werden wir uns darauf beschränken, den Windeinfluss auf leichte Objekte wie Schneeflocken, Regentropfen, Blätter usw. zu simulieren. Deshalb gehen wir davon aus, dass sich die Objekte ohne Verzögerung an die neuen Windgeschwindigkeiten anpassen.

Nehmen wir für einen Moment an, wir würden alle Windeinflüsse für das aktuelle Frame kennen; die Berücksichtigung der Windeinflüsse selbst ist dann ein reines Kinderspiel:

Die Eigenverschiebung ohne Windeinflüsse berechnet sich wie gehabt:

```
if(Eigenverschiebung.y > y_velocity_Max)
   Eigenverschiebung.y -= g*FrameTime;
```

Die Windeinflüsse werden in Form des Windgeschwindigkeitsvektors berücksichtigt:

```
Windgeschwindigkeit = D3DXVECTOR3(x_velocity_Wind,
                                  y_velocity_Wind,
                                  z_velocity_Wind);
```

Die Windgeschwindigkeit wird jetzt wie folgt bei der Berechnung des Verschiebungsvektors berücksichtigt:

```
Verschiebungsvektor = (Eigenverschiebung + Windgeschwindigkeit)*
                      FrameTime-PlayerVerschiebung;
```

Angabe der Windverhältnisse

Für die Angabe der Windverhältnisse benötigt man zum einen die Windrichtung und zum anderen die Windgeschwindigkeit (genauer gesagt den Betrag). Beide Angaben lassen sich wie folgt aus der Windgeschwindigkeit berechnen:

```
velocity_Wind = NormalizeVector(&Windrichtung,
                                &Windgeschwindigkeit);
```

Sind uns beide Größen bekannt, können wir mit diesen Angaben natürlich auch den Windgeschwindigkeitsvektor konstruieren:

```
Windgeschwindigkeit = velocity_Wind*Windrichtung;
```

Variation der Windgeschwindigkeit

Für die Simulation von gleichbleibenden Windverhältnissen müssen wir einfach die Windgeschwindigkeiten in x-, y- und z-Richtung zu Beginn einmal festlegen – das ist alles. Eine konstante Windgeschwindigkeit ist aber sehr langweilig, bringen wir also etwas Zufall mit ins Spiel:

```
Windgeschwindigkeit.x += frnd(-x_acceleration, x_acceleration);
Windgeschwindigkeit.y += frnd(-y_acceleration, y_acceleration);
Windgeschwindigkeit.z += frnd(-z_acceleration, z_acceleration);
```

Es wirkt sehr unrealistisch, die Windgeschwindigkeit von Frame zu Frame zu variieren. Stattdessen sollte man mit Hilfe eines Timers die Geschwindigkeiten nur von Zeit zu Zeit verändern. Die Länge des Zeitintervalls zwischen zwei Änderungen kann ebenfalls zufällig variiert werden:

Listing 5.7: Variation der Windgeschwindigkeit

```
// Initialisierung des ersten Zeitpunkts für die Änderung der
// Windgeschwindigkeit:
Zeitpunkt = GetTickCount() + lrnd(1000, 10000);

// irgendwo im Quellcode:
actual_time = GetTickCount();
```

```
if(actual_time > Zeitpunkt)
{
    Windgeschwindigkeit.x += frnd(-x_acceleration, x_acceleration);
    Windgeschwindigkeit.y += frnd(-y_acceleration, y_acceleration);
    Windgeschwindigkeit.z += frnd(-z_acceleration, z_acceleration);

    // neuen Zeitpunkt ermitteln:
    Zeitpunkt = actual_time + lrnd(1000, 10000);
}
```

Verschiebungs- und Ortsvektor berechnen sich wie gewohnt:

```
Verschiebungsvektor = (Eigenverschiebung + Windgeschwindigkeit)*
                      FrameTime-PlayerVerschiebung;

Ortsvektor          = Ortsvektor+Verschiebungsvektor;
```

Der Wind dreht

Durch die Variation der Windgeschwindigkeiten ändert sich natürlich auch die Windrichtung. Da die Variationen aber zufälliger Natur sind, ergibt sich kein wirkliches Umschwenken der Windrichtung, wie man es in der Natur gewohnt ist. Wir können das aber ohne große Probleme simulieren; wir müssen nur die Windrichtung bzw. den Windgeschwindigkeitsvektor um einen bestimmten Winkel pro Frame um die y-Achse drehen. Zunächst definieren wir die Drehgeschwindigkeit sowie den maximalen Drehwinkel im Bogenmaß:

```
Drehgeschwindigkeit = 0.3491f; // 20° pro Sekunde
Drehwinkel_Max      = 0.6981f; // 40°
Drehwinkel_aktuell  = 0.0f;
```

Im nächsten Schritt wird die Windrichtung bzw. Windgeschwindigkeit schrittweise um die vertikale Achse gedreht:

```
if(Drehwinkel_aktuell < Drehwinkel_Max)
{
    CalcRotYMatrixS(&tempMatrix1,DrehGeschwindigkeit*FrameTime);
    MultiplyVectorWithMatrix(&Windgeschwindigkeit,
                             &Windgeschwindigkeit,
                             &tempMatrix1);

    Drehwinkel_aktuell += Drehgeschwindigkeit*FrameTime;
}
```

Auch hier sorgt der Einsatz eines Timers in Kombination mit etwas Zufall für mehr Realismus:

Listing 5.8: Drehung der Windrichtung

```
// Initialisierung des ersten Windumschwungs:
Zeitpunkt = GetTickCount() + lrnd(10000, 100000);
Windrichtung_drehen = FALSE;
Drehgeschwindigkeit=frnd(0.2f, 3.14159f); // 11°-180° pro Sekunde
Drehwinkel_Max     =frnd(0.6981f, 3.14159f); //40°-180°
Drehwinkel_aktuell  = 0.0f;


// Irgendwo im Quellcode:
if(Windrichtung_drehen == FALSE)
{
    if(GetTickCount() > Zeitpunkt)
        Windrichtung_drehen = TRUE;
}

if(Windrichtung_drehen == TRUE)
{
    if(Drehwinkel_aktuell < Drehwinkel_Max)
    {
        CalcRotYMatrixS(&tempMatrix1,DrehGeschwindigkeit*FrameTime);
        MultiplyVectorWithMatrix(&Windgeschwindigkeit,
                                 &Windgeschwindigkeit,
                                 &tempMatrix1);

        Drehwinkel_aktuell += Drehgeschwindigkeit*FrameTime;
    }
    else
    {
        // Neuen Windumschwung vorbereiten:
        Zeitpunkt = GetTickCount() + lrnd(10000, 100000);
        Windrichtung_drehen = FALSE;
        Drehgeschwindigkeit=frnd(0.2f, 3.14159f);
        Drehwinkel_Max     =frnd(0.6981f, 3.14159f);
        Drehwinkel_aktuell  = 0.0f;
    }
}
```

5.4 Geschossflugbahnen

Wir besprechen jetzt ein Thema, das in sehr vielen Spielen Anwendung findet – die Simulation von Geschossflugbahnen. Wie immer kann es nicht schaden, sich das Problem erst einmal vor Augen zu führen:

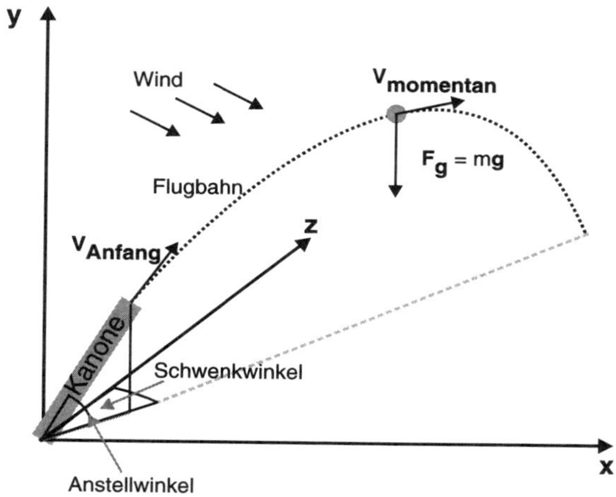

Abbildung 5.5: Simulation einer Geschossflugbahn

Die exakte Berechnung von Geschossflugbahnen ist nicht ganz trivial. Glücklicherweise ist die Simulation des Ganzen weitaus einfacher und was noch besser ist, wir kennen beinahe schon die Lösung des Problems.

Die Simulation einer Geschossflugbahn erfolgt in drei Schritten:

- Berechnung der Anfangsgeschwindigkeit des Geschosses
- Berücksichtigung der Windverhältnisse sowie der Erdanziehung
- Überprüfung, ob das Geschoss irgendetwas getroffen hat

Für die Berechnung der Anfangsgeschwindigkeit zerlegen wir den Geschwindigkeitsvektor sinnvollerweise in Betrag (Mündungsgeschwindigkeit) und Flugrichtung (Ausrichtung der Kanone):

```
Anfangsgeschwindigkeit = velocity*Flugrichtung;
```

Die Mündungsgeschwindigkeit ist sicherlich abhängig vom Kanonentyp. Handelt es sich um altertümliche Kanonen, könnte man die Mündungsgeschwindigkeit auch ins Verhältnis zur eingesetzten Schießpulvermenge setzen.

Die anfängliche Flugrichtung entspricht der Ausrichtung der Kanone. Für die Ausrichtung in zwei Dimensionen benötigen wir den so genannten Anstellwinkel. Je größer dieser Winkel ist, desto steiler ist die Flugbahn des Projektils.

Im dreidimensionalen Raum können wir die Kanone zusätzlich horizontal hin und her schwenken. Hierfür definieren wir den so genannten Schwenkwinkel. Kommt Ihnen das alles nicht irgendwie bekannt vor? Nein? Dann rufen Sie sich die Definition der dreidimensionalen Polarkoordinaten ins Gedächtnis zurück:

- x = cos(Anstellwinkel)*sin(Schwenkwinkel)

  y = sin(Anstellwinkel)

  z = cos(Anstellwinkel)*cos(Schwenkwinkel)

Aus der anfänglichen Flugrichtung und der Mündungsgeschwindigkeit des Geschosses ergibt sich jetzt die anfängliche Eigenverschiebung:

```
Eigenverschiebung.x = velocity*cosf(Anstellwinkel)*
                      sinf(Schwenkwinkel);
Eigenverschiebung.y = velocity*sinf(Anstellwinkel);
Eigenverschiebung.z = velocity*cosf(Anstellwinkel)*
                      cosf(Schwenkwinkel);
```

Während der gesamten Flugdauer wirkt natürlich die Erdanziehung auf das Geschoss ein und verändert dessen Eigenverschiebung:

```
if(Eigenverschiebung.y > y_velocity_Max)
   Eigenverschiebung.y -= g*FrameTime;
```

Kommen wir jetzt zu den Windeinflüssen. Der wesentliche Unterschied zu Schneeflocken und Regentropfen besteht darin, dass sich diese Einflüsse hier weitaus weniger stark bemerkbar machen. Während der gesamten Flugdauer wird die resultierende Geschwindigkeitsänderung des Projektils nur ein Bruchteil der Windgeschwindigkeit ausmachen. Durch Zuhilfenahme eines Wirkungsfaktors (> 0 , sehr viel kleiner als 1) lassen sich die Windeinflüsse jetzt ganz einfach berücksichtigen:

```
Eigenverschiebung += Wirkungsfaktor*Windgeschwindigkeit;
```

Die Besprechung eines Treffertests verlegen wir auf den nächsten Tag.

So, und jetzt fassen wir alle Schritte noch einmal zusammen:

Listing 5.9: Simulation einer Geschossflugbahn

```
// Wenn Kanone geladen ist, dann kann sie abgefeuert werden:
if(Cannon_loaded == TRUE)
{
    // Kanone kann abgefeuert werden mit:
    Fire_Cannon = TRUE;
}

// Wenn Kanone abgefeuert wird:
if(Fire_Cannon == TRUE && Cannon_fired == FALSE)
{
    // Anfangsgeschwindigkeit initialisieren
    Eigenverschiebung.x = velocity*cosf(Anstellwinkel)*
                          sinf(Schwenkwinkel);
    Eigenverschiebung.y = velocity*sinf(Anstellwinkel);
    Eigenverschiebung.z = velocity*cosf(Anstellwinkel)*
                          cosf(Schwenkwinkel);
```

```
    Cannon_fired = TRUE;
    Fire_Cannon = FALSE;
    Treffer = FALSE;
    Load_Cannon = TRUE; // Kanone neu laden
}

// Wenn Kanone abgefeuert wurde und das Geschoss unterwegs ist:
if(Cannon_fired == TRUE)
{
    if(Eigenverschiebung.y > y_velocity_Max)
       Eigenverschiebung.y -= g*FrameTime;

    Eigenverschiebung += Wirkungsfaktor*Windgeschwindigkeit;

    Verschiebungsvektor = Eigenverschiebung*FrameTime-
                          PlayerVerschiebung;

    // Überprüfung von eventuellen Treffern
    if(Treffer == TRUE)
        Cannon_fired = FALSE;
}
```

5.5 Bewegung unter Reibungseinflüssen

Über die Luftreibung haben wir bereits gesprochen, jetzt wenden wir uns der Bodenreibung zu. Hier gilt es, zwei Reibungsformen auseinander zu halten:

- die Bodenhaftung (Haftreibung), die immer überwunden werden muss, um ein Objekt in Bewegung zu versetzen
- die Gleitreibung, die alle bewegten Objekte gleichmäßig abbremst

Um dies zu veranschaulichen: Die Reibung kommt dadurch zustande, dass die Objekte durch die Gewichtskraft auf den Boden gedrückt werden, wodurch eine Haftwirkung zwischen Objekt und Boden ermöglicht wird.

Wie der Abbildung 5.6 zu entnehmen ist, ist die Reibung proportional zur Masse des Objekts, zur Erdanziehung und zu einem materialspezifischen Reibungskoeffizienten. Je kleiner dieser Koeffizient ist, umso größer wird die Rutschgefahr.

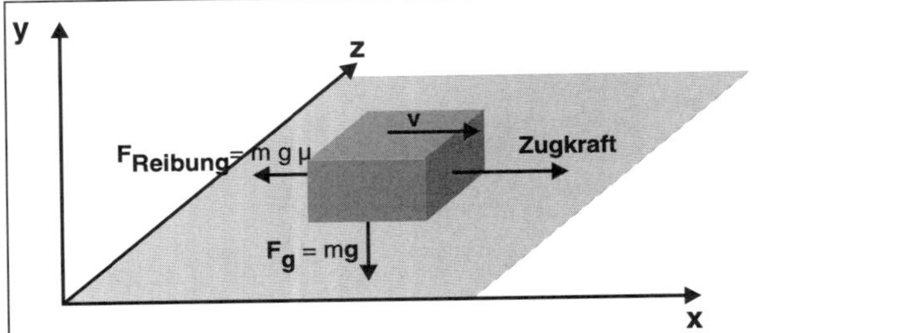

F_g: Kraft, durch die der Gegenstand auf den Boden gedrückt wird (Gravitationskraft)

falls **v** = 0, dann $F_{Haftreibung} = m\, g\, \mu_{haft}$

ansonsten $F_{Gleitreibung} = m\, g\, \mu_{gleit}$

Reibungskoeffizient $\mu_{haft} > \mu_{gleit}$

Abbildung 5.6: Reibungskräfte bei der horizontalen Bewegung

Bodenhaftung

Ohne Bodenhaftung würde jede noch so kleine Beschleunigung dazu führen, dass sich ein Objekt zu bewegen beginnt. Bei vorhandener Bodenhaftung muss die Beschleunigung einen bestimmten Wert überschreiten, sonst verbleibt das Objekt einfach in Ruhe:

Listing 5.10: Bodenhaftung

```
if(Bewegung == FALSE && acceleration > acceleration_min)
{
    Bewegung = TRUE;
    // Bewegung
}
else if(Bewegung == TRUE)
{
    // Bewegung
}
```

Gleitreibung unter idealisieren Bedingungen

Wenn sich ein Objekt erst einmal bewegt, spielt die Haftreibung keine Rolle mehr. An ihre Stelle tritt die Gleitreibung, mit der wir uns im Folgenden ausführlich beschäftigen werden.

Unter idealisierten Bedingungen lässt sich die Reibung sehr einfach simulieren. Hierfür nehmen wir an, dass die Bewegung geradlinig verläuft, sich die Bodenbeschaffenheit nicht verändert und keinerlei Bodenunebenheiten berücksichtigt werden müssen. Die Eigenverschiebung berechnet sich wie folgt:

```
Eigenverschiebung += Reibungsbeschleunigung;
```

Die Reibungsbeschleunigung ist definiert als:

```
Reibungsbeschleunigung = Reibungskoeffizient * -Bewegungsrichtung;
```

Da die Reibung immer entgegengesetzt zur Bewegungsrichtung wirkt, muß dem Richtungsvektor ein Minuszeichen vorangestellt werden.

Die Stärke der Reibungskraft wird dabei durch den so genannten Reibungskoeffizient festgelegt. Diesem Koeffizienten kann man in Abhängigkeit von der Bodenbeschaffenheit einen willkürlichen Wert in der Art zuweisen, so dass die Reibungseinflüsse halbwegs realistisch wirken.

HINWEIS: Falls Sie den Reibungskoeffizienten hingegen physikalisch korrekt berechnen wollen, benötigen Sie den folgenden Zusammenhang zwischen dem Reibungskoeffizienten, der Erdanziehung und dem materialspezifischen Reibungskoeffizienten μ:

```
Reibungskoeffizient = g * μ;
```

Reibung unter realen Bedingungen

Normalerweise können wir nicht von idealisierten Bedingungen ausgehen, betrachten wir hierzu einige Beispiele aus einer Autorennsimulation:

- nasse Straße: sehr kleine Reibung – Rutschgefahr
- trockene Straße: normale Reibung – Autos lassen sich gut kontrollieren
- Kiesbett: starke Reibung – Autos werden stark abgebremst und bleiben stecken
- zu schnelle Kurvenfahrt: die Fliehkräfte übersteigen die Bodenhaftung – der Wagen wird aus der Kurve getragen
- starke Bodenunebenheiten (Rallye-Simulation): Autos brechen ständig aus der Spur aus

Die wechselnden Bodenbeschaffenheiten lassen sich noch am einfachsten simulieren. Man definiert für jeden Bodentyp einen entsprechenden Reibungskoeffizienten, auf den bei Bedarf zurückgegriffen werden kann.

Auf die schiefe Bahn geraten – wie sich Bodenunebenheiten auf die Bewegung auswirken

Jetzt kommen die Bodenunebenheiten mit ins Spiel. Der Boden ist nun nicht mehr ebenmäßig; an einigen Stellen finden sich Senken und Gefälle, an anderen wiederum Anhöhen und Anstiege.

Zunächst müssen wir uns damit beschäftigen, wie sich die momentane Bewegungsrichtung in Abhängigkeit von den Bodenunebenheiten berechnen lässt. Wenn sich diese Unebenheiten nämlich nicht auf die Bewegungsrichtung auswirken würden, könnte ein Rallyewagen beispielsweise einfach durch einen Hügel hindurchfahren, was sicher nicht im Sinne des Erfinders ist.

Im ersten Schritt muss die Höhe des Wagens an dessen aktueller Position bestimmt werden. In diesem Zusammenhang müssen wir den Stoff etwas vorwegnehmen, denn hierfür müssen wir verstehen, wie eine Bodenfläche im Computerspeicher definiert ist.

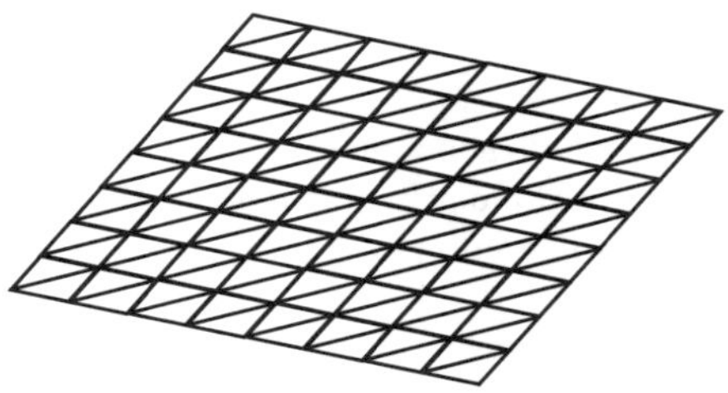

Eine Bodenfläche zusammengesetzt aus miteinander verbundenen Dreiecken

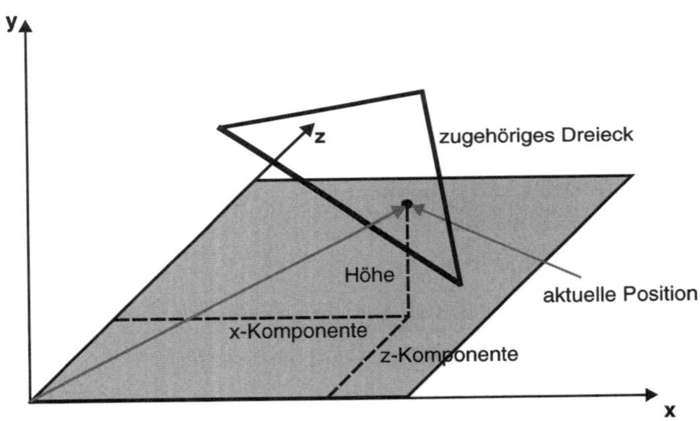

Abbildung 5.7: Eine aus Dreiecken zusammengesetzte Bodenfläche

Vereinfacht ausgedrückt besteht eine Bodenfläche aus einer Vielzahl von Dreiecken, die allesamt miteinander verbunden sind. Zunächst einmal muss das zugehörige Dreieck ermittelt werden, über welchem sich der Rallyewagen gerade befindet. Im Anschluss daran muss die exakte Position über der Dreiecksfläche bestimmt werden. Die entsprechenden Verfahren werden wir im Verlauf des nächsten Tages kennen lernen.

Die momentane Bewegungsrichtung entspricht nun einfach der normierten Differenz aus der aktuellen Position und der Position im letzten Frame:

```
Differenzvektor = aktuelle_Position - voherige_Position;
NormalizeVector(&Bewegungsrichtung, &Differenzvektor);
```

Für die Berechnung der Einflüsse von Reibungs- und Gravitationskraft benötigen wir jetzt den Winkel α zwischen der y-Achse (Höhenachse) und der Bewegungsrichtung.

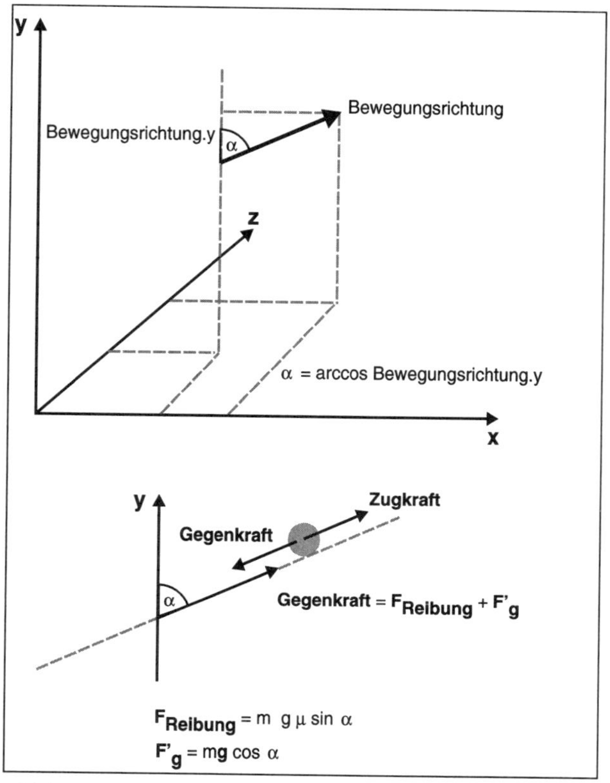

Abbildung 5.8: Reibungskräfte bei der Bewegung auf einer schiefen Bahn

Die y-Komponente der Bewegungsrichtung entspricht jetzt dem Kosinus des Winkels α. Wir können uns das wie folgt veranschaulichen:

α= 0° ; Bewegungsrichtung.y = cos(0°) = 1

α= 90° ; Bewegungsrichtung.y = cos(90°) = 0

Den Winkel selbst erhält man durch die Berechnung des Arkuskosinus.

Bei einem Winkel von α = 90° entspricht die Gegenkraft der Reibung, wie wir sie im vorangegangenen Kapitel berechnet haben:

Gegenkraft = Reibung = m g µ

Bei einem Winkel von α = 0° entspricht die Gegenkraft der Erdanziehung:

Gegenkraft = freier Fall = m g

Bei allen anderen Winkeln setzt sich die Gegenkraft anteilsmäßig aus beiden Komponenten zusammen:

Gegenkraft = m g µ sin α + m g cos α

Die daraus resultierende Beschleunigung berechnet sich wie folgt:

```
Gegenbeschleunigung = (Reibungskoeffizient*sinf(a)+g*cosf(a))
                       * -Bewegungsrichtung;
```

Auf in die Kurve – Reibungskräfte während einer Kurvenfahrt

Während einer Kurvenfahrt treten in der Hauptsache zwei Kräfte auf: zum einen die Zentrifugalkraft (Fliehkraft), die ein Auto beständig aus der Kurve zu werfen versucht, und zum anderen die Bodenhaftung, welche bei einer sicheren Kurvenfahrt die Fliehkraft vollständig kompensiert. Um das Kurvenverhalten eines Autos zu simulieren, müssen wir jetzt einfach die Zentrifugalkraft ermitteln und die Differenz zur Haftreibung berechnen. Wenn die Zentrifugalkraft größer ist als die Bodenhaftung, wird der Wagen aus der Kurve getragen. Die hierbei wirksame Kraft ergibt sich aus der Zentrifugalkraft abzüglich der Gleitreibung, die der Driftbewegung entgegenwirkt.

HINWEIS: Weiterhin könnten wir für diese Kraft einen oberen Grenzwert definieren, ab dem der Wagen zu schleudern beginnt. Dieser Grenzwert wäre natürlich vom Wagentyp abhängig.

Verdeutlichen wir uns den Sachverhalt anhand einer Abbildung:

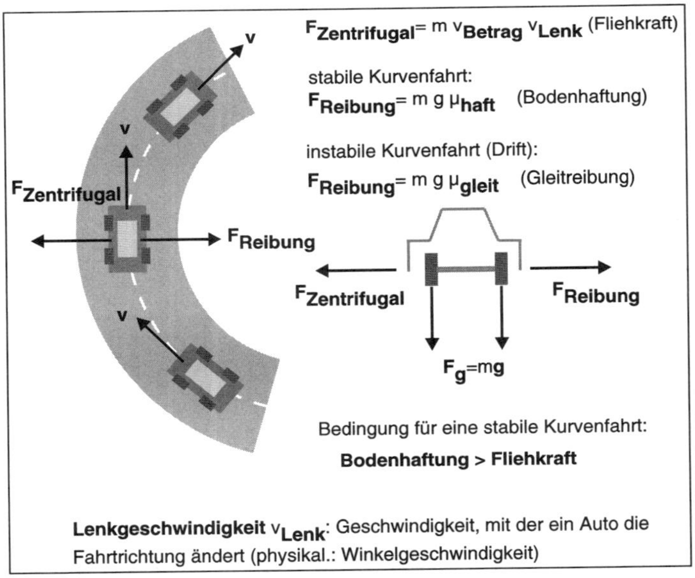

Abbildung 5.9: Wirksame Kräfte während einer Kurvenfahrt

Der Betrag der Zentrifugalkraft ist zum einen abhängig von der Masse des Autos sowie vom Geschwindigkeitsbetrag, mit dem dieses durch die Kurve fährt, und zum anderen von dessen Lenkgeschwindigkeit (Winkelgeschwindigkeit):

```
Zentrifugalbetrag=Masse*Geschwindigkeitsbetrag*Lenkgeschwindigkeit;
```

Während der Kurvenfahrt wird jetzt kontinuierlich überprüft, ob dieser Betrag größer ist als die Bodenhaftung. In diesem Fall beginnt der Wagen seitwärts zu driften:

```
if(Zentrifugalbetrag > Bodenhaftung)
{
    // Driftbewegung
}
```

Bei dieser Driftbewegung ergibt sich für das Auto eine zusätzliche Geschwindigkeitskomponente senkrecht zur Fahrtrichtung. Da diese Komponente ebenfalls senkrecht zur Drehachse des Autos liegt, lässt sich die Driftrichtung über das folgende Kreuzprodukt bestimmen:

```
D3DXVec3Cross(&Driftrichtung, &Drehachse, &Fahrtrichtung);
```

Die Driftbeschleunigung ergibt sich jetzt aus der Differenz von Fliehkraft und Gleitreibung:

```
Driftbeschleunigung =(Zentrifugalbetrag-Gleitreibung)/Masse*
                      Driftrichtung;
```

5.6 Schwarze Löcher und Gravitationsschockwellen

Ob Sie nun einen einfachen Asteroids-Klon oder eine 3D-Space-Combat-Simulation schreiben wollen, schwarze Löcher und Gravitationsschockwellen sorgen für Aufregung und Spannung in den endlosen Weiten des Weltraums.

Ein schwarzes Loch

Als Grundlage für die Simulation benutzen wir das Newtonsche Gravitationsgesetz, das wir bereits am letzten Tag kennen gelernt haben (Einstein würde sich im Grabe umdrehen):

$$\vec{F} = G\frac{m_1 \cdot m_2}{\left|\vec{s}_1 - \vec{s}_2\right|^2} \cdot \vec{r}_N \quad \text{mit} \quad \vec{r}_N = \frac{\vec{s}_1 - \vec{s}_2}{\left|\vec{s}_1 - \vec{s}_2\right|}$$

Diese Gleichung können wir etwas vereinfachen, da wir bei unseren Betrachtungen nicht die Kraft, sondern nur die Beschleunigung benötigen. Wegen **a** = F/m gilt:

$$\vec{a} = G\frac{m_{\text{schwarzes Loch}}}{\left|\vec{s}_{\text{schwarzes Loch}} - \vec{s}_{\text{Objekt}}\right|^2} \cdot \vec{r}_N$$

Zunächst müssen wir die Beschleunigungsrichtung und die Entfernung eines Objekts (Raumschiff, Asteroid etc.) vom schwarzen Loch bestimmen. Zu diesem Zweck berechnen wir den normierten Differenzvektor beider Ortsvektoren:

```
Richtung = Ortsvektor_schwarzesLoch - Ortsvektor_Raumschiff;
Entfernung = NormalizeVector(&Richtung, &Richtung);
```

Im nächsten Schritt können wir den Betrag der Beschleunigung berechnen:

```
acceleration_betrag = Masse_SchwarzesLoch/(Entfernung*Entfernung);
```

Für diese Rechnung setzen wir die Gravitationskonstante G=1 und legen die Masse des schwarzen Loches so fest, dass ein realistisch wirkender Beschleunigungseffekt entsteht. Beachten Sie, dass die Einheit der Masse wegen G=1 nicht mehr Kilogramm ist.

Die Berechnung der neuen Eigenverschiebung sollte jetzt kein Problem mehr darstellen:

```
Eigenverschiebung += acceleration_betrag*FrameTime*Richtung;
```

Den Einfluss des Raumschiffs auf das schwarze Loch können wir getrost vernachlässigen.

Eine Gravitationsschockwelle

Bei der Simulation einer Gravitationsschockwelle muss man zwei Dinge berücksichtigen: Zum einen ist der Gravitationseffekt ein zeitlich und räumlich begrenztes Phänomen und zum anderen ist der Effekt nicht überall gleichzeitig messbar. So eine Schockwelle breitet sich schließlich nur mit Lichtgeschwindigkeit aus (s. Abb. 5.10)!

Die Simulation einer Schockwelle sollte jetzt nicht weiter schwer fallen. Betrachten wir den zugehörigen Quellcode:

Listing 5.11: Simulation einer Gravitationsschockwelle

```
// Initialisierung der ersten Schockwelle:
Schockwelle_Entstehungszeit = GetTickCount()+lrnd(300000, 600000);
Schockwelle_LebensdauerMax = lrnd(10000, 20000);
Schockwelle_Wirkungsdauer = lrnd(2000, 5000);
Schockwelle_Masse = frnd(1000.0f, 10000.0f);
Schockwelle_Lebensdauer = 0;
Schockwelle_aktiv = FALSE


// Irgendwo im Quellcode:
actual_time = GetTickCount();


if(Schockwelle_aktiv == FALSE)
{
    if(actual_time >= Schockwelle_Entstehungszeit)
        Schockwelle_aktiv = TRUE
```

```
}

if(Schockwelle_aktiv == TRUE)
{
    // Berechnung der momentanen Lebensdauer der Schockwelle:
    Schockwelle_Lebensdauer=actual_time-Schockwelle_Entstehungszeit

    if(Schockwelle_Lebensdauer < Schockwelle_LebensdauerMax)
    {
        Richtung = Ortsvektor_schwarzesLoch - Ortsvektor_Raumschiff;
        Entfernung = NormalizeVector(&Richtung, &Richtung);

        //Liegt Objekt im Wirkungsbereich der Schockwelle?
        if(Entfernung < Lightspeed*Schockwelle_Lebensdauer)
        {
            if(Entfernung > Lightspeed*(Schockwelle_Lebensdauer-
              Schockwelle_Wirkungsdauer))
            {
                // Berechnung der Beschleunigung
                acceleration_betrag = Masse_SchwarzesLoch/
                                      (Entfernung*Entfernung);
                Eigenverschiebung += acceleration_betrag*
                                     FrameTime*Richtung;
            }
        }
    }
    else
    {
        // Neue Schockwelle initialisieren
       Schockwelle_Entstehungszeit=actual_time+lrnd(300000, 600000);
       Schockwelle_LebensdauerMax = lrnd(10000, 20000);
       Schockwelle_Wirkungsdauer = lrnd(2000, 5000);
       Schockwelle_Masse = frnd(1000.0f, 10000.0f);
       Schockwelle_Lebensdauer = 0;
       Schockwelle_aktiv = FALSE
    }
}
```

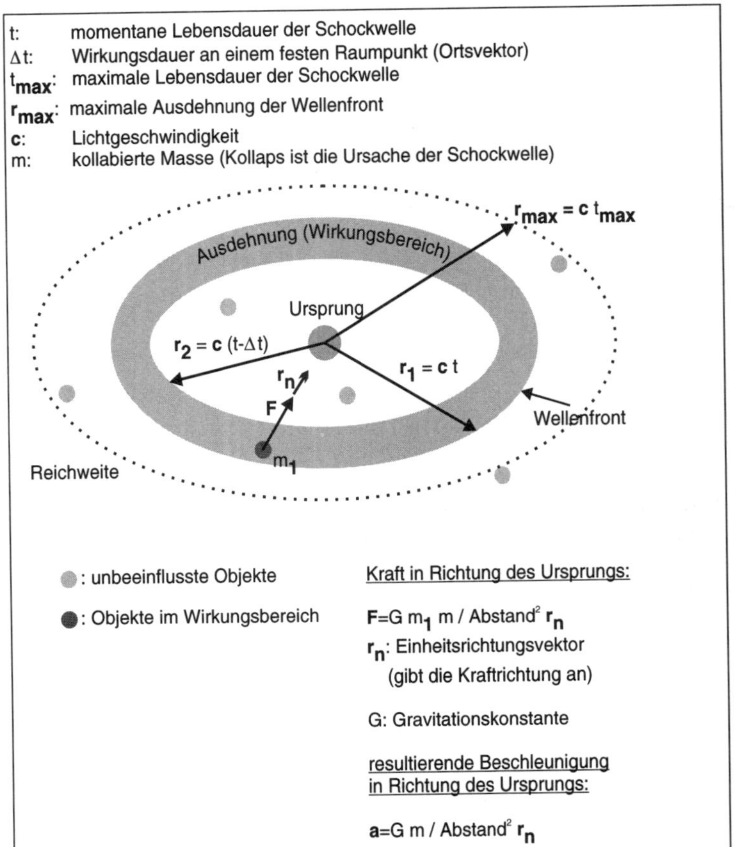

Abbildung 5.10: Eine Gravitationsschockwelle

5.7 Zusammenfassung

Dieses Kapitel sollte Ihnen einen kleinen Eindruck davon vermitteln, wie sich physikalische Vorgänge in einem Spiel simulieren lassen. Man muss kein Physiker sein, um Phänomene wie den freien Fall, den freien Fall mit Windeinflüssen, Geschossflugbahnen, Reibungskräfte, schwarze Löcher und Gravitationsschockwellen simulieren zu können. Weiterhin haben wir ein einfaches Bewegungsmodell für ein Raumschiff kennen gelernt. Einfach deshalb, weil alle möglichen Drehbewegungen unabhängig voneinander ohne irgendwelche Beschränkungen ausgeführt werden können. Ein gutes Bewegungsmodell hat einen unschätzbaren Wert für den Realismus eines Spiels. Auch im Rahmen eines Hobbyprojekts sollte man einige Zeit in die Entwicklung der Bewegungsmodelle investieren und sich notfalls auch weiterführende Informationen besorgen, egal ob es sich um ein Bewegungsmodell für ein Auto, einen Panzer, einen Hubschrauber, einen Düsenjäger, einen Battle-Mech, ein U-Boot oder irgendetwas anderes handelt.

5.8 Workshop

Fragen und Antworten

F *Auf welche Weise lässt sich ein Bewegungsmodell entwickeln?*

A Ein gutes Bewegungsmodell hat einen unschätzbaren Wert für den Realismus eines Spiels. Hierfür legt man für ein gegebenes Objekt (z.B. ein Raumschiff) alle möglichen Bewegungs-Freiheitsgrade (Translations- und Rotationsbewegungen) sowie eventuelle Bewegungsbeschränkungen fest. Beispielsweise kann das Geschützrohr eines Panzers nicht um 360° um dessen horizontale Drehachse gedreht werden und ein U-Boot kann keinen Looping ausführen. Weiterhin muss man festlegen, welche Bewegungs-Freiheitsgrade voneinander abhängig sind. Beispielsweise neigt sich ein Motorrad ebenso wie ein Flugzeug bei einer Seitwärtsbewegung immer in die Kurve.

Quiz

1. Wie unterscheidet sich das Bewegungsmodell eines Raumschiffs von dem einer Lenkwaffe?
2. Welchen Trick haben wir angewandt, damit bei der Berechnung der Rotationsmatrizen auf die Berechnung der lokalen Drehachsen eines Raumschiffs verzichtet werden kann?
3. Auf welche Weise lässt sich die neue Flugrichtung eines Raumschiffs oder einer Rakete nach einer Drehbewegung bestimmen?
4. Wie lässt sich die Luftreibung bei der Simulation von Fallbewegungen berücksichtigen?
5. Wie lassen sich Änderungen bei den Windverhältnissen simulieren?
6. Welche Kräfte müssen bei der Simulation von Geschossflugbahnen berücksichtigt werden und wie berechnet sich die Anfangsgeschwindigkeit der Geschosse?
7. Wie unterscheidet sich die Wirkung der Windeinflüsse auf schwere Objekte (z.B. Kanonenkugeln) von der Wirkung auf leichte Objekte (z.B. Regen und Schnee)?
8. Worin besteht der Unterschied zwischen Gleit- und Haftreibung (Bodenhaftung)?
9. Wie wirkt sich die Bodenbeschaffenheit auf die Reibungseinflüsse aus?
10. Wie wirken sich Bodenunebenheiten auf die Reibungseinflüsse aus?

11. Wie berechnet sich die Bewegungsrichtung bei einer Bewegung über ein unebenes Terrain?
12. Welche Kräfte wirken in der Hauptsache während einer Kurvenfahrt?
13. Worin besteht der Unterschied bei der Simulation eines schwarzen Loches bzw. einer Gravitationsschockwelle?

Übungen

1. Entwickeln Sie einfache Bewegungsmodell-Konzepte für ein Auto, ein U-Boot und einen Schützenpanzer.
2. Betten Sie die am heutigen Tage vorgestellten Simulationsbeispiele in entsprechende Funktionen ein, um so die Verwendung des Quellcodes in einem Spiel zu erleichtern.

Kollisionen beschreiben

Heute tauchen wir in die komplexe Welt der Kollisionen ein. Gemeinsam werden wir ein Verfahren für die physikalisch korrekte Beschreibung von Kollisionsvorgängen herleiten und uns mit den verschiedenen Verfahren zur Vermeidung unnötiger Kollisionstests beschäftigen. Die Themen heute:

- Kollisionen mit achsenparallelen Flächen
- Kollisionen mit beliebig orientierten Flächen
- Die physikalisch korrekte Kollisionsbeschreibung
- Kollisionsausschluss-Methoden:
  - Bounding-Sphären-Test
  - AABB-AABB-Test (AABB: **a**chsen**a**usgerichtete **B**ounding-**B**ox)
- Gruppenverarbeitung:
  - Tricks für die Vermeidung von Kollisionstests
  - Vermeidung unnötiger Kollisionstests durch Sektorisierung der Spielewelt

6.1 Kollision mit einer achsenparallelen Fläche

Kollisionen mit achsenparallelen Flächen sind am einfachsten zu beschreiben und daher ein guter Einstieg in die Materie.

DEFINITION

Sicherlich ist Ihnen aus der Schulzeit noch das Reflektionsgesetz vertraut:

Einfallswinkel = Ausfallswinkel

Dieses Gesetz ist alles, was wir im Augenblick für die Kollisionsbeschreibung benötigen. Veranschaulichen wir uns die achsenparallele Kollision anhand einer Abbildung:

In diesem Zusammenhang führen wir den Normalenvektor ein, der uns noch häufiger begegnen wird. Ein Normalenvektor steht immer senkrecht auf einer Fläche (Ebene) oder Linie und hat immer eine Länge von 1. Den Normalenvektor einer Fläche nennt man für gewöhnlich Flächennormale. Auf die Berechnung von Flächennormalen werden wir später noch ausführlich eingehen. Bei einer achsenparallelen Kollision ist die Flächennormale immer parallel oder antiparallel zur x-, y- oder z-Achse ausgerichtet. Entsprechend liegt die Kollisionsfläche in der yz-, xz- oder xy-Ebene. Die Flugrichtung nach der Kollision berechnet sich für diese drei Fälle besonders einfach, denn es ändert sich einfach nur das Vorzeichen derjenigen Komponente, die in Richtung oder Gegenrichtung des Normalenvektors liegt:

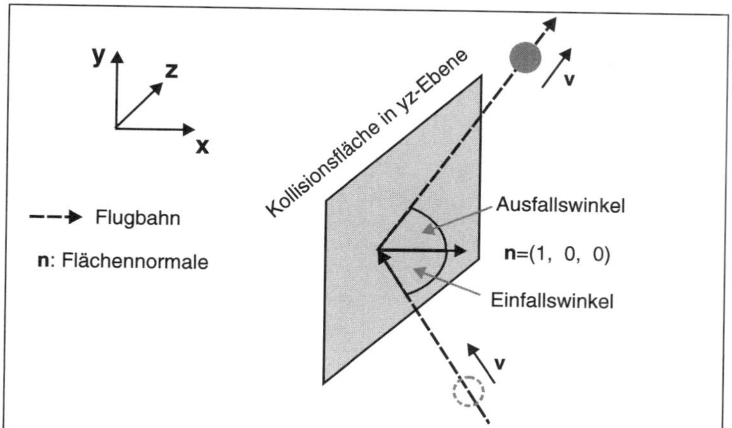

Bei dieser Kollision ändert die x-Komponente der Flugrichtung ihr Vorzeichen:

Flugrichtung.x (nach der Kollision) = **-Flugrichtung.x** (vor der Kollision)

Abbildung 6.1: Kollision mit einer achsenparallelen Fläche

Listing 6.1: Kollision mit einer achsenparallelen Fläche

```
// Kollision in xz-Ebene ; n=(0, 1, 0) oder n=(0, -1, 0)
// Ebene hat 2 Seiten!
// Flugrichtung nach Kollision:
Flugrichtung.x = Flugrichtung.x;
Flugrichtung.y = -Flugrichtung.y;
Flugrichtung.z = Flugrichtung.z;

// Kollision in xy-Ebene ; n=(0, 0, 1) oder n=(0, 0, -1)
// Flugrichtung nach Kollision:
Flugrichtung.x = Flugrichtung.x;
Flugrichtung.y = Flugrichtung.y;
Flugrichtung.z = -Flugrichtung.z;

// Kollision in yz-Ebene ; n=(1, 0, 0) oder n=(-1, 0, 0)
// Flugrichtung nach Kollision:
Flugrichtung.x = -Flugrichtung.x;
Flugrichtung.y = Flugrichtung.y;
Flugrichtung.z = Flugrichtung.z;
```

Das Anwendungsgebiet für diese einfachste Art der Kollisionsantwort ist sehr begrenzt. Sie kann aber in Verbindung mit achsenausgerichteten Bounding-Boxen (AABB) eingesetzt werden. Achsenausgerichtet bedeutet, dass die x-, y- und z-Achsen der AABB mit den x-, y- und z-Achsen des Weltkoordinatensystems übereinstimmen. Man definiert für jedes Objekt eine AABB und kann für den Fall einer Kollision die neuen Flugrichtungen anhand der Kollisionsflächen der beiden Boxen bestimmen. Vereinfacht wird die Angelegenheit dadurch, dass beide Kollisionsflächen immer in derselben Ebene liegen.

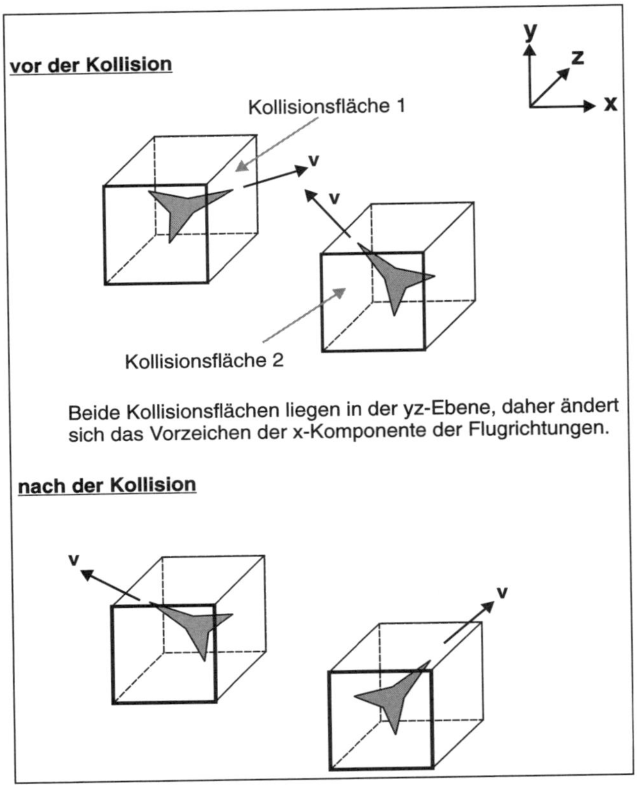

Abbildung 6.2: Einsatz von AABB bei der Kollisionsantwort

6.2 Kollisionen an beliebig orientierten Flächen

Der große Nachteil bei der Verwendung einer AABB besteht darin, dass die Orientierung der Objekte nicht berücksichtigt wird. Die Kollisionsantwort wirkt weitaus realistischer, wenn sich die Bounding-Box bei der Änderung der Flugrichtung mitdrehen würde. Solch eine Box wäre natürlich nicht mehr achsenausgerichtet. Man spricht in diesem Zusammenhang von einer so genannten orientierten Bounding-Box (OBB), da sich die Orientierung der Box an der Ausrichtung und der Geometrie des Objekts orientiert.

Wenn wir eine OBB für die Kollisionsbeschreibung einsetzen wollen, benötigen wir ein Verfahren zur Berechnung der neuen Flugrichtung bei der Kollision mit beliebig orientierten Flächen. Wir wissen bereits, dass sich eine Fläche durch ihren Flächennormalenvektor charakterisieren lässt. Mit Hilfe dieses Vektors sowie der Flugrichtung vor der Kollision lässt sich die neue Flugrichtung wie folgt bestimmen:

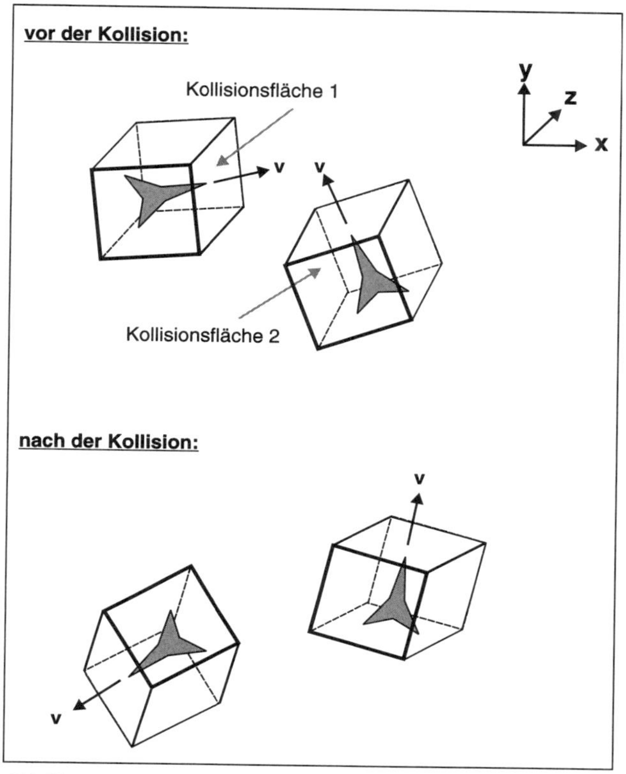

Abbildung 6.3: Einsatz von OBB bei der Kollisionsantwort

Die Berechnung der neuen Flugrichtung gliedert sich jetzt in 3 Schritte (s. Abbildung 6.4):

Schritt 1: Berechnung des Skalarprodukts von Flächennormale und Flugrichtung:

```
tempFloat = D3DXVec3Dot(&Normal, &Flugrichtung);
```

Schritt 2: Berechnung des negativen Projektionsvektors auf die Flächennormale:

```
Projektionsvektor = -tempFloat*Normal;
```

Schritt 3: Berechnung der neuen Flugrichtung:

```
Flugrichtung = Flugrichtung + 2*Projektionsvektor;
```

Weitere Überlegungen

Für eine realistischere Kollisionsbeschreibung lassen sich natürlich auch mehrere Bounding-Boxen definieren. Betrachten wir hierzu ein Objekt, das allen Star-Trek-Fans vertraut sein dürfte:

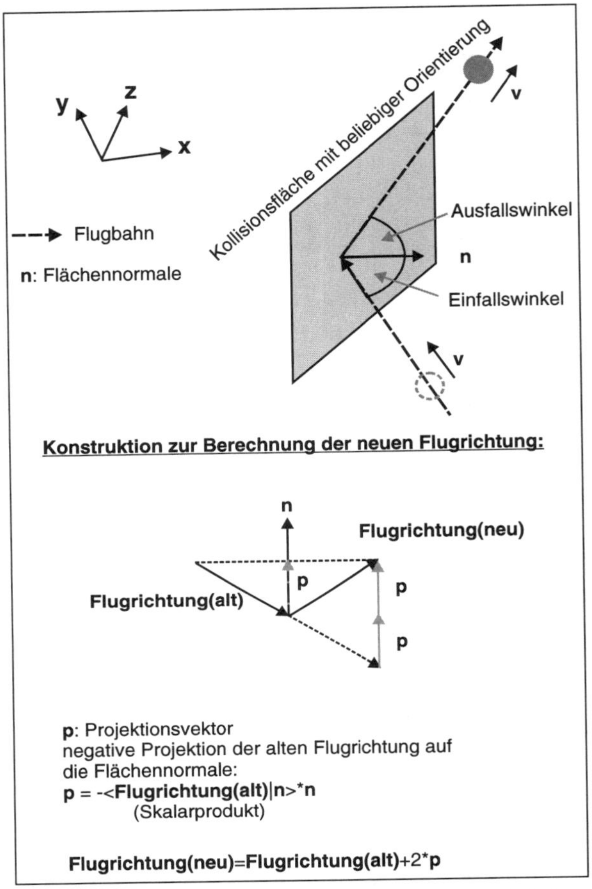

Abbildung 6.4: Kollision mit einer beliebig orientierten Fläche

Für eine noch bessere Beschreibung kann man auch die Oberflächen des 3D-Objekts selbst als Kollisionsflächen verwenden. Natürlich muss man nicht jede Fläche einzeln auf eine mögliche Kollision hin überprüfen. Durch den Einsatz von Bounding-Boxen, die wiederum ein Teil dieser Flächen umschließen, lässt sich die Anzahl der Prüfläufe drastisch verringern. Dabei lassen sich sowohl achsenausgerichtete wie auch orientierte Bounding-Boxen einsetzen. Die Erstellung der orientierten Boxen ist etwas schwieriger, man kommt aber mit einer geringeren Anzahl aus, da diese Boxen besser an die Objektgeometrie angepasst werden können.

Besteht das Objekt aus sehr vielen Flächen, lässt sich die Anzahl der Prüfläufe durch den Einsatz einer vereinfachten Bounding-Geometrie verringern. Die Bounding-Geometrie ist praktisch eine vereinfachte Version des Modells, welche aus weit weniger Flächen besteht. Die Bounding-Geometrie kann noch so einfach sein, Hauptsache ist, die Kollisionsbeschreibung wirkt realistisch.

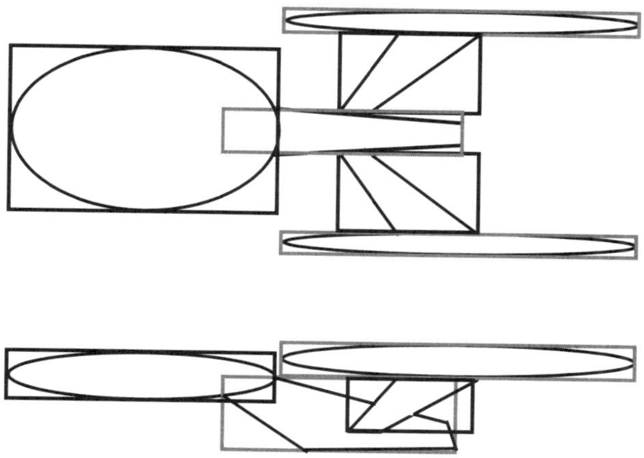

Abbildung 6.5: Ein einfaches Kollisionsmodell für ein Raumschiff

6.3 Die physikalisch korrekte Kollisionsbeschreibung

Bisher waren alle unsere Betrachtungen rein geometrischer Natur. Die Massen der an der Kollision beteiligten Objekte haben wir völlig vernachlässigt. Die berechneten Flugrichtungen sind daher nur unter der Voraussetzung richtig, dass die Masse des einen Objekts sehr viel größer ist als die Masse des anderen Objekts. Denken Sie beispielsweise an ein Billardspiel: Die Masse des Tisches ist sehr viel größer als die Masse einer Kugel. Nur in diesem Fall gilt das Reflektionsgesetz, das Grundlage all unserer bisherigen Überlegungen war.

Der eindimensionale Stoß

Für die korrekte Beschreibung müssen wir uns mit zwei weiteren physikalischen Größen beschäftigen.

DEFINITION

Als Erstes betrachten wir den Impuls:

p = m **v**; **Impuls** = Masse mal **Geschwindigkeit**

Am besten stellen Sie sich unter dem Impuls die Wirkung vor, die ein Objekt bei einem Zusammenstoß auf ein anderes Objekt ausübt. Die Wirkung ist umso größer, je größer Masse und Geschwindigkeit sind – die schweren Unfälle auf den Autobahnen oder in Verbindung mit LKWs machen das leider nur allzu deutlich.

Elastische Stöße

Bei einem elastischen Stoß bleibt die Summe der Impulse vor und nach dem Zusammenstoß konstant (Impulserhaltungssatz):

$$m_a\mathbf{v_{ai}} + m_b\mathbf{v_{bi}} = m_a\mathbf{v_{af}} + m_b\mathbf{v_{bf}}$$

Dabei stehen die Indices **a**, **b** für die Objekte **a** und **b**, **i** für inital (Anfang) und **f** für final (Ende). $\mathbf{v_{ai}}$ ist demnach die Anfangsgeschwindigkeit von Objekt **a** und $\mathbf{v_{bf}}$ die Endgeschwindigkeit von Objekt **b**.

Die zweite wichtige Größe ist die kinetische Energie:

$$K = 0{,}5*mv^2$$

Auch sie stellt bei einem elastischen Stoß eine Erhaltungsgröße dar (Energieerhaltungssatz):

$$0{,}5*m_a v_{ai}^2 + 0{,}5*m_b v_{bi}^2 = 0{,}5*m_a v_{af}^2 + 0{,}5*m_b v_{bf}^2$$

Durch Kombination beider Gleichungen findet man zwei Beziehungen, mit denen sich für einen eindimensionalen Stoß die Beträge der Endgeschwindigkeiten der Objekte **a** und **b** berechnen lassen:

$$v_{af} = (2m_b v_{bi} + v_{ai}\,(m_a - m_b))\;/\;(m_a + m_b)$$

$$v_{bf} = (2m_a v_{ai} - v_{bi}\,(m_a - m_b))\;/\;(m_a + m_b)$$

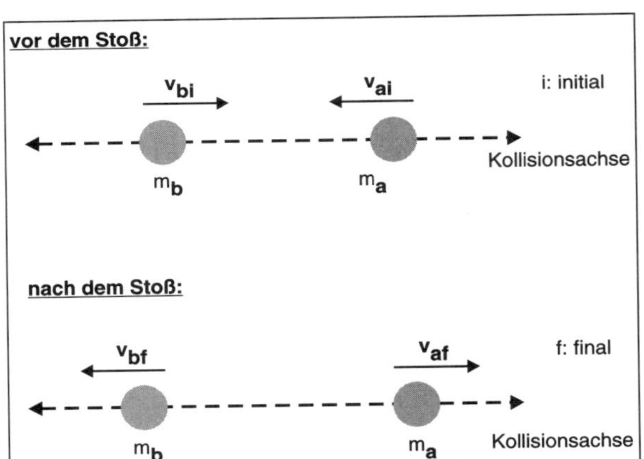

Abbildung 6.6: Der einfache eindimensionale Stoß

Bei einem eindimensionalen Stoß bewegen sich die Stoßpartner vor und auch nach dem Stoß auf einer Linie. Diese Linie werden wir im Folgenden als Kollisionsachse bezeichnen. Der Einfachheit halber legt man als Kollisionsachse entweder die x-, y- oder z-Richtung fest.

Anelastische Stöße

Bei einem anelastischen Stoß sind die Endgeschwindigkeiten (und damit auch die kinetischen Energien) auf jeden Fall kleiner als bei einem elastischen Stoß, da ein Teil der Energie für die Verformung der Objekte verbraucht wird.

Dieser Energieverlust lässt sich durch einen Faktor berücksichtigen, den wir wie folgt in die beiden Gleichungen zur Berechnung der Endgeschwindigkeiten mit einbauen:

$$v_{af} = ((1+e)m_b v_{bi} + v_{ai}\,(m_a - e m_b)) / (m_a + m_b)$$

$$v_{bf} = ((1+e)m_a v_{ai} - v_{bi}\,(m_a - e m_b)) / (m_a + m_b)$$

Bei einem Wert von $e = 1$ ist der Verlust gleich null und der Stoß elastisch. Bei Werten von $e < 1$ wird der Stoß zunehmend anelastisch.

Der eindimensionale Stoß mit beliebig orientierter Kollisionsachse

Unser Ziel ist die Beschreibung des dreidimensionalen Stoßes. Auf dem Weg dorthin werden wir einen Zwischenschritt einlegen, der uns hilft, das endgültige Problem leichter zu lösen. Der erste Schritt zur Verallgemeinerung des Kollisionsproblems besteht jetzt darin, dass wir eine beliebige Orientierung der Kollisionsachse im dreidimensionalen Raum zulassen.

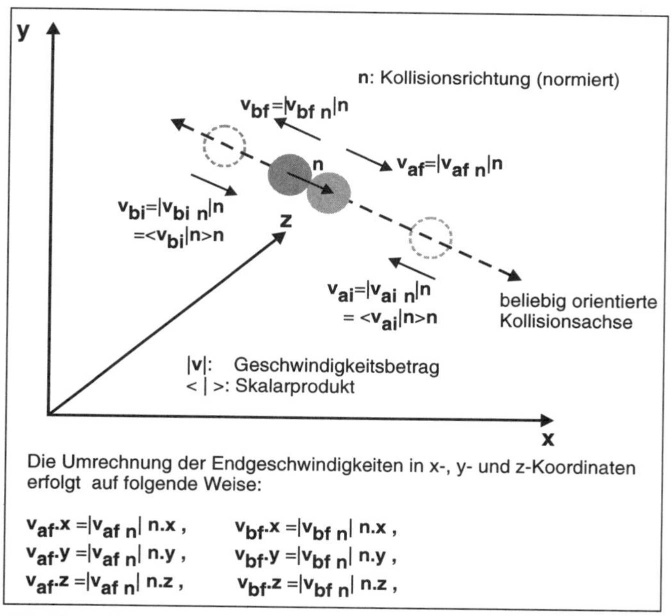

Abbildung 6.7: Eindimensionaler Stoß mit beliebig orientierter Kollisionsachse

Die Orientierung dieser Achse wird durch den Kollisionsrichtungsvektor **n** angegeben. Dieser Vektor entspricht dem normierten Differenzvektor der Ortsvektoren beider Stoßpartner im Moment der Kollision. Im Quellcode bezeichnen wir diesen Vektor als `Kollisionsrichtung`. Die nicht normierte Kollisionsrichtung bezeichnen wir im weiteren Verlauf als `SchwerpunktsDiffVektor`. Dabei gehen wir von der Annahme aus, dass der Ortsvektor eines Objekts immer auch auf dessen Schwerpunkt gerichtet ist.

```
SchwerpunktsDiffVektor = pObjekt[jj].Abstandsvektor-
                         pObjekt[j].Abstandsvektor;
NormalizeVector(&Kollisionsrichtung, &SchwerpunktsDiffVektor);
```

Die beiden Gleichungen für die Berechnung der Beträge der Endgeschwindigkeiten sind natürlich immer noch gültig, sie beziehen sich jedoch auf die Bewegung parallel zur Kollisionsachse. Ist man an den Endgeschwindigkeiten bezüglich der x-, y- und z-Richtung interessiert, muss man den Geschwindigkeitsbetrag einfach mit den x-, y- und z-Komponenten der `Kollisionsrichtung` multiplizieren (siehe auch Abbildung 6.7):

```
Endgeschwindigkeit.x = Geschwindigkeitsbetrag*Kollisionsrichtung.x;
Endgeschwindigkeit.y = Geschwindigkeitsbetrag*Kollisionsrichtung.y;
Endgeschwindigkeit.z = Geschwindigkeitsbetrag*Kollisionsrichtung.z;
```

Für den Fall, dass die Kollisionsachse parallel zu einer der drei Achsen des Koordinatensystems ist, fallen zwei der drei Gleichungen weg.

```
// Beispiel Kollisionsachse ist die x-Achse:
Endgeschwindigkeit.x = Geschwindigkeitsbetrag;
```

Der dreidimensionale Stoß

Wir sind jetzt in der Lage, die Geschwindigkeitsänderung während eines Stoßprozesses entlang der Kollisionsachse zu berechnen. Schon zu Beginn des heutigen Tages haben wir gelernt, dass sich bei einer Kollision nur diejenige Geschwindigkeitskomponente ändert, die parallel zur Flächennormale liegt. Abbildung 6.8 können wir entnehmen, dass der Kollisionsrichtungsvektor nichts anderes ist als die Flächennormale der Kollisionsebene – mit anderen Worten, die Geschwindigkeitsänderung beim dreidimensionalen Stoß können wir bereits berechnen. Im nächsten Schritt werden wir jetzt auch beliebige Geschwindigkeitsrichtungen zulassen. In diesem Zusammenhang müssen wir uns überlegen, wie wir diejenige Geschwindigkeitskomponente, die sich während des Stoßprozesses ändert, von denjenigen Komponenten, die während des Stoßes unverändert bleiben, abtrennen können. Zweckmäßigerweise zerlegen wir hierfür die Geschwindigkeiten in drei Komponenten – eine Komponente zeigt in Richtung der Flächennormale und zwei Komponenten zeigen in Richtung der normierten Spannvektoren, welche die Kollisionsebene aufspannen. Dieses Vorgehen ist nur deshalb möglich, weil alle drei Vektoren senkrecht aufeinander stehen (linear unabhängig sind).

Im ersten Schritt der Kollisionsbeschreibung müssen die Kollisionsrichtung und die Spannvektoren (`KollisionsSenkrechte1`, `KollisionsSenkrechte2`) der Kollisionsebene berechnet werden. Der erste Spannvektor ergibt sich aus dem Kreuzprodukt von Kollisionsrichtung und der Bewegungsrichtung eines der Kollisionspartner. Der zweite Spannvektor ergibt sich anschließend aus dem Kreuzprodukt von Kollisionsrichtung und dem ersten Spannvektor:

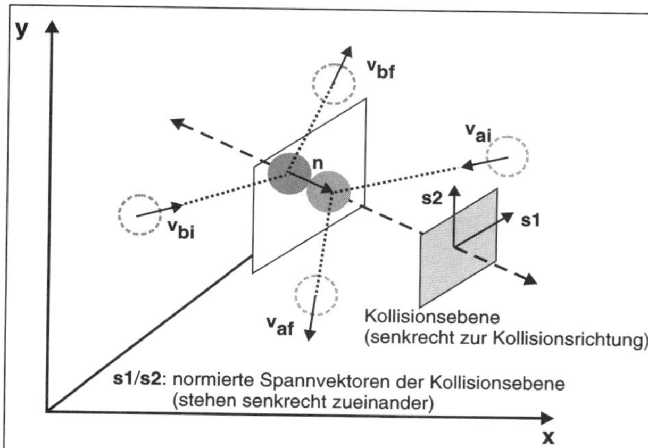

Nur die Geschwindigkeitskomponenten bezüglich der Kollisionsrichtung ändern sich beim Zusammenstoß. Die Komponenten bezüglich der Spannvektoren bleiben unverändert.

Die Umrechnung der Endgeschwindigkeiten in x-, y- und z-Koordinaten erfolgt auf folgende Weise:

$v_{af}.x = |v_{af\,n}|\; n.x + |v_{af\,s1}|\; s1.x + |v_{af\,s2}|\; s2.x$,
$v_{af}.y = |v_{af\,n}|\; n.y + |v_{af\,s1}|\; s1.y + |v_{af\,s2}|\; s2.y$,
$v_{af}.z = |v_{af\,n}|\; n.z + |v_{af\,s1}|\; s1.z + |v_{af\,s2}|\; s2.z$,

$v_{bf}.x = |v_{bf\,n}|\; n.x + |v_{bf\,s1}|\; s1.x + |v_{bf\,s2}|\; s2.x$,
$v_{bf}.y = |v_{bf\,n}|\; n.y + |v_{bf\,s1}|\; s1.y + |v_{bf\,s2}|\; s2.y$,
$v_{bf}.z = |v_{bf\,n}|\; n.z + |v_{bf\,s1}|\; s1.z + |v_{bf\,s2}|\; s2.z$,

Abbildung 6.8: Der dreidimensionale Stoß

Listing 6.2: Der dreidimensionale Stoß

```
InitialVelocity1 = pObjekt[j].Eigenverschiebung;
InitialVelocity2 = pObjekt[jj].Eigenverschiebung;

// Berechnung der Kollisionsrichtung:
SchwerpunktsDiffVektor = pObjekt[jj].Abstandsvektor-
                         pObjekt[j].Abstandsvektor;
NormalizeVector(&Kollisionsrichtung, &SchwerpunktsDiffVektor);

// Berechnung der Spannvektoren der Kollisionsebene
D3DXVec3Cross(&KollisionsSenkrechte1,&Kollisionsrichtung,
              &InitialVelocity1);
NormalizeVector(&KollisionsSenkrechte1,&KollisionsSenkrechte1);

D3DXVec3Cross(&KollisionsSenkrechte2,&KollisionsSenkrechte1,
              &Kollisionsrichtung);
NormalizeVector(&KollisionsSenkrechte2,&KollisionsSenkrechte2);
```

Im zweiten Schritt werden die Anfangsgeschwindigkeiten bezüglich der Kollisionsrichtung und der Spannvektoren der Kollisionsebene berechnet:

Listing 6.3: Der dreidimensionale Stoß, Fortsetzung

```
// Berechnung der Anfangsgeschwindigkeiten bezüglich dieser Achsen:

temp1Float = D3DXVec3Dot(&InitialVelocity1, &KollisionsSenkrechte1);
temp2Float = D3DXVec3Dot(&InitialVelocity1, &KollisionsSenkrechte2);
temp3Float = D3DXVec3Dot(&InitialVelocity1, &Kollisionsrichtung);
temp4Float = D3DXVec3Dot(&InitialVelocity2, &KollisionsSenkrechte1);
temp5Float = D3DXVec3Dot(&InitialVelocity2, &KollisionsSenkrechte2);
temp6Float = D3DXVec3Dot(&InitialVelocity2, &Kollisionsrichtung);
```

Im Anschluss daran kann die Geschwindigkeitsänderung bezüglich der Kollisionsachse berechnet werden:

Listing 6.4: Der dreidimensionale Stoß, Fortsetzung

```
// Die Geschwindigkeitsbeträge bezüglich der
// KollisionsSenkrechten bleiben beim Stoß unverändert.
// Nur die beiden Geschwindigkeitsbeträge bezüglich der
// Kollisionsrichtung verändern sich!

temp9Float  = pObjekt[j].mass;
temp10Float = pObjekt[jj].mass;
temp11Float = temp9Float + temp10Float;
temp12Float = temp9Float - temp10Float;

// Berechnung der Endgeschwindigkeiten bezüglich der Kollisionsachse
temp7Float = (2*temp10Float*temp6Float + temp3Float*temp12Float)/
             temp11Float;
temp8Float = (2*temp9Float*temp3Float - temp6Float*temp12Float)/
             temp11Float;
```

Im letzten Schritt werden die Endgeschwindigkeiten in x-, y- und z-Richtung berechnet (siehe auch Abbildung 6.8). Hierbei ist zu berücksichtigen, dass sowohl die Kollisionsrichtung als auch die Spannvektoren und damit verbunden die zugehörigen Geschwindigkeitsanteile Komponenten in x-, y- und z-Richtung haben können:

Listing 6.5: Der dreidimensionale Stoß, Fortsetzung

```
// Die Endgeschwindigkeiten bezüglich der Kollisionsrichtung
// und der KollisionsSenkrechten sind berechnet.
// Jetzt müssen die Endgeschwindigkeiten bezüglich der x-, y-
// und z-Achse berechnet werden:

FinalVelocity1.x = temp1Float*KollisionsSenkrechte1.x +
                   temp2Float*KollisionsSenkrechte2.x +
```

```
                temp7Float*Kollisionsrichtung.x;

FinalVelocity1.y = temp1Float*KollisionsSenkrechte1.y +
                temp2Float*KollisionsSenkrechte2.y +
                temp7Float*Kollisionsrichtung.y;

FinalVelocity1.z = temp1Float*KollisionsSenkrechte1.z +
                temp2Float*KollisionsSenkrechte2.z +
                temp7Float*Kollisionsrichtung.z;


FinalVelocity2.x = temp4Float*KollisionsSenkrechte1.x +
                temp5Float*KollisionsSenkrechte2.x +
                temp8Float*Kollisionsrichtung.x;

FinalVelocity2.y = temp4Float*KollisionsSenkrechte1.y +
                temp5Float*KollisionsSenkrechte2.y +
                temp8Float*Kollisionsrichtung.y;

FinalVelocity2.z = temp4Float*KollisionsSenkrechte1.z +
                temp5Float*KollisionsSenkrechte2.z +
                temp8Float*Kollisionsrichtung.z;


pObjekt[j].Eigenverschiebung = FinalVelocity1;
pObjekt[jj].Eigenverschiebung = FinalVelocity2;
```

HINWEIS

Für den praktischen Einsatz werden wir im weiteren Verlauf immer auf die nachfolgende Inline-Funktion zurückgreifen:

```
inline void Compute_3D_Collision_Response(D3DXVECTOR3* Velocity1,
                                    D3DXVECTOR3* Velocity2,
                                    float& mass1, float& mass2,
                                    D3DXVECTOR3* SchwerpunktsDiffVektor)
```

6.4 Kollisionsausschluss-Methoden

Der Bounding-Sphären-Test

Der erste Schritt bei der Kollisionserkennung besteht immer darin, so viele Kollisionen wie möglich auszuschließen. Eine sehr bekannte Methode basiert auf der Verwendung von Bounding Circles (2D-Kollisionserkennung) oder Bounding-Sphären (3D-Kollisionserkennung). Eine Bounding-Sphäre beziehungsweise ein Bounding Circle ist schnell erzeugt, man definiert für jedes Objekt einfach einen entsprechenden Kollisionsradius. Bei der Kollisionsüberprüfung berechnet man im ersten Schritt den quadratischen Abstand beider Objekte. Ist dieser Wert kleiner als die Summe der Quadrate der Kollisionsradien, liegt eine Kollision vor. Für kleinere Objekte wie Raketen muss man natürlich keinen extra Kollisionsradius definieren. Bei einem Kollisionstest zwischen Raumschiff und Rakete reicht der Kollisionsradius des Raumschiffs aufgrund des Größenunterschieds vollkommen aus.

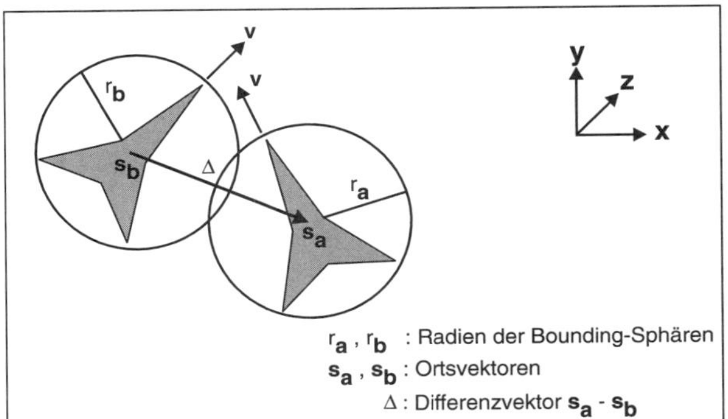

Bedingung für eine Kollision:

$|\Delta| < r_a^2 + r_b^2$ bzw. $|\Delta|^2 < r_a^2 + r_b^2 + 2r_a\, r_b$

Auf den Faktor $2r_a\, r_b$ kann verzichtet werden, wenn man die Kollisionsradien dafür etwas großzügiger definiert.

Abbildung 6.9: Einsatz von Bounding-Sphären bei der Kollisionserkennung

Der AABB-AABB-Test

Neben den Bounding-Sphären lassen sich auch achsenausgerichtete Bounding-Boxen für einen Kollisionsausschluss-Test heranziehen. Der AABB-AABB-Test ist zwar weniger rechenintensiv, dafür aber auch etwas ungenauer.

In diesem Zusammenhang müssen wir den Begriff der separierenden Achse einführen. Eine Kollision kann immer dann ausgeschlossen werden, wenn sich die beiden Boxen entlang der separierbaren Achsen nicht überlappen. Dabei steht jede dieser Achsen immer senkrecht zu einer der Flächen der Bounding-Boxen bzw. parallel zu der x-, y- oder z-Achse des Weltkoordinatensystems. Verdeutlichen wir uns das Prinzip anhand der Abbildung 6.10.

Für die moderate Durchführung des Kollisionsausschluss-Tests definieren wir zunächst eine kleine Struktur, welche alle notwendigen Variablen zur Beschreibung einer achsenausgerichteten Bounding-Box enthält (s. Listing 6.6):

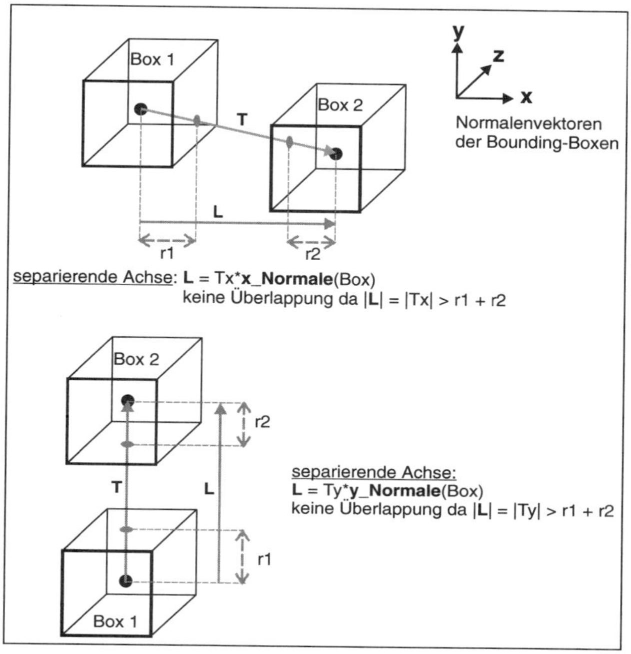

Abbildung 6.10: Darstellung von zwei der drei möglichen separierenden Achsen bei einem AABB-AABB-Kollisionstest

Listing 6.6: AABB-AABB-Kollisionstest – eine einfache Struktur für die Beschreibung einer AABB

```
struct C_AABB
{
    D3DXVECTOR3 Mittelpunkt;
    D3DXVECTOR3 Ausdehnung;
};
```

Der eigentliche Test findet dann in der nachfolgenden Funktion statt, der man als Parameter die Adressen der C_AABB-Strukturvariablen der zu testenden Bounding-Boxen übergibt:

Listing 6.7: Der AABB-AABB-Kollisionstest – Funktion für die Durchführung des Kollisionstests

```
BOOL AABB_AABB_Collision(C_AABB* pBox1, C_AABB* pBox2)
{
    if(fabs(pBox2->Mittelpunkt.x - pBox1->Mittelpunkt.x) >
       pBox2->Ausdehnung.x + pBox1->Ausdehnung.x)
           return FALSE;
```

```
    if(fabs(pBox2->Mittelpunkt.y - pBox1->Mittelpunkt.y) >
       pBox2->Ausdehnung.y + pBox1->Ausdehnung.y)
           return FALSE;

    if(fabs(pBox2->Mittelpunkt.z - pBox1->Mittelpunkt.z) >
       pBox2->Ausdehnung.z + pBox1->Ausdehnung.z)
           return FALSE;

    return TRUE;
}
```

6.5 Gruppenverarbeitung

Bei einer großen Anzahl von Objekten beanspruchen selbst die Kollisionsausschluss-Tests sehr viel Rechenzeit, da alle Objekte paarweise auf eine mögliche Kollision hin überprüft werden müssen:

- 2 Objekte: 1 Kollisionstestdurchlauf
- 3 Objekte: 3 Kollisionstestdurchläufe
- 4 Objekte: 6 Kollisionstestdurchläufe
- 100 Objekte: 4950 Kollisionstestdurchläufe
- n Objekte: **n*(n-1)/2** Kollisionstestdurchläufe

Um Performanceproblemen vorzubeugen, müssen wir nach Möglichkeiten suchen, die Anzahl der Testdurchläufe so weit wie nur möglich einzuschränken.

Tricks für die Vermeidung von Kollisionstests

In diesem Abschnitt werden wir einige Tricks besprechen, mit denen sich Kollisionstests vermeiden lassen. Programmiertechnisch lassen sich diese Tricks sehr schnell in ein Spiel mit einbauen: kleiner Aufwand – großer Nutzen.

Ausschluss zweier Kollisionspartner aus der gegenseitigen Kollisionsüberprüfung bis zu einer erneuten Kollision eines der Partner

Wenn sich zwischen zwei Objekten eine Kollision ereignet hat, kann zwischen eben diesen Objekten so lange auf weitere Kollisionstests verzichtet werden, bis eines der beiden Objekte in eine weitere Kollision verwickelt wird.

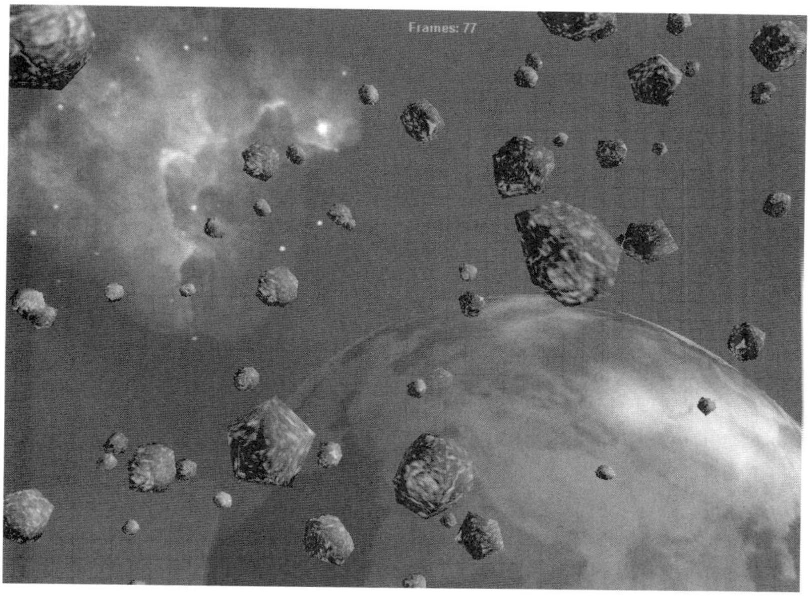

Abbildung 6.11: Ein Asteroidenfeld als Beispiel für die Kollisions-Gruppenverarbeitung

HINWEIS

Nach einer Kollision bewegen sich die Kollisionspartner voneinander weg und können folglich so lange nicht mehr miteinander kollidieren, bis sie erneut von ihrer Bahn abgelenkt werden.

Ausschluss zweier Kollisionspartner aus der weiteren Kollisionsüberprüfung im aktuellen Prüfdurchlauf

Nachdem eine Kollision zwischen zwei Objekten festgestellt wurde, müssen beide Objekte bei der weiteren Kollisionsüberprüfung im aktuellen Prüfdurchlauf nicht mehr berücksichtigt werden. Nehmen wir einmal an, es müssen 800 Objekte auf eine mögliche Kollision hin überprüft werden (in unserem Spiel wird es zur Demonstration der Kollisionsbeschreibung einen Level mit ca. 800 Asteroiden geben). Insgesamt sind also 800*799/2 = 319600 Kollisionsüberprüfungen erforderlich. Wird beispielsweise auf Anhieb eine Kollision festgestellt, verringert sich die Anzahl der noch durchzuführenden Kollisionsüberprüfungen auf 799*798/2 = 318801, das sind immerhin 799 Überprüfungen weniger.

Kollisionsüberprüfungen nur im Blickfeld des Spielers und innerhalb einer begrenzten Entfernung vornehmen

Mögliche Kollisionen sollten grundsätzlich immer nur dann überprüft werden, wenn der Spieler eine fehlende Überprüfung bemerken könnte bzw. eine mögliche Kollision absolut wichtig für den weiteren Spielverlauf ist. Beispielsweise müssen in einem Asteroidenfeld nur diejenigen Asteroiden auf eine mögliche Kollision hin überprüft werden, die im Blickfeld des Spielers liegen. Die Methode funktioniert so gut, dass man dem Asteroidenfeld ruhigen Gewissens einige hundert Asteroiden spendieren kann. Bei einem Blickfeld von 90° können im Schnitt nur noch ein Viertel aller Asteroiden wahrgenommen werden; das entspricht dann **200*199/2 = 19900** Prüfungen. Im Vergleich zur Ausgangssituation (800 Asteroiden) haben wir also **299700** Prüfungen eingespart! Des Weiteren lässt sich auch die Entfernung zum Spieler einschränken, innerhalb derer die Kollisionstests durchgeführt werden.

Partielle Kollisionsüberprüfung pro Frame

Nehmen wir einmal an, das Spiel läuft mit einer Framerate von 50 Frames pro Sekunde. Genau genommen ist es gar nicht notwendig, für jedes Frame alle möglichen Kollisionen zu überprüfen. Es reicht immer noch aus – insbesondere bei sehr langsamen Objekten – pro Frame nur 50 % oder 25 % aller möglichen Kollisionen zu überprüfen.

Begrenzte Treffertests

Selbst in einer Raumschlacht mit einer großen Anzahl von Schiffen ist es unnötig, für jedes Raumschiff einen Treffertest mit sämtlichen Waffenobjekten (Rakete, Laser usw.) durchzuführen, sofern die Waffen von der KI (künstliche Intelligenz) abgeschossen werden oder die Zielautomatik aktiviert ist. Es kommt relativ selten vor, und falls es doch einmal vorkommt, dann ist die Wahrscheinlichkeit, dass der Spieler es bemerkt, äußerst gering, dass so ein Waffenobjekt auf dem Weg ins Ziel noch ein anderes Raumschiff trifft. Es muss also nur ein Treffertest mit dem anvisierten Ziel durchgeführt werden. Bei der manuellen Zielerfassung durch das Fadenkreuz müssen genau genommen nur diejenigen Schiffe auf einen möglichen Treffer hin überprüft werden, die sich zum Zeitpunkt des Feuerns in Schussrichtung sowie innerhalb einer gewissen Mindestdistanz befunden haben. Ein einfacher Sichtbarkeitstest reicht hier aus, um eine Vielzahl unnötiger Treffertests zu vermeiden. In einer Raumschlacht mit über 100 Schiffen wird die CPU unter Umständen spürbar entlastet. Darüber hinaus sind Lenkwaffen (Raketen usw.) einfacher zu handhaben als ungelenkte Waffen (Laser usw.), da diese immer nur im voreingestellten Ziel detonieren.

Vermeidung unnötiger Kollisionstests durch Sektorisierung der Spielewelt

Eine weitere Methode für die Vermeidung unnötiger Kollisionstests besteht darin, die Spielewelt zu sektorisieren. Hierfür bieten sich in Abhängigkeit vom Spiele-Genre verschiedene Methoden an. Allen Methoden gemein ist, dass die Kollisionstests jetzt Sektor für Sektor durchgeführt werden, was die Anzahl der notwendigen Prüfläufe stark einschränkt, sofern sich nicht alle Objekte innerhalb eines Sektors befinden. Betrachten wir ein beispielhaftes Gerüst für die Klasse `CSektor`:

Listing 6.8: CSektor-Klassengerüst für einen sektorisierten Kollisionstest

```
class CSektor
{
public:
    long AnzObjekte;        // Anzahl der Objekte im Sektor
    long AnzObjekteMax;
    long* Objekt_ID_List; // Zeiger auf Liste, welche die
                          // Identifikationsnummern der Objekte
                          // enthält. Über die ID-Nummer wird auf
                          // das jeweilige Objekt zugegriffen

    CSektor()
    {
        Objekt_ID_List = NULL;
    }
    ~CSektor()
    {
        SAFE_DELETE_ARRAY(Objekt_ID_List)
    }
    void Init_Sektor(long anzObjekteMax)
    {
        AnzObjekteMax  = anzObjekteMax;
        Objekt_ID_List = new long[AnzObjekteMax];
    }
    void Turn_back_Sektor(void)
    {
        AnzObjekte = 0;
        memset(Objekt_ID_List, -1, AnzObjekteMax*sizeof(long));
    }
    void Check_Collisions(void)
    {
        for(long i = 0; i < AnzObjekte)
        {
            // Zugriff auf die Objekte via ID-Nummer
        }
    }
};
```

Das sieht zwar alles sehr einfach aus, aber wie immer gibt es noch eine kleine Komplikation. Wenn sich ein Objekt sehr dicht an einer Sektorengrenze befindet, kann die zugehörige Bounding-Sphäre/Box unter Umständen in den benachbarten Sektor hineinreichen. Das Problem lässt sich jetzt dadurch beheben, dass man die Objekt-ID-Nummer einfach in die ID-Listen aller derjenigen Sektoren einträgt, in welche die Bounding-Sphäre/Box hineinreicht. Auf diese Weise erspart man sich überflüssige Kollisionsprüfungen zwischen den Objekten eines Sektors mit den Objekten der benachbarten Sektoren.

Verwendung eines zweidimensionalen Gitters für ein Terrain-Game

Die Bewegung über ein Terrain ist zweidimensionaler Natur, wenn man einmal von der Überwindung eventueller Höhenunterschiede absieht. Es bietet sich daher an, für die Sektorisierung ein zweidimensionales Gitter zu verwenden. Wir benötigen jetzt ein Verfahren für die Bestimmung desjenigen Sektors, in dem sich das Objekt momentan befindet. Betrachten wir hierfür die Abbildung 6.12.

Als Beispiel betrachten wir ein quadratisches 3*3-Gitter mit einer Gesamtausdehnung von 12 Einheiten. Wir werden jetzt den zur Position (-1/-5) zugehörigen Sektor berechnen. Der Abbildung lässt sich unschwer entnehmen, dass sich besagte Position in Sektor 7 befindet. Die Rechnung führt zum gleichen Ergebnis:

```
long SpaltenNr = (-1 + 6)/4   = 1; // exakt 1.25;
long ZeilenNr  = (6 - -5)/4   = 2; // exakt 2.75

long SektorNr  = 2 * 3 + 1 = 7;
```

Verwendung eines dreidimensionalen Gitters für eine Space-/-Air-/Submarin-Simulation

Für ein Spiel, in dem eine Bewegung in drei Dimensionen möglich ist, bietet es sich an, das zweidimensionale Gitter um eine zusätzliche Dimension zu erweitern. Hierfür müssen wir die Berechnungsmethode einfach um eine zusätzliche Gleichung erweitern, so dass auch die y-Komponente bei der Berechnung der Sektornummer mit berücksichtigt wird.

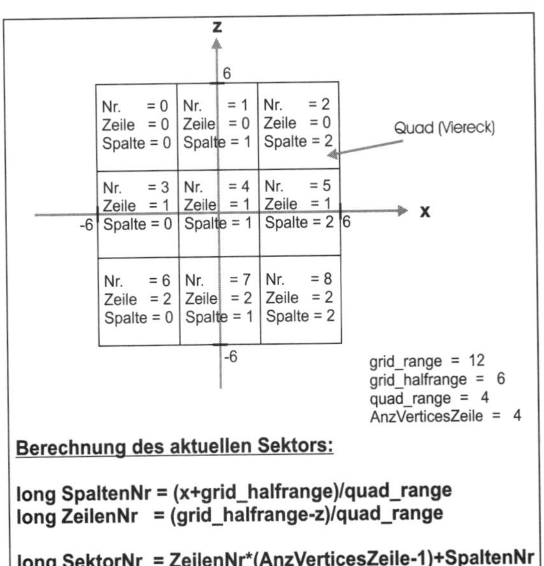

Abbildung 6.12: Bestimmung des aktuellen Sektors auf einem quadratischen 2D-Gitter

Portale

Für ein Indoor-Game bietet es sich an, Kollisionsprüfungen Raum für Raum durchzuführen. Der Übergang von einem Raum in den nächsten erfolgt dabei durch ein Portal (Türöffnung). Das Coole an Portalen ist, dass man nun nicht gezwungen ist, anhand der Weltkoordinaten eines Objekts den zugehörigen Raum zu berechnen. Initialisiert man beispielsweise ein Objekt im Raum B und überschreitet dieses Objekt später das Portal B-C, dann weiß man ohne Rechnung, dass sich das Objekt jetzt in Raum C befindet. Besonders einfach wird die Sache für den Fall, wenn das Portal parallel zur x-, y- oder z-Achse liegt, da in diesem Fall einfach nur die x-, y- oder z-Komponenten des betreffenden Objekts mit der Lage des Portals verglichen werden müssen. Andernfalls ist ein wenig mehr Rechenaufwand erforderlich. Mathematisch gesehen ist ein Portal nichts anderes als eine Fläche. Mit Hilfe des Skalarprodukts aus der Flächennormale **n** und dem Differenzvektor aus Objekt-Ortsvektor und Portalschnittpunkt lässt sich bestimmen, ob sich das Objekt vor oder hinter dem Portal befindet, (siehe Abbildung 6.13).

Im Rahmen der Indoor-Demo (Woche 2) werden wir auf dieses Verfahren zurückgreifen. In Kapitel 7.2 (Kollisionserkennung auf Vierecksbasis) werden Sie erfahren, wie sich dieses Verfahren praktisch implementieren lässt. Zuvor müssen wir uns aber noch mit der mathematischen Beschreibung einer Fläche beschäftigen – etwas Geduld bitte

Eine bessere Vorstellung vom Umgang mit Portalen verschafft uns die Abbildung 6.14.

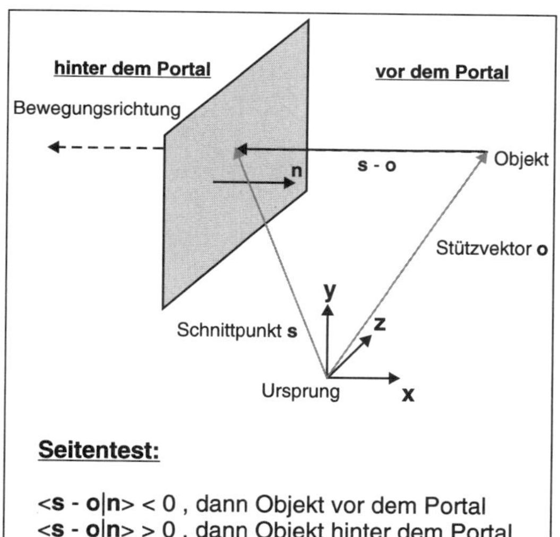

Abbildung 6.13: Seitentest bei einer Fläche

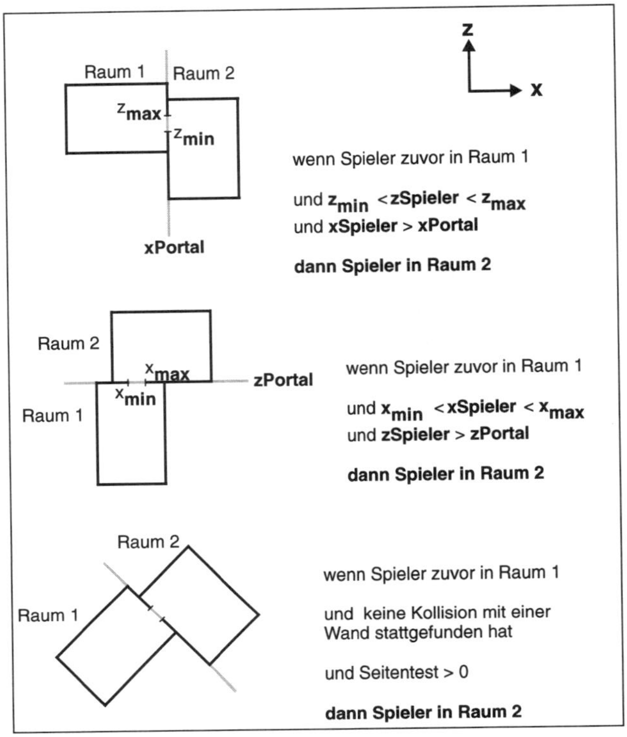

Abbildung 6.14: Portale im Einsatz

6.6 Zusammenfassung

Am heutigen Tag haben wir uns mit den Grundlagen der Kollisionsbeschreibung befasst und die physikalisch korrekte dreidimensionale Kollisionsantwort hergeleitet, wie wir sie in der dritten Woche in unserem Spieleprojekt verwenden werden.

Des Weiteren haben wir zwei Methoden (Bounding-Sphären-Test, AABB-AABB-Test) kennen gelernt, mit deren Hilfe sich potentielle Kollisionen ohne allzu großen Rechenaufwand ermitteln lassen. Da aber auch diese Tests bei einer sehr großen Anzahl von Objekten irgendwann zu langsam werden, haben wir uns weiterhin mit verschiedenen Methoden für die Reduktion der Anzahl der notwendigen Kollisionsprüfungen beschäftigt. Dabei haben wir diverse Tricks kennen gelernt und darüber hinaus über die Möglichkeit gesprochen, die Spielewelt zu sektorisieren – insbesondere durch 2D-/3D-Gitter bzw. durch Portale.

6.7 Workshop

Fragen und Antworten

F *Erläutern Sie die einzelnen Schritte bei der Berechnung der physikalisch korrekten dreidimensionalen Kollisionsantwort.*

A Im ersten Schritt werden der Kollisionsrichtungsvektor und die Spannvektoren der Kollisionsebene berechnet. Im zweiten Schritt werden die Anfangsgeschwindigkeiten bezüglich dieser Richtungsvektoren ermittelt. Im Anschluss daran wird die Geschwindigkeitsänderung bezüglich der Kollisionsachse berechnet. Im letzten Schritt werden die Endgeschwindigkeiten in x-, y- und z-Richtung ermittelt. Hierbei ist zu berücksichtigen, dass sowohl die Kollisionsrichtung als auch die Spannvektoren und damit verbunden die zugehörigen Geschwindigkeitsanteile Komponenten in x-, y- und z-Richtung haben können.

Quiz

1. Wie ändert sich der Geschwindigkeitsvektor bei der Kollision mit einer achsenparallelen Fläche?
2. Wie lässt sich die Kollision mit einer achsenparallelen Fläche im Zusammenhang mit der Kollisionsbeschreibung zwischen zwei Objekten (z. B. Raumschiffen) einsetzen?
3. Mit Hilfe welcher Formel wird der Geschwindigkeitsvektor nach einer Kollision mit einer beliebig orientierten Fläche berechnet?
4. Wie lässt sich die Kollision mit einer beliebig orientierten Fläche im Zusammenhang mit der Kollisionsbeschreibung zwischen zwei Objekten (z. B. Raumschiffen) einsetzen?
5. Was ist eine Bounding Geometrie und wie lässt sie sich für die Kollisionsbeschreibung einsetzen?
6. Erklären Sie den Unterschied zwischen einer elastischen und einer anelastischen Kollision.
7. Welche Kollisionsausschluss-Methoden kennen Sie?
8. Nach welcher Formel berechnet sich die Anzahl der paarweisen Kollisionstests zwischen n Objekten?
9. Welche Tricks zur Vermeidung von Kollisionstests kennen Sie?
10. Inwieweit hilft die Sektorisierung der Spielewelt bei der Vermeidung unnötiger Kollisionstests?
11. Welches Problem kann sich bei der Sektorisierung evtl. ergeben und wie sieht die Lösung aus?

12. Welchen Vorteil bringt der Einsatz von Portalen und mit welchem Test lässt sich ein Portaldurchtritt feststellen?

Übung

Schreiben Sie ein Programm für die Simulation von elastischen Stößen zwischen Billardkugeln. Kümmern Sie sich augenblicklich noch nicht um deren grafische Darstellung – dafür ist noch genügend Zeit, wenn wir uns mit der DirectX-Programmierung befassen.

Hinweise:

- Entwerfen Sie eine Klasse für das Handling der Kollisionsobjekte. Für die Kollisionsbeschreibung werden die Massen, die Positionen und die Geschwindigkeiten der Objekte benötigt. Schreiben Sie eine Methode, innerhalb derer die Bewegung der Objekte berechnet wird.
- Verwalten Sie die Gesamtheit aller Objekte in einem Array oder verwenden Sie hierfür die Memory-Manager-Klasse.
- Definieren Sie sowohl einen rechteckigen als auch einen kreis- bzw. kugelförmigen Begrenzungsrahmen, der alle Objekte einschließt.

  Hinweise:

  - Einen rechteckigen Begrenzungsrahmen definiert man durch die Angabe seiner Ausdehnungen in x-, y- und z-Richtung. Ist die Position eines Teilchens in einer dieser Richtungen größer als die entsprechende Ausdehnung des Begrenzungsrahmens, hat eine Kollision mit diesem stattgefunden.
  - Einen kreis- oder kugelförmigen Begrenzungsrahmen definiert man durch die Angabe seines Radius. Mit Hilfe der Kreis- bzw. der Kugelgleichung lässt sich feststellen, ob sich ein Teilchen noch innerhalb der Begrenzung befindet. Im Falle einer Kollision mit dem Begrenzungsrahmen verwendet man den normierten und mit –1 multiplizierten Ortsvektor des Teilchens als Flächennormale für die Berechnung der neuen Bewegungsrichtung.

Kollisionen erkennen

Nachdem wir uns am gestrigen Tag mit der Kollisionsbeschreibung befasst haben, beschäftigen wir uns heute mit den verschiedenen Methoden der Kollisionserkennung. Die Themen heute:

- Kollisions- und Schnittpunkttests auf Dreiecksbasis
- Kollisions- und Schnittpunkttests auf Vierecksbasis
- Einsatz von achsenausgerichteten Bounding-Boxen für die Verbesserung der Performance bei Kollisions- und Schnittpunkttests auf Dreiecksbasis
- Kollision zweier 3D-Modelle:
- OBB-OBB-Test (OBB: **o**rientierte **B**ounding-**B**ox)
- AABB-OBB-Test

7.1 Kollisions- und Schnittpunkttests auf Dreiecksbasis

Über den prinzipiellen Aufbau eines 3D-Objekts hatten wir bereits gesprochen – ein Drahtgittermodell mit Texturüberzug. Das Drahtgittermodell wiederum setzt sich aus einzelnen Dreiecksflächen zusammen (Dreiecke lassen sich besonders schnell rendern). Was liegt also näher, als diese Dreiecksflächen für Kollisions- und Schnittpunkttests heranzuziehen? Schön und gut – aber was bringt uns der ganze Aufwand?

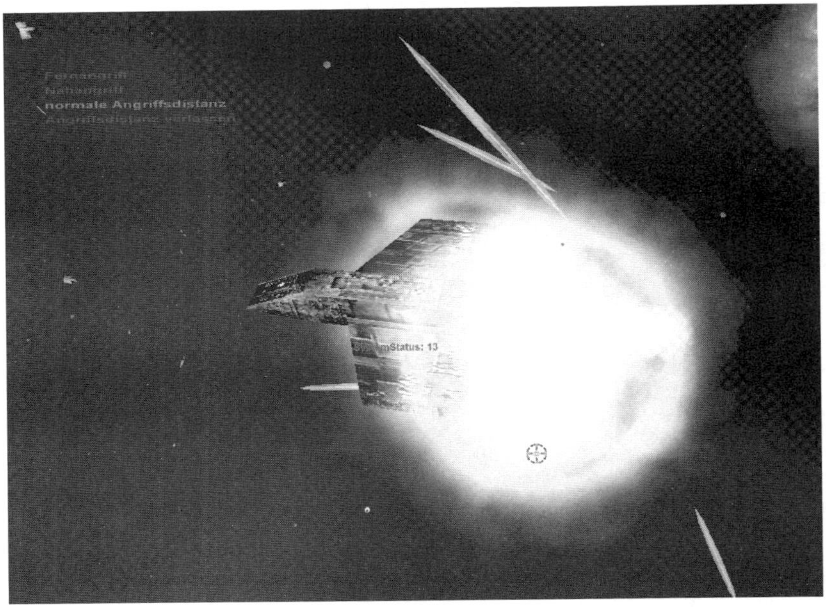

Abbildung 7.1: Treffertest auf Dreiecksbasis mit einfachem Schadensmodell

Man stelle sich einen Raumkreuzer vor, dessen Schilde nach einem aussichtslosen Kampf zusammengebrochen sind. Die Laser- und Torpedosalven schlagen jetzt direkt in den Schiffsrumpf ein und hinterlassen ein Bild der Zerstörung. Sind Sie schon auf den Geschmack gekommen? Falls nicht, hier noch ein weiteres Beispiel: Majestätisch bewegt sich der riesige Schlachtkreuzer an der Sonne vorbei. Die Sonnenstrahlen erhellen den Bug und Lens Flares blenden den Beobachter, bis die Sonne schließlich durch den Schiffsrumpf verdeckt wird.

Beispiel 1 lässt sich durch einen **Punkt-in-Dreieck-Test** realisieren. Der Punkt entspricht dabei dem Waffenmittelpunkt.

Beispiel 2 lässt sich durch einen **Strahl-schneidet-Dreieck-Test** verwirklichen. Der Strahl entspricht dabei einem Sonnenstrahl.

Wem diese Beispiele (aus Woche 3) noch nicht genug sind, kann sich auch schon auf Woche 2 freuen. In leicht abgewandelter Form werden wir im Zuge des Indoor- und Terrain-Renderings von diesen Tests noch ausführlich Gebrauch machen. Den **Strahl-schneidet-Dreieck-Test** werden wir zur Bestimmung der Terrain- bzw. Fußbodenhöhe einsetzen, und der **Punkt-in-Dreieck-Test** eignet sich hervorragend, um festzustellen, ob der Spieler wieder einmal gegen eine Wand gelaufen ist.

Die Normalenform einer Ebene

Bei einem Kollisionstest müssen wir im ersten Schritt überprüfen, ob es zwischen dem Sonnenstrahl, der Rakete oder irgendeinem anderen Objekt und der Ebene, in der das Dreieck liegt, einen Schnittpunkt gibt. Hierfür benötigen wir die Normalenform einer Ebene:

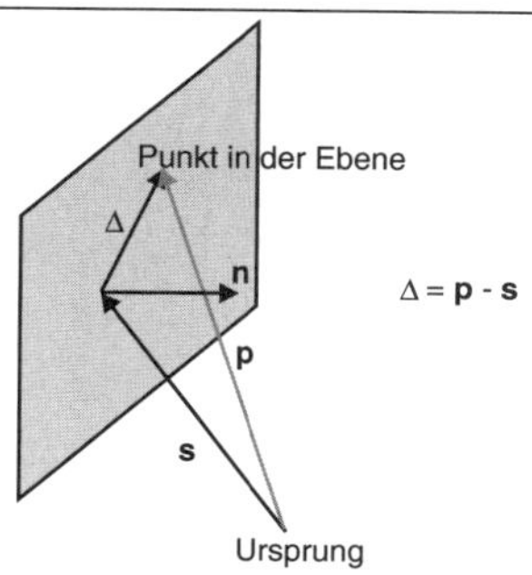

Normalenform einer Ebene:

$\langle \Delta | \mathbf{n} \rangle = 0$, $\langle \mathbf{p} - \mathbf{s} | \mathbf{n} \rangle = 0$

Die Normalenform der Ebene macht es möglich, ohne großen Rechenaufwand zu überprüfen, ob ein Punkt innerhalb der Ebene liegt. Wenn das der Fall ist, dann liegt der Vektor Δ in der Ebene und damit senkrecht zur Flächennormale **n**. Entsprechend ist das Skalarprodukt beider Vektoren gleich Null.

Abbildung 7.2: Die Normalenform einer Ebene

Schnittpunktberechnung

Mit Hilfe der Normalenform ist die Schnittpunktberechnung jetzt sehr einfach.

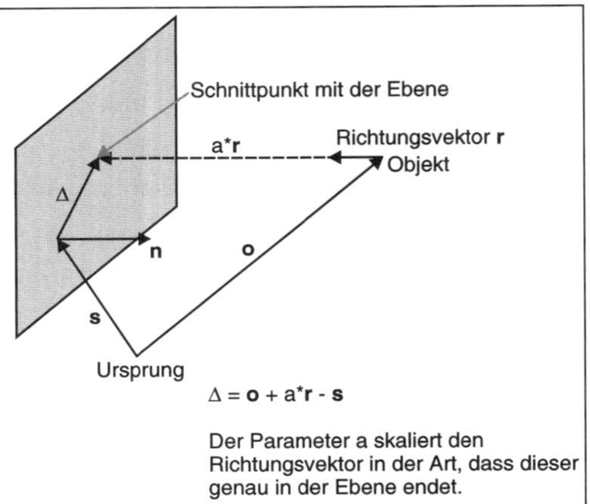

Schnittpunktberechnung:

$$\langle \mathbf{o} + a*\mathbf{r} - \mathbf{s} | \mathbf{n} \rangle = 0$$
$$\langle a*\mathbf{r} + \mathbf{h} | \mathbf{n} \rangle = 0 \qquad \text{mit } \mathbf{h} = \mathbf{o} - \mathbf{s}$$
$$a*\langle \mathbf{r} | \mathbf{n} \rangle + \langle \mathbf{h} | \mathbf{n} \rangle = 0$$
$$a*\langle \mathbf{r} | \mathbf{n} \rangle = -\langle \mathbf{h} | \mathbf{n} \rangle$$

$$a = -\langle \mathbf{h} | \mathbf{n} \rangle / \langle \mathbf{r} | \mathbf{n} \rangle$$

Setzt man a in die Geradengleichung ein, dann erhält man den Schnittpunkt:

$$\mathbf{p} = \mathbf{o} + a*\mathbf{r}$$

Abbildung 7.3: Schnittpunkt mit einer Ebene

Das Dreieck in der Ebene

Wir wissen jetzt, wie man den Schnittpunkt mit einer Ebene berechnen kann. Aber im Augenblick kennen wir nur die Modellkoordinaten der Eckpunkte (Vertices) der Dreiecke, aus denen unser 3D-Modell zusammengesetzt ist. Diese Eckpunkte haben wir zuvor auf Papier oder in einem Modellerprogramm definiert. Unsere erste Aufgabe besteht jetzt darin, aus den Eckpunkten eines Dreiecks die Ebene, in der das Dreieck liegt, zu konstruieren:

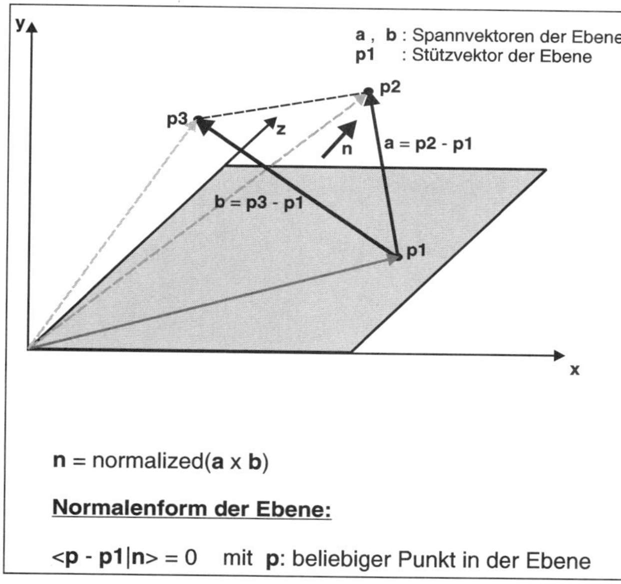

Abbildung 7.4: Konstruktion einer Ebene aus den Vertices eines Dreiecks

Der Halbseitentest

Wir können jetzt aus den Eckpunkten eines Dreiecks eine Ebene konstruieren und kennen weiterhin eine Methode für die Schnittpunktberechnung mit dieser Ebene. Der Schnittpunkttest sagt aber noch nichts darüber aus, ob sich der Schnittpunkt überhaupt innerhalb des Dreiecks befindet. Man bedenke, dass eine Ebene eine unendliche Ausdehnung hat, die Ausdehnung eines Dreiecks hingegen begrenzt ist. Eine Methode, um das festzustellen, ist der so genannte Halbseitentest. Bei diesem Test wird überprüft, auf welcher Seite einer Dreieckskante sich der Schnittpunkt befindet. Der Schnittpunkt liegt immer dann innerhalb des Dreiecks, sofern sich dieser auf den Innenseiten aller Dreieckskanten befindet. Übrigens, der Mathematiker bezeichnet sowohl die Innen- als auch die Außenseite als eine so genannte Halbseite – daher auch der Name dieses Tests.

Dieser Test lässt sich bei allen zweidimensionalen konvexen Polygonen anwenden. Konvex bedeutet, dass die Innenwinkel aller benachbarten Kanten $<180°$ sein müssen. Andernfalls spricht man von einem konkaven Polygon.

Für dreidimensionale Polygone gibt es einen ähnlichen Test, den so genannten Halbraumtest.

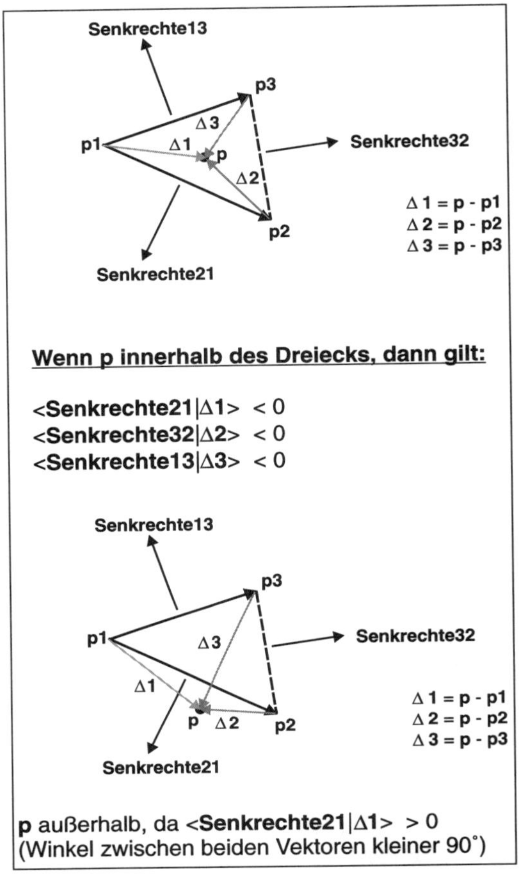

Abbildung 7.5: Halbseitentest für ein Dreieck

Die Klasse CTriangle

Genug der grauen Theorie, es ist an der Zeit, das Gelernte in Form einer Klasse zu implementieren, die wir für die Kollisions- und Schnittpunkterkennung einsetzen können.

Klassengerüst

Zunächst werden alle Hilfsvariablen für die Arbeit mit der `CTriangle`-Klasse deklariert. Im Anschluss daran betrachten wir das `CTriangle`-Klassengerüst.

Listing 7.1: CTriangle-Klasse für die Durchführung von Kollisions- und Schnittpunkttests auf Dreiecksbasis, Klassengerüst

```
D3DXVECTOR3 TempDiffVektor1;
D3DXVECTOR3 TempDiffVektor2;
D3DXVECTOR3 helpVektor;
D3DXVECTOR3 IntersectionPoint;
D3DXVECTOR3 Direction = D3DXVECTOR3(0.0f, -1.0f, 0.0f);
float intersection_parameter;

class CTriangle
{
public:

    long Nr;

    D3DXVECTOR3 Vertex_1;
    D3DXVECTOR3 Vertex_2;
    D3DXVECTOR3 Vertex_3;

    D3DXVECTOR3 Senkrechte21;
    D3DXVECTOR3 Senkrechte32;
    D3DXVECTOR3 Senkrechte13;

    D3DXVECTOR3 normal;

    CTriangle()
    {}
    ~CTriangle()
    {}

    void Init_Triangle(D3DXVECTOR3 &p1, D3DXVECTOR3 &p2,
                       D3DXVECTOR3 &p3, float scaleX = 1.0f,
                       float scaleY = 1.0f, float scaleZ = 1.0f,
                       long nr = -1);

    BOOL Test_for_Ray_Intersection(D3DXVECTOR3* pPosition,
                                   D3DXVECTOR3* pDirection);

    BOOL Test_for_Ray_Intersection_Terrain(D3DXVECTOR3* pPosition,
                                           float* IntersectionParam);

    BOOL Test_for_Point_Collision(D3DXVECTOR3* pPosition,
                                  D3DXVECTOR3* pDirection, long* nr);

    BOOL Test_for_Point_Collision_Wall(D3DXVECTOR3* pPosition);
};
```

Es werden je drei Vektoren für die Eckpunkte sowie für die Senkrechten der Dreieckskanten, der Normalenvektor sowie die Dreiecksnummer benötigt. Konstruktor und Destruktor haben keinerlei Aufgaben zu erfüllen.

Init_Triangle()

Als Nächstes betrachten wir die Funktion `Init_Triangle()` für die Initialisierung eines Dreiecks. Eine Besonderheit fällt gleich bei der Zuweisung der Eckpunkte auf. Es besteht sowohl die Möglichkeit, der Funktion die unskalierten Eckpunkte zu übergeben, als auch die Möglichkeit, die skalierten Eckpunkte zu übergeben. Damit das Dreieck während der Initialisierung richtig skaliert werden kann, muss man im ersten Fall zusätzlich die korrekten Skalierungsfaktoren mit übergeben.

Eine Frage drängt sich förmlich auf – warum so umständlich? Wenn man beispielsweise ein Kollisionsmodell für eine Raumstation erzeugen möchte, liegen die Eckpunkte in skalierter Form vor und man kann der Initialisierungsfunktion die skalierten Eckpunkte übergeben. Wenn man hingegen ein Asteroidenfeld kreieren will, ist es sinnvoll, wenige 3D-Modelle zu verwenden, die man erst während des Renderprozesses skaliert. Durch Variation der Skalierungsfaktoren lässt sich so eine große Vielfalt an Asteroiden erzeugen. Die Eckpunkte liegen also nur in unskalierter Form vor. In diesem Fall übergibt man einfach die unskalierten Eckpunkte eines Asteroidenmodells sowie die Skalierungsfaktoren des betreffenden Asteroiden.

Nach der Zuweisung der Eckpunkte werden der Normalenvektor sowie die Senkrechten der Dreieckskanten berechnet.

Listing 7.2: CTriangle-Klasse für die Durchführung von Kollisions- und Schnittpunkttests auf Dreiecksbasis, Init_Triangle()

```
void CTriangle::Init_Triangle(D3DXVECTOR3 &p1, D3DXVECTOR3 &p2,
                              D3DXVECTOR3 &p3, float scaleX = 1.0f,
                             float scaleY = 1.0f, float scaleZ = 1.0f,
                             long nr = -1)
{
    Nr = nr;

    Vertex_1 = D3DXVECTOR3(scaleX*p1.x, scaleY*p1.y, scaleZ*p1.z);
    Vertex_2 = D3DXVECTOR3(scaleX*p2.x, scaleY*p2.y, scaleZ*p2.z);
    Vertex_3 = D3DXVECTOR3(scaleX*p3.x, scaleY*p3.y, scaleZ*p3.z);

    TempDiffVektor2 = Vertex_2 - Vertex_1;
    TempDiffVektor1 = Vertex_3 - Vertex_1;

    D3DXVec3Cross(&normal, &TempDiffVektor2, &TempDiffVektor1);
    D3DXVec3Normalize(&normal, &normal);

    D3DXVec3Cross(&Senkrechte21, &TempDiffVektor2, &normal);
```

```
    TempDiffVektor2 = Vertex_3 - Vertex_2;

    D3DXVec3Cross(&Senkrechte32, &TempDiffVektor2, &normal);

    TempDiffVektor2 = Vertex_1 - Vertex_3;

    D3DXVec3Cross(&Senkrechte13, &TempDiffVektor2, &normal);
}
```

Test_for_Ray_Intersection()

Die Funktion `Test_for_Ray_Intersection()` führt einen Schnittpunkttest zwischen einem Strahl (z.B. einem Sonnenstrahl) und einem Dreieck durch. Im ersten Schritt wird überprüft, ob der Normalenvektor und die Richtung des Strahls senkrecht zueinander sind. Sollte dies der Fall sein, kann es keinen Schnittpunkt geben.

Im zweiten Schritt wird der `intersection_parameter` (entspricht dem Parameter a aus Abbildung 7.3) berechnet. Um den Schnittpunkt zu bestimmen, wird dieser Parameter anschließend in die Geradengleichung eingesetzt.

Im letzten Schritt wird schließlich der Halbseitentest durchgeführt.

Listing 7.3: CTriangle-Klasse für die Durchführung von Kollisions- und Schnittpunkttests auf Dreiecksbasis, Test_for_Ray_Intersection()

```
BOOL CTriangle::Test_for_Ray_Intersection(D3DXVECTOR3* pPosition,
                                           D3DXVECTOR3* pDirection)
{
    if(D3DXVec3Dot(&normal,pDirection) == 0.0f)
        return FALSE;

    // Berechnung des Schnittpunkts mit der Ebene:
    helpVektor = (*pPosition) - Vertex_1;

    intersection_parameter=-D3DXVec3Dot(&normal, &helpVektor)/
                           D3DXVec3Dot(&normal, pDirection);

    IntersectionPoint=(*pPosition)+intersection_parameter*
    (*pDirection);

    // Halbseitentest:
    TempDiffVektor1 = IntersectionPoint - Vertex_1;

    if(D3DXVec3Dot(&TempDiffVektor1,&Senkrechte21) > 0.0f)
        return FALSE;

    TempDiffVektor1 = IntersectionPoint - Vertex_2;
```

```
    if(D3DXVec3Dot(&TempDiffVektor1,&Senkrechte32) > 0.0f)
        return FALSE;

    TempDiffVektor1 = IntersectionPoint - Vertex_3;

    if(D3DXVec3Dot(&TempDiffVektor1,&Senkrechte13) > 0.0f)
        return FALSE;

    return TRUE;
}
```

Test_for_Ray_Intersection_Terrain()

Die Funktion `Test_for_Ray_Intersection_Terrain()` führt den letzten Test in leicht abgewandelter Form durch. Der Strahl zeigt jetzt immer in die negative y-Richtung (in Richtung des Bodens). Auf die Übergabe der Adresse eines Richtungsvektors kann daher verzichtet werden. Weiterhin vereinfacht sich die Berechnung des Intersection-Parameters. Verwenden werden wir diese Funktion, wie der Name schon sagt, bei der Bestimmung der Terrain- bzw. der Fußbodenhöhe.

Listing 7.4: CTriangle-Klasse für die Durchführung von Kollisions- und Schnittpunkttests auf Dreiecksbasis, Test_for_Ray_Intersection_Terrain()

```
BOOL CTriangle::Test_for_Ray_Intersection_Terrain(
                                        D3DXVECTOR3* pPosition,
                                        float* IntersectionParam)
{
    if(D3DXVec3Dot(&normal,&Direction) == 0.0f)
        return FALSE;

    helpVektor = (*pPosition) - Vertex_1;

    intersection_parameter=D3DXVec3Dot(&normal, &helpVektor)/
                                        normal.y;

    *IntersectionParam = intersection_parameter;

    // alles Weitere identisch mit Test_for_Ray_Intersection()
}
```

Test_for_Point_Collision()

Die Funktion `Test_for_Point_Collision()` wird für einen Kollisionstest zwischen einem Dreieck und einem punktförmigen Objekt eingesetzt. Bei diesen Objekten kann es sich beispielsweise um Raketen oder Laserpulswaffen handeln. Punktförmig bedeutet in diesem Zusammenhang, dass die Ausdehnung dieser Objekte vernachlässigt wird. Für diesen Test übergibt man der Funktion zum einen die Adresse des Ortsvektors des Objektmittelpunkts und zum anderen die Adresse der Objektflugrichtung. Weiterhin übergibt man der Funktion die Adresse einer Ganzzahlvariablen, der man im Falle eines positiven Kollisionstests die zugehörige Dreiecksnummer übergibt. Mit Hilfe dieser Nummer kann während des Renderprozesses das betreffende Dreieck mit einer Schadenstextur überzogen werden. Im Großen und Ganzen ist die Arbeitsweise der Funktionen `Test_for_Ray_Intersection()` und `Test_for_Point_Collision()` identisch. Der einzige Unterschied besteht darin, dass bei der zweiten Funktion ein zusätzlicher Abstandstest zwischen Dreieck und Objektmittelpunkt durchgeführt wird. Ist dieser Abstand zu groß, liegt keine Kollision vor. Liegt der Abstand dagegen innerhalb eines vorgegebenen Bereiches, liegt eine Kollision vor. Die Größe dieses Bereiches findet man am besten durch Ausprobieren heraus. Dabei muss der Bereich größer sein als die Verschiebung der Objekte pro Frame, sonst kann es passieren, dass eine sichere Kollision unerkannt bleibt.

Listing 7.5: CTriangle-Klasse für die Durchführung von Kollisions- und Schnittpunkttests auf Dreiecksbasis, Test_for_Point_Collision()

```
BOOL CTriangle::Test_for_Point_Collision(D3DXVECTOR3* pPosition,
                                         D3DXVECTOR3* pDirection, long* nr)
{
    if(D3DXVec3Dot(&normal,pDirection) == 0.0f)
        return FALSE;

    // Berechnung des Schnittpunkts mit der Ebene:
    helpVektor = (*pPosition) - Vertex_1;

    intersection_parameter=-D3DXVec3Dot(&normal, &helpVektor)/
                            D3DXVec3Dot(&normal, pDirection);

    IntersectionPoint=(*pPosition)+intersection_parameter*
    (*pDirection);

    helpVektor = (*pPosition) - IntersectionPoint;

    // Test, ob Abstand zwischen Position u. Dreieck zu groß ist:
    if(D3DXVec3LengthSq(&helpVektor) > 2.0f)
        return FALSE;

    // Halbseitentest hier ////////////////////////////////////////

    *nr = Nr;
    return TRUE;
}
```

Test_for_Point_Collision_Wall()

Die Funktion `Test_for_Point_Collision_Wall()` stellt eine Abwandlung der Kollisionstest-Funktion dar, die wir insbesondere für den Kollisionstest mit einer Wand einsetzen werden. Die Adresse der Bewegungsrichtung muss dieses Mal nicht mit übergeben werden. Als Richtung wird immer der negative Normalenvektor der Wand verwendet:

Listing 7.6: CTriangle-Klasse für die Durchführung von Kollisions- und Schnittpunkttests auf Dreiecksbasis, Test_for_Point_Collision_Wall()

```
BOOL CTriangle::Test_for_Point_Collision_Wall(D3DXVECTOR3*
                                               pPosition)
{

    NegativeNormal = -normal;  // NegativeNormal entspricht
                               // pDirection

    helpVektor = (*pPosition) - Vertex_1;

    intersection_parameter = D3DXVec3Dot(&normal, &helpVektor);
    // D3DXVec3Dot(&normal, pDirection) entspricht immer -1

    IntersectionPoint=(*pPosition)+intersection_parameter*
    NegativeNormal

    helpVektor = (*pPosition) - IntersectionPoint;

    // Test, ob Abstand zwischen Position u. Dreieck zu groß ist:
    if(D3DXVec3LengthSq(&helpVektor) > 0.05f)
        return FALSE;

    // Halbseitentest hier /////////////////////////////////////
}
```

Rücktransformation auf die Modellkoordinaten

Die Klasse `CTriangle` werden wir später in unserem Terrain- und Indoor-Renderer sowie in unserer Sternenkriegs-Simulation zur genauen Treffer- und Schnittpunkterkennung einsetzen, und zwar auf genau die Weise, wie sie am Anfang des Kapitels so bildlich beschrieben wurde.

Bei der Initialisierung werden immer die Modellkoordinaten der Dreiecke eines 3D-Modells an die Funktion `Init_Triangle()` übergeben. Im Spiel dagegen unterliegen die 3D-Modelle beständigen Transformationen. Das wirft die konkrete Frage auf, wie die Treffererkennung ohne Kenntnis der Weltkoordinaten der Dreiecke der 3D-Modelle überhaupt funktionieren soll. Betrachten wir als Beispiel die Treffererkennung zwischen einem Raumschiff und einer Rakete. Mittels der Funktion `Test_for_Point_Collision()` soll nun das Dreieck gefunden werden, das von der Rakete getroffen wird.

Die Lösung des Problems besteht jetzt darin, den Ortsvektor und die Bewegungsrichtung der Rakete so zu transformieren, dass man die Modellkoordinaten der Dreiecke des Raumschiffs für die Treffererkennung verwenden kann.

Folgende Frage gilt es zu beantworten: Wo befände sich die Rakete und in welche Richtung würde sie fliegen, wenn die Positionierung und Ausrichtung des Raumschiffs seinen Modellkoordinaten entsprechen würde?

In diesem Zusammenhang spricht man von der Rücktransformation (der Rakete) auf die Modellkoordinaten (des Raumschiffs). Verdeutlichen wir uns das Ganze anhand einer Abbildung:

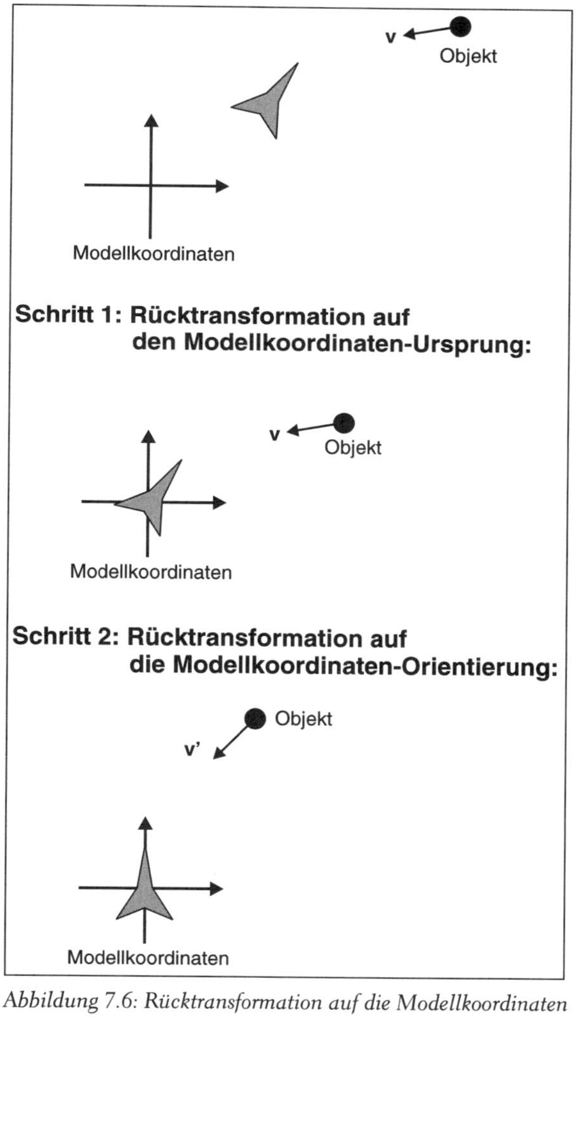

Abbildung 7.6: Rücktransformation auf die Modellkoordinaten

Die Rücktransformation lässt sich in zwei Schritten durchführen:

Schritt 1: Rücktransformation auf den Modellkoordinaten-Ursprung:

```
temp1Vektor3 = Objekt_Ortsvektor - Raumschiff_Ortsvektor;
```

Schritt 2: Rücktransformation auf die Modellkoordinaten-Orientierung:

Hierbei ist zu beachten, dass für einen Treffertest sowohl die Position als auch die Flugrichtung transformiert werden müssen. Für die Transformation wird die inverse Rotationsmatrix des Raumschiffs benötigt. Erinnern wir uns daran: Die inverse Matrix macht die Transformation der Originalmatrix wieder rückgängig.

```
D3DXMatrixInverse(&tempMatrix, &tempFloat, &RotationsMatrix);

temp2Vektor = Objekt_Flugrichtung;

MultiplyVectorWithRotationMatrix(&temp1Vektor3,&temp1Vektor3,
                                 &tempMatrix);
MultiplyVectorWithRotationMatrix(&temp2Vektor3,&temp2Vektor3,
                                 &tempMatrix);
```

Für den Treffertest übergibt man jetzt einfach die Adressen des transformierten Ortsvektors und der transformierten Flugrichtung an die aufzurufende Funktion:

```
Test_for_Point_Collision(&temp1Vektor3, &temp2Vektor3, &TriangleNr);
```

Dreieck-Dreieck-Kollisionstest

Kommen wir gleich zur schlechten Nachricht: Wir werden den Dreieck-Dreieck-Kollisionstest nicht verwenden. Da dieser Test aber im Rahmen der exakten Kollisionsprüfung zwischen zwei 3D-Modellen benötigt wird, werden wir dennoch über die Idee sprechen, die diesem Test zugrunde liegt. Die Implementierung sollte dann nicht weiter schwer fallen.

Auf der Internetseite *http://www.realtimerendering.com/int* finden Sie viele weiterführende Links zum Thema Objekt-Objekt-Kollision.

Wenn sich zwei Dreiecke schneiden, muss mindestens eine Kante des einen Dreiecks die Fläche des anderen Dreiecks schneiden. Die Funktion zur Schnittpunktberechnung mit einer Dreiecksfläche kennen wir ja bereits. Die jeweilige Dreieckskante, die man der Funktion übergibt, muss natürlich, wie im vorherigen Kapitel besprochen, relativ zu den Modellkoordinaten des anderen Dreiecks transformiert sein (einfach die Eckpunkte des Dreiecks transformieren und aus ihnen dann die Kanten berechnen). Man berechnet jetzt wie gehabt den `intersection_parameter` a. Hat dieser Parameter einen Wert >= 0 und <= 1, schneidet die Kante diejenige Ebene, in der das andere Dreieck liegt:

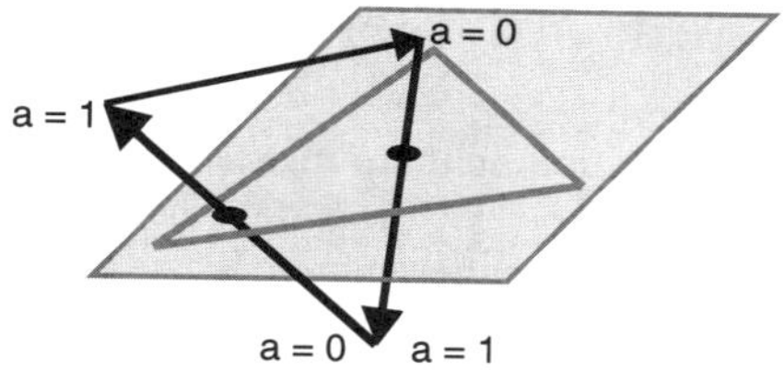

Abbildung 7.7: Kollision zweier Dreiecke

Nur in diesem Fall muss der Schnittpunkt berechnet und der Halbseitentest durchgeführt werden.

Listing 7.7: Schnittpunkttest zwischen einer Kante (beispielsweise einer Dreieckskante) und einem Dreieck

```
BOOL Test_for_Edge_Intersection(D3DXVECTOR3* pPosition,
                               D3DXVECTOR3* pEdge)
{
    if(D3DXVec3Dot(&normal,pEdge) == 0.0f)
        return FALSE;

    // Berechnung des Schnittpunkts mit der Ebene:
    helpVektor = (*pPosition) - Vertex_1;

    intersection_parameter=-D3DXVec3Dot(&normal, &helpVektor)/
                            D3DXVec3Dot(&normal, pEdge);

    if(intersection_parameter < 0.0f ||
       intersection_parameter > 1.0f)
        return FALSE;

IntersectionPoint=(*pPosition)+intersection_parameter*(*pEdge);

    // Halbseitentest hier ////////////////////////////////////////

    return TRUE;
}
```

Dieser Test wird nacheinander für alle drei Kanten eines Dreiecks durchgeführt. Fallen alle drei Testergebnisse negativ aus, wird der Test mit den Kanten des anderen Dreiecks fortgeführt. Fallen auch hier die Ergebnisse negativ aus, liegt keine Kollision vor.

Der komplette Prüflauf scheint sehr rechenintensiv zu sein. Das täuscht jedoch, es müssen zwar maximal sechs Schnittpunkttests durchgeführt werden, diese Tests werden aber zum überwiegenden Teil nach der Berechnung des `intersection_parameter` a vorzeitig abgebrochen.

Allerdings hat der hier vorgestellte Test eine Schwachstelle. Er versagt, wenn beide Dreiecke in einer Ebene liegen. Damit lässt sich aber gut leben, da dieser Spezialfall so gut wie nie auftritt.

7.2 Kollisions- und Schnittpunkttests auf Vierecksbasis

Im weiteren Verlauf werden wir noch verschiedene Kollisions- und Schnittpunkttests auf Vierecksbasis benötigen. Der einzige Unterschied zu den Tests auf Dreiecksbasis besteht darin, dass beim Halbseitentest eine weitere Kante hinzukommt. Die Implementierung der Klasse `CQuad` sollte daher nicht weiter schwer fallen. Gegenüber der Klasse `CTriangle` wird die Klasse `CQuad` jedoch noch um zwei zusätzliche Methoden erweitert:

Mit Hilfe der Funktion `Test_for_axis_aligned_Ray_Intersection()` kann der Schnittpunkt zwischen einem Strahl und einem achsenausgerichteten Quadrat oder Rechteck deutlich schneller berechnet werden als mit Hilfe der Funktion `Test_for_Ray_Intersection()`, da die Schnittpunktberechnung einfacher ist und zudem auf den Halbseitentest verzichtet werden kann. Für diesen schnelleren Test wird stattdessen die Ausdehnung des Vierecks in x-, y- und z-Richtung benötigt, welche bei der Initialisierung ermittelt wird.

Die zweite Ergänzung ist die Methode `Test_Portal_Durchtritt()`, die an ***Tag 14*** in unserer Indoor-Demo zum Einsatz kommen wird. Sie verwendet den **Seitentest**, den wir im Zusammenhang mit der Verwendung von Portalen bereits kennen gelernt haben.

Die Klasse CQuad

Listing 7.8: CQuad-Klasse für die Durchführung von Kollisions- und Schnittpunkttests auf Vierecksbasis

```
class CQuad
{
public:

    // Ausdehnung des Quads in x-, y- und z-Richtung
    float x_min, x_max, y_min, y_max, z_min, z_max;

    D3DXVECTOR3 Vertex_1, Vertex_2, Vertex_3, Vertex_4;
    D3DXVECTOR3 Senkrechte21, Senkrechte32, Senkrechte43;
    D3DXVECTOR3 Senkrechte14, normal;

    CQuad()
    {
        x_min = y_min = z_min =  100000.0f;
        x_max = y_max = z_max = -100000.0f;
    }

    ~CQuad()
    {}

    void Init_Quad(D3DXVECTOR3 &p1, D3DXVECTOR3 &p2,
```

```
                D3DXVECTOR3 &p3, D3DXVECTOR3 &p4,
                float scaleX = 1.0f, float scaleY = 1.0f,
                float scaleZ = 1.0f)
{

   Vertex_1 = D3DXVECTOR3(scaleX*p1.x, scaleY*p1.y, scaleZ*p1.z);

    if(Vertex_1.x > x_max)
        x_max = Vertex_1.x;
    if(Vertex_1.x < x_min)
        x_min = Vertex_1.x;

    if(Vertex_1.y > y_max)
        y_max = Vertex_1.x;
    if(Vertex_1.y < y_min)
        y_min = Vertex_1.y;

    if(Vertex_1.z > z_max)
        z_max = Vertex_1.z;
    if(Vertex_1.z < z_min)
        z_min = Vertex_1.z;

    // Ebenso für Vertex_2, 3 und 4 ////////////////////

    TempDiffVektor2 = Vertex_2 - Vertex_1;
    TempDiffVektor1 = Vertex_4 - Vertex_1;

    D3DXVec3Cross(&normal, &TempDiffVektor2, &TempDiffVektor1);
    D3DXVec3Normalize(&normal, &normal);

    D3DXVec3Cross(&Senkrechte21, &TempDiffVektor2, &normal);

    TempDiffVektor2 = Vertex_3 - Vertex_2;
    D3DXVec3Cross(&Senkrechte32, &TempDiffVektor2, &normal);

    TempDiffVektor2 = Vertex_4 - Vertex_3;
    D3DXVec3Cross(&Senkrechte43, &TempDiffVektor2, &normal);

    TempDiffVektor2 = Vertex_1 - Vertex_4;
    D3DXVec3Cross(&Senkrechte14, &TempDiffVektor2, &normal);
}

BOOL Test_for_axis_aligned_Ray_Intersection(
                                       D3DXVECTOR3* pPosition,
                                       D3DXVECTOR3* pDirection)
{
    if(D3DXVec3Dot(&normal,pDirection) == 0.0f)
        return FALSE;
```

```
    // Berechnung des Schnittpunkts mit der Ebene:

    helpVektor = (*pPosition) - Vertex_1;

    if(x_min == x_max) // Quad in yz-Ebene, normal=(1,0,0)
    {
        intersection_parameter=-helpVektor.x/pDirection->x;

        IntersectionPoint.x = x_min;
        IntersectionPoint.y = pPosition->y+
                              intersection_parameter*pDirection->y;
        IntersectionPoint.z = pPosition->z+
                              intersection_parameter*pDirection->z;

        if(IntersectionPoint.y < y_min ||
           IntersectionPoint.y > y_max)
            return FALSE;
        if(IntersectionPoint.z < z_min ||
           IntersectionPoint.z > z_max)
            return FALSE;
    }
    else if(y_min == y_max) // Quad in xz-Ebene, normal=(0,1,0)
    { // siehe Quad in yz-Ebene }

    else if(z_min == z_max) // Quad in xy-Ebene, normal=(0,0,1)
    { // siehe Quad in yz-Ebene }

    return TRUE;
}

BOOL Test_for_Ray_Intersection(D3DXVECTOR3* pPosition,
                               D3DXVECTOR3* pDirection)
{ // Siehe entsprechende CTriangle-Methode }

BOOL Test_for_Ray_Intersection_Terrain(D3DXVECTOR3* pPosition,
                                       float* IntersectionParam)
{ // Siehe entsprechende CTriangle-Methode }

BOOL Test_for_Point_Collision(D3DXVECTOR3* pPosition,
                              D3DXVECTOR3* pDirection)
{ // Siehe entsprechende CTriangle-Methode }

BOOL Test_for_Point_Collision_Wall(D3DXVECTOR3* pPosition)
{ // Siehe entsprechende CTriangle-Methode }

BOOL Test_Portal_Durchtritt(D3DXVECTOR3* pPosition,
                            D3DXVECTOR3* pDirection)
{
```

```
        // Berechnung des Schnittpunkts mit der Ebene hier ////////

        // Test, ob Abstand zwischen Pos. u. Quad zu groß ist hier /

        // Halbseitentest hier ////////////////////////////////////

        // Seitentest:

        TempDiffVektor1 = IntersectionPoint - *pPosition;

        if(D3DXVec3Dot(&TempDiffVektor1, &normal) < 0.0f)
            return FALSE;

        return TRUE;
    }
};
```

7.3 Einsatz von AABB bei den Kollisions- und Schnittpunkttests auf Dreiecksbasis

Besteht ein 3D-Modell aus sehr vielen Dreiecken, führt der Einsatz der `CTriangle`-Klasse zwangsläufig zu einem Performanceproblem, da im schlimmsten Fall alle Dreiecke des Modells nacheinander getestet werden müssen. Hier bringt der Einsatz von Bounding-Boxen einen gehörigen Performancegewinn.

Betrachten wir hierzu noch einmal Abbildung 6.5 und verdeutlichen uns das Problem anhand eines Treffertests zwischen einem Raumschiff und einer Lenkwaffe. Im ersten Schritt wird ein Treffertest zwischen den einzelnen Bounding-Boxen und der Lenkwaffe durchgeführt. Ist einer dieser Tests erfolgreich, wird im Anschluss daran ein Treffertest zwischen der Lenkwaffe und allen in der Box befindlichen Dreiecken durchgeführt. Um die Dreiecke in den anderen Boxen müssen wir uns keine Gedanken mehr machen.

Der Kollisionstest zwischen einer AABB und einer Lenkwaffe ist ohne großen rechnerischen Aufwand möglich. Hierbei muss einfach die Position der Lenkwaffe mit den Eckpunkten der Box verglichen werden.

Bei der Schnittpunktberechnung zwischen Strahl und Box wird überprüft, ob der Strahl eine der sechs Flächen der Bounding-Box schneidet. Bei Verwendung von achsenausgerichteten Boxen kann hierfür die schnelle Funktion `Test_for_axis_aligned_Ray_Intersection()` der Klasse `CQuad` verwendet werden.

Für den praktischen Einsatz werden wir jetzt eine kleine Klasse (`CAABB`) entwerfen, in der wir die Methode für die Erzeugung einer achsenausgerichteten Bounding-Box sowie die Methoden für die Durchführung eines Kollisions- und eines Schnittpunkttests mit der Box und den in ihr befindlichen Dreiecken einkapseln.

Damit die Bounding-Box korrekt initialisiert werden kann, müssen der Klasseninstanz vor dem Aufruf der Initialisierungsmethode sowohl die minimalen wie auch die maximalen x-, y- und z-Werte der Box übergeben werden. Die folgende Abbildung verdeutlicht, wie sich mit Hilfe dieser Werte die Eckpunkte der Box bestimmen lassen.

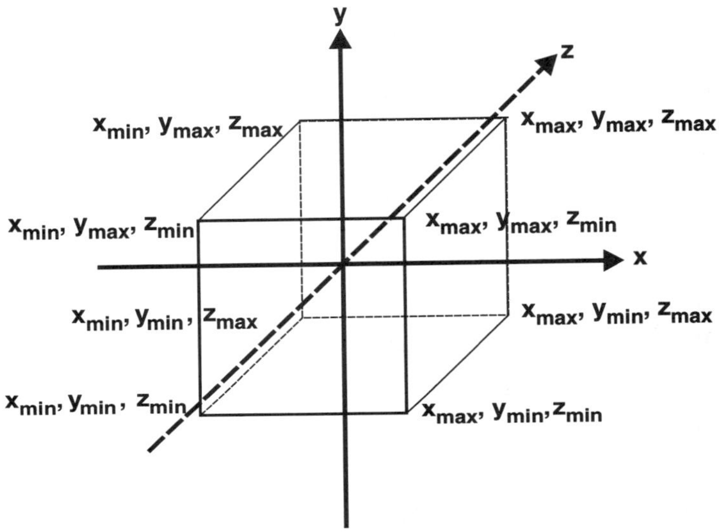

Abbildung 7.8: Definition der Eckpunkte einer AABB innerhalb der Klasse CAABB

Kommen wir nun zur Implementierung der Klasse CAABB:

Listing 7.9: CAABB-Klasse für die Verbesserung der Performance bei den Kollisions- und Schnittpunkttests auf Dreiecksbasis

```
D3DXVECTOR3 Eckpunkt[8];

BOOL Box_Collision;
BOOL Box_Intersection;

long DamagedTriangleNr;


class CAABB
{
public:

    // Ausdehnung des Quads in x-, y- und z-Richtung
```

```
float x_min, x_max, y_min, y_max, z_min, z_max;

long AnzTriangles;  // innerhalb der Box

CTriangle* Triangles;  // innerhalb der Box
CQuad*     BoxQuad;

CAABB()
{
    BoxQuad   = NULL;
    Triangles = NULL;
}

~CAABB()
{
    SAFE_DELETE_ARRAY(Triangles)
    SAFE_DELETE_ARRAY(BoxQuad)


void Init_AABB(long anzTriangles)
{
    // Initialisierung der AABB-Eckpunkte:

    Eckpunkt[0] = D3DXVECTOR3(x_min, y_min, z_min);
    Eckpunkt[1] = D3DXVECTOR3(x_max, y_min, z_min);
    Eckpunkt[2] = D3DXVECTOR3(x_min, y_max, z_min);
    Eckpunkt[3] = D3DXVECTOR3(x_max, y_max, z_min);
    Eckpunkt[4] = D3DXVECTOR3(x_min, y_min, z_max);
    Eckpunkt[5] = D3DXVECTOR3(x_max, y_min, z_max);
    Eckpunkt[6] = D3DXVECTOR3(x_min, y_max, z_max);
    Eckpunkt[7] = D3DXVECTOR3(x_max, y_max, z_max);

    AnzTriangles = anzTriangles;
    Triangles    = new CTriangle[AnzTriangles];
    BoxQuad      = new CQuad[6];

    // Initialisierung der sechs Box-Flächen:

    BoxQuad[0].Init_Quad(Eckpunkt[0], Eckpunkt[2], Eckpunkt[3],
                         Eckpunkt[1]);

    BoxQuad[1].Init_Quad(Eckpunkt[4], Eckpunkt[5], Eckpunkt[7],
                         Eckpunkt[6]);

    BoxQuad[2].Init_Quad(Eckpunkt[2], Eckpunkt[6], Eckpunkt[7],
                         Eckpunkt[3]);

    BoxQuad[3].Init_Quad(Eckpunkt[0], Eckpunkt[1], Eckpunkt[5],
                         Eckpunkt[4]);
```

```
    BoxQuad[4].Init_Quad(Eckpunkt[0], Eckpunkt[4], Eckpunkt[6],
                         Eckpunkt[2]);

    BoxQuad[5].Init_Quad(Eckpunkt[1], Eckpunkt[3], Eckpunkt[7],
                         Eckpunkt[5]);

}

BOOL Point_Collision_Test(D3DXVECTOR3* pPosition,
                          D3DXVECTOR3* pDirection,
                          long* damagedTriangleList)
{
    // Schritt 1: Teste Box-Punkt-Kollision

    if(pPosition->x > x_max || pPosition->x < x_min )
        return FALSE;
    if(pPosition->y > y_max || pPosition->y < y_min)
        return FALSE;
    if(pPosition->z > z_max || pPosition->z < z_min)
        return FALSE;

    // Teste Dreiecke in der Box auf Kollision:

    for(long i = 0; i < AnzTriangles; i++)
    {
        if(Triangles[i].Test_for_Point_Collision(pPosition,
                                                 pDirection,
                                      &DamagedTriangleNr)==TRUE)
        {
            damagedTriangleList[DamagedTriangleNr] =
            DamagedTriangleNr;

            return TRUE;
        }
    return FALSE;
}

BOOL Ray_Intersection_Test(D3DXVECTOR3* pPosition,
                           D3DXVECTOR3* pDirection)
{
    // Schritt 1: Teste Box-Strahl-Kollision

    Box_Intersection = FALSE;

    for(long i = 0; i < 6; i++)
    {
        Box_Intersection =
```

```
            BoxQuad[i].Test_for_axis_aligned_Ray_Intersection(
                                           pPosition, pDirection);

            if(Box_Intersection == TRUE)
                break;
        }

        if(Box_Intersection == FALSE)
            return FALSE;

        // Teste Dreiecke in der Box auf Schnittpunkt:

        for(long i = 0; i < AnzTriangles; i++)
        {
            if(Triangles[i].Test_for_Ray_Intersection(pPosition,
            pDirection)==TRUE)
                return TRUE;
        }
        return FALSE;
    }
};
```

Die Kollisions- und Schnittpunkttest-Methoden der CAABB-Klasse lassen sich jetzt wie folgt aus einer 3D-Modellklasse heraus aufrufen:

Listing 7.10: Aufruf der CAABB-Kollisions- und Schnittpunkttests aus einer 3D-Modellklasse heraus

```
BOOL CSternenkreuzerModell::Point_Collision_Test(
                                        D3DXVECTOR3* pPosition,
                                        D3DXVECTOR3* pDirection,
                                        long* DamagedTriangleList)
{
    for(i = 0; i < AnzBoundingBoxes; i++)
    {
        if(BoundingBoxes[i].Point_Collision_Test(pPosition,
        pDirection, DamagedTriangleList) == TRUE)
            return TRUE;
    }
    return FALSE;
}

BOOL CSternenkreuzerModell::Ray_Intersection_Test(
                                        D3DXVECTOR3* pPosition,
                                        D3DXVECTOR3* pDirection)
{
    for(i = 0; i < AnzBoundingBoxes; i++)
    {
```

```
        if(BoundingBoxes[i].Ray_Intersection_Test(pPosition,
        pDirection) == TRUE)
            return TRUE;
    }
    return FALSE;
}
```

7.4 Kollision zweier 3D-Modelle

Kollisionsmodelle

Am Ende von Kapitel 6.2 sind wir bereits auf die Möglichkeit der Kollisionserkennung und -beschreibung auf Basis der Oberflächen bzw. der Dreiecke eines 3D-Modells eingegangen. Gerade bei sehr komplexen Modellen beansprucht ein kompletter Prüflauf jedoch sehr viel Rechenzeit, da im schlimmsten Fall jedes Dreieck des einen Modells auf eine mögliche Kollision hin mit allen Dreiecken des anderen Modells getestet werden muss. Besteht Modell 1 aus n Dreiecken und Modell 2 aus m Dreiecken, besteht der komplette Prüflauf aus n*m Dreieck-Dreieck-Kollisionstests. Durch den Einsatz von Bounding-Boxen, die wiederum ein Teil dieser Dreiecke umschließen, lässt sich die Anzahl der notwendigen Prüfläufe drastisch verringern. Dabei hat man jetzt die Wahl, die Boxen in Form einer Baumstruktur zu organisieren (hierarchisches Kollisionsmodell) oder einen Satz gleichberechtigter Boxen (all-equal Kollisionsmodell) zu definieren, welche die Modellgeometrie möglichst gut wiedergeben müssen (siehe Abbildung 6.5).

Das all-equal Kollisionsmodell

Das all-equal Kollisionsmodell kommt mit wenigen Boxen aus und ist einfach zu implementieren. Ohne weitere Optimierungen ist die benötigte Rechenzeit für einen vollständigen Prüflauf inklusive aller notwendigen Dreieck-Dreieck-Kollisionstests jedoch deutlich höher als bei einem hierarchischen Kollisionsmodell. Bei nur sechs Boxen pro Modell müssen schlimmstenfalls 36 Box-Box-Kollisionstests durchgeführt werden. Bestenfalls kommt man mit einem Test aus. Hat man zwei sich überlappende Boxen gefunden, müssen noch alle Dreiecke in der einen Box mit allen Dreiecken in der anderen Box auf eine mögliche Kollision hin überprüft werden.

Um die Anzahl der Box-Box-Kollisionstests zu reduzieren, bietet es sich an, die Boxen-Paarungen nach zunehmenden Abständen ihrer Mittelpunkte zu testen. Sind die Ausdehnungen der einzelnen Bounding-Boxen einander sehr ähnlich, ist die Wahrscheinlichkeit hoch, dass sich im Falle einer Kollision zweier 3D-Modelle ebenfalls diejenigen Bounding-Boxen mit dem kleinsten Mittelpunktabstand überlappen. Um der Möglichkeit vorzubeugen, dass eine Kollision fälschlicherweise nicht als solche erkannt wird, sollte man sicherheitshalber auch diejenigen Boxen-Paarungen mit den zweit- bzw. drittkleinsten Mittelpunktabständen auf eine mögliche Überlappung hin testen.

Weiterhin kann man natürlich auf den Dreieck-Dreieck-Kollisionstest verzichten. Für ein eventuelles Schadensmodell speichert man dann einfach in der Box-Strukturvariablen oder -Klasseninstanz die Nummern derjenigen Dreiecke ab, die im Falle einer Kollision mit einer Schadenstextur überzogen oder aber gar nicht mehr gerendert werden sollen.

Das hierarchische Kollisionsmodell

Am Ende der Erstellung eines hierarchischen Kollisionsmodells steht das Ziel, dass jedes Dreieck von einer Bounding-Box umschlossen wird. Ist der Baum exakt ausbalanciert, lässt sich die maximal mögliche Anzahl an Dreiecken innerhalb einer Hierarchieebene mit der Formel $n = 2^{(\text{Ebene} - 1)}$ berechnen. Setzt sich das Modell beispielsweise aus 1024 Dreiecken zusammen, besteht der Baum mindestens aus 11 Ebenen. Bei einem Kollisionstest wird nun nacheinander eine Hierarchieebene des einen Baums gegen die gleiche bzw. nächst tiefere Ebene des anderen Baums getestet (Ebene 1 von Baum 1 gegen Ebene 2 von Baum 2; Ebene 2 von Baum 2 gegen Ebene 2 von Baum 1; Ebene 2 von Baum 1 gegen Ebene 3 von Baum 2 usw.). Für den Fall, dass sich auf der untersten Ebene eine Box-Box-Kollision ereignet, wird im Anschluss daran noch ein Dreieck-Dreieck-Kollisionstest durchgeführt. In der Theorie hört sich das gut an, in der Praxis ist ein exakt ausbalancierter Baum leider kaum zu erreichen. Des Weiteren kann es bei einer Kollisionsprüfung durchaus vorkommen, dass die zu testende Box des einen Baums mehrere Boxen (innerhalb derselben Hierarchieebene) des anderen Baums schneidet. In diesem Fall muss eine höhere Anzahl von Prüfläufen in Kauf genommen werden.

Bounding-Box-Kollisionstests

In der Spielewelt unterliegen die 3D-Modelle beständigen Transformationen, weswegen der AABB-AABB-Kollisionstest, wie wir ihn in Kapitel 6.4 kennen gelernt haben, nicht angewendet werden kann. Stattdessen müssen die Kollisionstests zwischen beliebig orientierten Boxen durchgeführt werden.

Der OBB-OBB-Kollisionstest

Der OBB-OBB-Kollisionstest stellt eine logische Erweiterung des Kollisionstests zwischen achsenausgerichteten Bounding-Boxen dar. Aufgrund der unendlich vielen Orientierungsmöglichkeiten dieser Boxen ergeben sich nicht weniger als 15 potentielle separierbare Achsen (2*3 Normalenvektoren der Boxen + 9 Vektorprodukte zwischen den Normalenvektoren), die nacheinander überprüft werden müssen.

Zunächst definieren wir eine Struktur, die alle notwendigen Variablen zur Beschreibung einer orientierten Bounding-Box enthält:

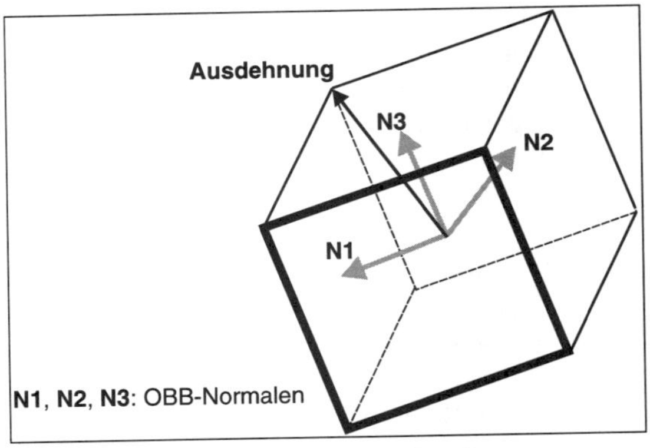

Abbildung 7.9: Eine orientierte Bounding-Box

Listing 7.11: Eine einfache Struktur zur Beschreibung einer OBB

```
struct COBB
{
    D3DXVECTOR3 Mittelpunkt;
    D3DXVECTOR3 Ausdehnung;
    D3DXVECTOR3 Normal[3];
};
```

Für den nachfolgenden Kollisionstest werden die folgenden Variablen benötigt:

Listing 7.12: OBB-OBB-Kollisionstest – benötigte Variablen

```
D3DXVECTOR3 v;

// Vektoren für Boxausdehnung und separierende Achse
float a[3];
float b[3];
float T[3];

// Projektionsmatrizen
float R[3][3];
float abs_R[3][3];

long i, k;
float ra, rb, t;
```

Die Funktion für den OBB-OBB-Kollisionstest, die wir im Folgenden besprechen, ist, von einigen wenigen Änderungen abgesehen, vollständig aus dem Artikel von *Miguel Gomes: Simple Intersection Tests for Games, Gamasutra, October 1999* übernommen.

Listing 7.13: **OBB-OBB-Kollisionstest** – ***Funktion für die Durchführung des Kollisionstests***

```
inline BOOL OBB_OBB_Collision(COBB* pBox1, COBB* pBox2)
{
    a[0] = pBox1->Ausdehnung.x;
    a[1] = pBox1->Ausdehnung.y;
    a[2] = pBox1->Ausdehnung.z;

    b[0] = pBox2->Ausdehnung.x;
    b[1] = pBox2->Ausdehnung.y;
    b[2] = pBox2->Ausdehnung.z;

// Berechnung der Projektionskoeffizienten für die Projektion der
// Ausdehnung von Box2 auf die Normalen von Box1.
// Bei identischen Normalen ergibt sich die Einheitsmatrix:

    for(i = 0; i < 3; i++)
    {
        for(k = 0; k < 3; k++)
        {
        R[i][k] = D3DXVec3Dot(&pBox1->Normal[i], &pBox2->Normal[k]);
        abs_R[i][k] = (float)fabs(R[i][k]);
        }
    }

// Rücktransformation des Mittelpunktdifferenzvektors auf die
// Modellkoordinaten von Box1.
// Das Modellkoordinatensystem wird durch die Normalenvektoren von
// Box 1 aufgespannt.
// Für den Fall, dass Box1 achsenausgerichtet ist, zeigen die
// Normalenvektoren in x-, y- und z-Richtung und die Vektoren v und
// T sind identisch.

    v = pBox2->Mittelpunkt - pBox1->Mittelpunkt;
    T[0] = D3DXVec3Dot(&v, &pBox1->Normal[0]);
    T[1] = D3DXVec3Dot(&v, &pBox1->Normal[1]);
    T[2] = D3DXVec3Dot(&v, &pBox1->Normal[2]);

// Zunächst einmal wird getestet, ob die Normalenvektoren der beiden
// Boxen eine separierende Achse bilden.
// Für zwei AABB vereinfachen sich die Ausdrücke, da gilt:
// R[i][k] = 1 wenn i = k, sonst R[i][k] = 0. Gleiches gilt auch
// für abs_R[i][k] => es ergibt sich der AABB-AABB-Kollisionstest
// in doppelter Ausführung.

    for(i = 0; i < 3; i++)
    {
        ra = a[i];
```

```
        // Projektion der Ausdehnung von Box2 auf die Normalen
        // von Box1:

        rb = b[0]*abs_R[i][0]+
             b[1]*abs_R[i][1]+
             b[2]*abs_R[i][2];

        t = (float)fabs(T[i]);

        if(t > ra + rb)
            return FALSE;
    }

    for(i = 0; i < 3; i++)
    {

        // Projektion der Ausdehnung von Box1 auf die Normalen
        // von Box2:

        ra = a[0]*abs_R[0][i]+
             a[1]*abs_R[1][i]+
             a[2]*abs_R[2][i];

        rb = b[i];

        t = (float)fabs(T[0]*R[0][i]+T[1]*R[1][i]+T[2]*R[2][i]);

        if(t > ra + rb)
            return FALSE;
    }

// Nun wird getestet, ob die Vektorprodukte aus den Normalenvektoren
// eine separierende Achse bilden:
// Für zwei AABB vereinfachen sich die Ausdrücke, da gilt:
// R[i][k] = 1 wenn i = k, sonst R[i][k] = 0. Gleiches gilt auch
// für abs_R[i][k].

    // L = pBox1->Normal[0] X pBox2->Normal[0]
    ra = a[1]*abs_R[2][0] + a[2]*abs_R[1][0];
    rb = b[1]*abs_R[0][2] + b[2]*abs_R[0][1];
    t  = (float)fabs(T[2]*R[1][0] - T[1]*R[2][0]);

    if(t > ra + rb)
        return FALSE;

    // L = pBox1->Normal[0] X pBox2->Normal[1]
    ra = a[1]*abs_R[2][1] + a[2]*abs_R[1][1];
```

```
rb = b[0]*abs_R[0][2] + b[2]*abs_R[0][0];
t  = (float)fabs(T[2]*R[1][1] - T[1]*R[2][1]);

if(t > ra + rb)
    return FALSE;

// L = pBox1->Normal[0] X pBox2->Normal[2]
ra = a[1]*abs_R[2][2] + a[2]*abs_R[1][2];
rb = b[0]*abs_R[0][1] + b[1]*abs_R[0][0];
t  = (float)fabs(T[2]*R[1][2] - T[1]*R[2][2]);

if(t > ra + rb)
    return FALSE;

// L = pBox1->Normal[1] X pBox2->Normal[0]
ra = a[0]*abs_R[2][0] + a[2]*abs_R[0][0];
rb = b[1]*abs_R[1][2] + b[2]*abs_R[1][1];
t  = (float)fabs(T[0]*R[2][0] - T[2]*R[0][0]);

if(t > ra + rb)
    return FALSE;

// L = pBox1->Normal[1] X pBox2->Normal[1]
ra = a[0]*abs_R[2][1] + a[2]*abs_R[0][1];
rb = b[0]*abs_R[1][2] + b[2]*abs_R[1][0];
t  = (float)fabs(T[0]*R[2][1] - T[2]*R[0][1]);

if(t > ra + rb)
    return FALSE;

// L = pBox1->Normal[1] X pBox2->Normal[2]
ra = a[0]*abs_R[2][2] + a[2]*abs_R[0][2];
rb = b[0]*abs_R[1][1] + b[1]*abs_R[1][0];
t  = (float)fabs(T[0]*R[2][2] - T[2]*R[0][2]);

if(t > ra + rb)
    return FALSE;

// L = pBox1->Normal[2] X pBox2->Normal[0]
ra = a[0]*abs_R[1][0] + a[1]*abs_R[0][0];
rb = b[1]*abs_R[2][2] + b[2]*abs_R[2][1];
t  = (float)fabs(T[1]*R[0][0] - T[0]*R[1][0]);

if(t > ra + rb)
    return FALSE;

// L = pBox1->Normal[2] X pBox2->Normal[1]
ra = a[0]*abs_R[1][1] + a[1]*abs_R[0][1];
```

```
    rb = b[0]*abs_R[2][2] + b[2]*abs_R[2][0];
    t  = fabs(T[1]*R[0][1] - T[0]*R[1][1]);

    if(t > ra + rb)
        return FALSE;

    // L = pBox1->Normal[2] X pBox2->Normal[2]
    ra = a[0]*abs_R[1][2] + a[1]*abs_R[0][2];
    rb = b[0]*abs_R[2][1] + b[1]*abs_R[2][0];
    t  = (float)fabs(T[1]*R[0][2] - T[0]*R[1][2]);

    if(t > ra + rb)
        return FALSE;


    return TRUE;
}
```

Die Verwendung der Vektorprodukte der Normalenvektoren als separierende Achsen mutet vom mathematischen Standpunkt aus sehr kryptisch an. Grund genug, um uns den Sachverhalt anhand einiger Spezialfälle zu verdeutlichen:

```
// L = pBox1->Normal[0] X pBox2->Normal[0]
ra = a[1]*abs_R[2][0] + a[2]*abs_R[1][0];
rb = b[1]*abs_R[0][2] + b[2]*abs_R[0][1];
t  = (float)fabs(T[2]*R[1][0] - T[1]*R[2][0]);
```

Fall 1: Box1 und Box2 sind achsenausgerichtet. Beide Normalenvektoren zeigen in die gleiche Richtung und das Vektorprodukt ist entsprechend null. In diesem Fall existiert die separierende Achse überhaupt nicht.

Fall 2: Als Nächstes betrachten wir den Fall, dass `pBox2->Normal[0]` in die z-Richtung, `pBox2->Normal[1]` in die y-Richtung und `pBox2->Normal[2]` in die negative x-Richtung zeigt (Drehung um -90° um die y-Achse).

Box1 soll dagegen wieder eine AABB sein.

Nach der Dreifinger-Regel der linken Hand zeigt die separierende Achse jetzt in die y-Richtung. Um die Länge dieser Achse zu berechnen, ersetzen wir die Matrixelemente `R[i][k]` durch die entsprechenden Skalarprodukte:

```
t = fabs(T[2]*D3DXVec3Dot(&pBox1->Normal[1], &pBox2->Normal[0]) -
         T[1]*D3DXVec3Dot(&pBox1->Normal[2], &pBox2->Normal[0]))


t = fabs(-T[1]) , y-Komponente des Mittelpunktdifferenzvektors
wegen D3DXVec3Dot(&pBox1->Normal[2], &pBox2->Normal[0]) = 1
```

Auf die gleiche Weise können wir jetzt auch die Box-Ausdehnungen entlang der separierenden Achse berechnen:

```
ra = a[1]*fabs(D3DXVec3Dot(&pBox1->Normal[2], &pBox2->Normal[0])) +
     a[2]*fabs(D3DXVec3Dot(&pBox1->Normal[1], &pBox2->Normal[0])))
```

```
ra = a[1] , y-Komponente der Box-Ausdehnung
wegen fabs(D3DXVec3Dot(&pBox1->Normal[2], &pBox2->Normal[0]) = 1

rb = b[1]*fabs(D3DXVec3Dot(&pBox1->Normal[0], &pBox2->Normal[2])) +
     b[2]*fabs(D3DXVec3Dot(&pBox1->Normal[0], &pBox2->Normal[1])))

rb = b[1] , y-Komponente der Box-Ausdehnung
wegen fabs(D3DXVec3Dot(&pBox1->Normal[0], &pBox2->Normal[2]) = 1
```

Fall 3: Des Weiteren betrachten wir den Fall, dass `pBox2->Normal[0]` in die y-Richtung, `pBox2->Normal[1]` in die negative x-Richtung und `pBox2->Normal[2]` in die z-Richtung zeigt (Drehung um -90° um die z-Achse).

Box1 soll wiederum eine AABB sein.

Nach der Dreifinger-Regel der linken Hand zeigt die separierende Achse jetzt in die negative z-Richtung. Die Länge dieser Achse berechnet sich wie folgt:

```
t = fabs(T[2]*D3DXVec3Dot(&pBox1->Normal[1], &pBox2->Normal[0]) -
         T[1]*D3DXVec3Dot(&pBox1->Normal[2], &pBox2->Normal[0]))

t = fabs(T[2]) , z-Komponente des Mittelpunktdifferenzvektors
wegen D3DXVec3Dot(&pBox1->Normal[1], &pBox2->Normal[0]) = 1
```

Die Box-Ausdehnungen entlang der separierenden Achse berechnen sich wie folgt:

```
ra = a[1]*fabs(D3DXVec3Dot(&pBox1->Normal[2], &pBox2->Normal[0])) +
     a[2]*fabs(D3DXVec3Dot(&pBox1->Normal[1], &pBox2->Normal[0])))

ra = a[2] , z-Komponente der Box-Ausdehnung
wegen fabs(D3DXVec3Dot(&pBox1->Normal[1], &pBox2->Normal[0]) = 1

rb = b[1]*fabs(D3DXVec3Dot(&pBox1->Normal[0], &pBox2->Normal[2])) +
     b[2]*fabs(D3DXVec3Dot(&pBox1->Normal[0], &pBox2->Normal[1])))

rb = b[2] , z-Komponente der Box-Ausdehnung
wegen fabs(D3DXVec3Dot(&pBox1->Normal[0], &pBox2->Normal[1]) = 1
```

Der AABB-OBB-Kollisionstest

Wird ein Kollisionsmodell auf der Basis von achsenausgerichteten Bounding-Boxen aufgebaut, lässt sich die OBB-OBB-Kollisionstest-Funktion etwas vereinfachen, da in diesem Fall nur die achsenausgerichteten Bounding-Boxen eines untransformierten Objekts gegen die orientierten Bounding-Boxen eines transformierten Objekts getestet werden müssen. Für diesen Test müssen die orientierten Bounding-Boxen des transformierten Objekts auf die Modellkoordinaten des untransformierten Objekts rücktransformiert werden. Die Normalenvektoren einer auf diese Weise transformierten OBB entsprechen jetzt einfach den Zeilen der zugehörigen Rotationsmatrix. Betrachten wir hierzu ein Beispiel:

```
Normal[0].x = Rotationsmatrix._11;
Normal[0].y = Rotationsmatrix._12;
Normal[0].z = Rotationsmatrix._13;
```

Um uns die Arbeit zu erleichtern, werden wir jetzt eine kleine Klasse entwerfen, in der wir alle notwendigen Methoden für die Transformation einer AABB in eine OBB einkapseln.

Listing 7.14: C_OBB-Klasse für die Transformation einer AABB in eine OBB

```
class C_OBB
{
public:
    D3DXVECTOR3 Mittelpunkt;
    D3DXVECTOR3 Mittelpunkt_transformed;
    D3DXVECTOR3 Ausdehnung;
    D3DXVECTOR3 Ausdehnung_transformed;
    D3DXVECTOR3* Normal;

    C_OBB()
    { Normal = new D3DXVECTOR3[3]; }

    ~C_OBB()
    { SAFE_DELETE_ARRAY(Normal) }

    void Init_as_AABB(D3DXVECTOR3* pAusdehnung,
                      D3DXVECTOR3* pMittelpunkt)
    {
        Ausdehnung  = *pAusdehnung;
        Mittelpunkt = *pMittelpunkt;
        Normal[0] = D3DXVECTOR3(1.0f, 0.0f, 0.0f);
        Normal[1] = D3DXVECTOR3(0.0f, 1.0f, 0.0f);
        Normal[2] = D3DXVECTOR3(0.0f, 0.0f, 1.0f);
    }

    void Transform_Center(D3DXVECTOR3* pVerschiebung,
                          D3DXMATRIX* pRotMatrix,
                          D3DXMATRIX* pInvRotMatrix_other_Object)
    {

        // Drehung des Boxen-Mittelpunkts mit Hilfe der
        // Rotationsmatrix des transformierten Objekts:

        MultiplyVectorWithRotationMatrix(&Mittelpunkt_transformed,
                                         &Mittelpunkt, pRotMatrix);

        // Verschiebung des gedrehten Boxen-Mittelpunkts
        // an die korrekte Weltposition relativ zu den Modell-
        // koordinaten des untransformierten Objekts:
```

```
        Mittelpunkt_transformed += *pVerschiebung;

        // Rücktransformation auf die Modellkoordinaten des
        // untransformierten Objekts:

        MultiplyVectorWithRotationMatrix(&Mittelpunkt_transformed,
                                         &Mittelpunkt_transformed,
                                         pInvRotMatrix_other_Object);
    }

    void Transform_AABB_Normals_and_Extents(D3DXMATRIX* pMatrix)
    {

    // Transformation der AABB in eine OBB relativ zu den Modell-
    // koordinaten des untransformierten Objekts unter Verwendung
    // der Produktmatrix RotMatrix*InvRotMatrix_other_Object:

    Normal[0]=D3DXVECTOR3(pMatrix->_11, pMatrix->_12, pMatrix->_13);
    Normal[1]=D3DXVECTOR3(pMatrix->_21, pMatrix->_22, pMatrix->_23);
    Normal[2]=D3DXVECTOR3(pMatrix->_31, pMatrix->_32, pMatrix->_33);

    MultiplyVectorWithRotationMatrix(&Ausdehnung_transformed,
                                     &Ausdehnung, pMatrix);
    }

    void Translate_Center(D3DXVECTOR3* pVerschiebung)
    {
        Mittelpunkt_transformed = Mittelpunkt + *pVerschiebung;
    }
};
```

Betrachten wir nun die AABB_OBB_Collision()-Funktion:

Listing 7.15: AABB-OBB-Kollisionstest-Funktion

```
inline BOOL AABB_OBB_Collision(C_OBB* pBox1, C_OBB* pBox2)
{
    a[0] = Box1->Ausdehnung.x;
    a[1] = Box1->Ausdehnung.y;
    a[2] = Box1->Ausdehnung.z;

    b[0] = Box2->Ausdehnung_transformed.x;
    b[1] = Box2->Ausdehnung_transformed.y;
    b[2] = Box2->Ausdehnung_transformed.z;

// Berechnung der Projektionskoeffizienten für die Projektion der
// Ausdehnung von Box2 auf die x-, y- und z-Achse:

    for(i = 0; i < 3; i++)
    {
```

```
        for(k = 0; k < 3; k++)
        {
        if(i == 0)
            R[i][k] = pBox2->Normal[k].x;
        else if(i == 1)
            R[i][k] = pBox2->Normal[k].y;
        else
            R[i][k] = pBox2->Normal[k].z;

        abs_R[i][k] = (float)fabs(R[i][k]);
        }
    }

    v = Box2->Mittelpunkt_transformed - Box1->Mittelpunkt;
    T[0] = v.x;
    T[1] = v.y;
    T[2] = v.z;

// Keine weiteren Änderungen zur OBB_OBB_Collision-Funktion ////////
}
```

Für den praktischen Einsatz ist auch die nachfolgende Variante der `AABB_OBB_Collision()`-Funktion ganz sinnvoll, der man zusätzlich noch die Adresse des Mittelpunktdifferenzvektors beider Boxen als Funktionsparameter übergibt:

```
inline BOOL AABB_OBB_Collision(C_OBB* pBox1, C_OBB* pBox2,
                               D3DXVECTOR3* pDiffVektor)
```

Innerhalb dieser Funktion lässt sich eine Vektorsubtraktion einsparen.

Der Vollständigkeit halber werden wir noch eine weitere Funktion für den AABB-AABB-Kollisionstest schreiben, der man als Parameter die Adressen der `C_OBB`-Instanzen der zu testenden Bounding-Boxen übergibt. Für die Verschiebung eines AABB-Mittelpunkts sollte die `C_OBB`-Methode `Translate_Center()` verwendet werden.

Listing 7.16: AABB-AABB-Kollisionstest-Funktion

```
BOOL AABB_AABB_Collision(C_OBB* pBox1, C_OBB* pBox2)
{
  if(fabs(pBox2->Mittelpunkt_transformed.x - pBox1->Mittelpunkt.x) >
     pBox2->Ausdehnung.x + pBox1->Ausdehnung.x)
           return FALSE;

  if(fabs(pBox2->Mittelpunkt_transformed.y - pBox1->Mittelpunkt.y) >
     pBox2->Ausdehnung.y + pBox1->Ausdehnung.y)
           return FALSE;
```

```
    if(fabs(pBox2->Mittelpunkt_transformed.z - pBox1->Mittelpunkt.z) >
       pBox2->Ausdehnung.z + pBox1->Ausdehnung.z)
               return FALSE;

    return TRUE;
}
```

Ein all-equal Kollisionsmodelle im Einsatz

Wir haben jetzt alles beisammen, was wir für einen Kollisionstest zwischen zwei 3D-Modellen benötigen. Mit Hilfe der C_OBB-Methode Init_as_AABB() können wir die achsenausgerichteten Bounding-Boxen für unsere 3D-Modelle erzeugen. Der erste Schritt eines Kollisionstests besteht (wie immer) in der Rücktransformation der Bounding-Boxen des einen Objekts (pObjekt[jj]) auf die Modellkoordinaten des anderen Objekts (pObjekt[j]). Hierfür werden die folgenden drei Rotationsmatrizen benötigt:

```
// Inverse Rotationsmatrix des Objekts in Modellkoordinaten:
D3DXMatrixInverse(&tempMatrix, &tempFloat,
                  &pObjekt[j].RotationsMatrix);

// Rotationsmatrix des transformierten Objekts:
tempMatrix1 = pObjekt[jj].RotationsMatrix;

// Gesamtrotationsmatrix:
tempMatrix2 = tempMatrix1*tempMatrix;
```

Im einfachsten Fall werden jetzt alle achsenausgerichteten Bounding-Boxen des untransformierten Objekts (pObjekt[j]) paarweise gegen alle orientierten Bounding-Boxen des transformierten Objekts (pObjekt[jj]) auf eine mögliche Kollision hin getestet:

Listing 7.17: Paarweise AABB-OBB-Kollisionstests

```
Kollision = FALSE;

tempVektor3 = pObjekt[jj].Abstandsvektor-pObjekt[j].Abstandsvektor;

for(index1 = 0; index1 < pObjekt[jj].AnzBoundingBoxen; index1++)
{
   pObjekt[jj].pBoundingBox[index1].Transform_Center(&tempVektor3,
                                          &tempMatrix1, &tempMatrix);

   pObjekt[jj].pBoundingBox[index1].
              Transform_AABB_Normals_and_Extents(&tempMatrix2);
```

```
    for(index2 = 0; index2 < pObjekt[j].AnzBoundingBoxen; index2++)
    {
        Kollision = AABB_OBB_Collision(
                          &pObjekt[j].pBoundingBox[index2],
                          &pObjekt[jj].pBoundingBox[index1]);

        if(Kollision == TRUE)
            break;

    }
    if(Kollision == TRUE)
        break;
}
```

7.5 Zusammenfassung

Heute haben wir uns mit der Durchführung von Kollisions- und Schnittpunkttests auf Dreiecks- und Vierecksbasis beschäftigt und damit, wie man deren Performance durch den Einsatz von achsenausgerichteten Bounding-Boxen steigern kann.

Im Anschluss daran haben wir uns mit der Kollision zweier 3D-Modelle befasst. In diesem Zusammenhang haben wir das hierarchische und das vergleichsweise primitive all-equal Kollisionsmodell kennen gelernt. Mit letzterem Modell haben wir uns etwas genauer befasst, da es in unserem Spieleprojekt zum Einsatz kommen wird.

7.6 Workshop

Fragen und Antworten

F *Erläutern Sie die einzelnen Schritte bei der Durchführung eines Kollisions-, Schnittpunkt- und Portaldurchtrittstests auf Dreiecks- bzw. Vierecksbasis.*

A Im ersten Schritt wird überprüft, ob es einen Schnittpunkt mit der Dreiecksebene gibt. Bei einem Kollisions- oder Portaldurchtrittstest wird zusätzlich noch der quadrat. Abstand zwischen dem Objekt und der Ebene berechnet. Wird ein Schnittpunkt gefunden (und ist der quadrat. Abstand genügend klein), wird im Anschluss daran der Halbseitentest durchgeführt. Bei einem Portaldurchtrittstest wird abschließend noch der Seitentest durchgeführt.

Quiz

1. Wie lässt sich die Performance der Kollisions- und Schnittpunkttests auf Dreiecksbasis verbessern?
2. Wie lautet die Normalenform einer Ebene und wie lässt sich diese Form für einen Schnittpunkttest verwenden
3. Wie wird die Ebene definiert, innerhalb derer ein Dreieck liegt?
4. Mit welchem Test lässt sich überprüfen, ob der Schnittpunkt mit der Dreiecksebene innerhalb des Dreiecks liegt?
5. Erklären Sie die Grundidee des Dreieck-Dreieck-Kollisionstests.
6. Erklären Sie den Unterschied zwischen einem hierarchischen und einem all-equal Kollisionsmodell.
7. Inwieweit unterscheidet sich eine Struktur für die Beschreibung einer AABB von einer Struktur für die Beschreibung einer OBB?
8. Erklären Sie die Grundidee des Box-Box-Kollisionstests.
9. Inwieweit unterscheidet sich der AABB-AABB-Test von einem OBB-OBB-Test?

Übung

Teil des DirectX-Anwendungsgerüsts, welches wir im weiteren Verlauf immer verwenden werden, ist die Datei *CoolMath.h*, in der alle Funktionen, Strukturen und Klassen für die Vektor- und Matrizenrechnung sowie die Kollisionserkennung und -beschreibung implementiert sind. Verschaffen Sie sich für die weitere Arbeit einen detaillierten Überblick über diese Datei.

Woche 2: Grafik, Sound und Spielsteuerung

Ich hoffe, Sie haben sich nach der ersten Woche ein wenig erholt. Während bisher die Theorie im Vordergrund stand, wird es von heute an überwiegend praktisch zur Sache gehen. Bisher ist das rechte Feeling noch ausgeblieben; keines der bisherigen Programmbeispiele hat auch nur irgendetwas mit einem Spiel gemeinsam – nichts bewegte sich, Grafik und Akustik – auch Fehlanzeige. Mit dem Grundlagenwissen aus Woche 1 im Hinterkopf wird nun alles dafür umso schneller gehen. Machen Sie sich bereit, in die faszinierende Welt von DirectX einzutauchen, und freuen Sie sich auf eine spannende zweite Woche.

Die Woche 2 im Überblick

- An **Tag 8** werden wir den ersten Kontakt zu DirectX herstellen. Sie werden erfahren, wie man die DirectX-Komponenten in sein Projekt einbindet und wie DirectX Graphics funktioniert und Sie werden die Arbeitsweise einer 3D-Engine kennen lernen. In drei kleinen Projekten werden wir uns mit der Textausgabe, dem Zeichnen von Punkten, Linien und Kreisen sowie mit den Grundlagen des Texture Mappings vertraut machen.
- An **Tag 9** werden wir eine kleine DirectInput-Bibliothek schreiben, die wir in unseren weiteren Projekten für die Spielsteuerung einsetzen werden.
- An **Tag 10** bittet DirectX Audio um Gehör. Sie werden lernen, wie man Musikstücke und 3D-Soundeffekte abspielt.
- An **Tag 11** befassen wir uns damit, wie man zweidimensionale Objekte entsprechend der Blickrichtung des Spielers in der 3D-Welt ausrichten kann. In diesem Zusammenhang werden wir Transformationsfunktionen für die Darstellung von Rauch- und Partikeleffekten, Feuer und Explosionen, Wolken, Sonnenstrahlen, Lens Flares, galaktischen Nebeln und vieles mehr kennen lernen.
- An **Tag 12** tauchen wir tiefer in die Geheimnisse der Grafikprogrammierung ein. Wir werden uns mit den folgenden Themen beschäftigen: Licht, Shading, Texturfilterung, Multitexturing, Alpha Blending sowie die Erzeugung von 3D-Objekten auf der Grundlage mathematischer Gleichungen.
- An **Tag 13** beginnt der Ernst des Lebens: Wir werden uns mit den Grundlagen des Terrain-Renderings befassen und eine einfache Terrain-Engine inklusive Wasseranimation entwickeln.
- An **Tag 14** werden wir noch ein Brikett nachlegen und einen kleinen Indoor-Renderer programmieren.

DirectX Graphics – der erste Kontakt

Es ist so weit, heute werden wir den ersten Kontakt zu DirectX und insbesondere zu DirectX Graphics herstellen. In drei kleineren Projekten werden wir uns mit der Textausgabe, dem Zeichnen von Punkten, Linien und Kreisen sowie mit den Grundlagen des Texture Mappings befassen. Die Themen:

- DirectX stellt sich vor
- Installation von DirectX
- Einrichten von Visual C++
- Arbeitsweise einer 3D-Engine
- Umrechnung von Welt- in Bildschirmkoordinaten
- Objekt-Culling
- Doppel- und Tiefenpufferung
- Ein Anwendungsgerüst für unsere Projekte
- Initialisierung von DirectX Graphics
- Textausgabe
- Punkte, Linien und Kreise zeichnen
- Einfaches Texture Mapping

8.1 DirectX stellt sich vor

Was ist DirectX?

DirectX ist eine Sammlung von Komponenten, mit denen sich unter Windows lauffähige Multimediaanwendungen entwickeln lassen. Worte werden der Sache eigentlich nicht gerecht; spielen Sie einfach ein Computerspiel und Sie werden wissen, was DirectX zu leisten imstande ist.

Die einzelnen Komponenten von DirectX sind so genannte COM-Objekte (Component Object Model). Wir werden uns hier nicht weiter mit COM befassen, denn für die Arbeit mit DirectX ist das nicht notwendig. Wir führen uns hier lediglich einmal die Vorteile vor Augen, welche die Verwendung von COM-Objekten mit sich bringt:

- DirectX ist abwärtskompatibel. Ein Spiel, das mit einer früheren Version von DirectX entwickelt wurde, bleibt auch unter jeder neuen Version lauffähig.
- DirectX ist sprachenunabhängig. Ob Sie nun als Programmiersprache C/C++, Visual Basic, Delphi oder etwas anderes verwenden, bleibt weitestgehend ihnen überlassen.

Die Komponenten von DirectX

DirectX Graphics

Mit dem Erscheinen von DirectX 8 wurden die früheren Komponenten DirectDraw und Direct3D zu der Komponente DirectX Graphics zusammengefasst.

DirectX Graphics wurde für die Programmierung von 3D-Spielen von Weltklasse entwickelt (O-Ton Microsoft). Im weiteren Verlauf des Buchs werden Sie einen ersten Eindruck davon gewinnen, was DirectX Graphics zu leisten imstande ist. Trotz der Umbenennung dieser Komponente wird der alte Name Direct3D nach wie vor verwendet.

DirectX Audio

DirectX Audio sorgt für die richtige Soundkulisse in einem Computerspiel. DirectX Audio wird zum Abspielen von Hintergrundmusik und 3D-Soundeffekten verwendet. Darüber hinaus bietet es die Möglichkeit, eigene Musik zu komponieren. Vor dem Erscheinen von DirectX 8 wurden zum Abspielen von Musik und Sound die beiden separaten Komponenten DirectMusik und DirectSound genutzt. In DirectX 9 hat diese Komponente keine Änderungen erfahren.

DirectInput

DirectInput ist für die Spielsteuerung verantwortlich und arbeitet mit allen nur denkbaren Eingabegeräten zusammen. Zu den (nicht mehr ganz so) neueren Features zählen ForceFeedback und ActionMapping. ActionMapping ermöglicht dem Spieler eine größere Freiheit bei der Wahl und Nutzung von Eingabegeräten. In DirectX 9 hat diese Komponente keine Änderungen erfahren.

DirectPlay

DirectPlay macht die einfache Entwicklung von Multiplayer-Spielen möglich.

DirectShow

DirectShow bietet Unterstützung bei der Entwicklung von so genannten Streaming-Media-Anwendungen – beispielsweise von virtuellen MP3- oder Video-Playern.

DirectSetup

DirectSetup bietet Unterstützung bei der Installation von DirectX-Komponenten. Damit steht dem Entwickler ein einfaches Werkzeug zur Verfügung, um die gewünschte DirectX-Version auf einem Rechner zu installieren.

8.2 Installation von DirectX

Für die Entwicklung von Computerspielen mit DirectX muss zunächst die aktuelle Version des DirectX-SDKs (**S**oftware **D**evelopment **K**it) auf dem Rechner installiert werden. Die aktuelle Version finden Sie auf der beiliegenden CD-ROM. Sollte bereits eine ältere Version (7 oder 8) auf Ihrem Rechner kostbaren Festplattenspeicher verbrauchen, so deinstallieren Sie diese zunächst einmal. Die eigentliche Installation ist nicht weiter schwierig, folgen Sie einfach den Anweisungen. Auch wenn Sie DirectX komponentenweise installieren können, empfehle ich Ihnen aus praktischen Gründen die komplette Installation.

Des Weiteren müssen Sie sich entscheiden, ob Sie eine

- Retail-Version
- oder Debug-Version

auf Ihrem Rechner installieren wollen. Die Debug-Version unterstützt Sie zwar ein wenig bei der Fehlersuche, dafür laufen die DirectX-Anwendungen aber deutlich langsamer. Auch wenn für den Entwickler die Debug-Version empfohlen wird, verwende ich persönlich immer die Retail-Version. Auf diese Weise lässt sich die Performance der Anwendung deutlich besser einschätzen. Unter SYSTEMSTEUERUNG/DIRECTX können Sie jederzeit zwischen den beiden Versionen hin- und herwechseln.

8.3 Einrichten von Visual C++

Damit beim Kompilieren der Projekte alles glatt geht, muss der Linker natürlich wissen, wo auf Ihrem Computer die benötigten DirectX-Header-Dateien und Bibliotheken gespeichert sind. Nun sind sowohl Visual C++ als auch DirectX Produkte von Microsoft; folgerichtig stellt die Installationsroutine von DirectX die richtigen Pfade bereits ein. Für den Fall, dass die Konfiguration von Visual C++ schief geht, müssen Sie diese Einstellung manuell vornehmen. Dazu wählen Sie OPTIONEN im Menü EXTRAS und dort die Registerkarte VERZEICHNISSE. Sodann erscheint eine Dialogbox, die Ihnen die Pfadangaben der Header-Dateien anzeigt. Sofern Sie bei der Installation das vorgeschlagene Standardverzeichnis akzeptiert haben, sollten sich die DirectX-Header-Dateien im Verzeichnis *\DXSDK\Include* befinden. Fall das nicht der Fall sein sollte, müssen Sie den korrekten Pfad von Hand eintragen.

Bei der Auswahl der BIBLIOTHEKDATEIEN im Dropdown-Menü erscheint eine Dialogbox, die Ihnen die Pfadangaben der Bibliotheken anzeigt. Die DirectX-Bibliotheken sollten sich im Verzeichnis *\DXSDK\Lib* befinden. Fall das nicht der Fall sein sollte, müssen Sie auch hier den korrekten Pfad von Hand eintragen.

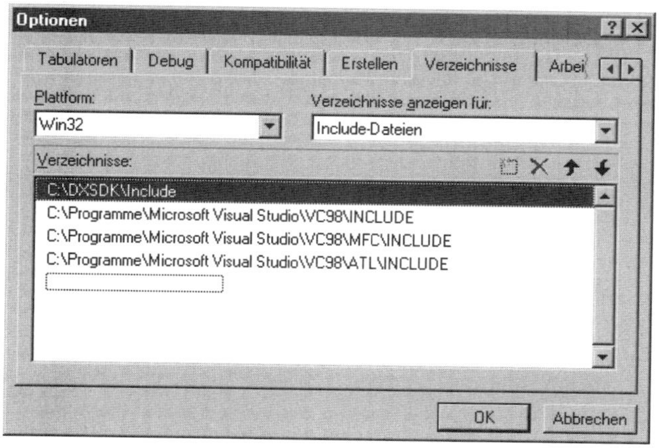

Abbildung 8.1: Pfade der Header-Dateien

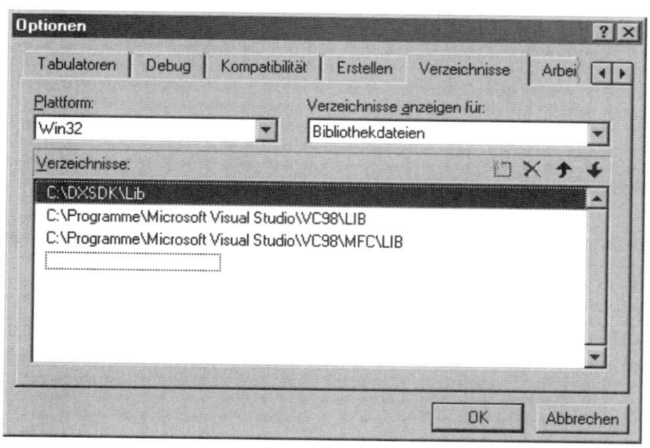

Abbildung 8.2: Pfade der Bibliothekdateien

8.4 Arbeitsweise einer 3D-Engine

Transformations- und Beleuchtungspipeline

An dieser Stelle werden wir uns mit der Arbeitsweise einer 3D-Engine vertraut machen. Zu diesem Zweck betrachten wir jetzt die so genannte Transformations- und Beleuchtungspipeline, an deren Anfang die Transformation der Objekte von ihren Modellkoordinaten in die Spielewelt (Welttransformation) steht und an deren Ende die Darstellung der Szene auf dem Bildschirm erfolgt.

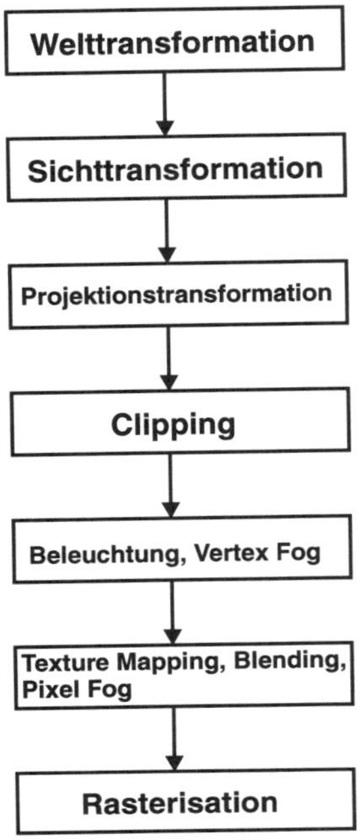

Abbildung 8.3: Vereinfachte Transformations- und Beleuchtungspipeline

Standardmäßig erfolgt die Transformation und Beleuchtung in DirectX Graphics mit Hilfe der so genannten Fixed-Function- oder TnL-Pipeline (TnL: Transform and Lightning). Diese ist dank der neuen TnL-Grafikprozessoren wirklich schnell. Alternativ dazu lassen sich auch programmierbare Vertex-Shader verwenden. Für alle Operationen auf Pixelbasis (Texture Mapping und Texture Blending) können alternativ die so genannten programmierbaren Pixel-Shader eingesetzt werden.

Welttransformation

An den Tagen 3 und 4 haben wir uns bereits die mathematischen Grundlagen für die Darstellung und Manipulation der Spielewelt im Computer erarbeitet. In einem konkreten Beispiel haben wir die Bewegung eines Asteroiden durch die endlosen Weiten des Weltraums simuliert. Die Transformation dieses Asteroiden von seinen Modellkoordinaten in die 3D-Welt wird als Welttransformation (des Asteroiden) bezeichnet. Nachdem die zugehörige Transformationsmatrix berechnet wurde, genügt der Aufruf

```
SetTransform(D3DTS_WORLD, &TransformationsMatrix);
```

und schon führt DirectX Graphics die Welttransformation für uns aus.

Sichttransformation

Alle Objekte einer 3D-Szene nehmen wir durch das Auge einer Kamera wahr. Entsprechend ihrer Position und Blickrichtung wird man die Objekte später unter einem ganz bestimmten Blickwinkel sehen. Den Vorgang, bei dem ein Objekt aus der 3D-Welt in den Kameraraum transformiert wird, bezeichnet man als Sichttransformation. Sie werden sich sicherlich schon denken können, wie diese Transformation funktioniert. Zunächst einmal benötigen wir eine Sichtmatrix (View-Matrix), mit deren Hilfe die Sichttransformation durchgeführt wird. Im Anschluss daran weisen wir DirectX Graphics an, diese Transformation für uns durchzuführen:

```
SetTransform(D3DTS_VIEW, &ViewMatrix);
```

Die Transformation muss nur dann erneut durchgeführt werden, wenn sich die View-Matrix ändert.

Schön und gut, doch wie ist die View-Matrix eigentlich aufgebaut?

Bewegt sich der Spieler und mit ihm die Kamera durch die 3D-Welt, ändert sich je nach Position und Blickrichtung auch der Blickwinkel, unter dem die Objekte der 3D-Welt gesehen werden. Aber anstatt nun die Kamera zu bewegen oder zu drehen, fixiert man diese im Ursprung des Weltkoordinatensystems mit Blickrichtung entlang der positiven z-Richtung und transformiert stattdessen alle Objekte gemäß der inversen Kamerabewegung. Soll sich die Kamera auf ein Objekt zubewegen, wird stattdessen das Objekt auf die Kamera zubewegt, soll sich die Kamera um 30° um die y-Achse drehen, wird stattdessen das Objekt um -30° um die y-Achse gedreht – kurzum, die View-Matrix entspricht der inversen Kamera-Transformationsmatrix.

Um die Sichttransformation durchführen zu können, müssen wir zunächst die Kamera-Transformationsmatrix berechnen (Translation + Rotation in x-, y- und z-Richtung) und sie dann anschließend invertieren – alles in allem ein ganz schöner Rechenaufwand. Glücklicherweise ist dieser ganze Aufwand gar nicht notwendig, es gibt nämlich einen viel einfacheren Weg, die View-Matrix zu erstellen. Zunächst werden vier Vektoren definiert, mit deren Hilfe sich die Ausrichtung und Position der Kamera beschreiben lässt:

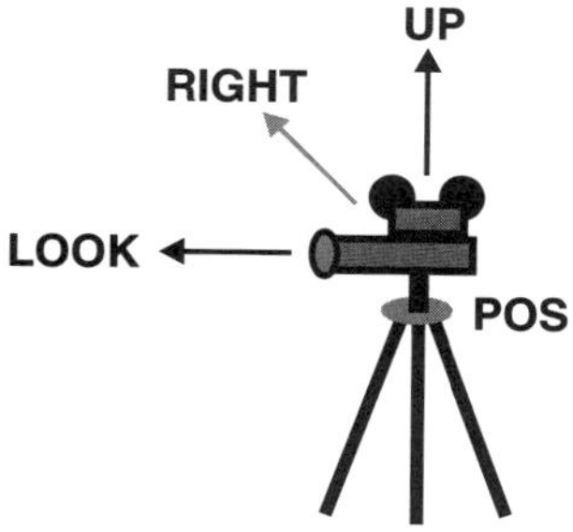

Abbildung 8.4: Vektoren zur Beschreibung der Kamera

Mit Hilfe dieser Vektoren lässt sich die View-Matrix wie folgt erstellen:

$$\begin{pmatrix} \text{RIGHT.x} & \text{UP.x} & \text{LOOK.x} & 0 \\ \text{RIGHT.y} & \text{UP.y} & \text{LOOK.y} & 0 \\ \text{RIGHT.z} & \text{UP.z} & \text{LOOK.z} & 0 \\ -\langle \text{POS}|\text{RIGHT}\rangle & -\langle \text{POS}|\text{UP}\rangle & -\langle \text{POS}|\text{LOOK}\rangle & 1 \end{pmatrix}$$

Damit wir diese Matrix nicht jedes Mal von Hand zusammenbauen müssen, stellt DirectX Graphics zwei Funktionen zur Verfügung, die uns diese Arbeit abnehmen. Der folgende Aufruf erzeugt eine View-Matrix für ein linkshändiges Weltkoordinatensystem:

```
D3DXMatrixLookAtLH(&ViewMatrix, &PlayerPosition,
                               &PlayerFlugrichtung, /* LOOK */
                               &PlayerVertikale); // UP
```

Obwohl die Verschiebung der Kamera natürlich in der View-Matrix berücksichtigt werden kann, sollte man einmal darüber nachdenken, ob man stattdessen nicht lieber die inverse Verschiebung der Kamera in die Welttransformation aller Objekte mit einbezieht (jeweils eine zusätzliche Vektorsubtraktion). Auf diese Weise lassen sich einige Performanceverbesserungen erzielen:

Beispiel 1: eine 3D-Szene mit 2000 fixen Hintergrundsternen

Wenn man die Bewegung der Kamera in der View-Matrix mit berücksichtigen würde, würden sich alle 2000 Sterne ungewollt mitbewegen. Vor dem Rendern muss diese Verschiebung durch eine Welttransformation aller 2000 Sterne wieder rückgängig gemacht werden!!!!

Beispiel 2: Berechnung von Billboardmatrizen

Billboardmatrizen werden für die Darstellung von 2D-Objekten (Partikel, Explosionen, Rauch usw.) in der 3D-Welt verwendet. In die Berechnung dieser Matrizen muss natürlich immer auch die Verschiebung der Kamera mit einbezogen werden. Der hierfür notwendige Rechenaufwand verringert sich immens, wenn man die inverse Verschiebung der Kamera bei der Welttransformation der Billboards mit berücksichtigt (siehe auch Tag 11).

Projektionstransformation

In der sich anschließenden Projektionstransformation wird die 3D-Szene schließlich auf den zweidimensionalen Bildschirm projiziert. Ist die dafür notwendige Projektionsmatrix erst einmal erstellt, genügt der Aufruf:

```
SetTransform(D3DTS_PROJECTION, &ProjectionMatrix);
```

und die Projektionstransformation wird durchgeführt.

Anmerkung: Die Transformation muss nur dann erneut durchgeführt werden, wenn sich die Projektionsmatrix ändert.

Um die Arbeitsweise dieser Matrix verstehen zu können, müssen wir den Begriff des Viewing Volumes einführen.

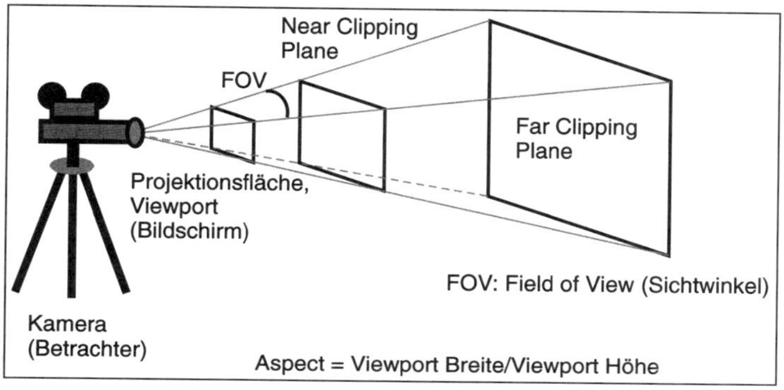

Abbildung 8.5: Das Viewing Volume (Bildraum)

Das Viewing Volume beschreibt den Ausschnitt einer 3D-Szene, den wir von einer bestimmten Position und Blickrichtung aus sehen können. Die maximale Sichtweite wird durch die Far Clipping Plane, die minimale Sichtweite durch die Near Clipping Plane beschrieben; das FOV (Field of View) entspricht dem Sichtwinkel (Blickfeld) des Betrachters. Durch die Projektionsmatrix wir nun jedes Objekt der 3D-Szene auf der Projektionsfläche abgebildet. Dabei ist zu beachten, dass der Abstand zwischen Projektionsfläche und Near Clipping Plane >= 1.0 sein muss, andernfalls kommt es zu Projektionsfehlern. Riskieren wir nun einen Blick auf die Projektionsmatrix:

$$\begin{pmatrix} \text{Aspect}\cdot\frac{\cos(0.5\cdot \text{FOV})}{\sin(0.5\cdot \text{FOV})} & 0 & 0 & 0 \\ 0 & \frac{\cos(0.5\cdot \text{FOV})}{\sin(0.5\cdot \text{FOV})} & 0 & 0 \\ 0 & 0 & \frac{\text{FarPlane}}{\text{FarPlane}-\text{NearPlane}} & 1 \\ 0 & 0 & -\frac{\text{FarPlane}\cdot \text{NearPlane}}{\text{FarPlane}-\text{NearPlane}} & 0 \end{pmatrix}$$

Die Arbeitsweise dieser Matrix ist auf den ersten Blick nicht so recht zu durchschauen. Wenn Sie aber ein Feeling für die Sache entwickeln möchten, definieren Sie einfach einige Vertices und transformieren Sie sie von Hand.

- Verwenden Sie die z-Achse als Blickrichtung.

  Verwenden Sie als Vertices die Eckpunke der Clipping Planes.

  Verwenden Sie einen Punkt auf der z-Achse als Vertex.

- Legen Sie für das FOV als Spezialfall einen Winkel von 180° fest.
- Lassen Sie den Abstand der Far Clipping Plane gegen unendlich streben (die perspektivische Projektion geht dann in eine Parallelprojektion über und das Viewing Volume wird zum Quader). Dadurch vereinfachen sich die Nenner der Matrixelemente _33 und _34, denn der Abstand der Near Clipping Plane kann gegenüber dem Abstand der Far Clipping Plane getrost vernachlässigt werden.

DirectX Graphics stellt uns natürlich auch hier zwei Funktionen zur Verfügung, die uns die Erstellung dieser Matrix abnehmen. Der folgende Aufruf erzeugt eine Projektionsmatrix für ein linkshändiges Weltkoordinatensystem:

```
D3DXMatrixPerspectiveFovLH(&matProj,
                           45*D3DX_PI/180, /* FOV */
                           Aspect,
                           1.0f,           /* Near Clipping Plane */
                           SizeOfUniverse);/* Far Clipping Plane */
```

Nach der Projektionstransformation werden die Polygone gegen die sechs Flächen des Viewing Volumes geclippt. Clipping bedeutet, dass die nicht sichtbaren Bereiche eines Polygons weggeschnitten werden. Aus Effizienzgründen wird hierfür das Viewing Volume seinerseits in einen Quader transformiert (Clipping gegen die Ebenen eines Quaders ist deutlich einfacher als gegen die Ebenen eines Pyramidenstumpfes). Auf die mathematischen Einzelheiten wollen wir hier aber nicht weiter eingehen (siehe hierzu W.D. *Fellner: Computergrafik. Bd.* 58. 2. *Aufl. Mannheim: BI Wissenschaftsverlag* 1992).

Umrechnung von Welt- in Bildschirmkoordinaten

Die Sicht- und Projektionstransformationen sind letzten Endes dafür verantwortlich, dass ein Objekt, das sich irgendwo in der Spielewelt befindet, auf den Bildschirm gezaubert wird. Unter Verwendung der zugehörigen Sicht- und Projektionsmatrizen werden wir jetzt eine Funktion schreiben, mit deren Hilfe sich die Bildschirmkoordinaten eines Objekts berechnen lassen. Einsetzen werden wir diese Funktion unter anderem in unserem Spieleprojekt bei der Selektierung von Angriffszielen im 3D-Raum oder über einen 3D-Scanner. Dabei berechnet man im ersten Schritt die Bildschirmkoordinaten eines möglichen Angriffsziels sowie die des Mauszeigers und vergleicht im zweiten Schritt diese Koordinaten miteinander. Stimmen die Bildschirmkoordinaten näherungsweise miteinander überein, zeigt der Mauszeiger auf ein mögliches Angriffsziel, welches dann im dritten Schritt selektiert werden kann.

Damit unsere Funktion korrekt arbeitet, muss für jedes Frame diejenige Matrix berechnet werden, die für die Transformation der Weltkoordinaten eines Objekts in die entsprechenden Bildschirmkoordinaten (genauer gesagt, in die Viewportkoordinaten: `-1/-1`: linke obere Bildschirmecke; `1/1`: rechte untere Bildschirmecke; `0/0`: Zentrum) verantwortlich ist:

```
ViewProjectionMatrix = matView*matProj;
```

Um den Ortsvektor eines Objekts in die Viewportkoordinaten zu transformieren, bedarf es jetzt einfach einer Matrizenmultiplikation. Eine kleine Schwierigkeit ergibt sich daraus, dass der

Ursprung der Bildschirmkoordinaten in der linken oberen Ecke des Bildschirms liegt, während sich der Ursprung der Viewportkoordinaten im Zentrum des Bildschirms befindet. Die Viewportkoordinaten müssen daher noch in die Bildschirmkoordinaten umgerechnet werden. Werfen wir jetzt einen Blick auf die zugehörige Funktion:

Listing 8.1: Berechnung der Bildschirmkoordinaten

```
inline void Calculate_Screen_Coordinates(float* pScreenX,
                                         float* pScreenY,
                                         D3DXVECTOR3* pVec)
{
    tempX = pVec->x;
    tempY = pVec->y;
    tempZ = pVec->z;

    tempX2 = ViewProjectionMatrix._11*tempX +
             ViewProjectionMatrix._21*tempY +
             ViewProjectionMatrix._31*tempZ +
             ViewProjectionMatrix._41;

    tempY2 = ViewProjectionMatrix._12*tempX +
             ViewProjectionMatrix._22*tempY +
             ViewProjectionMatrix._32*tempZ +
             ViewProjectionMatrix._42;

    tempW2 = ViewProjectionMatrix._14*tempX +
             ViewProjectionMatrix._24*tempY +
             ViewProjectionMatrix._34*tempZ +
             ViewProjectionMatrix._44;

    tempInvW2 = 1.0f/tempW2;

    *pScreenX = (1.0f + (tempX2*tempInvW2))*0.5f*screenwidth;
    *pScreenY = (1.0f - (tempY2*tempInvW2))*0.5f*screenheight;
}
```

Objekt-Culling

Eines sollten wir uns für die Zukunft merken, es kostet eine Menge Rechenzeit, ein 3D-Objekt durch die Transformationspipeline (Welt-, Sicht- und Projektionstransformation) zu schicken und im Anschluss daran zu clippen. Wenn sich dann am Ende herausstellt, dass das Objekt überhaupt nicht sichtbar ist, haben wir eine Menge Rechenpower unnütz verbraten. Bei einem Blickfeld von 90° sind im statistischen Mittel nur ein Viertel aller Objekte der 3D-Welt sichtbar. Das Verfahren, die nicht sichtbaren Objekte auszusondern, noch bevor man sie durch die Transformationspipeline schickt, nennt sich Objekt-Culling. Bei der einfachsten Variante des Objekt-Culling wird überprüft, ob sich ein Objekt vor bzw. hinter dem Betrachter befindet (Blickfeld von 180°). Hierfür bildet man einfach das Skalarprodukt aus Ortsvektor und Blickrichtung:

```
tempFloat = D3DXVec3Dot(&Ortsvektor,&PlayerBlickrichtung);

    if(tempFloat < 0.0f)
        visible = false; // Objekt hinter dem Spieler
```

Im statistischen Mittel werden jetzt 50 % aller Objekte im Vorfeld ausgesondert. Sofern sich ein Objekt jetzt vor dem Spieler befindet, bietet sich ein etwas genauerer Test an. Hierfür teilt man das Skalarprodukt erst einmal durch den Betrag des Ortsvektors, wodurch man den Kosinus des Blickwinkels erhält.

```
Betrag = Calculate3DVectorLength(&Ortsvektor);
tempFloat /= Betrag;
```

Bei einem Blickfeld von 90° ist ein Objekt nur dann sichtbar, wenn dessen Blickwinkel in einem Bereich von -45° bis +45° liegt:

```
if(tempFloat < 0.707f) // cos(-45°) = cos(45°) = 0.707
    visible = false;
```

In der Tat ist diese Annahme nur dann korrekt, wenn das Objekt keine räumliche Ausdehnung besitzt. In der Praxis muss man mit einem etwas kleineren minimalen bzw. größeren maximalen Blickwinkel arbeiten, sonst riskiert man ein vorzeitiges Culling.

```
if(tempFloat < 0.6f) // cos(-53°) = cos(53°) = 0.6
    visible = false;
```

Als Spieleprogrammierer sollte man immer ein Auge auf die Effizienz der verwendeten Algorithmen haben. Das von uns genutzte Verfahren ist zwar einfach nachzuvollziehen, die Berechnung des Vektorbetrags ist aber eigentlich überflüssig. Wir können stattdessen genauso gut mit dem quadratischen Betrag und dem quadratischen Skalarprodukt arbeiten und sparen auf diese Weise eine Wurzelberechnung ein. Des Weiteren werden wir noch überprüfen, ob sich das Objekt überhaupt innerhalb der maximalen Blickweite befindet:

```
tempFloat  = D3DXVec3Dot(&Ortsvektor,&PlayerBlickrichtung);
temp1Float = D3DXVec3LengthSq(&Ortsvektor);

temp2Float = tempFloat*tempFloat; // quadratisches Skalarprodukt

if(temp2Float > temp1Float*0.36f /*(cos(53°))²=(cos(-53°))²=0.36*/
   && temp2Float < SizeOfUniverseSq)
    visible = true;
```

Ein Bild entsteht – Doppelpufferung

Im letzten Schritt muss das Bild irgendwie auf den Monitor gezaubert werden. Im Computer- bzw. Videospeicher (RAM bzw. VRAM) wird ein Bild in Form eines linearen Arrays gespeichert. Jedes Arrayelement entspricht dabei einem bestimmten Bildpunkt und speichert den dazugehörigen Farbwert. Der Speicherbedarf eines Arrayelements ist abhängig von der eingestellten Farbtiefe (8 Bit: 256 Farben, 16 Bit: 65536 Farben (High Color), 24/32 Bit: 16,7 Millionen Farben (True Color)). Auf die verschiedenen Farbformate gehen wir in Kapitel 8.6 noch genauer ein. Bei der Bilderzeugung wird jetzt direkt auf einen bestimmten Bereich des VRAMs zugegriffen. In der DirectX-Terminologie bezeichnet man diesen Speicherbereich als Display- oder Primary-Surface. Jede Manipulation dieses Speicherbereichs wird augenblicklich auf dem Bildschirm sichtbar. Für die Bilderzeugung in einem Spiel scheidet die direkte Manipulation der Display-Surface aus. Der schrittweise Aufbau eines neuen Frames auf der Display-Surface beansprucht natürlich einige Zeit und macht sich, da sich das Bild in einem Spiel ständig verändert, als lästiges Bildschirmflackern bemerkbar. Zudem verläuft der Bildaufbau im Speicher nicht synchron zum Bildaufbau auf dem Monitor, was sich in Form von hässlichen Doppelbildern bemerkbar macht. Zur Vermeidung dieser Effekte verwendet man ein Verfahren, das als Doppelpufferung (double buffering) bezeichnet wird. Dabei wird das gesamte Bild in einem zweiten Speicherbereich, dem so genannten Backbuffer, aufgebaut und anschließend auf die Display-Surface kopiert bzw. in einer Fullscreen-Anwendung auf die Display-Surface geflippt. Das Surface-Flipping geht bedeutend schneller als das Kopieren der Backbuffer-Daten in die Display-Surface. Es werden einfach die Zeiger vertauscht, die auf die jeweiligen Speicherbereiche zeigen. Dadurch wird der Backbuffer zur neuen Display-Surface und die Display-Surface zum neuen Backbuffer.

Tiefenpufferung

Damit es beim Rendern einer 3D-Szene zu keinerlei Darstellungsfehlern kommt, musste in früheren Zeiten auf die richtige Reihenfolge beim Rendern der einzelnen Polygone geachtet werden (Painter-Algorithmus). Zuerst müssen die Polygone mit dem größten Abstand zur Kamera gerendert werden, zuletzt diejenigen Polygone mit dem kleinsten Abstand zur Kamera (Back to Front Order Rendering). Nur auf diese Weise war es möglich, dass die Polygone nahe der Kamera die weiter entfernten teilweise oder vollständig überdecken konnten. Heutzutage verwendet man ein anderes Verfahren, um das Problem mit den verdeckten Oberflächen in den Griff zu bekommen, die so genannte Tiefenpufferung (depth buffering). Obwohl dieses Verfahren schon lange Zeit bekannt war, konnte es aus technischen Gründen nicht eingesetzt werden. Zum einen ist es sehr speicherintensiv – Speicher war lange Zeit sehr teuer und zudem gab es unter DOS die leidige 640-Kbyte-Limitierung. Zum anderen ist das Verfahren sehr rechenintensiv. Die Leistung der damaligen Prozessoren war hierfür absolut unzureichend.

Das erste Verfahren dieser Art, das auf den Grafikkarten hardwaremäßig implementiert wurde, ist der z-Buffer-Algorithmus. Weiterentwicklungen sind der w-Buffer, Hierarchical Z (ATI-Technologie) und die Displaylisten (PowerVR/Kyro). All diese Verfahren müssen nicht extra initialisiert werden, in DirectX Graphics funktionieren sie ohne irgendwelche Programmänderungen.

Der Unterschied zwischen z-Buffer und w-Buffer besteht darin, dass Ersterer mit Tiefenwerten im Bereich von 0 bis 1 arbeitet. Der w-Buffer verwendet dagegen direkt die z-Komponente der Vertexpositionen.

Den z-Buffer kann man sich als ein Array vorstellen, welches die gleiche Dimension wie die Bildschirmauflösung besitzt und die Tiefeninformation der Polygone auf Pixelbasis speichert. Vor dem Rendern wird der gesamte z-Buffer mit dem maximal möglichen Tiefenwert belegt.

Beim Rendern eines Polygons wird jetzt Pixel für Pixel überprüft, ob der an der entsprechenden Position im z-Buffer gespeicherte Tiefenwert größer oder kleiner ist als der Tiefenwert des Pixels. Ist der im z-Buffer gespeicherte Tiefenwert größer, wird dieser durch den Tiefenwert des Pixels überschrieben, andernfalls entfällt der Schreibvorgang, da das neue Pixel sowieso durch ein anderes Pixel verdeckt würde und damit nicht sichtbar wäre.

8.5 Ein Anwendungsgerüst für unsere Projekte

In diesem Kapitel werden Sie ein einfaches Anwendungsgerüst kennen lernen, das wir bei der Entwicklung unserer zukünftigen Projekte einsetzen werden. Dieses Gerüst stellt uns eine Reihe von Funktionalitäten zur Verfügung, die uns die Projektentwicklung erheblich erleichtern werden, und ist zudem eine bereits lauffähige DirectX-Anwendung, die sich nach Belieben durch neue Module bis hin zu einer Game Engine erweitern lässt.

Gliederung des Anwendungsgerüstes

Das Anwendungsgerüst lässt sich in sieben Teile gliedern:

- **Game-Shell-Dateien** (Tag 1):

```
GameShell.h/cpp
GameRoutines.h/cpp
Resolutions.txt
RenderingAndMore.txt
```

- **Mathematikbibliothek** (Tage 3 bis 7):

```
CoolMath.h
```

- **Spielsteuerung** (Tag 9):

```
GiveInput.h
```

- **Musik und 3D-Sound** (Tag 10):

```
GoodSound.h
```

- **DirectX-Helperdateien:**

```
dxutil.h/cpp   // DirectX-Hilfsfunktionen
d3dutil.h/cpp  // DirectX-Graphics-Hilfsfunktionen
d3dfont.h/cpp  // Textanzeige
dmutil.h/cpp   // Musikmanager-Klasse
```

- **Globale Variablen und Externals:**

```
DXSubstitutions.h // globale DX-Ersetzungen
GameGlobals.h     // globale Variablen das Spiel betreffend
GameExternals.h   // in GameRoutines.h deklarierte Globals u.
                  // Prototypen
```

```
tempGlobals.h       // temporär verwendete Variablen
D3DGlobals.h        // globale DirectX-Graphics-(Direct3D-)Variablen
```

- **Weitere Dateien:**

```
Space3D.h              // Header-Datei, in welche alle weiteren
                       // Module eingebunden werden; Deklaration der
                       // in Space3D.cpp definierten Funktionen
Space3D.cpp            // Initialisieren u. Beenden von DX Graphics
                       // Kamerasteuerung, Weiterverarbeitung von
                       // Steuerbefehlen (Spielsteuerung),
                       // Initialisieren, Rendern u. Beenden von
                       // 3D-Szenarien, Musik abspielen
VertexFormats.h        // von uns vordefinierte Vertexformate
BillboardFunctions.h   // Funktionen für die Darstellung von
                       // 2D-Objekten (Tag 11)
TextureClasses.h       // Klassen für die Erzeugung von Texturen
SpielEinstellungen.txt // Speicherung der projektrelevanten
                       // Grafikeinstellungen
```

Lassen Sie sich nicht von dem Umfang einschüchtern, im Verlauf dieser Woche werden wir noch auf alle Details im Einzelnen eingehen.

Verwendete Bibliothekdateien

Damit sich das Anwendungsgerüst kompilieren lässt, müssen Sie unter EINSTELLUNGEN im Menü PROJEKT die Registerkarte LINKER auswählen und dort die folgenden Bibliothekdateien einbinden:

Spezielle DirectX-Bibliotheken:

```
d3dx9.lib d3d9.lib d3dxof.lib dxguid.lib dinput8.lib dsound.lib dxerr9.lib
```

Sonstige Bibliotheken:

```
winspool.lib ole32.lib winmm.lib kernel32.lib user32.lib gdi32.lib comdlg32.lib
advapi32.lib shell32.lib
```

DirectX-Ersetzungen

DirectX wird ständig weiterentwickelt und das ist auch gut so. Für den Entwickler bedeutet die Anpassung der eigenen Anwendungen an die jeweils aktuelle DirectX-Version leider immer einen mehr oder weniger großen Arbeitsaufwand.

Ein notwendiges Übel ist ferner die Tatsache, dass die aktuelle Versionsnummer immer in die Bezeichnung einiger DirectX-Typen und -Funktionen mit einfließt. Man kann sich jetzt eine Menge Arbeit sparen, indem man diese Bezeichnungen einfach mit Hilfe des Präprozessors durch eigene Typenbezeichnungen ersetzt:

```
#define VERTEXBUFFER LPDIRECT3DVERTEXBUFFER9
#define INDEXBUFFER  LPDIRECT3DINDEXBUFFER9
#define TEXTURE      LPDIRECT3DTEXTURE9
#define MATERIAL     D3DMATERIAL9
#define LIGHT        D3DLIGHT9
```

Diese und weitere Ersetzungen finden Sie in der Header-Datei *DXSubstitutions.h,* die sich bei Bedarf beliebig erweitern lässt. Zum einen wird der Quellcode durch die Ersetzungen leichter lesbar und zum anderen sind die eigenen Typenbezeichnungen nicht mehr versionsspezifisch. Bei der Verwendung einer neuen DirectX-Version muss einzig die Datei *DXSubstitutions.h* abgeändert werden.

In unseren Projekten werden wir hauptsächlich mit DirectX-Ersetzungen arbeiten. Die Entwicklung einiger Projekte hat bereits unter DirectX 8 begonnen und die Verwendung dieser Ersetzungen vereinfachte die Konvertierung zu DirectX 9 im erheblichen Maße. Aus didaktischen Gründen werden wir in Woche 2 natürlich die DirectX-Typenbezeichnungen verwenden.

8.6 Hallo DirectX Graphics

Unser erstes Projekt ist eine typische »Hallo Welt«-Anwendung: Wir initialisieren DirectX Graphics und geben eine Grußbotschaft auf dem Bildschirm aus.

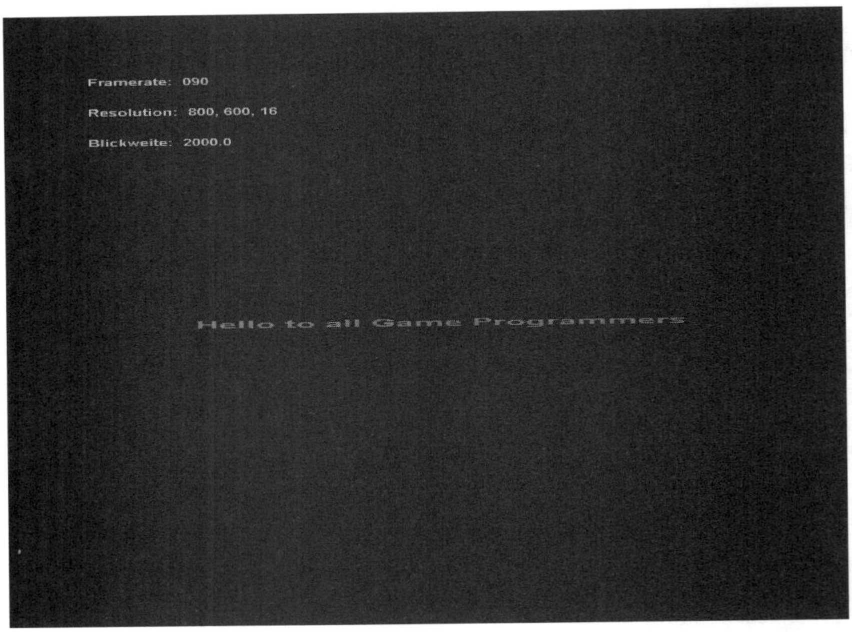

Abbildung 8.6: DirectX Graphics: »Hallo Welt«-Anwendung

Space3D.h – die zentrale Header-Datei für alle unsere Projekte

Gerade bei unseren ersten Projekten könnten wir gut und gern auf unser Anwendungsgerüst verzichten. In den Händen unerfahrener Entwickler haben Spieleprojekte jedoch die unangenehme Eigenschaft, schnell zu unübersichtlichen Programmcode-Monstern zu mutieren, in denen sich alsbald niemand mehr zurechtfindet. Die Wartung und Weiterentwicklung des Programmcodes wird dadurch so gut wie unmöglich. Um dem Chaos vorzubeugen, sollte man noch vor dem Programmieren damit beginnen, das Projekt zu modularisieren und ein Anwendungsgerüst zu entwerfen, das man auch für nachfolgende Projekte verwenden kann. Unser erstes Projekt stellt jetzt eine gute Gelegenheit dar, um sich mit einem solchen Gerüst vertraut zu machen.

Als Erstes werden wir uns die Header-Datei *Space3D.h* etwas genauer ansehen. Dieser Datei kommen zwei Aufgaben zu:

- Einbindung der Header-Dateien aller verwendeten Programmmodule
- Deklaration der in der Datei *Space3D.cpp* definierten Funktionen

```
#include <io.h>
#include <stdio.h>
#include "d3dutil.h"
#include "d3dfont.h"
#include "dxutil.h"
#include "DXSubstitutions.h"
#include "GameExternals.h"
#include "D3DGlobals.h"
#include "CoolMath.h"
#include "tempGlobals.h"
#include "TextureClasses.h"
#include "GameGlobals.h"
#include "VertexFormats.h"
#include "BillboardFunctions.h"
// #include "GoodSound.h"

void InitSpieleinstellungen(void);
void CleanUpD3D(void);
void InitD3D(void);
void Init_View_and_Projection_Matrix(void);
void Show_3D_Scenario(void);

// #include "GiveInput.h"
```

Die hier gezeigten Header-Dateien stellen uns für die eigentliche Projektentwicklung eine Reihe von Funktionalitäten zur Verfügung:

- hilfreiche DirectX-Makros und Helperfunktionen
- Textausgabe
- eine lauffähige DirectX-Graphics-Anwendung

- mathematische Funktionen
- Funktionen für die Ausrichtung von Billboards
- Spielsteuerung und Sound
- vordefinierte Vertexformate
- Klassen für die Erzeugung und den Umgang mit Texturen

Damit lässt sich doch schon einiges anfangen. Wenn Sie auf die Verwendung eines (eigenen) Anwendungsgerüstes verzichten würden, dann müssten Sie in jedem neu begonnenen Projekt die grundlegenden Funktionalitäten immer wieder aufs Neue implementieren und würden so eine Menge kostbarer Zeit verschwenden.

Schritte der Initialisierung

Bei Programmstart verzweigt das Programm in die Funktion `GameInitialisierungsRoutine()`, die Schritt für Schritt alle Initialisierungsarbeiten übernimmt. Nur zur Erinnerung, die Implementierung dieser Funktion findet sich in der Datei *GameRoutines.cpp* (siehe Kapitel 1.8). Für unser jetziges Projekt sind insgesamt vier Initialisierungsschritte erforderlich:

Listing 8.2: Demo »Hallo DirectX Graphics« – Initialisierungsschritte

```
void GameInitialisierungsRoutine(void)
{
    InitRenderOptions();
    InitSpieleinstellungen();
    InitD3D();
    Init_View_and_Projection_Matrix();
}
```

InitRenderOptions()

Die Funktion `InitRenderOptions()` sollte Ihnen noch aus Kapitel 1.8 bekannt sein. Sie ist im Programmmodul *GameRoutines.cpp* implementiert und entnimmt der Datei *RenderingAndMore.txt* Informationen darüber, welche Art der Vertexverarbeitung genutzt und ob Frame Based oder Time Based Rendering verwendet werden soll.

InitSpieleinstellungen()

Die Funktion `InitSpieleinstellungen()` ist im Programmmodul *Space3D.cpp* implementiert und liest aus der Datei *SpielEinstellungen.txt* alle projektrelevanten Grafikeinstellungen heraus – in unserem Beispiel lediglich die Sichtweite in der 3D-Szene.

InitD3D()

Die dritte Funktion ist dagegen ungleich interessanter, denn jetzt geht es an die Initialisierung von DirectX Graphics.

Ein Direct3D-Objekt initialisieren

Im ersten Schritt muss ein Direct3D-Objekt erzeugt werden. Hierfür wird die Funktion `Direct3DCreate9()` verwendet, der man als Parameter einzig die Konstante `D3D_SDK_VERSION` übergeben muss.

Den Display-Modus des Desktops ermitteln

Für den Fall, dass eine Fensteranwendung erzeugt werden soll, muss mit Hilfe der Funktion `GetAdapterDisplayMode()` der momentane Display-Modus (Auflösung, Farbtiefe und Format) abgefragt werden. Das Ergebnis wird in einer Variablen vom Typ `D3DDISPLAYMODE` abgespeichert.

Nach geeigneten Display- und Backbuffer-Formaten für den Fullscreen-Modus suchen

Für den Fall, dass eine Fullscreen-Anwendung erzeugt werden soll, müssen wir nach geeigneten Display- und Backbuffer-Formaten suchen, die von unserer Grafikkarte unterstützt werden. Hierfür verwenden wir die Funktion `CheckDeviceType()`.

Listing 8.3: CheckDeviceType() – Funktionsprototyp

```
HRESULT CheckDeviceType(
                UINT       Adapter,          /*welche Grafikkarte*/
                D3DDEVTYPE CheckType,        /*Hardware-
                                               Beschleunigung oder
                                               Softwareemulation*/
                D3DFORMAT  DisplayFormat,    /*Display-Format*/
                D3DFORMAT  BackBufferFormat, /*Backbuffer-Format*/
                BOOL       Windowed);        /*Windows- oder
                                               Vollbild-Anwendung*/
```

- Bei einer Farbtiefe von 32 Bit arbeitet das Display im Format `D3DFMT_X8R8G8B8`. Die Farbe setzt sich aus einem 8-Bit-Rot-, einem 8-Bit-Grün- und einem 8-Bit-Blauwert zusammen. Ein 8-Bit-Farbwert setzt sich aus jeweils 256 Farben zusammen; es stehen demnach 256 Rotfarben, 256 Grünfarben und 256 Blaufarben zur Verfügung. Von den 32 Bit werden demnach nur 24 Bit für die Farbdarstellung benötigt, 8 Bit sind daher unbelegt.
- Für den Backbuffer stehen bei einer Farbtiefe von 32 Bit die Formate `D3DFMT_X8R8G8B8` und `D3DFMT_A8R8G8B8` zur Verfügung. Für das zweite Format stehen jetzt 24 Bit für die Farbdarstellung und 8 Bit für den Alphakanal zur Verfügung. Der Alphawert legt den Grad der Transparenz eines Pixels fest (siehe Tag 12).
- Bei einer Farbtiefe von 16 Bit nutzen die meisten Grafikkarten das Displayformat `D3DFMT_R5G6B5`. Weitere Formate sind `D3DFMT_X1R5G5B5` und `D3DFMT_X4R4G4B4`.
- Für den Backbuffer stehen bei einer Farbtiefe von 16 Bit die Formate `D3DFMT_R5G6B5`, `D3DFMT_X1R5G5B5`, `D3DFMT_X4R4G4B4`, `D3DFMT_A1R5G5B5` sowie `D3DFMT_A4R4G4B4` zur Verfügung.

Bei der Festlegung der Farbformate sind verschiedene Kombinationen möglich. Dabei sind jedoch zwei Regeln einzuhalten:

- Display- und Backbuffer-Format müssen die gleiche Farbtiefe besitzen.
- Für jeden Farbwert muss die gleiche Anzahl an Bits zur Verfügung stehen:

  `D3DFMT_X1R5G5B5` + `D3DFMT_A1R5G5B5` funktioniert.

  `D3DFMT_X1R5G5B5` + `D3DFMT_R5G6B5` funktioniert nicht.

HINWEIS: Bei der Suche nach den richtigen Farbformaten werden Sie zum ersten Mal die DirectX-Makros `SUCCEEDED()` und `FAILED()` kennen lernen. Mit Hilfe dieser beiden Makros lässt sich auf einfache Weise anhand des Rückgabewerts `HRESULT` überprüfen, ob ein Funktionsaufruf erfolgreich verlaufen oder fehlgeschlagen ist.

Präsentationsparameter festlegen

Im nächsten Schritt werden die Präsentationsparameter für die Bildschirmdarstellung festgelegt:

- Handelt es sich um eine Fullscreen- oder Fensteranwendung?
- Wie viele Backbuffer sollen verwendet werden?
- Welches Format und welche Auflösung sollen die Backbuffer besitzen?
- Soll ein z-Buffer (Tiefenpuffer) verwendet werden?
- Auf welche Weise soll der Wechsel zwischen Backbuffer und Display-Surface erfolgen (swap effect)?

Ein Grafikkarten-Objekt initialisieren

Im letzten Schritt wird mittels der Funktion `CreateDevice()` ein Objekt erzeugt, über das man auf die Treiber der primären Grafikkarte zugreifen kann. Da wir natürlich die 3D-Hardware-Beschleunigung unseres Grafikprozessors voll ausreizen wollen, erzeugen wir ein so genanntes HAL-Gerät. HAL steht für **H**ardware **A**bstraction **L**ayer (Hardware-Abstraktionsschicht) und ist gewissermaßen der Ersatz für den direkten Zugriff auf die Grafikkarte.

Weiterhin muss die Art der Vertexverarbeitung festgelegt werden.

- Die schnellste Methode ist die Verwendung von Hardware Transform and Lightning.
- Des Weiteren kann man auch zwischen Mixed Transform and Lightning und
- Software Transform and Lightning wählen.

Die letzte Methode ist die langsamste, da Transformation und Beleuchtung der Vertices durch die CPU durchgeführt werden.

Jede Grafikkarte neueren Datums unterstützt standardmäßig Hardware Transform and Lightning (HardwareTnL). Die Transformation und Beleuchtung der Vertices wird jetzt von einem speziellen Prozessor, der GPU (**G**raphic **P**rocessing **U**nit), durchgeführt. Dadurch wird zum einen die CPU entlastet und zum anderen entfällt der ständige Datenaustausch zwischen Grafikkarte und CPU.

Darüber hinaus können Grafikkarten, die Hardware TnL unterstützen, unter Umständen als so genanntes reines Gerät (pure device) verwendet werden. Dies ist der schnellste Gerätetyp, er bietet dafür aber auch nur einen Teil der Direct3D-Funktionalität, den eine spezifische Karte unterstützt. Beispielsweise können keine `Get*()`-Aufrufe verwendet werden. Genauso wenig funktioniert die Emulation von nicht unterstützten Funktionalitäten, da Direct3D keine Statusüberwachung durchführt. Auch wenn die Initialisierung als reines Gerät erfolgreich verlaufen ist, kann es unter Umständen zum Programmabsturz kommen – ein unerlaubter Aufruf und das war es dann.

Einige Render States festlegen

Nachdem die Initialisierungen erfolgreich verlaufen sind, werden wir nun noch einige Render States (Renderzustände) festlegen. Mit Hilfe der Render States lässt sich der gesamte Renderprozess bis ins kleinste Detail steuern. Die zugehörige `SetRenderState()`-Methode hat nun den folgenden Aufbau:

```
HRESULT SetRenderState(D3DRENDERSTATETYPE State,
                       DWORD Value);
```

Betrachten wir gleich ein praktisches Beispiel:

```
// Beleuchtung einschalten
g_pd3dDevice->SetRenderState(D3DRS_LIGHTING, TRUE);
```

Einige Texture Stage States festlegen

Da wir schon einmal dabei sind, legen wir gleich noch einige Texture Stage States (Zustände einer Texturstufe) fest. Mit Hilfe dieser Einstellungen lässt sich das Texture Mapping steuern. Dazu zählen beispielsweise die Auswahl der zu verwendenden Texturkoordinaten sowie die Erzeugung von Texture-Blending-Effekten.

```
HRESULT SetTextureStageState(DWORD Stage,
                             D3DTEXTURESTAGESTATETYPE State,
                             DWORD Value);
```

Einige Sampler States festlegen

Neu in DirectX 9 hinzugekommen ist die `SetSamplerState()`-Methode, mit der sich ebenfalls das Texture Mapping beeinflussen lässt. In DirectX 8 gab es die Unterteilung in `SetSamplerState()`- und `SetTextureStageState()`-Aufrufe noch nicht. Mit Hilfe der `SetSamplerState()`-Methode lässt sich die Texturfilterung sowie der Textur-Adressierungsmodus einstellen.

```
HRESULT SetSamplerState(DWORD Sampler,
                        D3DSAMPLERSTATETYPE State,
                        DWORD Value);
```

CD3DFONT-Schriftklassen für den Einsatz vorbereiten

Zu guter Letzt werden noch zwei Instanzen der Klasse `CD3DFont` für den Einsatz vorbereitet. Die eigentliche Initialisierung erfolgt unmittelbar nach der Deklaration im Programmmodul *D3DGlobals.h*:

```
CD3DFont* Font1  = new CD3DFont(_T("Arial"), 20, D3DFONT_BOLD);
CD3DFont* Font2  = new CD3DFont(_T("Arial"), 10, D3DFONT_BOLD);
```

Die Implementierung dieser Klasse findet sich in der Datei *d3dfont.cpp*. Eingesetzt wird sie für die Textausgabe in einer 3D-Szene. Für die tägliche Arbeit habe ich diese Klasse noch um eine zusätzliche Funktion erweitert und einige kleine Änderungen vorgenommen. Zur Funktionsweise: Der auszugebende Text wird als Textur auf ein Quad (viereckiges Polygon) gemappt, das im Anschluss daran gerendert wird.

DieFunktion InitD3D() im Überblick

So, damit ist alles gesagt, was es für den Anfang zu sagen gibt. Es ist jetzt an der Zeit, sich die Definition der Funktion `InitD3D()` etwas näher anzusehen:

Listing 8.4: Initialisierung von DirectX Graphics

```
void InitD3D(void)
{
    centerX = screenwidth/2.0f;
    centerY = screenheight/2.0f;

    // Erzeugung des Direct3D-Objekts
    g_pD3D = Direct3DCreate9(D3D_SDK_VERSION);

    D3DDISPLAYMODE d3ddm;

    // Aktuellen Display-Modus feststellen
    // Die D3D-Fensteranwendung wird denselben Modus verwenden
    if(g_bFullScreen == false)
        g_pD3D->GetAdapterDisplayMode(D3DADAPTER_DEFAULT, &d3ddm);

    // Ein geeignetes Pixelformat für eine Fullscreen-Anwendung
    // suchen
    if(Farbtiefe == 16) // Farbtiefe 16 Bit
    {
        if(SUCCEEDED(g_pD3D->CheckDeviceType(D3DADAPTER_DEFAULT,
                                              D3DDEVTYPE_HAL,
                     D3DFMT_R5G6B5, D3DFMT_R5G6B5, FALSE)))
        {
            g_d3dfmtFullscreen = D3DFMT_R5G6B5;
        }
       else if(SUCCEEDED(g_pD3D->CheckDeviceType(D3DADAPTER_DEFAULT,
```

```
                                          D3DDEVTYPE_HAL,
                  D3DFMT_X1R5G5B5, D3DFMT_X1R5G5B5, FALSE)))
        {
            g_d3dfmtFullscreen = D3DFMT_X1R5G5B5;
        }
        else if(SUCCEEDED(g_pD3D->CheckDeviceType(D3DADAPTER_DEFAULT,
                                          D3DDEVTYPE_HAL,
                  D3DFMT_X1R5G5B5, D3DFMT_A1R5G5B5, FALSE)))
        {
            g_d3dfmtFullscreen = D3DFMT_A1R5G5B5;
        }
    }
    else if(Farbtiefe == 32) // Farbtiefe 32 Bit
    {
        if(SUCCEEDED(g_pD3D->CheckDeviceType(D3DADAPTER_DEFAULT,
                                          D3DDEVTYPE_HAL,
                  D3DFMT_X8R8G8B8, D3DFMT_X8R8G8B8, FALSE)))
        {
            g_d3dfmtFullscreen = D3DFMT_X8R8G8B8;
        }
        else if(SUCCEEDED(g_pD3D->CheckDeviceType(D3DADAPTER_DEFAULT,
                                          D3DDEVTYPE_HAL,
                  D3DFMT_X8R8G8B8, D3DFMT_A8R8G8B8, FALSE)))
        {
            g_d3dfmtFullscreen = D3DFMT_A8R8G8B8;
        }
    }

    // Präsentationsparameter festlegen:

    D3DPresent_Parameters d3dpp;
    ZeroMemory(&d3dpp, sizeof(d3dpp));
    d3dpp.Windowed = !g_bFullScreen;
    d3dpp.BackBufferCount  = 1;

    // z-Buffer anlegen:
    d3dpp.EnableAutoDepthStencil = TRUE;
    d3dpp.AutoDepthStencilFormat = D3DFMT_D16; // 16-Bit z-Buffer

    if(g_bFullScreen)
    {
        d3dpp.SwapEffect = D3DSWAPEFFECT_FLIP;

        // Warten, bis der vertikale Elektronenstahl-Rücklauf des
        // Monitors beendet ist. Surface-Flipping erfolgt synchron
        // zum Aufbau des Monitorbilds.
        d3dpp.PresentationInterval=D3DPRESENT_INTERVAL_ONE;

        d3dpp.hDeviceWindow    = main_window_handle;
```

```
        d3dpp.BackBufferWidth  = screenwidth;
        d3dpp.BackBufferHeight = screenheight;
        d3dpp.BackBufferFormat = g_d3dfmtFullscreen;
    }
    else
    {
        d3dpp.PresentationInterval=D3DPRESENT_INTERVAL_ONE;
        d3dpp.SwapEffect = D3DSWAPEFFECT_DISCARD;
        d3dpp.BackBufferFormat = d3ddm.Format;
    }

    // Objekt anlegen, über das man auf die Treiber der primären
    // Grafikkarte zugreifen kann

    FILE* file;
    if((file = fopen("protokoll.txt","w")) == NULL)
            Game_Shutdown();

    if(RenderingOption == 0)
    {
        // Versuche, Pure Device zu etablieren,
        // versuche, Hardware-Vertexverarbeitung zu etablieren,
        // versuche, gemischte Vertexverarbeitung zu etablieren,
        // Software-Vertexverarbeitung etablieren

        if(SUCCEEDED(g_pD3D->CreateDevice(D3DADAPTER_DEFAULT,
                            D3DDEVTYPE_HAL, main_window_handle,
                            D3DCREATE_HARDWARE_VERTEXPROCESSING |
                            D3DCREATE_PUREDEVICE,
                            &d3dpp, &g_pd3dDevice)))
        {
            fprintf(file,"%s\n", "hardware VertexProcessing with
                                  PureDevice gewollt");
        }
        else
        {
        if(SUCCEEDED(g_pD3D->CreateDevice(D3DADAPTER_DEFAULT,
                            D3DDEVTYPE_HAL, main_window_handle,
                            D3DCREATE_HARDWARE_VERTEXPROCESSING,
                            &d3dpp, &g_pd3dDevice)))
        {
            fprintf(file,"%s\n", "hardware VertexProcessing
                                  ungewollt");
        }
        else
        {
        if(SUCCEEDED(g_pD3D->CreateDevice(D3DADAPTER_DEFAULT,
                            D3DDEVTYPE_HAL, main_window_handle,
```

```
                        D3DCREATE_MIXED_VERTEXPROCESSING,
                        &d3dpp, &g_pd3dDevice)))
    {
        fprintf(file,"%s\n", "mixed VertexProcessing
                              ungewollt");
    }
    else
    {
        g_pD3D->CreateDevice(D3DADAPTER_DEFAULT,
                D3DDEVTYPE_HAL, main_window_handle,
                D3DCREATE_SOFTWARE_VERTEXPROCESSING,
                &d3dpp, &g_pd3dDevice);

        fprintf(file,"%s\n", "software VertexProcessing
                              ungewollt");
    }
    }
    }
}
else if(RenderingOption == 1)
{
    // Versuche, Hardware-Vertexverarbeitung zu etablieren,
    // versuche, gemischte Vertexverarbeitung zu etablieren,
    // Software-Vertexverarbeitung etablieren

}
else if(RenderingOption == 2)
{
    // Versuche, gemischte Vertexverarbeitung zu etablieren,
    // Software-Vertexverarbeitung etablieren
}
else if(RenderingOption == 3)
{
    // Software-Vertexverarbeitung etablieren
}

fclose(file);

// RenderStates festlegen:

// Culling im Uhrzeigersinn - Dreiecke müssen entgegen dem
// Uhrzeigersinn definiert sein.
g_ pd3dDevice->SetRenderState(D3DRS_CULLMODE, D3DCULL_CW);

// Dithering verwenden - verbessert die grafische Qualität der
// Darstellung
g_pd3dDevice->SetRenderState(D3DRS_DITHERENABLE, TRUE);

// Spekulare Lichtanteile bei der Beleuchtung berücksichtigen
```

```
    g_pd3dDevice->SetRenderState(D3DRS_SPECULARENABLE, TRUE);

    // Beleuchtung einschalten
    g_pd3dDevice->SetRenderState(D3DRS_LIGHTING, TRUE);

    // z-Buffer einschalten
    g_pd3dDevice->SetRenderState(D3DRS_ZENABLE, TRUE);

    // SamplerStates für 2 Texturstufen festlegen

    // Verwendung von bilinearer Texturfilterung:
    g_pd3dDevice->SetSamplerState(0, D3DSAMP_MINFILTER,
                                     D3DTEXF_LINEAR);
    g_pd3dDevice->SetSamplerState(0, D3DSAMP_MAGFILTER,
                                     D3DTEXF_LINEAR);

    g_pd3dDevice->SetSamplerState(1, D3DSAMP_MINFILTER,
                                     D3DTEXF_LINEAR);
    g_pd3dDevice->SetSamplerState(1, D3DSAMP_MAGFILTER,
                                     D3DTEXF_LINEAR);

    // TexturStageStates für 2 Texturstufen einstellen:

    // Die zu verwendenden Texturkoordinaten festlegen
    g_pd3dDevice->SetTextureStageState(0, D3DTSS_TEXCOORDINDEX, 0);
    g_pd3dDevice->SetTextureStageState(1, D3DTSS_TEXCOORDINDEX, 0);

    Aspect = (float)screenwidth/(float)screenheight;

    // Zwei Objekte initialisieren, die für die Textausgabe
    // verwendet werden können. Die Implementierung der zugehörigen
    // Klasse befindet sich in der Datei d3dfont.cpp.

    Font1->InitDeviceObjects(g_pd3dDevice);
    Font1->RestoreDeviceObjects();

    Font2->InitDeviceObjects(g_pd3dDevice);
    Font2->RestoreDeviceObjects();
}
```

View- und Projektionsmatrizen erstellen und zugehörige Transformationen durchführen

Nach der Initialisierung von DirectX Graphics wird die Funktion `Init_View_and_Projection_Matrix()` aufgerufen. Wie bereits in Kapitel 8.4 beschrieben, werden nun die Sicht- und Projektionsmatrizen erzeugt und die zugehörigen Transformationen durchgeführt.

Listing 8.5: View- und Projektionsmatrizen erstellen und zugehörige Transformationen durchführen

```
void Init_View_and_Projection_Matrix(void)
{
    PlayerPosition              = NullVektor;
    PlayerVerschiebungsvektor = NullVektor;

    PlayerFlugrichtung          = D3DXVECTOR3(0.0f, 0.0f, 1.0f);
    PlayerHorizontale           = D3DXVECTOR3(1.0f, 0.0f, 0.0f);
    PlayerVertikale             = D3DXVECTOR3(0.0f, 1.0f, 0.0f);

    D3DXMatrixLookAtLH(&matView, &PlayerPosition,
                                  &PlayerFlugrichtung,
                                  &PlayerVertikale);

    g_pd3dDevice->SetTransform(D3DTS_VIEW, &matView);

    D3DXMatrixPerspectiveFovLH(&matProj, 45*D3DX_PI/180, Aspect,
                               1.0f, SizeOfUniverse);

    g_pd3dDevice->SetTransform(D3DTS_PROJECTION, &matProj);
}
```

3D-Szenario anzeigen

Die Initialisierungsarbeiten sind abgeschlossen und alles ist für die Anzeige einer 3D-Szene vorbereitet. Für deren Darstellung verwenden wir jetzt die Funktion `Show_3D_Szenario()`.

Listing 8.6: Demo »Hallo DirectX Graphics« – Rendern einer 3D-Szene

```
void Show_3D_Scenario(void)
{
    // Clear the backbuffer and the z-buffer
    g_pd3dDevice->Clear(0, NULL, D3DCLEAR_TARGET|D3DCLEAR_ZBUFFER,
                        D3DCOLOR_XRGB(0,0,0), 1.0f, 0);

    g_pd3dDevice->BeginScene();

    Font1->DrawTextScaled(-0.55f, 0.0f, 0.9f, 0.06f, 0.02f,
                          D3DCOLOR_XRGB(0,0,250),
                          "Hello to all Game Programmers",
                          D3DFONT_FILTERED);

    sprintf(strBuffer, "Framerate:  %03d", (long)FrameRate);
    Font1->DrawTextScaled(-0.8f, -0.8f, 0.9f, 0.03f, 0.02f,
```

```
                         D3DCOLOR_XRGB(250,0,0),
                         strBuffer, D3DFONT_FILTERED);

    sprintf(strBuffer, "Resolution:  %d, %d, %d", screenwidth,
            screenheight, Farbtiefe);

    Font1->DrawTextScaled(-0.8f, -0.7f, 0.9f, 0.03f, 0.02f,
                         D3DCOLOR_XRGB(250,0,0),
                         strBuffer, D3DFONT_FILTERED);

    sprintf(strBuffer, "Blickweite:  %0.1f", SizeOfUniverse );
    Font1->DrawTextScaled(-0.8f, -0.6f, 0.9f, 0.03f, 0.02f,
                         D3DCOLOR_XRGB(250,0,0),
                         strBuffer, D3DFONT_FILTERED);

    g_pd3dDevice->EndScene();

    // Present the backbuffer contents to the display
    g_pd3dDevice->Present(NULL, NULL, NULL, NULL);
}
```

Zugegeben, die Szene ist recht unspektakulär – ein paar Textausgaben und das war es dann auch schon. Das gibt uns die Gelegenheit, die vier Schritte, die für die Anzeige einer Szene erforderlich sind, etwas näher zu betrachten:

Schritt 1 – Löschen der vorangegangenen Szene: Durch die Methode `Clear()` wird der Backbuffer mit der gewünschten Hintergrundfarbe eingefärbt und der z-Buffer mit den maximalen Tiefenwerten gefüllt. Falls ein Stencil-Buffer verwendet wird, wird auch dieser mit neuen Werten gefüllt:

Listing 8.7: Clear() – Funktionsprototyp

```
HRESULT Clear(DWORD Count,            /* Wie viele rechteckige
                                         Bildschirmbereiche löschen*/
              CONST D3DRECT* pRects, /* Zeiger auf diese Rechtecke*/
              DWORD Flags,            /* Was soll alles gelöscht
                                         werden?                   */
              D3DCOLOR Color,         /* Mit welcher Farbe soll der
                                         Backbuffer gefüllt werden?*/
              FLOAT Z,                /* z-Buffer Tiefenwert: 0-1  */
              DWORD Stencil           /* Stencilwert: 0-2^Bits-1   */
);
```

Durch den Aufruf

```
g_pd3dDevice->Clear(0, NULL, D3DCLEAR_TARGET|D3DCLEAR_ZBUFFER,
                    D3DCOLOR_XRGB(0,0,0), 1.0f, 0);
```

wird der gesamte Backbuffer schwarz eingefärbt und der z-Buffer mit dem maximalen Tiefenwert von 1.0f gefüllt.

Schritt 2 – neue Szene beginnen: Durch die Methode `BeginScene()` teilen wir DirectX Graphics mit, dass mit dem Aufbau einer neuen Szene begonnen wird:

```
g_pd3dDevice->BeginScene();
```

Schritt 3 – neue Szene beenden: Nachdem die komplette Szene aufgebaut wurde, müssen wir DirectX Graphics durch die Methode `EndScene()` mitteilen, dass die Szene bereit zum Anzeigen ist:

```
g_pd3dDevice->EndScene();
```

Schritt 4 – neue Szene anzeigen: Zum Anzeigen der Szene muss jetzt nur noch die Methode `Present()` aufgerufen werden. Auf den Funktionsprototyp werden wir nicht näher eingehen, da wir für jeden Parameter eine `NULL` übergeben:

```
g_pd3dDevice->Present(NULL, NULL, NULL, NULL);
```

Zu guter Letzt betrachten wir noch die `DrawTextScaled()`-Methode, die für die Ausgabe von 2D-Text verwendet wird. Als (x-, y-)Textkoordinaten werden die Viewportkoordinaten verwendet (-`1/-1`: linke obere Bildschirmecke; `1/1`: rechte untere Bildschirmecke). Die Verwendung von Viewportkoordinaten hat den Vorteil, dass der Text unabhängig von der eingestellten Bildschirmauflösung immer an der gleichen Stelle auf dem Bildschirm platziert wird. Des Weiteren kann der Text sowohl in der Breite als auch in der Höhe skaliert werden. Ein Skalierungsfaktor von `0.25f` in x-Richtung skaliert den Text beispielsweise auf 1/8 der Bildschirmbreite. Um eine bessere Darstellungsqualität zu erhalten, wird durch das Flag `D3DFONT_FILTERED` die bilineare Filterung aktiviert.

Aufräumarbeiten

Die Aufräumarbeiten bezüglich DirectX Graphics werden durch die Funktion `CleanUpD3D()` durchgeführt, die ihrerseits durch die Funktion `GameCleanUpRoutine()` aufgerufen wird. Zunächst werden die `CD3DFont`-Instanzen zerstört und anschließend die beiden DirectX-Graphics-Objekte wieder freigegeben:

Listing 8.8: DirectX Graphics beenden

```
void CleanUpD3D(void)
{
    Font1->DeleteDeviceObjects();
    Font2->DeleteDeviceObjects();

    SAFE_DELETE(Font1)
    SAFE_DELETE(Font2)
    SAFE_RELEASE(g_pd3dDevice)
    SAFE_RELEASE(g_pD3D)
}
```

8.7 Punkte, Linien und Kreise

Untersucht man eine 3D-Szene etwas genauer, stellt man erstaunt fest, dass sie eigentlich nur aus vielen Punkten, Linien und Dreiecken besteht. Sie wollen wissen, warum? Ganz einfach, Punkte, Linien und Dreiecke lassen sich besonders schnell rendern und alle Objekte lassen sich aus diesen geometrischen Grundelementen aufbauen. Aus Linien werden Kreise und aus Dreiecken Kugeln – um nur zwei Beispiele zu nennen. Die Dreiecke heben wir uns für später auf. In unserem zweiten Projekt geht es lediglich darum, einige Punkte, Linien und Kreise zu zeichnen, das reicht erst einmal für den Anfang.

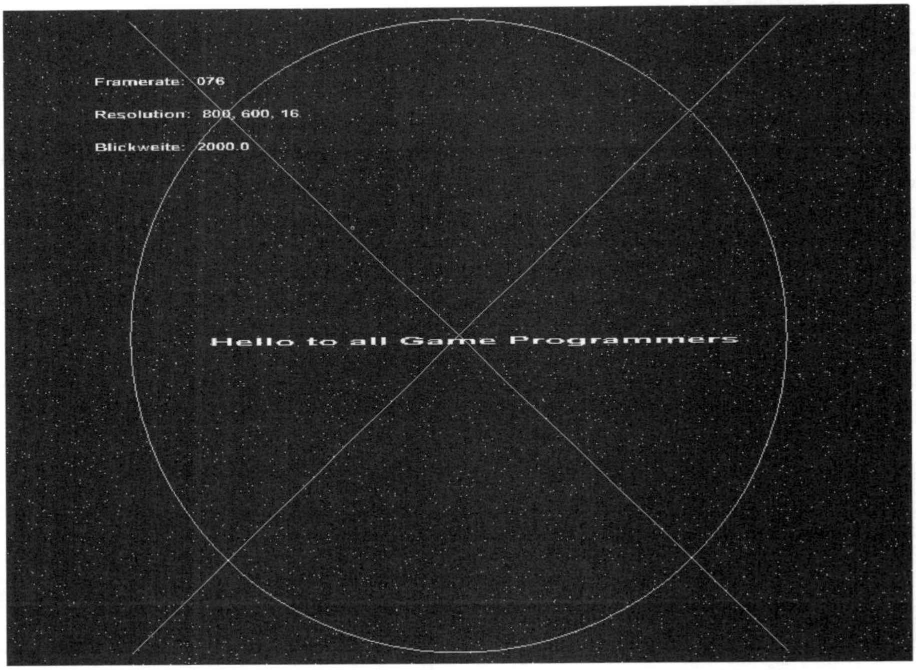

Abbildung 8.7: Punkte, Linien und Kreise in DirectX Graphics

Zu diesem Zweck erweitern wir unser Anwendungsgerüst mit der Datei *3D_ScenarioClass.h* um ein zusätzliches Programmmodul und implementieren die neuen Funktionalitäten in der Klasse `C3DScenario`.

C3DScenario-Klassengerüst

Vor der eigentlichen Programmierarbeit steht immer der Programmentwurf. In einem solchen werden die Funktionsprototypen, die verwendeten Variablen sowie die Klassengerüste festgelegt. Die eigentliche Implementierung der gewünschten Funktionalitäten erfolgt erst zu einem späteren Zeitpunkt. Erstellen wir also einen kleinen Entwurf:

Listing 8.9: Punkte, Linien und Kreise – C3DScenario-Klassengerüst

```
void Init3DScenario(void);
void CleanUp3DScenario(void);

class C3DScenario
{
public:

    C3DScenario();
    ~C3DScenario();
    void Render_Points(void);
    void Render_Circle(void);
    void Render_Line(D3DXVECTOR3* pAnfangsPosition,
                     D3DXVECTOR3* pEndPosition,
                     D3DCOLOR* pColor);
};
C3DScenario* Scenario = NULL;

void Init3DScenario(void)
{ Scenario = new C3DScenario; }
void CleanUp3DScenario(void)
{ SAFE_DELETE(Scenario) }
```

Einbinden der Datei 3D_ScenarioClass.h in unser Anwendungsgerüst

Zunächst muss die Datei *3D_ScenarioClass.h* in die zentrale Header-Datei *Space3D.h* eingebunden werden:

```
...
void InitSpieleinstellungen(void);
void CleanUpD3D(void);
void InitD3D(void);
void Init_View_and_Projection_Matrix(void);
void Show_3D_Scenario(void);

#include "3D_ScenarioClass.h"    // neu
...
```

Die Initialisierung einer Instanz der neuen Klasse erfolgt in der Funktion `GameInitialisierungsRoutine()`:

Listing 8.10: Punkte, Linien und Kreise – Initialisierungsschritte

```
void GameInitialisierungsRoutine(void)
{
    InitRenderOptions();
    InitSpieleinstellungen();
    InitD3D();
    Init_View_and_Projection_Matrix();
    Init3DScenario();                  // neu !!!!!
}
```

Die notwendigen Aufräumarbeiten werden von der Funktion `GameCleanUpRoutine()` ausgeführt:

Listing 8.11: Punkte, Linien und Kreise – Aufräumarbeiten

```
void GameCleanUpRoutine(void)
{
    CleanUp3DScenario();     // neu !!!!!
    CleanUpD3D();
}
```

Damit die Sache auch funktioniert, müssen wir die Prototypen der beiden Initialisierungs- und CleanUp-Funktionen als Externals in die Datei *GameRoutines.h* mit aufnehmen:

```
extern void Game_Shutdown(void);
extern void InitSpieleinstellungen(void);
extern void CleanUpD3D(void);
extern void InitD3D(void);
extern void Init_View_and_Projection_Matrix(void);
extern void Show_3D_Scenario(void);
extern void Init3DScenario(void);        // neu
extern void CleanUp3DScenario(void);     // neu
```

Punkte, Linien und Kreise rendern

Das Rendern der Punkte, Linien und Kreise erfolgt aus der Funktion `Show_3D_Scenario()`. Hierfür wird die Funktionsdefinition wie folgt abgeändert:

Listing 8.12: Punkte, Linien und Kreise – Rendern einer 3D-Szene

```
void Show_3D_Scenario(void)
{
    // Clear the backbuffer and the z-buffer
    g_pd3dDevice->Clear(0, NULL, D3DCLEAR_TARGET|D3DCLEAR_ZBUFFER,
                        D3DCOLOR_XRGB(0,0,0), 1.0f, 0);

    // Begin the scene
    g_pd3dDevice->BeginScene();
```

```
    Scenario->Render_Points();
    Scenario->Render_Circle();

    D3DCOLOR Color = D3DCOLOR_XRGB(0, 200, 0);

    // Linienanfang
    temp1Vektor3  = D3DXVECTOR3(-2.0f, -2.0f, 5.0f);
    // Linienende
    temp2Vektor3  = D3DXVECTOR3(2.0f, 2.0f, 5.0f);
    Scenario->Render_Line(&temp1Vektor3, &temp2Vektor3, &Color);

    // Linienanfang
    temp1Vektor3  = D3DXVECTOR3(-2.0f, 2.0f, 5.0f);
    // Linienende
    temp2Vektor3  = D3DXVECTOR3(2.0f, -2.0f, 5.0f);
    Scenario->Render_Line(&temp1Vektor3, &temp2Vektor3, &Color);

    // End the scene
    g_pd3dDevice->EndScene();

    // Present the backbuffer contents to the display
    g_pd3dDevice->Present(NULL, NULL, NULL, NULL);
}
```

Mit der Grobarbeit sind wir jetzt fertig. Wir können uns nun den wirklich interessanten Themen zuwenden und voll und ganz in die DirectX-Graphics-Programmierung einsteigen.

Flexible Vertexformate (FVF)

Jedes Objekt der 3D-Welt besteht aus einer mehr oder weniger großen Anzahl von Eckpunkten, den so genannten Vertices. Je nach Verwendungszweck müssen für einen Vertex verschiedene Daten gespeichert werden. Dazu zählen:

- Position
- Normale (für die Lichtberechnung)
- Farbe (in diesem Fall wird auf die Lichtberechnung verzichtet)
- ein oder mehrere Sätze von Texturkoordinaten (Texture Mapping, Multitexturing)

In DirectX Graphics hat man jetzt die Möglichkeit, für jeden Verwendungszweck ein geeignetes Vertexformat zu definieren. In der Datei *VertexFormats.h* sind einige Formate bereits in weiser Voraussicht vordefiniert. Für die Darstellung von Punkten (Hintergrundsterne) und Linien werden wir das folgende Vertexformat verwenden:

Listing 8.13: POINTVERTEX-Struktur

```
struct POINTVERTEX
{
    D3DXVECTOR3 position;
    D3DCOLOR    color;
};
#define D3DFVF_POINTVERTEX (D3DFVF_XYZ|D3DFVF_DIFFUSE)
```

Für jeden Vertex werden also Position und Farbe gespeichert. Durch die Konstante `D3DFVF_XYZ` teilen wir DirectX Graphics mit, dass die Vertices noch transformiert werden müssen. Die Konstante `D3DFVF_DIFFUSE` zeigt an, dass die Vertices bereits beleuchtet worden sind.

Vertexbuffer

Einen Vertexbuffer initialisieren

Damit ein 3D-Objekt transformiert und gerendert werden kann, müssen die Daten der zugehörigen Vertices irgendwo im Speicher unserer Grafikkarte abgelegt werden. Damit die Vertexverarbeitung möglichst effizient vonstatten geht, legt man für die Vertexdaten einen geschützten Speicherbereich, einen so genannten Vertexbuffer, an. Betrachten wir ein praktisches Beispiel:

```
// Einen Vertexbuffer für eine PunktListe anlegen
g_pd3dDevice->CreateVertexBuffer(AnzahlPunkte*sizeof(POINTVERTEX),
                                 D3DUSAGE_WRITEONLY,
                                 D3DFVF_POINTVERTEX,
                                 D3DPOOL_MANAGED, &PunkteVB, NULL);
```

Der erste Parameter der `CreateVertexBuffer()`-Methode legt fest, wie groß der Vertexbuffer sein muss. Hierfür übergeben wir die Anzahl der Punkte sowie den Speicherplatz, den ein `POINTVERTEX` beansprucht. Der zweite Parameter beschreibt den Verwendungszweck. Wir werden hier immer mit dem Flag `D3DUSAGE_WRITEONLY` arbeiten. Durch dieses Flag werden zwar die Lesezugriffe untersagt, da aber auf der anderen Seite die Schreib- und Renderoperationen effizienter durchgeführt werden, nehmen wir diese Einschränkung dankend in Kauf. Der dritte Parameter legt das Vertexformat fest, das für den Vertexbuffer verwendet werden soll. Als vierten Parameter übergeben wir das Flag `D3DPOOL_MANAGED` und weisen damit DirectX Graphics an, sich um alle notwendigen Verwaltungsarbeiten zu kümmern. Als fünften Parameter müssen wir noch die Adresse eines Zeigers übergeben, der auf den Vertexbuffer verweist. Der sechste Parameter ist für uns nicht von Interesse und wir können ruhigen Gewissens eine `NULL` übergeben.

Auf einen Vertexbuffer zugreifen

Da der Vertexbuffer ein geschützter Speicherbereich ist, müssen wir ihn vor jedem Zugriff erst einmal verriegeln. Hierfür wird die Methode `Lock()` verwendet. Nachdem alle Schreibvorgänge durchgeführt worden sind, muss der Vertexbuffer mit der Methode `Unlock()` wieder entriegelt werden:

Listing 8.14: Zugriff auf einen Vertexbuffer

```
POINTVERTEX* pPointVertices;

// Vertexbuffer verriegeln:
PunkteVB->Lock(0, 0, (VOID**)&pPointVertices, 0);

// Allen Vertices eine Position und eine Farbe zuweisen:
for(i = 0; i < AnzahlPunkte; i++)
{
    pPointVertices[i].position = D3DXVECTOR3(frnd(-3.0f, 3.0f),
                                             frnd(-2.5f, 2.5f),
                                             5.0f);

    HelpColorValue = lrnd(50,200);

    pPointVertices[i].color    = D3DCOLOR_XRGB(HelpColorValue,
                                               HelpColorValue,
                                               HelpColorValue);
}
// Vertexbuffer wieder entriegeln:
PunkteVB->Unlock();
```

Vertexdaten transformieren

Bevor die Vertexdaten gerendert werden können, müssen wir diese zunächst durch die Transformations- und Beleuchtungspipeline schicken. Damit alle Transformationen korrekt ausgeführt werden, muss über die Methode `SetFVF()` ein entsprechender Vertex-Shader ausgewählt werden.

Bei der Verwendung von programmierbaren Vertex-Shadern muss stattdessen die Methode `SetVertexShader()` genutzt werden.

Für unsere Pointvertices sieht der Aufruf wie folgt aus:

```
g_pd3dDevice->SetFVF(D3DFVF_POINTVERTEX);
```

Mit Hilfe der Funktion `SetStreamSource()` werden die zu rendernden Vertexdaten schließlich ausgewählt.

```
g_pd3dDevice->SetStreamSource(0, PunkteVB, 0, sizeof(POINTVERTEX));
```

Seit DirectX 8 können bei Verwendung von programmierbaren Vertex-Shadern die Vertexkomponenten auch aus verschiedenen Quellen (Sources) kommen. Beispielsweise könnte ein Vertexbuffer die Positionen liefern, ein anderer stellt die Normalen zu Verfügung, wieder ein anderer die Texturkoordinaten usw. Dabei darf man natürlich nicht vergessen, jedem Datenstrom eine eigene Nummer (der erste Parameter) zuzuweisen.

Vertexdaten rendern

Zum Rendern der Vertexdaten eines Vertexbuffers wird die Methode `DrawPrimitive()` verwendet. Mit Hilfe dieser Methode können sechs verschiedene Grafikprimitiven gerendert werden. Eine solche Primitive legt fest, auf welche Weise die Vertices im Vertexbuffer miteinander verbunden werden sollen (s. Abb. 8.8).

Punkte und Linien rendern

Eine Point List lässt sich jetzt wie folgt rendern:

```
g_pd3dDevice->DrawPrimitive(D3DPT_POINTLIST, 0, /* Startindex */
                            AnzahlPunkte);
```

Da alle Vertexdaten gerendert werden sollen, übergeben wir dieser Methode als Startindex eine `0`.

Zum Rendern einer einzigen Linie verwenden wir den folgenden Aufruf:

```
g_pd3dDevice->DrawPrimitive(D3DPT_LINELIST, 0, /*Startindex*/
                                            1  /*eine Linie*/);
```

Einen Kreis rendern

Der Kreis in Abbildung 8.9 ist genau genommen gar kein Kreis, sondern ein regelmäßiges Vieleck, ein so genannter Polyeder. Je größer die Anzahl der Polyederecken bzw. die Anzahl der Polyedersegmente ist, desto kreisähnlicher wirkt später die Darstellung. Für die Berechnung der Vertexkoordinaten verwenden wir die von Tag 3 bereits bekannten zweidimensionalen Polarkoordinaten (Kreiskoordinaten).

So weit – so gut, einen Stolperstein gibt es aber doch. Wenn wir beispielsweise ein Achteck erzeugen wollen, müssen wir nicht acht Eckpunkte bzw. Segmente definieren, sondern neun, wobei der neunte Eckpunkt mit dem ersten Eckpunkt identisch ist. Andernfalls wäre das Achteck nicht geschlossen.

Zum Rendern eines Kreises verwenden wir jetzt einen Line Strip:

```
g_pd3dDevice->DrawPrimitive(D3DPT_LINESTRIP, 0, RingSegmente-1);
```

Für die Anzahl der zu rendernden Grafikprimitiven muss der Wert `RingSegmente-1` übergeben werden. Bedenken Sie, dass ein Line Strip aus `n` Punkten nur aus `n-1` Linien besteht.

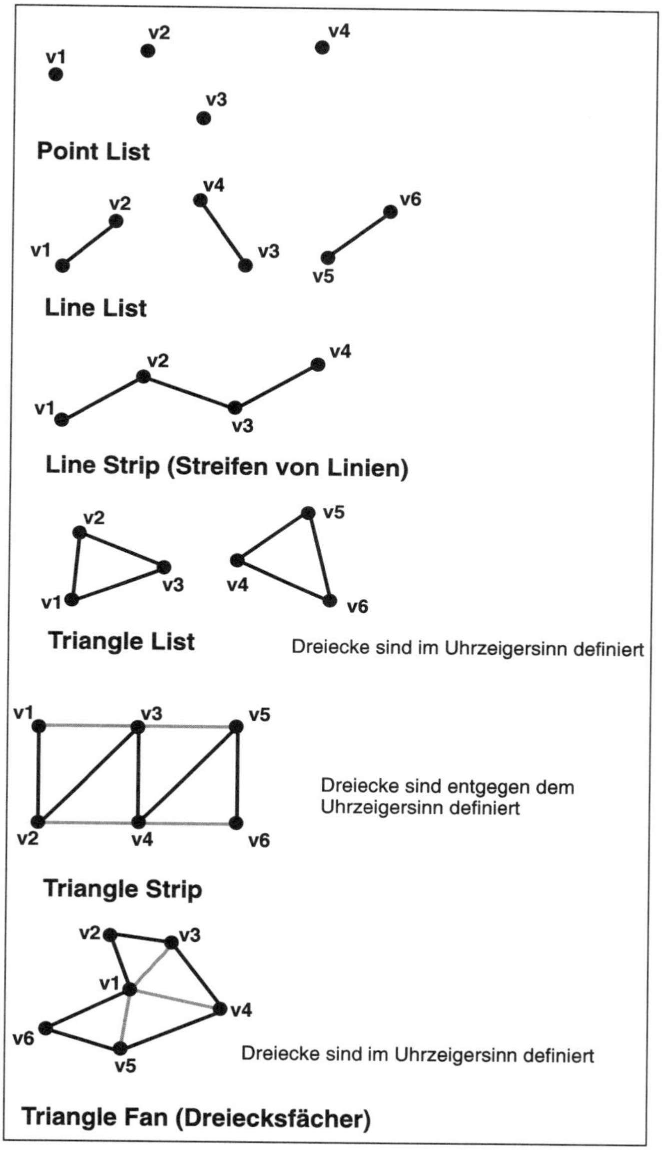

Abbildung 8.8: Grafikprimitiven

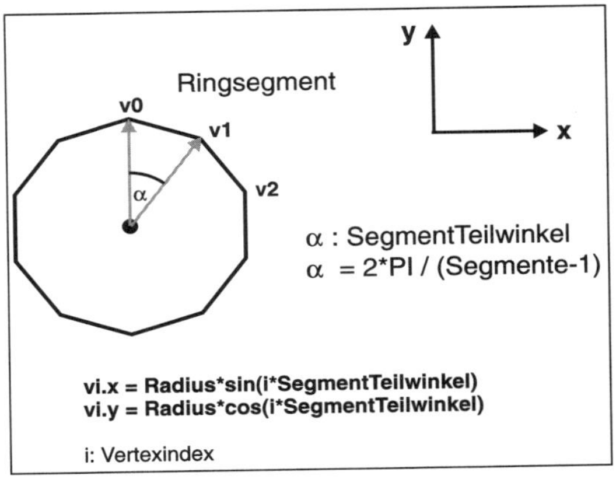

Abbildung 8.9: Berechnung der Vertexkoordinaten eines Kreises

Implementierung der Klasse C3DScenario

Nach der ganzen Theorie ist es nun an der Zeit, sich um die praktische Implementierung des soeben Gelernten zu kümmern.

Listing 8.15: Punkte, Linien und Kreise – Implementierung der Klasse C3DScenario

```
class C3DScenario
{
public:
    long   HelpColorValue, AnzahlPunkte;
    long   RingSegmente; // des Kreises

    LPDIRECT3DVERTEXBUFFER9 PunkteVB;
    LPDIRECT3DVERTEXBUFFER9 GreenCircleVB;
    LPDIRECT3DVERTEXBUFFER9 LineVB;

    C3DScenario()
    {
        long i;
        AnzahlPunkte = 5000;

        g_pd3dDevice->CreateVertexBuffer(2*sizeof(POINTVERTEX),
                                         D3DUSAGE_WRITEONLY,
                                         D3DFVF_POINTVERTEX,
                                         D3DPOOL_MANAGED,
                                         &LineVB, NULL);

        g_pd3dDevice->CreateVertexBuffer(AnzahlPunkte*
                                         sizeof(POINTVERTEX),
```

```
                                          D3DUSAGE_WRITEONLY,
                                          D3DFVF_POINTVERTEX,
                                          D3DPOOL_MANAGED,
                                          &PunkteVB, NULL);

    POINTVERTEX* pPointVertices;

    PunkteVB->Lock(0, 0, (VOID**)&pPointVertices, 0);

    for(i = 0; i < AnzahlPunkte; i++)
    {
      pPointVertices[i].position=D3DXVECTOR3(frnd(-3.0f, 3.0f),
                                             frnd(-2.5f, 2.5f),
                                             5.0f);

      HelpColorValue = lrnd(50,200);

      pPointVertices[i].color = D3DCOLOR_XRGB(HelpColorValue,
                                              HelpColorValue,
                                              HelpColorValue);
    }
    PunkteVB->Unlock();

    RingSegmente = 80;

    g_pd3dDevice->CreateVertexBuffer(RingSegmente*
                                     sizeof(POINTVERTEX),
                                     D3DUSAGE_WRITEONLY,
                                     D3DFVF_POINTVERTEX,
                                     D3DPOOL_MANAGED,
                                     &GreenCircleVB, NULL);

    GreenCircleVB->Lock(0, 0, (VOID**)&pPointVertices, 0);

    float SegmentTeilwinkel = 2*D3DX_PI/(RingSegmente-1);

    for(i = 0; i < RingSegmente; i++)
    {
       pPointVertices[i].position = D3DXVECTOR3(
                                 2.0f*sinf(i*SegmentTeilwinkel),
                                 2.0f*cosf(i*SegmentTeilwinkel),
                                 5.0f);

       pPointVertices[i].color = D3DCOLOR_XRGB(0,200,0);
    }
    GreenCircleVB->Unlock();
}
~C3DScenario()
```

```
{
    SAFE_RELEASE(PunkteVB)
    SAFE_RELEASE(GreenCircleVB)
    SAFE_RELEASE(LineVB)
}
void Render_Points(void)
{
    // z_Buffer wird nicht benötigt, deaktivieren
    g_pd3dDevice->SetRenderState(D3DRS_ZENABLE, FALSE);
    // Licht wird nicht benötigt, Vertexfarbe wurde bereits
    // festgelegt, Licht ausschalten:
    g_pd3dDevice->SetRenderState(D3DRS_LIGHTING, FALSE);

    g_pd3dDevice->SetFVF(D3DFVF_POINTVERTEX);
    g_pd3dDevice->SetStreamSource(0, PunkteVB, 0,
                                  sizeof(POINTVERTEX));
    g_pd3dDevice->DrawPrimitive(D3DPT_POINTLIST, 0,
                                AnzahlPunkte);

    // Licht wieder anschalten und z-Buffer wieder aktivieren
    g_pd3dDevice->SetRenderState(D3DRS_LIGHTING, TRUE);
    g_pd3dDevice->SetRenderState(D3DRS_ZENABLE, TRUE);
}
void Render_Circle(void)
{
    g_pd3dDevice->SetRenderState(D3DRS_ZENABLE, FALSE);
    g_pd3dDevice->SetRenderState(D3DRS_LIGHTING, FALSE);

    g_pd3dDevice->SetStreamSource(0, 0, GreenCircleVB, 0,
                                  sizeof(POINTVERTEX));
    g_pd3dDevice->SetFVF(D3DFVF_POINTVERTEX);
    g_pd3dDevice->DrawPrimitive(D3DPT_LINESTRIP, 0,
                                RingSegmente-1);

    g_pd3dDevice->SetRenderState(D3DRS_LIGHTING, TRUE);
    g_pd3dDevice->SetRenderState(D3DRS_ZENABLE, TRUE);
}
void Render_Line(D3DXVECTOR3* pAnfangsPosition,
                 D3DXVECTOR3* pEndPosition,
                 D3DCOLOR* pColor)
{
    POINTVERTEX* pPointVertices;

    LineVB->Lock(0, 0, (VOID**)&pPointVertices, 0);

    pPointVertices[0].position = *pAnfangsPosition;
    pPointVertices[0].color    = *pColor;
    pPointVertices[1].position = *pEndPosition;
```

```
        pPointVertices[1].color    = *pColor;

        LineVB->Unlock();

        g_pd3dDevice->SetRenderState(D3DRS_ZENABLE, FALSE);
        g_pd3dDevice->SetRenderState(D3DRS_LIGHTING, FALSE);

        g_pd3dDevice->SetStreamSource(0, LineVB, 0,
                                      sizeof(POINTVERTEX));
        g_pd3dDevice->SetFVF(D3DFVF_POINTVERTEX);
        g_pd3dDevice->DrawPrimitive(D3DPT_LINELIST, 0, 1);

        g_pd3dDevice->SetRenderState(D3DRS_LIGHTING, TRUE);
        g_pd3dDevice->SetRenderState(D3DRS_ZENABLE, TRUE);
    }
};
C3DScenario* Scenario = NULL;
```

8.8 Texturen – der erste Kontakt

Im letzten Projekt des heutigen Tages werden Sie die Grundlagen des Texture Mappings kennen lernen. Texture Mapping wird verwendet, um den Oberflächendetailreichtum von 3D-Objekten zu erhöhen. Texturen sind einfache Bitmapgrafiken, die im Videospeicher der Grafikkarte gespeichert sind. Nachdem ein 3D-Objekt transformiert worden ist, werden die Dreiecke, aus denen das Objekt zusammengesetzt ist, gemäß der in den Vertices gespeicherten Texturkoordinaten mit einer Textur überzogen. Es handelt sich dabei um ein sehr rechenintensives Verfahren, bei dem die Textur Texel für Texel auf ein Dreieck übertragen (gemappt) wird. Ein Wort zur Nomenklatur – im Zusammenhang mit Texturen spricht man normalerweise nicht von Pixeln, sondern von Texeln. Erschwert wird das Texture Mapping dadurch, dass 3D-Objekte frei beweglich sind, sich um beliebige Achsen drehen können und entsprechend ihrem Abstand von der Kamera vergrößert oder verkleinert erscheinen.

Erzeugung von Texturen

Die Klasse CTexturPool

Um uns den Umgang mit den Texturen zu erleichtern, entwerfen wir jetzt eine kleine Texturklasse, die wir in allen weiteren Projekten verwenden werden. Die Implementierung dieser Klasse findet sich in der Datei *TextureClasses.h*.

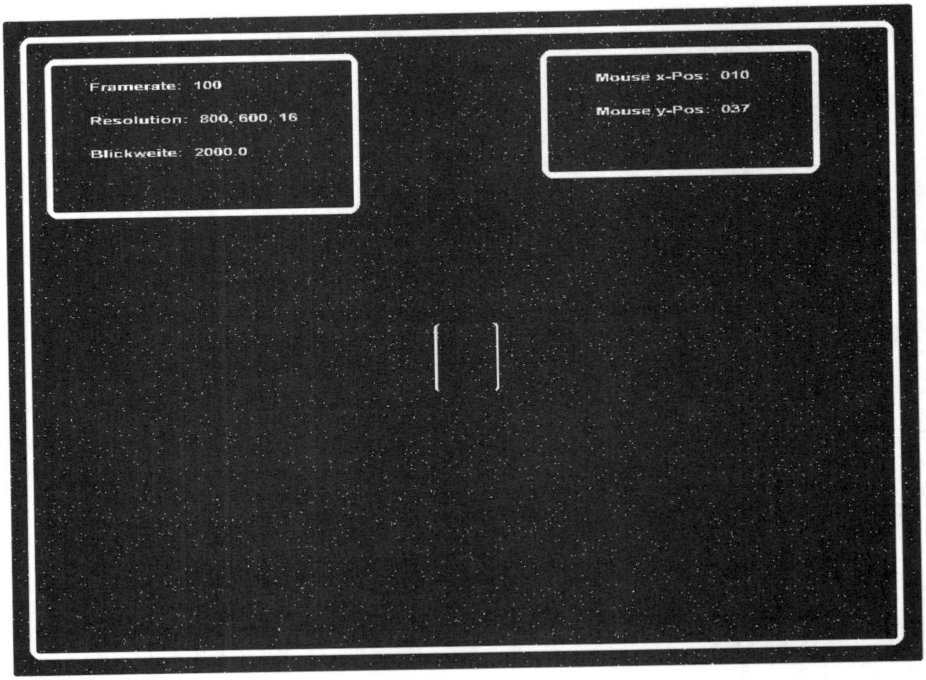

Abbildung 8.10: Aus dem Texturen-Demoprogramm

Listing 8.16: CTexturPool-Klassengerüst

```
class CTexturPool
{
public:

    CTexturPool();
    ~CTexturPool();
    void CreateTextur(void);
    void CreateNonTransparentTextur(void);
    void CreateTextur_withoutMipmaps(void);
    void CreateNonTransparentTextur_withoutMipmaps(void);
};
```

- Die Methode `CreateTextur()` wird verwendet, um eine Textur inklusive vollständiger Mipmap-Kette zu erzeugen. Schwarze Bereiche werden bei eingeschaltetem Alpha Blending transparent dargestellt. Eine Mipmap-Textur ist nichts weiter als eine verkleinerte Version der Textur, die im Zusammenhang mit der Texturfilterung eingesetzt wird. Weitere Informationen zu den Themen Mipmapping, Texturfilterung und Alpha Blending gibt es an Tag 12.

- Die zweite Methode `CreateNonTransparentTextur()` erzeugt eine Textur inklusive vollständiger Mipmap-Kette ohne transparenten Bereich.
- Die Methoden 3 und 4 erzeugen Texturen ohne Mipmap-Kette.

Soll jetzt eine Textur erzeugt werden, sind hierfür drei Schritte erforderlich:

Schritt 1 – ein Texturklassen-Objekt erzeugen:

```
CursorTextur = new CTexturPool;
```

Schritt 2 – Speicherpfad der Textur übergeben:

```
sprintf(CursorTextur->Speicherpfad, "Cursor.bmp");
```

Schritt 3 – Textur erzeugen:

```
CursorTextur->CreateTextur();
```

D3DXCreateTextureFromFileEx()

Für die Erzeugung von Texturen steht dem DirectX-Programmierer die wahre Wunderfunktion `D3DXCreateTextureFromFileEx()` zur Verfügung.

Listing 8.17: D3DXCreateTextureFromFileEx() – Funktionsprototyp

```
HRESULT D3DXCreateTextureFromFileEx(
        LPDIRECT3DDEVICE9    pDevice,    /*Zeiger auf Device-Objekt*/
        LPCSTR               pSrcFile,   /*Texturpfad*/
        UINT                 Width,      /*Texturbreite in Pixeln*/
        UINT                 Height,     /*Texturhöhe in Pixeln*/
        UINT                 MipLevels,  /*Anzahl Mipmaps*/
        DWORD                Usage,      /*Verwendungszweck*/
        D3DFORMAT            Format,     /*Pixelformat*/
        D3DPOOL              Pool,       /*Art der Texturverwaltung*/
        DWORD                Filter,     /*für die Texturerstellung*/
        DWORD                MipFilter,  /*Mipmap-Filter*/
        D3DCOLOR             ColorKey,   /*Farbe, die bei Alpha
                                           Blending transparent
                                           erscheint*/
        D3DXIMAGE_INFO*      pSrcInfo,   /*für uns unwichtig: NULL*/
        PALETTEENTRY*        pPalette,   /*für uns unwichtig: NULL*/
        LPDIRECT3DTEXTURE9*  ppTexture   /*Adresse des Texturzeigers*/
        );
```

Wir werden jetzt den Umgang mit dieser Funktion etwas genauer betrachten. Die Methode `CreateTextur()` verwendet den folgenden Aufruf:

```
D3DXCreateTextureFromFileEx(g_pd3dDevice,Speicherpfad,
                            D3DX_DEFAULT, D3DX_DEFAULT,
                            D3DX_DEFAULT, 0,
                            D3DFMT_UNKNOWN, D3DPOOL_MANAGED,
```

```
D3DX_FILTER_TRIANGLE |
D3DX_FILTER_MIRROR |
D3DX_FILTER_DITHER,
D3DX_FILTER_BOX |
D3DX_FILTER_MIRROR |
D3DX_FILTER_DITHER,
D3DCOLOR_XRGB(0,0,0), 0, 0,&pTexture);
```

- Zu den ersten beiden Parametern gibt es eigentlich nicht viel zu sagen. Deutlich interessanter sind da schon die drei folgenden Parameter – für die Höhe, Breite und die Anzahl der Mipmaps übergeben wir jeweils die Konstante D3DX_DEFAULT. Damit weisen wir die Funktion an, eine Textur inklusive kompletter Mipmap-Kette zu erzeugen. Die Maße der Textur entsprechen dabei den Maßen der Bitmap in der Quelldatei.
- Als nächsten Parameter übergeben wir eine 0. Damit legen wir fest, dass eine ganz normale Textur-Surface erzeugt werden soll. Beispielsweise besteht die Möglichkeit, die Textur-Surface auch als Render Target einzusetzen (von dieser Möglichkeit wird beim Shadowmapping Gebrauch gemacht).
- Als siebenten Parameter verwenden wir D3DFMT_UNKNOWN. Damit wird das Format der Bitmap aus der Quelldatei übernommen.
- Der achte Parameter – D3DPOOL_MANAGED – weist DirectX Graphics an, sich um alle notwendigen Verwaltungsarbeiten zu kümmern.
- Als Nächstes müssen die Filter ausgewählt werden, die bei der Textur- und Mipmap-Erstellung verwendet werden sollen. Besonderes Augenmerk verdienen die beiden Filter D3DX_FILTER_TRIANGLE und D3DX_FILTER_BOX. Der erste Filter sollte immer dann verwendet werden, wenn die Maße der Textur mit den Maßen der Bitmap in der Quelldatei übereinstimmen. Sind dagegen die Maße der Textur nur halb so groß, sollte der zweite Filter verwendet werden. Weitere Informationen zu den Filtern entnehmen Sie bitte dem DirectX-SDK.
- Nun müssen wir noch die Farbe angeben, die bei eingeschaltetem Alpha Blending transparent dargestellt werden soll, in unserem Fall Schwarz.
- Die folgenden zwei Parameter sind für uns nicht so wichtig, wir übergeben ruhigen Gewissens eine 0.
- Als Letztes müssen wir noch die Adresse des Zeigers pTexture übergeben, der auf die Textur-Surface zeigt.

Kommen wir nun zur Implementierung der Klasse CTexturPool.

Listing 8.18: Implementierung der Klasse CTexturPool

```
class CTexturPool
{
public:
    char Speicherpfad[100];
    LPDIRECT3DTEXTURE9 pTexture;

    CTexturPool()
    {}
    ~CTexturPool()
    {
        SAFE_RELEASE(pTexture)
    }
    void CreateTextur(void)
    {
      D3DXCreateTextureFromFileEx(g_pd3dDevice,Speicherpfad,
                                  D3DX_DEFAULT, D3DX_DEFAULT,
                                  D3DX_DEFAULT, 0,
                                  D3DFMT_UNKNOWN, D3DPOOL_MANAGED,
                                  D3DX_FILTER_TRIANGLE |
                                  D3DX_FILTER_MIRROR |
                                  D3DX_FILTER_DITHER,
                                  D3DX_FILTER_BOX |
                                  D3DX_FILTER_MIRROR |
                                  D3DX_FILTER_DITHER,
                                  D3DCOLOR_XRGB(0,0,0),
                                  0, 0,&pTexture);
    }
    void CreateNonTransparentTextur(void)
    {
        D3DXCreateTextureFromFileEx(..., 0, 0, 0,&pTexture);
    }
    void CreateTextur_withoutMipmaps(void)
    {
        D3DXCreateTextureFromFileEx(g_pd3dDevice, Speicherpfad,
                                  D3DX_DEFAULT, D3DX_DEFAULT,
                                  1, 0, D3DFMT_UNKNOWN,...,
                                  D3DCOLOR_XRGB(0,0,0),
                                  0, 0,&pTexture);
    }
    void CreateNonTransparentTextur_withoutMipmaps(void)
    {
        D3DXCreateTextureFromFileEx(g_pd3dDevice, Speicherpfad,
                                  D3DX_DEFAULT, D3DX_DEFAULT,
                                  1, 0, D3DFMT_UNKNOWN,...,
                                  0, 0, 0,&pTexture);
    }
};
```

Die Klasse CTexturPoolEx

In Woche 3 werden bei einigen 3D-Objekten (Raumschiffe und Asteroiden) im Zuge des Texture Mappings jeweils drei Texturen mit unterschiedlichem Detailgrad verwendet, wobei bei der Textur mit dem niedrigsten Detailgrad zusätzlich Mipmapping möglich sein soll.

```
SternenkreuzerTextur1M1.bmp
SternenkreuzerTextur1M2.bmp
SternenkreuzerTextur1M3.bmp
```

Mit Hilfpe der Klasse `CTexturPoolEx` lassen sich jetzt alle drei Texturen in einem Zug erzeugen. Damit das funktioniert, muss man lediglich den Textur-Stammnamen, in diesem Fall `SternenkreuzerTextur1`, an ein Objekt der Klasse `CTexturPoolEx` übergeben und anschließend die Methode `InitTextures()` aufrufen:

```
SternenkreuzerTexturen = new CTexturPoolEx;

sprintf(SternenkreuzerTexturen->Speicherpfad,
        "SternenkreuzerTextur1");

SternenkreuzerTexturen->InitTextures();
```

Die Implementierung der Klasse `CTexturPoolEx` sollte ohne allzu große Probleme nachvollziehbar sein.

Listing 8.19: Implementierung der Klasse CTexturPoolEx

```
class CTexturPoolEx
{
public:
    CTexturPool* M1;
    CTexturPool* M2;
    CTexturPool* M3;
    char         Speicherpfad[100];

    CTexturPoolEx()
    {
        M1 = new CTexturPool;
        M2 = new CTexturPool;
        M3 = new CTexturPool;
    }
    ~CTexturPoolEx()
    {
        SAFE_DELETE(M1)
        SAFE_DELETE(M2)
        SAFE_DELETE(M3)
    }
    void InitTextures(void)
    {
        sprintf(M1->Speicherpfad, "%sM1.bmp", Speicherpfad);
        sprintf(M2->Speicherpfad, "%sM2.bmp", Speicherpfad);
```

```
        sprintf(M3->Speicherpfad, "%sM3.bmp", Speicherpfad);

        M1->CreateTextur_withoutMipmaps();
        M2->CreateTextur_withoutMipmaps();
        M3->CreateTextur();
    }
};
```

Texturkoordinaten

Als Texturkoordinaten werden für gewöhnlich die Parameter tu und tv verwendet. Ihre Verwendung erlernt man am besten an einigen praktischen Beispielen:

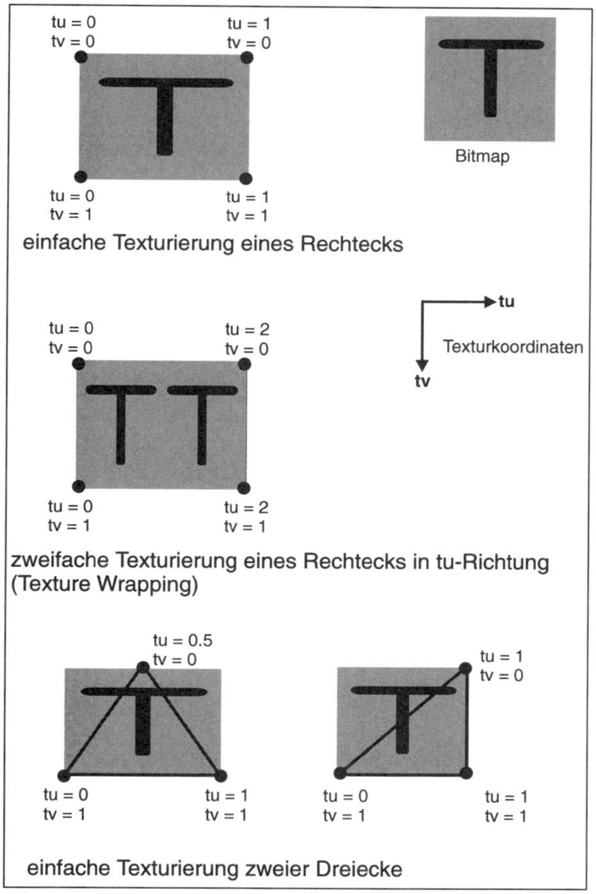

Abbildung 8.11: Texturkoordinaten

Damit eine Textur vollständig auf ein Polygon gemappt wird, müssen Texturkoordinaten in einem Bereich von 0 bis 1 verwendet werden. Dabei repräsentiert das Koordinatenpaar (0/0) die linke obere Ecke und das Koordinatenpaar (1/1) die rechte untere Ecke des als Textur verwendeten Bitmaps.

Im Standardadressierungsmodus (dem so genannten Wrap-Modus) lässt sich die Textur auch mehrfach über ein Polygon mappen (Texture Wrapping). Hierbei müssen Texturkoordinaten > 1 bzw. < 0 verwendet werden.

Zwei neue Vertexformate stellen sich vor

Beleuchtete Vertices mit Texturkoordinaten

Für die Darstellung von 3D-Objekten, die zwar von DirectX Graphics transformiert, aber nicht beleuchtet werden sollen, werden wir in Zukunft das folgende Vertexformat verwenden:

Listing 8.20: COLOREDVERTEX-Struktur

```
struct COLOREDVERTEX
{
    D3DXVECTOR3 position;
    D3DCOLOR    color;
    float       tu, tv;
};
#define D3DFVF_COLOREDVERTEX (D3DFVF_XYZ|D3DFVF_DIFFUSE|D3DFVF_TEX1)
```

Die Parameter `tu` und `tv` stellen die Texturkoordinaten dar und die Konstante `D3DFVF_TEX1` legt fest, dass nur ein einzelner Satz von Texturkoordinaten verwendet werden soll.

Transformierte und beleuchtete Vertices mit Texturkoordinaten

Für die Darstellung von Objekten, die von DirectX Graphics weder transformiert noch beleuchtet werden sollen, werden wir in Zukunft das folgende Vertexformat verwenden:

Listing 8.21: SCREENVERTEX-Struktur

```
struct SCREENVERTEX
{
    D3DXVECTOR4 position;
    D3DCOLOR       color;
    FLOAT       tu, tv;
};
#define D3DFVF_SCREENVERTEX
       (D3DFVF_XYZRHW|D3DFVF_DIFFUSE|D3DFVF_TEX1)
```

Durch die Konstante `D3DFVF_XYZRHW` teilen wir DirectX Graphics mit, dass die Vertices bereits transformiert worden sind. In diesem Zusammenhang ist Ihnen sicherlich der vierdimensionale

Vektor D3DXVECTOR4 aufgefallen. In den ersten beiden Komponenten werden die x- und y-Koordinaten des Vertex gespeichert. Da es sich um einen transformierten Vertex handelt, entsprechen diese Koordinaten den Bildschirmkoordinaten ((0/0): linke obere Bildschirmecke, (screenwidth/screenheight): rechte untere Bildschirmecke). Die z-Koordinate ist ein Tiefenwert im Bereich von 0 bis 1. Wir erinnern uns, dass es sich dabei um den Wertebereich des z-Buffers handelt. Die vierte Komponente ist der so genannte RHW-Wert. Es handelt sich dabei um die reziproke w-Komponente (1/w), die wir an Tag 3 im Zusammenhang mit der Vektortransformation durch Matrizen eingeführt haben.

HINWEIS: Der RHW-Wert wird für die Berechnung von Nebel und die perspektivisch korrekte Durchführung des Texture Mappings verwendet.

Ein texturiertes Rechteck erzeugen und rendern

Für die Darstellung von 2D-Objekten (Partikel, Feuer, Explosionen, Wolken, Cursor, Displayelemente usw.) nutzt man für gewöhnlich texturierte Rechtecke (Quads). Zum Rendern eines solchen Quads verwendet man sinnvollerweise einen aus 2 Dreiecken bestehenden Triangle Strip (siehe Abbildung 8.8).

HINWEIS: Alternativ könnte man auch eine Triangle List einsetzen, man müsste dann aber sechs statt vier Vertices definieren (2 Dreiecke = 6 Vertices).

Beim Aufruf der DrawPrimitive()-Methode muss man dieser die Anzahl der Dreiecke im Triangle Strip übergeben:

```
// AnzDreiecke = 2
g_pd3dDevice->DrawPrimitive(D3DPT_TRIANGLESTRIP, 0, 2);
```

Beachten Sie in diesem Zusammenhang, dass ein Triangle Strip immer 2 zusätzliche Vertices beinhaltet (2 Dreiecke := 4 Vertices; 4 Dreiecke := 6 Vertices usw.).

Cullmode festlegen

Bei der Definition von Dreiecken müssen die zugehörigen Eckpunkte entweder im Uhrzeigersinn oder entgegen dem Uhrzeigersinn angegeben werden. Für ein Triangle Strip werden wir die Eckpunkte in Zukunft immer entgegen dem Uhrzeigersinn angeben. Damit beim Rendern alles glatt geht, müssen wir DirectX Graphics über unsere Entscheidung in Kenntnis setzen. Sollen beispielsweise nur entgegen dem Uhrzeigersinn definierte Dreiecke gerendert werden, weisen wir das Render-Device an, die im Uhrzeigersinn definierten Dreiecke auszusondern (zu cullen):

```
g_pd3dDevice->SetRenderState(D3DRS_CULLMODE, D3DCULL_CW);
```

Sind die vorderen Dreiecksflächen eines Objekts beispielsweise im Uhrzeigersinn definiert, dann erscheinen die hinteren Flächen für den Betrachter entgegen dem Uhrzeigersinn definiert. Der Cullmode D3DCULL_CCW (counter-clockwise-culling) bewirkt nun, das alle hinteren Dreiecksflächen nicht gerendert werden, was einen enormen Performancegewinn bedeutet. Dieser Vorgang wird in der Fachsprache backface culling genannt.

Vertexdaten für ein beleuchtetes Quad festlegen

Listing 8.22: Vertexdaten für ein beleuchtetes Quad festlegen

```
COLOREDVERTEX*          pColVertices;

CursorVB->Lock(0, 0, (VOID**)&pColVertices, 0);

// Hinweis: PlayerHorizontaleOriginal = (1, 0, 0)
//          PlayerVertikaleOriginal   = (0, 1, 0)

pColVertices[0].position = PlayerVertikaleOriginal-
                           PlayerHorizontaleOriginal;
pColVertices[0].color    = D3DCOLOR_XRGB(255,255,255);
pColVertices[0].tu       = 0;
pColVertices[0].tv       = 0;

pColVertices[1].position = -PlayerVertikaleOriginal-
                            PlayerHorizontaleOriginal;
pColVertices[1].color    = D3DCOLOR_XRGB(255,255,255);
pColVertices[1].tu       = 0;
pColVertices[1].tv       = 1;

pColVertices[2].position = PlayerVertikaleOriginal+
                           PlayerHorizontaleOriginal;
pColVertices[2].color    = D3DCOLOR_XRGB(255,255,255);
pColVertices[2].tu       = 1;
pColVertices[2].tv       = 0;

pColVertices[3].position = -PlayerVertikaleOriginal+
                            PlayerHorizontaleOriginal;
pColVertices[3].color    = D3DCOLOR_XRGB(255,255,255);
pColVertices[3].tu       = 1;
pColVertices[3].tv       = 1;

CursorVB->Unlock();
```

Vertexdaten für ein beleuchtetes und transformiertes Quad festlegen

Listing 8.23: Vertexdaten für ein beleuchtetes und transformiertes Quad festlegen

```
SCREENVERTEX* pScreenVertices;

SchabloneVB->Lock(0, 0, (VOID**)&pScreenVertices, 0);

pScreenVertices[0].position = D3DXVECTOR4(0.0f, 0.0f , 0.0f, 1.0f);
pScreenVertices[0].color    = D3DCOLOR_XRGB(255,255,255);
pScreenVertices[0].tu       = 0;
pScreenVertices[0].tv       = 0;

pScreenVertices[1].position = D3DXVECTOR4(0.0f,
                                  (float)screenheight,
                                  0.0f, 1.0f);
pScreenVertices[1].color    = D3DCOLOR_XRGB(255,255,255);
pScreenVertices[1].tu       = 0;
pScreenVertices[1].tv       = 1;

pScreenVertices[2].position = D3DXVECTOR4((float)screenwidth,
                                  0.0f , 0.0f, 1.0f);
pScreenVertices[2].color    = D3DCOLOR_XRGB(255,255,255);
pScreenVertices[2].tu       = 1;
pScreenVertices[2].tv       = 0;

pScreenVertices[3].position = D3DXVECTOR4((float)screenwidth,
                                  (float)screenheight,
                                  0.0f, 1.0f);
pScreenVertices[3].color    = D3DCOLOR_XRGB(255,255,255);
pScreenVertices[3].tu       = 1;
pScreenVertices[3].tv       = 1;

SchabloneVB->Unlock();
```

Die zu verwendende Textur festlegen und das Quad rendern

Um eine Textur verwenden zu können, müssen wir DirectX Graphics mit Hilfe der Funktion `SetTexture()` einen Zeiger auf das entsprechende Texturobjekt übergeben. Betrachten wir ein kleines Beispiel:

```
g_pd3dDevice->SetTexture(0, CursorTextur->pTexture);
```

`CursorTextur` ist eine Instanz unserer Textur-Helperklasse `CTexturPool` und `pTexture` der Zeiger auf das eigentliche Texturobjekt. Der erste Parameter ist die Nummer der verwendeten Texturstufe (Texture Stage). In diesem Zusammenhang müssen Sie wissen, dass DirectX Graphics bis zu acht Texturen gleichzeitig verarbeiten kann (siehe Tag 12, Multitexturing). Da wir hier aber nur mit einer Textur arbeiten, verwenden wir die nullte Texturstufe.

Im nächsten Schritt schicken wir die Vertexdaten unseres Quads durch die Transformations- und Beleuchtungspipeline, legen den zu verwendenden Vertex-Shader fest und rufen zum Rendern die `DrawPrimitve()`-Funktion auf:

```
g_pd3dDevice->SetStreamSource(0, CursorVB, 0,
                              sizeof(COLOREDVERTEX));
g_pd3dDevice->SetFVF(D3DFVF_COLOREDVERTEX);
g_pd3dDevice->DrawPrimitive(D3DPT_TRIANGLESTRIP, 0, 2);
```

Nach dem Rendern müssen wir die verwendete Textur wieder aus der Texturstufe entfernen:

```
g_pd3dDevice->SetTexture(0, NULL);
```

Demoprogramm Texturen – Programmentwurf

Unser drittes Projekt wird ein wenig umfangreicher ausfallen. Ein texturiertes Dreieck würde zur Veranschaulichung des Texture Mappings zwar vollkommen genügen, aber als Spieleentwickler müssen wir uns natürlich auch in Sachen Projektentwurf üben.

Überblick über die verwendeten Programmmodule, Klassen und Funktionen

Für dieses Projekt binden wir vier zusätzliche Module in unser Anwendungsgerüst ein.

CStarfield (*SimpleStarfieldClass.h*)

Die Klasse `CStarfield` werden wir für die Erzeugung und Darstellung eines zweidimensionalen Sternenfelds verwenden.

CCursor (*SimpleCursorClass.h*)

Die Klasse `CCursor` benötigen wir für die Erzeugung und Darstellung eines einfachen Cursors.

CSchablone (*BildschirmSchablonenClass.h*)

Für die Darstellung einer Bildschirmschablone (die Bildumrandung sowie die beiden Displayfenster) verwenden wir die Klasse CSchablone.

C3DScenario (*3D_ScenarioClass.h*)

Jetzt und in Zukunft werden wir die Klasse `C3DScenario` immer als oberste Instanz des 3D-Szenarios verwenden. Aus ihr heraus werden alle Objekte des 3D-Szenarios initialisiert, gerendert und wieder zerstört.

Einbinden der zusätzlichen Programmmodule in unser Anwendungsgerüst

Die zusätzlichen Programmmodule werden wie gehabt in die Datei *Space3D.h* eingebunden:

```
...
void InitSpieleinstellungen(void);
void CleanUpD3D(void);
```

```
void InitD3D(void);
void Init_View_and_Projection_Matrix(void);
void BuildIdentityMatrices(void);              // neu
void Show_3D_Scenario(void);

#include "SimpleStarfieldClass.h"              // neu
#include "SimpleCursorClass.h"                 // neu
#include "BildschirmSchablonenClass.h"         // neu
#include "3D_ScenarioClass.h"

#include "GiveInput.h"                         // neu
```

Neben den zusätzlichen Programmmodulen binden wir noch unsere DirectInput-Bibliothek mit in das Projekt ein. Was wäre ein Cursor, wenn man ihn nicht bewegen könnte. Die Verwendung von DirectInput wird zwar erst Thema des morgigen Tages sein, ein wenig Interaktion mit dem Anwender wertet das Demo aber gleich etwas auf.

Eine weitere Neuerung ist die Funktion `BuildIdentityMatrices()`. Diese Funktion ist absolut unspektakulär, sie initialisiert bei Programmbeginn die global verwendeten Matrizen als Einheitsmatrizen:

Listing 8.24: Global verwendete Matrizen als Einheitsmatrizen initialisieren

```
void BuildIdentityMatrices(void)
{
    // Globale Einheitsmatrix
    D3DXMatrixIdentity(&identityMatrix);

    // Matrizen, die von den Billboard-Transformationsfunktionen
    // verwendet werden (siehe Tag 11)
    D3DXMatrixIdentity(&g_ObjectKorrekturMatrix);
    D3DXMatrixIdentity(&g_ScaleMatrix);
    D3DXMatrixIdentity(&g_VerschiebungsMatrix);
    D3DXMatrixIdentity(&g_VerschiebungsMatrix3);
}
```

Da diese Funktion von der Funktion `GameInitialisierungsRoutine()` aufgerufen wird, dürfen wir nicht vergessen, den zugehörigen Funktionsprototyp als External in die Datei *GameRoutines.h* mit einzubinden.

C3DScenario

Im Konstruktor der Klasse `C3DScenario` werden alle Elemente des 3D-Szenarios initialisiert, im Destruktor wieder zerstört. Zum Rendern der 3D-Scene wird die Methode `New_Scene()` verwendet. Für die Darstellung der 3D-Szene muss diese Methode durch die Funktion `Show_3D_Scenario()` aufgerufen werden. Daraufhin werden nacheinander das Sternenfeld, der Cursor sowie die Bildschirmschablone gerendert.

Listing 8.25: Texturen-Demo – C3DScenario-Klassenentwurf

```
class C3DScenario
{
public:
    CStarfield* Starfield;
    CCursor*    Cursor;
    CSchablone* Schablone;

    C3DScenario()
    {
        Starfield = new CStarfield;
        Cursor    = new CCursor;
        Schablone = new CSchablone;
    }
    ~C3DScenario()
    {
        SAFE_DELETE(Schablone)
        SAFE_DELETE(Starfield)
        SAFE_DELETE(Cursor)
    }
    void New_Scene(void)
    {
        Starfield->Render_Starfield();
        Cursor->Render_Cursor();
        Schablone->Render_Schablone();
    }
};
C3DScenario* Scenario = NULL;
```

CSchablone

Eine Bildschirmschablone lässt sich hervorragend dazu verwenden, um Cockpit- oder andere Anzeigeelemente in ein Spiel einzubauen. Es handelt sich dabei im einfachsten Fall um ein simples beleuchtetes und transformiertes Quad von der Größe der Bildschirmauflösung. Die Klasse `CSchablone` wird für die Initialisierung, Darstellung und Zerstörung dieses Screen-Quads verwendet.

Listing 8.26: Texturen-Demo – CSchablone-Klassenentwurf

```
class CSchablone
{
public:
    CTexturPool*            SchabloneTextur;
    LPDIRECT3DVERTEXBUFFER9 SchabloneVB;

    CSchablone()
    {
```

```
        SchabloneTextur = new CTexturPool;
        sprintf(SchabloneTextur->Speicherpfad,
                "Schablone.bmp");

        SchabloneTextur->CreateTextur();

        g_pd3dDevice->CreateVertexBuffer(4*sizeof(SCREENVERTEX),
                                         D3DUSAGE_WRITEONLY,
                                         D3DFVF_SCREENVERTEX,
                                         D3DPOOL_MANAGED,
                                         &SchabloneVB, NULL);

        // beleuchtetes und transformiertes Vertex-Quad erzeugen ///
    }
    ~CSchablone()
    {
        SAFE_RELEASE(SchabloneVB)
        SAFE_DELETE(SchabloneTextur)
    }
    void Render_Schablone(void)
    {
        g_pd3dDevice->SetRenderState(D3DRS_LIGHTING, FALSE);
        g_pd3dDevice->SetRenderState(D3DRS_ZENABLE, FALSE);

        // Schwarze Bereiche der Schablone sollen transparent
        // dargestellt werden:
        g_pd3dDevice->SetRenderState(D3DRS_ALPHABLENDENABLE, TRUE);
        g_pd3dDevice->SetRenderState(D3DRS_SRCBLEND,
                                     D3DBLEND_SRCALPHA);
        g_pd3dDevice->SetRenderState(D3DRS_DESTBLEND,
                                     D3DBLEND_INVSRCALPHA);

        g_pd3dDevice->SetTexture(0, SchabloneTextur->pTexture);
        g_pd3dDevice->SetStreamSource(0, SchabloneVB, 0,
                                      sizeof(SCREENVERTEX));
        g_pd3dDevice->SetFVF(D3DFVF_SCREENVERTEX);
        g_pd3dDevice->DrawPrimitive(D3DPT_TRIANGLESTRIP, 0, 2);

        g_pd3dDevice->SetTexture(0, NULL);
        g_pd3dDevice->SetRenderState(D3DRS_ALPHABLENDENABLE, FALSE);
        g_pd3dDevice->SetRenderState(D3DRS_LIGHTING, TRUE);
        g_pd3dDevice->SetRenderState(D3DRS_ZENABLE, TRUE);

    }
};
CSchablone* Schablone = NULL;
```

CCursor

Für die Cursordarstellung verwenden wir ein beleuchtetes Quad. Damit der Cursor immer an der aktuellen Mausposition gerendert wird, muss vor dem Rendern eine Welttransformation durchgeführt werden:

```
VerschiebungsMatrix._41 = CursorPosition.x;
VerschiebungsMatrix._42 = CursorPosition.y;
VerschiebungsMatrix._43 = CursorPosition.z;

g_pd3dDevice->SetTransform(D3DTS_WORLD, &VerschiebungsMatrix);
```

Die Klasse `CCursor` wird für die Initialisierung, Darstellung und Zerstörung des Cursor-Quads verwendet.

Listing 8.27: Texturen-Demo – CCursor-Klassenentwurf

```
class CCursor
{
public:
    D3DXMATRIX              VerschiebungsMatrix;
    CTexturPool*            CursorTextur;
    LPDIRECT3DVERTEXBUFFER9 CursorVB;

    CCursor()
    {
        D3DXMatrixIdentity(&VerschiebungsMatrix);

        CursorTextur = new CTexturPool;
        sprintf(CursorTextur->Speicherpfad, "Cursor.bmp");
        CursorTextur->CreateTextur();

        g_pd3dDevice->CreateVertexBuffer(4*sizeof(COLOREDVERTEX),
                                         D3DUSAGE_WRITEONLY,
                                         D3DFVF_COLOREDVERTEX,
                                         D3DPOOL_MANAGED,
                                         &CursorVB, NULL);

        // beleuchtetes Vertex-Quad erzeugen ///////////////////////
    }
    ~CCursor()
    {
        SAFE_DELETE(CursorTextur)
        SAFE_RELEASE(CursorVB)
    }
    void Render_Cursor(void)
    {
        VerschiebungsMatrix._41 = CursorPosition.x;
        VerschiebungsMatrix._42 = CursorPosition.y;
        VerschiebungsMatrix._43 = CursorPosition.z;
```

```
        g_pd3dDevice->SetTransform(D3DTS_WORLD,
                                   &VerschiebungsMatrix);

        g_pd3dDevice->SetRenderState(D3DRS_LIGHTING, FALSE);
        g_pd3dDevice->SetRenderState(D3DRS_ZENABLE, FALSE);

        // Schwarze Bereiche des Cursors sollen transparent
        // dargestellt werden:
        g_pd3dDevice->SetRenderState(D3DRS_ALPHABLENDENABLE, TRUE);
        g_pd3dDevice->SetRenderState(D3DRS_SRCBLEND,
                                     D3DBLEND_SRCALPHA);
        g_pd3dDevice->SetRenderState(D3DRS_DESTBLEND,
                                     D3DBLEND_INVSRCALPHA);

        g_pd3dDevice->SetTexture(0, CursorTextur->pTexture);
        g_pd3dDevice->SetStreamSource(0, CursorVB, 0,
                                      sizeof(COLOREDVERTEX));
        g_pd3dDevice->SetFVF(D3DFVF_COLOREDVERTEX);
        g_pd3dDevice->DrawPrimitive(D3DPT_TRIANGLESTRIP, 0, 2);

        g_pd3dDevice->SetTexture(0, NULL);
        g_pd3dDevice->SetRenderState(D3DRS_ALPHABLENDENABLE, FALSE);
        g_pd3dDevice->SetRenderState(D3DRS_LIGHTING, TRUE);
        g_pd3dDevice->SetRenderState(D3DRS_ZENABLE, TRUE);
    }
};
CCursor* Cursor = NULL;
```

CStarfield

Zur letzten Klasse gibt es eigentlich nicht mehr viel zu sagen, es wird genau wie im vorangegangenen Projekt eine Point List erzeugt und auf dem Bildschirm ausgegeben. Zur besseren Verwendbarkeit wird der Code jetzt aber in einer Klasse mit dem bezeichnenden Namen `CStarfield` eingekapselt.

Listing 8.28: Texturen-Demo – CStarfield-Klassenentwurf

```
class CStarfield
{
public:
    long                    HelpColorValue;
    long                    AnzahlStars;
    LPDIRECT3DVERTEXBUFFER9 StarsVB;

    CStarfield()
    {
        long i;
```

```
        AnzahlStars = 5000;

        g_pd3dDevice->CreateVertexBuffer(AnzahlStars*
                                         sizeof(POINTVERTEX),
                                         D3DUSAGE_WRITEONLY,
                                         D3DFVF_POINTVERTEX,
                                         D3DPOOL_MANAGED,
                                         &StarsVB, NULL);

        POINTVERTEX* pPointVertices;

        StarsVB->Lock(0, 0, (VOID**)&pPointVertices, 0);

        for(i = 0; i < AnzahlStars; i++)
        {
           pPointVertices[i].position=D3DXVECTOR3(frnd(-3.0f, 3.0f),
                                                  frnd(-2.5f, 2.5f),
                                                  5.0f);

           HelpColorValue = lrnd(50,200);

           pPointVertices[i].color  = D3DCOLOR_XRGB(HelpColorValue,
                                                    HelpColorValue,
                                                    HelpColorValue);

        }
        StarsVB->Unlock();
    }
    ~CStarfield()
    { SAFE_RELEASE(StarsVB) }
    void Render_Starfield(void)
    {
        g_pd3dDevice->SetTransform(D3DTS_WORLD, &identityMatrix);
        g_pd3dDevice->SetRenderState(D3DRS_ZENABLE, FALSE);
        g_pd3dDevice->SetRenderState(D3DRS_LIGHTING, FALSE);
        g_pd3dDevice->SetFVF(D3DFVF_POINTVERTEX);
        g_pd3dDevice->SetStreamSource(0, StarsVB, 0,
                                      sizeof(POINTVERTEX));
        g_pd3dDevice->DrawPrimitive(D3DPT_POINTLIST, 0,
                                    AnzahlStars);
        g_pd3dDevice->SetRenderState(D3DRS_LIGHTING, TRUE);
        g_pd3dDevice->SetRenderState(D3DRS_ZENABLE, TRUE);
    }
};
CStarfield* Starfield;
```

8.9 Zusammenfassung

Kam Ihnen dieser Tag nicht auch wie eine ganze Woche vor? Vom Umfang könnte das in etwa hinkommen. Am Vormittag ging es noch überwiegend theoretisch zu, Sie haben die Arbeitsweise einer 3D-Engine kennen gelernt und konnten sich etwas Hintergrundwissen zu den Themen Doppel- und Tiefenpufferung aneignen. Weiterhin haben Sie ein einfaches Verfahren kennen gelernt, mit dem sich nicht sichtbare Objekte vor dem Rendern aussortieren lassen (Objekt-Culling). Ihre Game Engine wird es Ihnen mit einem unglaublichen Performancegewinn danken.

Gegen Mittag habe ich Ihnen das Anwendungsgerüst vorgestellt, auf dessen Grundlage wir alle weiteren Projekte entwickeln werden. Nach dem Mittagessen haben wir dann auch sofort drei kleinere Projekte in Angriff genommen.

Im ersten Projekt haben Sie gelernt, wie sich DirectX Graphics initialisieren und wie sich die Klasse `CD3DFONT` zur Textausgabe einsetzen lässt.

Im zweiten Projekt (gegen Nachmittag) haben Sie die Verwendung von flexiblen Vertexformaten (FVF) kennen gelernt und sich im Umgang mit Vertexbuffern geübt und sollten jetzt in der Lage sein, Punkte, Linien und Kreise auf dem Bildschirm auszugeben.

Nach dem Abendessen haben wir uns dann mit den Grundlagen des Texture Mappings befasst und sie in einem weiteren Projekt praktisch erprobt.

8.10 Workshop

Fragen und Antworten

F *Zählen Sie die einzelnen Schritte bei der Initialisierung von DirectX Graphics auf.*

A Im ersten Schritt wird mittels der Funktion `Direct3DCreate9()` das Direct3D-Objekt erzeugt. Für den Fall, dass eine Fensteranwendung erzeugt werden soll, muss mit Hilfe der Funktion `GetAdapterDisplayMode()` der momentane Display-Modus (Auflösung, Farbtiefe und Format) abgefragt werden. Für den Fall, dass eine Fullscreen-Anwendung erzeugt werden soll, muss mit Hilfe der Funktion `CheckDeviceType()` nach geeigneten Display- und Backbuffer-Formaten gesucht werden, die von unserer Grafikkarte unterstützt werden. Im nächsten Schritt werden die Präsentationsparameter für die Bildschirmdarstellung festgelegt. Im letzten Schritt wird mittels der Funktion `CreateDevice()`ein Objekt erzeugt, über das man auf die Treiber der primären Grafikkarte zugreifen kann

Quiz

1. Erläutern Sie die Arbeitsweise der Transformations- und Beleuchtungspipeline.
2. Erläutern Sie die Begriffe Welt-, Sicht- und Projektionstransformation.
3. Wie erfolgt die Umrechnung von Welt- in Bildschirmkoordinaten?
4. Was bedeutet Objekt-Culling?
5. Erklären Sie die Begriffe Doppel- und Tiefenpufferung.
6. Erklären Sie den Begriff HAL.
7. Welche Arten der Vertexverarbeitung stehen Ihnen in DirectX Graphics zur Verfügung?
8. Welche Klasse steht in DirectX Graphics für die Textausgabe zur Verfügung?
9. Welche vier DirectX-Funktionen werden für den Szenenaufbau benötigt?
10. Was ist ein FVF und welche Vertexformate haben Sie bisher kennen gelernt?
11. Erläutern Sie den Umgang mit einem Vertexbuffer.
12. Was sind Grafikprimitiven und welche Primitiven kennen Sie?
13. Welche DirectX-Funktion wird für die Erzeugung einer Textur verwendet?
14. Wie sind die Texturkoordinaten definiert und was bedeutet Texture Wrapping?
15. Mit welcher DirectX-Funktion wird die zu verwendende Textur festgelegt bzw. nach dem Rendern wieder freigegeben?

Übungen

Während der letzten drei Tage der ersten Woche haben Sie eine Menge darüber erfahren, wie sich physikalische Prozesse in einem Spiel simulieren lassen. Mit dem, was Sie heute über DirectX Graphics gelernt haben, sind Sie nun in der Lage, diese Simulationen auch grafisch darzustellen. Das Programmbeispiel *Simulationen* soll Ihnen hierfür als Anregung dienen.

Stellen Sie die Simulation von elastischen Stößen zwischen Billardkugeln grafisch dar.

Hinweise:

- Vereinfachen Sie die Simulation dahin gehend, dass alle Bewegungen in der Bildschirmebene (xy-Ebene) stattfinden. Rechnen Sie die Weltkoordinaten der Billardkugeln für den Kollisionstest mit dem Begrenzungsrahmen in Bildschirmkoordinaten um.
- Entwerfen Sie eine Klasse für die Darstellung des Begrenzungsrahmens. Orientieren Sie sich hierbei an der Klasse `CSchablone` aus dem letzten Programmbeispiel. Erstellen Sie in einem Zeichenprogramm Ihrer Wahl jeweils eine Textur für einen rechteckigen sowie eine Textur für einen kreisförmigen Begrenzungsrahmen.

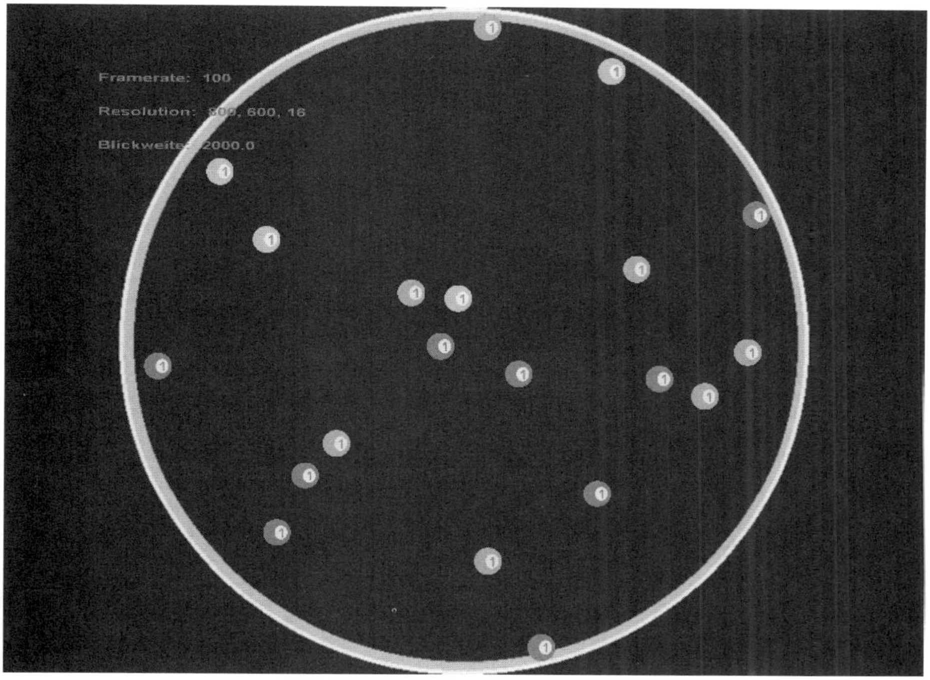

Abbildung 8.12: Simulation von elastischen Stößen zwischen Billardkugeln

- Entwerfen Sie eine zweite Klasse für die Darstellung der Billardkugeln. Orientieren Sie sich hierbei an der Klasse `CCursor` aus dem letzten Programmbeispiel. Erstellen Sie in einem Zeichenprogramm Ihrer Wahl drei verschiedene Billardkugel-Texturen, damit die Simulation etwas bunter aussieht.

Schreiben Sie weitere Programme für die folgenden Simulationen:

- Bewegung der Erde um die Sonne
- Simulation von Windeinflüssen auf leichte Objekte wie Regen und Schnee
- Simulation von Geschossflugbahnen
- Simulation von Reibungskräften bei einer geradlinigen und bei einer kreisförmigen Bewegung
- Simulation eines schwarzen Loches und einer Gravitations-Schockwelle

Spielsteuerung mit DirectInput

Dank DirectInput wird der Einsatz von Maus, Tastatur und Joystick zu einem echten Kinderspiel. Am heutigen Tag entwickeln wir eine kleine DirectInput-Bibliothek, auf die wir bei unseren zukünftigen Projekten immer wieder zurückgreifen werden. Die Themen heute:

- Initialisierung von DirectInput
- Initialisierung von Maus, Tastatur und Joystick
- Abfrage der Maus-, Tastatur- und Joystickdaten

9.1 Zur Verwendung der DirectInput-Bibliothek

Am heutigen Tag werden wir ein einfaches Demoprogramm schreiben, in dem der Umgang mit DirectInput demonstriert wird. In diesem Zusammenhang werden wir eine einfache DirectInput-Bibliothek entwickeln, welche in der Datei *GiveInput.h* implementiert ist. Um diese Bibliothek nutzen zu können, muss diese Datei einfach in das entsprechende Projekt mit eingebunden und die folgende Initialisierungsfunktion aufgerufen werden:

```
InitDirectInput(hinstance_app, main_window_handle);
```

Diese Funktion übernimmt neben der eigentlichen Initialisierung von DirectInput auch die Initialisierung eines Tastatur-, Maus- und Joystick-Objekts. Der Aufruf erfolgt aus der Funktion `GameInitialisierungsRoutine()` heraus.

Bei unseren Projekten werden wir die DirectInput-Bibliothek immer in die Datei *Space3D.h* einbinden. Betrachten Sie einfach das folgende Beispiel:

```
#include <io.h>
#include <stdio.h>
#include "d3dutil.h"
#include "d3dfont.h"
#include "dxutil.h"
#include "D3DGlobals.h"
#include "GameExternals.h"
#include "CoolMath.h"
#include "tempGlobals.h"
#include "TextureClasses.h"
#include "GameGlobals.h"
#include "VertexFormats.h"
#include "BillboardFunctions.h"

void InitSpieleinstellungen(void);
void CleanUpD3D(void);
void InitD3D(void);
void Init_View_and_Projection_Matrix(void);
void Show_3D_Scenario(void);
void Player_Game_Control(void);
```

```
#include "Terrain.h"
#include "3D_ScenarioClass.h"
#include "GiveInput.h"
```

Die Datei *GiveInput.h* sollte immer als Letztes mit eingebunden werden. Auf diese Weise erspart man sich den zusätzlichen Aufwand, alle diejenigen globalen Variablen, die für die Spielsteuerung benötigt werden, als externe Variablen deklarieren zu müssen.

Bei Programmende muss die Funktion

```
FreeDirectInput();
```

aufgerufen werden, die dann alle Aufräumarbeiten für uns erledigt. Der Aufruf erfolgt aus der Funktion `GameCleanUpRoutine()` heraus. Die Funktionen

```
void ReadImmediateDataKeyboard(void);
void ReadImmediateDataMouse(void);
void ReadImmediateDataJoystick(void);
```

werden zur Abfrage der ungepufferten Tastatur-, Maus- und Joystick-Eingaben verwendet. Ihr Aufruf erfolgt zweckmäßigerweise aus der Funktion `GameMainRoutine()` (unsere Game-Loop) heraus. In Abhängigkeit von den Erfordernissen des Projekts müssen diese drei Funktionen modifiziert werden, denn jedes Programm verarbeitet natürlich andere Eingaben.

Es empfiehlt sich, diese Funktionen möglichst nur für die Entgegennahme der Nachrichten zu verwenden. Die Weiterverarbeitung (diese kann mitunter sehr komplex werden) sollte in einer separaten Funktion erfolgen. Zu diesem Zweck werden wir die Funktion `Player_Game_Control()` verwenden, welche ebenfalls aus der Funktion `GameMainRoutine()` heraus aufgerufen wird.

Da alle Funktionalitäten unserer DirectInput-Bibliothek aus den in *GameRoutines.cpp* definierten Funktionen heraus aufgerufen werden, müssen die Bibliotheksfunktionen in der Datei *GameRoutines.h* natürlich auch als externe Funktionen deklariert werden:

```
extern HRESULT InitDirectInput(HINSTANCE, HWND);
extern void FreeDirectInput(void);
extern void ReadImmediateDataMouse(void);
extern void ReadImmediateDataJoystick(void);
extern void ReadImmediateDataKeyboard(void);
```

9.2 Spielsteuerungs-Demoprogramm

Zur Demonstration der Arbeitsweise unserer DirectInput-Bibliothek werden wir ein kleines Demoprogramm schreiben, in dem Maus-, Tastatur- und Joystick-Nachrichten entgegengenommen und auf dem Bildschirm angezeigt werden.

Besondere Beachtung verdient die Entgegennahme und Weiterverarbeitung der Tastatur-Nachrichten. Diese werden in eine Zeichenkettenvariable geschrieben und angezeigt. In diesem Zusammenhang werden Sie einen kleinen Trick kennen lernen, der bewirkt, dass bei gedrückt gehaltener Taste nur einmal auf die Nachricht reagiert wird. Wir werden im weiteren Verlauf immer wieder auf diese Methode zurückgreifen.

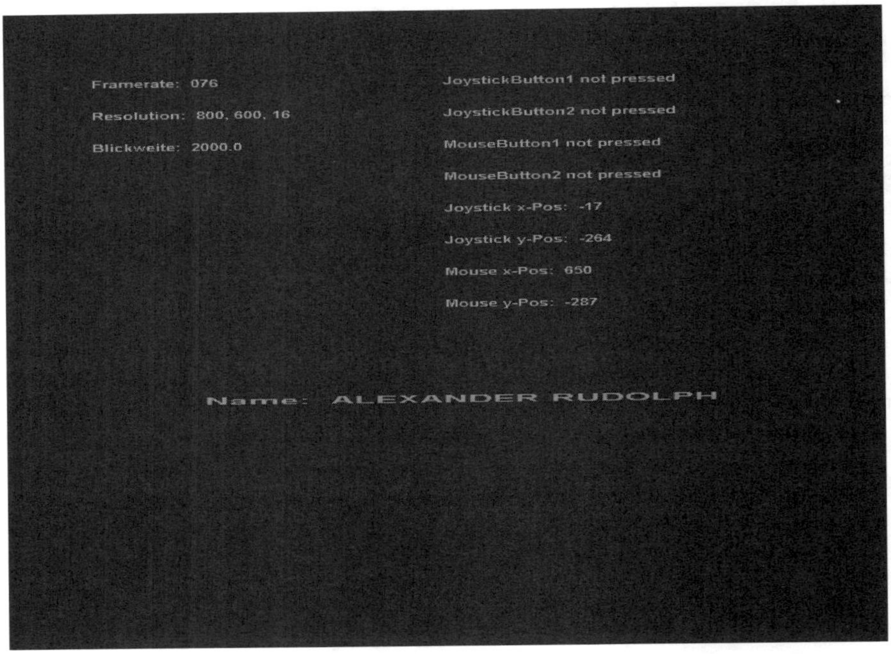

Abbildung 9.1: Screenshot aus dem Spielsteuerungs-Demoprogramm

Globale Variablen, Definitionen, Header-Dateien und Funktionsprototypen

Für die Behandlung von Tastatur-Nachrichten definieren wir das folgende Makro:

```
#define KEYDOWN(name, key) (name[key] & 0x80)
#define DIRECTINPUT_VERSION 0x0800
```

Um DirectInput nutzen zu können, muss die Header-Datei *dinput.h* mit in das Programm eingebunden werden.

```
#include <dinput.h>
```

Für die Arbeit mit dem DirectInput-Hauptinterface sowie mit den Tastatur-, Maus- und Joystick-Objekten verwenden wir die folgenden Zeiger:

```
LPDIRECTINPUT8        g_pDI          = NULL;
LPDIRECTINPUTDEVICE8 g_pKeyboard     = NULL;
LPDIRECTINPUTDEVICE8 g_pMouse        = NULL;
LPDIRECTINPUTDEVICE8 g_pJoystick     = NULL;
```

Um Zugriff auf die Eigenschaften der verwendeten Eingabegeräte nehmen zu können, deklarieren wir die folgende Variable:

```
DIDEVCAPS            g_diDevCaps;
```

Unsere Initialisierungsfunktion liefert in Abhängigkeit davon, ob eine Initialisierung erfolgreich verlaufen ist, entweder den Rückgabewert `S_OK` oder `S_FALSE` zurück. Um auf diese Werte reagieren zu können, definieren wir eine globale Variable vom Typ `HRESULT`.

```
HRESULT hr;
```

Für die Nachrichtenbehandlung verwenden wir für jedes Gerät ein eigenes, bereits vordefiniertes Datenformat:

```
static char buffer[256]; // Puffer für Tastatureingaben, 256 Tasten
DIMOUSESTATE2 dims2;     // Datenformat
DIJOYSTATE2 js;          // Datenformat
```

Die weiteren Variablen benötigen wir für die Behandlung von Tastatur-Nachrichten, sofern sichergestellt werden soll, dass bei gedrückt gehaltener Taste bzw nur ein einziges Mal auf die Nachricht reagiert wird:

```
BOOL PressSameKeyA = FALSE;
...
BOOL PressSameKeyZ = FALSE;

BOOL PressSameKey0 = FALSE;
...
BOOL PressSameKey9 = FALSE;

BOOL PressSameKeyBACK = FALSE;
BOOL PressSameKeySPACE = FALSE;
```

Zu guter Letzt werfen wir noch einen Blick auf die verwendeten Funktionsprototypen:

```
HRESULT InitDirectInput(HINSTANCE, HWND);
HRESULT InitKeyboard(HWND);
HRESULT InitMouse(HWND);
HRESULT InitJoystick(HWND);

void ReadImmediateDataKeyboard(void);
void ReadImmediateDataMouse(void);
void ReadImmediateDataJoystick(void);

void FreeDirectInput(void);
```

Initialisierung des DirectInput-Hauptinterface

Für die Initialisierung des DirectInput-Hauptinterfaces sowie der einzelnen DirectInput-Objekte (Maus, Tastatur und Joystick) verwenden wir die Funktion `InitDirectInput()`. Als Parameter müssen wir dieser Funktion das Handle der Instanz unserer Windows-Anwendung sowie das Handle des zugehörigen Windows-Fensters übergeben.

Für die Erzeugung des DirectInput-Hauptinterface steht die Funktion `DirectInput8Create()` zur Verfügung. Als Parameter erwartet diese Funktion das Handle unserer Anwendungsinstanz `hinstance`, die in der Datei *dinput.h* definierte Konstante `DIRECTINPUT_VERSION` (die Versionsnummer), die ID des zu erzeugenden DirectInput-Interface `IID_IDirectInput8` sowie den Zeiger `g_pDI`, der nach der Erzeugung des DirectInput-Hauptinterface auf dessen Speicheradresse zeigt. Für den letzten Parameter können wir ruhigen Gewissens eine Null übergeben, da er für uns keine Bedeutung hat.

Nachdem das Hauptinterface hoffentlich erfolgreich erzeugt wurde, werden nacheinander das Tastatur-, Maus- und Joystick-Objekt initialisiert. Wenn auch diese Initialisierungen erfolgreich waren, gibt die Funktion den Rückgabewert `S_OK` zurück. Wenn bei irgendeinem Initialisierungsschritt etwas schief geht, liefert die Funktion den Rückgabewert `S_FALSE` zurück.

Listing 9.1: Initialisierung des DirectInput-Hauptinterface

```
HRESULT InitDirectInput(HINSTANCE hinstance, HWND handle)
{
    // DirectInput-Objekt erzeugen
    if(FAILED(DirectInput8Create(hinstance, DIRECTINPUT_VERSION,
                        IID_IDirectInput8, (VOID**)&g_pDI, NULL) ))
        return S_FALSE;

    // Keyboard, Maus und Joystick initialisieren
    if(InitKeyboard(handle) == S_FALSE)
        return S_FALSE;
    if(InitMouse(handle) == S_FALSE)
        return S_FALSE;
    if(InitJoystick(handle) == S_FALSE)
        return S_FALSE;

    return S_OK;
}
```

Initialisierung eines Tastatur-Objekts

Für die Initialisierung des Tastatur-Objekts sind vier Schritte erforderlich.

In ersten Schritt wird mittels der DirectInput-Methode `CreateDevice()` das Tastatur-Objekt erzeugt. Als Parameter benötigt diese Funktion zum einen den Guid des zu erzeugenden Geräts (mit anderen Worten, die Information, welches Gerät erzeugt werden soll) und zum anderen einen Zeiger, der nach erfolgreicher Initialisierung auf die Speicheradresse des Keyboard-Objekts zeigt. Der dritte Parameter ist für uns ohne Interesse, wir übergeben einfach eine NULL.

Im zweiten Schritt muss das Datenformat festgelegt werden, in welchem die empfangenen Daten zurückgegeben werden.

Im dritten Schritt muss das Zugriffsrecht auf das Gerät festgelegt werden. Wir gewähren DirectInput einen nichtexklusiven Zugriff auf die Tastatur (es kann auch ohne DirectInput auf die Tastatur zugegriffen werden), wenn die Anwendung gerade aktiv ist (sich im Vordergrund befindet). Identifiziert wird die Anwendung über das Handle des Windows-Fensters.

Im vierten Schritt muss die Tastatur akquiriert werden; mit anderen Worten, DirectInput übernimmt den Zugriff.

Listing 9.2: Initialisierung eines Tastatur-Objekts

```
HRESULT InitKeyboard(HWND handle)
{
    // Keyboard-Objekt erzeugen
    g_pDI->CreateDevice(GUID_SysKeyboard, &g_pKeyboard, NULL);

    // MessageBox anzeigen, wenn Tastatur nicht initialisiert
    // werden konnte
    if(NULL == g_pKeyboard)
    {
        MessageBox(handle, "keine Tastatur gefunden",
                   "", MB_ICONERROR | MB_OK);
        return S_FALSE;
    }

    // Datenformat festlegen
    g_pKeyboard->SetDataFormat(&c_dfDIKeyboard);

    // Festlegen, wie DirectInput Zugriff auf das Gerät erhält
    g_pKeyboard->SetCooperativeLevel(handle, DISCL_FOREGROUND |
                                             DISCL_NONEXCLUSIVE);

    // Akquirieren des Geräts
    g_pKeyboard->Acquire();
}
```

Initialisierung eines Maus-Objekts

Die Initialisierung des Maus-Objekts verläuft analog zur Initialisierung des Keyboard-Objekts:

- Schritt 1: Maus-Objekt erzeugen
- Schritt 2: Datenformat festlegen

- Schritt 3: Zugriffsrecht festlegen
- Schritt 4: Gerät akquirieren

Listing 9.3: Initialisierung eines Maus-Objekts

```
HRESULT InitMouse(HWND handle)
{
    // Maus-Objekt erzeugen
    g_pDI->CreateDevice(GUID_SysMouse, &g_pMouse, NULL);

    // MessageBox anzeigen, wenn keine Maus initialisiert werden
    // konnte
    if(NULL == g_pMouse)
    {
        MessageBox(handle, "keine Maus gefunden",
                   "", MB_ICONERROR | MB_OK);
        return S_FALSE;
    }

    // Datenformat festlegen
    g_pMouse->SetDataFormat(&c_dfDIMouse2);

    // Festlegen, wie DirectInput Zugriff auf das Gerät erhält
    g_pMouse->SetCooperativeLevel(handle, DISCL_FOREGROUND |
                                          DISCL_EXCLUSIVE);

    // Akquirieren des Geräts
    g_pMouse->Acquire();
}
```

Initialisierung eines Joystick-Objekts

Bei der Initialisierung des Joysticks ist etwas mehr Arbeit erforderlich, da es sich hierbei nicht um ein Standardgerät handelt. Aus diesem Grund schreiben wir erst einmal zwei Callback-Funktionen, die uns bei der Initialisierung behilflich sein werden.

Die erste Funktion `EnumJoysticksCallback()` übernimmt die Aufgabe, den ersten gefundenen Joystick zu initialisieren. Schlägt diese Initialisierung fehl, wird die Funktion zum zweiten Mal aufgerufen und versucht, den zweiten Joystick zu initialisieren. Das Spiel wird so lange wiederholt, bis keine weiteren Joysticks mehr gefunden werden.

HINWEIS: An diesem Punkt gibt es eine Menge Erweiterungspotential. Natürlich wäre es bedeutend anwendungsfreundlicher, alle gefundenen (enumerierten) Joysticks aufzulisten und dem Spieler die Qual der Wahl zu überlassen. Die Mehrzahl der Spieler wird aber sicherlich selten mehr als einen Joystick gleichzeitig verwenden.

Listing 9.4: Initialisierung eines Joystick-Objekts, Joysticks enumerieren

```
inline BOOL CALLBACK EnumJoysticksCallback(
                                const DIDEVICEINSTANCE* pdidInstance,
                                void* pContext)
{
    // Versuchen, den Joystick einzurichten
    hr = g_pDI->CreateDevice(pdidInstance->guidInstance,
                              &g_pJoystick, NULL);

    // Wenn die Erzeugung fehlschlägt, dann beim nächsten Mal
    // versuchen, den nächsten Joystick einzurichten

    if(FAILED(hr))
        return DIENUM_CONTINUE;

    // Weitere Enumeration stoppen, der eingerichtete Joystick soll
    // verwendet werden.
    return DIENUM_STOP;
}
```

Die zweite Callback-Funktion `EnumAxesCallback()` übernimmt die Aufgabe, joystickspezifische Eigenschaften der Achsen sowie deren Wertebereiche festzulegen. In unserem Beispiel wird den Achsen ein Wertebereich von –1000 bis +1000 zugeordnet. Hierzu wird eine Struktur vom Typ `DIPROPRANGE` benötigt. Weiterhin wird überprüft, ob der Joystick eine x- bzw. y-Achse hat. Wenn das der Fall ist (was natürlich immer der Fall ist), werden die Variablen `JoystickXAxis` bzw. `JoystickYAxis` auf `TRUE` gesetzt, was zur Folge hat, dass die jeweiligen Achsen-Informationen angezeigt werden.

Listing 9.5: Initialisierung eines Joystick-Objekts, joystickspezifische Eigenschaften der Achsen sowie deren Wertebereiche festlegen

```
inline BOOL CALLBACK EnumAxesCallback(
                                const DIDEVICEOBJECTINSTANCE* pdidoi,
                                void* pContext)
{
    HWND main_window_handle = (HWND)pContext;

    DIPROPRANGE diprg;
    diprg.diph.dwSize       = sizeof(DIPROPRANGE);
    diprg.diph.dwHeaderSize = sizeof(DIPROPHEADER);
    diprg.diph.dwHow        = DIPH_BYID;
    diprg.diph.dwObj        = pdidoi->dwType; // Specify the
                                              // enumerated axis
    diprg.lMin              = -1000;
    diprg.lMax              = +1000;

    // Wertebereich der Achsen festlegen
```

```
    if(FAILED(g_pJoystick->SetProperty(DIPROP_RANGE, &diprg.diph)))
        return DIENUM_STOP;

    // Joystickspezifische Steuerungsfunktionen festlegen.
    // Beispielsweise kann ein 3-Achsen-Joystick gegenüber einem
    // 2-Achsen-Joystick eine zusätzliche Steuerungsfunktion
    // übernehmen.
    if(pdidoi->guidType == GUID_XAxis)
    {
        JoystickXAxis = TRUE;
    }
    if(pdidoi->guidType == GUID_YAxis)
    {
        JoystickYAxis = TRUE;
    }
    if(pdidoi->guidType == GUID_ZAxis)
    {
        //enabling code here
    }
    if(pdidoi->guidType == GUID_RxAxis)
    {
        // enabling code here
    }
    if(pdidoi->guidType == GUID_RyAxis)
    {
        // enabling code here
    }
    if(pdidoi->guidType == GUID_RzAxis)
    {
        // enabling code here
    }
    if(pdidoi->guidType == GUID_Slider)
    {
        // enabling code here
    }

    return DIENUM_CONTINUE;
}
```

Die Initialisierung des Joysticks läuft vom Prinzip her genauso ab wie die der Standardgeräte. Im ersten Schritt wird zur Initialisierung des Joystick-Objekts nun aber die Callback-Funktion `EnumJoysticksCallback()` durch die DirectInput-Hauptinterface-Methode `EnumDevices()` aufgerufen. Im zweiten und dritten Schritt werden das Zugriffsrecht sowie das verwendete Datenformat festgelegt. Im vierten Schritt werden die joystickspezifischen Eigenschaften der Achsen sowie deren Wertebereiche festgelegt. Zu diesem Zweck wird jetzt die Callback-Funktion `EnumAxesCallback()` durch die DirectInput-Hauptinterface-Methode `EnumObjects()` aufgerufen. Im letzten Schritt wird der Joystick akquiriert.

Listing 9.6: Initialisierung eines Joystick-Objekts, Initialisierungsfunktion

```
HRESULT InitJoystick(HWND handle)
{
    // Joystick suchen und den ersten gefundenen Joystick
    // initialisieren
    g_pDI->EnumDevices(DI8DEVCLASS_GAMECTRL,
                       EnumJoysticksCallback,
                       NULL, DIEDFL_ATTACHEDONLY);

    // MessageBox anzeigen, wenn kein Joystick initialisiert werden
    // konnte
    if(NULL == g_pJoystick)
    {
        MessageBox(handle, "kein Joystick gefunden",
                   "", MB_ICONERROR | MB_OK);
        return S_FALSE;
    }

    // Datenformat festlegen
    g_pJoystick->SetDataFormat(&c_dfDIJoystick2);

    // Festlegen, wie DirectInput Zugriff auf das Gerät erhält
    g_pJoystick->SetCooperativeLevel(handle, DISCL_EXCLUSIVE |
                                             DISCL_FOREGROUND);

    // Joystick-Eigenschaften feststellen (optional)
    g_diDevCaps.dwSize = sizeof(DIDEVCAPS);
    g_pJoystick->GetCapabilities(&g_diDevCaps);

    // Joystickspezifische Steuerungsfunktionen der Achsen sowie
    // deren Wertebereich festlegen
    g_pJoystick->EnumObjects(EnumAxesCallback,
                             (VOID*)handle, DIDFT_AXIS);

    // Akquirieren des Geräts
    g_pJoystick->Acquire();

    return S_OK;
}
```

Abfrage der Tastatur-Nachrichten

Der erste Schritt bei der Tastatur-Abfrage besteht darin, die Methode `GetDeviceState()` aufzurufen. Wenn dieser Aufruf fehlschlägt, das Tastatur-Objekt aber erfolgreich initialisiert wurde, hat DirectInput den Eingabefokus verloren (vielleicht hat sich ja der Tastatur-Anschluss gelockert) und die Tastatur muss erneut akquiriert werden.

Um den Status der 256 Tasten einer Tastatur abfragen zu können, hatten wir uns bereits einen Tastaturpuffer angelegt:

```
static char buffer[256];
```

in welchem der Zustand der einzelnen Tasten zwischengespeichert wird. Der Umgang mit diesem Puffer wird uns durch die Verwendung der in DirectInput vordefinierten Tastatur-Konstanten erleichtert. Wir müssen uns also nicht darum kümmern, welche Taste zu welchem Tastaturpuffer-Element gehört.

Tastatur-Konstante	Beschreibung
DIK_A, ..., DIK_Z	Buchstaben A-Z
DIK_0, ..., DIK_9	0-9
DIK_NUMPAD0, ..., DIK_NUMPAD9	Zifferblock 0-9
DIK_F1, ..., DIK_F12	Funktionstasten
DIK_ESCAPE	Escape
DIK_RETURN	Return
DIK_BACK	Backspace
DIK_TAB	Tabulator
DIK_SPACE	Leerzeichen

Tabelle 9.1: Einige DirectInput-Tastatur-Konstanten

Mit Hilfe dieser Tastatur-Konstanten und des bereits definierten Makros zur Behandlung von Tastatur-Nachrichten wird die Abfrage des Tastenzustands zum reinen Kinderspiel:

```
if(KEYDOWN(buffer, DIK_A))
{
    // Aktion
}
```

Soll hingegen bei gedrückter Taste nur einmal auf die Nachricht reagiert werden, verwenden wir den folgenden Code:

```
if(KEYDOWN(buffer, DIK_A) && PressSameKeyA == FALSE)
{
    // Aktion
    PressSameKeyA = TRUE;
}
if(!KEYDOWN(buffer, DIK_A))
    PressSameKeyA = FALSE;
```

Wenn die Taste A gedrückt wird und PressSameKeyA gleich FALSE ist, wird die betreffende Aktion ausgeführt und PressSameKeyA auf TRUE gesetzt. Dadurch wird das erneute Ausführen der Aktion so lange verhindert, bis PressSameKeyA wieder gleich FALSE ist. Hierfür muss die Taste aber erst einmal losgelassen werden.

Werfen wir nun einen Blick auf die Funktion ReadImmediateDataKeyboard():

Listing 9.7: Abfrage der Tastatur-Nachrichten

```
void ReadImmediateDataKeyboard(void)
{
    // Keyboarddaten abfragen
    hr=g_pKeyboard->GetDeviceState(sizeof(buffer),&buffer);

    if(FAILED(hr))
    {
        // Keyboard reakquirieren, falls der Zugriff verloren ging
        hr = g_pKeyboard->Acquire();

        while(hr == DIERR_INPUTLOST)
            hr = g_pKeyboard->Acquire();
    }

    if(pos < MaxLength)
    {
        if(KEYDOWN(buffer, DIK_A) && PressSameKeyA == FALSE)
        {
            PlayerName[pos] ='A';
            pos++;
            PressSameKeyA = TRUE;
        }
        if(!KEYDOWN(buffer, DIK_A))
            PressSameKeyA = FALSE;

...

        if(KEYDOWN(buffer, DIK_SPACE) && PressSameKeySPACE == FALSE)
        {
            PlayerName[pos] =' ';
            pos++;
            PressSameKeySPACE = TRUE;
        }
        if(!KEYDOWN(buffer, DIK_SPACE))
            PressSameKeySPACE = FALSE;
    }

    if(KEYDOWN(buffer, DIK_BACK) && PressSameKeyBACK == FALSE)
    {
```

```
        if(pos > 0)
        {
            pos--;
            PlayerName[pos] =' ';
            PressSameKeyBACK = TRUE;
        }
    }
    if(!KEYDOWN(buffer, DIK_BACK))
        PressSameKeyBACK = FALSE;

}
```

Abfrage der Maus-Nachrichten

Bei der Abfrage der Maus-Nachrichten gibt es nicht viel Neues zu erzählen. Als Datenformat zum Zwischenspeichern der Nachrichten verwenden wir die `DIMOUSESTATE2`-Struktur:

Listing 9.8: Die DIMOUSESTATE2-Struktur

```
typedef struct DIMOUSESTATE2
{
    LONG lX;
    LONG lY;
    LONG lZ;
    BYTE rgbButtons[8];
} DIMOUSESTATE2, *LPDIMOUSESTATE2;
```

HINWEIS: Die Mauskoordinaten werden relativ zur vorherigen Position angegeben. Die Umrechnung in die absoluten Koordinaten erfolgt auf folgende Weise:

```
Mouse_X_Value += dims2.lX;
Mouse_Y_Value += dims2.lY;
```

Werfen wir nun einen Blick auf die Funktion `ReadImmediateDataMouse()`:

Listing 9.9: Abfrage der Maus-Nachrichten

```
void ReadImmediateDataMouse(void)
{
    ZeroMemory(&dims2, sizeof(dims2));
    // Mausdaten abfragen
    hr = g_pMouse->GetDeviceState(sizeof(DIMOUSESTATE2), &dims2);

    if(FAILED(hr))
    {
```

```
        // Maus reakquirieren, falls der Zugriff verloren ging
        hr = g_pMouse->Acquire();

        while(hr == DIERR_INPUTLOST)
            hr = g_pMouse->Acquire();
    }

    PressMouseButton1 = FALSE;
    PressMouseButton2 = FALSE;

    if(dims2.rgbButtons[0] & 0x80)
    {
        PressMouseButton1 = TRUE;
    }

    if(dims2.rgbButtons[1] & 0x80)
    {
        PressMouseButton2 = TRUE;
    }

    Mouse_X_Value += dims2.lX;
    Mouse_Y_Value += dims2.lY;
}
```

Soll hingegen bei gedrückt gehaltener Maustaste nur einmal auf die Nachricht reagiert werden, verwenden wir den folgenden Code:

```
if(dims2.rgbButtons[0] & 0x80 && SameLeftMouseClick == FALSE)
{
    // Aktion
    SameLeftMouseClick = TRUE
}

if(!(dims2.rgbButtons[0] & 0x80))
    SameLeftMouseClick = FALSE;
```

Abfrage von Joystick-Nachrichten

Als Datenformat zum Zwischenspeichern der Joystick-Nachrichten verwenden wir die `DIJOYSTATE2`-Struktur. Da diese Struktur recht umfangreich ist, verzichten wir auf die Deklaration. Im Zusammenhang mit der Nachrichten-Abfrage lernen wir hier etwas Neues kennen – das so genannte `Polling`. Die Joystick-Treiber informieren DirectInput leider nicht immer automatisch darüber, ob sich der Gerätezustand geändert hat. Stattdessen müssen die neuen Daten explizit angefordert werden, wofür die Methode `Poll()` verwendet wird. Falls dieser Aufruf fehlschlägt, das Joystick-Objekt aber erfolgreich initialisiert wurde, ist wieder einmal der Eingabefokus verloren gegangen und das Gerät muss neu akquiriert werden.

Werfen wir nun einen Blick auf die Funktion `ReadImmediateDataJoystick()`:

Listing 9.10: Abfrage der Joystick-Nachrichten

```
void ReadImmediateDataJoystick(void)
{
    // Joystickdaten anfordern
    hr = g_pJoystick->Poll();

    if(FAILED(hr))
    {
        // Joystick reakquirieren, falls der Zugriff verloren ging
        hr = g_pJoystick->Acquire();

        while(hr == DIERR_INPUTLOST)
            hr = g_pJoystick->Acquire();
    }

    // Joystickdaten abfragen
    g_pJoystick->GetDeviceState(sizeof(DIJOYSTATE2), &js);

    PressJoystickButton1 = FALSE;
    PressJoystickButton2 = FALSE;

    if(js.rgbButtons[0] & 0x80)
    {
        PressJoystickButton1 = TRUE;
    }

    if(js.rgbButtons[1] & 0x80)
    {
        PressJoystickButton2 = TRUE;
    }

    Joystick_X_Value = js.lX;
    Joystick_Y_Value = js.lY;

}
```

Freigabe aller DirectInput-Objekte

Die Freigabe aller DirectInput-Objekte übernimmt die Funktion `FreeDirectInput()`. Im ersten Schritt wird der Zugriff auf Tastatur, Maus und Joystick beendet, im Anschluss daran werden alle DirectInput-Objekte wieder freigegeben.

Listing 9.11: Freigabe aller DirectInput-Objekte

```
void FreeDirectInput(void)
{
    // Zugriff auf Joystick, Keyboard und Maus freigeben
```

```
    if(g_pJoystick)
        g_pJoystick->Unacquire();

    if(g_pKeyboard)
        g_pKeyboard->Unacquire();

    if(g_pMouse)
        g_pMouse->Unacquire();

    // DirectInput Objekte freigeben
    SAFE_RELEASE(g_pJoystick
    SAFE_RELEASE(g_pKeyboard)
    SAFE_RELEASE(g_pMouse)
    SAFE_RELEASE(g_pDI)
}
```

9.3 Zusammenfassung

Am heutigen Tag haben wir gemeinsam eine kleine DirectInput-Bibliothek geschrieben, mit deren Hilfe sich Tastatur-, Maus- und Joystick-Eingaben entgegennehmen und bearbeiten lassen. Wir werden diese Bibliothek in allen zukünftigen Projekten nutzen.

9.4 Workshop

Fragen und Antworten

F *Vergleichen Sie die Initialisierung eines Maus- bzw. Tastatur-Objekts mit der Initialisierung eines Joystick-Objekts.*

A Für die Initialisierung der Maus/Tastatur sind die folgenden vier Schritte notwendig: Maus- bzw. Tastatur-Objekt erzeugen, Datenformat und Zugriffsrecht festlegen, Gerät akquirieren. Da es sich bei einem Joystick um kein Standardgerät handelt, ist dessen Initialisierung etwas aufwendiger. Im ersten Schritt werden mit Hilfe der Funktion `EnumJoysticksCallback()` alle an den Computer angeschlossenen Joysticks enumeriert. In diesem Zusammenhang haben wir festgelegt, dass der erste gefundene Joystick initialisiert wird. Aufgerufen wird diese Callback-Funktion durch die DirectInput-Methode `EnumDevices()`. Eine zweite Callback-Funktion mit Namen `EnumAxesCallback()` übernimmt die Aufgabe, joystickspezifische Eigenschaften der Achsen sowie deren Wertebereiche festzulegen. Aufgerufen wird diese Funktion durch die DirectInput-Methode `EnumObjects()` vor der Akquirierung des Joysticks.

Quiz

1. Erläutern Sie die Abfrage der Tastatur-Nachrichten. Mit welchem Trick kann erreicht werden, dass bei gedrückt gehaltener Taste nur einmal auf die Nachricht reagiert wird?
1. Welches Problem ergibt sich bei der Verwendung der Maus-Nachrichten und wie sieht dessen Lösung aus.
2. Welche Besonderheit gibt es bei der Abfrage der Joystick-Nachrichten und warum gibt es sie?

Übung

Mit unserem Wissen über DirectX Graphics und DirectInput werden wir im Folgenden ein erstes kleines Spiel mit dem bezeichnenden Titel »BallerBumm« schreiben. Die dazu passende Hintergrundmusik und den fetten 3D-Sound werden wir am folgenden Tag in das Spiel mit einbauen. Zum Spielverlauf selbst gibt es eigentlich nicht viel zu sagen – man sieht die Erde um die Sonne kreisen (perspektivische Bewegung!) und übernimmt in Person eines finsteren Aliens die unrühmliche Aufgabe, die das System verlassenden Asteroiden wieder in dieses zurückzutreiben, um so den interplanetaren Flugverkehr zu stören. Hierfür steht dem Spieler eine Plasmakanone zur Verfügung, mit deren Hilfe man ohne Unterlass auf die Asteroiden feuern kann. Zum Zielen wird ein Fadenkreuz verwendet. Auch wenn das Spiel stark an eine Moorhuhn-Variante erinnert, so hat es diesem doch etwas Wichtiges voraus – es handelt sich um ein 3D-Spiel! Die dargestellten Objekte sind zwar allesamt zweidimensional (texturierte Quads), ihre Bewegung ist jedoch dreidimensional – mit anderen Worten, sie fliegen auf den Spieler zu oder bewegen sich von ihm weg. Auch die Treffererkennung zwischen den Asteroiden und den Plasmaprojektilen ist dreidimensionaler Natur (Bounding-Sphären-Test, siehe Tag 6). Die Blickrichtung des Spielers ist momentan noch nicht veränderbar. Am Ende des 11. Tages werden wir mit der Entwicklung eines zweiten Übungsspiels beginnen, in dem dieses Manko behoben sein wird.

Hinweise:

- Verwenden Sie das Demoprogramm *Texturen* als Ausgangspunkt für die Projektentwicklung, da in diesem bereits die Routinen für die Bewegung des Fadenkreuzes implementiert sind.
- Fügen Sie dem Projekt ein neues Programmmodul hinzu (z. B. *BallerBummClasses.h*), in dem alle benötigten Klassen zusammengefasst werden:
  - `CStarfield` (Darstellung der Hintergrundsterne)
  - `CPlanetMovement_Graphics` (Darstellung des Planeten und der Sonne)
  - `CBallerBumm_Graphics` (Darstellung der Asteroiden, des Fadenkreuzes sowie des Plasmaprojektils)
  - `CObject` (Handling der Asteroiden)

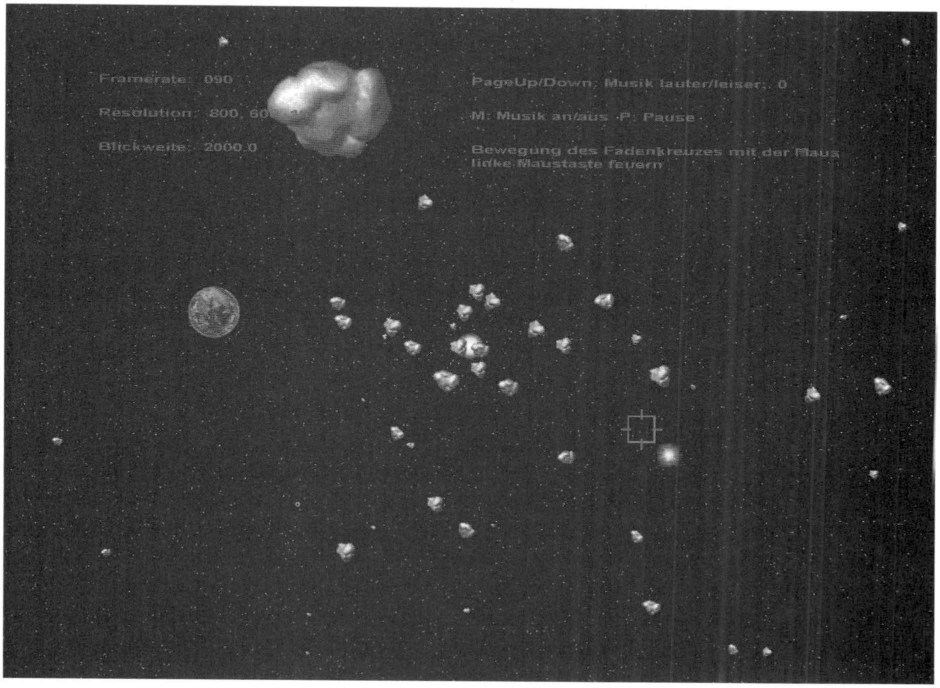

Abbildung 9.2: Screenshot aus dem BallerBumm-Übungsprojekt

- Löschen Sie die Programmmodule *BildschirmSchablonenClass.h, SimpleCursorClass.h* und *SimpleStarfieldClass.h* aus dem Projekt – sie werden nicht länger benötigt. Markieren Sie dazu die betreffenden Dateien im Arbeitsbereichsfenster (in der Dateiansicht) und wählen Sie im Menüpunkt BEARBEITEN die Option LÖSCHEN aus.
- Implementieren Sie die gesamte Game-Logik innerhalb der `C3DSzenario`-Methode `New_Scene()`:
  - Sternenfeld rendern
  - neuen Ortsvektor der Erde berechnen; Rendern der Sonne und der Erde
  - wenn die Waffe abgefeuert wurde, dann das Plasmaprojektil bewegen
  - Asteroiden bewegen und rendern. Um die optische Vielfalt zu erhöhen, sollen sie dabei um einen vorgegebenen Winkel um die Blickrichtung gedreht werden.
  - Bildschirmkoordinaten der Asteroiden berechnen. Befindet sich ein Asteroid außerhalb der Bildschirmbegrenzungen oder wird die Entfernung zum Spieler zu groß, muss der Asteroid reinitialisiert werden (neue Position, Geschwindigkeit und Drehwinkel festlegen). Sehen Sie dafür eine entsprechende Methode in der `CObject`-Klasse vor.

- Treffertest zwischen Asteroiden mit dem Plasmaprojektil durchführen (Bounding-Sphären-Test). Bei einem erfolgreichen Test die Bewegungsrichtung des betreffenden Asteroiden so ändern, dass dieser wieder in das System hineinfliegt. Plasmakanone zurücksetzen.
- Fadenkreuz und Plasmaprojektil (sofern abgefeuert) rendern

Tag 10

Musik und 3D-Sound

Neben der Grafik und der Spielsteuerung ist die Erzeugung einer ansprechenden Soundkulisse der dritte Eckpfeiler der Spieleprogrammierung. In zwei kleinen Projekten werden Sie lernen, wie Sie Hintergrundmusik abspielen und 3D-Soundeffekte einsetzen.

10.1 DirectX Audio stellt sich vor

Mit dem Erscheinen von DirectX 8 wurden die früheren Komponenten DirectMusik und DirectSound zu der Komponente DirectX Audio zusammengefasst. Darüber hinaus stellte Microsoft dem Spieleentwickler die Klassen `CMusicManager`, `CMusicSegment` und `CMusicScript` zur Verfügung, mit deren Hilfe der Einsatz von DirectX Audio extrem vereinfacht wird. In DirectX 9 kommt mit `C3DMusicSegment` eine weitere Klasse hinzu, die den Einsatz von 3D-Soundeffekten erleichtert. Die Deklarationen und Implementierungen dieser Klassen finden sich in den Dateien *dmutil.h/cpp*.

10.2 Hintergrundmusik-Demoprogramm

Einbinden der Datei GoodSound.h in unser Anwendungsgerüst

Im ersten Demoprogramm können Sie sich davon überzeugen, wie einfach es ist, Musik mit Hilfe der Klassen `CMusicManager` und `CMusicSegment` abzuspielen. Alle hierfür notwendigen Funktionalitäten sind im Programmmodul *GoodSound.h* implementiert. Damit alles korrekt funktioniert, muss diese Datei natürlich in unser Projekt mit eingebunden werden:

```
...
#include "GoodSound.h"              // neu

void InitSpieleinstellungen(void);
void CleanUpD3D(void);
void InitD3D(void);
void Init_View_and_Projection_Matrix(void);
void Show_3D_Scenario(void);
void PlayBackgroundMusic(long Nr);      // neu
void StopBackgroundMusic(long Nr);      // neu

#include "GiveInput.h"
```

Die Funktionen `PlayBackgroundMusic()` und `StopBackgroundMusic()` starten und beenden das Abspielen der Hintergrundmusik. Darüber hinaus lässt sich zur Laufzeit auch die Lautstärke regeln. Die Musik selbst wird in ständiger Wiederholung abgespielt. Nicht zu vergessen ist ferner unsere DirectInput-Bibliothek *GiveInput.h*, die für die Interaktion zwischen Programm und Anwender sorgt.

GoodSound.h

Damit Sie sich davon überzeugen können, dass das Abspielen von Musik auch wirklich das reinste Kinderspiel ist, betrachten wir gleich einmal den Programmcode der Datei *GoodSound.h*. Erklärungen folgen im Anschluss daran.

Listing 10.1: Abspielen von Hintergrundmusik

```
#include "dmutil.h"

CMusicManager*          g_pMusicManager    = NULL;

// Game Sound Objects:
CMusicSegment*          g_pBackgroundMusic = NULL;

inline void PlayMusic(CMusicSegment* pSound)
{
    // Hintergrundmusik stoppen
    if(pSound) pSound->Stop(DMUS_SEGF_DEFAULT);

    // Festlegen, dass Hintergrundmusik in ständiger Wiederholung
    // abgespielt werden soll
    if(pSound) pSound->SetRepeats(DMUS_SEG_REPEAT_INFINITE);

    // Mit dem Abspielen beginnen
    if(pSound) pSound->Play(DMUS_SEGF_DEFAULT);
}

inline void StopMusic(CMusicSegment* pSound)
{
    if(pSound) pSound->Stop(DMUS_SEGF_DEFAULT);
}

inline void NewVolume(long Volume)
{
    // Neue Lautstärke wirkt sich auf alle
    // Musik- und Soundsegmente aus
    g_pBackgroundMusic->SetVol(Volume);
}

// Funktionsprototypen
void CreateSoundObjects(HWND handle);
void DestroySoundObjects(void);


void CreateSoundObjects(HWND handle)
{
```

```
    // CMusicManager-Objekt erzeugen:
    g_pMusicManager = new CMusicManager();
    g_pMusicManager->Initialize(handle);

    g_pMusicManager->CreateSegmentFromFile(&g_pBackgroundMusic,
                                           "Backgroundmusic.wav");
}

void DestroySoundObjects(void)
{
    if(g_pMusicManager) g_pMusicManager->StopAll();
    SAFE_DELETE(g_pBackgroundMusic)
    SAFE_DELETE(g_pMusicManager)
}
```

Die Klassen `CMusicManager` und `CMusicSegment` sind zweifelsohne die Arbeitspferde bei der Sounderzeugung. Das `CMusicManager`-Objekt kümmert sich um alle Verwaltungsaufgaben, die im Zuge der Arbeit mit DirectX Audio anfallen und ist zudem für das Laden der Musikstücke verantwortlich.

Die Klasse `CMusicSegment` vereinfacht den Umgang mit den einzelnen Soundobjekten – Abspielen, Stoppen, Lautstärke verändern – um nur ein paar Beispiele zu nennen.

Die Initialisierung eines `CMusicManager`-Objekts sowie der Upload der Hintergrundmusik wird innerhalb der Funktion `CreateSoundObjects()` durchgeführt. Aufgerufen wird diese Funktion bei Programmbeginn – wie sollte es auch anders sein – durch die Funktion `GameInitialisierungsRoutine()`. Bei Programmende führt die Funktion `DestroySoundObjects()` schließlich alle Aufräumarbeiten durch. Ihr Aufruf erfolgt aus der Funktion `GameCleanUpRoutine()`. Wie üblich müssen beide Prototypen als Externals in die Datei *GameRoutines.h* mit eingebunden werden.

Die drei Inline-Funktionen `PlayMusic()`, `StopMusic()` und `NewVolume()` werden zum Abspielen und Stoppen der Hintergrundmusik sowie zur Regelung der Lautstärke verwendet.

Die ersten beiden Inline-Funktionen werden nicht direkt verwendet, vielmehr erfolgt ihr Aufruf durch die Funktionen `PlayBackgroundMusic()` bzw. `StopBackgroundMusic()`, welche beide in der Datei *Space3D.cpp* implementiert sind. Die Auswahl eines Musiksegments erfolgt hier einfach durch einen Index:

Listing 10.2: Aufruf der Abspielfunktion, Abspielen beenden

```
void PlayBackgroundMusic(long Nr)
{
    if(Nr == 1)
        PlayMusic(g_pBackgroundMusic);
}

void StopBackgroundMusic(long Nr)
{
    if(Nr == 1)
        StopMusic(g_pBackgroundMusic);
}
```

Damit beide Methoden bei Programmstart bzw. -ende durch die Funktionen `GameInitialisierungsRoutine()` bzw. `GameCleanUpRoutine()` aufgerufen werden können, müssen die zugehörigen Funktionsprototypen in der Datei *GameRoutines.h* als Externals deklariert werden!

10.3 3D-Sound-Demoprogramm

Das Abspielen von Musik ist für den Anfang gar nicht mal so schlecht, zu einem 3D-Spiel gehört aber natürlich auch ein fetter 3D-Sound. Erst dann, wenn es überall um den Spieler herum nur so kracht, kommt die richtige Atmosphäre auf. Bevor wir es aber so richtig krachen lassen können, müssen wir uns etwas eingehender mit der Arbeitsweise von DirectX Audio befassen.

MIDI und WAVE

Mit DirectX Audio lassen sich eine Reihe verschiedener Audioformate abspielen. Zu den bekanntesten Formaten gehören MIDI (**M**usical **I**nstrument **D**igital **I**nterface) und WAVE (digital aufgezeichneter Sound/Musik). WAVE-Files werden von der Soundkarte lediglich abgespielt, MIDI-Sound muss hingegen vom Soundprozessor erzeugt werden. Am besten stellen Sie sich das Midi-File als eine Partitur vor und den Soundprozessor als das Orchester, welches die Partitur spielt. Die Qualität der Wiedergabe hängt stark von der Qualität Ihrer Soundkarte ab. In unseren Projekten werden wir daher immer das WAVE-Format verwenden. WAVE-Files beanspruchen zwar eine Menge Speicherplatz, klingen beim Abspielen aber wesentlich besser.

Primärer Soundbuffer, sekundäre Soundbuffer, Audiopath, 3D-Soundbuffer, 3D-Listener

DirectSound-Soundbuffer repräsentieren einen Speicherbereich, in denen Sounddaten (WAVE-Files) abgelegt werden. Für jedes Soundsample legt man einen sekundären Soundbuffer an. Sollen nun ein oder mehrere Samples abgespielt werden, dann werden diese in den primären Soundbuffer kopiert und dort abgemischt. Anschließend erfolgt die Ausgabe durch die Soundkarte. Seit DirectX 8 steht für den Umgang mit Sounddaten der so genannte Audiopath zur Verfügung. Ein Audiopath kann sowohl für die Zusammenarbeit mit »normalen« wie auch für die Zusammenarbeit mit 3D-Soundbuffern und Listenern eingesetzt werden.

Zum Abspielen von 3D-Sound benötigt man mindestens einen 3D-Soundbuffer sowie einen Listener (Zuhörer). Der Klang wird jetzt von der Position und der Geschwindigkeit der Schallquelle sowie von der Position, Geschwindigkeit und Orientierung des Listeners bestimmt. Die Orientierung des Listeners wird durch zwei Vektoren angegeben. Der Vektor `vOrientFront` beschreibt Blickrichtung des Zuhörers und der Vektor `vOrientTop` beschreibt dessen Kopfhaltung. Beide Vektoren stehen senkrecht aufeinander.

Parameter für die Wiedergabe des 3D-Sounds festlegen

Mit Hilfe der Funktion `Set3DParameters()` werden bei Programmbeginn die Parameter für die Wiedergabe des 3D-Sounds festgelegt. Aufgerufen wird diese Methode durch die Funktion `GameInitialisierungsRoutine()`.

Listing 10.3: Parameter für die Wiedergabe des 3D-Sounds festlegen

```
void Set3DParameters(float fDopplerFactor, float fRolloffFactor,
                     float fMinDistance,   float fMaxDistance)
{
    g_dsListenerParams.flDopplerFactor = fDopplerFactor;
    g_dsListenerParams.flRolloffFactor = fRolloffFactor;

    g_dsListenerParams.vPosition.x = 0;
    g_dsListenerParams.vPosition.y = 0;
    g_dsListenerParams.vPosition.z = 0;

    if(g_pDSListener)
        g_pDSListener->SetAllParameters(&g_dsListenerParams,
                                        DS3D_IMMEDIATE);

    for(z = 0; z < Buffer3DMax; z++)
    {
        g_dsBufferParams[z].flMinDistance = fMinDistance;
        g_dsBufferParams[z].flMaxDistance = fMaxDistance;

        if(g_pDS3DBuffer[z])
            g_pDS3DBuffer[z]->SetAllParameters(&g_dsBufferParams[z],
                                               DS3D_IMMEDIATE);
    }
}
```

Der **Dopplerfaktor** beschreibt die Frequenzverschiebung einer Schallquelle, wenn diese sich relativ zum Listener bewegt. Bewegen sich Schallquelle und Listener aufeinander zu, erhöht sich die Frequenz (der Ton wird höher), bewegen sich beide voneinander weg, verringert sich die Frequenz (der Ton wird tiefer).

Der **Rolloff-Faktor** beschreibt die Abnahme der Schallintensität mit zunehmender Entfernung der Schallquelle vom Listener. Ein Wert von 0 sorgt für eine gleich bleibende Intensität unabhängig von der Entfernung; ein Wert von 1 simuliert die natürlichen Verhältnisse.

Die **minimale Distanz** gibt diejenige Entfernung an, ab derer sich die Schallintensität nicht mehr weiter erhöht. Die **maximale Distanz** ist diejenige Entfernung, ab derer die Schallquelle nicht mehr zu hören ist.

Zum Zwischenspeichern der 3D-Soundparameter werden die Variablen `g_dsListenerParams` sowie `g_dsBufferParams` verwendet. Die erste Variable ist vom Typ `DS3DLISTENER`, die zweite vom Typ `DS3DBUFFER`.

Soundobjekte erzeugen

Die Funktion `CreateSoundObjects()` fällt dieses Mal etwas umfangreicher aus, schließlich müssen die 3D-Soundbuffer sowie der Listener initialisiert werden.

CMusicManager- und CMusicSegment-Objekte initialisieren

Im ersten Schritt werden ein `CMusicManager`-Objekt sowie zwei `CMusicSegment`-Objekte initialisiert. Das erste Segment enthält die Hintergrundmusik, das zweite ein Explosions-Sample.

Einen Audiopath für jeden 3D-Soundbuffer erstellen

In unserem Demoprogramm können bis zu zehn Explosions-Samples gleichzeitig abgespielt werden. Wir benötigen daher zwei Arrays mit jeweils zehn Elementen vom Typ `IDirectSound3DBuffer*` sowie vom Typ `IDirectMusicAudioPath*`.

Mit Hilfe der `IDirectMusicPerformance8`-Methode `CreateStandardAudioPath()` werden jetzt nacheinander alle Audiopath-Objekte erzeugt.

3D-Soundbuffer mit den Audiopath-Objekten verbinden und ihre vorläufigen Eigenschaften festlegen

Nachdem alle Audiopath-Objekte erzeugt worden sind, müssen diese mit den 3D-Soundbuffer-Objekten verbunden werden. Hierfür wird die Audiopath-Methode `GetObjectInPath()` verwendet. Im Anschluss daran werden die vorläufigen Eigenschaften der 3D-Soundbuffer festgelegt. Vorläufig deshalb, weil erst durch den späteren Aufruf der Funktion `Set3DParameters()` die Parameter `flMinDistance` und `flMaxDistance` festgelegt werden. Der Einfachheit halber verwenden wir hier für alle Parameter nur die Standardeinstellungen.

HINWEIS

An dieser Stelle möchte ich lediglich den Parameter `dwMode` hervorheben. Dessen Standardeinstellung ist `DS3DMODE_NORMAL`. Verwendet man stattdessen den Wert `DS3DMODE_HEADRELATIVE`, werden alle Soundparameter (Position, Geschwindigkeit und Ausrichtung) relativ zur Einstellung des Listener-Objekts verändert. Bei Bewegung der Schallquelle und des Listeners verändern sich alle Einstellungen automatisch.

Den Listener mit den Audiopath-Objekten verbinden und seine vorläufigen Eigenschaften festlegen

Im nächsten Schritt wird das Listener-Objekt mit Hilfe der `GetObjectInPath()`-Methode mit jedem einzelnen Audiopath verbunden. Anschließend wird die Orientierung des Listeners festgelegt. Diese wird im weiteren Verlauf auch nicht mehr verändert. Stattdessen werden alle Schallquellen relativ zu dieser Orientierung ausgerichtet.

Die Funktion CreateSoundObjects() im Überblick

Listing 10.4: Soundobjekte erzeugen

```
void CreateSoundObjects(HWND handle)
{
    // CMusicManager-Objekt erzeugen:
    g_pMusicManager = new CMusicManager();
    g_pMusicManager->Initialize(handle);

    g_pMusicManager->CreateSegmentFromFile(&g_pBackgroundMusic,
                                           "Backgroundmusic.wav");
    g_pMusicManager->CreateSegmentFromFile(&g_pExplosion,
                                           "Explosion.wav");


    pPerformance = g_pMusicManager->GetPerformance();

    for(z = 0; z < Buffer3DMax; z++)
        pPerformance->CreateStandardAudioPath(DMUS_APATH_DYNAMIC_3D,
                                              1, TRUE,
                                              &g_p3DAudioPath[z]);


    for(z = 0; z < Buffer3DMax; z++)
        g_p3DAudioPath[z]->GetObjectInPath(0, DMUS_PATH_BUFFER, 0,
                                           GUID_NULL, 0,
                                           IID_IDirectSound3DBuffer,
                                    (LPVOID*)&g_pDS3DBuffer[z]);


    for(z = 0; z < Buffer3DMax; z++)
    {
        g_dsBufferParams[z].dwSize = sizeof(DS3DBUFFER);
        g_pDS3DBuffer[z]->GetAllParameters(&g_dsBufferParams[z]);
        g_dsBufferParams[z].dwMode = DS3DMODE_NORMAL;
        g_pDS3DBuffer[z]->SetAllParameters(&g_dsBufferParams[z],
                                           DS3D_IMMEDIATE);

    }

    for(z = 0; z < Buffer3DMax; z++)
```

```
        g_p3DAudioPath[z]->GetObjectInPath(0,
                           DMUS_PATH_PRIMARY_BUFFER, 0,
                           GUID_NULL, 0, IID_IDirectSound3DListener,
                           (LPVOID*)&g_pDSListener);

    memcpy(&g_dsListenerParams.vOrientTop,
           &PlayerVertikaleOriginal, sizeof(D3DVECTOR));
    memcpy(&g_dsListenerParams.vOrientFront,
           &PlayerFlugrichtungOriginal, sizeof(D3DVECTOR));

    g_pDSListener->SetOrientation(g_dsListenerParams.vOrientFront.x,
                                  g_dsListenerParams.vOrientFront.y,
                                  g_dsListenerParams.vOrientFront.z,
                                  g_dsListenerParams.vOrientTop.x,
                                  g_dsListenerParams.vOrientTop.y,
                                  g_dsListenerParams.vOrientTop.z,
                                  DS3D_IMMEDIATE);
}
```

3D-Soundbuffer vor dem Abspielen ausrichten

Vor dem Abspielen müssen die 3D-Soundbuffer ausgerichtet werden. Hierfür verwenden wir die Inline-Funktion `SetObjectProperties()`, der wir als Parameter die Adressen eines Positions- sowie eines Geschwindigkeitsvektors übergeben. Um die 3D-Soundbuffer relativ zum Listener auszurichten, berechnen wir im ersten Schritt die inverse Matrix der `g_ObjectKorrekturMatrix`, welche alle Drehungen des Spielers berücksichtigt (siehe auch Tag 11). Mit Hilfe dieser inversen Matrix lassen sich jetzt Position und Geschwindigkeit der Schallquelle in die Orientierung des Listeners transformieren. Zu guter Letzt müssen diese Parameter einem momentan ungenutzten Soundbuffer zugewiesen werden.

Listing 10.5: 3D-Soundbuffer vor dem Abspielen ausrichten

```
inline void SetObjectProperties(D3DXVECTOR3* pvPosition,
                                D3DXVECTOR3* pvVelocity)
{
    D3DXMatrixInverse(&tempMatrix, &tempFloat,
                      &g_ObjectKorrekturMatrix);

    MultiplyVectorWithRotationMatrix(&Position, pvPosition,
                                     &tempMatrix);

    MultiplyVectorWithRotationMatrix(&Velocity, pvVelocity,
                                     &tempMatrix);

    memcpy(&g_dsBufferParams[x].vPosition, &Position,
```

```
            sizeof(D3DVECTOR));

    memcpy(&g_dsBufferParams[x].vVelocity, &Velocity,
            sizeof(D3DVECTOR));

    if(g_pDS3DBuffer[x])
    {
        g_pDS3DBuffer[x]->SetPosition(
                        g_dsBufferParams[x].vPosition.x,
                        g_dsBufferParams[x].vPosition.y,
                        g_dsBufferParams[x].vPosition.z,
                        DS3D_IMMEDIATE);

        g_pDS3DBuffer[x]->SetVelocity(
                        g_dsBufferParams[x].vVelocity.x,
                        g_dsBufferParams[x].vVelocity.y,
                        g_dsBufferParams[x].vVelocity.z,
                        DS3D_IMMEDIATE);
    }
}
```

3D-Sound abspielen

Zum Abspielen des 3D-Sounds verwenden wir die Inline-Funktion `Play3DSound()`:

Listing 10.6: 3D-Sound abspielen

```
inline void Play3DSound(CMusicSegment* pSound)
{
    if(pSound)
    {
        pSound->Play(DMUS_SEGF_SECONDARY, g_p3DAudioPath[x]);
        x++;
    }
    if(x == Buffer3DMax)
        x = 0;
}
```

Als Parameter übergeben wir dieser Funktion das abzuspielende `CMusicSegment`-Objekt. Dieses wird dann von einem vormals ungenutzten Audiopath-Objekt als sekundäres Segment abgespielt. Zugriff auf einen momentan ungenutzten Audiopath erhält man durch eine Indexvariable, die bei jedem Funktionsaufruf inkrementiert wird. Zeigt diese schließlich auf das letzte Audiopath-Arrayelement, wird sie bei einem erneuten Aufruf auf das erste Arrayelement zurückgesetzt.

Die neue Datei GoodSound.h

Alle notwendigen Einzelheiten sind nun besprochen worden. Es ist daher an der Zeit, sich einen Überblick über die neue Datei *GoodSound.h* zu verschaffen.

Listing 10.7: Die Datei GoodSound.h im Überblick

```
#include "dmutil.h"
#include <D3DX9Math.h>

long x = 0; // Indices für den Zugriff
long z = 0; // auf das Audiopath-Array

D3DXVECTOR3 Position;
D3DXVECTOR3 Velocity;

const long Buffer3DMax = 10; // bis zu 10 Explosions-Sounds
                             // gleichzeitig

IDirectMusicPerformance8* pPerformance = NULL;
CMusicManager*            g_pMusicManager = NULL;
IDirectMusicAudioPath*    g_p3DAudioPath[Buffer3DMax];
IDirectSound3DBuffer*     g_pDS3DBuffer[Buffer3DMax];
IDirectSound3DListener*   g_pDSListener = NULL;
DS3DBUFFER                g_dsBufferParams[Buffer3DMax];
DS3DLISTENER              g_dsListenerParams;

// Game Sound Objects:
CMusicSegment*            g_pBackgroundMusic = NULL;
CMusicSegment*            g_pExplosion       = NULL;

inline void PlayMusic(CMusicSegment* pSound)
{
    if(pSound) pSound->Stop(DMUS_SEGF_DEFAULT);
    if(pSound) pSound->SetRepeats(DMUS_SEG_REPEAT_INFINITE);
    if(pSound) pSound->Play(DMUS_SEGF_DEFAULT);
}

inline void StopMusic(CMusicSegment* pSound)
{
    if(pSound) pSound->Stop(DMUS_SEGF_DEFAULT);
}

inline void NewVolume(long Volume)
{
    // Neue Lautstärke wirkt sich auf alle
    // Musik- und Soundsegmente aus
```

```
    g_pBackgroundMusic->SetVol(Volume);
}

inline void Play3DSound(CMusicSegment* pSound)
{}

inline void SetObjectProperties(D3DXVECTOR3* pvPosition,
                                D3DXVECTOR3* pvVelocity)
{}

void CreateSoundObjects(HWND handle);
void DestroySoundObjects(void);
void Set3DParameters(float fDopplerFactor, float fRolloffFactor,
                     float fMinDistance, float fMaxDistance);

void CreateSoundObjects(HWND handle)
{}

void DestroySoundObjects(void)
{
    if(g_pMusicManager) g_pMusicManager->StopAll();
    SAFE_DELETE(g_pBackgroundMusic)
    SAFE_DELETE(g_pExplosion)
    SAFE_RELEASE(g_pDSListener)

    for(z = 0; z < Buffer3DMax; z++)
    {
        SAFE_RELEASE(g_pDS3DBuffer[z])
        SAFE_RELEASE(g_p3DAudioPath[z])
    }
    SAFE_DELETE(g_pMusicManager)
}

void Set3DParameters(float fDopplerFactor, float fRolloffFactor,
                     float fMinDistance,  float fMaxDistance)
{}
```

3D-Soundfunktionen testen

Zum Testen der 3D-Soundfunktionen werden innerhalb der Funktion `Show_3D_Scenario()` nach dem Zufallsprinzip Positions- und Geschwindigkeitsangaben für eine Explosion erzeugt. Nachdem ein momentan ungenutzter 3D-Soundbuffer durch den Aufruf der Funktion `SetObjectProperties()` korrekt ausgerichtet wurde, wird das Explosions-Sample schließlich abgespielt.

10.4 Zusammenfassung

Endlich sind wir nun auch in der Lage, unsere Projekte durch den Einsatz von Musik und 3D-Soundeffekten so richtig aufzuwerten. Sie haben gelernt, wie sich unter Zuhilfenahme der beiden Helperklassen `CMusicManager` und `CMusicSegment` Hintergrundmusik abspielen lässt und wie durch die Verwendung von Audiopath-, 3D-Soundbuffer- und 3D-Listener-Objekten 3D-Soundeffekte erzeugt werden können.

10.5 Workshop

Fragen und Antworten

F *Zählen Sie die einzelnen Schritte bei der Initialisierung von 3D-Soundobjekten auf.*

A Zunächst einmal muss ein `CMusicManager`-Objekt sowie für jedes Soundsample ein `CMusicSegment`-Objekt initialisiert werden. Im Anschluss daran erzeugt man ein Array von 3D-Soundbuffern und erstellt für jeden 3D-Soundbuffer einen Audiopath. Die Größe dieser beiden Arrays ist davon abhängig, wie viele 3D-Soundeffekte parallel abgespielt werden sollen. Im nächsten Schritt werden die 3D-Soundbuffer und der Listener mit den Audiopath-Objekten verbunden.

Quiz

1. Welche Aufgaben übernehmen die `CMusicManager`- und `CMusicSegment`-Klasse?
2. Erklären Sie den Unterschied zwischen MIDI und WAVE.
3. Erklären Sie die Begriffe primärer und sekundärer Soundbuffer, 3D-Soundbuffer und 3D-Listener sowie Audiopath.
4. Welche Parameter beeinflussen die Wiedergabe von 3D-Soundeffekten?
5. Auf welche Weise wird bei der Ausrichtung eines 3D-Soundbuffers die Orientierung des Listeners berücksichtigt?

Übung

Wir werden jetzt unser BallerBumm-Übungsspiel vertonen. In diesem Zusammenhang können wir die Datei *GoodSound.h* unverändert in unser Projekt mit aufnehmen. Damit während des Spielens auch die richtige Atmosphäre aufkommt, wird die Hintergrundmusik in einer Schleife abgespielt. Immer dann, wenn ein Asteroid von einem Plasmaprojektil getroffen wurde, wird ein 3D-Soundbuffer gemäß der Position und Geschwindigkeit des Asteroiden ausgerichtet und ein Explosions-Sample abgespielt.

Hinweise:

- Ändern Sie die Parameter für die Wiedergabe des 3D-Sounds dahin gehend, dass die maximale Intensität des Explosions-Sounds schon bei einer größeren Entfernung vom Listener erreicht wird. Dadurch wirkt der Sound kraftvoller:

  ```
  Set3DParameters(1.0f, 1.0f, 30.0f, 10000.0f);
  ```

- Ein Explosions-Sample soll immer nach einem erfolgreich verlaufenden Treffertest abgespielt werden:

  ```
  SetObjectProperties(&Asteroid[i].Position, &Asteroid[i].Velocity);
  Play3DSound(g_pExplosion);
  ```

2D-Objekte in der 3D-Welt

Was wäre ein Spiel ohne Rauch- und Partikeleffekte, ohne Feuer und Explosionen, ohne Wolken, Sonnenstrahlen und Lens Flares (Linsenreflektionen)? Die Liste lässt sich nahezu beliebig weiter fortführen, eines aber haben alle Effekte gemeinsam, es handelt sich um zweidimensionale Objekte, so genannte Billboards, die entsprechend der Blickrichtung des Spielers in der dreidimensionalen Welt ausgerichtet werden. Die Themen heute:

- Kameradrehungen im dreidimensionalen Raum
- Billboard-Transformationsfunktionen für den 3D- und den planar-perspektivischen Raum
- Erstellung eines Billboard-Demoprogramms

11.1 Ein paar Worte vorweg

Alle diejenigen unter Ihnen, die hoffen, in diesem Kapitel etwas über die Erzeugung von Explosionen, Feuer und Partikeleffekten zu erfahren, werden sich noch bis Woche 3 gedulden müssen. Im Rahmen dieses Kapitels werden wir uns darauf beschränken, nur die Transformationsfunktionen für derartige Billboardeffekte zu entwickeln. Die Arbeitsweise dieser Funktionen ist denkbar einfach – in Abhängigkeit von ihrer Funktionsweise wird eine Transformationsmatrix erzeugt, mit deren Hilfe dann die Welttransformation durchgeführt wird.

Abgerundet wird das Kapitel mit einem kleinen Demoprogramm (*Billboards*). Es handelt sich dabei um eine kleine Weltraumszene mit diversen galaktischen Nebeln, in der sich der Spieler frei bewegen kann. Unsere Billbordfunktionen sorgen dabei immer für die korrekte Ausrichtung der Nebel.

Zur Einstimmung betrachten wir jetzt einige Screenshots mit diversen Billboardeffekten, die allesamt auf den Funktionen basieren, die wir in diesem Kapitel entwickeln werden (s. Abb. 11.1).

Im linken oberen Bildausschnitt erkennt man einen Screenshot der strategischen Ansicht (minimale Zoomstufe) eines Szenarios der Sternenkriegs-Simulation, die wir in Woche 3 gemeinsam entwickeln werden. Für die korrekte Darstellung der Sternensysteme sowie der galaktischen Nebel sorgt eine entsprechende Billboard-Transformationsfunktion. Die Sternenkarte kann horizontal und vertikal gescrollt sowie stufenlos gezoomt werden. Hintergrundsterne, Sternensysteme sowie galaktische Nebel werden in unterschiedlichem Abstand von der Kamera (vom Spieler) gerendert. Dadurch wirkt die Ansicht bei der Bewegung über die Sternenkarte sehr räumlich.

Der rechte obere Bildausschnitt zeigt eine nebulare Leuchterscheinung in der taktischen Ansicht unserer Sternenkriegs-Simulation. Neben dieser Leuchterscheinung werden auch die Sonne, die animierten Sonnenstrahlen sowie die Lens Flares (Linsenreflektionen) mittels geeigneter Billboard-Transformationsfunktionen dargestellt.

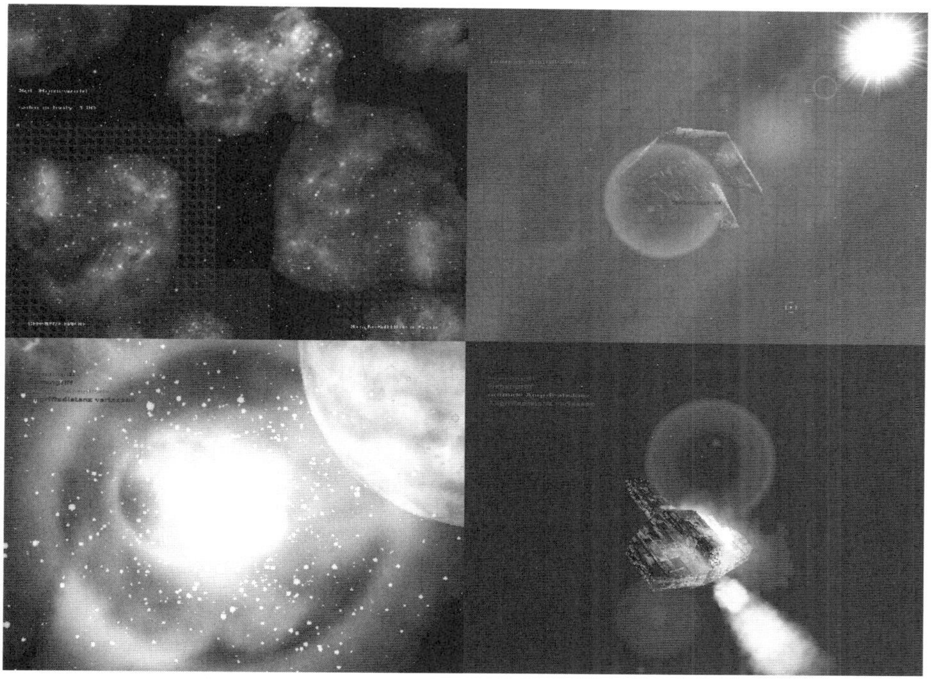

Abbildung 11.1: Billbordeffekte

Im linken unteren Bildausschnitt ist die Explosion eines Sternenkreuzers zu sehen. Die Explosion besteht aus drei verschiedenen Billboards (zwei Explosionsanimationen sowie einer Explosionslicht-Textur, die insbesondere zu Beginn der Explosion den Raum erhellt), die gemäß eines zufälligen Winkels senkrecht zur Blickrichtung des Spielers ausgerichtet werden. Bei der Ausrichtung der Explosionspartikel wird auf eine zufällige Drehung senkrecht zur Blickrichtung verzichtet.

Der rechte untere Bildausschnitt zeigt ein beschädigtes Raumschiff. Selbstredend fallen die Antriebspartikel sowie die Rauchpartikel ins Auge. In dieser Abbildung etwas schwer zu erkennen ist die Statusanzeige der Schiffe. Auch sie wird mittels einer geeigneten Transformationsfunktion für den Spieler immer lesbar im Raum positioniert.

11.2 Kameradrehungen im 3D-Raum

Bisher hatten unsere Demos allesamt etwas gemeinsam bzw. nicht gemeinsam – die Blickrichtung ließ sich nicht verändern. Vielleicht aber sind Ihnen in der Datei *Space3D.cpp* schon die drei Inline-Funktionen aufgefallen, die wir in Zukunft für genau diesen Zweck verwenden werden. Riskieren wir doch einen Blick:

Listing 11.1: Kameradrehung um die Blickrichtungsachse

```
inline void Player_Flugdrehung(float winkel)
{
    winkel = winkel*D3DX_PI/180.0f;

    FlugdrehungsWinkel += winkel;

    if(FlugdrehungsWinkel > D3DX_PI)
        FlugdrehungsWinkel -= 6.283185308f;
    else if(FlugdrehungsWinkel < -D3DX_PI)
        FlugdrehungsWinkel += 6.283185308f;

    CalcRotAxisMatrixS(&tempMatrix1, &PlayerFlugrichtung, winkel);

    g_ObjectKorrekturMatrix = g_ObjectKorrekturMatrix*tempMatrix1;

    MultiplyVectorWithRotationMatrix(&PlayerHorizontale,
                                     &PlayerHorizontale,
                                     &tempMatrix1);

    MultiplyVectorWithRotationMatrix(&PlayerVertikale,
                                     &PlayerVertikale,
                                     &tempMatrix1);

    NormalizeVector_If_Necessary(&PlayerHorizontale,
                                 &PlayerHorizontale);

    NormalizeVector_If_Necessary(&PlayerVertikale,
                                 &PlayerVertikale);

    D3DXMatrixLookAtLH(&matView, &Nullvektor, &PlayerFlugrichtung,
                                 &PlayerVertikale);

    g_pd3dDevice->SetTransform(D3DTS_VIEW, &matView);
}
```

Listing 11.2: Horizontale Kameradrehung

```
inline void Player_Horizontaldrehung(float winkel)
{
    winkel = winkel*D3DX_PI/180.0f;

    CalcRotYMatrixS(&tempMatrix1,winkel);

    g_ObjectKorrekturMatrix = tempMatrix1*g_ObjectKorrekturMatrix;
```

```
    PlayerFlugrichtung.x = g_ObjectKorrekturMatrix._31;
    PlayerFlugrichtung.y = g_ObjectKorrekturMatrix._32;
    PlayerFlugrichtung.z = g_ObjectKorrekturMatrix._33;

    D3DXVec3Cross(&PlayerHorizontale,
                  &PlayerVertikale,
                  &PlayerFlugrichtung);

    NormalizeVector_If_Necessary(&PlayerHorizontale,
                                 &PlayerHorizontale);

    D3DXMatrixLookAtLH(&matView, &Nullvektor, &PlayerFlugrichtung,
                                              &PlayerVertikale);

    g_pd3dDevice->SetTransform(D3DTS_VIEW, &matView);
}
```

Listing 11.3: Vertikale Kameradrehung

```
inline void Player_Vertikaldrehung(float winkel)
{
    winkel = winkel*D3DX_PI/180.0f;

    CalcRotXMatrixS(&tempMatrix1,winkel);

    g_ObjectKorrekturMatrix = tempMatrix1*g_ObjectKorrekturMatrix;

    PlayerFlugrichtung.x = g_ObjectKorrekturMatrix._31;
    PlayerFlugrichtung.y = g_ObjectKorrekturMatrix._32;
    PlayerFlugrichtung.z = g_ObjectKorrekturMatrix._33;

    D3DXVec3Cross(&PlayerVertikale,
                  &PlayerFlugrichtung,
                  &PlayerHorizontale);

    NormalizeVector_If_Necessary(&PlayerVertikale,
                                 &PlayerVertikale);

    D3DXMatrixLookAtLH(&matView, &NullVektor, &PlayerFlugrichtung,
                                              &PlayerVertikale);

    g_pd3dDevice->SetTransform(D3DTS_VIEW, &matView);
}
```

Allen drei Funktionen wird als Parameter der Frame-Drehwinkel in Grad übergeben, um den sich die Blickrichtung ändern soll. Für die weitere Rechnung muss dieser Winkel erst einmal ins Bogenmaß umgerechnet werden. Dieses etwas Mehr an Rechenaufwand sollte aber zu keinerlei Performanceproblemen führen. Bei einer Flugdrehung wird der Frame-Drehwinkel zusätzlich zum `FlugdrehungsWinkel` hinzuaddiert.

HINWEIS: Der `FlugdrehungsWinkel` speichert den Gesamtdrehwinkel um die Blickrichtungsachse und wird später für die korrekte Ausrichtung einiger Billboards benötigt.

Im zweiten Schritt wird die benötigte Frame-Rotationsmatrix berechnet. Mit Hilfe dieser Matrix wird dann im dritten Schritt die Gesamtrotationsmatrix `g_ObjectKorrekturMatrix` berechnet. Auf diese Matrix werden später einige der Billboard-Transformationsfunktionen zurückgreifen. Zudem wird diese Matrix für die Ausrichtung der 3D-Soundquellen benötigt (siehe Tag 10).

HINWEIS: Der Name `g_ObjectKorrekturMatrix` bezieht sich darauf, dass mit Hilfe dieser Matrix die Ausrichtung von 2D-Objekten korrigiert wird.

Im nächsten Schritt wird in den Funktionen `Player_Horizontaldrehung()` und `Player_Vertikaldrehung()` aus der Gesamtrotationsmatrix die neue Flugrichtung bestimmt. Im Kapitel »Drehbewegungen – Raumschiffe in Bewegung« (Tag 5) haben wir bereits darüber gesprochen, wie genau das funktioniert.

Anschließend wird in den Funktionen `Player_Horizontaldrehung()` und `Player_Vertikaldrehung()` die neue horizontale bzw. vertikale Drehachse berechnet und falls erforderlich normiert. Bei einer Flugdrehung ändert sich sowohl die horizontale wie auch die vertikale Drehachse.

Im letzten Schritt wird die neue Sichtmatrix `matView` (Kameramatrix) erstellt und die zugehörige View-Transformation durchgeführt.

11.3 Billboard-Transformationsfunktionen

Wir werden uns jetzt den Billboard-Transformationsfunktionen zuwenden. Aus Platzgründen können wir hier aber nicht alle Funktionen behandeln. Den kompletten Funktionssatz finden Sie in der Datei *BillboardFunctions.h*, die in alle DirectX-Projekte mit eingebunden ist.

Zunächst müssen wir festlegen, was diese Transformationsfunktionen alles leisten sollen:

- Darstellung von Hintergrundobjekten (Sonne, Wolken, Hintergrundnebel und -galaxien) im 3D-Raum durch Angabe ihrer Polarkoordinaten
- Darstellung von Explosionen, Partikeln, Lens Flares, elektrostatischen Nebelentladungen (Nebula-Flash) und Text im 3D-Raum durch Angabe des Ortsvektors
- Darstellung von 2D-Objekten durch Angabe des Ortsvektors sowie der Rotationsmatrix
- Planar-perspektivische Darstellung von Billboards durch Angabe des Ortsvektors

Anmerkungen:

- Im 3D-Raum kann die Kamera um drei zueinander senkrechte Achsen gedreht und beliebig im Raum verschoben werden.
- Im planar-perspektivischen Raum kann die Kamera nach rechts/links bzw. oben/unten bewegt sowie an das Spielgeschehen heran- bzw. vom Spielgeschehen weggezoomt werden.

Funktionen zum Ausrichten eines Billboards im 3D-Raum unter Verwendung des Billboard-Ortsvektors

Als Erstes betrachten wir diejenigen Funktionen, die für die Ausrichtung des Billboards nur dessen Ortsvektor benötigen. Wir werden hier drei Funktionen kennen lernen; die erste Funktion sorgt für eine normale Darstellung, die zweite dreht das Billboard zusätzlich um einen vorgegebenen Winkel senkrecht zur Blickrichtung und die dritte dreht das Billboard um einen zufälligen Winkel senkrecht zur Blickrichtung.

Die Arbeitsweise der ersten Funktion ist denkbar einfach, aus dem Ortsvektor und dem Skalierungsfaktor wird im ersten Schritt eine Verschiebungs- sowie eine Skalierungsmatrix erzeugt. Im zweiten Schritt werden beide Matrizen mit der Objektkorrekturmatrix multipliziert. Im Anschluss daran wird mit der Produktmatrix eine Welttransformation durchgeführt.

***Listing 11.4:** Ausrichten eines Billboards im 3D-Raum unter Verwendung des Billboard-Ortsvektors*

```
inline void Positioniere_2D_Object(D3DXVECTOR3* pAbstand,
                                   float &scale)
{
    // Hinweis: Die Verwendung von Zeigern und Referenzen als
    // Parameter hat den Vorteil, dass die Erzeugung von lokalen
    // Kopien unterbleibt -> bessere Performance!!

    g_VerschiebungsMatrix._41 = pAbstand->x;
    g_VerschiebungsMatrix._42 = pAbstand->y;
    g_VerschiebungsMatrix._43 = pAbstand->z;

    g_ScaleMatrix._11 = scale;
    g_ScaleMatrix._22 = scale;

    g_TransformationsMatrix = g_ScaleMatrix*g_ObjectKorrekturMatrix
                              *g_VerschiebungsMatrix;

  g_pd3dDevice->SetTransform(D3DTS_WORLD, &g_TransformationsMatrix);
}
```

Die nächsten beiden Funktionen arbeiten vom Prinzip her sehr ähnlich. Im ersten Schritt wird jetzt aber eine Rotationsmatrix erzeugt. Als Rotationsachse wird die Blickrichtung des Spielers verwendet. Damit etwaige Flugdrehungen bei der Ausrichtung der Billboards Berücksichtigung finden, muss der Drehwinkel zuvor noch um den `FlugdrehungsWinkel` korrigiert werden. Der korrigierte Winkel wird in der Variablen `korrigierter_Billboardwinkel` zwischengespeichert. Im Anschluss daran weist man den Matrixelementen `_41`, `_42` und `_43` der Rotationsmatrix die Ortskoordinaten des Billboards in x-, y- und z-Richtung zu. Alle weiteren Schritte entsprechen denen der ersten Funktion.

Listing 11.5: Ausrichten eines Billboards im 3D-Raum unter Verwendung des Billboard-Ortsvektors sowie eines Drehwinkels

```
inline void Positioniere_2D_Object_gedreht(D3DXVECTOR3* pAbstand,
                                           float &scale, float &winkel)
{
    korrigierter_Billboardwinkel = winkel - FlugdrehungsWinkel;
    if(korrigierter_Billboardwinkel > D3DX_PI)
        korrigierter_Billboardwinkel -= 6.283185308f;
    else if(korrigierter_Billboardwinkel < -D3DX_PI)
        korrigierter_Billboardwinkel += 6.283185308f;

    CalcRotAxisMatrix(&g_VerschiebungsMatrix2,&PlayerFlugrichtung,
                      korrigierter_Billboardwinkel);

    g_VerschiebungsMatrix2._41 = pAbstand->x;
    g_VerschiebungsMatrix2._42 = pAbstand->y;
    g_VerschiebungsMatrix2._43 = pAbstand->z;

    g_ScaleMatrix._11 = scale;
    g_ScaleMatrix._22 = scale;

    g_TransformationsMatrix = g_ScaleMatrix
                             *g_ObjectKorrekturMatrix
                             *g_VerschiebungsMatrix2;

  g_pd3dDevice->SetTransform(D3DTS_WORLD, &g_TransformationsMatrix);
}
```

Listing 11.6: Ausrichten eines Billboards im 3D-Raum unter Verwendung des Billboard-Ortsvektors sowie eines zufälligen Drehwinkels

```
inline void Positioniere_2D_Object_fluktuierend(
                                           D3DXVECTOR3* pAbstand,
                                           float &scale)
{
    CalcRotAxisMatrix(&g_VerschiebungsMatrix2,&PlayerFlugrichtung,
                      Zufallswinkel->NeueZufallsZahl());

    g_VerschiebungsMatrix2._41 = pAbstand->x;
    g_VerschiebungsMatrix2._42 = pAbstand->y;
```

```
    g_VerschiebungsMatrix2._43 = pAbstand->z;

    g_ScaleMatrix._11 = scale;
    g_ScaleMatrix._22 = scale;

    g_TransformationsMatrix = g_ScaleMatrix
                             *g_ObjectKorrekturMatrix
                             *g_VerschiebungsMatrix2;

  g_pd3dDevice->SetTransform(D3DTS_WORLD, &g_TransformationsMatrix);
}
```

Funktion zum Ausrichten eines Billboards im 3D-Raum unter Verwendung des Billboard-Ortsvektors sowie einer Rotationsmatrix

Die Funktionen, die wir bisher kennen gelernt haben, waren lediglich in der Lage, das Billboard senkrecht zur Blickrichtung des Spielers zu drehen. Die nächste Funktion kann für die Darstellung eines beliebig gedrehten Billboards verwendet werden. Zu diesem Zweck übergibt man der Funktion zusätzlich die Adresse einer entsprechenden Rotationsmatrix.

Listing 11.7: Ausrichten eines Billboards im 3D-Raum unter Verwendung des Billboard-Ortsvektors sowie einer Rotationsmatrix

```
inline void Positioniere_2D_Object(D3DXVECTOR3* pAbstand,
                                   D3DXMATRIX* pRotationsmatrix,
                                   float &scale)
{
    g_VerschiebungsMatrix2 = *pRotationsmatrix;

    g_VerschiebungsMatrix2._41 = pAbstand->x;
    g_VerschiebungsMatrix2._42 = pAbstand->y;
    g_VerschiebungsMatrix2._43 = pAbstand->z;

    g_ScaleMatrix._11 = scale;
    g_ScaleMatrix._22 = scale;

    g_TransformationsMatrix = g_ScaleMatrix*g_VerschiebungsMatrix2;

  g_pd3dDevice->SetTransform(D3DTS_WORLD, &g_TransformationsMatrix);
}
```

Funktionen zum Ausrichten eines Billboards im 3D-Raum unter Verwendung der Billboard-Polarkoordinaten

Um die Arbeitsweise der nächsten beiden Funktionen verstehen zu können, müssen wir uns noch einmal die dreidimensionale Polarkoordinaten-Darstellung ins Gedächtnis rufen (siehe Tag 4).

Um ein Billboard an die korrekte Position im 3D-Raum positionieren zu können, sind zwei Drehungen notwendig. Im ersten Schritt wird die Rotationsmatrix für die Drehung um die y-Achse (horizontale Drehung) erzeugt. Mit Hilfe dieser Matrix wird im zweiten Schritt die horizontale Drehachse für die vertikale Drehung berechnet. Bei einer horizontalen Drehung um 0° (trivialer Fall) entspricht diese Drehachse einfach der negativen x-Achse.

HINWEIS: Natürlich könnte man als Drehachse auch die positive x-Richtung wählen, man müsste dann aber bei der Angabe der Polarkoordinaten das Vorzeichen des Vertikalwinkels vertauschen.

Mit Hilfe der horizontalen Drehachse wird im nächsten Schritt die Rotationsmatrix für die vertikale Drehung berechnet. Im Anschluss daran wird aus den beiden Rotationsmatrizen die Gesamtrotationsmatrix gebildet. Weiterhin weist man den Matrixelementen `_41`, `_42` und `_43` dieser Matrix die Ortskoordinaten des Billboards in x-, y- und z-Richtung zu. Im nächsten Schritt wird die Skalierungsmatrix erzeugt und mit der Rotations-Verschiebungsmatrix multipliziert, wodurch man die Transformationsmatrix erhält. Die Objektkorrekturmatrix wird hierbei nicht benötigt. Im letzten Schritt wird schließlich die Welttransformation durchgeführt.

Listing 11.8: Ausrichten eines Billboards im 3D-Raum unter Verwendung der Billboard-Polarkoordinaten

```
inline void Positioniere_2D_Object(D3DXVECTOR3* pAbstand,
                                   float &winkelHorizontal,
                                   float &winkelVertikal,
                                   float &scale)
{
    CalcRotYMatrix(&tempMatrix1, winkelHorizontal);

    MultiplyVectorWithRotationMatrix(&temp1Vektor3,
                                     &PlayerHorizontaleOriginalNeg,
                                     &tempMatrix1);

    CalcRotAxisMatrix(&tempMatrix2,&temp1Vektor3,winkelVertikal);

    g_VerschiebungsMatrix2 = tempMatrix1*tempMatrix2;

    g_VerschiebungsMatrix2._41 = pAbstand->x;
    g_VerschiebungsMatrix2._42 = pAbstand->y;
    g_VerschiebungsMatrix2._43 = pAbstand->z;
```

```
    g_ScaleMatrix._11 = scale;
    g_ScaleMatrix._22 = scale;

    g_TransformationsMatrix = g_ScaleMatrix*g_VerschiebungsMatrix2;

  g_pd3dDevice->SetTransform(D3DTS_WORLD, &g_TransformationsMatrix);
}
```

Mit Hilfe der nächsten Funktion lassen sich die Billboards zusätzlich um einen vorgegebenen Winkel senkrecht zum Ortsvektor drehen. Es wird also noch eine weitere Rotationsmatrix benötigt. Ansonsten arbeitet diese Funktion aber genau wie die vorhergehende.

Listing 11.9: Ausrichten eines Billboards im 3D-Raum unter Verwendung der Billboard-Polarkoordinaten sowie eines Drehwinkels

```
inline void Positioniere_2D_Object_gedreht(D3DXVECTOR3* pAbstand,
                                           float &winkelHorizontal,
                                           float &winkelVertikal,
                                           float &scale,
                                           float &blickwinkel)
{
    CalcRotAxisMatrix(&tempMatrix, pAbstand, blickwinkel);
    CalcRotYMatrix(&tempMatrix1, winkelHorizontal);

    MultiplyVectorWithRotationMatrix(&temp1Vektor3,
                                     &PlayerHorizontaleOriginalNeg,
                                     &tempMatrix1);

    CalcRotAxisMatrix(&tempMatrix2, &temp1Vektor3, winkelVertikal);

    g_VerschiebungsMatrix2 = tempMatrix1*tempMatrix2*tempMatrix;

    g_VerschiebungsMatrix2._41 = pAbstand->x;
    g_VerschiebungsMatrix2._42 = pAbstand->y;
    g_VerschiebungsMatrix2._43 = pAbstand->z;

    g_ScaleMatrix._11 = scale;
    g_ScaleMatrix._22 = scale;

    g_TransformationsMatrix = g_ScaleMatrix*g_VerschiebungsMatrix2;

  g_pd3dDevice->SetTransform(D3DTS_WORLD, &g_TransformationsMatrix);
}
```

Funktionen zum Ausrichten eines Billboards im planar-perspektivischen Raum unter Verwendung des Billboard-Ortsvektors

Im Folgenden betrachten wir drei Funktionen zum Ausrichten eines Billboards im planar-perspektivischen Raum. Die erste Funktion sorgt für eine normale Ausrichtung, die beiden anderen Funktionen drehen das Billboard zusätzlich um einen vorgegebenen Winkel senkrecht zur Blickrichtung des Spielers. In unserem Spieleprojekt kommen zwei unterschiedliche Varianten zum Einsatz – in der ersten Variante muss der Drehwinkel übergeben werden, in der zweiten Variante der Sinus- und Kosinuswert des Drehwinkels. Bei der Erstellung der Verschiebungsmatrix wird sowohl der Billboard-Ortsvektor als auch die Verschiebungsmatrix (`g_VerschiebungsMatrix3`) der Kamera (des Spielers) benötigt.

Listing 11.10: Ausrichten eines Billboards im planar-perspektivischen Raum unter Verwendung des Billboard-Ortsvektors

```
inline void Positioniere_2D_Object_Verschoben(D3DXVECTOR3* pAbstand,
                                              float &scale)
{
    g_VerschiebungsMatrix._41 = pAbstand->x
                               +g_VerschiebungsMatrix3._41*pAbstand->z;
    g_VerschiebungsMatrix._42 = pAbstand->y
                               +g_VerschiebungsMatrix3._42*pAbstand->z;
    g_VerschiebungsMatrix._43 = pAbstand->z;

    g_ScaleMatrix._11 = scale;
    g_ScaleMatrix._22 = scale;

    g_TransformationsMatrix = g_ScaleMatrix
                              *ObjectKorrekturMatrix
                              *g_VerschiebungsMatrix;

  g_pd3dDevice->SetTransform(D3DTS_WORLD, &g_TransformationsMatrix);
}
```

Listing 11.11: Ausrichten eines Billboards im planar-perspektivischen Raum unter Verwendung des Billboard-Ortsvektors sowie eines Drehwinkels

```
inline void Positioniere_2D_Object_Verschoben_Gedreht(
                                              D3DXVECTOR3* pAbstand,
                                              float &scale,
                                              float &winkel)
{
    CalcRotZMatrix(&g_VerschiebungsMatrix2, winkel);

    g_VerschiebungsMatrix2._41 = pAbstand->x
                               +g_VerschiebungsMatrix3._41*pAbstand->z;
```

```
    g_VerschiebungsMatrix2._42 = pAbstand->y
                           +g_VerschiebungsMatrix3._42*pAbstand->z;
    g_VerschiebungsMatrix2._43 = pAbstand->z;

    g_ScaleMatrix._11 = scale;
    g_ScaleMatrix._22 = scale;

    g_TransformationsMatrix = g_ScaleMatrix
                            *g_ObjectKorrekturMatrix
                            *g_VerschiebungsMatrix2;

  g_pd3dDevice->SetTransform(D3DTS_WORLD, &g_TransformationsMatrix);
}
```

Listing 11.12: Ausrichten eines Billboards im planar-perspektivischen Raum unter Verwendung des Billboard-Ortsvektors sowie des sin- und cos-Werts eines Drehwinkels

```
inline void Positioniere_2D_Object_Verschoben_Gedreht(
                                        D3DXVECTOR3* pAbstand,
                                        float &sin, float &cos,
                                        float &scale)
{
    CreateRotZMatrix(&g_VerschiebungsMatrix2, sin, cos);

    g_VerschiebungsMatrix2._41 = pAbstand->x
                           +g_VerschiebungsMatrix3._41*pAbstand->z;
    g_VerschiebungsMatrix2._42 = pAbstand->y
                           +g_VerschiebungsMatrix3._42*pAbstand->z;
    g_VerschiebungsMatrix2._43 = pAbstand->z;

    g_ScaleMatrix._11 = scale;
    g_ScaleMatrix._22 = scale;

    g_TransformationsMatrix = g_ScaleMatrix
                            *ObjectKorrekturMatrix
                            *g_VerschiebungsMatrix2;

  g_pd3dDevice->SetTransform(D3DTS_WORLD, &g_TransformationsMatrix);
}
```

11.4 Ein Billboard-Demoprogramm

Es ist wieder an der Zeit für ein wenig Programmierpraxis, erstellen wir also ein kleines Demoprogramm – Screenshot gefällig?

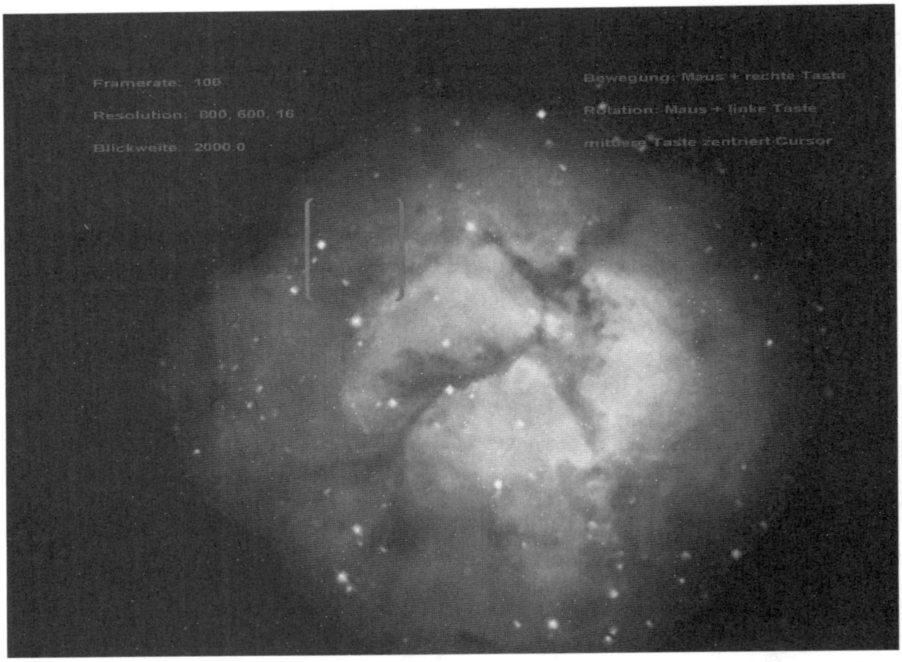

Abbildung 11.2: Aus dem Billboard-Demoprogramm

Zugegeben, das Demoprogramm ist nicht gerade umfangreich ausgefallen, dennoch können wir hier mit Blick auf unser Spieleprojekt einiges lernen – Erzeugung eines 3D-Sternenfelds, Positionierung von Hintergrundnebeln, Kameradrehung um drei voneinander unabhängige Achsen sowie die Bewegung eines Cursors im 3D-Raum.

Projektdateien und Klassenentwürfe

C3DScenario

Für das gesamte Handling des 3D-Szenarios ist wieder einmal die Klasse `C3DScenario` zuständig, welche in der Datei *3D_Scenario_Class.h* implementiert ist. Betrachten wir diese Klasse etwas genauer:

Listing 11.13: Billboard-Demo – C3DScenario-Klassenentwurf

```
class C3DScenario
{
public:

    CCursor*    Cursor;
    CNebula*    Nebula;
    CStarfield* Starfield;

    C3DScenario()
    {
        Nebula    = new CNebula[3];
        Starfield = new CStarfield;
        Cursor    = new CCursor;

        // TexturNummer (1-3), Horizontalwinkel, VertikalWinkel,
        // Entfernung, ScaleFaktor, Nebelfarbe: rot; grün, blau

        Nebula[0].Nebula_Initialisieren(1, 0.0f, 0.0f, 2.0f, 1.2f,
                                        255, 255, 255);

        Nebula[1].Nebula_Initialisieren(2, 120.0f, 40.0f, 2.0f,
                                        1.2f, 255, 255, 255);

        Nebula[2].Nebula_Initialisieren(3, -120.0f, -40.0f, 2.0f,
                                        1.2f, 255, 255, 255);

    }

    ~C3DScenario()
    {
        SAFE_DELETE_ARRAY(Nebula)
        SAFE_DELETE(Starfield)
        SAFE_DELETE(Cursor)
    }

    void New_Scene(void)
    {
        Starfield->Render_Starfield();

        Nebula[0].Render_Nebula();
        Nebula[1].Render_Nebula();
        Nebula[2].Render_Nebula();

        Cursor->Render_Cursor();
    }
};
C3DScenario* Scenario = NULL;
```

CStarfield

Als Nächstes betrachten wir die Klasse `CStarfield`, die für die Erzeugung und Darstellung des 3D-Sternenfelds verantwortlich ist. Im Großen und Ganzen kennen wir diese Klasse bereits, nur die Erzeugung des Sternenfelds funktioniert dieses Mal etwas anders. Die Sterne werden gleichmäßig um den Spieler herum verteilt und haben allesamt den gleichen Abstand vom Spieler.

Listing 11.14: Billboard-Demo – CStarfield-Klassenentwurf

```
class CStarfield
{
public:

    long                   HelpColorValue;
    long                   AnzahlStars;
    LPDIRECT3DVERTEXBUFFER9 StarsVB;

    CStarfield()
    {
        long i;
        AnzahlStars = 10000;

        g_pd3dDevice->CreateVertexBuffer(
                             AnzahlStars*sizeof(POINTVERTEX),
                           D3DUSAGE_WRITEONLY, D3DFVF_POINTVERTEX,
                             D3DPOOL_MANAGED, &StarsVB, NULL);

        POINTVERTEX* pPointVertices;
        StarsVB->Lock(0, 0, (VOID**)&pPointVertices, 0);

        for(i = 0; i < AnzahlStars; i++)
        {
           pPointVertices[i].position=D3DXVECTOR3(frnd(-1.0f,1.0f),
                                                  frnd(-1.0f,1.0f),
                                                  frnd(-1.0f,1.0f));

           NormalizeVector_If_Necessary(&pPointVertices[i].position,
                                        &pPointVertices[i].position);

           pPointVertices[i].position *= 20.0f;
           HelpColorValue = lrnd(50,200);

           pPointVertices[i].color = D3DCOLOR_XRGB(HelpColorValue,
                                                  HelpColorValue,
                                                  HelpColorValue);
        }
        StarsVB->Unlock();
    }
```

```
    ~CStarfield()
    { SAFE_RELEASE(StarsVB) }

    void Render_Starfield(void)
    {
        // Sternfeld rendern wie an Tag 8
    }
};
CStarfield* Starfield;
```

CCursor

Auch die Klasse `CCursor` haben wir bereits kennen gelernt. Die Renderfunktion ist jedoch leicht abgewandelt, da der Cursor dieses Mal mit Hilfe der Billboardfunktion `Positioniere_2D_Object()` im 3D-Raum dargestellt werden soll.

CNebula

Als Nächstes betrachten wir die Klasse `CNebula`. Beachten Sie in diesem Zusammenhang insbesondere die Methode `Nebula_Initialisieren()` für die Initialisierung des Nebels (Auswahl der zu verwendenden Textur, Festlegen der Polarkoordinaten sowie der Nebelfarbe).

Listing 11.15: Billboard-Demo – CNebula-Klassenentwurf

```
class CNebula
{
public:

    float Vertikalwinkel, Horizontalwinkel, Entfernung, ScaleFactor;
    long red, green, blue; // Ambientes Licht Nebel

    D3DXVECTOR3             Abstandsvektor;
    CTexturPool*            NebulaTextur;
    LPDIRECT3DVERTEXBUFFER9 NebulaVB;

    CNebula()
    {
        NebulaTextur = new CTexturPool;

        // beleuchtetes Vertex-Quad erzeugen ///////////////////////

    }

    ~CNebula()
    {
        SAFE_RELEASE(NebulaVB)
```

```
    SAFE_DELETE(NebulaTextur)
}

void Nebula_Initialisieren(long TexturNummer,
                           float HorizontalWinkel,
                           float VertikalWinkel,
                           float Abstand,
                           float scale,
                           long red, long green, long blue)
{
    // Nebeltextur erstellen:
    if(TexturNummer == 1)
      _stprintf(NebulaTextur->Speicherpfad, _T("Nebula1.bmp"));
    else if(TexturNummer == 2)
      _stprintf(NebulaTextur->Speicherpfad, _T("Nebula2.bmp"));
    else if(TexturNummer == 3)
      _stprintf(NebulaTextur->Speicherpfad, _T("Nebula3.bmp"));

    NebulaTextur->CreateTextur();

    ScaleFactor = scale;

    Entfernung = Abstand;

    // Ortsvektor des Billboards berechnen:
    Horizontalwinkel = HorizontalWinkel*D3DX_PI/180.0f;
    Vertikalwinkel   = VertikalWinkel*D3DX_PI/180.0f;

    Abstandsvektor.x = Entfernung*cosf(Vertikalwinkel)*
                                  sinf(Horizontalwinkel);
    Abstandsvektor.y = Entfernung*sinf(Vertikalwinkel);
    Abstandsvektor.z = Entfernung*cosf(Vertikalwinkel)*
                                  cosf(Horizontalwinkel);

    // Zuweisen der Vertexfarbe:
    COLOREDVERTEX*          pColVertices;

    NebulaVB->Lock(0, 0, (VOID**)&pColVertices, 0);

    pColVertices[0].color    = D3DCOLOR_XRGB(red,green,blue);
    pColVertices[1].color    = D3DCOLOR_XRGB(red,green,blue);
    pColVertices[2].color    = D3DCOLOR_XRGB(red,green,blue);
    pColVertices[3].color    = D3DCOLOR_XRGB(red,green,blue);

    NebulaVB->Unlock();
}

void Render_Nebula(void)
```

```
    {
        // Sichtbarkeitstest (siehe Tag 8: Objekt-Culling):
        tempFloat=D3DXVec3Dot(&Abstandsvektor,&PlayerFlugrichtung);

        if(tempFloat < 0.0f)
            return;           // Nebel hinter dem Spieler

        // Sichtbarkeitsbedingung:
        if(tempFloat > Entfernung*0.5f)
        {
        g_pd3dDevice->SetRenderState(D3DRS_LIGHTING, FALSE);
        g_pd3dDevice->SetRenderState(D3DRS_ZENABLE, FALSE);

        g_pd3dDevice->SetRenderState(D3DRS_ALPHABLENDENABLE, TRUE);
        g_pd3dDevice->SetRenderState(D3DRS_DESTBLEND, 2);

        Positioniere_2D_Object(&Abstandsvektor, Horizontalwinkel,
                               Vertikalwinkel, ScaleFactor);

        g_pd3dDevice->SetTexture(0, NebulaTextur->pTexture);
        g_pd3dDevice->SetStreamSource(0, NebulaVB, 0,
                                      sizeof(COLOREDVERTEX));
        g_pd3dDevice->SetFVF(D3DFVF_COLOREDVERTEX);
        g_pd3dDevice->DrawPrimitive(D3DPT_TRIANGLESTRIP, 0, 2);

        g_pd3dDevice->SetTexture(0, NULL);
        g_pd3dDevice->SetRenderState(D3DRS_ALPHABLENDENABLE, FALSE);
        g_pd3dDevice->SetRenderState(D3DRS_LIGHTING, TRUE);
        g_pd3dDevice->SetRenderState(D3DRS_ZENABLE, TRUE);
        }
    }
};

CNebula* Nebula = NULL;
```

Spielsteuerung

Wir betrachten jetzt das Codefragment der Funktion `ReadImmediateDataMouse()`, das für die Entgegennahme aller Maus-Steuerbefehle verantwortlich ist.

Listing 11.16: Billboard-Demo – Entgegennahme der Maus-Steuerbefehle

```
// Zentrieren des Cursors:
if(dims2.rgbButtons[2] & 0x80)  // Funktioniert nur bei 3-Tastenmaus
    CursorRichtungsVektor = PlayerFlugrichtung;
```

```
// Zurücksetzen der Maustasten-Ereignisse:
RightMouseClick = FALSE;
LeftMouseClick = FALSE;

// Feststellen, ob linke oder rechte Maustaste gedrückt wurde:
if(dims2.rgbButtons[1] & 0x80)
    RightMouseClick = TRUE;
if(dims2.rgbButtons[0] & 0x80)
    LeftMouseClick = TRUE;

if(LeftMouseClick == FALSE)
{
// Rotation um die Blickrichtungsachse stoppen:
    rotateCW = FALSE;
    rotateCCW = FALSE;
}

if(RightMouseClick == FALSE || LeftMouseClick == FALSE)
{
    // Wenn die Maustasten nicht gedrückt sind, dann müssen die
    // Drehgeschwindigkeiten auf Null gesetzt werden:

    if(LeftMouseClick == FALSE)
        FlugDrehGeschwindigkeit = 0.0f;
    if(RightMouseClick == FALSE)
    {
        DrehGeschwindigkeitHorizontal = 0.0f;
        DrehGeschwindigkeitVertikal   = 0.0f;
    }
    if(RightMouseClick == FALSE && LeftMouseClick == FALSE)
    {
        // Wenn keine Maustaste gedrückt ist, dann kann der
        // Cursor über den Bildschirm bewegt werden. Für die
        // korrekte Darstellung werden die folgenden Skalarprodukte
        // benötigt:

        tempFloat1 = D3DXVec3Dot(&CursorRichtungsVektor,
                                 &PlayerHorizontale);
        tempFloat2 = D3DXVec3Dot(&CursorRichtungsVektor,
                                 &PlayerVertikale);

        // Der CursorRichtungsVektor lässt sich in drei Komponenten
        // zerlegen. Als Basisvektoren dienen die Blickrichtung
        // des Spielers, die vertikale sowie die horizontale
        // Drehachse:

        CursorRichtungsVektor = PlayerFlugrichtung +
                    PlayerVertikale*(tempFloat2-0.001*dims2.lY) +
```

```
                    PlayerHorizontale*(tempFloat1+0.001*dims2.lX);
    }
}

// Wenn die linke Maustaste gedrückt ist, ist eine Drehbewegung
// um die Blickrichtungsachse möglich. Bei einer Drehung soll der
// Cursor seine Bildschirmposition nicht verändern.
// Der CursorRichtungsVektor muss daher während der Drehung
// kontinuierlich neu ausgerichtet werden.

if(LeftMouseClick == TRUE)
{
    CursorRichtungsVektor = PlayerFlugrichtung +
                            PlayerVertikale*tempFloat2 +
                            PlayerHorizontale*tempFloat1;

    if(dims2.lX > 5)
    {
        rotateCCW = TRUE;
        rotateCW  = FALSE;
    }
    if(dims2.lX < -5)
    {
        rotateCW  = TRUE;
        rotateCCW = FALSE;
    }
}

// Wenn die rechte Maustaste gedrückt ist, ist eine
// Drehbewegung um die horizontale bzw. vertikale Achse möglich.
// Bei einer Drehung soll der Cursor seine Bildschirmposition nicht
// verändern.
// Der CursorRichtungsVektor muss daher während der Drehung
// kontinuierlich neu ausgerichtet werden.

if(RightMouseClick == TRUE)
{
    CursorRichtungsVektor = PlayerFlugrichtung +
                            PlayerVertikale*tempFloat2 +
                            PlayerHorizontale*tempFloat1;

    if(dims2.lX > 5)
    {
        DrehungRight = TRUE;
        DrehungLeft  = FALSE;
    }
    if(dims2.lX < -5)
    {
```

```
        DrehungRight = FALSE;
        DrehungLeft  = TRUE;
    }
    if(dims2.lX > -5 && dims2.lX < 5)
    {
        DrehungRight = FALSE;
        DrehungLeft  = FALSE;
    }
    if(dims2.lY < -5)
    {
        DrehungUp   = TRUE;
        DrehungDown = FALSE;
    }
    if(dims2.lY > 5)
    {
        DrehungUp   = FALSE;
        DrehungDown = TRUE;
    }
    if(dims2.lY > -5 && dims2.lY < 5)
    {
        DrehungUp   = FALSE;
        DrehungDown = FALSE;
    }
}
```

Die eingegangenen Maus-Steuerbefehle werden innerhalb der Funktion `Player_Game_Control()` in konkrete Aktionen umgesetzt. Diese Funktion ist in der Datei *Space3D.cpp* implementiert. Ihr Aufruf erfolgt durch die Funktion `GameMainRoutine()`.

Listing 11.17: Billboard-Demo – Verarbeitung der Maus-Steuerbefehle

```
void Player_Game_Control(void)
{
    if(rotateCCW == TRUE)
    {
        if(FlugDrehGeschwindigkeit > -DrehGeschwindigkeitMax)
            FlugDrehGeschwindigkeit -= DrehBeschleunigung*FrameTime;
    }
    if(rotateCW == TRUE)
    {
        if(FlugDrehGeschwindigkeit < DrehGeschwindigkeitMax)
            FlugDrehGeschwindigkeit += DrehBeschleunigung*FrameTime;
    }
    if(DrehungRight == TRUE)
    {
     if(DrehGeschwindigkeitHorizontal < DrehGeschwindigkeitMax)
      DrehGeschwindigkeitHorizontal += DrehBeschleunigung*FrameTime;
    }
```

```
    if(DrehungLeft == TRUE)
    {
     if(DrehGeschwindigkeitHorizontal > -DrehGeschwindigkeitMax)
      DrehGeschwindigkeitHorizontal -= DrehBeschleunigung*FrameTime;
    }
    if(DrehungDown == TRUE)
    {
       if(DrehGeschwindigkeitVertikal < DrehGeschwindigkeitMax)
        DrehGeschwindigkeitVertikal += DrehBeschleunigung*FrameTime;
    }
    else if(DrehungUp == TRUE)
    {
       if(DrehGeschwindigkeitVertikal > -DrehGeschwindigkeitMax)
        DrehGeschwindigkeitVertikal -= DrehBeschleunigung*FrameTime;
    }

    Player_Flugdrehung(FlugDrehGeschwindigkeit*FrameTime);
    Player_Horizontaldrehung(DrehGeschwindigkeitHorizontal
                             *FrameTime);
    Player_Vertikaldrehung(DrehGeschwindigkeitVertikal*FrameTime);
}
```

11.5 Zusammenfassung

Am heutigen Tag haben Sie verschiedene Transformationsfunktionen kennen gelernt, mit deren Hilfe sich 2D-Objekte in einer 3D-Szene entsprechend der Blickrichtung des Spielers ausrichten lassen. Die gezeigten Screenshots vermitteln einen ersten Eindruck, welche Effekte sich auf der Grundlage dieser Funktionen erzeugen lassen. Weiterhin haben wir uns mit der Kameradrehung im dreidimensionalen Raum beschäftigt.

11.6 Workshop

Fragen und Antworten

F *Zählen Sie die einzelnen Schritte bei der Drehung der Kamera um die horizontale bzw. vertikale Drehachse auf.*

A Frame-Rotationsmatrix berechnen (Framedrehung um die y- bzw. x-Achse), Gesamtrotationsmatrix berechnen, neue Blickrichtung bestimmen (dritte Zeile der Gesamtrotationsmatrix), im Falle einer horizontalen/vertikalen Drehung die neue horizontale/vertikale Drehachse berechnen und, falls nötig, normieren, Sichttransformation durchführen.

F *Zählen Sie die einzelnen Schritte bei der Drehung der Kamera um die Blickrichtungsachse auf.*

A Neuen `FlugdrehungsWinkel` bestimmen (wird für die Ausrichtung der Billboards benötigt), Frame-Rotationsmatrix berechnen (Drehung um die Blickrichtungsachse), Gesamtrotationsmatrix berechnen, neue vertikale und horizontale Drehachse bestimmen und, falls nötig, normieren, Sichttransformation durchführen.

F *Inwieweit unterscheidet sich die Multiplikationsreihenfolge bei der Berechnung der Gesamtrotationsmatrix bei der vertikalen bzw. horizontalen Drehung von derjenigen bei der Drehung um die Blickrichtungsachse?*

A Im ersten Fall ist die Reihenfolge **Frame-Rotationsmatrix mal Gesamtrotationsmatrix (voheriges Frame)**. Auf diese Weise lassen sich die x- bzw. y-Achse als Drehachsen verwenden. Bei der Drehung um die Blickrichtungsachse muss die umgekehrte Multiplikationsreihenfolge verwendet werden. Andernfalls lassen sich die neue vertikale und horizontale Drehachse nach der Drehung nicht korrekt bestimmen.

Quiz

1. Welche vier Methoden zur Ausrichtung von 2D-Objekten haben Sie im Verlauf dieses Kapitels kennen gelernt?
2. Welche Methode eignet sich am besten für die Ausrichtung von 2D-Hintergrundobjekten?
3. Welche Funktionen würden Sie für die Ausrichtung einer Explosionsanimation bzw. für die Ausrichtung der Explosionspartikel verwenden?
4. Erklären Sie den Unterschied zwischen einem 3D-Raum und einem planar-perspektivischen Raum.

Übung

Seit dem heutigen Tag sind wir nun auch in der Lage, die Blickrichtung des Spielers zu ändern und die Ausrichtungen von 2D-Objekten dieser Richtung anzupassen. Auf der Basis des Billboard-Demoprogramms werden wir jetzt ein zweites Übungsspiel mit dem Titel »Asteroidhunter« schreiben.

Hinweise:

- Verwenden Sie das Demoprogramm *Billboards* als Ausgangspunkt für die Projektentwicklung.
- Erweitern Sie das Projekt um das Programmmodul *GoodSound.h*.
- Erweitern Sie das Projekt um das Programmmodul *SimpleWeaponClass.h*. Implementieren Sie in diesem Modul die Klasse `CWeapon` für die Darstellung des Plasmaprojektils.

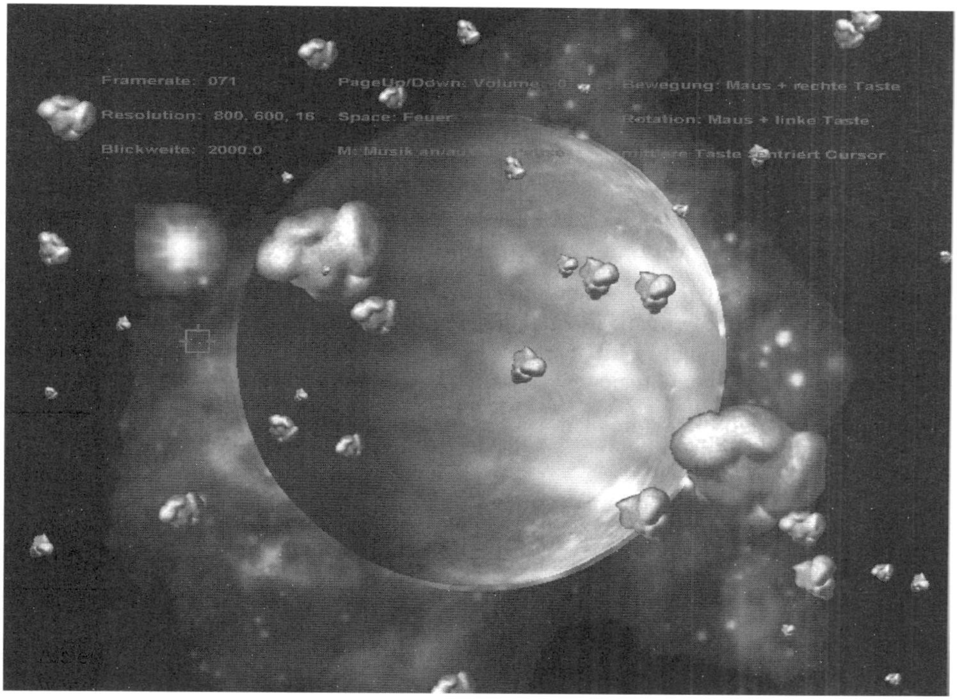

Abbildung 11.3: Aus dem Asteroidhunter-Übungsprojekt

- Erweitern Sie das Projekt um das Programmmodul *SimpleAsteroidClasses.h*. Implementieren Sie in diesem Modul die Klasse `CAsteroid_Graphics` für die grafische Darstellung der Asteroiden und die Klasse `CObject` für das Handling der Asteroiden.
  - Erweitern Sie die `CObject`-Klasse um die Variablen `ScaleFactor` und `PlayerflugrichtungsAbstand`. Letztere Variable speichert den Abstand des Asteroiden zur Kamera in Blickrichtung des Spielers. Ist dieser Abstand zu groß bzw. negativ, dann wird der Asteroid reinitialisiert.

```
PlayerflugrichtungsAbstand = D3DXVec3Dot(&Position,
                                         &PlayerFlugrichtung);
```

  - Implementieren Sie in der `CAsteroid_Graphics`-Methode `Render_Asteroid()` einen Sichtbarkeitstest (siehe Tag 8, Objekt-Culling), damit nur die sichtbaren Asteroiden gerendert werden.
- Implementieren Sie die gesamte Game-Logik innerhalb der `C3DSzenario`-Methode `New_Scene()`:
  - Sternenfeld rendern
  - Hintergrundnebel rendern

- wenn die Waffe abgefeuert wurde, dann das Plasmaprojektil bewegen
- Asteroiden bewegen und rendern. Um die optische Vielfalt zu erhöhen, sollen diese dabei um einen vorgegebenen Winkel um die Blickrichtung gedreht werden.
- Bildschirmkoordinaten der Asteroiden berechnen. Befindet sich ein Asteroid außerhalb der Bildschirmbegrenzungen oder hinter dem Spieler oder wird die Entfernung zum Spieler zu groß, muss der Asteroid reinitialisiert werden (neue Position, Geschwindigkeit, Größe und Drehwinkel festlegen). Sehen Sie dafür eine entsprechende Methode in der `CObject`-Klasse vor.
- Treffertest zwischen Asteroiden mit dem Plasmaprojektil durchführen (Bounding-Sphären-Test). Bei einem erfolgreichen Test Explosions-Sample abspielen und die Bewegungsrichtung des betreffenden Asteroiden so ändern, dass sich dieser mit hoher Geschwindigkeit vom Spieler wegbewegt. Plasmakanone zurücksetzen.
- Fadenkreuz und Plasmaprojektil (sofern abgefeuert) rendern

DirectX Graphics – fortgeschrittene Techniken

Am heutigen Tag werden wir tiefer in die Geheimnisse der Grafikprogrammierung eintauchen und uns ein solides Grundlagenwissen aneignen, auf das wir in den kommenden Tagen immer wieder zurückgreifen werden. Die Themen:

- Licht
- Shading
- Texturfilterung
- Verwendung mehrerer Texturen gleichzeitig (Multitexturing)
- Transparenzeffekte (Alpha Blending)
- Erzeugung von 3D-Objekten auf der Grundlage mathematischer Gleichungen

12.1 Fahrplan für den heutigen Tag

In der ersten Hälfte des heutigen Tages werden wir ein kleines Demoprogramm entwickeln (*MultiTexturing*), in dem sich die verschiedenen in DirectX Graphics integrierten Beleuchtungsmodelle, Farboperationen, die Verwendung von Mipmaps sowie Multitexturing-Effekte wie Glow-, Dark- und Detailmapping in der Praxis studieren lassen.

Im zweiten Teil beschäftigen wir uns mit der Erzeugung von geometrischen 3D-Objekten (Kugel und Zylinder) auf der Grundlage mathematischer Gleichungen. Nach dem gleichen Prinzip werden wir in Woche 3 auch Planeten, Asteroiden, Schutzschilde und Waffenobjekte erzeugen. Des Weiteren werden wir auch tiefer in die Theorie des Alpha Blendings eindringen. Mit diesem Wissen werden wir ein zweites Demoprogramm (*Planet*) entwickeln, in dem ein Planet inklusive animierter Wolkendecke erzeugt und gerendert wird.

12.2 Es werde Licht

Die Berechnung von Lichteffekten beim Rendern eines 3D-Szenarios zählt zu den rechenintensivsten Operationen überhaupt. Es ist daher schon ein kleines Wunder, dass heutzutage so etwas überhaut in Echtzeit möglich ist – ein wenig mehr Ehrfurcht, bitte!

Die hohe Geschwindigkeit hat natürlich ihren Preis. Wenn man es genau nimmt, müssten alle Lichteffekte auf Pixelbasis berechnet werden. Die Direct3D-Standardlichtquellen arbeiten hingegen auf Vertexbasis (Vertexlicht). Vereinfacht ausgedrückt, ergibt sich die Farbe eines Polygons aus dem Licht, dem seine Eckpunkte ausgesetzt sind. Und genau hier liegt auch der Schwachpunkt des Konzepts: Sind die Dreiecke, aus denen sich ein Polygon zusammensetzt, zu groß, ist es unter Umständen möglich, dass deren Eckpunkte überhaupt nicht mehr vom Licht erreicht werden. Außerdem kann es zu hässlichen Artefaktbildungen kommen. Im Multitexturing-Demoprogramm können diese Effekte ausführlich studiert werden. Von dem Problem sind natürlich nur Lichtquellen betroffen, die eine begrenzte Reichweite haben.

HINWEIS: Für die Berechnung des Farbverlaufs eines Dreiecks (Shading) stehen verschiedene Verfahren zur Verfügung. Das Standardverfahren ist heutzutage das Gouraud-Shading. Nicht mehr auf dem neuesten Stand der Technik ist das so genannte Flat-Shading.

Natürlich lassen sich heutzutage auch Lichteffekte auf Pixelbasis in Echtzeit berechnen. Als Beispiel sei das DotProduct Texture Blending (oft auch als DotProduct3 oder Dot3 Bump Mapping bezeichnet) genannt. Hierbei wird bei Programmstart für jedes Pixel eines Polygons ein Normalenvektor vorberechnet und dieser dann in einer Textur abgespeichert. Bevor die Prozessorleistung für derartige Rechenoperationen ausreichend war, ließen sich nur statische Lichteffekte auf Pixelbasis verwenden. Bei Programmstart wurde eine so genannte Lightmap-Textur vorberechnet, die dann das gesamte Spiel über eingesetzt werden konnte. Heutzutage lassen sich Lightmaps ebenfalls dynamisch berechnen.

Vertexbasiertes Licht kontra pixelbasiertes Licht

Der klare Vorteil von vertexbasiertem Licht ist seine schnelle Berechnungsgeschwindigkeit, die sich seit der Einführung der Transform-and-Lightning-Grafikchips (TnL) noch einmal extrem erhöht hat. Für die Grundausleuchtung einer Szene reichen die Direct3D-Standardlichtquellen allemal aus. Auch lassen sich mit diesen Lichtquellen einige nette Spezialeffekte erzeugen, wie wir in Woche 3 noch sehen werden.

Im weiteren Verlauf kann man sich überlegen, wie sich die Szene durch Verwendung von pixelbasiertem Licht optisch aufwerten lässt. Dabei sollte man aber nicht den Fehler begehen, alles in Echtzeit berechnen zu wollen, nur weil es theoretisch möglich ist. Zum einen sollte ein Spiel auch auf einem durchschnittlichen Rechner ohne allzu große Ruckelarien laufen (größerer Absatzmarkt) und zum anderen sollte man auch einige Ressourcen für das eigentliche Spiel in Reserve haben.

Lichtquellen in Direct3D

In Direct3D kommen zwei gänzlich unterschiedliche Lichtarten zum Einsatz.

Ambientes Licht

Das ambiente Licht wird zum gleichmäßigen Ausleuchten der Szene verwendet. Der Umgang mit dieser Lichtart ist denkbar einfach. Zum einen muss das Licht für die Szene eingeschaltet und zum anderen die gewünschte Lichtfarbe eingestellt werden:

```
// ambientes Licht anschalten:
g_pd3dDevice->SetRenderState(D3DRS_LIGHTING, TRUE);
g_pd3dDevice->SetRenderState(D3DRS_AMBIENT,
                             D3DCOLOR_XRGB(150,150,150));
```

Direkte Lichtquellen

Weiterhin gibt es die so genannten direkten Lichtquellen:

- **Directional Light:** paralleles Licht mit unendlicher Reichweite
- **Point Light:** Licht, das sich in alle Richtungen von einer punktförmigen Quelle aus mit begrenzter Reichweite ausbreitet
- **Spot Light:** Licht, wie es sich von einer Taschenlampe aus ausbreitet

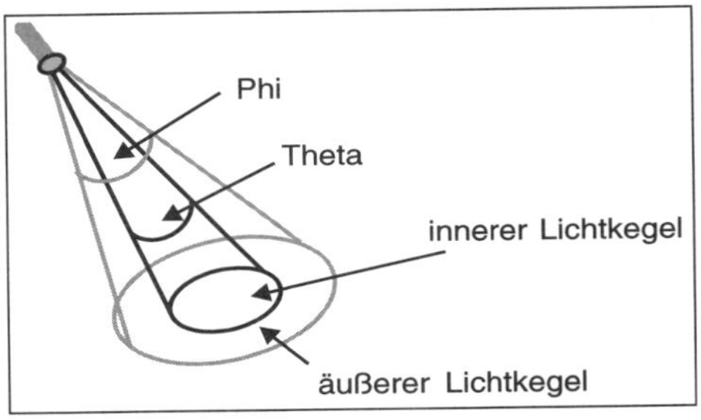

Abbildung 12.1: Spot Light

Alle Lichteigenschaften werden in der D3DLIGHT9-Datenstruktur gespeichert:

Listing 12.1: D3DLIGHT9-Struktur

```
typedef struct _D3DLIGHT9
{
    D3DLIGHTTYPE  Type;          // Typ der Lichtquelle
    D3DCOLORVALUE Diffuse;       // diffuses Licht
    D3DCOLORVALUE Specular;      // spekulares Licht
    D3DCOLORVALUE Ambient;       // ambientes Licht
    D3DVECTOR     Position;      // Position der Lichtquelle
    D3DVECTOR     Direction;     // Richtung des Lichts
    float         Range;         // Reichweite des Lichts
    float         Falloff;       // Abschwächung der Lichtintensität
                                 // zwischen innerem und äußerem
                                 // Lichtkegel (Spot Light)
    float         Attenuation0;  // Abschwächung der Lichtintensität
    float         Attenuation1;  // bei zunehmender
    float         Attenuation2;  // Entfernung von der Quelle
    float         Theta;         // Winkel des inneren Lichtkegels
```

```
    float          Phi;           // Winkel des äußeren Lichtkegels
} D3DLIGHT9;
```

Die Farbanteile des Lichts und, wie wir gleich auch sehen werden, die der Materialeigenschaften werden in der `D3DCOLORVALUE`-Datenstruktur gespeichert:

Listing 12.2: D3DCOLORVALUE-Struktur

```
typedef struct _D3DCOLORVALUE
{
    float r; // Rotanteil
    float g; // Grünanteil
    float b; // Blauanteil
    float a; // Alphawert (wichtig für Transparenzeffekte)
} D3DCOLORVALUE;
```

HINWEIS: Verwendet man für einzelne Farbanteile negative Werte, wird der Szene Licht der entsprechenden Farbe entzogen. Soll dagegen ein sehr helles Licht erzeugt werden, empfiehlt es sich, Farbwerte größer eins zu verwenden.

Nachdem alle Lichteigenschaften festgelegt worden sind, muss das Lichtobjekt an das Direct3D-Device übergeben werden:

```
g_pd3dDevice->SetLight(Nr, &light[Nr]);
```

Eingeschaltet wird das Licht durch die folgende Anweisung:

```
g_pd3dDevice->LightEnable(Nr, TRUE);
```

Haben Sie noch einen Moment Geduld, in unserem Demo werden wir gleich für jeden Lichttyp ein beispielhaftes Licht erzeugen.

Und es ward Licht – Materialeigenschaften

Im Augenblick verhalten sich alle Objekte wie schwarze Löcher, sie verschlucken sämtliches Licht und es herrscht vollkommene Dunkelheit. Damit man überhaupt etwas erkennen kann, müssen die Objekte das Licht reflektieren. Betrachten wir hierzu eine kleine Abbildung.

Abbildung 12.2 stellt die Lichtreflektion an einer Oberfläche in stark vereinfachter Form dar. Die Intensität des diffus reflektierten Lichts ergibt sich aus dem Punktprodukt von Oberflächennormale und der Richtung des einfallenden Lichts. Nehmen Sie eine Taschenlampe und strahlen Sie mit ihr eine dunkle Wand an. Bei einem Einfallswinkel von 0° ist die Helligkeit der Wand am größten. Gleichzeitig sieht man einen kompakten, kreisförmigen Lichtkegel. Wenn man den Einfallswinkel nun vergrößert, nimmt die Helligkeit ab. Je größer der Einfallswinkel ist, desto größer wird auch die bestrahlte Fläche. Wenn die Lichtenergie über eine große Fläche verteilt wird, nimmt die Intensität pro Flächenstück ab.

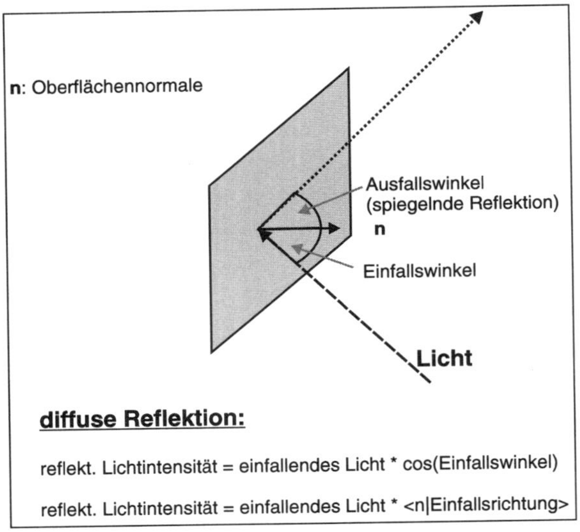

Abbildung 12.2: Lichtreflektion

Aus demselben Grund existieren übrigens auch die Jahreszeiten:

- Winter: niedriger Sonnenstand, hoher Einfallswinkel => geringe Lichtintensität => kalt
- Sommer: hoher Sonnenstand, kleiner Einfallswinkel => große Lichtintensität => warm

Die wahrgenommene Intensität des reflektierten Lichts ist von der Position des Betrachters unabhängig. Der Grund dafür ist, dass die Lichtstrahlen aufgrund der unregelmäßigen Oberflächenbeschaffenheit nicht nur in eine, sondern in viele verschiedene Richtungen reflektiert werden.

Aus Erfahrung wissen wir, dass eine glatt polierte Metalloberfläche ganz andere Reflektionseigenschaften besitzt als beispielsweise ein Stein mit einer rauen Oberfläche. Physiker sprechen hier von der spiegelnden Reflektion. Die wahrgenommene Intensität des reflektierten Lichts ist hierbei von der relativen Position des Betrachters zur Oberfläche abhängig. Probieren Sie es aus; nehmen Sie einen Spiegel, beleuchten Sie ihn mit einer Taschenlampe und betrachten Sie ihn aus unterschiedlichen Richtungen.

Die dritte Art der Reflektion ist die so genannte ambiente Reflektion. Selbst an einem wolkenverhangenen Tag ist es nicht absolut dunkel. Auch wenn man keine Lichtquelle (die Sonne) sieht, ist dennoch ein Minimum an Licht vorhanden. Dieses Licht bewegt sich ohne eine spezielle Richtung durch den Raum und wird ständig hin und her reflektiert. Aus diesem Grund ist auch dessen Reflektion vollkommen unabhängig von der Orientierung der Oberfläche – das Licht kommt einfach aus allen Richtungen.

Je nach Temperatur kann ein Körper auch selbst Licht aussenden (Rotglut bzw. Weißglut, Albedo eines Planeten usw.). Diese Eigenschaft wird in Direct3D ebenfalls berücksichtigt. Das zusätzliche Licht wirkt sich aber nicht auf die Helligkeit benachbarter Objekte aus.

Die Materialeigenschaften eines Objekts werden in der 3DMATERIAL9-Datenstruktur gespeichert.

Listing 12.3: D3DMATERIAL9-Struktur

```
typedef struct _D3DMATERIAL9
{
    D3DCOLORVALUE Diffuse;      // diffuse Lichtreflektion
    D3DCOLORVALUE Specular;     // spekulare (spiegelnde)
                                // Lichtreflektion
    D3DCOLORVALUE Ambient;      // ambiente Lichtreflektion
    D3DCOLORVALUE Emissive;     // selbstleuchtender Materialanteil
    float Power;                // Stärke der spiegelnden Reflektion
} D3DMATERIAL9;
```

Als Beispiel betrachten wir ein Objekt, das nur blaues Licht diffus reflektieren kann. Für die Einstellung der Materialeigenschaften sind nun die folgenden drei Schritte notwendig:

- **Materialeigenschaften zurücksetzen:**

```
ZeroMemory(&mtrl, sizeof(D3DMATERIAL9));
```

- **Materialeigenschaften festlegen:**

```
mtrl.Diffuse.b = 1.0f;
```

- **Übergabe der Materialeigenschaften an das Direct3D-Device:**

```
g_pd3dDevice->SetMaterial(&mtrl);
```

Flächennormalen kontra Gouraudnormalen – Flat-Shading kontra Gouraud-Shading

Wie man Abbildung 12.2 entnehmen kann, wird zur Berechnung der Lichtintensität ein Oberflächennormalenvektor benötigt. Wir wissen bereits, dass einfache, aber auch komplexe Objekte aus einzelnen Dreiecksflächen zusammengesetzt sind. Der Grund dafür ist, dass sich Dreiecke besonders schnell rendern lassen. Was liegt also näher, als den Normalenvektor dieser Dreiecksflächen für die Berechnung der Lichtintensität zu verwenden. An Tag 7 haben wir bereits gelernt, wie sich dieser Vektor aus den Vertexkoordinaten berechnen lässt. Da wir mit vertexbasiertem Licht arbeiten, müssen wir die so berechnete Flächennormale natürlich noch den einzelnen Dreiecksvertices zuweisen.

Die Verwendung von Flächennormalen zur Berechnung der Lichtintensität führt immer dazu, dass die gesamte Dreiecksfläche einheitlich schattiert wird (Flat-Shading). Die Folge davon ist, dass man beim Rendern eines Objekts jede einzelne Dreiecksfläche genau erkennen kann, sofern diese Flächen eine unterschiedliche Orientierung haben. Betrachten Sie einmal den Planeten in Abbildung 12.6 und stellen Sie sich vor, Sie würden jede einzelne seiner Dreiecksflächen erkennen können – fürchterlich.

Direct3D verwendet von Haus aus das so genannte Gouraud-Shading, ist also in der Lage, einen kontinuierlichen Farbverlauf entlang der Dreiecksfläche zu interpolieren. Für diese Interpolation wird die Lichtintensität an den Dreiecksvertices verwendet. Werden alle drei Vertices auf die gleiche Weise beleuchtet und zeigen alle drei Normalen in die gleiche Richtung, wird die gesamte Dreiecksfläche auch einheitlich schattiert. Unter Umständen mag dieser Effekt gewollt sein (beispielsweise wenn man eine Wand rendert), für gewöhnlich ist man aber an einem kontinuierlichen Farbverlauf interessiert. Die Objekte wirken dadurch einfach viel natürlicher. Die Flächennormalen können wir hier also nicht verwenden.

HINWEIS: In Zukunft werden wir diejenigen Normalen, mit deren Hilfe sich ein kontinuierlicher Farbverlauf erzeugen lässt, als Gouraudnormalen bezeichnen (Gouraudnormalen => Gouraud-Shading; Flächennormalen => Flat-Shading). Für die Berechnung der Gouraudnormalen gibt es nun unterschiedliche Ansätze, die wir im weiteren Verlauf des Buchs aber noch genauer besprechen werden.

Vertexformate für die Arbeit mit untransformierten, unbeleuchteten Vertices

Bei der näheren Betrachtung der bisher verwendeten Vertexformate werden Sie feststellen, dass kein Normalenvektor für die Berechnung der Lichteffekte vorgesehen ist. An dieser Stelle lernen Sie zwei neue Formate kennen, die wir in Zukunft für die Arbeit mit untransformierten, unbeleuchteten Vertices verwenden werden.

Listing 12.4: SPACEOBJEKT3DVERTEX-Struktur

```
struct SPACEOBJEKT3DVERTEX
{
    D3DXVECTOR3 position;
    D3DXVECTOR3 normal;
    FLOAT       tu, tv;
};
#define D3DFVF_SPACEOBJEKT3DVERTEX (D3DFVF_XYZ|D3DFVF_NORMAL|D3DFVF_TEX1)
```

Listing 12.5: SPACEOBJEKT3DVERTEX_EX-Struktur

```
struct SPACEOBJEKT3DVERTEX_EX
{
    D3DXVECTOR3 position;
    D3DXVECTOR3 normal;
    FLOAT       tu1, tv1;
    FLOAT       tu2, tv2;
};
#define D3DFVF_SPACEOBJEKT3DVERTEX_EX
(D3DFVF_XYZ|D3DFVF_NORMAL|D3DFVF_TEX2)
```

Durch die Konstante `D3DFVF_NORMAL` weisen wir DirectX Graphics an, die Beleuchtung der Vertices für uns durchzuführen.

Das zweite Vertexformat unterstützt zwei Sätze von Texturkoordinaten, was durch die Konstante `D3DFVF_TEX2` festgelegt wird. Wie werden dieses Format in Zukunft immer im Zusammenhang mit dem so genannten Detailmapping einsetzen und die Texturkoordinaten `tu2` und `tv2` für die Detailtextur verwenden. In allen anderen Fällen werden wir immer auf das erste Format zurückgreifen.

12.3 Farboperationen und Multitexturing

Bei den bisherigen Betrachtungen über den Farbverlauf der beleuchteten Polygonflächen haben wir das Texturmapping erst einmal außen vor gelassen. Das endgültige Erscheinungsbild eines Polygons ergibt sich aber erst durch die Kombination von Licht- und Texelfarbe. Standardmäßig werden beide Farbwerte einfach miteinander multipliziert. Direct3D stellt nun eine Vielzahl weiterer Farboperationen zur Verfügung. Anschaulich gesprochen, verknüpft eine Farboperation zwei Farbargumente miteinander. Für die erste Textur (nullte Texturstufe) gelten die folgenden Standardeinstellungen:

- Erstes Farbargument ist die Texelfarbe:

  ```
  g_pd3dDevice->SetTextureStageState(0, D3DTSS_COLORARG1, D3DTA_TEXTURE);
  ```

- Zweites Farbargument ist die diffuse Streulichtfarbe:

  ```
  g_pd3dDevice->SetTextureStageState(0, D3DTSS_COLORARG2, D3DTA_DIFFUSE);
  ```

- Beide Farbargumente werden multiplikativ verknüpft: `Texelfarbe*diffuse Streulichtfarbe`

  ```
  g_pd3dDevice->SetTextureStageState(0, D3DTSS_COLOROP,
                                     D3DTOP_MODULATE);
  ```

Im Demoprogramm besteht jetzt die Möglichkeit, zwischen verschiedenen Farboperationen auszuwählen. Dabei stehen die folgenden Operationen zur Auswahl:

- `D3DTOP_MODULATE`: Arg1 * Arg2
- `D3DTOP_MODULATE2X`: Arg1 * Arg2 << 1 (Multiplikation mit 2 zur Aufhellung)
- `D3DTOP_MODULATE4X`: Arg1 * Arg2 << 2 (Multiplikation mit 4 zur Aufhellung)
- `D3DTOP_ADDSIGNED`: Arg1 + Arg2 – 0.5 (Farbwerte im Bereich von –0.5 (schwarz) bis +0.5 (weiß), ergibt einen angenehmen Hell-Dunkel-Kontrast)
- `D3DTOP_ADDSIGNED2X`: (Arg1 + Arg2 –0.5) << 1 Farbwerte im Bereich von –1.0 (schwarz) bis +1.0 (weiß), ergibt einen kräftigen Hell-Dunkel-Kontrast)

Wenn Sie das Prinzip, das den Farboperationen zugrunde liegt, verstanden haben, sollte Ihnen das Verständnis des Multitexturings (auch als Singlepass Multiple Texture Blending bezeichnet) keinerlei Probleme mehr bereiten.

Direct3D unterstützt die gleichzeitige Verwendung von bis zu 8 Texturen. Wir werden uns hier aber nur mit Multitexturing-Effekten beschäftigen, die mit zwei Texturen auskommen. Damit sollte das Demoprogramm auf eigentlich allen 3D-Karten laufen.

HINWEIS: Auf den Punkt gebracht funktioniert Multitexturing wie folgt: Man nehme das Ergebnis der Farboperation der nullten Texturstufe und verwende es als Farbargument in der ersten Texturstufe. Dieses Farbargument wird jetzt mit der Texelfarbe der zweiten Textur kombiniert. Das Ergebnis dieser Farboperation kann jetzt als Farbargument in der zweiten Texturstufe verwendet werden usw., usw.

Detailmapping

Durch die Verwendung von Detailmapping lässt sich der Detailreichtum der Polygonflächen zusätzlich vergrößern. Das ist insbesondere dann notwendig, wenn sich der Betrachter sehr dicht an einer solchen Fläche befindet oder sich diese Fläche über einen sehr großen Bereich erstreckt. Betrachten wir hierzu die Abbildung 12.3.

Abbildung 12.3: Point Light, spekulare Reflektion, Detailmapping

- Für die Detailtextur (Texturstufe 1) werden wir immer den zweiten Satz Texturkoordinaten der SPACEOBJEKT3DVERTEX_EX-Struktur verwenden:

```
g_pd3dDevice->SetTextureStageState(1, D3DTSS_TEXCOORDINDEX,1);
```

- Als erstes Farbargument in der ersten Texturstufe wird die Texelfarbe der Detailtextur verwendet:

```
g_pd3dDevice->SetTextureStageState(1, D3DTSS_COLORARG1,
                                       D3DTA_TEXTURE);
```

- Als zweites Farbargument in der ersten Texturstufe wird das Ergebnis der Farboperation der nullten Texturstufe verwendet:

```
g_pd3dDevice->SetTextureStageState(1, D3DTSS_COLORARG2,
                                       D3DTA_CURRENT);
```

- Als Farboperation in der ersten Texturstufe wird die Operation D3DTOP_ADDSIGNED verwendet (die Details werden hinzuaddiert, gleichzeitig wird zur Betonung dieser Details ein Hell-Dunkel-Kontrast erzeugt):

```
g_pd3dDevice->SetTextureStageState(1, D3DTSS_COLOROP,
                                       D3DTOP_ADDSIGNED);
```

Glowmapping

Glowmapping kann dazu verwendet werden, um eine zusätzliche Beleuchtung einer Polygonfläche zu simulieren. Ob es sich dabei um eine Lichtquelle, eine leuchtende Schalttafel, Positions- oder Kabinenlichter handelt, spielt keine Rolle.

Abbildung 12.4: Glowmapping

Bei der Verwendung von Glowmapping müssen wir uns entscheiden, ob die Streulichtfarbe der eingeschalteten Lichtquellen mit berücksichtigt oder ob zur Beleuchtung nur die Lightmap-Textur verwendet werden soll:

Berücksichtigung der Streulichtfarbe der eingeschalteten Lichtquellen:

- Für die Lightmap-Textur verwenden wir dieses Mal den ersten Satz Texturkoordinaten. Als erstes Farbargument in der ersten Texturstufe wird die Texelfarbe der Lightmap-Textur und als zweites Farbargument wird wiederum das Ergebnis der Farboperation der nullten Texturstufe verwendet:

```
g_pd3dDevice->SetTextureStageState(1, D3DTSS_TEXCOORDINDEX, 0);
g_pd3dDevice->SetTextureStageState(1, D3DTSS_COLORARG1,
                                      D3DTA_TEXTURE);
g_pd3dDevice->SetTextureStageState(1, D3DTSS_COLORARG2,
                                      D3DTA_CURRENT);
```

- Als Farboperation in der ersten Texturstufe wird die Operation `D3DTOP_ADD` verwendet (die Farbe der Lightmap-Texels wird hinzuaddiert):

```
g_pd3dDevice->SetTextureStageState(1, D3DTSS_COLOROP,
                                      D3DTOP_ADD);
```

Die Streulichtfarbe der eingeschalteten Lichtquellen soll unberücksichtigt bleiben:

- Wenn die Streulichtfarbe der eingeschalteten Lichtquellen unberücksichtigt bleiben soll, muss für die nullte Texturstufe zusätzlich die folgende Farboperation durchgeführt werden:

```
g_pd3dDevice->SetTextureStageState(0, D3DTSS_COLORARG1,
                                      D3DTA_TEXTURE);
g_pd3dDevice->SetTextureStageState(0, D3DTSS_COLOROP,
                                      D3DTOP_SELECTARG1);
```

Die Farboperation `D3DTOP_SELECTARG1` verwendet als Ergebnis dieser Operation das Farbargument 1, also die Texelfarbe. Die Streulichtfarbe wird hingegen nicht mit berücksichtigt.

Darkmapping

Darkmapping kann dazu verwendet werden, um eine Textur abzudunkeln. Erreicht wird dieser Effekt dadurch, dass man die Lightmap-Textur multiplikativ mit dem Ergebnis der Farboperation aus der nullten Texturstufe verknüpft.

- Bis auf die folgende Farboperation ist der Code für Glow- und Darkmapping daher völlig identisch:

```
g_pd3dDevice->SetTextureStageState(1, D3DTSS_COLOROP,
                                      D3DTOP_MODULATE);
```

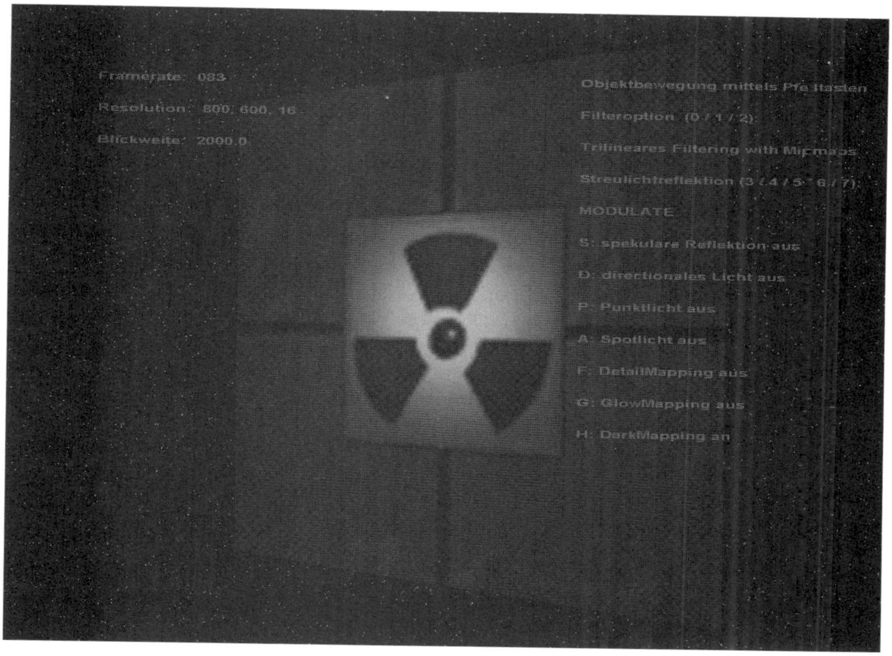

Abbildung 12.5: Darkmapping

Zurücksetzen der Farboperationen nach dem Rendern

Nach dem Rendern müssen die Farboperationen wieder zurückgesetzt werden. Die Standardeinstellungen für die nullte Texturstufe kennen wir bereits:

```
g_pd3dDevice->SetTextureStageState(0, D3DTSS_COLOROP,
                                   D3DTOP_MODULATE);
```

Für alle weiteren Stufen gilt die Standardeinstellung:

```
g_pd3dDevice->SetTextureStageState(Nr, D3DTSS_ COLOROP,
                                   D3DTOP_DISABLE);
```

12.4 Texturfilterung

Übersicht über die möglichen Filterungstechniken

Zur Verbesserung der Darstellungsqualität stehen in Direct3D verschiedene Techniken für die Texturfilterung zur Verfügung:

- Nearest Point Sampling (veraltet)
- bilineare Texturfilterung (in Direct3D auch lineare Filterung genannt)
- anisotrope Filterung
- bilineare Texturfilterung mit einfachem Mipmap-Wechsel, »abruptes Überblenden«
- trilineare Texturfilterung (bilineare Filterung zwischen verschiedenen Mipmaps, »sanftes Überblenden«)
- anisotrope Filterung mit Mipmaps

In unseren Projekten verwenden wir standardmäßig die bilineare Texturfilterung, da ein Großteil moderner Grafikkarten hierfür optimiert ist.

```
g_pd3dDevice->SetSamplerState(Nr, D3DSAMP_MINFILTER,
                              D3DTEXF_LINEAR);
g_pd3dDevice->SetSamplerState(Nr, D3DSAMP_MAGFILTER,
                              D3DTEXF_LINEAR);
```

Das Flag `D3DTSS_MAGFILTER` kennzeichnet den Filtertyp, der bei der Vergrößerung der Textur verwendet werden soll, das Flag `D3DTSS_MINFILTER` kennzeichnet den Filtertyp, der bei der Verkleinerung der Textur eingesetzt werden soll.

Natürlich können Sie auch die anisotrope Filterung verwenden; die Qualität hängt aber davon ab, wie viele Anisotropiestufen Ihre Karte unterstützt (ATI-Radeon: 16 Stufen; Geforce1/2: 2 Stufen). Aktiviert wird diese Filterungstechnik wie folgt:

```
g_pd3dDevice->SetSamplerState(Nr, D3DSAMP_MINFILTER,
                              D3DTEXF_ANISOTROPIC);
g_pd3dDevice->SetSamplerState(Nr, D3DSAMP_MAGFILTER,
                              D3DTEXF_ANISOTROPIC);
g_pd3dDevice->SetSamplerState(Nr, D3DSAMP_MAXANISOTROPY,
                              AnzStufen)
```

Vergleich zwischen bilinearer und anisotroper Filterung

Bei der bilinearen Filterung werden quadratische Bereiche der Textur für die Berechnung der Texelfarbe verwendet. Richtig gut funktioniert die Technik nur dann, wenn die Polygonfläche senkrecht zum Betrachter steht. Steht die Fläche in einem anderen Winkel zum Betrachter, sind aus dessen Sicht die Bereiche, die zur Filterung verwendet werden, nicht mehr quadratisch, wodurch es zu Störeffekten und Unschärfen kommen kann. Durch die Verwendung von anisotroper Filterung können diese Störeffekte vermieden werden.

Verwendung von Mipmaps

Stellen Sie sich vor, eine 1024*1024-Textur muss auf ein Polygon gemappt werden, das aus nur 10*10 Pixeln besteht. Zum einen beansprucht die Berechnung der tatsächlich sichtbaren Texel sehr viel Rechenzeit und zum anderen kommt es bei jeder noch so kleinen Bewegung des Betrachters bzw. des Polygons zu unglaublichen Störeffekten (Shimmering), da in Abhängigkeit von der Lage und Ausrichtung des Polygons immer verschiedene Texel auf dasselbige gemappt werden müssen.

Die Verwendung von Mipmaps schafft hier Abhilfe. Eine Mipmap-Kette besteht aus einer Abfolge von Texturen, die das Bild der Textur in immer geringerer Auflösung enthalten. Jede Mipmap-Stufe hat dabei die halbe Höhe und Breite der vorangegangenen Stufe. Einige Methoden der Klassen `CTexturPool` und `CTexturPoolEx` erzeugen automatisch für jede Textur eine komplette Mipmap-Kette. Die folgenden Aufrufe dienen zur Aktivierung bzw. Deaktivierung der Mipmap-Filterung:

```
// Normales bilineares Filtern ohne Mipmap-Wechsel
g_pd3dDevice->SetSamplerState(Nr, D3DSAMP_MIPFILTER,
                              D3DTEXF_NONE);

// Normales bilineares Filtern mit einfachem Mipmap-Wechsel
// "abruptes Überblenden"
g_pd3dDevice->SetSamplerState(Nr, D3DSAMP_MIPFILTER,
                              D3DTEXF_POINT);

// Trilineares Filtern (bilineare Filterung zwischen
// verschiedenen Mipmaps "sanftes Überblenden")
g_pd3dDevice->SetSamplerState(Nr, D3DSAMP_MIPFILTER,
                              D3DTEXF_LINEAR);
```

12.5 Multitexturing-Demoprogramm

Klassenentwürfe

Wir werden jetzt ein kleines Demoprogramm entwickeln (*MultiTexturing*), in dem sich die verschiedenen in DirectX Graphics integrierten Beleuchtungsmodelle, Farboperationen, die Verwendung von Mipmaps sowie Multitexturing-Effekte wie Glow-, Dark- und Detailmapping in der Praxis studieren lassen. Um die Sache nicht unnötig kompliziert zu machen, verwenden wir an dieser Stelle kein komplexes 3D-Objekt, sondern wiederum nur ein einfaches Quad.

C3DScenario

Die Klasse `C3DScenario` stellt wie immer die oberste Instanz des 3D-Szenarios dar. Sie übernimmt die Initialisierung des Sternenfelds, des 3D-Objekts sowie aller Lichtquellen. Aus ihr heraus werden sowohl das Sternenfeld wie auch das 3D-Objekt gerendert und bei Programmende zerstört.

Listing 12.6: Multitexturing-Demo – C3DScenario-Klassenentwurf

```
class C3DScenario
{
public:
    CObject*    Object;       // ein einfaches 3D-Objekt
    CStarfield* Starfield;
    D3DXVECTOR3 vecDir;
    D3DLIGHT9 light[3];

    C3DScenario()
    {
        Object    = new CObject;
        Starfield = new CStarfield;

        // Direktionales Licht erzeugen:

        ZeroMemory(&light[0], sizeof(D3DLIGHT9));
        light[0].Type       = D3DLIGHT_DIRECTIONAL;
        light[0].Diffuse.r  = 1.0f;
        light[0].Diffuse.g  = 1.0f;
        light[0].Diffuse.b  = 1.0f;
        light[0].Specular.r = 1.0f;
        light[0].Specular.g = 1.0f;
        light[0].Specular.b = 1.0f;

        float LightHorizontalwinkel = -50.0f;
        float LightVertikalwinkel   = 10.0f;

        // Für die Berechnung der Ausbreitungsrichtung verwenden wir
        // die aus Tag 5 bekannten Polarkoordinaten:

        vecDir.x = cosf(LightVertikalwinkel*D3DX_PI/180)*
                   sinf(LightHorizontalwinkel*D3DX_PI/180);
        vecDir.y = sinf(LightVertikalwinkel*D3DX_PI/180);
        vecDir.z = cosf(LightVertikalwinkel*D3DX_PI/180)*
                   cosf(LightHorizontalwinkel*D3DX_PI/180);

        D3DXVec3Normalize((D3DXVECTOR3*)&light[0].Direction,
                                        &vecDir);
```

```
g_pd3dDevice->SetLight(0, &light[0]);

// Punktlicht erzeugen:

ZeroMemory(&light[1], sizeof(D3DLIGHT9));
light[1].Type          = D3DLIGHT_POINT;
light[1].Diffuse.r     = 100.0f;
light[1].Diffuse.g     = 20.0f;
light[1].Specular.r    = 100.0f;
light[1].Specular.g    = 20.0f;
light[1].Attenuation0 = 0;          // gleichmäßige
light[1].Attenuation1 = 1;          // Abschwächung der
light[1].Attenuation2 = 0;          // Lichtintensität
light[1].Range         = 8.0f;
light[1].Position.x    = -6.0f;
light[1].Position.y    = -6.0f;
light[1].Position.z    = 2.0f;

g_pd3dDevice->SetLight(1, &light[1]);

// Spotlicht erzeugen:

ZeroMemory(&light[2], sizeof(D3DLIGHT9));
light[2].Type          = D3DLIGHT_SPOT;
light[2].Diffuse.g     = 40.0f;
light[2].Diffuse.b     = 100.0f;
light[2].Specular.g    = 40.0f;
light[2].Specular.b    = 100.0f;
light[2].Attenuation0 = 0;          // gleichmäßige
light[2].Attenuation1 = 1;          // Abschwächung der
light[2].Attenuation2 = 0;          // Lichtintensität
light[2].Range         = 18.0f;
light[2].Position.x    = 6.0f;
light[2].Position.y    = 6.0f;
light[2].Position.z    = -8.0f;
light[2].Phi           = 50.0f*D3DX_PI/180.0f;
light[2].Theta         = 10.0f*D3DX_PI/180.0f;

light[2].Falloff       = 1.0f;  // 1.0f: gleichmäßiger
                                // Helligkeitsübergang
                                // zwischen innerem und
                                // äußerem Lichtkegel

LightHorizontalwinkel = -20.0f;
LightVertikalwinkel   =  0.0f;

vecDir.x = cosf(LightVertikalwinkel*D3DX_PI/180)*
           sinf(LightHorizontalwinkel*D3DX_PI/180);
```

```
        vecDir.y = sinf(LightVertikalwinkel*D3DX_PI/180);
        vecDir.z = cosf(LightVertikalwinkel*D3DX_PI/180)*
                   cosf(LightHorizontalwinkel*D3DX_PI/180);

        D3DXVec3Normalize((D3DXVECTOR3*)&light[2].Direction,
                                         &vecDir);

        g_pd3dDevice->SetLight(2, &light[2]);

        // Ambientes Licht anschalten:
        g_pd3dDevice->SetRenderState(D3DRS_AMBIENT,
                     D3DCOLOR_XRGB(150,150,150));
    }
    ~C3DScenario()
    {
        SAFE_DELETE(Object)
        SAFE_DELETE(Starfield)
    }
    void New_Scene(void)
    {
        if(DirectionalesLicht == TRUE)
            g_pd3dDevice->LightEnable(0, TRUE);
        else if(DirectionalesLicht == FALSE)
            g_pd3dDevice->LightEnable(0, FALSE);

        if(PunktLicht == TRUE)
            g_pd3dDevice->LightEnable(1, TRUE);
        else if(PunktLicht == FALSE)
            g_pd3dDevice->LightEnable(1, FALSE);

        if(SpotLicht == TRUE)
            g_pd3dDevice->LightEnable(2, TRUE);
        else if(SpotLicht == FALSE)
            g_pd3dDevice->LightEnable(2, FALSE);

        Starfield->Render_Starfield();
        Object->Render_Object();
    }
};
C3DScenario* Scenario = NULL;
```

CObject

Für die Initialisierung und Darstellung eines einfachen 3D-Objekts (Quad) wird eine Instanz der Klasse `CObject` verwendet. Die Implementierung der zugehörigen Klasse findet sich in der Datei *SimpleObjectClass.h*.

Listing 12.7: Multitexturing-Demo – CObject-Klassenentwurf

```
class CObject
{
public:
    float                     Rotationsgeschwindigkeit;
    D3DXVECTOR3               Ortsvektor, Rotationsachse;
    D3DXMATRIX                RotationsMatrix, TransformationMatrix;
    CTexturPool               *Textur, *DetailTextur, *LightMapTextur;
    LPDIRECT3DVERTEXBUFFER9 ObjectVB;

    CObject()
    {
        Rotationsachse = D3DXVECTOR3(0.0f,1.0f,0.0f);

        Textur = new CTexturPool;
        sprintf(Textur->Speicherpfad, "Textur.bmp");
        Textur->CreateTextur();

        DetailTextur = new CTexturPool;
        sprintf(DetailTextur->Speicherpfad, "Detail.bmp");
        DetailTextur->CreateTextur();

        LightMapTextur = new CTexturPool;
        sprintf(LightMapTextur->Speicherpfad, "LightMap.bmp");
        LightMapTextur->CreateTextur();

        g_pd3dDevice->CreateVertexBuffer(
                    4*sizeof(SPACEOBJEKT3DVERTEX_EX),
                    D3DUSAGE_WRITEONLY,
                    D3DFVF_SPACEOBJEKT3DVERTEX_EX,
                    D3DPOOL_MANAGED, &ObjectVB, NULL);

        SPACEOBJEKT3DVERTEX_EX* pVertices;

        ObjectVB->Lock(0, 0, (VOID**)&pVertices, 0);

   // Anmerkung:Alle 4 Normalen werden zum Betrachter ausgerichtet.
   // Die Detailtextur wird jeweils 4-mal in tu- und 4-mal in
   // tv-Richtung auf das Quad gemappt (Texture Wrapping)

        pVertices[0].position = PlayerVertikaleOriginal -
                                PlayerHorizontaleOriginal;
        pVertices[0].normal   = D3DXVECTOR3(0.0f, 0.0f, -1.0f);
        pVertices[0].tu1      = 0.0f;
        pVertices[0].tv1      = 0.0f;
        pVertices[0].tu2      = 0.0f;
        pVertices[0].tv2      = 0.0f;
```

```
        pVertices[1].position = -PlayerVertikaleOriginal -
                                 PlayerHorizontaleOriginal;
        pVertices[1].normal   = D3DXVECTOR3(0.0f, 0.0f, -1.0f);
        pVertices[1].tu1      = 0.0f;
        pVertices[1].tv1      = 1.0f;
        pVertices[1].tu2      = 0.0f;
        pVertices[1].tv2      = 4.0f;

        pVertices[2].position = PlayerVertikaleOriginal +
                                PlayerHorizontaleOriginal;
        pVertices[2].normal   = D3DXVECTOR3(0.0f, 0.0f, -1.0f);
        pVertices[2].tu1      = 1.0f;
        pVertices[2].tv1      = 0.0f;
        pVertices[2].tu2      = 4.0f;
        pVertices[2].tv2      = 0.0f;

        pVertices[3].position = -PlayerVertikaleOriginal +
                                 PlayerHorizontaleOriginal;
        pVertices[3].normal   = D3DXVECTOR3(0.0f, 0.0f, -1.0f);
        pVertices[3].tu1      = 1.0f;
        pVertices[3].tv1      = 1.0f;
        pVertices[3].tu2      = 4.0f;
        pVertices[3].tv2      = 4.0f;

        ObjectVB->Unlock();
    }
    ~CObject()
    {
        SAFE_RELEASE(ObjectVB)
        SAFE_DELETE(Textur)
        SAFE_DELETE(DetailTextur)
        SAFE_DELETE(LightMapTextur)
    }
    void Render_Object(void)
    {
        Ortsvektor = D3DXVECTOR3(0.0f, 0.0f, z_pos);

        CalcRotAxisMatrix(&RotationsMatrix, &Rotationsachse,
                                            Drehwinkel);

        TransformationMatrix = RotationsMatrix;

        TransformationMatrix._41 = Ortsvektor.x;
        TransformationMatrix._42 = Ortsvektor.y;
        TransformationMatrix._43 = Ortsvektor.z;

        g_pd3dDevice->SetTransform(D3DTS_WORLD,
                                   &TransformationMatrix);
```

```
ZeroMemory(&mtrl, sizeof(D3DMATERIAL9));
mtrl.Diffuse.r = mtrl.Diffuse.g = mtrl.Diffuse.b = 1.0f;

if(SpekulareReflektion == TRUE)
{
    mtrl.Specular.r = mtrl.Specular.g = 1.0f;
    mtrl.Specular.b = 1.0f;
    mtrl.Power = 10.0f;
}
g_pd3dDevice->SetMaterial(&mtrl);

if(FilteringOption == 0)
{
    // Normales bilineares Filtern ohne Mipmap-Wechsel
    g_pd3dDevice->SetSamplerState(0, D3DSAMP_MIPFILTER,
                                  D3DTEXF_NONE);
    g_pd3dDevice->SetSamplerState(1, D3DSAMP_MIPFILTER,
                                  D3DTEXF_NONE);
}
else if(FilteringOption == 1)
{
    // Normales bilineares Filtern mit einfachem
    // Mipmap-Wechsel "abruptes Überblenden"
    g_pd3dDevice->SetSamplerState(0, D3DSAMP_MIPFILTER,
                                  D3DTEXF_POINT);
    g_pd3dDevice->SetSamplerState(1, D3DSAMP_MIPFILTER,
                                  D3DTEXF_POINT);
}
else if(FilteringOption == 2)
{
    // Trilineares Filtern (bilineare Filterung zwischen
    // verschiedenen Mipmaps "sanftes Überblenden")
    g_pd3dDevice->SetSamplerState(0, D3DSAMP_MIPFILTER,
                                  D3DTEXF_LINEAR);
    g_pd3dDevice->SetSamplerState(1, D3DSAMP_MIPFILTER,
                                  D3DTEXF_LINEAR);
}

if(StreulichtreflektionsOption == 0)
{
    g_pd3dDevice->SetTextureStageState(0, D3DTSS_COLOROP,
                                       D3DTOP_MODULATE);
}
else if(StreulichtreflektionsOption == 1)
{
    g_pd3dDevice->SetTextureStageState(0, D3DTSS_COLOROP,
                                  D3DTOP_MODULATE2X);
```

```
}
else if(StreulichtreflektionsOption == 2)
{
    g_pd3dDevice->SetTextureStageState(0, D3DTSS_COLOROP,
                                       D3DTOP_MODULATE4X);
}
else if(StreulichtreflektionsOption == 3)
{
    g_pd3dDevice->SetTextureStageState(0, D3DTSS_COLOROP,
                                       D3DTOP_ADDSIGNED);
}
else if(StreulichtreflektionsOption == 4)
{
    g_pd3dDevice->SetTextureStageState(0, D3DTSS_COLOROP,
                                       D3DTOP_ADDSIGNED2X);
}

g_pd3dDevice->SetTexture(0, Textur->pTexture);

if(DetailMapping == TRUE)
{
    g_pd3dDevice->SetTextureStageState(1,
                                 D3DTSS_TEXCOORDINDEX, 1);

    g_pd3dDevice->SetTextureStageState(1, D3DTSS_COLORARG1,
                                       D3DTA_TEXTURE);
    g_pd3dDevice->SetTextureStageState(1, D3DTSS_COLORARG2,
                                       D3DTA_CURRENT);
    g_pd3dDevice->SetTextureStageState(1, D3DTSS_COLOROP,
                                       D3DTOP_ADDSIGNED);
    g_pd3dDevice->SetTexture(1, DetailTextur->pTexture);
}
else if(GlowMapping == TRUE)
{
  if(DirectionalesLicht == FALSE && PunktLicht == FALSE
                          && SpotLicht == FALSE)
  {
    // Alle Lichtquellen sind ausgeschaltet, infolgedessen
    // bleiben die Streulichtfarben unberücksichtigt:

    g_pd3dDevice->SetTextureStageState(0, D3DTSS_COLORARG1,
                                       D3DTA_TEXTURE);
    g_pd3dDevice->SetTextureStageState(0, D3DTSS_COLOROP,
                                       D3DTOP_SELECTARG1);
  }

  g_pd3dDevice->SetTextureStageState(1,
                                 D3DTSS_TEXCOORDINDEX, 0);
  g_pd3dDevice->SetTextureStageState(1, D3DTSS_COLORARG1,
```

```
                                              D3DTA_TEXTURE);
    g_pd3dDevice->SetTextureStageState(1, D3DTSS_COLORARG2,
                                              D3DTA_CURRENT);
    g_pd3dDevice->SetTextureStageState(1, D3DTSS_COLOROP,
                                              D3DTOP_ADD);
    g_pd3dDevice->SetTexture(1, LightMapTextur->pTexture);
  }
  else if(DarkMapping == TRUE)
  {
    if(DirectionalesLicht == FALSE && PunktLicht == FALSE
                                   && SpotLicht == FALSE)
    {
      // Alle Lichtquellen sind ausgeschaltet, infolgedessen
      // bleiben die Streulichtfarben unberücksichtigt:

      g_pd3dDevice->SetTextureStageState(0, D3DTSS_COLORARG1,
                                                D3DTA_TEXTURE);
      g_pd3dDevice->SetTextureStageState(0, D3DTSS_COLOROP,
                                              D3DTOP_SELECTARG1);
    }

    g_pd3dDevice->SetTextureStageState(1,
                                        D3DTSS_TEXCOORDINDEX, 0);
    g_pd3dDevice->SetTextureStageState(1, D3DTSS_COLORARG1,
                                              D3DTA_TEXTURE);
    g_pd3dDevice->SetTextureStageState(1, D3DTSS_COLORARG2,
                                              D3DTA_CURRENT);
    g_pd3dDevice->SetTextureStageState(1, D3DTSS_COLOROP,
                                              D3DTOP_MODULATE);
    g_pd3dDevice->SetTexture(1, LightMapTextur->pTexture);
  }

  g_pd3dDevice->SetStreamSource(0, ObjectVB, 0,
                             sizeof(SPACEOBJEKT3DVERTEX_EX));

  g_pd3dDevice->SetFVF(D3DFVF_SPACEOBJEKT3DVERTEX_EX);
  g_pd3dDevice->DrawPrimitive(D3DPT_TRIANGLESTRIP, 0, 2);

  // Alle Einstellungen zurücksetzen:

  g_pd3dDevice->SetTextureStageState(0, D3DTSS_TEXCOORDINDEX,
                                          0);
  g_pd3dDevice->SetTextureStageState(1, D3DTSS_TEXCOORDINDEX,
                                          0);
  g_pd3dDevice->SetSamplerState(0, D3DSAMP_MIPFILTER,
                                     D3DTEXF_NONE);
  g_pd3dDevice->SetSamplerState(1, D3DSAMP_MIPFILTER,
                                     D3DTEXF_NONE);
  g_pd3dDevice->SetTextureStageState(0, D3DTSS_COLOROP,
```

```
                                          D3DTOP_MODULATE);
        g_pd3dDevice->SetTextureStageState(1, D3DTSS_COLOROP,
                                          D3DTOP_DISABLE);

        g_pd3dDevice->SetTexture(0, NULL);
        g_pd3dDevice->SetTexture(1, NULL);
    }
};
CObject* Object = NULL;
```

12.6 Erzeugung von geometrischen 3D-Objekten auf der Grundlage mathematischer Gleichungen

Betrachtet man eine 3D-Szene etwas genauer, findet sich so manches Objekt, das sich von einer einfachen geometrischen Grundform ableiten lässt. Dazu gehören beispielsweise Planeten, Asteroiden, Schutzschilde und Waffenobjekte. Statt nun jedes Objekt Eckpunkt für Eckpunkt zu definieren, sollte man die Grundform einfach algorithmisch erzeugen. In Woche 3 werden wir das Thema noch weiter vertiefen, an dieser Stelle geben wir uns erst einmal mit der Erzeugung eines Zylinders und einer Kugel (Planet) zufrieden.

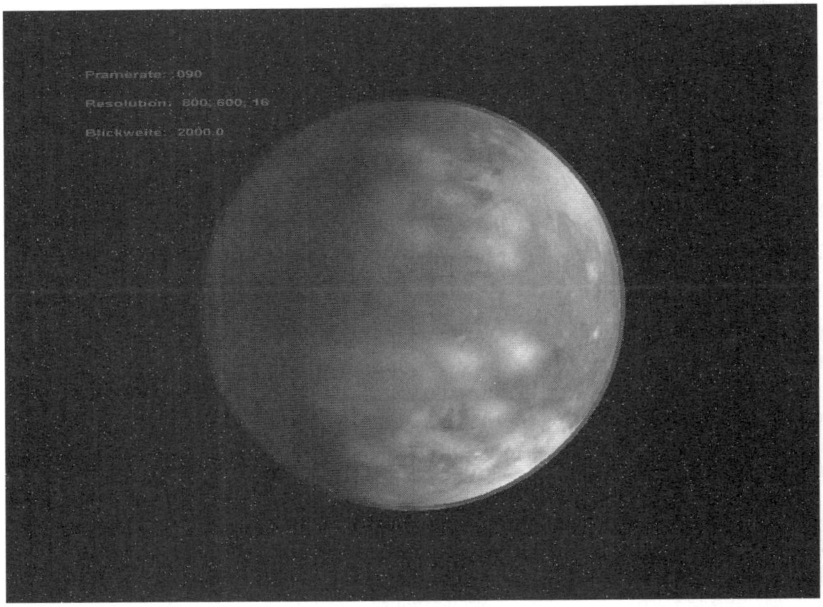

Abbildung 12.6: Planet mit animierter Wolkendecke und direktionaler Beleuchtung

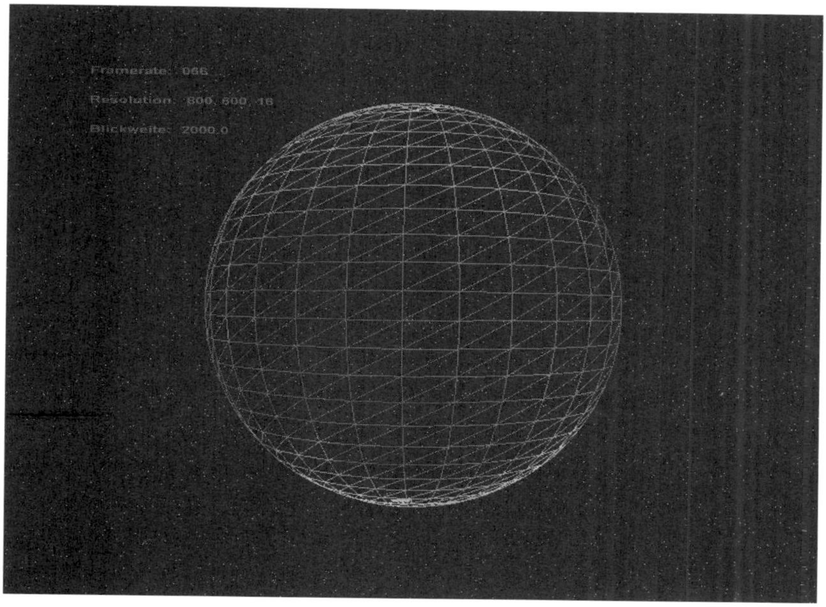

Abbildung 12.7: Planet, Drahtgittermodell

Verwendung von indizierten Dreieckslisten

Bisher haben wir uns damit begnügt, Punkte, Linien und einfache Vierecke zu rendern. Zur Darstellung komplexerer Objekte werden wir im weiteren Verlauf immer eine so genannte indizierte Dreiecksliste verwenden. Der Einsatz dieser Dreieckslisten garantiert auf allen modernen 3D-Karten die höchste Render-Performance. Für die Arbeit mit einer indizierten Dreiecksliste benötigen wir neben dem Vertexbuffer, der die gesamten Vertexdaten speichert, auch einen so genannten Indexbuffer. Ein Indexbuffer enthält die Indices aller Vertices in einer festgelegten Reihenfolge.

Für die Definition eines Dreiecks werden drei Eckpunkte benötigt. Soll nun ein Indexbuffer für ein Dreieck erstellt werden, müssen einfach nur die Indices dieser drei Vertices in den Buffer geschrieben werden. Soll ein Indexbuffer für zwei Dreiecke erstellt werden, müssen zunächst die Indices des ersten und dann die Indices des zweiten Dreiecks in den Buffer geschrieben werden.

Die Verwendung eines Indexbuffers hat den Vorteil, dass man einzelne Vertices auch mehrfach verwenden kann. Möchte man beispielsweise ein Viereck in Form einer nicht indizierten Dreiecksliste rendern, so benötigt man hierfür sechs Vertices (2 Dreiecke => 6 Vertices). Da ein Viereck bekanntlich aus vier Ecken besteht, sind folglich zwei der sechs Vertices doppelt definiert. Arbeitet man hingegen mit einer indizierten Dreiecksliste, kommt man mit vier Vertices aus, man verwendet einfach zwei der Vertices doppelt.

Einen Indexbuffer erzeugen

Bei der Erzeugung eines Indexbuffers schreibt man die Indexdaten sinnvollerweise nicht direkt in den Buffer, sondern verwendet zum Zwischenspeichern ein so genanntes Indexarray. Nachdem alle Indices in dieses Array eingetragen worden sind, wird das gesamte Indexarray mit Hilfe der `memcpy()`-Funktion in den Indexbuffer kopiert:

Indexarray erzeugen:

```
IndexArray   = new WORD[AnzIndices];
```

Indexarray füllen:

```
// Dreieck 1:
IndexArray[0] = 2;
IndexArray[1] = 0;
IndexArray[2] = 1;

// Dreieck 2:
IndexArray[0] = 2;
IndexArray[1] = 1;
IndexArray[2] = 3;

// Dreieck 3:
...
```

Indexbuffer erzeugen:

```
g_pd3dDevice->CreateIndexBuffer(AnzIndices*sizeof(WORD),
                                D3DUSAGE_WRITEONLY,
                                D3DFMT_INDEX16,
                                D3DPOOL_MANAGED, &PlanetIB, NULL);
```

Indexbuffer verriegeln, Daten des Indexarrays in den Buffer kopieren, Buffer entriegeln:

```
WORD* var = NULL;
PlanetIB->Lock(0, 0, (VOID**)&var, 0);
memcpy(var, IndexArray, AnzIndices*sizeof(WORD));
PlanetIB->Unlock();
```

Indexarray löschen:

```
SAFE_DELETE_ARRAY(IndexArray)
```

Einen Indexbuffer für eine geometrische Grundform erzeugen

Wie immer steckt der Teufel im Detail – wie erzeugt man jetzt aber einen Indexbuffer für eine Kugel oder einen Zylinder?

Nehmen wir zum Beispiel eine Weltkarte. Es handelt sich dabei um die zweidimensionale Ansicht unserer Erde oder, mathematisch ausgedrückt, um die Projektion einer Kugeloberfläche in eine Ebene. Im Grafikspeicher ist die Kugeloberfläche durch eine festgelegte Anzahl von

Vertices definiert (siehe Abbildung 12.7). Die gleichen Vertices finden wir auch mit veränderten Koordinaten auf der Weltkarte wieder. Der eigentliche Clou ist jetzt, dass man zum Rendern von Weltkarte und Kugel denselben Indexbuffer verwenden kann denn bei der Transformation von Kugel zu Weltkarte oder von Weltkarte zu Kugel ändern sich nur die Koordinaten der Vertices, ihre relative Anordnung bleibt dagegen völlig unbeeinflusst. Falls Sie das nicht so recht glauben wollen, stellen Sie sich einfach vor, dass sich beispielsweise Vertex 412 auf der Weltkarte ungefähr bei Berlin befindet und Vertex 123 ungefähr bei New York liegt. Bei der Transformation der Weltkarte in eine Kugel wird sich das auch nicht ändern, die relative Anordnung der Vertices zueinander bleibt also unverändert.

Statt einen Indexbuffer für eine Kugel oder einen Zylinder zu erzeugen, erstellen wir jetzt einfach einen Indexbuffer für eine »Weltkarte«. Verdeutlichen wir uns das Ganze anhand der Abbildung 12.8.

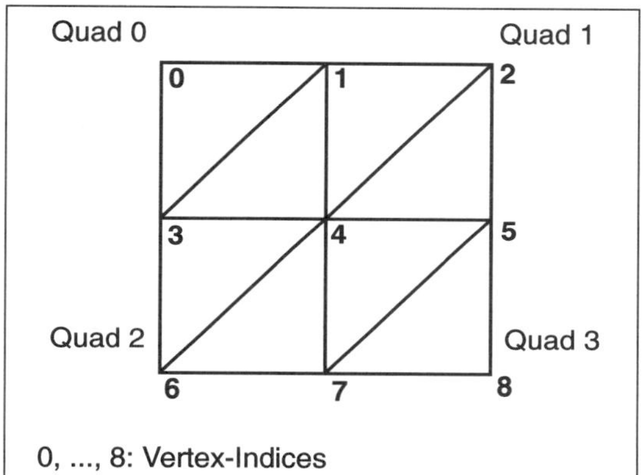

Quad 0:	**Dreieck 0: 3, 0, 1**	**Dreieck 1: 3, 1, 4**
Quad 1:	**Dreieck 2: 4, 1, 2**	**Dreieck 3: 4, 2, 5**
Quad 2:	**Dreieck 4: 6, 3, 4**	**Dreieck 5: 6, 4, 7**
Quad 3:	**Dreieck 6: 7, 4, 5**	**Dreieck 7: 7, 5, 8**

Abbildung 12.8: Den Indexbuffer einer indizierten Dreiecksliste für eine geometrische Grundform erzeugen

Für die Erstellung des Indexbuffers teilt man die Weltkarte sinnvollerweise in einzelne Quads auf. Jedes Quad besteht dabei aus zwei Dreiecken. Die Indices der Eckpunkte eines Dreiecks werden jetzt im Uhrzeigersinn in das Indexarray eingetragen. Im Anschluss daran wird der Indexbuffer erzeugt und das Array in den Buffer kopiert. Betrachten wir den zugehörigen Quellcode:

Listing 12.8: Planet-Demo – Indexbuffer für eine geometrische Grundform erzeugen

```
AnzVertices  = AnzVerticesZeile*AnzVerticesSpalte;
AnzQuads     = (AnzVerticesZeile-1)*(AnzVerticesSpalte-1);
AnzTriangles = 2*AnzQuads;
```

```
AnzIndices   = 3*AnzTriangles;
IndexArray = new WORD[AnzIndices];

long zeile = 1;
long spalte = 1;

for(i = 0; i < AnzQuads; i++)
{
    IndexArray[6*i]   = AnzVerticesZeile*zeile          + spalte - 1;
    IndexArray[6*i+1] = AnzVerticesZeile*(zeile-1)      + spalte - 1;
    IndexArray[6*i+2] = AnzVerticesZeile*(zeile-1) +1 + spalte - 1;
    IndexArray[6*i+3] = AnzVerticesZeile*zeile          + spalte - 1;
    IndexArray[6*i+4] = AnzVerticesZeile*(zeile-1) +1 + spalte - 1;
    IndexArray[6*i+5] = AnzVerticesZeile*zeile      +1 + spalte - 1;

    spalte++;

    if(spalte == AnzVerticesZeile)
    {
        spalte = 1;
        zeile++;
    }
}

g_pd3dDevice->CreateIndexBuffer(AnzIndices*sizeof(WORD),
                                D3DUSAGE_WRITEONLY, D3DFMT_INDEX16,
                                D3DPOOL_MANAGED, &PlanetIB, NULL);

WORD* var = NULL;
PlanetIB->Lock(0, 0, (VOID**)&var, 0);
memcpy(var, IndexArray, AnzIndices*sizeof(WORD));
PlanetIB->Unlock();

SAFE_DELETE_ARRAY(IndexArray)
```

Versuchen Sie bitte die Berechnung der Elemente des Indexarrays genau nachzuvollziehen. Hierfür bietet es sich an, die Dreiecksindices aus Abbildung 12.8 einmal nachzurechnen.

Einen Vertexbuffer für eine geometrische Grundform erzeugen

Bei der Erstellung des Vertexbuffers werden alle Vertices zeilenweise initialisiert und die Vertexkoordinaten unter Verwendung der entsprechenden mathematischen Gleichungen berechnet. Als Gouraudnormalen lassen sich einfach die normalisierten Vertexkoordinaten verwenden.

- Für die Berechnung der Kugelkoordinaten verwenden wir die bereits bekannten dreidimensionalen Polarkoordinaten in abgewandelter Form (siehe Tag 4):

  x = Radius*sin(Vertikalwinkel)*sin(Horizontalwinkel)

y = -Radius*cos(Vertikalwinkel)

z = Radius*sin(Vertikalwinkel)*cos(Horizontalwinkel)

- Für den Zylinder verwenden wir die folgenden Bestimmungsgleichungen:

  x = Radius*sin(Horizontalwinkel)

  y = -Radius*cos(Vertikalwinkel)

  z = Radius*cos(Horizontalwinkel)

- Der Horizontal- bzw. Vertikalwinkel eines Vertex berechnet sich wie folgt:

  Horizontalwinkel = spaltenNr*SegmentTeilwinkel (Längengrad)

  Vertikalwinkel = zeilenNr*RingTeilwinkel (Breitengrad)

  (Zur Erinnerung: Der nullte Breitengrad wird auch als Äquator bezeichnet.)

Dabei beziehen sich die Zeilen- und Spaltennummern auf die Position des jeweiligen Vertex im Indexbuffer. Der `SegmentTeilwinkel` entspricht dem Winkelumfang eines Ringsegments und der `RingTeilwinkel` entspricht dem Winkel zwischen zwei Kreisringen. Die beiden Teilwinkel berechnen sich auf folgende Weise:

```
float SegmentTeilwinkel = 2*D3DX_PI/(AnzVerticesZeile-1);
float RingTeilwinkel    = D3DX_PI/(AnzVerticesSpalte-1);
```

Der nachfolgende Programmcode demonstriert die Erzeugung der Vertexkoordinaten für ein Kugelmodell:

Listing 12.9: Vertexkoordinaten für ein Kugelmodell erzeugen

```
for(zeilenNr = 0; zeilenNr < AnzVerticesSpalte; zeilenNr++)
{
    for(spaltenNr = 0; spaltenNr < AnzVerticesZeile; spaltenNr++)
    {
        // Kugel:
        pVertices[zeilenNr*AnzVerticesZeile+spaltenNr].position =
        D3DXVECTOR3(
                    /* x-Wert */
                    Radius*sinf(zeilenNr*RingTeilwinkel)*
                           sinf(spaltenNr*SegmentTeilwinkel),
                    /* y-Wert */
                    -Radius*cosf(zeilenNr*RingTeilwinkel),
                    /* z-Wert */
                    Radius*sinf(zeilenNr*RingTeilwinkel)*
                           cosf(spaltenNr*SegmentTeilwinkel));

        pVertices[zeilenNr*AnzVerticesZeile+spaltenNr].normal =
        pVertices[zeilenNr*AnzVerticesZeile+spaltenNr].position;
```

```
        D3DXVec3Normalize(
        &pVertices[zeilenNr*AnzVerticesZeile+spaltenNr].normal,
        &pVertices[zeilenNr*AnzVerticesZeile+spaltenNr].normal);

    }
}
```

Für die Berechnung der Texturkoordinaten verwenden wir die folgenden beiden Gleichungen:

```
tu = 1.0f-(float)spaltenNr/(AnzVerticesZeile-1);
tv = 1.0f-(float)zeilenNr/(AnzVerticesSpalte-1);
```

Rendern einer indizierten Dreiecksliste

Vor dem Rendern müssen wir dem Direct3D-Device erst einmal mitteilen, welcher Vertex- und welcher Indexbuffer verwendet werden soll:

```
g_pd3dDevice->SetStreamSource(0, PlanetModell->PlanetVB, 0,
                              sizeof(SPACEOBJEKT3DVERTEX));
g_pd3dDevice->SetIndices(PlanetModell->PlanetIB);
```

Zum Rendern indizierter Primitiven wird der Aufruf `DrawIndexedPrimitive()` verwendet. Zum einen müssen wir der Funktion mitteilen, dass eine indizierte Dreiecksliste gerendert werden soll, und zum anderen erwartet diese Funktion die Anzahl der Vertices im Vertexbuffer sowie die Anzahl der zu rendernden Dreiecke. Da alle Dreiecke gerendert und alle Vertices verwendet werden sollen, übergeben wir als Startwerte jeweils eine 0.

```
g_pd3dDevice->DrawIndexedPrimitive(D3DPT_TRIANGLELIST, 0,
                                   0, PlanetModell->AnzVertices,
                                   0, PlanetModell->AnzTriangles);
```

Soll beispielsweise nur das dritte Dreieck im Indexbuffer gerendert werden, ist der folgende Aufruf zu verwenden:

```
g_pd3dDevice->DrawIndexedPrimitive(D3DPT_TRIANGLELIST, 0,
                                   0, PlanetModell->AnzVertices,
                                   6, 1);
```

Die Indices des ersten Dreiecks stehen im Indexbuffer an den Positionen 0, 1 , 2, die des zweiten Dreiecks an den Positionen 3, 4, 5. Der erste Index des dritten Dreiecks steht somit an Position 6 im Indexbuffer.

12.7 Alpha Blending

Alpha Blending wird für die Darstellung von Transparenzeffekten in einer 3D-Szene verwendet. Diese Effekte treten in vielfältiger Form auf; dazu zählt beispielsweise die Darstellung von Feuer, Wasser, Rauch, Schutzschilden, Explosionen, Glaswänden usw. Grund genug also, um uns etwas eingehender mit diesem Thema zu beschäftigen.

Probleme bei der Verwendung von Alpha Blending

Damit es bei der Darstellung von Transparenzeffekten zu keinen Grafikfehlern kommt, müssen diejenigen Objekte, bei denen derlei Effekte auftreten können, in Back to Front Order gerendert werden. Back to Front Order bedeutet, dass das Objekt mit dem größten Abstand zum Betrachter zuerst und das Objekt mit dem geringsten Abstand zum Betrachter zuletzt gerendert wird. Sämtliche Objekte ohne Transparenzeigenschaften müssen entweder vorher oder ebenfalls in Back to Front Order sortiert gerendert werden. Auf keinen Fall dürfen diese Objekte nachträglich gerendert werden, weil sie dann bei der Berechnung der Transparenzeffekte keine Berücksichtigung mehr finden.

Die zweite Variante wirkt sich zwar sehr negativ auf die Performance aus, es kommt dafür aber zu keinerlei Darstellungsfehlern mehr. Sie werden sich jetzt vielleicht fragen, wieso es einen Unterschied macht, wenn Objekte ohne Transparenzeigenschaften ebenfalls in Back to Front Order gerendert werden. Dazu müssen Sie wissen, dass beispielsweise Explosionen zur Vermeidung von Darstellungsfehlern mit ausgeschaltetem z-Buffer gerendert werden sollten (in Woche 3 gehen wir näher darauf ein). Wenn jetzt sämtliche Objekte ohne Transparenzeigenschaften schon zuvor gerendert worden sind, hat der Betrachter immer den Eindruck, als ob sich die Explosion vor diesen Objekten ereignet hätte. Befindet sich im Augenblick der Explosion ein solches Objekt sehr dicht vor dem Betrachter, scheint die Explosion plötzlich in einem völlig falschen Abstand stattzufinden.

Zum Sortieren der Objekte werden wir die `qsort()`-Funktion verwenden, die auf dem so genannten Quicksort-Algorithmus basiert. Betrachten wir einen beispielhaften Funktionsaufruf:

```
qsort(AbstandsDatenObjekte, AnzTransparentObjectsMomentan,
      sizeof(CObjektAbstandsDaten), ObjektSortCB);
```

Das Array `AbstandsDatenObjekte` beinhaltet die Abstandsdaten aller Objekte mit Transparenzeigenschaften. Augenblicklich werden die ersten `AnzTransparentObjectsMomentan`-Elemente dieses Arrays verwendet, die dementsprechend auch sortiert werden müssen. Die `qsort()`-Funktion ruft ihrerseits die Callback-Funktion `ObjektSortCB()` auf. In dieser Funktion ist festgelegt, welche Werte sortiert werden sollen und in welcher Reihenfolge sie zu sortieren sind:

Listing 12.10: Die Callback-Funktion ObjektSortCB()

```
inline int ObjektSortCB(const void*  arg1, const void*  arg2)
{
    CObjektAbstandsDaten* p1 = (CObjektAbstandsDaten*)arg1;
    CObjektAbstandsDaten* p2 = (CObjektAbstandsDaten*)arg2;

    d1 = p1->Abstand;
    d2 = p2->Abstand;

    if(d1 <= d2)
        return +1;

    return -1;
}
```

HINWEIS

An Tag 1 haben wir gelernt, dass die Parameterliste einer Callback-Funktion fest vorgegeben ist. Damit die Funktion `ObjektSortCB()` allgemein verwendbar bleibt, erwartet sie als Parameter zwei konstante Zeiger auf einen unbestimmten Typ (`void*`). Aus diesem Grund muss im ersten Schritt eine Typumwandlung beider Zeiger vorgenommen werden.

Bei der Verwendung von Transparenzeffekten ist allen Anschein nach eine Menge zu berücksichtigen. Dagegen ist die Verwendung von Alpha Blending das reinste Kinderspiel, wir haben es an Tag 8 sogar schon verwendet, ohne näher darauf einzugehen.

Alpha Blending verstehen und einsetzen

Im Demoprogramm *Texturen* (Tag 8) haben wir einen Cursor vor einem Sternenhintergrund gerendert. Eine Frage hat sich förmlich aufgedrängt – wieso kann man den Sternenhintergrund überhaupt sehen, wo doch die Hintergrundfarbe der Cursortextur schwarz ist. Die Antwort kennen Sie bereits; die Funktion `D3DXCreateTextureFromFileEx()`, die für die Erzeugung der Textur verwendet wird, übernimmt unter anderem einen Farbwert, der bei eingeschaltetem Alpha Blending transparent dargestellt wird. Die Methode `CreateTextur()` der Klasse `CTexturPool` ruft diese Funktion auf und legt `D3DCOLOR_XRGB(0,0,0)` (schwarz) als transparente Farbe fest.

Eingeschaltet wurde das Alpha Blending durch die folgenden Anweisungen:

```
g_pd3dDevice->SetRenderState(D3DRS_ALPHABLENDENABLE, TRUE);
g_pd3dDevice->SetRenderState(D3DRS_SRCBLEND, D3DBLEND_SRCALPHA);
g_pd3dDevice->SetRenderState(D3DRS_DESTBLEND, D3DBLEND_INVSRCALPHA);
```

Nach dem Rendern des Cursors wurde das Alpha Blending durch die folgende Anweisung wieder ausgeschaltet:

```
g_pd3dDevice->SetRenderState(D3DRS_ALPHABLENDENABLE, FALSE);
```

Direct3D stellt nun eine Vielzahl von Methoden zur Verfügung, mit denen sich vielfältige Transparenzeffekte realisieren lassen. Im DirectX-SDK sind die zugehörigen Berechnungsgrundlagen ausführlich beschrieben. Wir werden an dieser Stelle nur diejenigen Methoden genauer unter die Lupe nehmen, die wir im weiteren Verlauf auch wirklich verwenden werden.

HINWEIS

Vereinfacht ausgedrückt, erzeugt Alpha Blending Mischfarben aus den Texelfarben des transparenten Objekts und den Farben der Hintergrundpixel. Die vom Beobachter weiter entfernt liegenden Objekte müssen zuerst gerendert werden, damit die Pixel dieser Objekte in die Berechnung der Mischfarbe mit einfließen können.

Die Texelfarbe der transparenten Objekte wird als Quellfarbe (source color), die Farbe der Hintergrundpixel als Zielfarbe (destination color) bezeichnet.

Die folgenden beiden Anweisungen beschreiben jetzt, wie Quell- und Zielfarbe bei der Berechnung der Mischfarbe berücksichtigt werden sollen:

```
g_pd3dDevice->SetRenderState(D3DRS_SRCBLEND, D3DBLEND_SRCALPHA);
g_pd3dDevice->SetRenderState(D3DRS_DESTBLEND, D3DBLEND_INVSRCALPHA);
```

- Dabei liegt der Konstanten D3DBLEND_SRCALPHA die folgende Berechnungsmethode zugrunde:

  `Alphakomponente`

- Die Konstante D3DBLEND_INVSRCALPHA verwendet dagegen die folgende Berechnungsmethode:

  `(1-Alphakomponente)`

Die Alphakomponente beschreibt den Grad der Transparenz, dabei steht 0.0f für 100% und 1.0f für 0% Transparenz.

Durch Kombination beider Konstanten erhalten wir die Formel zur Berechnung der Mischfarbe:

```
Mischfarbe = Texelfarbe*Alpha + Hintergrundfarbe*(1-Alpha)
```

- Bei 100 % Transparenz (Alpha = 0.0f) ergibt sich die folgende Mischfarbe:

  `Mischfarbe = Hintergrundfarbe`

- Entsprechend ergibt sich bei 0 % Transparenz (Alpha = 1.0f):

  `Mischfarbe = Texelfarbe`

Jetzt können wir auch verstehen, warum bei aktiviertem Alpha Blending die schwarzen Bereiche der Textur völlig transparent erscheinen (schwarz 100 % Transparenz, Alpha = 0.0f => Mischfarbe = Hintergrundfarbe).

Bei der Festlegung der Materialeigenschaften haben wir die Möglichkeit, den Grad der Transparenz beliebig festzulegen, zum Beispiel:

```
ZeroMemory(&mtrl, sizeof(D3DMATERIAL9));
mtrl.Ambient.b = 1.0f;
mtrl.Diffuse.b = 1.0f;
mtrl.Diffuse.a = 0.6f; // 40% Transparenz
g_pd3dDevice->SetMaterial(&mtrl);
```

Nachdem der Grad der Transparenz festgelegt, das Alpha Blending aktiviert und die Berechnungsmethoden ausgewählt worden sind, kann mit der Berechnung der Mischfarbe begonnen werden. Analog zu den Farboperationen müssen wir jetzt eine Alphaoperation auswählen. Normales Alpha Blending erreicht man durch die folgende Anweisung:

```
g_pd3dDevice->SetTextureStageState(Nr, D3DTSS_ALPHAOP,
                                   D3DTOP_MODULATE);
```

durch welche die Alphawerte von Texel- und Streulichfarbe multiplikativ miteinander verknüpft werden.

Nach dem Rendern des transparenten Objekts muss die Alphaoperation natürlich wieder zurückgesetzt werden. Für die nullte Texturstufe ist die Standardeinstellung:

```
g_pd3dDevice->SetTextureStageState(0, D3DTSS_ALPHAOP,
                                   D3DTOP_SELECTARG1);
```

in welcher nur die Alphawerte der Texel berücksichtigt werden.

Für alle weiteren Stufen ist die Standardeinstellung:

```
g_pd3dDevice->SetTextureStageState(Nr, D3DTSS_ALPHAOP,
                                   D3DTOP_DISABLE);
```

Im weiteren Verlauf werden wir auch die folgende Berechnungsmethode sehr häufig einsetzen:

```
g_pd3dDevice->SetRenderState(D3DRS_DESTBLEND, 2);
```

Diese Methode kommt ohne die Alphakomponente des Materials aus, erzeugt aber dennoch sehr ansprechende Transparenzeffekte. Die Mischfarbe wird hierbei wie folgt berechnet:

```
Mischfarbe = Texelfarbe + Hintergrundfarbe
```

Die Sourceblend-Methode muss nicht explizit mit angegeben werden, denn diese arbeitet standardmäßig mit der Texelfarbe.

Wir werden diese Berechnungsmethode unter anderem beim Rendern der Wolkendecke eines Planeten einsetzen. Da diese Methode die Standardalphaoperation verwendet, muss sie nicht explizit im Quellcode aufgeführt werden.

12.8 Planet-Demoprogramm

In dem folgenden Demoprogramm können Sie die algorithmische Erzeugung von 3D-Objekten und die Verwendung von Alpha Blending im praktischen Einsatz erleben. Zu diesem Zweck werden wir ein Planetenmodell erzeugen und rendern und den Planeten ferner mit einer animierten Wolkendecke umhüllen.

Klassenentwürfe

Neben der fast schon obligatorischen Klasse `C3DScenario` kommen noch zwei weitere Klassen zum Einsatz, die beide in der Datei *SimplePlanetClasses.h* implementiert sind. Die Klasse `CPlanetModell` speichert alle Geometriedaten des Planeten – sprich Vertex- und Indexbuffer. Die Klasse `CPlanet` ist für die Animation und Darstellung des Planeten sowie der Wolkendecke verantwortlich und wird von innerhalb der Klasse `C3DScenario` initialisiert.

CPlanetModell

Listing 12.11: Planet-Demo – CPlanetModell-Klassenentwurf

```
class CPlanetModell
{
public:
    long  AnzVerticesZeile, AnzVerticesSpalte, AnzVertices;
    long  AnzTriangles, AnzQuads, AnzIndices;
    WORD*                  IndexArray;
    LPDIRECT3DINDEXBUFFER9  PlanetIB;
    LPDIRECT3DVERTEXBUFFER9 PlanetVB;

    CPlanetModell()
    {
        float Radius        = 1.0f;
        AnzVerticesZeile = AnzVerticesSpalte = 30;

        // Indexbuffer für eine geometrische Grundform erzeugen
        // Wie besprochen

        float SegmentTeilwinkel = 2*D3DX_PI/(AnzVerticesZeile-1);
        float RingTeilwinkel    = D3DX_PI/(AnzVerticesSpalte-1);

        long zeilenNr, spaltenNr;

        g_pd3dDevice->CreateVertexBuffer(
                      AnzVertices*sizeof(SPACEOBJEKT3DVERTEX),
                      D3DUSAGE_WRITEONLY,
                      D3DFVF_SPACEOBJEKT3DVERTEX,
                      D3DPOOL_MANAGED, &PlanetVB, NULL);

        SPACEOBJEKT3DVERTEX*          pVertices;

        PlanetVB->Lock(0, 0, (VOID**)&pVertices, 0);

        for(zeilenNr = 0; zeilenNr < AnzVerticesSpalte; zeilenNr++)
        {
        for(spaltenNr = 0; spaltenNr < AnzVerticesZeile;spaltenNr++)
        {
            // Kugel- oder Zylindermodell erzeugen wie besprochen //

            pVertices[zeilenNr*AnzVerticesZeile+spaltenNr].normal =
            pVertices[zeilenNr*AnzVerticesZeile+spaltenNr].position;

            // Gouraudnormalen berechnen:

            D3DXVec3Normalize(
```

```
            &pVertices[zeilenNr*AnzVerticesZeile+spaltenNr].normal,
            &pVertices[zeilenNr*AnzVerticesZeile+spaltenNr].normal);

            // Texturkoordinaten festlegen:

            pVertices[zeilenNr*AnzVerticesZeile+spaltenNr].tu =
            1.0f-(float)spaltenNr/(AnzVerticesZeile-1);

            pVertices[zeilenNr*AnzVerticesZeile+spaltenNr].tv =
            1.0f-(float)zeilenNr/(AnzVerticesSpalte-1);

        }
        }

        PlanetVB->Unlock();

    }
    ~CPlanetModell()
    {
        SAFE_RELEASE(PlanetVB)
        SAFE_RELEASE(PlanetIB)
        SAFE_DELETE_ARRAY(IndexArray)
    }
};
CPlanetModell* PlanetModell = NULL;
```

CPlanet

Listing 12.12: Planet-Demo – CPlanet-Klassenentwurf

```
class CPlanet
{
public:
    float  Rotationsgeschwindigkeit, WolkenRotationsgeschwindigkeit;
    float  Entfernung;

    D3DXVECTOR3  Ortsvektor, Rotationsachse;
    D3DXMATRIX   VerschiebungsMatrix, ScaleMatrix, CloudScaleMatrix;
    D3DXMATRIX   TransformationsMatrix;
    D3DXMATRIX   WolkenRotationsMatrix, FrameWolkenRotationsMatrix;
    D3DXMATRIX   RotationsMatrix, FrameRotationsMatrix;
    CTexturPool* PlanetTextur;

    CPlanet()
    {
        D3DXMatrixIdentity(&ScaleMatrix);
        D3DXMatrixIdentity(&CloudScaleMatrix);
```

```
    D3DXMatrixIdentity(&VerschiebungsMatrix);
    D3DXMatrixIdentity(&WolkenRotationsMatrix);
    D3DXMatrixIdentity(&RotationsMatrix);

    PlanetTextur = new CTexturPool;
    sprintf(PlanetTextur->Speicherpfad, "Planet.bmp");
    PlanetTextur->CreateTextur();

    Ortsvektor   = D3DXVECTOR3(0.0f, 0.0f, 5.5f);
    Entfernung = D3DXVec3Length(&Ortsvektor);

    ScaleMatrix._11 = ScaleMatrix._22 = ScaleMatrix._33 = 1.5f;

    CloudScaleMatrix._11 = 1.02f*ScaleMatrix._11;
    CloudScaleMatrix._22 = 1.02f*ScaleMatrix._22;
    CloudScaleMatrix._33 = 1.02f*ScaleMatrix._33;

    Rotationsgeschwindigkeit = 0.0001f;

    tempLong = lrnd(0,2);
    if(tempLong == 0)
        WolkenRotationsgeschwindigkeit = frnd(0.0003f,0.0005f);
    else if(tempLong == 1)
       WolkenRotationsgeschwindigkeit = frnd(-0.0005f,-0.0003f);

    Rotationsachse = D3DXVECTOR3(0.0f,1.0f, 0.0f);

    CalcRotAxisMatrixS(&FrameRotationsMatrix, &Rotationsachse,
                       Rotationsgeschwindigkeit);
    CalcRotAxisMatrixS(&FrameWolkenRotationsMatrix,
                       &Rotationsachse,
                       WolkenRotationsgeschwindigkeit);
}
~CPlanet()
{ SAFE_DELETE(PlanetTextur) }

void Render_Planet(void)
{
    // Sichtbarkeitstest:
    tempFloat = D3DXVec3Dot(&Ortsvektor,&PlayerFlugrichtung);

    if(tempFloat < 0.0f)
        return;          // Planet hinter dem Spieler

    // Sichtbarkeitsbedingung:
    if(tempFloat > Entfernung*0.387f)
    {
      g_pd3dDevice->SetRenderState(D3DRS_ZENABLE, FALSE);
```

```
RotationsMatrix = RotationsMatrix*FrameRotationsMatrix;
VerschiebungsMatrix = RotationsMatrix;

VerschiebungsMatrix._41 = Ortsvektor.x;
VerschiebungsMatrix._42 = Ortsvektor.y;
VerschiebungsMatrix._43 = Ortsvektor.z;

TransformationsMatrix = ScaleMatrix*VerschiebungsMatrix;

g_pd3dDevice->SetTransform(D3DTS_WORLD,
                           &TransformationsMatrix);

ZeroMemory(&mtrl, sizeof(D3DMATERIAL9));
mtrl.Diffuse.r = mtrl.Diffuse.g = mtrl.Diffuse.b = 2.0f;
mtrl.Ambient.r = mtrl.Ambient.g = mtrl.Ambient.b = 0.1f;
mtrl.Emissive.r= mtrl.Emissive.g= mtrl.Emissive.b= 0.01f;
g_pd3dDevice->SetMaterial(&mtrl);

g_pd3dDevice->SetRenderState(D3DRS_CULLMODE, D3DCULL_CCW);
g_pd3dDevice->SetTexture(0, PlanetTextur->pTexture);
g_pd3dDevice->SetFVF(D3DFVF_SPACEOBJEKT3DVERTEX);
g_pd3dDevice->SetStreamSource(0, PlanetModell->PlanetVB,
                         0, sizeof(SPACEOBJEKT3DVERTEX));

g_pd3dDevice->SetIndices(PlanetModell->PlanetIB);

g_pd3dDevice->DrawIndexedPrimitive(D3DPT_TRIANGLELIST, 0,
                           0, PlanetModell->AnzVertices,
                           0, PlanetModell->AnzTriangles);

g_pd3dDevice->SetTexture(0, NULL);
g_pd3dDevice->SetTexture(0,
                         g_pWhiteCloudTexture->pTexture);

g_pd3dDevice->SetRenderState(D3DRS_ALPHABLENDENABLE,
                             TRUE);
g_pd3dDevice->SetRenderState(D3DRS_DESTBLEND, 2);

WolkenRotationsMatrix = WolkenRotationsMatrix*
                        FrameWolkenRotationsMatrix;

VerschiebungsMatrix   = WolkenRotationsMatrix;

VerschiebungsMatrix._41 = Ortsvektor.x;
VerschiebungsMatrix._42 = Ortsvektor.y;
VerschiebungsMatrix._43 = Ortsvektor.z;
```

```
            TransformationsMatrix = CloudScaleMatrix*
                                    VerschiebungsMatrix;

            g_pd3dDevice->SetTransform(D3DTS_WORLD,
                                       &TransformationsMatrix);

            g_pd3dDevice->SetFVF(D3DFVF_SPACEOBJEKT3DVERTEX);
            g_pd3dDevice->SetStreamSource(0, PlanetModell->PlanetVB
                                    0, sizeof(SPACEOBJEKT3DVERTEX));

            g_pd3dDevice->SetIndices(PlanetModell->PlanetIB);

            g_pd3dDevice->DrawIndexedPrimitive(D3DPT_TRIANGLELIST, 0,
                                     0, PlanetModell->AnzVertices,
                                     0, PlanetModell->AnzTriangles);

            g_pd3dDevice->SetTexture(0, NULL);
            g_pd3dDevice->SetRenderState(D3DRS_ALPHABLENDENABLE,
                                         FALSE);
            g_pd3dDevice->SetRenderState(D3DRS_CULLMODE, D3DCULL_CW);
            g_pd3dDevice->SetRenderState(D3DRS_ZENABLE, TRUE);
        }
    }
};
CPlanet* Planet = NULL;
```

Funktionen zum Erzeugen und Freigeben des Planetenmodells und der Wolkentexturen

Listing 12.13: Planet-Demo – Funktionen zum Erzeugen und Freigeben des Planetenmodells und der Wolkentexturen

```
void InitPlanetModell(void);
void InitCloudTexture(void);
void CleanUpPlanetModell(void);
void CleanUpCloudTexture(void);

CTexturPool* g_pWhiteCloudTexture = NULL;

void InitPlanetModell(void)
{ PlanetModell = new CPlanetModell; }

void InitCloudTexture(void)
{
    g_pWhiteCloudTexture = new CTexturPool;
    sprintf(g_pWhiteCloudTexture->Speicherpfad, "Clouds.bmp");
    g_pWhiteCloudTexture->CreateTextur();
```

```
}

void CleanUpPlanetModell(void)
{ SAFE_DELETE(PlanetModell) }

void CleanUpCloudTexture(void)
{ SAFE_DELETE(g_pWhiteCloudTexture) }
```

12.9 Zusammenfassung

Am heutigen Tag sind wir tiefer in die Geheimnisse der Grafikprogrammierung eingestiegen. Sie haben die Verwendung von Lichtquellen und Materialeigenschaften kennen gelernt und wissen, wie sich durch den Einsatz von Farboperationen Texel- und Lichtfarbe auf verschiedene Weisen miteinander kombinieren lassen, um so neue Farbeffekte zu erzielen. Im Anschluss daran haben Sie mit Detail-, Glow- und Darkmapping drei typische Multitexturing-Effekte kennen gelernt.

Im zweiten Teil haben wir uns die Grundlagen des Apha Blendings erarbeitet. Weiterhin haben Sie die Verwendung eines Indexbuffers und einer indizierten Dreiecksliste kennen gelernt und wissen jetzt, wie sich auf der Grundlage mathematischer Formeln 3D-Objekte wie beispielsweise Kugeln und Zylinder erzeugen lassen.

12.10 Workshop

Fragen und Antworten

F *Nach welchem Prinzip funktioniert Multitexturing?*

A Man nehme das Ergebnis der Farboperation der nullten Texturstufe (Basistextur + evtl. Streulichtfarbe) und verwende es als Farbargument in der ersten Texturstufe. Dieses Farbargument wird jetzt mit der Texelfarbe einer zweiten Textur kombiniert. Das Ergebnis dieser Farboperation kann wiederum als Farbargument in der zweiten Texturstufe verwendet werden usw., usw.

Quiz

1. Erklären Sie den Unterschied zwischen ambientem und direktem Licht.
2. Erklären Sie den Unterschied zwischen vertex- und pixelbasiertem Licht.

3. Erklären Sie den Unterschied zwischen diffuser, spiegelnder und ambienter Reflektion.
4. Erklären Sie den Unterschied zwischen Gouraud- und Flächennormalen.
5. Erklären Sie das Zusammenspiel zwischen Licht- und Materialeigenschaften.
6. Welche Vertexformate haben Sie für die Arbeit mit untransformierten, unbeleuchteten Vertices kennen gelernt?
7. Erklären Sie die Verwendung von Farboperationen.
8. Welche Multitexturing-Effekte haben Sie in diesem Kapitel kennen gelernt?
9. Welche Techniken zur Texturfilterung stehen in DirectX Graphic zur Verfügung?
10. Erklären Sie den Umgang mit indizierten Dreieckslisten.
11. Wie lässt sich ein Indexbuffer für eine geometrische Grundform erzeugen?
12. Welche Probleme können sich beim Einsatz von Alpha Blending ergeben?
13. Wie funktioniert Alpha Blending und welche beiden Berechnungsmethoden haben Sie kennen gelernt?

Übungen

1. Erweitern Sie das »Asteroidhunter«-Übungsprojekt um eine dreidimensionale Planetendarstellung. Binden Sie zu diesem Zweck das Programmmodul *SimplePlanetClasses.h* in dieses Projekt mit ein.
2. Erweitern Sie die beiden Übungsprojekte »BallerBumm« und »Asteroidhunter« dahin gehend, dass alle Asteroiden ihrem Kameraabstand nach sortiert gerendert werden.

   Hinweis:

   Die Bewegung der Asteroiden muss vor dem Sortieren in einer ersten Schleife durchgeführt werden. Die grafische Darstellung und Treffererkennung erfolgt nach dem Sortieren in einer zweiten Schleife.

Tag 13

Terrain-Rendering

Neben dem Indoor-Rendering zählt das Erstellen und Rendern von Landschaften zu den interessantesten Themen auf dem Gebiet der Spieleentwicklung. Beide Gebiete haben sich längst zu einer eigenen Wissenschaft entwickelt, und genau aus diesem Grund ist es für den Anfänger nicht gerade einfach, sich in diese Materie einzuarbeiten. Wir werden heute ein einfaches Verfahren erarbeiten, mit dem sich selbst weiträumige Landschaften erstellen und mit hoher Performance rendern lassen. Am Ende des heutigen Tages sollten Sie in der Lage sein, sich tiefer in die Materie einarbeiten zu können. Die Themen heute:

- Flexibler Aufbau eines Terrains aus dreidimensionalen Tiles
- Erstellung von Vertex- und Indexbuffer für eine Tile
- Texturierung einer Tile
- Heightmapping
- Berechnung der Gouraudnormalen aus den Höheninformationen
- Sichtbarkeitsprüfung
- Bewegung über Berg und Tal – Ermittlung der Höhe des Spielers über dem Terrain
- Wasseranimation

13.1 Vorüberlegungen

Anforderungen an eine Terrain-Engine

Mit der Entwicklung einer Terrain-Engine für ein Spiel sind drei Anforderungen verbunden, die auf den ersten Blick miteinander unvereinbar erscheinen:

- Detailreichtum
- Weitläufigkeit
- hohe Performance beim Rendern

Kurz gesagt, bedeuten diese Forderungen nur eines – eine große Anzahl von Vertices und damit verbunden eine große Anzahl von Dreiecken müssen in jedem Frame möglichst schnell gerendert werden. Ein so hoher Polygon-Count wird zwangsläufig zu einem Performancekiller. Doch damit noch nicht genug, das Terrain stellt ja nur die Spielumgebung dar – für das eigentliche Spiel muss auch noch ein wenig Rechenpower übrig bleiben.

Aufteilen des Terrains in einzelne Tiles

Wenn also das Rendern der gesamten Landschaft zu Performanceproblemen führt, was liegt dann näher, als nur diejenigen Landschaftsteile zu rendern, die der Spieler auch wirklich sehen kann. Der einfachste Weg, so etwas zu erreichen, besteht darin, die gesamte Landschaft aus viereckigen Bereichen – so genannten Tiles (Kacheln) – aufzubauen und nur die sichtbaren Tiles zu rendern. Auf diese Weise hätten wir nicht nur eine weit bessere Performance beim Rendern, darüber hinaus ist es auch möglich, durch Kombination verschiedenartiger Tiles auf einfache Weise neue Landschaften zu erstellen. Weiterhin lässt sich so der Polygon-Count verringern, denn eine Flachland-Tile kommt mit weit weniger Dreiecken aus als eine Gebirgs-Tile.

Texturierung der Tile

Auch wenn eine Landschaft in sehr viele Tiles unterteilt ist, so wird jede Tile in der Regel dennoch eine recht große Ausdehnung haben. Die Boden- oder Wassertextur, mit der die betreffende Tile überzogen werden soll, muss daher in stark vergrößerter Form verwendet werden. Zwar sorgt die Texturfilterung dafür, dass die Texturen nicht zu einer groben Klötzchengrafik mutieren, dennoch geht beim Filtern jegliches Detail verloren. Die fehlenden Details lassen sich jetzt durch die Verwendung einer Detailtextur (Detailmapping) ersetzen. Im Standardadressierungsmodus (dem Wrap-Modus) lässt sich eine Detailtextur mehrfach über die Tile mappen. Dadurch muss die Textur weniger stark vergrößert werden, wodurch deren Details erhalten bleiben.

Heightmapping

Unsere Landschaft ist dreidimensional, die einzelnen Tile-Vertices müssen also irgendwie mit einem Höhenwert versehen werden. Hier kommt das Heightmapping ins Spiel. Aus einer 24-Bit-Textur werden die roten, grünen und blauen Farbwerte herausgelesen und zu einem Höhenwert addiert (viele Programmierer verwenden auch eine 256-Farben-Textur). Dieser Wert wird mit einem Höhenskalierungsfaktor multipliziert und zur y-Komponente des zugehörigen Tile-Vertex hinzuaddiert. Der Skalierungsfaktor bestimmt, wie stark die Höhenunterschiede ausgeprägt sein sollen. Auf diese Weise lassen sich mit einer einzigen Heightmap sowohl Hügel und Berge (Skalierungsfaktor > 0) wie auch Täler und Schluchten (Skalierungsfaktor < 0) erschaffen.

Berechnung der Gouraudnormalen aus den Höheninformationen

Für die korrekte Ausleuchtung der Landschaft muss für jeden Vertex ein Normalenvektor berechnet werden. Zu diesem Zweck berechnet man für jeden Vertex die Differenz-Ortsvektoren zu den benachbarten Vertices (insgesamt acht Vektoren). Anschließend bildet man für je zwei benachbarte Differenzvektoren das Kreuzprodukt, normiert den resultierenden Vektor und berechnet den Mittelwert aus allen acht Produktvektoren. In diesem Zusammenhang ist es wichtig, bei der Berechnung des Kreuzprodukts auf die richtige Multiplikationsreihenfolge der Differenzvektoren zu achten (siehe Tag 4: Dreifinger-Regel der linken Hand).

Sichtbarkeitstest

Für die Überprüfung der Sichtbarkeit einer Tile verwenden wir das gleiche Verfahren wie in den vorangegangenen Projekten. Zusätzlich zur Überprüfung des Tile-Mittelpunkts werden aufgrund der großen Tile-Ausdehnung auch die Eckpunkte auf eine mögliche Sichtbarkeit hin überprüft.

Bewegung über Berg und Tal – Ermittlung der Höhe des Spielers über dem Terrain

Bei der Bewegung des Spielers über die Landschaft soll dessen Abstand zum Terrain in y-Richtung immer konstant bleiben. Es wird also ein Verfahren für die Berechnung der Höhe des Spielers über dem Terrain benötigt. Dieses Verfahren lässt sich in drei Schritte unterteilen:

- Ermittlung der Tile, auf der sich der Spieler augenblicklich befindet
- Ermittlung des Tile-Quads, auf dem sich der Spieler augenblicklich befindet (jede Tile ist zu diesem Zweck in einzelne Quads organisiert)
- **Strahl-schneidet-Dreieck-Test** mit mindestens einem der beiden Dreiecke, aus denen das Tile-Quad zusammengesetzt ist. Dabei findet man zum einen das Dreieck unterhalb des Spielers und zum anderen ergibt sich der gesuchte Abstand.

Wasseranimation

Jede Terrain-Engine sollte animierte Wasseroberflächen darstellen können. Der einfachste Weg, so etwas zu realisieren, besteht darin, für eine Water-Tile mehrere Vertexbuffer anzulegen, in denen jeweils ein Animationsframe gespeichert wird. Beim Rendern greift man jetzt einfach auf den Vertexbuffer des aktuellen Frames zu, und schon hat man eine Wasseranimation. Natürlich lassen sich die einzelnen Vertices auch in Echtzeit animieren. Der erhöhte Rechenaufwand könnte aber auf langsameren Systemen zu Performanceproblemen führen. Damit man unterhalb der Wasseroberfläche auch den Seegrund erkennen kann, muss die Water-Tile unter Verwendung von Alpha Blending gerendert werden.

Terrain-Screenshots

Die Marschroute für die Entwicklung unserer Terrain-Engine ist damit abgesteckt. Vor uns liegt jetzt ein ganzes Stück Arbeit. Betrachten wir zur Motivation zunächst einige Screenshots.

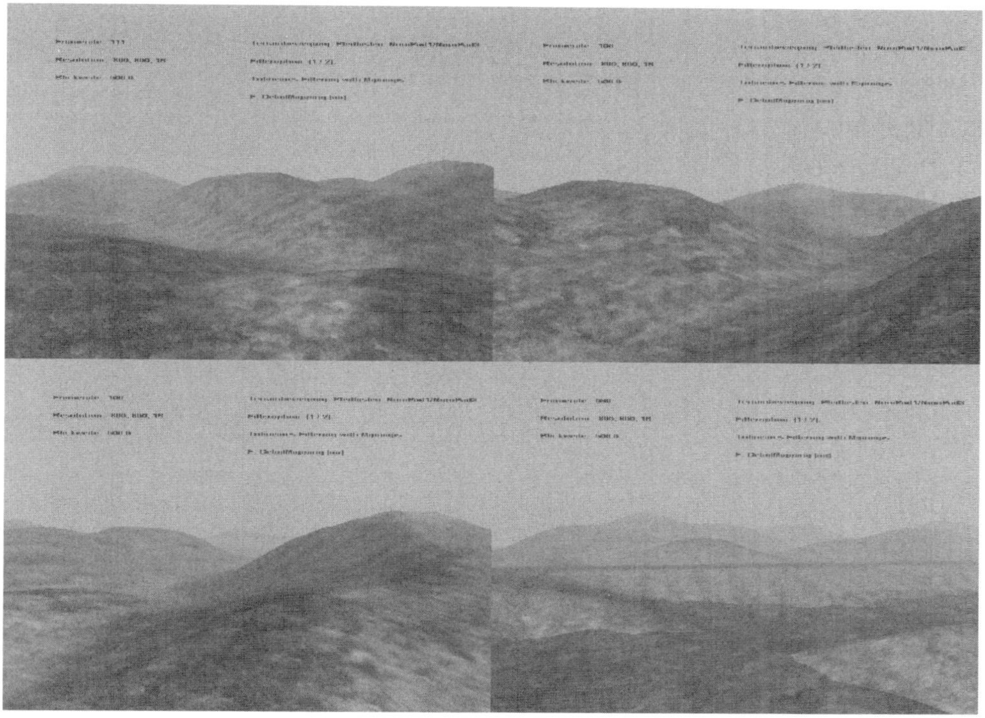

Abbildung 13.1: Terrain-Demo

13.2 Entwicklung einer einfachen Terrain-Engine

Speichern der Landschaftsdaten

Speichern der Texturen

Zum Speichern der Landschaftsdaten werden wir zwei verschiedene Dateien verwenden. In der Datei *TerrainTextures.txt* sind alle Pfade der verwendeten Texturen aufgelistet:

```
AnzTileTextures: 2
Graphic/GroundTile1.bmp
Graphic/WaterTile1.bmp

AnzDetailTextures: 1
Graphic/Detail1.bmp
```

```
AnzHeightMapTextures: 1
Graphic/Tile1Height.bmp
```

Es kommen drei verschiedene Texturtypen zum Einsatz:

- Tile-Texturen
- Detailtexturen
- Heightmap-Texturen

Speichern der Landschafts-Tiles

In der Datei *Terrain.txt* werden schließlich alle Tiles aufgeführt, aus denen sich die Landschaft zusammensetzt:

```
AnzGroundTiles: 1
AnzWaterTiles: 1

//Seegrund
PosX: 0
PosY: 0
PosZ: 0
AnzVerticesZeile: 50
AnzVerticesSpalte: 50
DetailFactorX: 40
DetailFactorZ: 40
AusdehnungX: 400.01
AusdehnungZ: 400.01
HeightScaleFactor: -0.155
TexturNummer: 0
DetailTexturNummer: 0
HeightmapTexturNummer: 0

//Watersurface
AnzSurfaces: 1
PosX: 0
PosY: -9.00
PosZ: 0
AnzVerticesZeile: 50
AnzVerticesSpalte: 50
DetailFactorX: 20
DetailFactorZ: 20
AusdehnungX: 400.01
AusdehnungZ: 400.01
WaveScaleFactorX: 1.5
WaveScaleFactorY: 1.5
WaveScaleFactorZ: 1.5
TexturNummer: 1
DetailTexturNummer: 0
```

```
Animationsframes: 200
AnzMilliSecondsProFrame: 50
```

Unsere Terrain-Engine arbeitet mit zwei verschiedenen Tile-Typen:

- Ground-Tiles (Bodenfläche)
- Water-Tiles (Wasserfläche)

Jede Water-Tile enthält eine komplette Wasser-Animationssequenz – typischerweise 200 Frames und damit verbunden 200 Vertexbuffer. Um den damit einhergehenden Speicherverbrauch in Grenzen zu halten, ist es sinnvoll, ein und dieselbe Animationssequenz mehrfach einzusetzen (je nachdem, wie viele Wasserflächen dargestellt werden sollen). Der Parameter `AnzSurfaces` legt fest, wie häufig eine Animation verwendet werden soll. Für jede dieser Wasserflächen muss man natürlich die gewünschte Position mit angeben.

Der Detailfaktor bestimmt, wie häufig die Detailtextur in x- bzw. in z-Richtung auf die betreffende Tile gemappt werden soll.

Die zu verwendenden Texturen werden mittels einer Nummer festgelegt. Beispielsweise bedeutet `TexturNummer: 0`, dass die erste Tile-Textur aus der Datei *TerrainTextures.txt* verwendet werden soll. Für eine Ground-Tile muss neben den Nummern der Tile- und Detailtextur auch die Nummer der zu verwendenden Heightmap-Textur angegeben werden. Für eine Water-Tile wird keine Heightmap-Textur benötigt, stattdessen muss die Anzahl der Animationsframes sowie die Zeitdauer, die zwischen zwei Frames liegen soll, festgelegt werden.

Der Parameter `HeightScaleFactor` dient zum Skalieren der Terrainhöhe, die Parameter `WaveScaleFactorX`, `WaveScaleFactorY` und `WaveScaleFactorZ` dienen zum Skalieren der Wellen auf der Wasseroberfläche.

Variablen für die Erzeugung atmosphärischer Effekte

Zum Einstellen der Hintergrund- und Nebelfarbe verwenden wir die folgenden Variablen:

```
D3DCOLOR    BackgroundColor = D3DCOLOR_XRGB(130,180,250);
D3DCOLOR    FogColor        = D3DCOLOR_XRGB(130,180,250);
```

Durch geschicktes Einstellen dieser Farbwerte lassen sich gezielt atmosphärische Effekte simulieren (Tag- und Nachtwechsel, schönes Wetter, ein Regentag, verschiedene planetare Atmosphären usw.).

Variablen für die Bestimmung der Terrainhöhe

Damit der Spieler nicht wie durch Zauberhand durch einen Berg laufen kann oder plötzlich bis zum Hals im Wasser steht, muss die Terrainhöhe unterhalb des Spielers ermittelt und gespeichert werden. Hierfür werden die folgenden beiden Variablen verwendet:

```
float WaterTileHeight;
float GroundTileHeight;
```

Um diese Höhen ermitteln zu können, benötigt man die Nummer der Tile, über der sich der Spieler gerade befindet. Diese Nummern werden in den folgenden beiden Variablen gespeichert:

```
long Player_above_GroundTileNr;
long Player_above_WaterTileNr;
```

Überblick über die verwendeten Klassen und Funktionen

Alle Klassen und Funktionen unserer Terrain-Engine sind in der Datei *Terrain.h* implementiert. Verschaffen wir uns einen kleinen Überblick:

CTerrainTextures:

Die Klasse `CTerrainTextures` verwaltet alle Texturen, die wir im Zuge des Terrain-Renderings benötigen.

CGroundTile/CWaterTile:

Diese beiden Klassen sind gewissermaßen die Arbeitspferde unser Terrain-Engine. Sie sind für die Initialisierung, Verwaltung und Darstellung einer Tile zuständig.

CWaterTileVB:

In einer Instanz dieser Klasse wird der zu einem Animationsframe zugehörige Vertexbuffer verwaltet.

CTerrain:

Die Klasse `CTerrain` stellt die übergeordnete Instanz unserer Terrain-Engine dar. Sie handhabt die Initialisierung aller Tiles und der verwendeten Texturen, sorgt für alle notwendigen Aufräumarbeiten und ist weiterhin für die Darstellung der sichtbaren Tiles verantwortlich.

C3DScenario:

Wie immer stellt diese Klasse die oberste Instanz des 3D-Szenarios dar. Aus ihr heraus wird eine Instanz der `CTerrain`-Klasse initialisiert und zerstört sowie die Landschaft gerendert. Des Weiteren werden hier die verwendeten Lichtquellen sowie der Nebel initialisiert.

Init3DScenario():

Funktion für die Initialisierung des `C3DScenario`-Objekts

CleanUp3DScenario():

Funktion für die Zerstörung des `C3DScenario`-Objekts

Klassenentwürfe

Wir wenden uns jetzt den Klassenentwürfen zu. An dieser Stelle verschaffen wir uns erst einmal einen Überblick über die verwendeten Variablen und Klassenmethoden. Wichtige Stellen sind mit einem kurzen Kommentar versehen. Im Anschluss daran werden wir tiefer ins Detail gehen und uns intensiv den Themen zuwenden, die wir schon in den Vorüberlegungen kurz angesprochen haben.

C3DScenario

Zunächst betrachten wir die Klasse C3DScenario. Achten Sie hierbei insbesondere auf die Einstellung und Aktivierung der Nebeleigenschaften. Wir werden in unserem Projekt *linearen, ranged-based Vertex Fog* verwenden. Weitere Informationen zum Thema Nebel entnehmen Sie bitte dem DirectX SDK.

Listing 13.1: Terrain-Renderer – C3DScenario-Klassenentwurf

```
class C3DScenario
{
public:

    CTerrain*   Terrain;
    D3DXVECTOR3 vecDir;
    D3DLIGHT9 light[2];

    C3DScenario()
    {
        Terrain = new CTerrain;

        // Direktionales Licht erzeugen:

        // Als erstes wird das Sonnenlicht erzeugt:

        ZeroMemory(&light[0], sizeof(D3DLIGHT9));
        light[0].Type       = D3DLIGHT_DIRECTIONAL;
        light[0].Diffuse.r  = 20.0f;
        light[0].Diffuse.g  = 2.0f;
        light[0].Diffuse.b  = 2.0f;
        light[0].Specular.r = 20.0f;
        light[0].Specular.g = 2.0f;
        light[0].Specular.b = 2.0f;

        float LightHorizontalwinkel = -50.0f;  // Licht kommt
        float LightVertikalwinkel   = 0.0f;    // von der Seite

        vecDir.x = cosf(LightVertikalwinkel*D3DX_PI/180)*
                   sinf(LightHorizontalwinkel*D3DX_PI/180);
        vecDir.y = sinf(LightVertikalwinkel*D3DX_PI/180);
        vecDir.z = cosf(LightVertikalwinkel*D3DX_PI/180)*
                   cosf(LightHorizontalwinkel*D3DX_PI/180);

        D3DXVec3Normalize((D3DXVECTOR3*)&light[0].Direction,
                                        &vecDir);

        SunDirection = -vecDir;
```

```
g_pd3dDevice->SetLight(0, &light[0]);
g_pd3dDevice->LightEnable(0, TRUE);

// Die zweite Lichtquelle dient nur zum besseren Ausleuchten
// des Terrains

ZeroMemory(&light[1], sizeof(D3DLIGHT9));
light[1].Type       = D3DLIGHT_DIRECTIONAL;
light[1].Diffuse.r  = 0.1f;
light[1].Diffuse.g  = 0.1f;
light[1].Diffuse.b  = 0.1f;
light[1].Specular.r = 0.1f;
light[1].Specular.g = 0.1f;
light[1].Specular.b = 0.1f;

LightHorizontalwinkel = -50.0f;
LightVertikalwinkel   = -90.0f; // Licht kommt von oben

vecDir.x = cosf(LightVertikalwinkel*D3DX_PI/180)*
           sinf(LightHorizontalwinkel*D3DX_PI/180);
vecDir.y = sinf(LightVertikalwinkel*D3DX_PI/180);
vecDir.z = cosf(LightVertikalwinkel*D3DX_PI/180)*
           cosf(LightHorizontalwinkel*D3DX_PI/180);

D3DXVec3Normalize((D3DXVECTOR3*)&light[1].Direction,
                                &vecDir);

g_pd3dDevice->SetLight(1, &light[1]);
g_pd3dDevice->LightEnable(1, TRUE);

// Ambientes Licht anschalten:

g_pd3dDevice->SetRenderState(D3DRS_AMBIENT,
                             D3DCOLOR_XRGB(0,0,0));

// Nebeleigenschaften festlegen:

float Start = 10.0f;    // lineare Zunahme des Nebels
float End   = 360.0f;

g_pd3dDevice->SetRenderState(D3DRS_FOGSTART,
                             *(DWORD*)(&Start));
g_pd3dDevice->SetRenderState(D3DRS_FOGEND,
                             *(DWORD*)(&End));
g_pd3dDevice->SetRenderState(D3DRS_FOGCOLOR, FogColor);

// Wir verwenden rangebased Vertexfog:
```

```
        g_pd3dDevice->SetRenderState(D3DRS_FOGVERTEXMODE,
                                     D3DFOG_LINEAR);
        g_pd3dDevice->SetRenderState(D3DRS_RANGEFOGENABLE , TRUE);

        // Nebel einschalten:

        g_pd3dDevice->SetRenderState(D3DRS_FOGENABLE, TRUE);
    }
    ~C3DScenario()
    {
        SAFE_DELETE(Terrain);
    }
    void New_Scene(void)
    {
        Terrain->Render_Terrain();
    }
};
C3DScenario* Scenario = NULL;
```

CTerrainTextures

Die Klasse CTerrainTextures ist recht unspektakulär. Ihre einzige Aufgabe besteht in der Verwaltung aller benötigten Texturen.

Listing 13.2: Terrain-Renderer – CTerrainTextures-Klassenentwurf

```
class CTerrainTextures
{
public:
    CTexturPool* TileTextur;
    CTexturPool* TileHeightMap;
    CTexturPool* DetailTextur;

    CTerrainTextures()
    {
        long  AnzTextures;
        FILE* pfile;

        if((pfile = fopen("TerrainTextures.txt","r")) == NULL)
            Game_Shutdown();

        fscanf(pfile,"%s", &strBuffer);
        fscanf(pfile,"%d", &AnzTextures);

        TileTextur    = new CTexturPool[AnzTextures];

        for(i = 0; i < AnzTextures; i++)
```

```
        {
            fscanf(pfile,"%s", TileTextur[i].Speicherpfad);
            TileTextur[i].CreateTextur();
        }

        // Ebenso für die Detail- und Heightmap-Texturen ///////////

        fclose(pfile);
    }

    ~CTerrainTextures()
    {
        SAFE_DELETE_ARRAY(TileTextur)
        SAFE_DELETE_ARRAY(TileHeightMap)
        SAFE_DELETE_ARRAY(DetailTextur)
    }
};
CTerrainTextures* TerrainTextures = NULL;
```

CTerrain

Als Nächstes betrachten wir die Klasse `CTerrain`. Im Konstruktor werden nacheinander alle Ground-Tiles und im Anschluss daran alle Water-Tiles initialisiert. Weitaus interessanter ist die Methode `Render_Terrain()`. Im ersten Schritt werden die Ground- und die Water-Tile ermittelt, auf der sich der Spieler augenblicklich befindet. Im Anschluss daran wird die Höhe des Spielers über dem Terrain bestimmt. Mit Hilfe der Höhe wird daraufhin die Verschiebungsmatrix für die Welttransformation aller Ground-Tiles erstellt.

HINWEIS: Die Verschiebungsmatrix für eine Water-Tile wird in der `CWaterTile`-Methode `Render_Tile()` erzeugt, da hierbei noch die Positionen der einzelnen Wasserflächen berücksichtigt werden müssen.

Im nächsten Schritt werden alle Tiles nacheinander auf ihre Sichtbarkeit hin überprüft und im Falle einer erfolgreichen Prüfung gerendert.

Listing 13.3: Terrain-Renderer – CTerrain-Klassenentwurf

```
class CTerrain
{
public:
    long        i, j;
    long        AnzGroundTiles;
    long        AnzWaterTiles;

    D3DXMATRIX  VerschiebungsMatrix; // wird nur zum Rendern der
                                     // GroundTile benötigt
```

```
CGroundTile* GroundTile;
CWaterTile*  WaterTile;

CTerrain()
{
    TerrainTextures = new CTerrainTextures; // globale
                                            // Initialisierung

    D3DXMatrixIdentity(&VerschiebungsMatrix);

    FILE* pfile;

    if((pfile = fopen("Terrain.txt","r")) == NULL)
        Game_Shutdown();

    fscanf(pfile,"%s", &strBuffer);
    fscanf(pfile,"%d", &AnzGroundTiles);
    fscanf(pfile,"%s", &strBuffer);
    fscanf(pfile,"%d", &AnzWaterTiles);

    GroundTile = new CGroundTile[AnzGroundTiles];
    WaterTile  = new CWaterTile[AnzWaterTiles];

    // An dieser Stelle werden alle für die Initialisierung
    // benötigten Variablen deklariert.

    for(i = 0; i < AnzGroundTiles; i++)
    {
        // Hier erfolgt das Auslesen der Eigenschaften einer
        // GroundTile aus der Datei Terrain.txt.

        GroundTile[i].Init_Tile(&tempVektor3, AnzVerticesZeile,
                                AnzVerticesSpalte,
                                DetailFactorX, DetailFactorZ,
                                Range_X, Range_Z,
                                HeightScaleFactor, TexturNummer,
                                DetailTexturNummer,
                                HeightMapTexturNummer);

    }

    for(i = 0; i < AnzWaterTiles; i++)
    {
        fscanf(pfile,"%s", &strBuffer);
        fscanf(pfile,"%s", &strBuffer);
        fscanf(pfile,"%d", &AnzWaterSurfaces);

        WaterTilePos = new D3DXVECTOR3[AnzWaterSurfaces];
```

```
        for(j = 0; j < AnzWaterSurfaces; j++)
        {
            fscanf(pfile,"%s", &strBuffer);
            fscanf(pfile,"%f", &WaterTilePos[j].x);
            fscanf(pfile,"%s", &strBuffer);
            fscanf(pfile,"%f", &WaterTilePos[j].y);
            fscanf(pfile,"%s", &strBuffer);
            fscanf(pfile,"%f", &WaterTilePos[j].z);
        }

        // Hier erfolgt das weitere Auslesen der Eigenschaften
        // einer WaterTile aus der Datei Terrain.txt.

        WaterTile[i].Init_Tile(AnzWaterSurfaces,
                               AnzAnimationsFrames,
                               AnzMilliSecondsProFrame,
                               WaterTilePos, AnzVerticesZeile,
                               AnzVerticesSpalte, DetailFactorX,
                               DetailFactorZ, Range_X, Range_Z,
                               WaveScaleFactorX,
                               WaveScaleFactorY,
                               WaveScaleFactorZ
                               TexturNummer,
                               DetailTexturNummer);

        SAFE_DELETE_ARRAY(WaterTilePos);
    }
    fclose(pfile);
}
~CTerrain()
{
    SAFE_DELETE(TerrainTextures)
    SAFE_DELETE_ARRAY(WaterTile)
    SAFE_DELETE_ARRAY(GroundTile)
}
void Render_Terrain(void)
{
    // Die Höhe des Spielers über dem Terrain soll während
    // seiner Bewegung stets gleich bleiben.
    // Da das Terrain hügelig sein kann, muss der Abstand
    // Spieler-Terrain ständig korrigiert werden.

    // Überprüfung, ob sich der Spieler über einer Tile
    // befindet
    // Wenn ja, dann die Differenz zur aktuellen Höhe des
    // Spielers über der Tile bestimmen

    Player_above_GroundTileNr = -1;
```

```
Player_above_WaterTileNr = -1;

for(i = 0; i < AnzWaterTiles; i++)
{
    if(WaterTile[i].Test_if_Player_is_above_Tile(
                        &PlayerVerschiebungsvektor) == TRUE)
    {
        Player_above_WaterTileNr = i;
        WaterTileHeight =
        WaterTile[i].Calculate_TileHeight();

        break;
    }
}

for(i = 0; i < AnzGroundTiles; i++)
{
    if(GroundTile[i].Test_if_Player_is_above_Tile(
                        &PlayerVerschiebungsvektor) == TRUE)
    {
        Player_above_GroundTileNr = i;
        GroundTileHeight =
        GroundTile[i].Calculate_TileHeight(
                        &PlayerVerschiebungsvektor);

        break;
    }
}

// Verschiebungsmatrix für die Welttransformation der
// GroundTiles erzeugen. Die Verschiebungsmatrix der
// WaterTiles wird in der CWaterTile-Methode Render_Tile()
// erzeugt, da hierbei noch die Positionen der einzelnen
// Wasserflächen berücksichtigt werden müssen.

// Wenn Spieler sich sowohl über einer Wasser- als auch über
// einer Boden-Tile befindet, dann die größte Höhendifferenz
// für die Höhenkorrektur verwenden

if(Player_above_GroundTileNr != -1 &&
   Player_above_WaterTileNr != -1)
{
  if(GroundTileHeight > WaterTileHeight)
  {
    // GroundTile-Höhendifferenz verwenden:

    VerschiebungsMatrix._41 = -PlayerVerschiebungsvektor.x;
    VerschiebungsMatrix._42 = -PlayerVerschiebungsvektor.y -
```

```
                                    GroundTileHeight;
    VerschiebungsMatrix._43 = -PlayerVerschiebungsvektor.z;
  }
  else
  {
    // WaterTile-Höhendifferenz verwenden:

    VerschiebungsMatrix._41 = -PlayerVerschiebungsvektor.x;
    VerschiebungsMatrix._42 = -PlayerVerschiebungsvektor.y -
                                    WaterTileHeight;
    VerschiebungsMatrix._43 = -PlayerVerschiebungsvektor.z;
  }
}

// Wenn Spieler sich über einer GroundTile befindet, dann
// die GroundTile-Höhendifferenz für die Höhenkorrektur
// verwenden

else if(Player_above_GroundTileNr != -1 &&
        Player_above_WaterTileNr == -1)
{
    // GroundTile-Höhendifferenz verwenden ////////////////
}

// Wenn Spieler sich über einer WaterTile befindet, dann
// die WaterTile-Höhendifferenz für die Höhenkorrektur
// verwenden

if(Player_above_GroundTileNr == -1 &&
   Player_above_WaterTileNr != -1)
{
    // WaterTile-Höhendifferenz verwenden /////////////////
}

// Wenn Spieler sich weder über einer Water- noch über
// einer GroundTile befindet, dann muss die Höhe nicht
// korrigiert werden.

if(Player_above_GroundTileNr == -1 &&
   Player_above_WaterTileNr == -1)
{
    VerschiebungsMatrix._41 = -PlayerVerschiebungsvektor.x;
    VerschiebungsMatrix._42 = -PlayerVerschiebungsvektor.y;
    VerschiebungsMatrix._43 = -PlayerVerschiebungsvektor.z;
}

g_pd3dDevice->SetTransform(D3DTS_WORLD, &VerschiebungsMatrix);

  for(i = 0; i < AnzGroundTiles; i++)
```

```
        {
            GroundTile[i].Test_Visibility();
            GroundTile[i].Render_Tile();
        }

        for(i = 0; i < AnzWaterTiles; i++)
        {
            WaterTile[i].Test_Visibility();
            WaterTile[i].Render_Tile();
        }
    }
};
CTerrain* Terrain = NULL;
```

CWaterTileVB-Klassenentwurf

Die Klasse `CWaterTileVB` ist wiederum recht unspektakulär, da diese nur für die Verwaltung eines Vertexbuffers für ein Animationsframe benötigt wird.

Listing 13.4: Terrain-Renderer – CWaterTileVB-Klassenentwurf

```
class CWaterTileVB
{
public:
    LPDIRECT3DVERTEXBUFFER9 TileVB;

    CWaterTileVB()
    { TileVB = NULL; }
    ~CWaterTileVB()
    { SAFE_RELEASE(TileVB) }
    void Init_VB(long AnzVertices)
    {
        g_pd3dDevice->CreateVertexBuffer(AnzVertices*
                                    sizeof(SPACEOBJEKT3DVERTEX_EX),
                                    D3DUSAGE_WRITEONLY,
                                    D3DFVF_SPACEOBJEKT3DVERTEX_EX,
                                    D3DPOOL_MANAGED, &TileVB, NULL);
    }
};
CWaterTileVB* WaterTileVBArray = NULL;
```

CGroundTile-Klassengerüst

Als Nächstes verschaffen wir uns einen Überblick über das `CGroundTile`-Klassengerüst. Auf die einzelnen Details werden wir an dieser Stelle noch nicht eingehen.

Listing 13.5: Terrain-Renderer – CGroundTile-Klassengerüst

```
class CGroundTile
{
public:

    // Nummern der verwendeten Texturen:
    long  TexturNummer, DetailTexturNummer, HeightMapTexturNummer;

    // Variablen, die für die Beschreibung der Tile benötigt
    // werden:
    float RangeX, Half_RangeX, DifferenzX, Differenz_normiertX;
    float RangeZ, Half_RangeZ, DifferenzZ, Differenz_normiertZ;
    float x_min, x_max, z_min, z_max;

    // Variablen, die für den Sichtbarkeitstest benötigt werden:
    BOOL  Player_above_Tile, visible;

    // Variablen, die für die Erstellung von Vertex- und Indexbuffer
    // benötigt werden:
    long  AnzVerticesZeile, AnzVerticesSpalte, AnzVertices;
    long  AnzTriangles, AnzQuads, AnzIndices;

    // Variablen, die für die Bestimmung der Terrainhöhe benötigt
    // werden:
    long  IndexX, IndexZ, Triangle1Nr, Triangle2Nr, QuadNr;

    // Ortsvektoren der Tile:
    D3DXVECTOR3  TilePosition, TilePositionUpperLeft;
    D3DXVECTOR3  TilePositionLowerLeft, TilePositionUpperRight;
    D3DXVECTOR3  TilePositionLowerRight;

    // Array zum Speichern der Tile-Dreiecke; wird für die
    // Berechnung der Terrainhöhe benötigt:
    CTriangle*              TileTriangle;

    WORD*                   IndexArray;
    LPDIRECT3DINDEXBUFFER9  TileIB;
    LPDIRECT3DVERTEXBUFFER9 TileVB;

    CGroundTile();
    ~CGroundTile();

    void Init_Tile(D3DXVECTOR3* pPosition,
                   long anzVerticesZeile, long anzVerticesSpalte,
                   float DetailFactorX, float DetailFactorZ,
                   float rangeX, float rangeZ, float heightscale,
                   long texturNummer, long detailTexturNummer,
                   long heightMapTexturNummer);
```

```
    float Calculate_TileHeight(D3DXVECTOR3* pPosition);

    BOOL Test_if_Player_is_above_Tile(D3DXVECTOR3* pPosition)
    {
        if(pPosition->x > x_max || pPosition->x < x_min)
        {
            Player_above_Tile = FALSE;
            return FALSE;
        }
        if(pPosition->z > z_max || pPosition->z < z_min)
        {
            Player_above_Tile = FALSE;
            return FALSE;
        }

        Player_above_Tile = TRUE;
        return TRUE;
    }

    void Test_Visibility(void);
    void Render_Tile(void);
};
CGroundTile* GroundTile = NULL;
```

CWaterTile-Klassengerüst

Im Unterschied zur Klasse `CGroundTile` kann die Klasse `CWaterTile` beliebig viele Wasseroberflächen verwalten. Die tilespezifischen Variablen (Mittelpunkt, Eckpunkte usw.) werden daher als dynamische Arrays initialisiert und verwaltet.

Listing 13.6: Terrain-Renderer – CWaterTile-Klassengerüst

```
class CWaterTile
{
public:

    long i;

    // Anzahl der zu verwaltenden Wasseroberflächen:
    long                AnzSurfaces;

    // Variablen, die für die Animation der Wasseroberfläche
    // benötigt werden:
    long            AnzAnimationsFrames, aktuelle_AnimationsFrameNr;
    long            AnimationTime, AnimationStartTime;
    unsigned long   AnzMilliSecondsProFrame;
```

```
// Nummern der verwendeten Texturen:
long  TexturNummer, DetailTexturNummer;

// Variablen, die für die Beschreibung aller verwalteten Tiles
// benötigt werden:
float RangeX, Half_RangeX, DifferenzX, Differenz_normiertX;
float RangeZ, Half_RangeZ, DifferenzZ, Differenz_normiertZ;

// Variablen, die für die Erstellung aller Vertexbuffer einer
// Animation sowie des Indexbuffers benötigt werden:
long  AnzVerticesZeile, AnzVerticesSpalte, AnzVertices;
long  AnzTriangles, AnzQuads, AnzIndices;

// Variablen, die für die Bestimmung der Terrainhöhe benötigt
// werden:
long  IndexX, IndexZ, Triangle1Nr, Triangle2Nr, QuadNr;

// Zeiger auf dynamische Arrays ...

// ... der Koordinaten der Tile-Eckpunkte:
float *x_min, *x_max, *z_min, *z_max;

// ... die für den Sichtbarkeitstest benötigt werden:
BOOL  *Player_above_Tile, *visible;

// ... der Ortsvektoren der einzelnen Tiles:
D3DXVECTOR3 *TilePosition, *TilePositionUpperLeft;
D3DXVECTOR3 *TilePositionLowerLeft, *TilePositionUpperRight;
D3DXVECTOR3 *TilePositionLowerRight;

// ... der Vertexbuffer der einzelnen Animationsframes:
CWaterTileVB*          WaterTileVBArray;

D3DXMATRIX             VerschiebungsMatrix;
WORD*                  IndexArray;
LPDIRECT3DINDEXBUFFER9 TileIB;

CWaterTile();
~CWaterTile();

void Init_Tile(long anzSurfaces, long anzAnimationsFrames,
               long anzMilliSecondsProFrame,
               D3DXVECTOR3* pPosition,
               long anzVerticesZeile, long anzVerticesSpalte,
               float DetailFactorX, float DetailFactorZ,
               float rangeX, float rangeZ,
               float wavescaleX, float wavescaleY,
               float waveScaleZ,
               long texturNummer, long detailTexturNummer);
```

```
    float Calculate_TileHeight(void)
    {
        // Eine Wasser-Tile ist flach, die Wellenberge und -täler
        // sollen hier keine Berücksichtigung finden.

        for(i = 0; i < AnzSurfaces; i++)
        {
            if(Player_above_Tile[i] == TRUE)
                return TilePosition[i].y;
        }
    }

    BOOL Test_if_Player_is_above_Tile(D3DXVECTOR3* pPosition)
    {
        for(i = 0; i < AnzSurfaces; i++)
        {
            Player_above_Tile[i] = TRUE;

            if(pPosition->x > x_max[i] || pPosition->x < x_min[i])
                Player_above_Tile[i] = FALSE;

            if(pPosition->z > z_max[i] || pPosition->z < z_min[i])
                Player_above_Tile[i] = FALSE;

            if(Player_above_Tile[i] == TRUE)
                return TRUE;
        }
        return FALSE;
    }

    void Test_Visibility(void);
    void Render_Tile(void);
};
CWaterTile* WaterTile = NULL;
```

Sichtbarkeitstests

Die Tile, auf der sich der Spieler momentan befindet, ist natürlich sichtbar. Für alle anderen Tiles wird ein Sichtbarkeitstest, wie er an Tag 8 beschrieben wurde, durchgeführt. Für diesen Test werden jedoch nur die x- und z-Koordinaten des Tile-Mittelpunkts sowie die x- und z-Koordinaten der Tile-Eckpunkte verwendet, nicht jedoch deren y-Koordinaten.

Einen Sichtbarkeitstest für eine Ground-Tile durchführen

Zunächst werfen wir einen Blick auf die `Test_Visibility()`-Methode der Ground-Tile:

Listing 13.7: Terrain-Renderer – Ground-Tile-Sichtbarkeitstest

```
void CGroundTile::Test_Visibility(void)
{
    if(Player_above_Tile == TRUE)
    {
        visible = TRUE;
        return;
    }

    tempVektor3.x = PlayerVerschiebungsvektor.x;
    tempVektor3.y = 0.0f;
    tempVektor3.z = PlayerVerschiebungsvektor.z;

    temp1Vektor3 = TilePosition;
    temp1Vektor3.y = 0.0f;

    temp1Vektor3 -= tempVektor3; // Abstandsvektor zum Spieler

    temp2Float   = D3DXVec3Dot(&temp1Vektor3, &PlayerFlugrichtung);

    if(temp2Float > 0.0f) // Tile vor dem Spieler
    {
        temp1Float = D3DXVec3LengthSq(&temp1Vektor3);
        temp3Float = temp2Float*temp2Float;

        if(temp3Float > temp1Float*0.35f &&
           temp1Float < SizeOfUniverseSq)
        {
            visible = TRUE;
            return;
        }
    }

    temp1Vektor3 = TilePositionUpperLeft;

    temp1Vektor3 -= tempVektor3; // Abstandsvektor zum Spieler

    temp2Float   = D3DXVec3Dot(&temp1Vektor3, &PlayerFlugrichtung);

    if(temp2Float > 0.0f)
    {
        temp1Float = D3DXVec3LengthSq(&temp1Vektor3);
        temp3Float = temp2Float*temp2Float;

        if(temp3Float > temp1Float*0.35f &&
           temp1Float < SizeOfUniverseSq)
        {
            visible = TRUE;
```

```
            return;
        }
    }
    // Ebenso für die anderen Eckpunkte ////////////////////////////

    visible = FALSE;
}
```

Einen Sichtbarkeitstest für eine Water-Tile durchführen

Für eine Water-Tile läuft der Sichtbarkeitstest vom Prinzip her genauso ab. Da die Tile aber unter Umständen an mehreren Positionen gerendert wird, muss der Sichtbarkeitstest für jede dieser Positionen durchgeführt werden:

Listing 13.8: Terrain-Renderer – Water-Tile-Sichtbarkeitstest

```
void CWaterTile::Test_Visibility(void)
{
    for(i = 0; i < AnzSurfaces; i++)
    {
        visible[i] = FALSE;

        if(Player_above_Tile[i] == TRUE)
            visible[i] = TRUE;

        tempVektor3.x = PlayerVerschiebungsvektor.x;
        tempVektor3.y = 0.0f;
        tempVektor3.z = PlayerVerschiebungsvektor.z;

        if(visible[i] == FALSE)
        {
            temp1Vektor3 = TilePosition[i];
            temp1Vektor3.y = 0;

            temp1Vektor3 -= tempVektor3;

            temp2Float = D3DXVec3Dot(&temp1Vektor3,
                                     &PlayerFlugrichtung);

            if(temp2Float > 0.0f)
            {
                temp1Float = D3DXVec3LengthSq(&temp1Vektor3);
                temp3Float = temp2Float*temp2Float;

                if(temp3Float > temp1Float*0.35f &&
                   temp1Float < SizeOfUniverseSq)
                   visible[i] = TRUE;
            }
```

```
        }
        if(visible[i] == FALSE)
        {
            temp1Vektor3 = TilePositionUpperLeft[i];

            temp1Vektor3 -= tempVektor3;

            temp2Float = D3DXVec3Dot(&temp1Vektor3,
                                     &PlayerFlugrichtung);

            if(temp2Float > 0.0f)
            {
                temp1Float = D3DXVec3LengthSq(&temp1Vektor3);
                temp3Float = temp2Float*temp2Float;

                if(temp3Float > temp1Float*0.35f &&
                   temp1Float < SizeOfUniverseSq)
                   visible[i] = TRUE;
            }
        }
        // Ebenso für die anderen Eckpunkte ////////////////////////
    }
}
```

Einen Vertexbuffer für eine Ground-Tile erzeugen

Über die Erzeugung eines Indexbuffers für eine indizierte Dreiecksliste haben wir bereits am vorangegangenen Tag gesprochen. Über die Erzeugung des zugehörigen Vertexbuffers werden wir bald Bescheid wissen. An dieser Stelle werden wir uns damit befassen, wie sich die Koordinaten der einzelnen Tile-Vertices berechnen lassen. Zu diesem Zweck betrachten wir die folgende Abbildung:

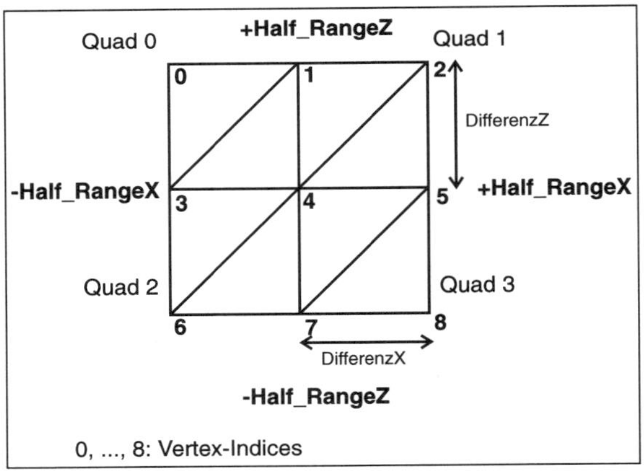

Abbildung 13.2: Berechnung der Vertexkoordinaten

Für die Berechnung der Vertexkoordinaten werden die Parameter Half_RangeX, Half_RangeZ, DifferenzX sowie DifferenzZ benötigt.

- Half_RangeX: halbe Tile-Ausdehnung in x-Richtung
- Half_RangeZ: halbe Tile-Ausdehnung in z-Richtung
- DifferenzX: Abstand zweier benachbarter Vertices in x-Richtung
- DifferenzZ: Abstand zweier benachbarter Vertices in z-Richtung

Mit Hilfe dieser vier Parameter lassen sich jetzt für jeden Vertex die x- und z-Koordinaten berechnen. Betrachten wir hierzu einige Beispiele:

- Vertex 0 aus Abbildung 13.2: x = -Half_RangeX , z = Half_RangeZ
- Vertex 2 aus Abbildung 13.2: x = Half_RangeX , z = Half_RangeZ
- Vertex 6 aus Abbildung 13.2: x = -Half_RangeX , z = -Half_RangeZ
- Vertex 8 aus Abbildung 13.2: x = Half_RangeX , z = -Half_RangeZ

Für die Berechnung der Texturkoordinaten werden die Variablen Differenz_normiertX und Differenz_normiertZ benötigt. Diese Variablen bezeichnen die Abstände zweier benachbarter Vertices bei einer auf 1 bezogenen Tile-Gesamtausdehnung (Texturkoordinaten liegen im Bereich von 0 bis 1).

Bei der Erzeugung des Vertexbuffers bleiben die Höhenwerte der einzelnen Vertices zunächst einmal unberücksichtigt. Auch die Normalenvektoren werden nur vorläufig festgelegt.

Listing 13.9: Terrain-Renderer – Vertexbuffer für eine Ground-Tile erstellen

```
D3DXVECTOR3* TileVertices = new D3DXVECTOR3[AnzVertices];

g_pd3dDevice->CreateVertexBuffer(AnzVertices*
                                  sizeof(SPACEOBJEKT3DVERTEX_EX),
                                  D3DUSAGE_WRITEONLY,
                                  D3DFVF_SPACEOBJEKT3DVERTEX_EX,
                                  D3DPOOL_MANAGED, &TileVB, NULL);

SPACEOBJEKT3DVERTEX_EX* pVertices;

TileVB->Lock(0, 0, (VOID**)&pVertices, 0);

// Eine flache Tile erzeugen:

for(zeilenNr = 0; zeilenNr < AnzVerticesSpalte; zeilenNr++)
{
    for(spaltenNr = 0; spaltenNr < AnzVerticesZeile; spaltenNr++)
    {
```

```
        // Vorläufige Vertexkoordinaten berechnen:

        pVertices[zeilenNr*AnzVerticesZeile+spaltenNr].position =

        D3DXVECTOR3(-Half_RangeX + spaltenNr*DifferenzX,
                    0.0f,
                    Half_RangeZ - zeilenNr*DifferenzZ);

        pVertices[zeilenNr*AnzVerticesZeile+spaltenNr].position +=
        TilePosition;

        // Vorläufige Vertexkoordinaten für die Bestimmung der
        // Gouraudnormalen zwischenspeichern:

        TileVertices[zeilenNr*AnzVerticesZeile+spaltenNr] =
        pVertices[zeilenNr*AnzVerticesZeile+spaltenNr].position;

        // Vorläufigen Normalenvektor festlegen:

        pVertices[zeilenNr*AnzVerticesZeile+spaltenNr].normal =
        D3DXVECTOR3(0.0f, 1.0f, 0.0f);

        // Texturkoordinaten der Tile-Textur festlegen:

        pVertices[zeilenNr*AnzVerticesZeile+spaltenNr].tu1    =
        spaltenNr*Differenz_normiertX;

        pVertices[zeilenNr*AnzVerticesZeile+spaltenNr].tv1    =
        zeilenNr*Differenz_normiertZ;

        // Texturkoordinaten der Detailtextur festlegen:

        pVertices[zeilenNr*AnzVerticesZeile+spaltenNr].tu2    =
        DetailFactorX*spaltenNr*Differenz_normiertX;

        pVertices[zeilenNr*AnzVerticesZeile+spaltenNr].tv2    =
        DetailFactorZ*zeilenNr*Differenz_normiertZ;
    }
}
...
TileVB->Unock();
```

Heightmapping – Bestimmung der Höhenwerte für eine Ground-Tile

Nachdem der Vertexbuffer für eine flache Tile erzeugt worden ist, werden im nächsten Schritt die Höhenwerte der einzelnen Vertices aus einer Heightmap-Textur extrahiert. Das ganze Geheimnis beim Heightmapping besteht darin, aus einer Textur die Farbwerte zu extrahieren und daraus einen Höhenwert zu berechnen. Hierfür werden wir Texturen mit einer Größe von 1024*1024 Pixeln und einer Farbtiefe von 24 Bit verwenden. Um auf eine Textur-Surface (Oberfläche) zugreifen zu können, benötigen wir eine Variable vom Typ `D3DLOCKED_RECT`. Werfen wir doch einen Blick auf diese Datenstruktur:

Listing 13.10: Die D3DLOCKED_RECT-Struktur

```
typedef struct _D3DLOCKED_RECT
{
    INT   Pitch;
    void* pBits;
}D3DLOCKED_RECT;
```

Mit Hilfe der Variablen `pBits` erhalten wir jetzt direkten Zugriff auf den Farbwert an jeder gewünschten Position der Surface. Vor der eigentlichen Arbeit müssen wir die Surface aber erst einmal sperren. Zu diesem Zweck wird die `IDirect3DTexture9`-Methode `LockRect()` verwendet, der wir als Parameter die Adresse der `D3DLOCKED_RECT`-Variablen übergeben. Nach getaner Arbeit wird die Surface mit der `UnlockRect()`-Methode wieder entriegelt. Der 24-Bit-RGB-Farbwert setzt sich aus einem 8-Bit-Rotwert, einem 8-Bit-Grünwert und einem 8-Bit-Blauwert zusammen. Die einzelnen Farbwerte liegen dabei in einem Bereich von 0 bis 255. Zum Speichern dieser Werte verwenden wir drei Variablen vom Typ `unsigned char`.

Wie erhält man nun aber Zugriff auf die einzelnen Farbwerte?

Vereinfacht ausgedrückt lässt sich ein 24-Bit RGB-Farbwert wie folgt beschreiben:

- in den ersten 8 Bit (von rechts) wird der Blauwert gespeichert
- in den zweiten 8 Bit wird der Grünwert gespeichert
- in den dritten 8 Bit wird der Rotwert gespeichert

Auf den Blauwert erhält man Zugriff, indem man die zweiten und dritten 8 Bit wegschneidet. Hierfür muss man den 24-Bit-Farbwert einfach einer Variablen vom Typ `unsigned char` (8-Bit-Variable) zuweisen.

Auf den Grünwert erhält man Zugriff, indem man die Farbwerte um 8 Bit nach rechts verschiebt (um 8 Bit verkleinert) und das Ergebnis wiederum einer Variablen vom Typ `unsigned char` zuweist. Durch diese Verschiebung wird nun der Grünwert in den ersten 8 Bit gespeichert. Um auf den Rotwert Zugriff zu erhalten, müssen die Farbwerte vor der Zuweisung entsprechend um 16 Bit nach rechts verschoben werden.

Die einzelnen Farbwerte werden jetzt addiert und die Summe mit einem Höhenskalierungsfaktor multipliziert.

Listing 13.11: Terrain-Renderer – Heightmapping

```
D3DLOCKED_RECT d3dlr;

TerrainTextures->TileHeightMap[HeightMapTexturNummer].
                pTexture->LockRect(0, &d3dlr, 0, 0);

long* pCol = (long*)d3dlr.pBits;

long color;
unsigned char colorRed;
unsigned char colorGreen;
unsigned char colorBlue;

// Wir verwenden 1024*1024*24-Bit-Heightmaps:

temp2Long = 1024/(AnzVerticesZeile-2);
temp1Long = 1024/(AnzVerticesSpalte-2);

for(zeilenNr = 1; zeilenNr < AnzVerticesSpalte-1; zeilenNr++)
{
    for(spaltenNr = 1; spaltenNr < AnzVerticesZeile-1; spaltenNr++)
    {
        color = pCol[zeilenNr*temp1Long*1024+spaltenNr*temp2Long];
        colorBlue  = (unsigned char)color;
        colorGreen = (unsigned char)(color >> 8);
        colorRed   = (unsigned char)(color >> 16);

        // Endgültige Vertexkoordinaten berechnen:

        pVertices[zeilenNr*AnzVerticesZeile+spaltenNr].position.y +=
                       heightscale*(colorRed+colorGreen+colorBlue);

        // Endgültige Vertexkoordinaten für die Bestimmung der
        // Gouraudnormalen zwischenspeichern:

        TileVertices[zeilenNr*AnzVerticesZeile+spaltenNr] =
        pVertices[zeilenNr*AnzVerticesZeile+spaltenNr].position;
    }
}

TerrainTextures->TileHeightMap[HeightMapTexturNummer].
                pTexture->UnlockRect(0);
```

Eine Wasseranimation erzeugen

Physikalisch gesehen sind Wellen nichts anderes als Wassermoleküle, die in drei Dimensionen schwingen können. Mathematisch lässt sich solch eine Schwingung mit Hilfe von Sinus- und Kosinusfunktionen beschreiben:

$$\text{Auslenkung} = \cos(2 \cdot \pi \cdot \text{Zeit/Schwingungsdauer})$$

$$\text{Auslenkung} = \sin(2 \cdot \pi \cdot \text{Zeit/Schwingungsdauer})$$

Bei der Simulation einer Wasseranimation lassen wir jetzt einfach die Vertices schwingen. Soll beispielsweise während der kompletten Animationssequenz eine einzige Schwingung ausgeführt werden, lässt sich das durch die folgende Anweisung realisieren:

```
cosf(2*D3DX_PI*i/AnzAnimationsFrames) // i: Nummer des
                                       // Animationsframes
```

Sollen zwei Schwingungen ausgeführt werden, muss die folgende Anweisung verwendet werden:

```
cosf(4*D3DX_PI*i/AnzAnimationsFrames) // i: Nummer des
                                       // Animationsframes
```

Für die Simulation der Wellenbewegung werden die folgenden sieben Parameter verwendet:

- `wavescaleX`, `wavescaleY` und `wavescaleZ` für die Beschreibung der maximalen Wellenausdehnung während einer Schwingung in x-, y- und z-Richtung
- `WavePeroid_X`, `WavePeroid_Y` und `WavePeroid_Z` für die Schwingungsdauer eines Vertex in x-, y- und z-Richtung
- `AnzMilliSecondsProFrame` zum Einstellen der Animationsgeschwindigkeit

Für jeden Vertex wird nach dem Zufallsprinzip festgelegt, ob dieser während einer Animationssequenz eine, zwei, oder drei volle Schwingungen in x-, y- bzw. z-Richtung ausführen soll.

Die Wellenberge sollen an verschiedenen Positionen unterschiedlich hoch sein. Zu diesem Zweck wird das `WaveHeight`-Array angelegt, in dem die maximalen (pos. Werte) bzw. minimalen (neg. Werte) Wellenhöhen für jeden Vertex abgelegt werden.

Listing 13.12: Terrain-Renderer – Vertexbuffer für eine Wasseranimation erstellen

```
D3DXVECTOR3* TileVertices = new D3DXVECTOR3[AnzVertices];

// Array für die maximale bzw. minimale Wellenhöhe:
float* WaveHeight   = new float[AnzVertices];

// Arrays zum Speichern der Schwingungsdauern:
float* WavePeroid_X = new float[AnzVertices];
float* WavePeroid_Y = new float[AnzVertices];
float* WavePeroid_Z = new float[AnzVertices];

for(zeilenNr = 0; zeilenNr < AnzVerticesSpalte; zeilenNr++)
{
```

```
    for(spaltenNr = 0; spaltenNr < AnzVerticesZeile; spaltenNr++)
    {

     // Maximale bzw. minimale Wellenhöhe festlegen:

     WaveHeight[zeilenNr*AnzVerticesZeile+spaltenNr] =
     frnd(-wavescaleY, wavescaleY);

     // Anzahl der Wellenperioden (1 bis 3) nach dem Zufallsprinzip
     // festlegen:

     WavePeroid_X[zeilenNr*AnzVerticesZeile+spaltenNr] = 2*lrnd(1,4);
     WavePeroid_Y[zeilenNr*AnzVerticesZeile+spaltenNr] = 2*lrnd(1,4);
     WavePeroid_Z[zeilenNr*AnzVerticesZeile+spaltenNr] = 2*lrnd(1,4);
    }
}

for(i = 0; i < AnzAnimationsFrames; i++)
{
     WaterTileVBArray[i].Init_VB(AnzVertices);

     SPACEOBJEKT3DVERTEX_EX* pVertices;

     WaterTileVBArray[i].TileVB->Lock(0, 0, (VOID**)&pVertices, 0);

     for(zeilenNr = 0; zeilenNr < AnzVerticesSpalte; zeilenNr++)
     {
         for(spaltenNr = 0; spaltenNr<AnzVerticesZeile; spaltenNr++)
         {

         // Vertexkoordinaten berechnen:

         pVertices[zeilenNr*AnzVerticesZeile+spaltenNr].position =

         D3DXVECTOR3(

         /* x-Wert */
         -Half_RangeX + spaltenNr*DifferenzX + wavescaleX*cosf(
         WavePeroid_X[zeilenNr*AnzVerticesZeile+spaltenNr]*D3DX_PI*i/
         AnzAnimationsFrames),

         /* y-Wert */
         WaveHeight[zeilenNr*AnzVerticesZeile+spaltenNr]*cosf(
         WavePeroid_Y[zeilenNr*AnzVerticesZeile+spaltenNr]*D3DX_PI*i/
         AnzAnimationsFrames),

         /* z-Wert */
         Half_RangeZ - zeilenNr*DifferenzZ + wavescaleZ*sinf(
```

```
    WavePeroid_Z[zeilenNr*AnzVerticesZeile+spaltenNr]*D3DX_PI*i/
    AnzAnimationsFrames)   );

    // Vertexkoordinaten für die Bestimmung der
    // Gouraudnormalen zwischenspeichern:

    TileVertices[zeilenNr*AnzVerticesZeile+spaltenNr] =
    pVertices[zeilenNr*AnzVerticesZeile+spaltenNr].position;

    // Vorläufigen Normalenvektor festlegen:

    pVertices[zeilenNr*AnzVerticesZeile+spaltenNr].normal =
    D3DXVECTOR3(0.0f, 1.0f, 0.0f);

    // Texturkoordinaten der Tile-Textur festlegen:

    pVertices[zeilenNr*AnzVerticesZeile+spaltenNr].tu1    =
    spaltenNr*Differenz_normiertX;

    pVertices[zeilenNr*AnzVerticesZeile+spaltenNr].tv1    =
    zeilenNr*Differenz_normiertZ;

    // Texturkoordinaten der Detailtextur festlegen:

    pVertices[zeilenNr*AnzVerticesZeile+spaltenNr].tu2    =
    DetailFactorX*spaltenNr*Differenz_normiertX;

    pVertices[zeilenNr*AnzVerticesZeile+spaltenNr].tv2    =
    DetailFactorZ*zeilenNr*Differenz_normiertZ;
    }
}
```

Gouraudnormalen für eine Tile berechnen

Bei der Berechnung der Gouraudnormalen einer Tile bildet man für jeden Vertex (mit Ausnahme der Randvertices) die Differenz-Ortsvektoren zu den benachbarten Vertices (insgesamt acht Vektoren). Anschließend berechnet man für je zwei benachbarte Differenzvektoren das Kreuzprodukt, normiert den resultierenden Vektor, berechnet den Mittelwert aus allen acht Produktvektoren und multipliziert das Resultat mit –1. Der letzte Schritt ist notwendig, da das Direct3D-Device nur die im Uhrzeigersinn definierten Dreiecke rendern soll (counter-clockwise culling).

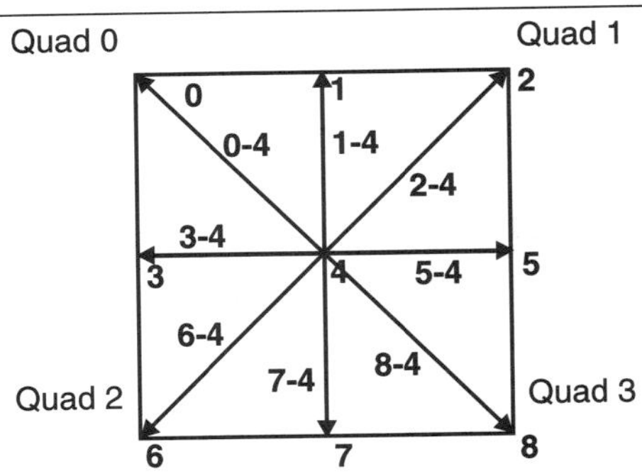

n-4: Differenzvektoren

<u>Berechnung der Normale für Vertex 4:</u>

n1 = (1-4) x (0-4) , n2 = (2-4) x (1-4)
n3 = (5-4) x (2-4) , n4 = (8-4) x (5-4)
n5 = (7-4) x (8-4) , n6 = (6-4) x (7-4)
n7 = (3-4) x (6-4) , n8 = (0-4) x (3-4)

n = -1/8*(n1+n2+n3+n4+n5+n6+n7+n8)

Abbildung 13.3: Berechnung der Gouraudnormalen

Listing 13.13: Terrain-Renderer – Gouraudnormalen für eine Tile berechnen

```
D3DXVECTOR3* tempNormal     = new D3DXVECTOR3[8];
D3DXVECTOR3* tempDiffVektor = new D3DXVECTOR3[8];

for(zeilenNr = 1; zeilenNr < AnzVerticesSpalte-1; zeilenNr++)
{
    for(spaltenNr = 1; spaltenNr < AnzVerticesZeile-1; spaltenNr++)
    {

   // Berechnung der Differenzvektoren zu den benachbarten Vertices:

        tempDiffVektor[0] =
        TileVertices[(zeilenNr-1)*AnzVerticesZeile+spaltenNr-1] -
        TileVertices[zeilenNr*AnzVerticesZeile+spaltenNr];

        // usw.

        // Berechnung der Vektorprodukte zwischen je 2 benachbarten
        // Differenzvektoren und Normalisieren der Produktvektoren

        D3DXVec3Cross(&tempNormal[0], &tempDiffVektor[0],
                                      &tempDiffVektor[3]); // s. Abb. 13.3 n8
```

```
        D3DXVec3Normalize(&tempNormal[0], &tempNormal[0]);

        // usw.

        // Mittelwertbildung:

        pVertices[zeilenNr*AnzVerticesZeile+spaltenNr].normal =
        -1.0f/8.0f*(tempNormal[0] + tempNormal[1] + tempNormal[2] +
                    tempNormal[3] + tempNormal[4] + tempNormal[5] +
                    tempNormal[6] + tempNormal[7]);

    }
}
SAFE_DELETE_ARRAY(tempNormal)
SAFE_DELETE_ARRAY(tempDiffVektor)
```

Ermittlung der Höhe des Spielers über einer Ground-Tile

Im ersten Schritt der Höhenbestimmung muss das Tile-Quad, auf dem sich der Spieler augenblicklich befindet, ermittelt werden. Das Verfahren, das wir für diesen Zweck einsetzen werden, haben Sie bereits im Kapitel über die Verwendung eines zweidimensionalen Gitters für ein Terrain-Game (Tag 6) kennen gelernt. Im Anschluss daran wird mit mindestens einem der beiden Dreiecke, aus denen das Tile-Quad zusammengesetzt ist, ein **Strahl-schneidet-Dreieck-Test** durchgeführt. Dabei findet man zum einen das Dreieck unterhalb des Spielers und zum anderen ergibt sich der gesuchte Abstand. Für diesen Test verwenden wir die `CTriangle`-Methode `Test_for_Ray_Intersection_Terrain()`, die wir an Tag 7 kennen gelernt haben.

Listing 13.14: Terrain-Renderer – Ermittlung der Höhe des Spielers über einer Ground-Tile

```
float CGroundTile::Calculate_TileHeight(D3DXVECTOR3* pPosition)
{
    templVektor3 = -TilePosition + *pPosition;

    // Berechnung der Quad-Indices:

    IndexX = (long)((templVektor3.x+Half_RangeX)/DifferenzX);
    IndexZ = (long)((Half_RangeZ-templVektor3.z)/DifferenzZ);

    // Berechnung der Quad- und Triangle-Nummern:

    QuadNr = IndexX+IndexZ*(AnzVerticesZeile-1);
    Triangle1Nr = 2*QuadNr;
    Triangle2Nr = 2*QuadNr+1;

    // Berechnung der Terrainhöhe:
```

```
    if(TileTriangle[Triangle1Nr].Test_for_Ray_Intersection_Terrain(
       pPosition, &tempFloat) == TRUE)
        return(pPosition->y-tempFloat);

    TileTriangle[Triangle2Nr].Test_for_Ray_Intersection_Terrain(
    pPosition, &tempFloat);

    return(pPosition->y-tempFloat);
}
```

Eine Ground-Tile rendern

Innerhalb der `CGroundTile`-Renderfunktion wird im ersten Schritt überprüft, ob der zuvor durchgeführte Sichtbarkeitstest positiv verlaufen ist. In diesem Fall werden im zweiten Schritt die Materialeigenschaften der Tile sowie der zu verwendende Mipmap-Filter festgelegt. Für den Fall, dass die Option Detailmapping aktiviert ist, werden anschließend alle hierfür notwendigen Textureinstellungen vorgenommen. Nachdem die Tile gerendert wurde, müssen alle Einstellungen (Render States, Texture Stage States und Sampler States) wieder zurückgesetzt werden.

Listing 13.15: Terrain-Renderer – Renderfunktion für eine Ground-Tile

```
void CGroundTile::Render_Tile(void)
{
    if(visible == FALSE)
    {
        Player_above_Tile = FALSE;
        return;
    }
    Player_above_Tile = FALSE;

    ZeroMemory(&mtrl, sizeof(D3DMATERIAL9));
    mtrl.Diffuse.r = mtrl.Diffuse.g = mtrl.Diffuse.b = 5.0f;
    g_pd3dDevice->SetMaterial(&mtrl);

    // Mipmap-Filter festlegen wie gehabt //////////////////////////

    g_pd3dDevice->SetTexture(0, TerrainTextures->
                             TileTextur[TexturNummer].pTexture);

    if(DetailMapping == TRUE)
    {
    g_pd3dDevice->SetTextureStageState(1, D3DTSS_TEXCOORDINDEX, 1);
    g_pd3dDevice->SetTextureStageState(1, D3DTSS_COLORARG1,
                                       D3DTA_TEXTURE);
    g_pd3dDevice->SetTextureStageState(1, D3DTSS_COLORARG2,
                                     D3DTA_CURRENT);
```

```
    g_pd3dDevice->SetTextureStageState(1, D3DTSS_COLOROP,
                                       D3DTOP_ADDSIGNED);
    g_pd3dDevice->SetTexture(1, TerrainTextures->
                        DetailTextur[DetailTexturNummer].pTexture);
    }

    g_pd3dDevice->SetRenderState(D3DRS_CULLMODE, D3DCULL_CCW);
    g_pd3dDevice->SetStreamSource(0, TileVB, 0,
                                  sizeof(SPACEOBJEKT3DVERTEX_EX));
    g_pd3dDevice->SetFVF(D3DFVF_SPACEOBJEKT3DVERTEX_EX);
    g_pd3dDevice->SetIndices(TileIB);
    g_pd3dDevice->DrawIndexedPrimitive(D3DPT_TRIANGLELIST, 0,
                                       0, AnzVertices,
                                       0, AnzTriangles);

    // Alle Einstellungen zurücksetzen //////////////////////////////
}
```

Eine Water-Tile rendern

Beim Rendern einer Water-Tile wird der zu verwendende Vertexbuffer in Abhängigkeit vom aktuellen Animationsframe ausgewählt. Da die Animation unter Umständen mehrfach an unterschiedlichen Positionen gerendert werden soll, muss die Welttransformation innerhalb der Renderfunktion durchgeführt werden. Eine Water-Tile wird mit eingeschaltetem Alpha Blending gerendert. Dabei wird die Transparenz der Wasseroberfläche so eingestellt, dass der Seegrund gerade noch sichtbar ist.

Listing 13.16: Terrain-Renderer – Renderfunktion für eine Water-Tile

```
void CWaterTile::Render_Tile(void)
{
    // Blickt man in Richtung der Sonne, dann leuchtet das Wasser
    // heller:
    tempFloat = D3DXVec3Dot(&SunDirection, &PlayerFlugrichtung);

    // Alle sichtbaren Wasserflächen rendern:

    for(i = 0; i < AnzSurfaces; i++)
    {
        if(visible[i] == FALSE)
            Player_above_Tile[i] = FALSE;

    if(visible[i] == TRUE)
    {
```

```
    // Bestimmung des aktuellen Animationsframes:

    if(GetTickCount() - AnimationTime > AnzMilliSecondsProFrame)
    {
        aktuelle_AnimationsFrameNr++;

        if(aktuelle_AnimationsFrameNr >= AnzAnimationsFrames)
            aktuelle_AnimationsFrameNr = 0;

        AnimationTime = GetTickCount();
    }

    Player_above_Tile[i] = FALSE;

    // Verschiebungsmatrix für die Welttransformation erstellen:

// Wenn Spieler sich sowohl über einer Wasser- als auch über einer
// BodenTile befindet, dann die größte Höhendifferenz für die
// Höhenkorrektur verwenden

    if(Player_above_GroundTileNr != -1 &&
       Player_above_WaterTileNr != -1)
    {
        if(GroundTileHeight > WaterTileHeight)
        {
            // BodenTile-Höhendifferenz verwenden:

            VerschiebungsMatrix._41 = TilePosition[i].x-
                                      PlayerVerschiebungsvektor.x;
            VerschiebungsMatrix._42 = TilePosition[i].y-
                                      PlayerVerschiebungsvektor.y-
                                      GroundTileHeight;
            VerschiebungsMatrix._43 = TilePosition[i].z-
                                      PlayerVerschiebungsvektor.z;
        }
        else
        {
            // WaterTile-Höhendifferenz verwenden:

            VerschiebungsMatrix._41 = TilePosition[i].x-
                                      PlayerVerschiebungsvektor.x;
            VerschiebungsMatrix._42 = TilePosition[i].y-
                                      PlayerVerschiebungsvektor.y-
                                      WaterTileHeight;
            VerschiebungsMatrix._43 = TilePosition[i].z-
                                      PlayerVerschiebungsvektor.z;
        }
    }
```

```
// Wenn Spieler sich über einer BodenTile befindet, dann die
// BodenTile-Höhendifferenz zur Höhenkorrektur verwenden

     else if(Player_above_GroundTileNr != -1 &&
             Player_above_WaterTileNr == -1)
     {
        // BodenTile-Höhendifferenz verwenden //////////////////////
     }

// Wenn Spieler sich über einer WasserTile befindet, dann
// die WasserTile-Höhendifferenz zur Höhenkorrektur verwenden

     if(Player_above_GroundTileNr == -1 &&
        Player_above_WaterTileNr != -1)
     {
        // WaterTile-Höhendifferenz verwenden //////////////////////
     }

// Wenn sich Spieler weder über einer Wasser- noch über einer
// BodenTile befindet, dann muss die Höhe nicht korrigiert werden

     if(Player_above_GroundTileNr == -1 &&
        Player_above_WaterTileNr == -1)
     {
        VerschiebungsMatrix._41 = TilePosition[i].x-
                                  PlayerVerschiebungsvektor.x;
        VerschiebungsMatrix._42 = TilePosition[i].y-
                                  PlayerVerschiebungsvektor.y;
        VerschiebungsMatrix._43 = TilePosition[i].z-
                                  PlayerVerschiebungsvektor.z;
     }

     g_pd3dDevice->SetTransform(D3DTS_WORLD, &VerschiebungsMatrix);

     // Materialeigenschaften festlegen:

     ZeroMemory(&mtrl, sizeof(D3DMATERIAL9));
     mtrl.Diffuse.b  = mtrl.Diffuse.g = 2.5f*tempFloat;
     mtrl.Diffuse.a  = 0.7f; // 30% Transparenz

     g_pd3dDevice->SetMaterial(&mtrl);

     // Alpha Blending einschalten:

     g_pd3dDevice->SetRenderState(D3DRS_ALPHABLENDENABLE, TRUE);
     g_pd3dDevice->SetRenderState(D3DRS_SRCBLEND, D3DBLEND_SRCALPHA);
     // Bedeutung: Texel*Alpha

     g_pd3dDevice->SetRenderState(D3DRS_DESTBLEND,
                                  D3DBLEND_INVSRCALPHA);
```

```
    // Bedeutung: Hintergrundpixel*(1 - Alpha)

    // Mipmap-Filter festlegen wie gehabt //////////////////////////

    // Streulichteinfluss festlegen:
    g_pd3dDevice->SetTextureStageState(0, D3DTSS_COLOROP,
                                          D3DTOP_ADD);

    // Alpha-Blending-Operation aktivieren:
    g_pd3dDevice->SetTextureStageState(0, D3DTSS_ALPHAOP,
                                        D3DTOP_MODULATE);

    g_pd3dDevice->SetTexture(0, TerrainTextures->
                               TileTextur[TexturNummer].pTexture);

    if(DetailMapping == TRUE)
    {
    g_pd3dDevice->SetTextureStageState(1, D3DTSS_TEXCOORDINDEX, 1);
    g_pd3dDevice->SetTextureStageState(1, D3DTSS_COLORARG1,
                                          D3DTA_TEXTURE);
    g_pd3dDevice->SetTextureStageState(1, D3DTSS_COLORARG2,
                                          D3DTA_CURRENT);
    g_pd3dDevice->SetTextureStageState(1, D3DTSS_COLOROP,
                                          D3DTOP_ADDSIGNED);
    // Alpha-Blending-Operation aktivieren
    g_pd3dDevice->SetTextureStageState(1, D3DTSS_ALPHAOP,
                                          D3DTOP_MODULATE)
    g_pd3dDevice->SetTexture(1, TerrainTextures->
                       DetailTextur[DetailTexturNummer].pTexture);
    }

    g_pd3dDevice->SetRenderState(D3DRS_CULLMODE, D3DCULL_CCW);
    g_pd3dDevice->SetStreamSource(0,
                WaterTileVBArray[aktuelle_AnimationsFrameNr].TileVB,
                               0, sizeof(SPACEOBJEKT3DVERTEX_EX));

    g_pd3dDevice->SetFVF(D3DFVF_SPACEOBJEKT3DVERTEX_EX);
    g_pd3dDevice->SetIndices(TileIB);
    g_pd3dDevice->DrawIndexedPrimitive(D3DPT_TRIANGLELIST, 0,
                                       0, AnzVertices,
                                       0, AnzTriangles);

    // Alle Einstellungen zurücksetzen ///////////////////////////////

    }
    }
}
```

13.3 Zusammenfassung

Der heutige Tag sollte Ihnen die Tür in die weite Welt des Terrain-Renderings geöffnet haben. Sie haben gelernt, wie sich ein Terrain aus dreidimensionalen Tiles aufbauen lässt, wie die Terrainhöhe aus einer Heightmap-Textur extrahiert werden kann, wie sich die Normalenvektoren der Tile-Vertices berechnen lassen und auf welche Weise eine Wasseranimation erzeugt werden kann.

13.4 Workshop

Fragen und Antworten

F *Wie lassen sich die Gouraudnormalen des Terrains bestimmen?*

A Für die Berechnung der Gouraudnormalen bildet man für jeden Vertex (mit Ausnahme der Randvertices) die Differenz-Ortsvektoren zu den benachbarten Vertices (insgesamt acht Vektoren). Anschließend berechnet man für je zwei benachbarte Differenzvektoren das Kreuzprodukt, normiert den resultierenden Vektor und berechnet den Mittelwert aus allen acht Produktvektoren.

F *Wie lässt sich die Höhe des Spielers bestimmen?*

A Für die Bestimmung der Terrainhöhe denkt man sich die Tile in einzelne Quads aufgeteilt. Zu jedem Quad gehören zwei Dreiecke. Im ersten Schritt wird die Nummer des Quads berechnet, auf dem sich der Spieler im Augenblick befindet. Im zweiten Schritt werden die beiden Nummern der zugehörigen Dreiecke ermittelt. Mit diesen beiden Dreiecken wird im Anschluss daran ein **Strahl-schneidet-Dreieck-Test** für die Höhenbestimmung durchgeführt.

Quiz

1. Welche Vorteile bringt es, das Terrain in einzelne Tiles aufzuteilen?
2. Warum ist im Zusammenhang mit dem Terrain-Rendering das Detailmapping so wichtig?
3. Erklären Sie das Prinzip des Heightmappings. Wie lassen sich Berge und wie Schluchten erzeugen?
4. Erläutern Sie den Sichtbarkeitstest für eine Ground- und eine Water-Tile.
5. Wie lässt sich eine Wasseranimation erzeugen?

Übung

In einer kleinen Übung werden wir jetzt das Terrain-Demo so modifizieren, dass sich auch Vulkanlandschaften darstellen lassen.

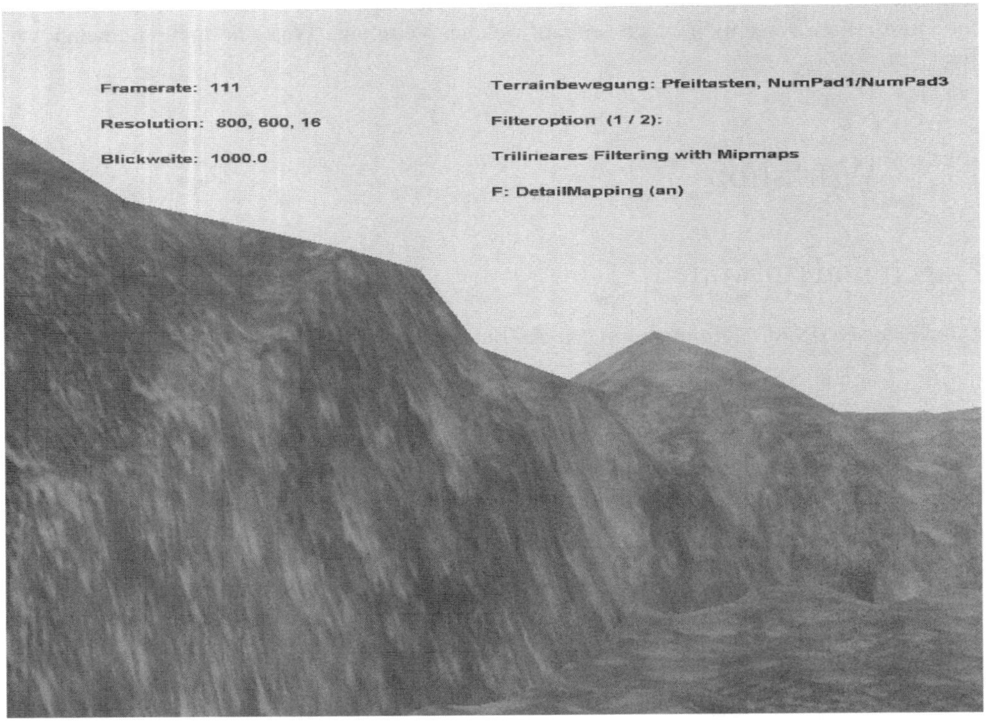

Abbildung 13.4: Vulkan-Übungsprojekt

Hinweise:

- Legen Sie ein neues Projekt mit dem Namen *Vulkan* an, kopieren Sie alle Dateien des *Terrain*-Projekts in den zugehörigen Projektordner und erstellen Sie ein ausführbares Programm.
- Erzeugen Sie eine Ground-, Lava- und Heightmap-Textur. Nehmen Sie als Ausgangspunkt für die Erzeugung der Ground-Textur die entsprechende Textur des *Terrain*-Demos und erhöhen Sie deren Rotanteil. Verwenden Sie hierfür ein Bildbearbeitungsprogramm Ihrer Wahl.
- Vergrößern Sie in der Datei *Terrain.txt* die Zeitdauer zwischen zwei Lava-Animationsframes und vergrößern Sie auch die Anzahl der Frames (Lava bewegt sich langsamer als Wasser).

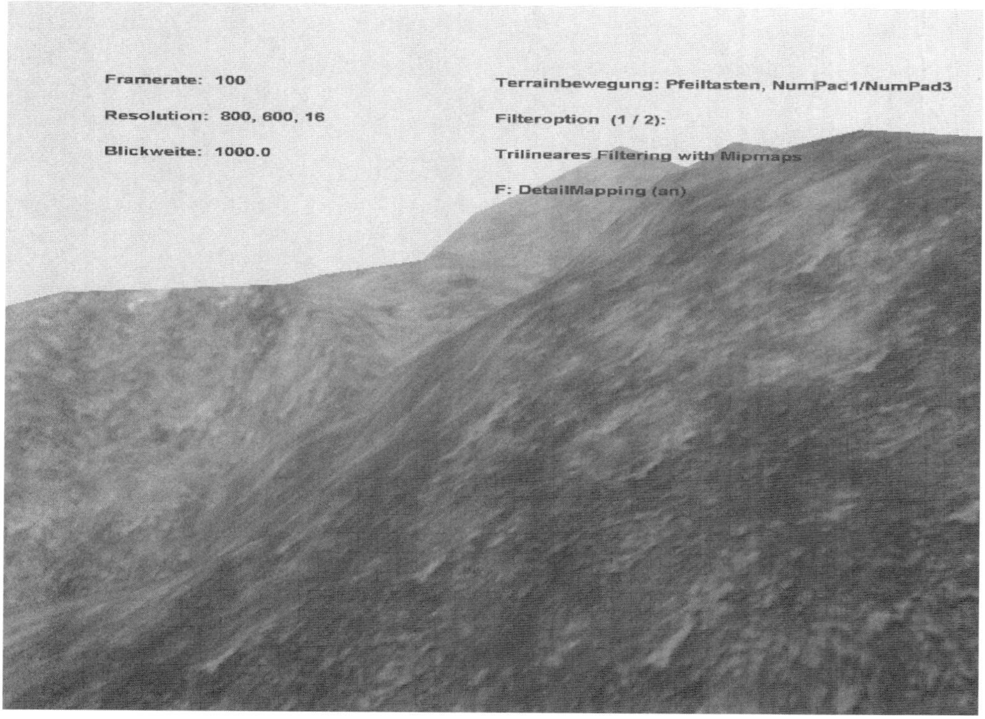

Abbildung 13.5: Vulkan-Übungsprojekt, eine andere Ansicht

- Verringern Sie die seitlichen Wellenbewegungen und vergrößern Sie die vertikale Bewegung. Dadurch erhält man den Eindruck, als ob die Lava aus dem Vulkanschlot herausbrodelt.
- Vergrößern Sie den Rotanteil in der Hintergrund- und Nebelfarbe, damit buchstäblich Rauch und Feuer in der Luft liegen.
- Vergrößern Sie den Rotanteil der Lichtquellen, mit denen das Terrain ausgeleuchtet wird.
- Vergrößern Sie den Rotanteil in den Materialeigenschaften der Lava. Rendern Sie die Lava mit ausgeschaltetem Alpha Blending.

Indoor-Rendering

Das Ende von Woche 2 steht vor der Tür. Bevor wir aber ins wohlverdiente Wochenende gehen, werden wir noch einmal so richtig Gas geben und uns die Grundlagen des Indoor-Renderings erarbeiten. Die Themen heute:

- Entwicklung eines einfachen Dateiformats zum schnellen Aufbau eines Indoor-Szenarios
- Entwicklung eines einfachen Portalsystems für einen Indoor-Renderer
- Interpolation eines Vertexgitters für unregelmäßig geformte, viereckige Bauteile als Grundlage für die Berechnung von Lichteinflüssen
- Kollisionserkennung mit Wand und Boden

14.1 Vorüberlegungen

Ein paar Worte vorweg

Mit dem Release von DOOM gegen Ende des Jahres 1993 begann das Zeitalter der Computerspiele auf dem PC. Seit nun fast 10 Jahren hat sich auf dem Gebiet des Indoor-Renderings einiges getan. Wir sollten unsere Ansprüche daher nicht zu hoch schrauben; es wäre vermessen, zu denken, nach nur einem Tag etwas Vergleichbares wie Quake oder Unreal programmieren zu können. Wir werden uns heute lediglich die elementaren Grundlagen erarbeiten und mit diesem Wissen einen primitiven Indoor-Renderer schreiben. Betrachten wir hierzu zunächst einige Screenshots:

Anforderungen an einen Indoor-Renderer

Die Anforderungen an einen Indoor-Renderer scheinen ähnlich unvereinbar miteinander zu sein wie die an eine Terrain-Engine.

- Detailreichtum
- viele Innenräume
- eine hohe Performance beim Rendern

Mit anderen Worten, eine große Anzahl von Vertices und damit verbunden eine große Anzahl von Dreiecken müssen in jedem Frame möglichst schnell gerendert werden.

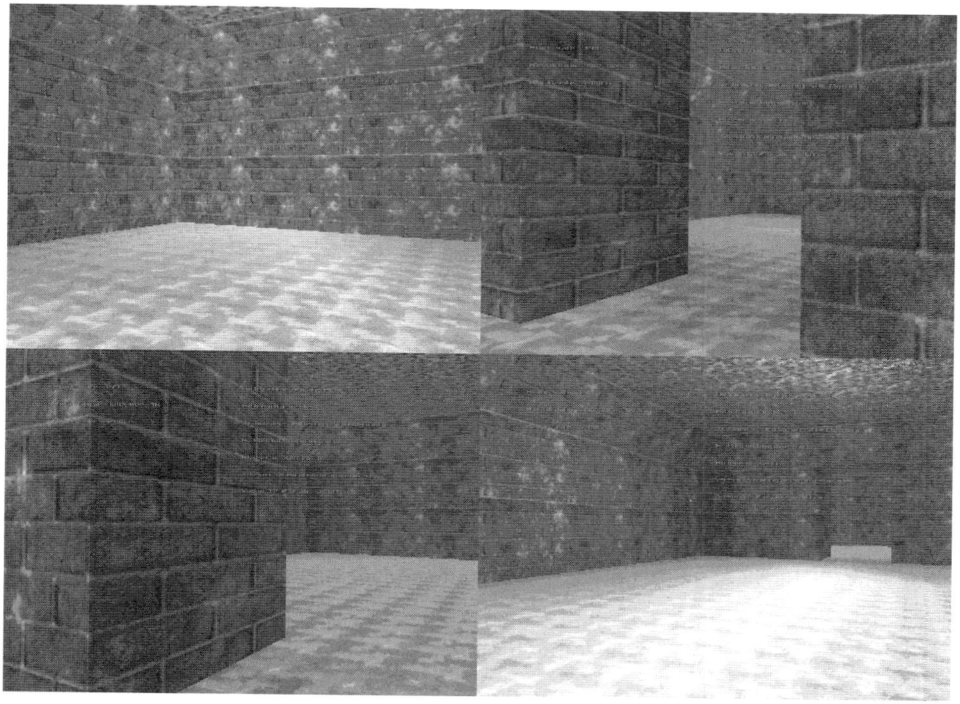

Abbildung 14.1: Indoor-Renderer, Screenshots

Der Weg aus der Krise – Verwendung eines Portalsystems

Glücklicherweise haben wir den Ausweg aus dieser Misere direkt vor unseren Augen. Wenn Sie sich gerade in einem Gebäude befinden, schauen Sie sich einmal um und zählen Sie die Wände, die Sie augenblicklich sehen können. Wenn Sie sich nicht gerade in einem Geräteschuppen aufhalten, ist die Anzahl der sichtbaren Wände deutlich kleiner als die Gesamtzahl der Wände des Gebäudes. Wir benötigen also nur einen effektiven Weg, die sichtbaren Wände von den nicht sichtbaren zu unterscheiden.

Die einfachste, aber auch langsamste Methode besteht darin, vor jedem Renderdurchgang für jede Wand einen Sichtbarkeitstest durchzuführen, genauso wie wir es für die Terrain-Tiles am vorherigen Tag getan haben. Im Allgemeinen besteht ein Gebäude aber aus sehr viel mehr Wänden als eine Landschaft aus Tiles – kurz gesagt, wir benötigen hier eine effektivere Methode, mit der sich die Anzahl der notwendigen Sichtbarkeitstests deutlich reduzieren lässt.

Auch hier ist die Lösung wieder direkt vor unseren Augen. Für gewöhnlich wird man von seinem jeweiligen Standpunkt aus gar nicht alle Räume einsehen können. Die Wände eines Raums, den man nicht einsehen kann, sind natürlich nicht sichtbar – ein zusätzlicher Sichtbarkeitstest für die einzelnen Wände ist also überflüssig!

Wir können die Wände jetzt wie folgt klassifizieren:

- nicht sichtbar (Sichtbarkeitstest überflüssig)
- potentiell sichtbar (in einem (potenziell) sichtbaren Raum => Sichtbarkeitstest notwendig)

Ebenso wie die Wände lassen sich natürlich auch die einzelnen Räume klassifizieren:

- nicht sichtbar
- potentiell sichtbar

Ob man eine(n) potentiell sichtbare(n) Wand (Raum) sehen kann, hängt von der Blickrichtung ab. Alle Wände (Räume) hinter dem Betrachter sind natürlich nicht sichtbar.

Bevor man jetzt damit beginnt, für jede potentiell sichtbare Wand einen Sichtbarkeitstest durchzuführen, führt man zunächst einen Sichtbarkeitstest für alle potentiell sichtbaren Räume durch. Auf diese Weise lassen sich schon durch einen einzigen negativ verlaufenden Sichtbarkeitstest im Vorfeld viele potentiell sichtbare Wände aussortieren. Betrachten wir hierzu ein Beispiel:

- Betrachter befindet sich in **Raum 4**. Von dort aus sind die **Räume 3, 5, 7** potentiell sichtbar
  - Sichtbarkeitstest für die **Räume 3 und 7** war erfolgreich => Sichtbarkeitstest für alle **Wände der Räume 3, 4 und 7** durchführen

Für den Anfang ist diese Idee gar nicht mal so übel. Sie ist auch völlig ausreichend, wenn man es mit einfachen Räumen zu tun hat. Aber nehmen wir doch einmal an, der Raum hat einen Knick (ist also L-förmig). Es ist nun möglich, dass man von einem Ende des Raums bestimmte Wände oder gar Räume sehen kann, die man vom anderen Ende aber nicht sieht.

Sinnvollerweise teilt man diesen Raum jetzt einfach in ein oder mehrere Sektoren auf und klassifiziert die Wände in Abhängigkeit von demjenigen Sektor, in dem sich der Betrachter gerade befindet. Den Übergang von einem Sektor in einen anderen bezeichnet man als Portal (siehe Tag 6).

Ein Portal wird für den Sichtbarkeitstest eines potentiell sichtbaren Sektors benötigt. Ist ein Portal sichtbar, ist natürlich auch derjenige Sektor hinter dem Portal sichtbar.

Damit können wir die Arbeitsweise eines Portalsystems wie folgt beschreiben:

- **Schritt 1:** Sichtbarkeitstest für alle potentiell sichtbaren Portale durchführen. Diese Portale führen in die potentiell sichtbaren Sektoren.
- **Schritt 2:** Sichtbarkeitstest für alle potentiell sichtbaren Wände der sichtbaren Sektoren durchführen.

14.2 Entwicklung eines einfachen Indoor-Renderers

Ein einfaches Dateiformat zum schnellen Aufbau eines Indoor-Szenarios

Mit dem Wissen über die Arbeitsweise eines Portalsystems im Hinterkopf können wir uns nun an die Entwicklung eines einfachen Dateiformats für unseren Indoor-Renderer heranwagen. Speichern werden wir die gesamten Daten in der Datei *Interieur.txt*. In der Datei *IndoorTextures.txt* sind alle Pfade der zu verwendenden Texturen aufgelistet.

Speichern der Texturen

Das Dateiformat zum Speichern der Texturen entspricht weitestgehend dem der Datei *TerrainTextures.txt*:

```
AnzTextures: 4
Graphic/Wall1.bmp
Graphic/Floor1.bmp
Graphic/Wall2.bmp
Graphic/Floor2.bmp

AnzDetailTextures: 1
Graphic/Detail1.bmp
```

Speichern des Indoor-Szenarios

Bauteil-Geometrien

Das gesamte Szenario wird aus viereckigen bzw. dreieckigen Bauteilen (components) zusammengebaut:

- Geometrietyp 1: Viereck
- Geometrietyp 2: Dreieck

Bei einem viereckigen Bauteil muss zusätzlich zu den Eckpunkten noch die Anzahl der zu verwendenden Vertices mit angegeben werden. Bei Programmbeginn wird mit Hilfe dieser Angaben für jedes Bauteil ein Vertexgitter interpoliert. Diese zusätzlichen Vertices sind für die Berechnung der Lichteinflüsse notwendig. Die Eckpunkte eines sehr großen Bauteils allein reichen hierfür nicht aus.

Bei einem dreieckigen Bauteil wird auf diese Interpolation verzichtet. Für den Fall, dass man dennoch ein dreieckiges Bauteil mit einem interpolierten Vertexgitter benötigt, muss man einfach auf ein viereckiges Bauteil zurückgreifen und für zwei Eckpunkte die gleichen Koordinaten übergeben.

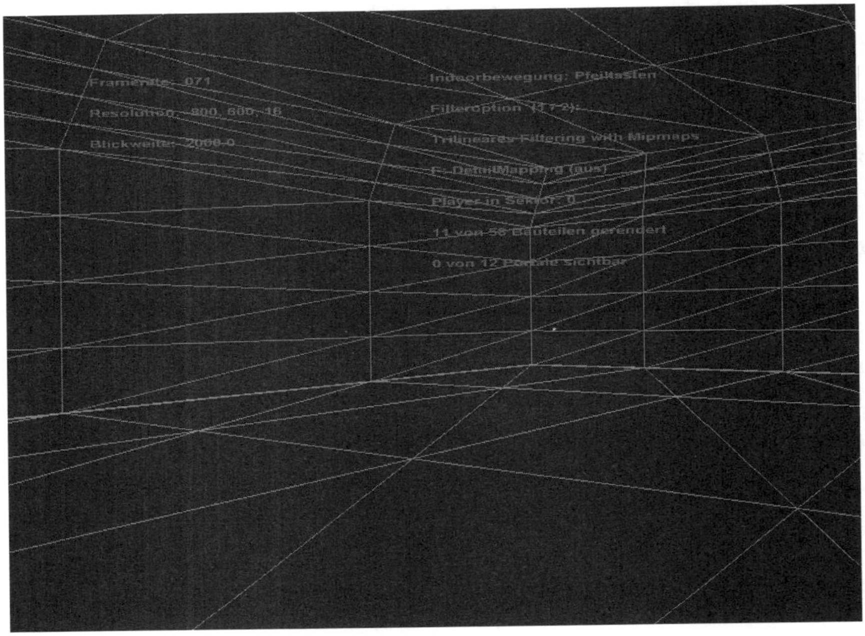

Abbildung 14.2: Wireframe-Ansicht mit interpolierten Vertexgittern

Verwendungszwecke der Bauteile

Es gibt drei unterschiedliche Verwendungszwecke für ein Bauteil:

- Typ 1: Wand
- Typ 2: Decke
- Typ 3: Boden

Definition der Bauteile

Betrachten wir die Definition eines vier- bzw. dreieckigen Bauteils:

```
AnzQuads(erst_die_Vierecke_definieren): 58
AnzDreiecke(dann_die_Dreiecke): 1

Nr: 0
Typ: 1
GeometrieTyp: 1
Transparent(0=nein/1=ja): 0
AnzVerticesZeile: 5
AnzVerticesSpalte: 5
UpperLeftPos: -15, 2, 5
TexturKoordinaten: 0, 0
LowerLeftPos: -15, -1.01, 5
```

```
TexturKoordinaten: 0, 2
UpperRightPos: -11, 2, 5
TexturKoordinaten: 2, 0
LowerRightPos: -11, -1.01, 5
TexturKoordinaten: 2, 2
DetailTexturFaktoren(tu/tv): 4, 4
TexturNr: 0
DetailTexturNr: 0
Material(ambient,_diffus,_specular,_emissive):
1, 1, 1,    1, 1, 1, 1,    0, 0, 0, 1,     0, 0, 0

...

Nr: 58
Typ: 1
GeometrieTyp: 2
Transparent(0=nein/1=ja): 0
UpperLeftPos: 7, 2, 7
TexturKoordinaten: 0, 0
LowerLeftPos: 7, -1.01, 7
TexturKoordinaten: 0, 2
UpperRightPos: 7, 2, 17
TexturKoordinaten: 5, 0
DetailTexturFaktoren(tu/tv): 26, 26
TexturNr: 0
DetailTexturNr: 0
Material(ambient,_diffus,_specular,_emissive):
1, 1, 1,    1, 1, 1, 1,    0, 0, 0, 1,     0, 0, 0
```

Definition der Portale

Nach der Angabe aller Bauteile werden alle Portale aufgelistet. Neben der Angabe der Portaleckpunkte muss ferner mit angegeben werden, in welchen Sektor man gelangt, wenn man das Portal durchschreitet:

```
AnzPortale: 12

PortalNr: 0
UpperLeftPos: -11, 2, 5.5
LowerLeftPos: -11, -1, 5.5
UpperRightPos: -9, 2, 5.5
LowerRightPos: -9, -1, 5.5
Portal_to_Sektor: 1
```

Definition der Sektoren

Zu guter Letzt werden die einzelnen Sektoren definiert:

```
SektorNr: 2

AnzLights: 1
```

```
Diffuse_r:  8.0
Diffuse_g:  0.0
Diffuse_b:  0.0
Specular_r: 2.0
Specular_g: 0.0
Specular_b: 0.0
Range: 7.0
Position_x: -10.0
Position_y: 1.0
Position_z: 12.0

AnzBauteile_Sektor2: 13
Bauteile: 16, 17, 18, 19, 20, 21, 22, 23, 24, 25, 26, 12, 13

AnzPortale_Sektor2: 1
PortalNummern: 4
potentiell_sichtbare_Sektoren_durch_Portal4: 2
Sektoren/zugehoerige_Portale: 1, 4,  0, 2

potentiell_sichtbare_Bauteile: 21
BauteilNummer/Sektor:
16, 2,  17, 2,  18, 2,  19, 2,  20, 2,  21, 2,  22, 2,  23, 2,  24,
2,  25, 2,  26, 2,
12, 1,  13, 1,  14, 1,  15, 1,
4, 0,  5, 0,  8, 0,  9, 0,  10, 0,  11, 0
```

Zunächst wird die Anzahl der Point Lights festgelegt, die für die Grundausleuchtung des Sektors sorgen. Anschließend werden die Anzahl und die Nummern derjenigen Bauteile angegeben, aus denen der Sektor zusammengebaut ist. Diese Angaben werden zum einen für die Kollisionstests mit den Wänden und zum anderen für die Bestimmung der Höhe des Betrachters über dem Fußboden benötigt.

Als Nächstes werden die Anzahl und die Nummern derjenigen Portale angegeben, die aus dem Sektor hinausführen. Für jedes dieser Portale wird dann eine Portal-Sichtbarkeits-Testsequenz beginnend mit dem Portal, das aus dem Sektor hinausführt, angegeben. In dieser Sequenz sind alle potentiell sichtbaren Sektoren und Portale aufgelistet, die durch das erste Portal unter Umständen eingesehen werden können. Fällt beim Übergang von einem zum nächsten Sektor ein Sichtbarkeitstest negativ aus und gibt es ferner keine weiteren Portale, die in den nächsten Sektor führen, sind alle weiteren Sektoren ebenfalls nicht sichtbar und die Testsequenz kann abgebrochen werden.

Stellen Sie sich hierzu eine Anzahl von Räumen vor, die wie eine Perlenschnur aneinander gereiht sind: Raum 1 führt in Raum 2, Raum 2 führt in Raum 3 usw. Von Raum 1 aus können alle weiteren Räume eingesehen werden. Wenn Sie jetzt die Tür zwischen Raum 1 und 2 schließen, können weder Raum 2 noch Raum 3 usw. eingesehen werden. Die Sichtbarkeits-Testsequenz kann abgebrochen werden, da keine weiteren sichtbaren Räume mehr gefunden werden können.

Zu guter Letzt werden die Anzahl, Nummern sowie die Sektorzugehörigkeit der potentiell sichtbaren Bauteile angegeben. Für alle Bauteile, die sich in einem sichtbaren Sektor befinden, kann so vor dem Rendern ein Sichtbarkeitstest durchgeführt werden.

Die nicht transparenten Bauteile sollten in **Front to Back Order** angegeben werden. Im Anschluss daran werden die transparenten Bauteile in **Back to Front Order** aufgelistet. Die nicht transparenten Bauteile, die sich näher am Betrachter befinden, werden also vor den Bauteilen gerendert, die sich weiter entfernt vom Betrachter befinden.

Auf diese Weise schlägt man zwei Fliegen mit einer Klappe; zum einen sieht die Darstellung auf einigen Rechnern wesentlich besser aus und zum anderen wird der Overdraw drastisch verringert, was in einem deutlichen Performancegewinn resultiert. Rufen wir uns hierfür noch einmal die Arbeitsweise des z-Buffers in Erinnerung. Beim Rendern eines Polygons werden dessen Tiefenwerte auf Pixelbasis im z-Buffer gespeichert. Ist an einer der z-Buffer-Positionen schon ein größerer Tiefenwert gespeichert, so wird dieser überschrieben, was natürlich etwas Zeit kostet. Befindet sich dagegen an diesen Positionen schon ein kleinerer Tiefenwert, entfällt der Schreibvorgang, da man das neue Pixel sowieso nicht sehen könnte. Das Front to Back Order Rendering reduziert also die Anzahl der unnötigen Schreibvorgänge auf ein Minimum. Merken Sie sich in diesem Zusammenhang einmal das Kürzel VSD (visible surface determination – Bestimmung der sichtbaren Oberflächen). Wenn Sie etwas von einem VSD-Algorithmus oder einer VSD-Technik lesen oder hören, dann geht es immer darum, eine Szene mit möglichst wenig Overdraw zu rendern. Unsere Technik ist zugegebenermaßen ziemlich primitiv (aber effizient): Wir rendern die Polygone von vornherein in der richtigen Reihenfolge.

Für gewöhnlich liegt der Overdraw-Wert bei der Darstellung einer Szene im Bereich von 2 bis 3. Bei einem Wert von 2 finden beispielsweise doppelt so viele Schreibvorgänge wie nötig statt. Aus dem gleichen Grund ist Alpha Blending übrigens auch so ein übler Performancekiller. Die Objekte müssen in Back to Front Order gerendert werden – ein hoher Overdraw-Wert ist also garantiert.

Speichern der Lichtquellen

Zum Speichern aller Lichtquellen verwenden wir dieses Mal ein globales Array vom Typ `D3DLIGHT9`, da wir in diesem Projekt auch von außerhalb der Klasse `C3DScenario` auf dieses Array zugreifen müssen. In den vorangegangenen Projekten haben wir die verwendeten Lichtquellen jeweils innerhalb dieser Klasse gespeichert.

Globale Variablen

Zunächst einmal riskieren wir einen Blick auf die globalen Variablen unseres Indoor-Renderers:

Listing 14.1: Indoor-Renderer – globale Variablen

```
// Variablen für die Renderstatistik
long AnzRenderedBauteile;
long AnzVisiblePortale;

// Variable für die Höhenkorrektur (Spieler soll nicht im
// Fußboden versinken)
float HeightCorrector = 1.0f;

// Kollision zwischen Betrachter und Wand mit der linken bzw.
// rechten Körperseite
BOOL DrehungRight = FALSE;
BOOL DrehungLeft  = FALSE;

BOOL LeftCollision;
BOOL RightCollision;

// Nummer des Sektors, in dem sich der Betrachter gerade befindet
long Player_in_Sektor_Nr = 0;

// Globales Lichtquellenarray
D3DLIGHT9 light[MaxAnzStaticLights]; // 50 Lichtquellen maximal

// Matrizen, die für die Berechnung von 4 seitlichen
// Blickrichtungen des Betrachters verwendet werden.
// Diese Richtungen werden für den Kollisionstest mit einer
// Wand benötigt.
D3DXMATRIX HalfLeftViewFieldBorderMatrix;
D3DXMATRIX HalfRightViewFieldBorderMatrix;
D3DXMATRIX LeftViewFieldBorderMatrix;
D3DXMATRIX RightViewFieldBorderMatrix;

D3DCOLOR BackgroundColor = D3DCOLOR_XRGB(0,0,0);

BOOL* List_of_visible_Sectors;
```

Überblick über die verwendeten Klassen, Strukturen und Funktionen

Alle Klassen, Strukturen und Funktionen unseres Indoor-Renderers sind in der Datei *Indoor.h* implementiert. Verschaffen wir uns einen kleinen Überblick:

CSektor_Portal_Zuordnung:

In einer Strukturvariablen vom Typ `CSektor_Portal_Zuordnung` wird einem Portal derjenige Sektor zugeordnet, der durch das Portal eingesehen und betreten werden kann.

CList_of_Sektor_Portal_Zuordnung:

Die Klasse `CList_of_Sektor_Portal_Zuordnung` initialisiert ein Array vom Typ `CSektor_Portal_Zuordnung`. Dieses Array wird für die Durchführung der schon angesprochenen Portal-Sichtbarkeits-Testsequenz benötigt.

CBauteil_Sektor_Zuordnung:

Die Strukturvariablen vom Typ `CBauteil_Sektor_Zuordnung` werden für den Sichtbarkeitstest und zum Rendern der potentiell sichtbaren Bauteile benötigt.

CPortal:

In der Klasse `CPortal` werden die Portaleckpunkte sowie die Nummer des Sektors, in welchen das Portal hineinführt, gespeichert. Weiterhin wird eine Instanz der Klasse `CQuad` initialisiert, die für den Portaldurchtrittstest verwendet wird. Die einzige Methode dieser Klasse wird für den Portalsichtbarkeitstest verwendet.

CIndoorTextures:

Die Klasse `CIndoorTextures` verwaltet alle Texturen des Indoor-Szenarios.

CBauteil:

Die Klasse `CBauteil` ist für die Initialisierung, Verwaltung und Darstellung der einzelnen Bauteile verantwortlich.

CSektor:

Die Klasse `CSektor` ist für die Initialisierung und Verwaltung der einzelnen Sektoren verantwortlich.

CInterieur:

Die Klasse `CInterieur` stellt die übergeordnete Instanz unseres Indoor-Renderers dar.

C3DScenario:

Wie immer stellt diese Klasse die oberste Instanz des 3D-Szenarios dar. Aus ihr heraus wird eine Instanz der `CInterieur`-Klasse initialisiert und zerstört sowie die Indoor-Szene gerendert.

Init3DScenario():

Funktion für die Initialisierung des `C3DScenario`-Objekts

CleanUp3DScenario():

Funktion für die Zerstörung des `C3DScenario`-Objekts

Klassen- und Strukturentwürfe

C3DScenario

Zunächst betrachten wir die Klasse C3DScenario. Achten Sie hierbei insbesondere auf die Methode New_Scene(). Im ersten Schritt wird ein Kollisions- sowie ein Höhentest mit den Wänden bzw. Böden des Sektors durchgeführt, in dem sich der Spieler augenblicklich befindet. Für den Kollisionstest werden unter anderem die vier ViewFieldBorder-Matrizen benötigt, die zuvor im C3DScenario-Konstruktor initialisiert wurden. Im Falle einer Kollision wird die Framebewegung des Spielers wieder rückgängig gemacht, wodurch gewährleistet wird, dass der Spieler nicht gegen die betreffende Wand laufen kann. Vor den sich anschließenden Portaldurchtritts- und Sichtbarkeitstests werden jetzt alle Sektoren auf »nicht sichtbar« zurückgesetzt. Nach erfolgtem Sichtbarkeitstest wird die Welttransformation durchgeführt. Hierfür werden die x- und z-Koordinaten des Spielers sowie die Höhe des Fußbodens benötigt. Im Anschluss daran wird die Rendermethode der Klasse CInterieur aufgerufen, die sich ihrerseits um die Darstellung aller sichtbaren Wände kümmert.

Listing 14.2: Indoor-Renderer – C3DScenario-Klassenentwurf

```
class C3DScenario
{
public:
    CInterieur* Interieur;

    D3DXVECTOR3 OldPlayerVerschiebungsvektor;
    D3DXMATRIX  TransformationsMatrix;

    C3DScenario()
    {
        CalcRotYMatrix(&HalfRightViewFieldBorderMatrix, 0.2f);
        CalcRotYMatrix(&HalfLeftViewFieldBorderMatrix, -0.2f);
        CalcRotYMatrix(&RightViewFieldBorderMatrix, 0.4f);
        CalcRotYMatrix(&LeftViewFieldBorderMatrix, -0.4f);

        D3DXMatrixIdentity(&TransformationsMatrix);

        AnzStaticLights = 0; // noch keine Lichter im Einsatz

        // Ambientes Licht anschalten
        g_pd3dDevice->SetRenderState(D3DRS_AMBIENT,
                       D3DCOLOR_XRGB(70, 70, 70));

        Interieur = new CInterieur;
    }
    ~C3DScenario()
    {
        SAFE_DELETE(Interieur)
```

```
    }
    void New_Scene(void)
    {
        RightCollision = FALSE;
        LeftCollision = FALSE;

        // Kollisions- bzw. Höhentest mit den Wänden/Böden
        // des Sektors duchführen, in dem sich der Betrachter
        // augenblicklich befindet
        if(Interieur->Test_Collision_with_SectorComponents(
                    &HeightCorrector) == TRUE)
        {
           // Falls Kollision, dann die Bewegung des Betrachters
           // rückgängig machen
           PlayerVerschiebungsvektor = OldPlayerVerschiebungsvektor;
        }

        // Alle Sektoren auf "nicht sichtbar" zurücksetzen
        Interieur->Turn_back_List_of_visible_Sectors();

        // Portaldurchtrittstest mit den Portalen
        // des Sektors durchführen, in dem sich der
        // Betrachter augenblicklich befindet. Achtung, Portal muss
        // hierfür nicht sichtbar sein, man kann ja auch rückwärts
        // durchgehen!
        Interieur->Test_Portal_Durchtritt();

        // Sichtbarkeitstest für potentiell sichtbare Sektoren
        // durchführen (Portalsichtbarkeitstest).
        Interieur->Sektoren_VisibilityTest();

        TransformationsMatrix._41 = -PlayerVerschiebungsvektor.x;
        TransformationsMatrix._42 = HeightCorrector - 1.0f;
        TransformationsMatrix._43 = -PlayerVerschiebungsvektor.z;

        // Transformation des Szenarios entsprechend der inversen
        // Bewegung des Spielers:
        g_pd3dDevice->SetTransform(D3DTS_WORLD,
                                   &TransformationsMatrix);

        // Rendern des Interieurs. Vor dem Rendern der Bauteile wird
        // für jedes potentiell sichtbare Bauteil ein
        // Sichtbarkeitstest durchgeführt:
        Interieur->Render_Interieur();

        OldPlayerVerschiebungsvektor = PlayerVerschiebungsvektor;
    }
};
C3DScenario* Scenario = NULL;
```

CSektor_Portal_Zuordnung

Jedem Portal kann ein Sektor zugeordnet werden, den man durch das Portal einsehen und betreten kann. Eine Strukturvariable vom Typ `CSektor_Portal_Zuordnung` wird zum Speichern einer solchen Zuordnung verwendet.

Listing 14.3: Indoor-Renderer – CSektor_Portal_Zuordnung-Struktur

```
struct CSektor_Portal_Zuordnung
{
    long SektorNr;
    long PortalNr;
};
CSektor_Portal_Zuordnung* Sektor_Portal_Zuordnung = NULL;
```

CList_of_Sektor_Portal_Zuordnung

Die Klasse `CList_of_Sektor_Portal_Zuordnung` dient zum Initialisieren und Verwalten einer Liste, in der alle Sektor-Portalzuordnungen gespeichert werden.

Listing 14.4: Indoor-Renderer – CList_of_Sektor_Portal_Zuordnung-Klassenentwurf

```
class CList_of_Sektor_Portal_Zuordnung
{
public:
    long AnzElements;
    CSektor_Portal_Zuordnung*  Sektor_Portal_Zuordnung;

    CList_of_Sektor_Portal_Zuordnung()
    { Sektor_Portal_Zuordnung = NULL }
    void Init_List(long anzElements)
    {
        AnzElements             = anzElements;
        Sektor_Portal_Zuordnung = new CSektor_Portal_Zuordnung[
                                      AnzElements];
    }
    ~CList_of_Sektor_Portal_Zuordnung()
    { SAFE_DELETE_ARRAY(Sektor_Portal_Zuordnung) }
};
CList_of_Sektor_Portal_Zuordnung* List_of_potential_visible_Sectors;
List_of_potential_visible_Sectors = NULL;
```

CBauteil_Sektor_Zuordnung

Jedes Bauteil lässt sich einem Sektor zuordnen. Zum Speichern einer solchen Zuordnung wird eine Strukturvariable vom Typ `CBauteil_Sektor_Zuordnung` verwendet. Diese Zuordnungen werden für den Sichtbarkeitstest und zum Rendern der potentiell sichtbaren Bauteile benötigt.

Listing 14.5: Indoor-Renderer – CBauteil_Sektor_Zuordnung-Struktur

```
struct CBauteil_Sektor_Zuordnung
{
    long BauteilNr;
    long SektorNr; // ... in welchem sich das Bauteil befindet
};
CBauteil_Sektor_Zuordnung* List_of_potential_visible_Components;
List_of_potential_visible_Components = NULL;
```

CPortal

In einer Instanz der Klasse `CPortal` werden alle Eigenschaften eines Portals gespeichert Des Weiteren findet sich eine Methode für den Portalsichtbarkeitstest. Dabei werden zum einen der Portalmittelpunkt und zum anderen alle Portaleckpunkte auf eine mögliche Sichtbarkeit hin überprüft.

HINWEIS: Die Methode für die Durchführung eines Portaldurchtrittstests findet sich in der `CSektor`-Klasse.

Listing 14.6: Indoor-Renderer – CPortal-Klassenentwurf

```
class CPortal
{
public:
    long        Nr;
    CQuad*      Quad;
    D3DXVECTOR3 CenterPos, UpperLeftPos, UpperRightPos;
    D3DXVECTOR3 LowerLeftPos, LowerRightPos;
    BOOL        visible;
    long        Portal_to_Sektor;

    CPortal()
    { Quad = new CQuad; }

    ~CPortal()
    { SAFE_DELETE(Quad) }
```

```
    BOOL Portal_VisibilityTest(void) // (siehe Tag 8)
    {
        visible = FALSE;

        temp1Vektor3 = CenterPos-PlayerVerschiebungsvektor;
        temp2Float=D3DXVec3Dot(&temp1Vektor3, &PlayerFlugrichtung);

        if(temp2Float > 0.0f) // Portal ist vor dem Spieler
        {
            temp1Float = D3DXVec3LengthSq(&temp1Vektor3);
            temp3Float = temp2Float*temp2Float;

            if(temp3Float > temp1Float*0.55f)
                visible = TRUE;
        }
        if(visible == FALSE)
        {
         temp1Vektor3 = UpperRightPos-PlayerVerschiebungsvektor;
         temp2Float=D3DXVec3Dot(&temp1Vektor3, &PlayerFlugrichtung);

         if(temp2Float > 0.0f) // Portal ist vor dem Spieler
         {
            temp1Float = D3DXVec3LengthSq(&temp1Vektor3);
            temp3Float = temp2Float*temp2Float;

            if(temp3Float > temp1Float*0.55f)
                visible = TRUE;
         }
        }
        // Für alle weiteren Eckpunkte genauso /////////////////////

        return visible;
    }
};
CPortal* Portal = NULL;
```

CIndoorTextures

Die Klasse `CIndoorTextures` ist recht unspektakulär. Ihre einzige Aufgabe besteht in der Verwaltung aller benötigten Texturen.

Listing 14.7: Indoor-Renderer – CIndoorTextures-Klassenentwurf

```
class CIndoorTextures
{
public:
    CTexturPool* WallTextur;
```

```
    CTexturPool* DetailTextur;

    CIndoorTextures()
    { //  Siehe CTerrainTextures }

    ~CIndoorTextures()
    {
        SAFE_DELETE_ARRAY(WallTextur)
        SAFE_DELETE_ARRAY(DetailTextur)
    }
};
CIndoorTextures* IndoorTextures = NULL;
```

CBauteil

Mit der Klasse `CBauteil` lernen wir das erste Arbeitspferd unseres Indoor-Renderers kennen. Bevor wir uns aber mit den Features und Methoden dieser Klasse vertraut machen, betrachten wir zunächst das Klassengerüst.

Listing 14.8: Indoor-Renderer – CBauteil-Klassengerüst

```
enum BauteilTyp {Wand = 1, Decke, Boden};
enum Bauteilgeometrie {Viereck = 1, Dreieck};

class CBauteil
{
public:
    long        Nr;
    BOOL        transparent;
    long        Typ;          //  1: Wand, 2: Decke; 3: Boden
    long        GeometrieTyp; //  1: Viereck, 2: Dreieck
    long        TexturNummer, DetailTexturNummer;
    float       tempFloorIntersectionParam;
    D3DXVECTOR3 CenterPos, UpperLeftPos, UpperRightPos;
    D3DXVECTOR3 LowerLeftPos, LowerRightPos;

    // nur wichtig für GeometrieTyp Viereck:///////////
    long  AnzVerticesZeile, AnzVerticesSpalte, AnzVertices;
    long  AnzTriangles, AnzQuads, AnzIndices;
    ///////////////////////////////////////////////////

    BOOL  visible;
    float RA, GA, BA;      // ambiente Materialanteile
    float RD, GD, BD, AD;  // diffuse Materialanteile
    float RS, GS, BS, AS;  // spekulare Materialanteile
    float RE, GE, BE;      // selbstleuchtende Materialanteile
```

```
    CQuad*     Quad;      // für Kollisionstest mit GeometrieTyp 1
    CTriangle* Triangle;  // für Kollisionstest mit GeometrieTyp 2

    WORD*                   IndexArray;
    LPDIRECT3DINDEXBUFFER9  BauteilIB;
    LPDIRECT3DVERTEXBUFFER9 BauteilVB;

    CBauteil()
    {
        Triangle   = NULL;
        Quad       = NULL;
        IndexArray = NULL;
        BauteilVB  = NULL;
        BauteilIB  = NULL;
    }
    ~CBauteil()
    {
        SAFE_DELETE(Triangle)
        SAFE_DELETE(Quad)
        SAFE_DELETE_ARRAY(IndexArray)
        SAFE_RELEASE(BauteilVB)
        SAFE_RELEASE(BauteilIB)
    }

    void Init(FILE* pfile);

    BOOL Test_Collision(float* pFloorIntersectionParam);

    void Render(void);
};
CBauteil* Bauteil = NULL;
```

Ein Vertexgitter interpolieren

Wir haben es bereits angesprochen: Für die korrekte Berechnung der Lichteinflüsse ist es notwendig, aus den Eckpunkten eines Bauteils ein Vertexgitter mit einer beliebigen Anzahl von Vertices interpolieren zu können. Wir teilen das Problem einfach in zwei Teile auf, zu denen wir uns jeweils ein Schaubild ansehen. Im ersten Schritt berechnen wir die Vertexpositionen (s. Abb. 14.3) und im zweiten Schritt die zugehörigen Texturkoordinaten (s. Abb. 14.4).

Auf den ersten Blick scheint insbesondere der zweite Rechenweg recht kompliziert zu sein; besinnen wir uns also auf unsere goldene Regel zurück und verdeutlichen uns die Zusammenhänge anhand eines Spezialfalls – des Quadrats oder Rechtecks.

Für ein Quadrat oder Rechteck gilt:

```
DeltaTU_Left = DeltaTU_Right = 0
DeltaTV_Up   = DeltaTV_Down = 0
```

Für jede Zeile bzw. Spalte ergibt sich jetzt die gleiche tu- bzw. tv-Differenz:

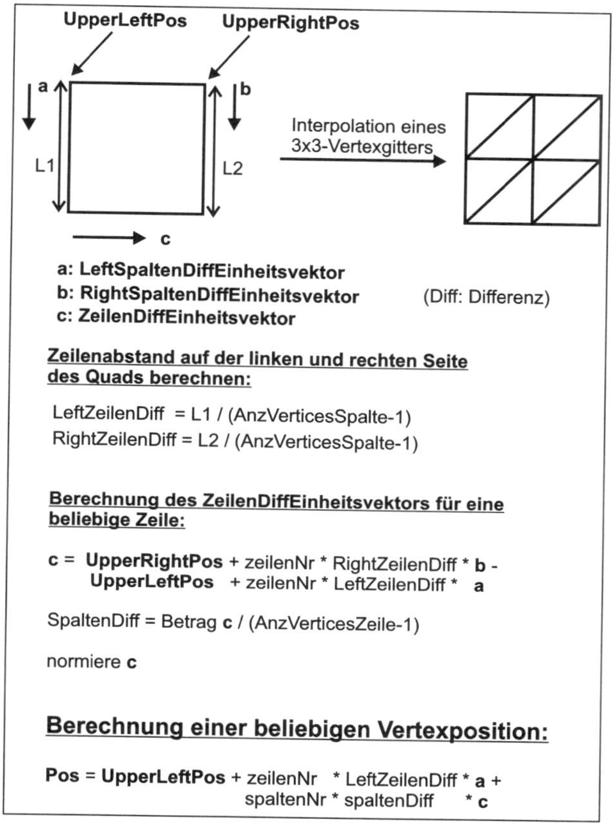

Abbildung 14.3: Berechnung einer beliebigen Vertexposition

```
TU_Differenz = (tu_UpperRight - tu_UpperLeft)/(AnzVerticesZeile-1)
TV_Differenz = (tv_LowerLeft  - tv_UpperLeft)/(AnzVerticesSpalte-1)
```

Die Texturkoordinaten berechnen sich jetzt wie folgt:

```
tu = tu_UpperLeft + spaltenNr*TU_Differenz;
tv = tv_UpperLeft + zeilenNr*TV_Differenz;
```

Ist doch gar nicht so schwer, oder?

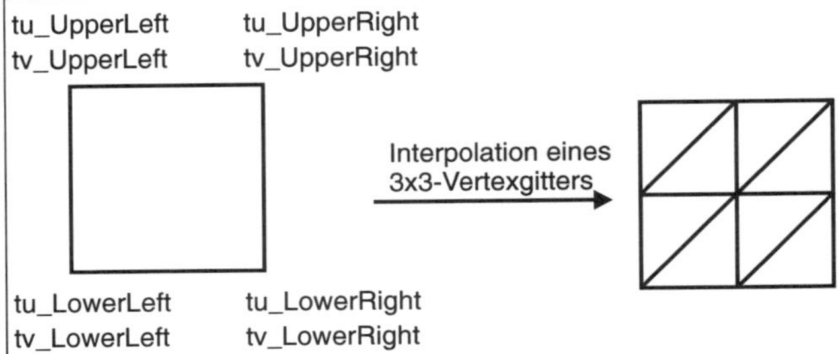

Berechnung der Differenzen der Texturkoordinaten zwischen zwei Zeilen / Spalten an den Quad-Kanten:

DeltaTU_Left = (tu_LowerLeft - tu_UpperLeft)/
(AnzVerticesSpalte-1)

DeltaTU_Right = (tu_LowerRight - tu_UpperRight)/
(AnzVerticesSpalte-1)

DeltaTV_Up = (tv_UpperRight - tv_UpperLeft)/
(AnzVerticesZeile-1)

DeltaTV_Down = (tv_LowerRight - tv_LowerLeft)/
(AnzVerticesZeile-1)

Berechnung der tu-Differenz für eine beliebige Zeile:

TU_Range = (tu_UpperRight + zeilenNr * DeltaTU_Right) -
(tu_UpperLeft + zeilenNr * DeltaTU_Left)

TU_Differenz = TU_Range/(AnzVerticesZeile-1)

Berechnung der tv-Differenz für eine beliebige Zeile:

TV_Range = (tv_LowerLeft + spaltenNr * DeltaTV_Down) -
(tv_UpperLeft + spaltenNr * DeltaTV_Up)

TV_Differenz = TV_Range/(AnzVerticesSpalte-1)

Berechnung der Texturkoordinaten für eine beliebige Vertexposition:

tu = tu_UpperLeft - zeilenNr * DeltaTU_Right +
spaltenNr * TU_Differenz

tv = tv_UpperLeft - spaltenNr * DeltaTV_Up +
zeilenNr * TV_Differenz

Abbildung 14.4: Berechnung der Texturkoordinaten für eine beliebige Vertexposition

Betrachten wir nun den zugehörigen Quellcode:

Listing 14.9: Indoor-Renderer – Interpolation eines Vertexgitters

```
D3DXVECTOR3 LeftSpaltenDiffEinheitsVektor;
D3DXVECTOR3 RightSpaltenDiffEinheitsVektor;
D3DXVECTOR3 ZeilenDiffEinheitsVektor;

float SpaltenDiff, LeftZeilenDiff, RightZeilenDiff;

LeftSpaltenDiffEinheitsVektor  = LowerLeftPos-UpperLeftPos;
RightSpaltenDiffEinheitsVektor = LowerRightPos-UpperRightPos;

LeftZeilenDiff = NormalizeVector(&LeftSpaltenDiffEinheitsVektor,
                                 &LeftSpaltenDiffEinheitsVektor)/
                                 (AnzVerticesSpalte-1);

RightZeilenDiff = NormalizeVector(&RightSpaltenDiffEinheitsVektor,
                                  &RightSpaltenDiffEinheitsVektor)/
                                  (AnzVerticesSpalte-1);

float DeltaTU_Left   = (tu1_LowerLeft - tu1_UpperLeft)/
                       (AnzVerticesSpalte-1);
float DeltaTU_Right  = (tu1_LowerRight - tu1_UpperRight)/
                       (AnzVerticesSpalte-1);

float DeltaTV_Up     = (tv1_UpperRight - tv1_UpperLeft)/
                       (AnzVerticesZeile-1);
float DeltaTV_Down   = (tv1_LowerRight - tv1_LowerLeft)/
                       (AnzVerticesZeile-1);

float TU_Range, TV_Range, TU_Diff, TV_Diff;

long zeilenNr, spaltenNr;

SPACEOBJEKT3DVERTEX_EX* pVertices;

BauteilVB->Lock(0, 0, (VOID**)&pVertices, 0);

for(zeilenNr = 0; zeilenNr < AnzVerticesSpalte; zeilenNr++)
{
    ZeilenDiffEinheitsVektor =
                        (UpperRightPos+zeilenNr*RightZeilenDiff*
                        RightSpaltenDiffEinheitsVektor)-
                        (UpperLeftPos+zeilenNr*LeftZeilenDiff*
                        LeftSpaltenDiffEinheitsVektor);

    SpaltenDiff = NormalizeVector(&ZeilenDiffEinheitsVektor,
                                  &ZeilenDiffEinheitsVektor)/
                                  (AnzVerticesZeile-1);
```

```
    TU_Range = (tu1_UpperRight+zeilenNr*DeltaTU_Right) -
               (tu1_UpperLeft+zeilenNr*DeltaTU_Left);
    TU_Diff = TU_Range/(AnzVerticesZeile-1);

    for(spaltenNr = 0; spaltenNr < AnzVerticesZeile; spaltenNr++)
    {
        TV_Range = (tv1_LowerLeft+spaltenNr*DeltaTV_Down) -
                   (tv1_UpperLeft+spaltenNr*DeltaTV_Up);
        TV_Diff = TV_Range/(AnzVerticesSpalte-1);

        // Vertexkoordinaten berechnen:

        pVertices[zeilenNr*AnzVerticesZeile+spaltenNr].position =
        UpperLeftPos +
        zeilenNr*LeftZeilenDiff*LeftSpaltenDiffEinheitsVektor +
        spaltenNr*SpaltenDiff*ZeilenDiffEinheitsVektor;

        // Normalenvektor festlegen:

        pVertices[zeilenNr*AnzVerticesZeile+spaltenNr].normal =
                                                  Quad->normal;

        // Texturkoordinaten berechnen:

        pVertices[zeilenNr*AnzVerticesZeile+spaltenNr].tu1 =
        tu1_UpperLeft - zeilenNr*DeltaTU_Right + spaltenNr*TU_Diff;

        pVertices[zeilenNr*AnzVerticesZeile+spaltenNr].tv1 =
        tv1_UpperLeft - spaltenNr*DeltaTV_Up + zeilenNr*TV_Diff;

        // Texturkoordinaten der Detailtextur berechnen:

        pVertices[zeilenNr*AnzVerticesZeile+spaltenNr].tu2 =
        tu1_UpperLeft - zeilenNr*DeltaTU_Right*DetailFactorTU +
        DetailFactorTU*spaltenNr*TU_Diff;

        pVertices[zeilenNr*AnzVerticesZeile+spaltenNr].tv2 =
        tv1_UpperLeft - spaltenNr*DeltaTV_Up*DetailFactorTV +
        DetailFactorTV*zeilenNr*TV_Diff;
    }
}
BauteilVB->Unlock();
```

Ein Bauteil initialisieren

Die Methode `Init()` sorgt für alle notwendigen Initialisierungsarbeiten. Dazu gehören unter anderem die Erzeugung des Index- und des Vertexbuffers sowie die Interpolation des Vertexgitters.

Listing 14.10: Indoor-Renderer – CBauteil-Methode Init()

```
void CBauteil::Init(FILE* pfile)
{
    float DetailFactorTU; // Parameter für das Detailmapping
    float DetailFactorTV;

    fscanf(pfile,"%s", &strBuffer);
    fscanf(pfile,"%d", &Nr);
    fscanf(pfile,"%s", &strBuffer);
    fscanf(pfile,"%d", &Typ);
    fscanf(pfile,"%s", &strBuffer);
    fscanf(pfile,"%d", &GeometrieTyp);
    fscanf(pfile,"%s", &strBuffer);
    fscanf(pfile,"%d", &tempLong);

    if(tempLong == 0)
        transparent = FALSE;
    else
        transparent = TRUE;

    if(GeometrieTyp == Viereck)
    {
        // Texturkoordinaten der Quad-Eckpunkte:
        float tu1_UpperLeft,  tv1_UpperLeft;
        float tu1_LowerLeft,  tv1_LowerLeft;
        float tu1_UpperRight, tv1_UpperRight;
        float tu1_LowerRight, tv1_LowerRight;

        fscanf(pfile,"%s", &strBuffer);
        fscanf(pfile,"%d", &AnzVerticesZeile);
        fscanf(pfile,"%s", &strBuffer);
        fscanf(pfile,"%d", &AnzVerticesSpalte);

        AnzVertices  = AnzVerticesZeile*AnzVerticesSpalte;
        AnzQuads     = (AnzVerticesZeile-1)*(AnzVerticesSpalte-1);
        AnzTriangles = 2*AnzQuads;
        AnzIndices   = 3*AnzTriangles;
        IndexArray   = new WORD[AnzIndices];

        // Erstellung des Indexbuffers wie gehabt //////////////////

        SAFE_DELETE_ARRAY(IndexArray)

        // Initialisierung des Vertexbuffers wie gehabt ///////////

        fscanf(pfile,"%s", &strBuffer);
        fscanf(pfile,"%f", &UpperLeftPos.x);
        fscanf(pfile,"%s", &strBuffer);
```

```
    fscanf(pfile,"%f", &UpperLeftPos.y);
    fscanf(pfile,"%s", &strBuffer);
    fscanf(pfile,"%f", &UpperLeftPos.z);
    fscanf(pfile,"%s", &strBuffer);
    fscanf(pfile,"%f", &tu1_UpperLeft);
    fscanf(pfile,"%s", &strBuffer);
    fscanf(pfile,"%f", &tv1_UpperLeft);

    // Ebenso für die weiteren Eckpunkte ///////////////////////

    CenterPos = 0.25f*(UpperLeftPos+UpperRightPos+
                       LowerLeftPos+LowerRightPos);

    Quad = new CQuad;
    Quad->Init_Quad(LowerLeftPos, UpperLeftPos, UpperRightPos,
                    LowerRightPos);

    fscanf(pfile,"%s", &strBuffer);
    fscanf(pfile,"%f", &DetailFactorTU);
    fscanf(pfile,"%s", &strBuffer);
    fscanf(pfile,"%f", &DetailFactorTV);

    // Interpolation der Vertexkoordinaten für ein
    // unregelmäßiges Quad an dieser Stelle

}

else if(GeometrieTyp == Dreieck)
{
    IndexArray = new WORD[3]; // 1*3 Dreiecke
    IndexArray[0] = 2;
    IndexArray[1] = 0;
    IndexArray[2] = 1;

    g_pd3dDevice->CreateIndexBuffer(3*sizeof(WORD),
                                    D3DUSAGE_WRITEONLY,
                                    D3DFMT_INDEX16,
                                    D3DPOOL_MANAGED,
                                    &BauteilIB, NULL);

    WORD* var = NULL;
    BauteilIB->Lock(0, 0, (VOID**)&var, 0);
    memcpy(var, IndexArray, 3*sizeof(WORD));
    BauteilIB->Unlock();

    SAFE_DELETE_ARRAY(IndexArray)

    g_pd3dDevice->CreateVertexBuffer(
                              3*sizeof(SPACEOBJEKT3DVERTEX_EX),
```

```
                                        D3DUSAGE_WRITEONLY,
                                        D3DFVF_SPACEOBJEKT3DVERTEX_EX,
                                        D3DPCOL_MANAGED,
                                        &BauteilVB, NULL);

        SPACEOBJEKT3DVERTEX_EX*    pVertices;

        BauteilVB->Lock(0, 0, (VOID**)&pVertices, 0);

        // Vertexdaten der 3 Ecken einlesen:
        // Texturkoordinaten tu1/tv1 werden direkt in
        // den Vertexbuffer geschrieben

        CenterPos = 1.0f/3.0f*(UpperLeftPos+
                               UpperRightPos+LowerLeftPos);

        Triangle = new CTriangle;
        Triangle->Init_Triangle(LowerLeftPos, UpperLeftPos,
                                UpperRightPos);

        pVertices[0].position = UpperLeftPos;
        pVertices[0].normal   = Triangle->normal;
        pVertices[0].tu2      = pVertices[0].tu1;
        pVertices[0].tv2      = pVertices[0].tv1;
        pVertices[1].position = UpperRightPos;
        pVertices[1].normal   = Triangle->normal;
        pVertices[1].tu2      = pVertices[1].tu1*DetailFactorTU;
        pVertices[1].tv2      = pVertices[1].tv1;
        pVertices[2].position = LowerLeftPos;
        pVertices[2].normal   = Triangle->normal;
        pVertices[2].tu2      = pVertices[2].tu1;
        pVertices[2].tv2      = pVertices[2].tv1*DetailFactorTV;

        BauteilVB->Unlock();
    }

    fscanf(pfile,"%s", &strBuffer);
    fscanf(pfile,"%d", &TexturNummer);
    fscanf(pfile,"%s", &strBuffer);
    fscanf(pfile,"%d", &DetailTexturNummer);
    fscanf(pfile,"%s", &strBuffer);
    fscanf(pfile,"%f", &RA);
    fscanf(pfile,"%s", &strBuffer);
    fscanf(pfile,"%f", &GA);
    fscanf(pfile,"%s", &strBuffer);
    fscanf(pfile,"%f", &BA);

    // Ebenso diffuse, spekulare u. emissive Materialeigenschaften
}
```

Einen Kollisionstest zwischen dem Spieler und einem Bauteil durchführen

Die Methode `Test_Collision()` übernimmt zwei Aufgaben – den Kollisionstest mit einer Wand bzw. den Höhentest mit dem Fußboden. Hierfür werden die beiden Methoden `Test_for_Point_Collision_Wall()` sowie `Test_for_Ray_Intersection_Terrain()` verwendet, die uns aus Tag 7 bereits bestens bekannt sind. Um einen möglichst adäquaten Kollisionstest zu gewährleisten, werden insgesamt zehn verschiedene Kollisionssituationen getestet:

- Spieler läuft frontal gegen eine Wand
- Spieler läuft rückwärts gegen eine Wand
- Spieler läuft halb rechts/rechts vorwärts bzw. rückwärts gegen eine Wand
- Spieler läuft halb links/links vorwärts bzw. rückwärts gegen eine Wand

HINWEIS: Die Bewegungsfreiheit des Spielers unmittelbar nach der Kollision hängt nun davon ab, auf welche Weise die Kollision zustande gekommen ist. Ist der Spieler beispielsweise mit seiner rechten Körperseite gegen eine Wand gelaufen, kann er sich nur noch nach links drehen. Eine Körperdrehung nach rechts ist unmöglich, da hierbei die Wand im Weg ist.

Listing 14.11: Indoor-Renderer – CBauteil-Methode Test_Collision()

```
BOOL CBauteil::Test_Collision(float* pFloorIntersectionParam)
{
    if(Typ == Wand)
    {
        if(GeometrieTyp == Viereck)
        {
            // Spieler läuft frontal bzw. rückwärts gegen die Wand

            // Wand vor dem Spieler

            if(D3DXVec3Dot(&Quad->normal, &PlayerFlugrichtung)<0.0f)
                temp1Vektor3 = PlayerVerschiebungsvektor +
                               1.0f*PlayerFlugrichtung;

            // Wand hinter dem Spieler

            else
                temp1Vektor3 = PlayerVerschiebungsvektor -
                               1.0f*PlayerFlugrichtung;

            if(Quad->Test_for_Point_Collision_Wall(&temp1Vektor3)
                == TRUE)
                return TRUE;

            // Spieler läuft links (mit seiner linken Schulter)
            // gegen die Wand
```

```
        MultiplyVectorWithRotationMatrix(&temp2Vektor3,
                                         &PlayerFlugrichtung,
                                         &LeftViewFieldBorderMatrix);

        // Wand links vor dem Spieler

        if(D3DXVec3Dot(&Quad->normal, &temp2Vektor3)<0.0f)
            temp1Vektor3 = PlayerVerschiebungsvektor +
                           1.5f*temp2Vektor3;

        // Wand links hinter dem Spieler

        else
            temp1Vektor3 = PlayerVerschiebungsvektor -
                           1.5f*temp2Vektor3;

        if(Quad->Test_for_Point_Collision_Wall(&temp1Vektor3)
           == TRUE)
        {
            LeftCollision = TRUE;
            return TRUE;
        }

        // Die anderen Situationen werden analog getestet.

        return FALSE;
    }
    else if(GeometrieTyp == Dreieck)
    {
        // Kollisionstest analog zu Viereck
        return FALSE;
    }
}
else if(Typ == Boden)
{
    // Abstand zum Boden bestimmen:

    if(GeometrieTyp == Viereck)
    {
        if(Quad->Test_for_Ray_Intersection_Terrain(
                  &PlayerVerschiebungsvektor,
                  &tempFloorIntersectionParam) == TRUE)
        {
          *pFloorIntersectionParam = tempFloorIntersectionParam;
          visible = TRUE;
        }
        return FALSE; // mit dem Boden kann man nicht
                      // kollidieren
    }
```

```
        else if(GeometrieTyp == Dreieck)
        {
            if(Triangle->Test_for_Ray_Intersection_Terrain(
                          &PlayerVerschiebungsvektor,
                          &tempFloorIntersectionParam) == TRUE)
            {
              *pFloorIntersectionParam = tempFloorIntersectionParam;
               visible = TRUE;
            }
            return FALSE; // mit dem Boden kann man nicht
                           // kollidieren
        }
    }
    return FALSE;
}
```

Ein Bauteil rendern

Die prinzipielle Arbeitsweise einer Renderfunktion sollte Ihnen inzwischen aus anderen Projekten zur Genüge vertraut sein. Legen wir also los:

Listing 14.12: Indoor-Renderer – CBauteil-Methode Render()

```
void CBauteil::Render(void)
{
    if(Typ == Wand) // Sichtbarkeitstest nur für Wände durchführen
    {
        // Sichtbarkeitstest analog zum Portalsichtbarkeitstest. Es
        // wird hier jedoch nur überprüft, ob sich das Bauteil vor
        // oder hinter dem Spieler befindet.
        // Achtung, bei Geometrietyp Dreieck entfällt der Test für
        // LowerRightPos (da nicht vorhanden)!

        if(visible == FALSE)
            return;

    }

    AnzRenderedBauteile++;

    ZeroMemory(&mtrl, sizeof(D3DMATERIAL9));
    mtrl.Ambient.r  = RA;
    mtrl.Ambient.g  = GA;
    mtrl.Ambient.b  = BA;
    mtrl.Diffuse.r  = RD;
    mtrl.Diffuse.g  = GD;
    mtrl.Diffuse.b  = BD;
    mtrl.Diffuse.b  = AD;
    mtrl.Specular.r = RS;
```

```
mtrl.Specular.g = GS;
mtrl.Specular.b = BS;
mtrl.Specular.b = AS;
mtrl.Power      = 10;
mtrl.Emissive.r = RE;
mtrl.Emissive.g = GE;
mtrl.Emissive.b = BE;
g_pd3dDevice->SetMaterial(&mtrl);

if(transparent == TRUE)
{
    g_pd3dDevice->SetRenderState(D3DRS_ALPHABLENDENABLE, TRUE);
    g_pd3dDevice->SetRenderState(D3DRS_SRCBLEND,
                                 D3DBLEND_SRCALPHA);
    g_pd3dDevice->SetRenderState(D3DRS_DESTBLEND,
                                 D3DBLEND_INVSRCALPHA);
    g_pd3dDevice->SetTextureStageState(0, D3DTSS_ALPHAOP,
                                       D3DTOP_MODULATE);
}

// Mipmap-Filter festlegen wie gehabt //////////////////////

g_pd3dDevice->SetTexture(0, IndoorTextures->
                         WallTextur[TexturNummer].pTexture);

if(DetailMapping == TRUE && (Typ == Wand || Typ == Decke))
{

    // Detailmapping für den Boden sieht nicht so schön aus!

    // Detailmapping einstellen wie gehabt ////////////////////

    if(transparent == TRUE)
        g_pd3dDevice->SetTextureStageState(1, D3DTSS_ALPHAOP,
                                           D3DTOP_MODULATE);
    g_pd3dDevice->SetTexture(1, IndoorTextures->
                 DetailTextur[DetailTexturNummer].pTexture);
}

if(GeometrieTyp == 1)
{
    g_pd3dDevice->SetRenderState(D3DRS_CULLMODE, D3DCULL_CCW);
    g_pd3dDevice->SetStreamSource(0, BauteilVB, 0,
                             sizeof(SPACEOBJEKT3DVERTEX_EX));
    g_pd3dDevice->SetFVF(D3DFVF_SPACEOBJEKT3DVERTEX_EX);
    g_pd3dDevice->SetIndices(BauteilIB);
    g_pd3dDevice->DrawIndexedPrimitive(D3DPT_TRIANGLELIST, 0,
                                       0, AnzVertices,
                                       0, AnzTriangles);
```

```
    }
    else if(GeometrieTyp == 2)
    {
        // Wie Viereck ///////////////////////////////////////////////

        g_pd3dDevice->DrawIndexedPrimitive(D3DPT_TRIANGLELIST, 0,
                                           0, 3,   // Eckpunkte
                                           0, 1);  // Dreiecke
    }

    g_pd3dDevice->SetRenderState(D3DRS_CULLMODE, D3DCULL_CW);

    // Alle Einstellungen zurücksetzen ///////////////////////////////

    if(transparent == TRUE)
    {
        g_pd3dDevice->SetRenderState(D3DRS_ALPHABLENDENABLE, FALSE);
        g_pd3dDevice->SetTextureStageState(0, D3DTSS_ALPHAOP,
                                           D3DTOP_SELECTARG1);
        g_pd3dDevice->SetTextureStageState(1, D3DTSS_ALPHAOP,
                                           D3DTOP_DISABLE);
    }
    visible = FALSE;
}
```

CSektor

Die Klasse `CSektor` ist das zweite Arbeitspferd unseres Indoor-Renderers und stellt die übergeordnete Instanz der Klasse `CBauteil` dar. Bevor wir weiter ins Detail gehen, betrachten wir auch hier zunächst einmal das Klassengerüst.

Listing 14.13: Indoor-Renderer – CSektor-Klassengerüst

```
class CSektor
{
public:
    long  Nr;
    long  AnzComponents;
    long* List_of_Sector_Components;
    long  AnzPortale;
    long* List_of_potential_visible_Portals;
    long  Anz_potential_visible_Components;

    CList_of_Sektor_Portal_Zuordnung*
                              List_of_potential_visible_Sectors;
    CBauteil_Sektor_Zuordnung* List_of_potential_visible_Components;
```

```
    long AnzLights;
    long LightArrayOffset;
    long i, j;

    CSektor()
    {
        List_of_potential_visible_Portals    = NULL;
        List_of_Sector_Components            = NULL;
        List_of_potential_visible_Sectors    = NULL;
        List_of_potential_visible_Components = NULL;
    }
    ~CSektor()
    {
        SAFE_DELETE_ARRAY(List_of_potential_visible_Portals)
        SAFE_DELETE_ARRAY(List_of_potential_visible_Components)
        SAFE_DELETE_ARRAY(List_of_potential_visible_Sectors)
        SAFE_DELETE_ARRAY(List_of_Sector_Components)
    }

    void Init_Sektor(FILE* pfile);
    BOOL Test_Collision_with_SectorComponents(float*
                                          pFloorIntersectionParam);

    void Licht_anschalten(void);
    void Licht_ausschalten(void);
    void Render(void);
    void Test_Portal_Durchtritt(void);
    void VisibilityTest_with_potential_visible_Sectors(void);
};
CSektor* Sektor = NULL;
```

Einen Sektor initialisieren

Die Methode `Init_Sektor()` übernimmt alle Initialisierungsarbeiten. Im Einzelnen hat diese Funktion die folgenden Aufgaben zu erfüllen:

- Initialisierung aller Lichtquellen des Sektors
- eine Liste mit den Bauteilen anlegen, aus denen der Sektor aufgebaut ist (für die Kollisionserkennung)
- eine Liste der potentiell sichtbaren Portale anlegen, die aus dem Sektor hinausführen (für den Portaldurchtrittstest)
- für jedes dieser Portale eine Liste der potentiell sichtbaren Sektoren mit den zugehörigen Portalen anlegen (für die Portal-Sichtbarkeits-Testsequenz)
- eine Liste der potentiell sichtbaren Bauteile mit den zugehörigen Sektoren anlegen (zum Rendern der Bauteile)

Listing 14.14: Indoor-Renderer – CSektor-Methode Init_Sektor()

```
void CSektor::Init_Sektor(FILE* pfile)
{
    fscanf(pfile,"%s", &strBuffer);
    fscanf(pfile,"%d", &Nr);
    fscanf(pfile,"%s", &strBuffer);
    fscanf(pfile,"%d", &AnzLights);

    for(i = 0; i < AnzLights; i++)
    {
        if(i == 0)
            LightArrayOffset = AnzStaticLights;

        ZeroMemory(&light[LightArrayOffset+i], sizeof(D3DLIGHT9));
        light[LightArrayOffset+i].Type       = D3DLIGHT_POINT;
        fscanf(pfile,"%s", &strBuffer);
        fscanf(pfile,"%f", &light[LightArrayOffset+i].Diffuse.r);
        // usw.
        fscanf(pfile,"%s", &strBuffer);
        fscanf(pfile,"%f", &light[LightArrayOffset+i].Specular.r);
        // usw.
        light[LightArrayOffset+i].Attenuation0 = 0;
        light[LightArrayOffset+i].Attenuation1 = 1;
        light[LightArrayOffset+i].Attenuation2 = 0;
        fscanf(pfile,"%s", &strBuffer);
        fscanf(pfile,"%f", &light[LightArrayOffset+i].Range);
        fscanf(pfile,"%s", &strBuffer);
        fscanf(pfile,"%f", &light[LightArrayOffset+i].Position.x);
        // usw.
        g_pd3dDevice->SetLight(LightArrayOffset+i,
                               &light[LightArrayOffset+i]);

        AnzStaticLights++;
    }

    fscanf(pfile,"%s", &strBuffer);
    fscanf(pfile,"%d", &AnzComponents);
    List_of_Sector_Components = new long[AnzComponents];

    for(i = 0; i < AnzComponents; i++)
    {
        fscanf(pfile,"%s", &strBuffer);
        fscanf(pfile,"%d", &List_of_Sector_Components[i]);
    }

    fscanf(pfile,"%s", &strBuffer);
    fscanf(pfile,"%d", &AnzPortale);
```

```
    List_of_potential_visible_Portals = new long[AnzPortale];

    for(i = 0; i < AnzPortale; i++)
    {
        fscanf(pfile,"%s", &strBuffer);
        fscanf(pfile,"%d", &List_of_potential_visible_Portals[i]);
    }

    List_of_potential_visible_Sectors = new
                   CList_of_Sektor_Portal_Zuordnung[AnzPortale];

    for(j = 0; j < AnzPortale; j++)
    {
        fscanf(pfile,"%s", &strBuffer);
        fscanf(pfile,"%d", &tempLong);
        List_of_potential_visible_Sectors[j].Init_List(tempLong);

        for(i = 0; i < tempLong; i++)
        {
            fscanf(pfile,"%s", &strBuffer);
            fscanf(pfile,"%d",
                   &List_of_potential_visible_Sectors[j].
                    Sektor_Portal_Zuordnung[i].SektorNr);

            fscanf(pfile,"%s", &strBuffer);
            fscanf(pfile,"%d",
                   &List_of_potential_visible_Sectors[j].
                    Sektor_Portal_Zuordnung[i].PortalNr);
        }
    }

    fscanf(pfile,"%s", &strBuffer);
    fscanf(pfile,"%d", &Anz_potential_visible_Components);

    List_of_potential_visible_Components = new
    CBauteil_Sektor_Zuordnung[Anz_potential_visible_Components];

    for(i = 0; i < Anz_potential_visible_Components; i++)
    {
        fscanf(pfile,"%s", &strBuffer);
        fscanf(pfile,"%d",
             &List_of_potential_visible_Components[i].BauteilNr);
        fscanf(pfile,"%s", &strBuffer);
        fscanf(pfile,"%d",
             &List_of_potential_visible_Components[i].SektorNr);
    }
}
```

Das Licht in einem Sektor ein- und ausschalten

Die Methode `Licht_anschalten()` schaltet vor dem Rendern der Bauteile eines sichtbaren Sektors dessen Lichtquellen ein und die Methode `Licht_ausschalten()` schaltet die Lichtquellen nach dem Rendern wieder aus. Dabei dürfen wir nicht vergessen, die Positionen der Lichtquellen entsprechend der inversen Bewegung des Spielers zu transformieren.

Listing 14.15: Indoor-Renderer – CSektor-Methode Licht_anschalten()

```
void CSektor::Licht_anschalten(void)
{
    for(i = 0; i < AnzLights; i++)
    {
        light[LightArrayOffset+i].Position.x -=
                                PlayerVerschiebungsvektor.x;
        light[LightArrayOffset+i].Position.y -=
                                (1.0f - HeightCorrector);
        light[LightArrayOffset+i].Position.z -=
                                PlayerVerschiebungsvektor.z;
        g_pd3dDevice->SetLight(LightArrayOffset+i,
                              &light[LightArrayOffset+i]);
        g_pd3dDevice->LightEnable(LightArrayOffset+i, TRUE);
    }
}
```

Listing 14.16: Indoor-Renderer – CSektor-Methode Licht_ausschalten()

```
void CSektor::Licht_ausschalten(void)
{
    for(i = 0; i < AnzLights; i++)
    {
        light[LightArrayOffset+i].Position.x +=
                                PlayerVerschiebungsvektor.x;
        light[LightArrayOffset+i].Position.y +=
                                (1.0f - HeightCorrector);
        light[LightArrayOffset+i].Position.z +=
                                PlayerVerschiebungsvektor.z;
        g_pd3dDevice->SetLight(LightArrayOffset+i,
                              &light[LightArrayOffset+i]);
        g_pd3dDevice->LightEnable(LightArrayOffset+i, FALSE);
    }
}
```

Einen Kollisionstest mit den Bauteilen des Sektors durchführen

Die Methode `Test_Collision_with_SectorComponents()` ist für den Kollisionstest des Spielers mit den Bauteilen des Sektors verantwortlich, in dem sich dieser gerade befindet.

*Listing 14.17: **Indoor-Renderer – CSektor-Methode Test_Collision_with_SectorComponents()***

```
BOOL CSektor::Test_Collision_with_SectorComponents(float*
                                        pFloorIntersectionParam)
{
    for(i = 0; i < AnzComponents; i++)
    {
        if(Bauteil[List_of_Sector_Components[i]].Test_Collision(
                                  pFloorIntersectionParam) == TRUE)
            return TRUE;
    }
    return FALSE;
}
```

Potentiell sichtbare Sektoren auf Sichtbarkeit hin überprüfen (Portal-Sichtbarkeits-Testsequenz)

Die Methode `VisibilityTest_with_potential_visible_Sectors()` führt für jedes sichtbare Portal, das aus dem Sektor hinausführt, die schon so oft angesprochene Portal-Sichtbarkeits-Testsequenz durch.

*Listing 14.18: **Indoor-Renderer – CSektor-Methode VisibilityTest_with_potential_visible_Sectors()***

```
void CSektor::VisibilityTest_with_potential_visible_Sectors(void)
{

    // Testsequenz für jedes Portal, das aus dem Sektor hinausführt,
    // durchführen:

    for(j = 0; j < AnzPortale; j++)
    {

    // Länge der Testsequenz bestimmen:

    tempLong = List_of_potential_visible_Sectors[j].AnzElements;

    // Eine Testsequenz durchführen:

    for(i = 0; i < tempLong; i++)
    {
        temp1Long = List_of_potential_visible_Sectors[j].
                    Sektor_Portal_Zuordnung[i].PortalNr;

        if(i > 0) // Es wurde schon mindestens ein Test durchgeführt
        {
```

```
// Überprüfen, ob mehrere Portale in den nächsten Sektor
// führen:

    if(List_of_potential_visible_Sectors[j].
       Sektor_Portal_Zuordnung[i-1].SektorNr !=
       List_of_potential_visible_Sectors[j].
       Sektor_Portal_Zuordnung[i].SektorNr)
    {

    // Wenn dem nicht so ist, wird die Testsequenz nach
    // einem negativ verlaufenden Portalsichtbarkeitstest
    // mit break abgebrochen.

        if(List_of_visible_Sectors[
           List_of_potential_visible_Sectors[j].
           Sektor_Portal_Zuordnung[i-1].SektorNr]==TRUE)
        {

        // Wenn der vorangegangene Sektor sichtbar ist,
        // einen weiteren Sichtbarkeitstest durchführen:

           if(Portal[temp1Long].Portal_VisibilityTest()==TRUE)
           {
              List_of_visible_Sectors[
              List_of_potential_visible_Sectors[j].
              Sektor_Portal_Zuordnung[i].SektorNr] = TRUE

              AnzVisiblePortale++;
           }
        }

        // ... ansonsten Testsequenz abbrechen:

        else
            break;
     }

  // Wenn mehrere Portale in den nächsten Sektor führen, dann
  // kann die Testsequenz nach einem negativ verlaufenden
  // Portalsichtbarkeitstest noch nicht abgebrochen werden,
  // denn es besteht noch die Möglichkeit, durch ein anderes
  // Portal in den nächsten Sektor hineinzusehen.

     else
     {
        if(Portal[temp1Long].Portal_VisibilityTest()==TRUE)
        {// siehe oben}
     }
```

```
        }
        else  // erster Test:
        {
            if(Portal[temp1Long].Portal_VisibilityTest()==TRUE)
          {// siehe oben}
        }
    }
    }
}
```

Einen Portaldurchtrittstest durchführen

Die Methode `Test_Portal_Durchtritt()` führt einen Portaldurchtrittstest mit allen Portalen durch, die aus dem Sektor hinausführen. Hierfür wird die `CQuad`-Methode `Test_Portal_Durchtritt()` verwendet, welche wir an Tag 7 bereits kennen gelernt haben.

Listing 14.19: Indoor-Renderer – CSektor-Methode Test_Portal_Durchtritt()

```
void CSektor::Test_Portal_Durchtritt(void)
{
    for(i = 0; i < AnzPortale; i++)
    {
        tempVektor3 = PlayerVerschiebungsvektor +
                      PlayerFlugrichtung;

        if(Portal[List_of_potential_visible_Portals[i]].
          Quad->Test_Portal_Durchtritt(&tempVektor3,
                                       &PlayerFlugrichtung)==TRUE)
        {
            Player_in_Sektor_Nr =
                        Portal[List_of_potential_visible_Portals[i]].
                        Portal_to_Sektor;
            break;
        }
    }
}
```

Einen Sektor rendern

Die Methode `Render()` ist für den Sichtbarkeitstest sowie für die Darstellung aller potentiell sichtbaren Bauteile verantwortlich, die sich in einem sichtbaren Sektor befinden.

Listing 14.20: Indoor-Renderer – CSektor-Methode Render()

```
void CSektor::Render(void)
{
    for(i = 0; i < Anz_potential_visible_Components; i++)
    {
      if(List_of_visible_Sectors[
```

```
        List_of_potential_visible_Components[i].SektorNr] == TRUE)
          Bauteil[List_of_potential_visible_Components[i].BauteilNr].
          Render();
    }
}
```

CInterieur

Eine einzelne Klasse trennt uns noch vom wohlverdienten Wochenende. Die Klasse `CInteriuer` ist die oberste Instanz unseres Indoor-Renderers und damit die Schnittstelle zur Klasse `C3DScenario`. Im `CInterieur`-Konstruktor werden alle Bauteile, Portale und Sektoren des Indoor-Szenarios initialisiert.

Methoden der Klasse CInterieur

Die Klasse `CInterieur` verfügt über fünf Methoden:

- Die Methode `Test_Collision_with_SectorComponents()` ordnet den Kollisionstest zwischen dem Spieler und den Bauteilen des Sektors an, in dem dieser sich gerade befindet.
- Die Methode `Turn_back_List_of_visible_Sectors()` setzt alle sichtbaren Sektoren auf »nicht sichtbar« zurück.
- Die Methode `Test_Portal_Durchtritt()` ordnet einen Portaldurchtrittstest für alle Portale an, die aus dem Sektor, in dem sich der Spieler gerade befindet, hinausführen.
- Die Methode `Sektoren_VisibilityTest()` ordnet für alle potentiell sichtbaren Sektoren einen Sichtbarkeitstest an.
- Die Methode `Render_Interieur()` schaltet die Lichtquellen aller sichtbaren Sektoren ein, ordnet einen Sichtbarkeitstest für die potentiell sichtbaren Bauteile an und schaltet die Lichtquellen nach dem Rendern der sichtbaren Bauteile wieder aus.

Klassenentwurf

Listing 14.21: Indoor-Renderer – CInterieur-Klassenentwurf

```
class CInterieur
{
public:
    long AnzQuads; // viereckige Bauteile (Components)
    long AnzTris;  // dreieckige Bauteile (Components)
    long AnzComponents;
    BOOL WallCollision;
    long AnzSektoren;

    CSektor* Sektor;

    // Bauteile und Portale werden vom Konstruktor global
    // initialisiert.
```

```
long AnzPortale;
long i, j;

CInterieur()
{
    IndoorTextures = new CIndoorTextures;

    FILE* pfile;

    if((pfile = fopen("Interieur.txt","r")) == NULL)
        Game_Shutdown();

    fscanf(pfile,"%s", &strBuffer);
    fscanf(pfile,"%d", &AnzQuads);
    fscanf(pfile,"%s", &strBuffer);
    fscanf(pfile,"%d", &AnzTris);

    AnzComponents = AnzQuads+AnzTris;
    Bauteil = new CBauteil[AnzComponents];

    for(i = 0; i < AnzComponents; i++)
        Bauteil[i].Init(pfile);

    fscanf(pfile,"%s", &strBuffer);
    fscanf(pfile,"%d", &AnzPortale);

    Portal = new CPortal[AnzPortale];

    for(i = 0; i < AnzPortale; i++)
    {
        fscanf(pfile,"%s", &strBuffer);
        fscanf(pfile,"%d", &Portal[i].Nr);
        fscanf(pfile,"%s", &strBuffer);
        fscanf(pfile,"%f", &Portal[i].UpperLeftPos.x);
        fscanf(pfile,"%s", &strBuffer);
        fscanf(pfile,"%f", &Portal[i].UpperLeftPos.y);
        fscanf(pfile,"%s", &strBuffer);
        fscanf(pfile,"%f", &Portal[i].UpperLeftPos.z);
        fscanf(pfile,"%s", &strBuffer);

        // Für die weiteren drei Portaleckpunkte ebenso ///////

        fscanf(pfile,"%s", &strBuffer);
        fscanf(pfile,"%d", &Portal[i].Portal_to_Sektor);

        Portal[i].CenterPos = 0.25f*(Portal[i].UpperLeftPos+
                                     Portal[i].UpperRightPos+
                                     Portal[i].LowerLeftPos+
                                     Portal[i].LowerRightPos);
```

```
        Portal[i].Quad->Init_Quad(Portal[i].LowerLeftPos,
                                  Portal[i].UpperLeftPos,
                                  Portal[i].UpperRightPos,
                                  Portal[i].LowerRightPos);

    }

    fscanf(pfile,"%s", &strBuffer);
    fscanf(pfile,"%d", &AnzSektoren);
    Sektor = new CSektor[AnzSektoren];
    List_of_visible_Sectors = new BOOL[AnzSektoren];

    for(i = 0; i < AnzSektoren; i++)
        Sektor[i].Init_Sektor(pfile);

    fclose(pfile);
    Player_in_Sektor_Nr = 0; // zu Beginn des Spiels
}
~CInterieur()
{
    SAFE_DELETE_ARRAY(Portal)
    SAFE_DELETE_ARRAY(List_of_visible_Sectors)
    SAFE_DELETE_ARRAY(Sektor)
    SAFE_DELETE_ARRAY(Bauteil)
    SAFE_DELETE(IndoorTextures)
}
void Render_Interieur(void)
{
    for(i = 0; i < AnzSektoren; i++)
    {
        if(List_of_visible_Sectors[i] == TRUE)
            Sektor[i].Licht_anschalten();
    }

    AnzRenderedBauteile = 0;
    Sektor[Player_in_Sektor_Nr].Render();

    for(i = 0; i < AnzSektoren; i++)
    {
        if(List_of_visible_Sectors[i] == TRUE)
            Sektor[i].Licht_ausschalten();
    }

    sprintf(strBuffer, "%d von %d Bauteilen gerendert",
            AnzRenderedBauteile, AnzComponents);

    m_pFontControlls1->DrawTextScaled(0.0f, -0.3f, 0.9f, 0.03f,
    0.02f, D3DCOLOR_XRGB(250,0,0), strBuffer, D3DFONT_FILTERED);
```

```
        sprintf(strBuffer, "%d von %d Portalen sichtbar",
                AnzVisiblePortale, AnzPortale);

        m_pFontControlls1->DrawTextScaled(0.0f, -0.2f, 0.9f, 0.03f,
        0.02f, D3DCOLOR_XRGB(250,0,0), strBuffer, D3DFONT_FILTERED);
    }
    void Turn_back_List_of_visible_Sectors(void)
    {
        for(i = 0; i < AnzSektoren; i++)
            List_of_visible_Sectors[i] = FALSE;
    }
    void Test_Portal_Durchtritt(void)
    {
        Sektor[Player_in_Sektor_Nr].Test_Portal_Durchtritt();
    }
    void Sektoren_VisibilityTest(void)
    {
        AnzVisiblePortale = 0;
        List_of_visible_Sectors[Player_in_Sektor_Nr] = TRUE;

        Sektor[Player_in_Sektor_Nr].
            VisibilityTest_with_potential_visible_Sectors();
    }
    BOOL Test_Collision_with_SectorComponents(float*
                                              pFloorIntersectionParam)
    {
      return Sektor[Player_in_Sektor_Nr].
      Test_Collision_with_SectorComponents(pFloorIntersectionParam);
    }
};
CInterieur* Interieur = NULL;
```

14.3 Zusammenfassung

Am heutigen Tag haben wir einen kleinen Indoor-Renderer entwickelt, mit dem sich einfache Indoor-Szenarien unter Verwendung eines Portalsystems beleuchten und rendern lassen.

14.4 Workshop

Fragen und Antworten

F *Erklären Sie den Verwendungszweck eines Portalsystems.*

A Beim Rendern einer Indoor-Szene sind für gewöhnlich immer nur wenige Wände des Szenarios für den Spieler sichtbar. Durch die Verwendung eines Portalsystems ist es möglich, diese sichtbaren Wände in Abhängigkeit von der Position und der Blickrichtung des Spielers zu bestimmen.

Quiz

1. Erläutern Sie die Arbeitsweise eines Portalsystems.
2. Was ist eine Portal-Sichtbarkeits-Testsequenz?
3. Erläutern Sie den Kollisionstest zwischen dem Spieler und einer Wand. Wie reagiert das Programm auf eine Kollision?
4. Warum ist es unter Umständen notwendig, für ein Bauteil ein Vertexgitter zu interpolieren, und wie funktioniert diese Interpolation?

Übung

In einer kleinen Übung werden wir den Indoor-Renderer jetzt dahin gehend modifizieren, dass sich auch ein weniger geometrisch aufgebautes Szenario, wie beispielsweise ein Höhlensystem, auf einfache Weise erzeugen und rendern lässt. Betrachten Sie hierzu den folgenden Screenshot.

Solche und ähnliche Effekte lassen sich mit einem Verfahren ähnlich dem Heightmapping erzeugen, mit dem so genannten Reliefmapping. Die zusätzlichen Vertexinformationen werden hierbei aus einer Relieftextur herausgelesen.

HINWEIS: In unserem Übungsprojekt verwenden wir eine Relieftextur mit 256 * 256 Pixeln und einer Farbtiefe von 24 Bit. RGB-Farbwerte im Bereich von (0–126, 0–126, 0–126) erzeugen ein zum Betrachter hingekrümmtes Relief, Farbwerte in einem Bereich von (128–255, 128–255, 128–255) ein vom Betrachter weggekrümmtes. Bei einem Farbwert von (127, 127, 127) wird überhaupt kein Relief erzeugt. Mit Hilfe eines Relieffaktors lässt sich die Ausprägung des Reliefs festlegen. Hat dieser Faktor ein negatives Vorzeichen, wird die Krümmung des Reliefs umgekehrt.

Hinweise:

- Legen Sie ein neues Projekt mit dem Namen *Indoor2* an, kopieren Sie alle Dateien des *Indoor*-Projekts in den zugehörigen Projektordner und erstellen Sie ein ausführbares Programm.

Abbildung 14.5: Indoor2-Übungsprojekt (nach einer Atombombenexplosion hat sich die Decke in eine lava-ähnliche Gesteinsmasse verwandelt)

- Erweitern Sie das Dateiformat des Indoor-Renderers um die folgenden Zeilen (gilt nur für die viereckigen Bauteile):

  ```
  Relief_erzeugen(0=nein/1=ja): 1
  ReliefFaktor: -0.02
  ReliefTexturNr: 0
  ```

  Der Relieffaktor gibt an, wie stark das Relief ausgeprägt sein soll. Die Einstellungen sind an dieser Stelle völlig willkürlich getroffen.

- Verwenden Sie als Ausgangspunkt für die Erzeugung der Relieftextur die Heightmap-Textur aus dem Programmbeispiel *Terrain* und ersetzen Sie die (fast) schwarzen Bereiche dieser Textur durch den folgenden Grauwert: (rot: 127, grün: 127, blau: 127). Denken Sie daran, nur bei diesem Farbwert wird kein Relief erzeugt!
- Nehmen Sie die Pfadangabe der Relieftextur in das Texturverzeichnis *IndoorTextures.txt* mit auf.
- Verwenden Sie als Ausgangspunkt für die Erzeugung der Deckentextur die Ground-Textur aus dem Programmbeispiel *Lava*.

- Erweitern Sie die Klasse `CIndoorTextures` dahin gehend, dass nun auch Relieftexturen geladen und verwaltet werden können.
- Erweitern Sie die Initialisierungsmethode der Klasse `CBauteil` um die Heightmapping-Routine aus Tag 13 und nehmen Sie darin die folgenden Änderungen vor:
  - Ändern Sie die Routine dahin gehend ab, dass Texturen mit einer Größe von 256 * 256 Pixeln verwendet werden können.
  - Ändern Sie die Berechnungsmethode des Reliefwerts (vormals Höhenwert) dahin gehend ab, dass sich bei einem Grauwert von (rot: 127, grün: 127, blau: 127) ein Wert von 0 ergibt (kein Relief).
  - Die einzelnen Reliefwerte können nun nicht mehr einfach zur y-Komponente eines Vertex hinzuaddiert werden. Da ein Relief immer senkrecht zu einer Oberfläche orientiert ist, nehmen wir für die Berechnung der neuen Vertexkoordinaten die Flächennormale zu Hilfe. Zu jedem Vertex wird jetzt ein so genannter Reliefvektor hinzuaddiert, der sich wie folgt berechnet:

```
Reliefvektor = -Reliefwert*Flächennormale (des Bauteils)
```

- Erweitern Sie die Initialisierungsmethode der Klasse `CBauteil` um die Routine für die Berechnung der Normalenvektoren einer Tile (Tag 13). Diese Routine kann unverändert verwendet werden.

Woche 3: Programmierung einer 3D-Sternenkriegs-Simulation

Endlich ist es so weit, wir werden uns jetzt an die Entwicklung eines kompletten Computerspiels heranwagen. Dabei stellt sich natürlich die Frage, ob wir aus didaktischen Gründen nicht ein relativ einfach gehaltenes Spiel entwickeln oder ob wir uns nicht an ein etwas umfangreicheres Projekt heranwagen sollten.

Hand aufs Herz, als ein an der Spieleentwicklung interessierter Mensch haben Sie doch sicher alle die Idee oder den Traum von »dem Superspiel«, das Sie später einmal entwickeln möchten, und ich nehme stark an, Pac Man und Moorhuhn gehören nicht dazu.

Viele dieser Träume sind schon zerplatzt wie Seifenblasen, nicht etwa, weil die Programmierer nicht richtig programmieren konnten, sondern einfach deshalb, weil das Projekt nicht richtig geplant wurde. Ein fehlerhafter Entwurf ist leider nicht mehr so einfach zu korrigieren. Oft bleibt da nur die Möglichkeit, wieder ganz von vorn anzufangen und es das nächste Mal besser zu machen. Glauben Sie mir, auch ich habe diese Erfahrung gemacht. Es gibt zwar genügend Literatur darüber, wie man ein Projekt richtig zu planen und umzusetzen hat, diese Bücher helfen einem aber nicht dabei, die fehlende Erfahrung zu ersetzen. Um diese Erfahrungen zu sammeln, werden wir uns jetzt an ein größeres Projekt heranwagen, es von Anfang an richtig durchplanen und entwerfen und uns ferner Spielraum für zukünftige Erweiterungen lassen. Zwar lässt sich der Programmcode nicht vollständig abdrucken – das Buch wäre dann etwa doppelt so umfangreich – aber schließlich gibt es ja auch noch die CD-ROM.

HINWEIS

Wenn Sie mit Ihrem ersten eigenen Projekt beginnen, gebe ich Ihnen den guten Rat, Ihre Ansprüche nicht allzu hoch zu schrauben – es ist noch kein Meister vom Himmel gefallen. Behalten Sie dabei aber immer Ihren Traum vor Augen und entwickeln Sie Ihr Projekt Schritt für Schritt in diese Richtung. Auf genau die gleiche Weise ist auch dieses Spiel entstanden. Es handelt sich hierbei um die vierte Entwicklungsstufe auf dem Weg zur ultimativen Sternenkriegs-Simulation. Erwarten Sie nicht, auf Anhieb Ihr Traumprojekt verwirklichen zu können, höchstwahrscheinlich werden Sie von Ihren ersten Gehversuchen wenig begeistert sein – aber was soll's, nicht umsonst ist Durchhaltevermögen die wichtigste Tugend des Spieleentwicklers.

Die Woche 3 im Überblick

- An **Tag 15** werden wir ein detailliertes Konzeptpapier ausarbeiten, an dem sich alle weiteren Entwicklungsschritte orientieren.
- An **Tag 16** werden wir die Dateiformate entwickeln, in denen alle spielrelevanten Daten abgespeichert werden.
- An **Tag 17** widmen wir uns dem Game-Design. In diesem Zusammenhang werden wir ein kleines Tool entwickeln, mit dessen Hilfe sich auf einfache Weise unterhaltsame Szenarien für unser Spiel entwerfen lassen.
- An **Tag 18** werden wir die Prototypen der verwendeten Funktionen benennen, die Strukturen und Klassengerüste entwerfen und damit alle Funktionalitäten und Features festlegen, die unser zukünftiges Spiel einmal haben wird.
- An **Tag 19** erkunden wir das weite Gebiet der künstlichen Intelligenz (KI). Wir werden uns mit Zustandsautomaten und probabilistischen Systemen befassen und uns mit der Simulation von menschlichen Verhaltensweisen, Lernprozessen und Adaption beschäftigen. Zudem lernen Sie die Verwendung von Patterns und Skripten kennen. Weiterhin werden wir die KI-Routinen für die strategische Flottenbewegung (Verwendung eines Wegpunkte-Systems) und die Steuerung der Raumschiffe und Waffensysteme entwickeln.
- An **Tag 20** werden wir die grafischen Features für unser Spieleprojekt entwickeln: Sky-Boxen und -Sphären, Nebeleffekte im Weltraum, Lens Flares, Explosionen, Partikeleffekte, Asteroiden, Waffensysteme und Raumschiffe sowie Schutzschildeffekte.
- An **Tag 21** werden wir uns mit der Spielmechanik beschäftigen, die Einzelteile des Spiels werden jetzt zu einem funktionierenden Ganzen zusammengesetzt. Wir beschäftigen uns mit der Berechnung und der Darstellung von strategischen und taktischen Szenarien, mit dem Handling der Asteroiden, Raumschiffe und Waffenobjekte sowie mit dem Einsatz verschiedener Kameraperspektiven.

Das Konzeptpapier (Grobentwurf)

Der erste Schritt der Spieleentwicklung besteht in der Ausarbeitung eines Konzeptpapiers, das einen detaillierten Eindruck vom fertigen Spiel vermittelt. Zum einen will ein möglicher Publisher schon gern wissen, warum er ausgerechnet Ihnen einen Millionenetat bewilligen sollte, zum anderen orientieren sich alle weiteren Entwicklungsphasen an eben diesem Papier. Auch als Hobbyentwickler sollten Sie unbedingt ein Konzeptpapier erstellen, denn gerade wenn Sie nur in unregelmäßigen Abständen an Ihrem Spiel arbeiten können, hilft Ihnen dieses Papier, das endgültige Ziel nicht aus den Augen zu verlieren.

15.1 Der Arbeitstitel

Eines der ersten Dinge, die einem durch den Kopf gehen, noch bevor man überhaupt eine konkrete Vorstellung vom eigentlichen Spiel hat, ist der Titel des Spiels. Der Wortlaut sollte einprägsam sein und Interesse nach mehr wecken. Während der Projektentwicklung werden Ihnen sicherlich noch eine Reihe weiterer cooler Titel einfallen. Schreiben Sie diese auf, aber begehen Sie nicht den Fehler, Ihr Projekt immer wieder umzubenennen. Das kostet einfach viel zu viel Zeit. Warten Sie mit der Umbenennung so lange, bis Sie eine erste Demoversion fertig gestellt haben. Bis dahin wird genügend Zeit vergangen sein, um eine endgültige Entscheidung treffen zu können.

Für unser gemeinsames Spieleprojekt werden wir den Arbeitstitel **Sternenkriege** verwenden. Dieser Titel ist einprägsam und beschreibt noch am ehesten den Spielverlauf.

15.2 Genre und Systemanforderungen

Das Genre, in dem unser Spiel angesiedelt sein wird, ist ein Mix aus Echtzeitstrategie und einer Space-Combat-Simulation. Der Spieler übernimmt das strategische Oberkommando über die Raumflotte eines Sternenimperiums und muss sich ferner als Kommandeur in unzähligen Raumschlachten beweisen.

Die Mindestsystemanforderungen sind:

- Athlon 500 MHz
- 128 Mbyte Arbeitsspeicher
- 120 Mbyte Festplattenspeicher
- 3D-Grafikkarte mit 32 Mbyte Arbeitsspeicher, mindestens Riva TNT-2
- Windows-kompatible Maus, Tastatur sowie Joystick
- Windows 98 und höher, DirectX 9

15.3 Storyboard

Game-Intro:

> Die Geschichten wiederholen sich – seit Anbeginn der Zeit. Große wie kleine Zivilisationen erhoben sich, herrschten oder wurden beherrscht und zerfielen am Ende doch. Eine Frage beherrschte ihr Denken – sind wir allein oder gibt es da draußen noch andere, die so sind wie wir? Die Fragen blieben ungelöst – zumindest bis sie lernten, die Raumzeit zu beherrschen. Der Warpantrieb macht es möglich, fremde Sternensysteme zu bereisen. Die einen sind Entdecker, getrieben von Neugier. Andere sind Eroberer, getrieben von Reichtum und Macht. Es gibt die Starken und die Schwachen. Wenn ihre Schiffe aufeinander treffen, erkennen sie alle, wie andersartig die anderen doch sind. Furcht bestimmt von nun an ihr Denken – ist die eigene Rasse zum Untergang verdammt? Wer ist dazu bestimmt, zu herrschen, und wer, zu dienen? Ein neuer Sternenkrieg beginnt ...

Als Oberkommandeur eines Sternenimperiums hat der Spieler nun die Möglichkeit, verschiedene Kriegsszenarien (strategische Szenarien) gegen eine feindliche Weltraummacht nachzuspielen. Dabei muss er sich um die strategische Flottenbewegung kümmern und sich als Kommandeur in unzähligen Raumschlachten (taktische Szenarien) beweisen.

Zu jeder Zeit kann man seine Fähigkeiten in auf Zufallsbasis generierten Raumschlachten (Soforteinsätze) unter Beweis stellen, deren Ausgang sich natürlich nicht auf das laufende Spiel auswirkt.

Um ein Gefühl für das fertige Spiel zu bekommen, betrachten wir jetzt einige Screenshots (s. Abb. 15.1).

HINWEIS

Zu einem guten Storyboard gehören von Hand gezeichnete Designskizzen, die einen ersten Eindruck vom fertigen Spiel vermitteln sollen. Screenshots existieren natürlich zu diesem Zeitpunkt noch gar nicht – eigentlich.

15.4 Spielverlauf

Das Programm startet mit einer in Echtzeit gerenderten Raumschlacht (die Anzahl der Schiffe lässt sich in der Konfigurationsdatei *SpielEinstellungen.txt* beliebig verändern), um den Spieler auf die kommenden Aufgaben einzustimmen.

Nach Abbruch des Intros gelangt man zum Startbildschirm (Gameoption-Screen). Hier hat der Spieler die Möglichkeit, ein begonnenes Spiel zu laden bzw. ein neues Spiel zu beginnen, wobei er die Auswahl aus verschiedenen Kriegsszenarien hat.

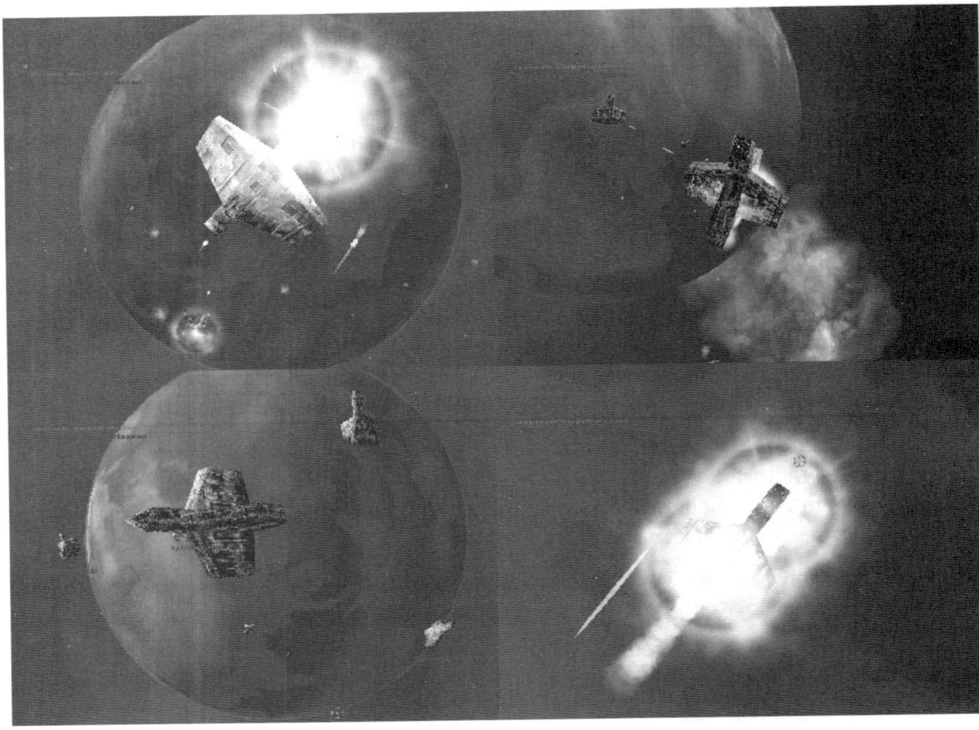

Abbildung 15.1: Aus »Sternenkriege«

Das Spiel beginnt in der strategischen Ansicht. Der Spieler kann über die Sternenkarte navigieren und sich ein Bild über die Einsatzbereitschaft der eigenen Raumflotte machen. Der erste Schritt besteht jetzt darin, einsatzbereite Raumschiffe auf die Reise zu benachbarten Sternensystemen zu schicken. In Abhängigkeit von der Schiffsklasse und der momentanen Einsatzbereitschaft der sie besuchenden Schiffe schließen sich diese Systeme zeitweilig dem eigenen Imperium an. (Welches System wird sich schon auf lange Zeit einem Imperium anschließen, das mit einem altersschwachen Raumschiff zu Besuch kommt?)

Die momentane Bindung an ein Imperium wird durch den so genannten Zugehörigkeitsstatus angegeben. Je größer der Zugehörigkeitsstatus (maximal 100 %) ist, umso länger bleibt die Allianz bestehen. Mit der Zeit verschlechtert sich dieser Status (wirtschaftliche Unzufriedenheit und Streben nach Unabhängigkeit). Vernachlässigt man ein assoziiertes Sternensystem über einen längeren Zeitraum (indem man den Flugverkehr zum System einstellt), beansprucht dieses wieder das Recht auf Unabhängigkeit. Die Änderung des Zugehörigkeitsstatus ist abhängig von der Größe eines Imperiums. Je größer die Anzahl der assoziierten Systeme ist, umso stabiler ist die innenpolitische Lage. Die interstellaren Beziehungen sollten unter keinen Umständen vernachlässigt werden, denn die assoziierten Sternensysteme sind äußerst wichtig für die Wirtschaftskraft eines Imperiums. Die Wirtschaftskraft ist aus Sicht des Spielers nur insofern von Bedeutung, als mehr Ressourcen für die Instandhaltung und Verbesserung der Kampfkraft der eigenen Raumflotte zur Verfügung stehen. Im Gegenzug gilt es natürlich, die Wirtschaftskraft des gegnerischen Imperiums durch Angriffe zu schwächen.

Für den weiteren Spielverlauf ist es wichtig, sich über die gegnerische Flottenbewegung ein genaues Bild machen zu können. Hierfür stehen die so genannten Sensor Cruiser zur Verfügung. Diese Schiffe zeichnen sich durch ihre ausgezeichnete Warpkapazität und Sensorreichweite aus. Sie können tief in den gegnerischen Raum vordringen und über viele Lichtjahre hinweg die gegnerische Flottenbewegung ausmachen. Diese Informationen können unter Umständen für die eigenen Schiffe überlebenswichtig sein, denn bei einem Warpflug verbrauchen die Schiffe sehr viel Energie und sind bei Ankunft in einem Sternensystem entsprechend verwundbar (es steht nur wenig Energie für Waffen und Schilde zur Verfügung). Kommt es in dieser Phase zu einem Kampf, ist die Wahrscheinlichkeit einer Niederlage besonders groß. Es kommt noch schlimmer – je größer die Schiffsklasse ist, desto mehr Energie wird bei einem Warpflug verbraucht. Weiterhin nimmt der komplette Regenerationszyklus der Energievorräte deutlich mehr Zeit in Anspruch (bei diesem Prozess wird die hochenergetische Strahlung eines Sterns in Warpenergie konvertiert). Entsprechend sind Großkampfschiffe nach einem Warpflug über einen längeren Zeitraum deutlich gefährdeter als leichte Kreuzer – insbesondere in Sternensystemen mit einer nur sehr schwach strahlenden Sonne.

Befinden sich in einem Sternensystem Raumschiffe beider Imperien, wird das System zum Kriegsgebiet erklärt. Jedes Kriegsgebiet ist ein Ort potentieller Kämpfe, die im Spielverlauf dynamisch generiert werden. Der Ausgang einer Schlacht kann sowohl vom Computer berechnet als auch vom Spieler selbst beeinflusst werden. Für den Fall, dass sich der Spieler entscheidet, an einer Schlacht teilzunehmen, wechselt das Spiel in die taktische Ansicht. Die Kämpfe werden dann in einer 3D-Umgebung (abhängig vom System, in dem die Schlacht stattfindet) ausgetragen. Dem Spieler werden nun verschiedene Möglichkeiten geboten, an der Schlacht teilzunehmen. Vom Prinzip her muss man überhaupt nichts tun und kann ganz auf die Fähigkeiten seiner Schiffskapitäne vertrauen. Dabei kann man zwischen sieben verschiedenen Kameraeinstellungen wählen und die Schlacht nach Belieben verfolgen. Auf Wunsch kann der Spieler natürlich auch auf jedem Schiff seiner Flotte das Kommando übernehmen. Dabei stehen ihm folgende Möglichkeiten zur Auswahl:

Steueroptionen für ein Raumschiff:

- anzugreifendes Ziel auswählen:
  - Modus 1: feste Zielerfassung (vor dem Anvisieren eines neuen Ziels muss zunächst auf gleitende Zielerfassung umgeschaltet werden)
  - Modus 2: gleitende Zielerfassung (das neue Ziel muss zur Erfassung nur anvisiert werden)
- manuelle Flugkontrolle mittels Joystick und Tastatur
- manuelle Waffenkontrolle (Spieler bestimmt den Zeitpunkt, an dem die Waffen abgefeuert werden sollen)
- Gunnary Chair (der Spieler hat die manuelle Waffenkontrolle und muss sich zudem um das Anvisieren der Ziele kümmern)

Des Weiteren stehen folgende Manövertaktiken zur Auswahl.

Manövertaktiken:

- Fernangriff
- Nahangriff
- normale Angriffsdistanz
- Angriffsdistanz verlassen

15.5 Spielkontrolle (Tastaturbelegung)

Wie man dem Spielablauf entnehmen kann, sind die Möglichkeiten der Spielkontrolle recht umfangreich. Es werden Maus, Tastatur und Joystick benötigt. Im nächsten Schritt werden die im Spiel möglichen Aktionen präzisiert:

[Esc]	Spielabbruch
[↵]	Verlassen der Intro-Schlacht oder eines strategischen Szenarios
[M]	Musik an/aus
[Bild ↑]/[Bild ↓]	Volume lauter/leiser

Tabelle 15.1: Allgemeine Aktionen

[⇧]	Spielernamen neu eingeben
[↵]	Spielernamen bestätigen, Spielstart
[F1]	Spiel laden
[↑] / [↓]	strategisches Szenario auswählen bzw. zu ladendes Spiel auswählen

Tabelle 15.2: Aktionen – Startbildschirm

[NumPad *]	Soforteinsatz – Setup
[NumPad 7]/[NumPad 4]	vergrößert/verkleinert die Anzahl der Terra-Schiffe (Soforteinsatz – Setup)
[NumPad 8]/[NumPad 5]	vergrößert/verkleinert die Anzahl der Katani-Schiffe (Soforteinsatz – Setup)

Tabelle 15.3: Aktionen – strategische Ansicht (Flottenbewegung)

1	verringert Spielgeschwindigkeit
2	erhöht Spielgeschwindigkeit
F1	von der Sternenkarte wegzoomen
F2	an die Sternenkarte heranzoomen
F3	verringert die Anzahl der Sterne
F4	vergrößert die Anzahl der Sterne (bis zum voreingestellten Maximum)
F10	Hintergrundnebel an/aus
F11	Sterne an/aus
F12	Sun Flares an/aus
S	Spielstand speichern
P	Pause
← / →	Auswählen einer Schiffsklasse (gilt nur für Schiffe, die sich in einem Sonnensystem befinden)
↑ / ↓	Auswählen eines Schiffs aus der ausgewählten Schiffsklasse
Mausbewegung	Bewegung des Fadenkreuzes über die Sternenkarte. Wird dabei ein Schiff oder Sternensystem anvisiert, ändern sich sowohl Cursorform als auch -farbe (blauer Cursor in Form einer eckigen Klammer)
linke Maustaste	Selektieren des anvisierten Schiffs (grüner Cursor in Form einer eckigen Klammer). Mit dem Fadenkreuz kann nun ein Flugziel (Sternensystem) anvisiert werden (roter Cursor in Form einer eckigen Klammer).
linke Maustaste bei anvisiertem Flugziel	Schiff wird auf die interstellare Reise geschickt
rechte Maustaste	Farbe des Fadenkreuzes ändert sich von Grün auf Orange. Visiert man ein sich bewegendes Schiff an, wird der Warpflug gestoppt.
rechte Maustaste bei Mausbewegung gedrückt halten	über die Sternenkarte navigieren

Tabelle 15.3: Aktionen – strategische Ansicht (Flottenbewegung) (Forts.)

AltGr	beginnt oder beendet ein Flottenkampf-Szenario nach dem Ende der Schlacht
Einfg	beginnt oder beendet ein Flottenkampf-Szenario augenblicklich
F1	Hintergrund an/aus
F3	verringert die Anzahl der Sterne
F4	vergrößert die Anzahl der Sterne (bis zum Maximum)
F5	Smokepartikel an/aus
F6	Engine- und Spacepartikel an/aus
F7	Rocket-Engine-Partikel an/aus
F8	Wolkendecken auf Planeten an/aus (falls vorhanden)
F9	Nebelentladungen (Nebelszenario)
F10	Hintergrundnebel an/aus
F11	Planeten an/aus
F12	Sun und Lens Flare an/aus
P	Pause
S	3D-Scanner an/aus
D	3D-Scannerbild vergrößern/verkleinern
F	Manövertaktik: Fernangriff
G	Manövertaktik: Nahangriff
H	Manövertaktik: normale Angriffsdistanz
J	Manövertaktik: Angriffsdistanz verlassen
A	Scanbereich fern/nah
T	taktischer Modus an/aus
R	Schiffsstatusanzeige an/aus
NumPad 0	Schiffssteuerung auto/manuell. Manuelle Steuerung erfolgt mittels Joystick.
NumPad ,	Waffenabschusskontrolle auto/manuell

Tabelle 15.4: Aktionen – taktische Ansicht (Raumkampf)

NumPad 1 **Joystickbutton 1**	Primärwaffe abfeuern (manuelle Abschusskontrolle sowie Gunnary-Chair-Modus) (nur im Gunnary-Chair-Modus)
NumPad 2 **Joystickbutton 2**	Sekundärwaffe abfeuern (manuelle Abschusskontrolle sowie Gunnary-Chair-Modus) (nur im Gunnary-Chair-Modus)
NumPad 3 **Joystickbutton 3**	Tertiärwaffe abfeuern (manuelle Abschusskontrolle sowie Gunnary-Chair-Modus) (nur im Gunnary-Chair-Modus)
NumPad -	Wechsel in Gunnary-Chair-Modus. Ausrichten der Primärwaffe erfolgt mittels Joystick.
Numpad / **linke Maustaste**	Targeting Mode auto/manuell
Numpad * **mittlere Maustaste**	Target locked/unlocked (gleitende Zielerfassung) im manuellen Targeting Mode
Keyboard 1-6 / [Leertaste]	Kameraperspektiven
↑	Vorwärtsbewegung der Kamera in Fadenkreuzrichtung
↓	Rückwärtsbewegung der Kamera in Fadenkreuzrichtung
→	Kamera rollt nach rechts
←	Kamera rollt nach links
Mausbewegung	Bewegung des Fadenkreuzes
⇧	Fadenkreuz wird auf Bildschirmmitte zentriert
rechte Maustaste + Mausbewegung	Drehung der Kamerablickrichtung
linke Maustaste	Selektieren eines Raumschiffs (im 3D-Raum oder über den 3D-Scanner). Beim Anvisieren ändert sich die Farbe der Scannerdarstellung des betreffenden Schiffs sowie die Farbe des Fadenkreuzes.

Tabelle 15.4: Aktionen – taktische Ansicht (Raumkampf) (Forts.)

15.6 Aufbau der Spielewelt

Es ist nun an der Zeit, sich erste Gedanken über den Aufbau der Spielewelt zu machen. Dabei sollte ein Gebot immer im Vordergrund stehen: Der Entwurf muss flexibel und erweiterungsfähig sein. Nobody is perfect – gestern noch war man der Ansicht, der Entwurf ist perfekt, und schon morgen fällt einem vielleicht ein neues Detail ein, das unbedingt noch Berücksichtigung finden muss.

Sternenkarten

Zunächst benötigt man für jedes Szenario eine Sternenkarte. Folgende Informationen sollen in dieser Karte gespeichert werden:

- Position der Sterne
- Besitzt ein Stern ein Planetensystem?
- solare Strahlungsintensität (wichtig für die Regeneration der Warpenergie)
- Skalierungsfaktor (Nicht nur für die Optik wichtig, sondern auch informativ – beispielsweise ist es sinnvoll, Sterne mit Planetensystem größer darzustellen als Sterne ohne Planetensystem.)

HINWEIS: Alle zur Verfügung stehenden Sternenkarten werden im Ordner SYSTEMMAPS abgespeichert.

3D-Umgebungen für die Raumschlachten

Die Raumschlachten finden in den einzelnen Sternensystemen statt. Daher muss für jedes System eine Datei angelegt werden, in der die zugehörigen 3D-Umgebungsinformationen abgespeichert sind.

HINWEIS: Die Umgebungsinformationen der Sternensysteme für eine bestimmte Sternenkarte werden im Verzeichnis */3DSzenarien/Sternenkarte/* gespeichert. Auf diese Weise wird ausgeschlossen, dass vom Game-Designer für ein Sternensystem versehentlich die falschen Umgebungsinformationen verwendet werden.

Das Sternenimperium

Zu einem Sternenimperium gehören die Heimatwelten, die assoziierten Sternensysteme sowie die imperiale Raumflotte.

Heimatwelten

Für jedes Imperium lässt sich eine beliebige Anzahl von Heimatwelten festlegen. Wenn eine Heimatwelt zwischenzeitlich zu einem Kriegsgebiet wird, werden die Schiffsressourcen (Kampfkraft) für diesen Zeitraum nicht mehr regeneriert.

Assoziierte Systeme

Assoziierte Sternensysteme vergrößern die Wirtschaftskraft des Imperiums. Dadurch stehen mehr Ressourcen für die Instandhaltung und Verbesserung der Kampfkraft der eigenen Raumflotte zur Verfügung, was sich in einer erhöhten Geschwindigkeit beim Aufrüsten der Flotte äußert. (Wenn keine Ressourcen mehr zur Verfügung stehen, müssen die Arbeiten zeitweilig eingestellt werden, was zu einer Verringerung der Arbeitsgeschwindigkeit führt.) Die momentane Bindung an ein Imperium wird durch den so genannten Zugehörigkeitsstatus (0 – 100 %) angegeben. Die Verschlechterung dieses Status ist davon abhängig, wie viele Systeme insgesamt dem Imperium angehören.

Wird ein assoziiertes System zu einem Kriegsgebiet, verliert es zeitweilig seinen Zugehörigkeitsstatus. Die Regeneration der Schiffsressourcen wird eingestellt. Nach einer Schlacht schließt sich das Sternensystem dem siegreichen Imperium an, sofern keine gegnerischen Schiffe mehr im System sind.

Raumflotte

In jedem strategischen Szenario kommen bis zu fünf Schiffsklassen zum Einsatz:

Schiffsklassen:

- Battle Cruiser
- Heavy Cruiser
- Med(ium) Cruiser
- Fast Cruiser (schneller Einsatzkreuzer)
- Sensor Cruiser

Die Eigenschaften der einzelnen Schiffsklassen sind frei konfigurierbar. Was die Schiffe betrifft, so muss man zwischen den taktischen und den strategischen Eigenschaften unterscheiden. Betrachten wir zunächst die taktischen Eigenschaften:

Taktische Eigenschaften:

- Höchstgeschwindigkeit (Unterwarpgeschwindigkeit)
- Beschleunigung
- maximale Kurvengeschwindigkeit
- Kurvenbeschleunigung
- Waffensysteme

HINWEIS: Die taktischen Eigenschaften einer Schiffsklasse werden zusätzlich zum Rendermodell (Geometriemodell) und den Texturen in der zugehörigen Modelldatei (z.B. *Sternenkreuzer1.txt*) im Ordner *Modelle* gespeichert.

Jede Schiffsklasse kann mit bis zu drei Waffensystemen ausgestattet werden. Die Zuweisung erfolgt dabei über die Modellnummer des betreffenden Waffensystems.

HINWEIS: Bei der Primärwaffe muss es sich um eine Energiewaffe (Waffe ohne Zielautomatik) handeln. Als Sekundär- und Tertiärwaffen können diverse Lenkwaffen mit Explosivköpfen eingesetzt werden.

Prinzipiell lässt sich jedes Waffensystem auf jedem Schiff einsetzen. Sehr wirksame Waffen benötigen aber in der Regel sehr viel Energie zum Aufladen. Ein Schiff mit geringer Kampfkraft kann hierfür aber nur wenig Energie zur Verfügung stellen, was zu einer äußerst langen Nachladezeit führt.

HINWEIS: Der Einfachheit halber werden die Informationen aller Waffensysteme (Rendermodell (Geometriemodell), Texturen und technische Eigenschaften) in einer einzigen Datei mit Namen *Waffenmodelle.txt* im Ordner *Modelle* abgespeichert.

Kommen wir nun zu den strategischen Eigenschaften einer Schiffsklasse:

Strategische Eigenschaften:

- Kampfkraft
- Sensorreichweite bei Unterwarpoperationen
- Warpenergie-Rechargefaktor (kleiner Rechargefaktor => lange Nachladezeit)
- Warpenergieverbrauch (aus dem Verbrauch ergibt sich die maximale Reichweite)
- Offensivpotential für die Computerberechnung des Ausgangs einer Raumschlacht

  Ist eine Schiffsklasse mit sehr effektiven Waffensystemen ausgerüstet, sollte dem Offensivpotential ein entsprechend hoher Wert zugewiesen werden (Standardwert: 1.0).

HINWEIS: Die zu verwendenden Modelldateien sowie die strategischen Eigenschaften der einzelnen Schiffsklassen werden in einer so genannten Modelllisten-Datei zusammengefasst (z.B. *SternenkreuzermodellListe1.txt*), die ebenfalls im Ordner *Modelle* gespeichert wird.

Bei der Erstellung eines Sternenkriegs-Szenarios kann man jetzt auf eine vorgefertigte Modelllisten-Datei zurückgreifen oder man erstellt einfach eine weitere Datei mit neuen Schiffsmodellen und/oder neuen Eigenschaften.

Als Nächstes müssen wir uns den Kopf darüber zerbrechen, auf welche Weise sich der momentane Zustand eines Raumschiffs beschreiben lässt. Welche Parameter sind für die Statusbeschreibung notwendig? Überlegen wir einmal:

Beschreibung des momentanen Schiffszustands:

- Nummer des Sternensystems, in dem sich das Schiff augenblicklich befindet
- aktuelle Position
- aktuelles Ziel
- Verschiebungsvektor (Warpgeschwindigkeit)
- Warpenergie
- Kampfkraft
- Flugrichtung
- altes Sternensystem (Startpunkt eines Warpflugs)
- neues Sternensystem (Ziel eines Warpflugs)
- Kurs gesetzt (Schiff befindet sich auf einem Warpflug)
- Kurs setzen (gibt an, ob im nächsten Frame der Kurs gesetzt werden soll; wichtig für die KI)

Empire-Maps (strategische Szenarien)

Die notwendigen Informationen für die Gestaltung der strategischen Szenarien haben wir nun alle beisammen. Zusammengefügt werden diese Informationen jetzt in den so genannten EmpireMap-Dateien. Gespeichert werden diese im Ordner *EmpireMaps*. Die Zwischenstände werden zweckmäßigerweise in einer Datei des gleichen Formats abgespeichert, damit es aber zu keinen Verwechslungen mit den EmpireMap-Dateien kommt, werden diese Dateien im Ordner *SavedGames* abgelegt.

15.7 Game-Design

Die Aufgabe des Game-Designers besteht unter anderem darin, im Rahmen der Möglichkeiten, die das Gameplay hergibt, möglichst viele ansprechende Szenarien zu erstellen.

Mögliche strategische Szenarien

Kalter Krieg

Bei Spielbeginn sind beide Raumflotten nur begrenzt einsatzfähig (Erkundungs-, Kolonialisierungs- und Patrouillenflüge sind möglich). Es kommt zu zunehmenden außenpolitischen Spannungen mit einem benachbarten Imperium und der Ausbruch des Kriegs ist nur noch eine Frage der Zeit.

Erstschlagszenarien (Alphastrike-Szenarien)

Jetzt ist es doch geschehen; alle Beteiligten wussten um die Gefahr – der kalte Krieg ist heiß geworden. Zwei militärisch hochgerüstete Weltraummächte kämpfen um die Vorherrschaft im All.

Angriffs- und Verteidigungskriege

In Variante 1 übernimmt der Spieler den Part des aggressiven Imperiums mit dem Ziel, eine friedvolle Weltraummacht in die Knie zu zwingen. In Variante 2 muss sich der Spieler gegen eine aggressive Weltraummacht verteidigen.

Kolonial- und Grenzkriege

Im Grenzgebiet zweier Weltraummächte kommt es immer wieder zu Streitigkeiten. Beide Imperien kämpfen erbittert um die Außenposten der Zivilisation.

- **Invasionskrieg**

  Eine unbekannte Weltraummacht ist in Ihren Raumsektor eingefallen und droht die Grenzen Ihres Reiches zu überrennen. Kann der Feind noch rechtzeitig aufgehalten werden oder sind die eigenen Heimatwelten dem Untergang geweiht? In einer zweiten Variante übernimmt der Spieler die Kontrolle über die Invasionsflotte.

- **Verdeckter Invasionskrieg**

  Von den eigenen Spionagenetzen unbemerkt, hat sich eine fremde Rasse in Ihrem Raumsektor ausgebreitet. Ein Überraschungskrieg ungeahnten Ausmaßes steht unmittelbar bevor.

Varianten

Für jedes strategische Szenario lassen sich jetzt über die Konfiguration der einzelnen Schiffsklassen sowie der Zusammensetzung der Raumflotte verschiedene Varianten entwickeln.

Eine Beispielkonfiguration für die einzelnen Schiffsklassen

Sensor Cruiser:

- sehr geringe Bewegungskosten: maximale Reichweite `600 LJ`
- Warpenergie-Rechargefaktor `0.01` (sehr kurzer Energieregenerationszyklus)
- Sensorreichweite bei Unterwarp: `150 LJ`
- Kampfkraft: `50`, äußerst schwaches Defensiv- und Offensivpotential selbst bei maximaler Einsatzbereitschaft

- **weitere Informationen**: Äußerst hohe Sensorreichweite, eignet sich besonders zur Tiefenraumaufklärung, da der Ressourcen- und Energieverbrauch bei Standardschiffsoperationen (unter Warp) sehr gering ist. Der Ressourcenverbrauch liegt bei einem Zehntel des Verbrauchs anderer Schiffe (fest vorgegeben).

Fast Cruiser (schneller Einsatzkreuzer):

- geringe Bewegungskosten: maximale Reichweite: `400 LJ`
- Warpenergie-Rechargefaktor `0.008`
- Sensorreichweite bei Unterwarp: `30 LJ`
- Kampfkraft: `200`, schwaches Defensiv- und Offensivpotential
- **weitere Informationen:** Der Fast Cruiser erlangt seine volle Einsatzbereitschaft selbst nach langen Warpflügen in relativ kurzer Zeit wieder. Er eignet sich zur Unterstützung der größeren Kreuzer und zur Verteidigung der inneren Systeme. Ausgerüstet mit hocheffektiven Waffensystemen kann diese Schiffsklasse auch offensiv eingesetzt werden und selbst weit entfernte Systeme in kurzer Zeit erreichen. Aufgrund des schwachen Defensivpotentials sollten diese Schiffe aber nicht allein operieren. Bei voller Einsatzbereitschaft ist die Kampfkraft viermal so groß wie die des Sensor Cruisers.

Med(ium) Cruiser:

- mittlere Bewegungskosten: maximale Reichweite: `300 LJ`
- Warpenergie-Rechargefaktor `0.005`
- Sensorreichweite bei Unterwarp: `30 LJ`
- Kampfkraft: `400`, mittleres Defensiv- und Offensivpotential
- **weitere Informationen:** Der Med Cruiser stellt einen Kompromiss aus der schnellen Einsatzbereitschaft des Fast Cruisers und der hohen Kampfkraft des Heavy Cruisers dar. Bei voller Einsatzbereitschaft ist die Kampfkraft doppelt so groß wie die des Fast Cruisers.

Heavy Cruiser:

- hohe Bewegungskosten: maximale Reichweite: `250 LJ`
- Warpenergie-Rechargefaktor `0.003`
- Sensorreichweite bei Unterwarp: `30 LJ`
- Kampfkraft: `600`, hohes Defensiv- und Offensivpotential
- **weitere Informationen:** Bei voller Einsatzbereitschaft ist die Kampfkraft eineinhalbmal so groß wie die des Med Cruisers. Die maximale Reichweite ist zwar nur um `50 LJ` geringer als die des Med Cruisers, dafür ist aber die Warpenergie-Regenerationszeit beinahe doppelt so lang.

Battle Cruiser:

- überdimensional hohe Bewegungskosten: maximale Reichweite: `200 LJ`
- Warpenergie-Rechargefaktor `0.001`

- Sensorreichweite bei Unterwarp: `20 LJ`
- Kampfkraft: `2000`, überdimensional hohes Defensiv- und Offensivpotential
- **weitere Informationen:** Der Battle Cruiser ist ein strategisches Verteidigungsschiff, das sich insbesondere zur Sicherung von alliierten Sternensystemen eignet. Seine Kampfkraft ist bei voller Einsatzbereitschaft mehr als dreimal so hoch wie die Kampfkraft des Heavy Cruisers. Damit ist ein einziger Kreuzer in der Lage, eine ganze Flotte, bestehend aus kleineren Schiffsklassen, zu vernichten. Aufgrund seines enormen Energie- und Ressourcenverbrauchs benötigt er sehr viel Zeit bis zur vollen Einsatzbereitschaft. Die hohen Bewegungskosten machen diesen Kreuzer insbesondere nach einem Warpflug über einen langen Zeitraum hinweg angreifbar.

Zusammensetzung der Raumflotte

Defensiv ausgerichtete Raumflotte:

Defensiv ausgerichtete Raumflotten kommen mit einigen wenigen Battle Cruisern aus, die zur Sicherung der Heimatwelten sowie einiger weniger assoziierter Systeme eingesetzt werden. Darüber hinaus werden einige Sensor Cruiser für die Tiefenraumaufklärung sowie einige schnelle Einsatzkreuzer für die Aufrechterhaltung des Flugverkehrs zwischen den imperialen Sternensystemen benötigt.

»Moskito«-Angriffsflotte:

Eine »Moskito«-Raumflotte besteht hauptsächlich aus einer sehr großen Anzahl von schnellen Einsatzkreuzern, die mit hocheffektiven Waffensystemen ausgestattet sind. Das geringe Defensivpotential wird durch die große Stückzahl wieder wett gemacht. Die schnellen Kreuzer können einem Moskitoschwarm gleich über die Sternensysteme herfallen und sich wie eine Plage in der Galaxis ausbreiten.

Ausgewogene Raumflotte:

Nur mit einer ausgewogenen Raumflotte lassen sich sowohl Offensiv- als auch Defensivstrategien umsetzen. Die Battle Cruiser sichern die Heimatwelten und die schnellen Einsatzkreuzer werden für die zügige Ausweitung des imperialen Einflussgebiets eingesetzt. Die Med sowie Heavy Cruiser sichern diese neuen Systeme und werden zum Angriff auf gegnerische Sternensysteme eingesetzt.

Gestaltung der Sternenkarte

Die Ausgestaltung der Sternenkarte hat einen nicht unerheblichen Einfluss auf das Spielgeschehen. Ein zentraler Punkt ist hierbei die Gestaltung von Warpflugpassagen und Regionen, in die sich ein Raumschiff nur im äußersten Notfall vorwagen sollte:

- Warpflugpassage: dicht besiedeltes Sternenfeld mit hohen solaren Strahlungsintensitäten (kurzer Regenerationszyklus)
- gefährliche Region: dünn besiedeltes Sternenfeld mit niedrigen solaren Strahlungsintensitäten

15.8 Zusammenfassung

Jedes Spieleprojekt beginnt mit einer großartigen Idee. Zugegeben, die meisten eigenen Ideen wird man zu Beginn recht gut finden, aber die wirkliche Megaeingebung lässt meist lange Zeit auf sich warten. Ein gutes Konzept erkennt man daran, dass es dem Leser (und dem potenziellen Publisher!!!!) einen weitreichenden Eindruck darüber vermittelt, wie sich das fertige Produkt einmal für den Spieler darstellen wird.

15.9 Workshop

Fragen und Antworten

F *Warum sollte man einige Zeit und Mühe in die Entwicklung eines Konzeptpapiers investieren?*

A Ein gutes Konzeptpapier ist ein Muss, wenn es darum geht, das Interesse eines Publishers an Ihrem Spieleprojekt zu wecken. Zudem orientieren sich alle weiteren Entwicklungsschritte an eben diesem Papier. Auch als Hobbyprogrammierer sollte man einige Zeit in die Entwicklung eines Konzeptpapiers investieren, denn gerade wenn man nur in unregelmäßigen Abständen an seinem Projekt arbeiten kann, hilft einem dieses Papier, das endgültige Ziel nicht aus den Augen zu verlieren.

Quiz

1. Welche Punkte müssen in einem Konzeptpapier für ein Spieleprojekt erörtert werden?

Übung

Erstellen Sie ein Konzeptpapier für Ihre eigene Spielidee (soweit vorhanden).

Tag 16

Dateiformate

Das Konzeptpapier ist erstellt, nun heißt es, tiefer ins Detail zu gehen. Am heutigen Tag werden wir die Dateiformate entwickeln, in denen alle spielrelevanten Daten abgespeichert werden. Die Themen heute:

- Sternenkarten (System-Maps)
- 3D-Weltraumszenarien
- Gameoption-Screen-Dateiformat
- Modelldateien:
  - Asteroidenmodelle
  - Waffenmodelle
  - Schiffsmodelle
- Empire-Maps
- Spieleinstellungen
- Explosionsanimationen
- Texturpfad-Dateien

16.1 Sternenkarten (System-Maps)

Alle Sternenkarten, die in einem strategischen Szenario verwendet werden können, sind im Ordner *SystemMaps* abgelegt. Die Daten der einzelnen Sternensysteme werden in Listenform in der folgenden Reihenfolge gespeichert:

- Systemnummer
- Systemname
- x-Position
- y-Position
- Skalierungsfaktor
- Strahlungsintensität

  (Eine hohe Intensität bedeutet, dass der Regenerationszyklus der Energievorräte eines Schiffs beschleunigt wird.)

Weiterhin ist zu beachten, dass die Sternensysteme mit einem Planetensystem immer am Anfang der Liste aufgeführt werden müssen.

Betrachten wir jetzt eine Beispielkarte:

```
AnzBackgroundStars: 7000
Starfield_Range: 120

AnzSystemWithPlanets: 21
AnzSolarSystems: 65

0,  Algol           -21.0,  -18.0,    0.45, 1.0,
1,  Mira            -31.5,    9.0,    0.45, 1.0,
2,  Capella         -10.5,    0.0,    0.45, 1.0,
3,  Aldebaran        12.0,   -9.0,    0.45, 1.0,
4,  Gamma-Arietis    31.5,  -22.5,    0.45, 1.0,
5,  Sol              21.0,   24.0,    0.45, 1.0,
6,  Deneb             3.0,  -27.6,    0.45, 1.0,
7,  Wega             12.0,    6.0,    0.45, 1.0,
8,  Antares         -15.0,   21.0,    0.45, 1.0,
9,  Mizar            45.0,   12.0,    0.45, 1.0,
10, Alcor           -45.0,  -30.0,    0.45, 1.0,
11, Regulus         -30.0,   36.0,    0.45, 1.0,
12, Spica            51.0,  -45.0,    0.45, 1.0,
13, Procyon          51.0,   36.0,    0.45, 1.0,
14, Canopus          21.0,  -48.0,    0.45, 1.0,
15, Eridani          33.0,   -6.0,    0.45, 1.0,
16, Cygnus           51.0,  -10.0,    0.45, 1.0,
17, Virgo           -30.0,  -48.0,    0.45, 1.0,
18, Lyten            -6.0,  -57.0,    0.45, 1.0,
19, Ophiuchus         0.0,   42.0,    0.45, 1.0,
20, Auriga           27.0,   48.0,    0.45, 1.0,


21, Formalhaut       22.0,   10.0,    0.3, 1.0,
22, Lalande          30.0,   30.0,    0.3, 1.0,
23, Ross-128         41.0,   25.0,    0.3, 1.0,
24, Arcturus         45.0,    0.0,    0.3, 1.0,
25, Lyra             54.0,  -29.0,    0.3, 1.0,
26, Aludra           30.5,  -39.5,    0.3, 1.0,
27, Rigel            14.0,   53.0,    0.3, 1.0,
28, Sirius           10.0,   32.0,    0.3, 1.0,
29, Adhara           19.0,   40.0,    0.3, 1.0,
30, Cassiopeia       38.0,   38.0,    0.3, 1.0,
31, Castor          -12.0,   34.0,    0.3, 1.0,
32, Achernar        -20.0,   42.0,    0.3, 1.0,
33, Lacerta         -34.0,   22.5,    0.3, 1.0,
34, Bootes           -2.0,   16.0,    0.3, 1.0,
35, Libra             8.0,   22.0,    0.3, 1.0,
36, Vela            -25.5,   -4.0,    0.3, 1.0,
37, Antila          -13.5,    9.0,    0.3, 1.0,
38, Mirfak          -35.0,  -22.0,    0.3, 1.0,
```

```
39, Diphda             -31.0, -10.0,   0.3, 1.0,
40, Etamin             -11.0, -23.0,   0.3, 1.0,
41, Altair              13.0, -37.0,   0.3, 1.0,
42, Mintaka              1.0, -45.0,   0.3, 1.0,
43, Wolf                19.0, -19.0,   0.3, 1.0,
44, Hadai               23.0,  -4.0,   0.3, 1.0,
45, Merak               -3.5, -15.0,   0.3, 1.0,
46, Bernard's-Star       0.0,   2.0,   0.3, 1.0,
47, Pleiades            23.0, -31.0,   0.3, 1.0,
48, Van-Maanen's-Star -22.5, -30.0,   0.3, 1.0,
49, Acrux               -5.0, -35.0,   0.3, 1.0,
50, Rigil-Kent         -16.0, -40.0,   0.3, 1.0,
51, Thuban               7.0, -52.0,   0.3, 1.0,
52, Cepheus              9.0, -21.0,   0.3, 1.0,
53, Draco               37.5, -45.5,   0.3, 1.0,
54, Perseus             44.0, -36.0,   0.3, 1.0,
55, Polaris             38.0, -31.0,   0.3, 1.0,
56, Hamal               41.0, -14.8,   0.3, 1.0,
57, Kochab             -14.5, -10.0,   0.3, 1.0,
58, Enif                -0.5,  29.5,   0.3, 1.0,
59, Gacrux              31.0,  18.0,   0.3, 1.0,
60, Saiph               33.0,   7.0,   0.3, 1.0,
61, Mimosa             -25.0,  16.0,   0.3, 1.0,
62, Wezen              -22.0,  28.0,   0.3, 1.0,
63, Naos               -16.0, -50.0,   0.3, 1.0,
64, Tau-Ceti            33.0, -53.0,   0.3, 1.0,
```

16.2 3D-Weltraumszenarien

Die Umgebungsinformationen der Sternensysteme für eine bestimmte Sternenkarte werden im Verzeichnis */3DSzenarien/Sternenkarte/* gespeichert.

HINWEIS

Zukünftig könnte man jedes Sternensystem in mehrere Sektoren aufteilen, deren Umgebungsinformationen man dann in separaten Dateien speichern würde. Die Benennung der Szenario-Dateien würde dann zweckmäßigerweise auf folgende Weise erfolgen: *Algol1.txt, Algol2.txt* usw. Augenblicklich wird aber nur ein Sektor pro Sternensystem unterstützt.

Werfen wir nun einen Blick auf das Dateiformat:

Zunächst wird die maximale Anzahl von Hintergrundsternen angegeben. Die Anzahl der tatsächlich gerenderten Sterne lässt sich natürlich an die jeweilige Systemleistung anpassen.

```
AnzStars: 5000
```

Als Nächstes wird die Farbe der nebularen Leuchterscheinungen (Nebelszenario) festgelegt, auf deren Grundlage auch das Reflektionsverhalten der Raumschiffe, Asteroiden und Planeten berechnet wird. Beispielsweise schimmern die Objekte während einer nebularen Leuchterscheinung durch die Einstellung (0, 0, 10) bläulich.

```
NebulaFlash_ambientes_Licht(0-255):
Rotanteil:   0
Grünanteil:  0
Blauanteil: 10
```

Anschließend wird die Anzahl an Asteroiden sowie die anfängliche Ausdehnung des Asteroidenfelds festgelegt.

```
AusdehnungAsteroidenFeld: 800

Anz_SmallAsteroiden: 20
Anz_LargeAsteroiden: 20
```

Die nächsten Angaben bestimmen, wie das große Weltraum-Hintergrundbild gerendert werden soll. Hier hat man die Auswahl zwischen der Verwendung einer Sky-Sphäre oder einer Sky-Box. Anschließend wird der Pfad der zugehörigen Hintergrundtextur angegeben. Der nächste Parameter gibt an, um welchen Winkel die Sky-Sphäre bei ihrer Erzeugung um die y-Achse gedreht werden soll. Auf diese Weise lässt sich die Ausrichtung des Hintergrundbilds beeinflussen. Anschließend werden die Helligkeit sowie die Farbe des Hintergrundbilds festgelegt. Der letzte Parameter legt fest, ob es sich um ein Nebelszenario handelt.

```
Spherical(0)/Box(1)-Hintergrund: 0

Hintergrundbild_TexturSpeicherpfad: Graphic/Hintergrund17.bmp
HorizontalwinkelOffset_[in_Grad]: 170

Hintergrundbild_ambientes_Licht(0-255):
Rotanteil:  100
Grünanteil: 100
Blauanteil: 100

NebulaScenario(ja=1;nein=0): 0
```

Die nächsten Parameter legen fest, ob und wie die Sonne gerendert werden soll. Für die Sonnendarstellung werden zwei Texturen benötigt, eine für die Sonne selbst und eine für die Sonnenstrahlen. Soll die Sonne nicht gerendert werden, müssen alle Eintragungen bezüglich der Sonne gelöscht werden.

```
Sonne_rendern(ja=1;nein=0): 1
Suntextur: Graphic/Sun1.bmp
Sunflaretextur: Graphic/SunFlare3.bmp
Sun_Entfernung:          10.0
Sun_Vertikalwinkel:      50.0
Sun_Horizontalwinkel:    40.0
Sun_ScaleFactor:         1.2
Sun_FlareScaleFactor:    1.3
```

Als Nächstes wird festgelegt, wie viele Planeten gerendert werden sollen. Die Position der Planeten wird nach dem Zufallsprinzip bestimmt (ist abwechslungsreicher). Es müssen lediglich der Texturpfad, die Entfernung sowie der Skalierungsfaktor angegeben werden. Bei Bedarf kann die Planetenoberfläche auch mit einer animierten Wolkendecke überzogen werden.

```
Anzahl_Planeten: 1
Planetentextur: Graphic/Earthmap.bmp
Planet_Entfernung:          3.8
Planet_ScaleFactor:         1.5
CloudColor(none=0,white,blue,red,green): 1
```

Weiterhin hat man die Möglichkeit, kleinere Galaxien oder Nebel (2D-Objekte) mit in die Hintergrundumgebung einzufügen.

```
Anzahl_Nebulae: 2
Nebulatextur: Graphic/Nebula4.bmp
Nebula_Entfernung:           2.0
Nebula_Vertikalwinkel:       0.0
Nebula_Horizontalwinkel:   270.0
Nebula_ScaleFactor:          0.6
Nebula_ambientes_Licht(0-255):
Rotanteil:  255
Grünanteil: 255
Blauanteil: 255

Nebulatextur: Graphic/Nebula13.bmp
Nebula_Entfernung:           2.0
Nebula_Vertikalwinkel:       0.0
Nebula_Horizontalwinkel:   160.0
Nebula_ScaleFactor:          0.6
Nebula_ambientes_Licht(0-255):
Rotanteil:  255
Grünanteil: 255
Blauanteil: 255
```

Zu guter Letzt können bis zu fünf statische, direktionale (gerichtete) Lichtquellen definiert und die Parameter des ambienten Lichts festgelegt werden. Für den Fall, dass die Sonne gerendert werden soll, wird die erste Lichtquelle unabhängig von den angegebenen Koordinaten so ausgerichtet, dass ihr Licht von der Sonne zu kommen scheint.

```
Anzahl_an_statischen_Leuchtquellen(<=5):  1
Quelle_1_Richtung_Horizontalwinkel: 22
Quelle_1_Richtung_Vertikalwinkel:  -50
Quelle_1_Rotanteil:  1.0
Quelle_1_Grünanteil: 1.0
Quelle_1_Blauanteil: 1.0

ambientes_Licht(0-255):
Rotanteil:  150
Grünanteil: 150
Blauanteil: 150
```

16.3 Gameoption-Screen-Dateiformat

Auch der Startbildschirm sollte optisch so einiges hermachen. Die Datei *GameOptionScreen.txt* beinhaltet alle Informationen darüber, wie viele Sterne, Nebel und Sonnen im Hintergrund gerendert werden sollen. Im Gegensatz zu den 3D-Szenarien wird hier ein planares (2D-)Sternenfeld verwendet. Um dieses Sternenfeld initialisieren zu können, muss neben der Anzahl der Sterne auch die Ausdehnung des Sternenfelds mit angegeben werden.

```
AnzBackgroundStars: 2000
Starfield_Range: 20.0

Anzahl_Nebulae/Galaxien: 1
Nebulatextur: Graphic/Nebula32.bmp
Nebula_X:    0
Nebula_Y:    0
Nebula_Z:    0
Nebula_ScaleFactor: 15.0
Nebula_ambientes_Licht:
Rotanteil:  255
Grünanteil: 255
Blauanteil: 255

Anzahl_Sonnen: 1
Suntextur: Graphic/Sun2.bmp
Sunflaretextur: Graphic/SunFlare2.bmp
Sun_X:    0
Sun_Y:    0
Sun_ScaleFactor: 1.0
Sun_FlareScaleFactor:  15.0
```

16.4 Modelldateien

Asteroidenmodelle

Als Erstes werden wir uns mit dem Asteroiden-Modellformat auseinander setzen. Die zugehörigen Modelldateien werden in der Datei *Asteroidenmodelle.txt* im Ordner *Modelle* abgespeichert. Dem Modellformat liegt die Forderung zugrunde, dass sich eine Vielzahl von Asteroiden auf der Grundlage einfacher Basismodelle erzeugen lassen sollen. In diesem Spiel kommen als Basismodelle zwei Kugelmodelle zum Einsatz. Die Kugelvertices müssen nicht einzeln angegeben werden, sie werden, wie an Tag 12 beschrieben, auf mathematischem Wege generiert.

Für die Skalierung der Asteroiden werden die drei Parameter `MinScaleFactor`, `MaxScaleFactor` sowie `MaxScaleFactorVarianz` verwendet. Die ersten beiden Parameter erklären sich von selbst. Der dritte Parameter definiert die maximale Schwankungsbreite bei der Skalierung in x-, y- und z-Richtung.

Um die Vielfalt an Asteroiden zu erhöhen, werden die Skalierungsfaktoren nach dem Zufallsprinzip noch etwas variiert. Der Parameter `MaxScaleFactorVarianz` stellt hierbei sowohl den oberen als auch den unteren Grenzwert dar.

Die Asteroidenmodelle werden in unskalierter Form gespeichert. Skaliert wird ein Modell erst während des Renderprozesses. Auf diese Weise lässt sich jeder Asteroid individuell skalieren.

Die Asteroidenform selbst wird durch die Variation der Vertexabstände vom Asteroidenmittelpunkt (Vertexradien) modelliert. Die gültigen Werte liegen dabei im Bereich von `0.0f` bis `1.0f`.

Die Asteroidtexturen werden in drei verschiedenen Detailstufen geladen. Daher ist im Texturpfad auch nicht der vollständige Name, sondern nur der Stammname der Textur angegeben.

```
Anz_Asteroid_TexturStammnamen: 1
Graphic/AsteroidTextur1

Large_AsteroidModells: 2
Ringe: 5
Ringsegmente: 6
MinScaleFactor: 7.0
MaxScaleFactor: 14.0
MaxScaleFactorVarianz: 3.0

1.0, 1.0, 1.0, 1.0, 1.0, 1.0,
1.0, 1.0, 1.0, 1.0, 1.0, 1.0,
1.0, 1.0, 1.0, 1.0, 1.0, 1.0,
1.0, 1.0, 1.0, 1.0, 1.0, 1.0,
1.0, 1.0, 1.0, 1.0, 1.0, 1.0,

0.7, 0.7, 0.7, 0.7, 0.7, 0.7,
0.9, 0.9, 0.9, 0.6, 0.9, 0.9,
0.9, 1.0, 0.8, 1.0, 0.9, 0.9,
0.9, 0.9, 0.9, 0.9, 0.9, 0.9,
0.9, 0.9, 0.9, 0.9, 0.9, 0.9,

Small_AsteroidModells: 2
Ringe: 4
Ringsegmente: 5
MinScaleFactor: 2.5
MaxScaleFactor: 3.5
MaxScaleFactorVarianz: 1.0

1.0, 1.0, 1.0, 1.0, 1.0,
1.0, 1.0, 1.0, 1.0, 1.0,
1.0, 1.0, 1.0, 1.0, 1.0,
1.0, 1.0, 1.0, 1.0, 1.0,
```

```
0.7, 0.7, 0.7, 0.7, 0.7,
0.4, 0.5, 0.6, 1.0, 0.4,
0.3, 0.4, 0.5, 0.9, 0.3,
0.7, 0.7, 0.7, 0.7, 0.7,
```

Waffenmodelle

Alle Waffenmodelle werden in der Datei *Waffenmodelle.txt* im Ordner *Modelle* abgespeichert. Grundsätzlich lassen sich die notwendigen Daten zur Beschreibung eines Waffenmodells in zwei Teilbereiche gliedern:

- Geometriemodell und Textur
- technische Eigenschaften einer Waffe

In diesem Spiel werden zwei Geometriemodelle unterstützt, die auf der Grundlage zweier mathematischer Gleichungen erzeugt werden. Mit in die Berechnung fließen die Parameter `Ringe`, `Ringsegmente`, `Laengsdurchmesser` und `Querdurchmesser` ein.

Die Geometriemodelle werden in zwei Detailstufen erzeugt und verwendet. Die vorgegebene Anzahl von Ringsegmenten findet aber nur in der hohen Detailstufe Verwendung. In der niedrigen Detailstufe ist die Anzahl der Segmente auf vier reduziert.

Kommen wir nun zu den Eigenschaften einer Waffe. Der Parameter `Lenksystem` kennzeichnet den Waffentyp. `Lenksystem: 0` bedeutet, dass es sich um eine ungelenkte Waffe (beispielsweise eine Laserwaffe) handelt. Werte ungleich 0 bedeuten, dass es sich um eine Lenkwaffe (Rakete, Torpedo usw.) handelt. Das Vorzeichen hat hier eine besondere Bedeutung. Beispielsweise bedeutet `Lenksystem: 2`, dass zwei Lenkwaffen simultan in Flugrichtung abgeschossen werden. Bei einem negativen Vorzeichen (z.B. `Lenksystem: -5`) werden die Lenkwaffen simultan in zufällige Richtungen abgefeuert.

HINWEIS: Dieses Waffensystem ist besonders gut für den Nahkampf geeignet. Da sich die Waffen einem gegnerischen Schiff aus verschiedenen Richtungen gleichzeitig nähern, ist Ausweichen so gut wie unmöglich.

Der Parameter `Range` kennzeichnet die Reichweite, innerhalb derer die Waffe scharf ist. Verlässt eine Lenkwaffe diesen Bereich, wird der Selbstzerstörungsmechanismus aktiviert.

Der Parameter `ImpulsSpeed` gibt die Fluggeschwindigkeit der Waffe an.

Mit Hilfe des Parameters `mittl.Nachladezeit` wird zu Beginn eines taktischen Szenarios (Raumkampf) für jedes Schiff auf der Basis der momentan zur Verfügung stehenden Warpenergie und Kampfkraft die Nachladezeiten der einzelnen Waffensysteme berechnet. Auf einem voll einsatzbereiten Fast Cruiser ist die Nachladezeit eines Waffensystems beispielsweise deutlich länger als auf einem voll einsatzbereiten Battle Cruiser.

Aufgrund seiner Auswirkungen in einer Schlacht ist der Parameter `mittl.Nachladezeit` von zentraler Bedeutung für das Gameplay.

Mit Hilfe des Parameters `Wirkung` wird der Schaden berechnet, den die Waffe bei einem Schild- bzw. Hüllentreffer anrichtet. Sinnvollerweise sollte dieser Parameter mit der mittleren Nachladezeit korreliert sein – je größer die Nachladezeit, umso größer die Wirkung. Es hat aber durchaus auch seinen Reiz, ein hochwirksames Waffensystem (große Wirkung, kleine Nachladezeit) auf einem Fast Cruiser zu installieren. Die Wirkung verteilt sich auf alle abgefeuerten Waffen gleichermaßen (Beispiel: `Wirkung: 10000; Lenksystem: 2` => `Wirkung pro Waffe = 5000`).

Die Parameter `Kurvengeschwindigkeit` und `Lebensdauer` finden nur dann Berücksichtigung, sofern es sich um ein Lenkwaffenmodell handelt. Falls die Waffe ihren maximalen Wirkungsbereich nicht schon zuvor verlassen hat, wird diese nach Ablauf ihrer Lebensdauer entschärft (Selbstzerstörung).

Des Weiteren müssen für jedes Waffenmodell die Schildreflektionsparameter festgelegt werden. Trifft beispielsweise ein grüner Laserpuls auf einen Schutzschild, sollte dieser natürlich auch grün aufleuchten – der Sinn eines Schildes besteht ja darin, die Waffenenergie um das Schiff herumzuleiten.

Zu guter Letzt werden die Nummern der zu verwendenden Selbstzerstörungs- und Einschlags-Explosionsanimationen angegeben. Diese Nummern sind aber nur für Lenkwaffen von Bedeutung. Die zugehörigen Animationsbeschreibungen finden sich in der Datei *SmallExploAnimationList.txt*.

Betrachten wir drei Modellbeispiele:

```
Anz_WaffenModelle: 16

Modell_0:
Range: 100
ImpulsSpeed: 1.7
mittl.Nachladezeit[ms]: 600
Wirkung: 5000
Lenksystem: 0
Kurvengeschwindigkeit[°/Frame](opt): 0.5
Lebensdauer(opt)[s]: 10
Geometriemodell: 2
Ringe: 5
Ringsegmente: 10
Laengsdurchmesser: 1.8
Querdurchmesser:  0.05
Graphic/WaffenTextur1.bmp
//ShieldRefektionparameter
mtrl.Diffuse.r     0.0
mtrl.Diffuse.g     4.0
mtrl.Diffuse.b     0.0
```

```
mtrl.Specular.r    0.0
mtrl.Specular.g  100.0
mtrl.Specular.b    0.0
ExploNr_SelfDestruct(opt): 0
ExploNr_Impact(opt): 1

...

Modell_10:
Range: 150
ImpulsSpeed: 0.3
mittl.Nachladezeit[ms]: 4000
Wirkung: 10000
Lenksystem: 2
Kurvengeschwindigkeit[°/Frame](opt): 1.0
Lebensdauer(opt)[s]: 10
Geometriemodell: 1
Ringe: 5
Ringsegmente: 10
Laengsdurchmesser: 1.6
Querdurchmesser:   0.05
Graphic/WaffenTextur4.bmp
//ShieldRefektionparameter
mtrl.Diffuse.r     0.0
mtrl.Diffuse.g     4.0
mtrl.Diffuse.b     4.0
mtrl.Specular.r    0.0
mtrl.Specular.g  100.0
mtrl.Specular.b  100.0
ExploNr_SelfDestruct(opt): 0
ExploNr_Impact(opt): 1

...

Modell_13:
Range: 100
ImpulsSpeed: 0.15
mittl.Nachladezeit[ms]: 10000
Wirkung: 15000
Lenksystem: -5
Kurvengeschwindigkeit[°/Frame](opt): 1.5
Lebensdauer(opt)[s]: 10
Geometriemodell: 1
Ringe: 5
Ringsegmente: 10
Laengsdurchmesser: 0.6
Querdurchmesser:   0.05
Graphic/WaffenTextur7.bmp
```

```
//ShieldRefektionparameter
mtrl.Diffuse.r      4.0
mtrl.Diffuse.g      4.0
mtrl.Diffuse.b      0.0
mtrl.Specular.r   100.0
mtrl.Specular.g   100.0
mtrl.Specular.b     0.0
ExploNr_SelfDestruct(opt): 0
ExploNr_Impact(opt): 1

...
```

Schiffsmodelle

Ähnlich wie bei den Waffenmodellen lassen sich die für die Beschreibung der Schiffsmodelle notwendigen Daten den beiden Teilbereichen Geometriemodell sowie technische Eigenschaften zuordnen. Für gewöhnlich legt man für jeden Teilbereich eine gesonderte Datei an. Der Einfachheit halber werden wir aber alle Informationen eines Schiffsmodells in einer einzigen Datei zusammenfassen. Gespeichert werden diese Dateien im Ordner *Modelle*.

Modelldatei

Zunächst betrachten wir die technischen Eigenschaften. Der Parameter `max_Kurvengeschwindigkeit` gibt die maximale Kurvengeschwindigkeit in Grad pro Sekunde an. Da es sehr unrealistisch wirkt, wenn sich ein Raumschiff sofort mit der maximalen Kurvengeschwindigkeit in die Kurve legt, sollte sich bei einem Kurvenflug die Kurvengeschwindigkeit nur langsam erhöhen bzw. senken. Hierfür wird der Parameter `Kurvenbeschleunigung` benötigt. Der Parameter `max_Impulsfaktor` stellt die Höchstgeschwindigkeit eines Raumschiffs bei einem Unterwarpflug dar. Die Änderung der Impulsgeschwindigkeit bei Brems- und Beschleunigungsmanövern wird durch den Parameter `Impulsbeschleunigung` festgelegt. Jedes Schiffsmodell kann mit bis zu drei Waffensystemen bestückt werden, wobei zwei Einschränkungen zu beachten sind – die Primärwaffe darf keine Lenkwaffe sein und bei der Sekundär- sowie der Tertiärwaffe muss es sich um eine Lenkwaffe handeln. Die Geschwindigkeit, mit der sich die Primärwaffe auf ein Ziel ausrichten lässt, wird durch den Parameter `Waffenausrichtgeschwindigkeit` festgelegt.

Pro Schiffsmodell werden drei verschiedene Texturen verwendet – die normale Sternenkreuzertextur, die Schadenstextur sowie eine Textur für den Schutzschild. Die beiden Sternenkreuzertexturen werden genauso wie die Asteroidtexturen in drei verschiedenen Detailstufen geladen. Die verwendeten Schildtexturen sollten in Grauweiß oder Weiß gehalten sein (z.B. graues Rauschen auf weißem Hintergrund). Die richtige Farbe erhält der Schild durch die korrekte Einstellung der Materialeigenschaften (Verwendung der Schildreflektionsparameter des Waffenobjekts, das den Schild getroffen hat) und die Beleuchtung mit einem weißen Punktlicht, das in der Nähe der Trefferposition dynamisch positioniert wird. Die Schildtextur selbst wird animiert (Texturanimation), wodurch Fluktuationen im Schutzschild erzeugt werden.

Kommen wir nun zum Gittermodell. Augenblicklich wird nur eine Detailstufe unterstützt, was sich aber in Zukunft noch ändern kann. Im ersten Schritt wird die Anzahl der Vertices festgelegt, anschließend werden alle Eckpunkte nacheinander aufgelistet. Dabei muss man sich an die folgenden Konventionen halten:

- Vertexnummer
- Vertexkoordinaten (x, y, z)
- Texturkoordinaten (tu, tv)
- Vertices mit der gleichen Position, aber unterschiedlichen Texturkoordinaten, müssen nacheinander aufgelistet werden

Im Anschluss daran wird die Indexliste angegeben, dabei werden immer drei Vertices zu einer Dreiecksfläche zusammengefasst (indizierte Dreiecksliste).

Die Flächennormalen werden im Zuge des Ladevorgangs automatisch erzeugt. Bei Verwendung der Flächennormalen erscheint das gerenderte Modell jedoch sehr kantig, da alle Dreiecksflächen mit unterschiedlicher Orientierung auch unterschiedlich gleichmäßig schattiert werden (Flat-Shading). Auf Wunsch werden beim Laden auch die so genannten *Gouraudnormalen* berechnet. Hierbei wird einfach der normierte Mittelwert der Normalenvektoren aller Vertices mit gleicher Position berechnet. Damit das auch korrekt funktioniert, müssen diese Vertices natürlich nacheinander aufgelistet worden sein.

Die Materialeigenschaften müssen nicht mit angegeben werden. Sie werden im Spiel dynamisch variiert.

Anschließend werden die achsenausgerichteten Bounding-Boxen des Modells festgelegt. Hierfür müssen die maximalen und minimalen x-, y- und z-Werte der Boxen sowie die Nummern der Dreieckseckpunkte, die sich innerhalb der Box befinden, angegeben werden. Für die korrekte Arbeitsweise des Schadensmodells gilt es zu beachten, dass die Dreiecke in der gleichen Reihenfolge angegeben werden müssen wie in der Dreiecksliste.

```
Graphic/SternenkreuzerTextur5
Graphic/ShieldTextur2.bmp
Graphic/DamageSternenkreuzerTextur5

max_Kurvengeschwindigkeit[°/s]: 15.00
Kurvenbeschleunigung[°/s*s]:  11.25
max_Impulsfaktor: 0.1
Impulsbeschleunigung[1/s*s]: 0.025

Primaerwaffe(ja=1;nein=0): 1
Waffenausrichtgeschwindigkeit[°]: 37.5
Waffenmodell: 7

Sekundaerwaffe(Lenkwaffe): 0
Waffenmodell(opt): 2
```

```
Tertiaerwaffe(Lenkwaffe): 0
Waffenmodell(opt): 2

SchiffsScaleFactorX: 4.0
SchiffsScaleFactorY: 4.0
SchiffsScaleFactorZ: 4.0

SchildScaleFactorX: 3.5
SchildScaleFactorY: 2.5
SchildScaleFactorZ: 4.0

StartPositionEnginePartikel: -0.48


AnzVertices: 28
0, 0.0, 0.0, 0.5, 0.25, 0.0,
1, 0.0, 0.0, 0.5, 0.25, 0.0,
2, 0.0, 0.0, 0.5, 0.25, 0.0,
3, 0.0, 0.0, 0.5, 0.25, 0.0,
4, 0.0, 0.0, 0.5, 0.25, 0.0,
5, 0.0, 0.0, 0.5, 0.25, 0.0,
6, 0.4, 0.0, -0.5, 0.5, 0.5,
7, 0.4, 0.0, -0.5, 0.0, 0.25,
8, 0.4, 0.0, -0.5, 0.5, 0.5,
9, -0.4, 0.0, -0.5, 0.0, 0.5,
10, -0.4, 0.0, -0.5, 0.0, 0.25,
11, -0.4, 0.0, -0.5, 0.0, 0.5,
12, 0.1, 0.1, -0.5, 0.5, 0.5,
13, 0.1, 0.1, -0.5, 0.0, 0.5,
14, 0.1, 0.1, -0.5, 0.5, 0.0,
15, 0.1, 0.1, -0.5, 1.0, 0.0,
16, -0.1, 0.1, -0.5, 0.0, 0.5,
17, -0.1, 0.1, -0.5, 0.5, 0.5,
18, -0.1, 0.1, -0.5, 0.5, 0.0,
19, -0.1, 0.1, -0.5, 0.5, 0.0,
20, 0.1, -0.1, -0.5, 0.5, 0.5,
21, 0.1, -0.1, -0.5, 0.0, 0.5,
22, 0.1, -0.1, -0.5, 0.5, 0.5,
23, 0.1, -0.1, -0.5, 1.0, 0.5,
24, -0.1, -0.1, -0.5, 0.0, 0.5,
25, -0.1, -0.1, -0.5, 0.5, 0.5,
26, -0.1, -0.1, -0.5, 0.5, 0.5,
27, -0.1, -0.1, -0.5, 0.5, 0.5,

AnzIndices: 30
IndexList(3Indices=1Dreieck):
16, 0, 12,
20, 5, 24,
```

```
13, 1, 6,
21, 8, 4,
9, 2, 17,
11, 25, 3,
27, 19, 15,
27, 15, 23,
10, 18, 26,
22, 14, 7,

Gouraud_Normalen_berechnen(ja=1;nein=0): 1

Anz_BoundingBoxes(AABB): 1
Koordinates(x_min/max,y_min/max,z_min/max): -4.0, 4.0,
                                            -4.0, 4.0,
                                            -4.0, 4.0,
Anz_Triangles(in_Box): 10
16, 0, 12,
20, 5, 24,
13, 1, 6,
21, 8, 4,
9, 2, 17,
11, 25, 3,
27, 19, 15,
27, 15, 23,
10, 18, 26,
22, 14, 7,
```

Modelllisten-Datei

In jedem strategischen Szenario können bis zu fünf Schiffsklassen (zehn Schiffsmodelle) pro Empire eingesetzt werden. Die Pfadangaben der zu verwendenden Schiffsmodelldateien sowie die Eigenschaften der Modelle, die für das strategische Szenario wichtig sind, werden in einer so genannten Modelllisten-Datei im Ordner *Modelle* abgespeichert. Sinnvollerweise benennt man diese Dateien wie folgt: *IntroSternenkreuzermodellListe.txt, SternenkreuzermodellListe1.txt* usw.

Die einzelnen Schiffsklassen werden im Folgenden durch verschiedene Farben symbolisiert, deren Verwendung im Spiel zu einer besseren Übersicht beiträgt (Battle Cruiser: Blue; Heavy Cruiser: Green; Med Cruiser: Yello; Fast Cruiser: Orange; Sensor Cruiser: Red).

```
AnzModelle(1-5_Terra__6-10_Kitani): 10

Modelle/Sternenkreuzer5.txt
Modelle/Sternenkreuzer4.txt
Modelle/Sternenkreuzer3.txt
```

```
Modelle/Sternenkreuzer2.txt
Modelle/Sternenkreuzer1.txt
Modelle/Sternenkreuzer10.txt
Modelle/Sternenkreuzer9.txt
Modelle/Sternenkreuzer8.txt
Modelle/Sternenkreuzer7.txt
Modelle/Sternenkreuzer6.txt

KampfKraftBlue(max):    2000.0
KampfKraftGreen(max):    600.0
KampfKraftYello(max):    400.0
KampfKraftOrange(max):   200.0
KampfKraftRed(max):       50.0

ScanPerimeter_Blue_keineBewegung:     2.0
ScanPerimeter_Green_keineBewegung:    3.0
ScanPerimeter_Yello_keineBewegung:    3.0
ScanPerimeter_Orange_keineBewegung:   3.0
ScanPerimeter_Red_keineBewegung:     15.0

WarpRechargeFactorBlue:   0.001
WarpEnergieVerbrauchBlue: 0.05      pro_0.1_Lichtjahr_insg._200

WarpRechargeFactorGreen:   0.003
WarpEnergieVerbrauchGreen: 0.04     pro_0.1_Lichtjahr_insg._250

WarpRechargeFactorYello:   0.005
WarpEnergieVerbrauchYello: 0.03333  pro_0.1_Lichtjahr_insg._300

WarpRechargeFactorOrange:   0.008
WarpEnergieVerbrauchOrange: 0.025   pro_0.1_Lichtjahr_insg._400

WarpRechargeFactorRed:      0.01
WarpEnergieVerbrauchRed:    0.0165  pro_0.1_Lichtjahr_insg._600
```

HINWEIS

Auf der Basis des Energieverbrauchs während eines Warpflugs wird für jede gegnerische Schiffsklasse die `KataniBattleUnit..._MaxWarpOperationsDistance` berechnet. Diese Werte helfen der strategischen KI bei der Auswahl eines möglichen Ziels für einen Warpflug. Jedes mögliche Ziel muss sich innerhalb dieser Entfernung befinden.

Die weiteren Parameter werden für die Berechnung des Ausgangs eines taktischen Szenarios (Raumkampf) benötigt. Nehmen wir an, zwei Fast Cruiser würden sich in einem Kampf gegenüberstehen, wobei das eine Schiff mit einem sehr viel effektiveren Waffensystem ausgerüstet wäre. Spielt man das taktische Szenario durch, dürfte wohl klar sein, wer aus diesem Kampf als Sieger hervorgeht. Um bei der Berechnung des Ausgangs auf ein ähnliches Ergebnis zu kommen, weist man diesem Schiff einfach ein größeres Offensivpotential zu. Der Standardwert für die Offensivpotentiale liegt bei 1.0.

```
TerraBattleUnitBlue_OffensivePotential_for_BattleCalculation:    1.0
TerraBattleUnitGreen_OffensivePotential_for_BattleCalculation:   1.0
TerraBattleUnitYello_OffensivePotential_for_BattleCalculation:   1.0
TerraBattleUnitOrange_OffensivePotential_for_BattleCalculation:  1.0
TerraBattleUnitRed_OffensivePotential_for_BattleCalculation:     1.0
KataniBattleUnitBlue_OffensivePotential_for_BattleCalculation:   1.0
KataniBattleUnitGreen_OffensivePotential_for_BattleCalculation:  1.0
KataniBattleUnitYello_OffensivePotential_for_BattleCalculation:  1.0
KataniBattleUnitOrange_OffensivePotential_for_BattleCalculation: 1.0
KataniBattleUnitRed_OffensivePotential_for_BattleCalculation:    1.0
```

16.5 Empire-Maps

Alle spielrelevanten Informationen eines strategischen Szenarios werden in einer Empire-Map-Datei im Ordner *EmpireMaps* gespeichert. Im strategischen Modus lassen sich die Spielstände zu jeder Zeit speichern. Dabei wird dasselbe Dateiformat verwendet, gespeichert werden die Dateien jedoch im Ordner *SavedGames*.

Zunächst wird die zu verwendende Schiffsmodelllisten-Datei sowie eine Sternenkarte ausgewählt. Des Weiteren wird die Entfernung zu einem Sternensystem festgelegt, innerhalb derer die gegnerischen Raumschiffe zu orten sind. Ursache hierfür ist die Wechselwirkung zwischen dem Warpfeld des Schiffs und dem Gravitationsfeld des Sterns (Gravitationswellen-Interferenz). Weiterhin muss das Verzeichnis angegeben werden, in dem die 3D-Umgebungsinformationen für die einzelnen Sternensysteme abgespeichert sind.

```
Schiffsmodelle:
Modelle/SternenkreuzerModellListe1.txt

Verwendete_SystemMap:
SystemMaps/SystemMap1.txt

ScanPerimeter_System[1:=10LJ]: 4.0

Verwende_3DSzenarien_aus:
3DSzenarien/SystemMap1/
```

Die nächsten drei Parameter sind Richtwerte, wie sich die Kampfkraft der Schiffe und der Zugehörigkeitsstatus der assoziierten Sternensysteme im Spielverlauf verändern. Die tatsächliche Zunahme der Kampfkraft und die Abnahme des Zugehörigkeitsstatus ist von der Anzahl der assoziierten Systeme abhängig.

```
Increase_of_Battlepower: 0.005
Decrease_of_Battlepower: 0.002
Decrease_of_Membership: 0.002
```

Die folgenden Parameter werden für die dynamische Generierung der Raumschlachtszenarien benötigt. Der erste Parameter gibt an, wie wenig wahrscheinlich es ist, dass es in einem Kriegsgebiet (ein System, in dem sich Schiffe beider Imperien befinden) zu einer Raumschlacht kommt. Die weiteren Parameter begrenzen die Anzahl der Schiffe einer Schiffsklasse in einem solchen Raumkampfszenario.

```
alle_Werte(>=1):
NonBattleProbability: 2000.0

MaxAnzFightingTerraBattleUnitsBlue:    2
MaxAnzFightingTerraBattleUnitsGreen:   3
MaxAnzFightingTerraBattleUnitsYello:   4
MaxAnzFightingTerraBattleUnitsOrange:  5
MaxAnzFightingTerraBattleUnitsRed:     1

MaxAnzFightingKataniBattleUnitsBlue:   2
MaxAnzFightingKataniBattleUnitsGreen:  3
MaxAnzFightingKataniBattleUnitsYello:  4
MaxAnzFightingKataniBattleUnitsOrange: 5
MaxAnzFightingKataniBattleUnitsRed:    1
```

Die nächsten Parameter bestimmen das Verhalten der strategischen KI, deren Hauptaufgabe darin besteht, die gegnerische Flottenbewegung zu kontrollieren. Durch Variation dieser Parameter lassen sich Verhaltensweisen von rein defensiv bis hin zu ultraaggressiv simulieren. Die `OffensivStrategieWerte` legen fest, wie zielstrebig die einzelnen Schiffsklassen die gegnerischen imperialen Heimatwelten anfliegen sollen. Je größer die `PassivStrategieWerte` für die einzelnen Schiffsklassen sind, desto länger verweilen die Schiffe zwischen zwei Warpflügen in einem Sternensystem. Mit Ausnahme der Sensor Cruiser wird ferner für jede Schiffsklasse ein maximaler Operationsradius festgelegt. Mit Hilfe dieser Radien lässt sich die Ausbreitung des vom Computer kontrollierten Imperiums beliebig einschränken. Für ein defensiv ausgerichtetes Imperium mit begrenzter Ausdehnung müssen die Operationsradien entsprechend klein gewählt werden (beispielsweise 300 LJ), für ein aggressiv expandierendes Imperium entsprechend groß (beispielsweise 2000 LJ).

HINWEIS: Sofern für den Computergegner keine Heimatwelten definiert werden sollen (Invasions- und Kolonialkriegsszenarien), muss der `Operationsradius kleiner 0` sein.

Für die Sensor Cruiser wird ein minimaler Operationsradius festgelegt. Je größer dieser Operationsradius ist, desto weiter wagen sich die Sensor Cruiser in den freien Raum zur Beobachtung der gegnerischen Flottenbewegung vor. Die weiteren Parameter legen die minimale Flottenstärke zur Verteidigung der imperialen Heimatwelten fest.

```
OffensivStrategieWert_Blue:  1000
OffensivStrategieWert_Green:   14
OffensivStrategieWert_Yello:    7
OffensivStrategieWert_Orange:   1
```

```
PassivStrategieWert_Blue:   1000
PassivStrategieWert_Green:  1000
PassivStrategieWert_Yello:  1000
PassivStrategieWert_Orange: 1000

KataniBattleUnitBlue_Max_Homeworld_Distance[1:=10LJ]:   30.0
KataniBattleUnitGreen_Max_Homeworld_Distance[1:=10LJ]:  30.0
KataniBattleUnitYello_Max_Homeworld_Distance[1:=10LJ]:  30.0
KataniBattleUnitOrange_Max_Homeworld_Distance[1:=10LJ]: 30.0

KataniBattleUnitRed_Min_Homeworld_Distance[1:=10LJ]:    30.0

AnzKataniBattleUnitBlue_Min_at_Homeworld:   1
AnzKataniBattleUnitGreen_Min_at_Homeworld:  2
AnzKataniBattleUnitYello_Min_at_Homeworld:  2
AnzKataniBattleUnitOrange_Min_at_Homeworld: 2
```

Die nachfolgenden Parameter dienen rein kosmetischen Zwecken. Ein paar Nebel hier, ein paar Galaxien da und schon sieht das Sternenfeld rein optisch gleich viel besser aus.

```
Anzahl_Nebulae/Galaxien: 7

Nebulatextur: Graphic/Nebula38.bmp
Nebula_X:    -39
Nebula_Y:    -29
Nebula_Z:    65
Nebula_ScaleFactor: 47.0
Nebula_ambientes_Licht:
Rotanteil:  255
Grünanteil: 255
Blauanteil: 255

Nebulatextur: Graphic/Nebula2.bmp
Nebula_X:    22
Nebula_Y:    48
Nebula_Z:    69
Nebula_ScaleFactor: 47.0
Nebula_ambientes_Licht:
Rotanteil:  255
Grünanteil: 255
Blauanteil: 255

Nebulatextur: Graphic/Nebula40.bmp
Nebula_X:    99
Nebula_Y:    -80
Nebula_Z:    70
Nebula_ScaleFactor: 47.0
Nebula_ambientes_Licht:
Rotanteil:  150
```

```
Grünanteil: 150
Blauanteil: 150

...
```

Anschließend werden die terranischen Heimatwelten sowie die assoziierten Systeme festgelegt. Für die assoziierten Systeme muss neben der Systemnummer auch der Zugehörigkeitsstatus mit angegeben werden. Diesen kann man entweder explizit angeben oder zu Beginn des Spiels nach dem Zufallsprinzip ermitteln lassen. Hierfür stehen die folgenden Parameter zur Verfügung:

Parameter	Wirkung
-1	Zugehörigkeitsstatus: 10 – 30 %
-2	Zugehörigkeitsstatus: 30 – 60 %
-3	Zugehörigkeitsstatus: 60 – 100 %

Tabelle 16.1: Festlegung des Zugehörigkeitsstatus nach dem Zufallsprinzip

```
Systeme_Terranische_Allianz: 1
5,

assoziierte_Systeme_Terranische_Allianz: 1
35, 19.489750,
```

Im Anschluss daran wird Schiffsklasse für Schiffsklasse für jedes Schiff der momentane Status festgelegt. Die Statusinformationen werden dabei in der folgenden Reihenfolge gespeichert:

- Systemnummer (-1000 bedeutet, dass sich das Schiff im freien Raum befindet)
- aktuelle Position (x-, y-Koordinaten)
- aktuelles Ziel (x-, y-Koordinaten)
- Verschiebungsvektor (x-, y-Koordinaten)
- Warpenergie
- Kampfkraft
- Flugrichtung (y- sowie negative x-Komponente des Richtungsvektors)

  (Die beiden Komponenten entsprechen dem Kosinus bzw. dem Sinus des Drehwinkels bei der Drehung aus der Anfangsorientierung in die korrekte Flugrichtung.)
- altes Sternensystem (Startpunkt eines Warpflugs)
- neues Sternensystem (Ziel eines Warpflugs)
- Kurs gesetzt (0 = nein, 1 = ja: Schiff befindet sich auf einem Warpflug)
- Kurs setzen (0 = nein, 1 = ja: gibt an, ob im nächsten Frame der Kurs gesetzt werden soll; wichtig für die KI)

Für eine große Anzahl von Schiffen ist es mühsam, alle Parameter explizit festzulegen. Es besteht daher wiederum die Möglichkeit, die einzelnen Parameter zu Beginn des Spiels nach dem Zufallsprinzip ermitteln zu lassen. Betrachten wir zunächst die Auswahl der Sternensysteme:

Parameter	Wirkung
–2000	beliebiges Sternensystem
–3000	beliebiges Sternensystem mit Planetensystem
–4000	beliebiges Sternensystem ohne Planetensystem
–5000	imperiale Heimatwelten
–6000	imperiale assoziierte Systeme
–7000	imperiale Heimatwelten und assoziierte Systeme

Tabelle 16.2: Festlegung der Sternensysteme nach dem Zufallsprinzip

Für die Warpenergie stehen die folgenden Parameter zur Verfügung:

Parameter	Wirkung
–1	Warpenergie: 10 – 20 %
–2	Warpenergie: 20 – 50 %
–3	Warpenergie: 50 – 80 %
–4	Warpenergie: 80 – 100 %

Tabelle 16.3: Festlegung der Warpenergie nach dem Zufallsprinzip

Für die Kampfkraft stehen die folgenden Parameter zur Verfügung:

Parameter	Wirkung
–1	Kampfkraft: 12.5 – 25 %
–2	Kampfkraft: 25 – 50 %
–3	Kampfkraft: 50 – 75 %
–4	Kampfkraft: 75 – 100 %

Tabelle 16.4: Festlegung der Kampfkraft nach dem Zufallsprinzip

```
Anzahl_TerraBattleUnits_blue: 1
-5000, 0.0, 0.0, 0.0, 0.0, 0.0, 0.0, -2.0, -2.0,
                                   1.0, 0.0, -5000, -5000, 0, 0,
Anzahl_TerraBattleUnits_green: 1
-5000, 0.0, 0.0, 0.0, 0.0, 0.0, 0.0, -2.0, -2.0,
                                   1.0, 0.0, -5000, -5000, 0, 0,

Anzahl_TerraBattleUnits_yello: 1
-5000, 0.0, 0.0, 0.0, 0.0, 0.0, 0.0, -2.0, -2.0,
                                   1.0, 0.0, -5000, -5000, 0, 0,

Anzahl_TerraBattleUnits_orange: 1
-5000, 0.0, 0.0, 0.0, 0.0, 0.0, 0.0, -2.0, -2.0,
                                   1.0, 0.0, -5000, -5000, 0, 0,

Anzahl_TerraBattlegUnits_red: 1
-5000, 0.0, 0.0, 0.0, 0.0, 0.0, 0.0, -4.0, -4.0,
                                   1.0, 0.0, -5000, -5000, 0, 0,
```

Im Anschluss daran werden die Heimatwelten und die assoziierten Systeme des Katani-Imperiums sowie der momentane Status aller Katani-Schiffe festgelegt.

```
Systeme_Katani_Empire: 1
14,

assozierte_Systeme_Katani_Empire: 0


Anzahl_KataniBattleUnits_blue: 1
-5000, 0.0, 0.0, 0.0, 0.0, 0.0, 0.0, -2.0, -2.0,
                                   1.0, 0.0, -5000, -5000, 0, 0,

Anzahl_KataniBattleUnits_green: 1
-5000, 0.0, 0.0, 0.0, 0.0, 0.0, 0.0, -2.0, -2.0,
                                   1.0, 0.0, -5000, -5000, 0, 0,

Anzahl_KataniBattleUnits_yello: 1
-5000, 0.0, 0.0, 0.0, 0.0, 0.0, 0.0, -2.0, -2.0,
                                   1.0, 0.0, -5000, -5000, 0, 0,

Anzahl_KataniBattleUnits_orange: 1
-5000, 0.0, 0.0, 0.0, 0.0, 0.0, 0.0, -2.0, -2.0,
                                   1.0, 0.0, -5000, -5000, 0, 0,

Anzahl_KataniBattleUnits_red: 1
-5000, 0.0, 0.0, 0.0, 0.0, 0.0, 0.0, -4.0, -4.0,
                                   1.0, 0.0, -5000, -5000, 0, 0,
```

16.6 Spieleinstellungen

In der Datei *SpielEinstellungen.txt* wird die aktuelle Spielkonfiguration abgespeichert. Alle Parameter lassen sich entsprechend der Systemleistung individuell anpassen.

Als Erstes wird die Sichtweite innerhalb eines 3D-Szenarios festgelegt. Generell gilt, je kleiner die Sichtweite, umso schneller das Spiel.

```
Sichtweite_3DScenario:          2000
```

Anschließend wird die Anzahl der terranischen und Katani-Raumkreuzer im Intro-Szenario festgelegt.

```
AnzTerraKreuzerIntro: 55
AnzKataniKreuzerIntro: 55
```

Im Anschluss daran wird die Anzahl der Hintergrundsterne in der strategischen und in der taktischen Ansicht angegeben.

```
Anzahl_von_Sternen_Maximal(SystemMap):  5000
Anzahl_von_Sternen_Maximal(3D_Scene):     1000
```

Im nächsten Schritt wird die Spielgeschwindigkeit in der taktischen Ansicht (Raumkampf) festgelegt:

```
Tactical-GameSpeed: 1.0
```

HINWEIS: Die Spielgeschwindigkeit in der taktischen Ansicht (Raumkampf) kann aufgrund einiger Codeoptimierungen im Gegensatz zur Spielgeschwindigkeit in der strategischen Ansicht nicht mehr zur Laufzeit verändert werden.

Der nächste Parameter regelt die Abspielgeschwindigkeit der Explosionsanimationen.

```
Explosions-Abspielgeschwindigkeit:   0.12
```

Weiterhin besteht die Möglichkeit, den Lens-Flare-Effekt ein- oder auszuschalten. Im Spiel hat man darüber hinaus die Möglichkeit, die Sun Flares (Sonnenstrahlen) zu deaktivieren.

```
Show_LensFlares_in_Szenario(ja=1;nein=0): 1
```

Die nächsten Parameter bestimmen, wie Licht- und Texturinformationen miteinander gemischt werden sollen.

```
MetallicShipSurface(ja=1,2;nein:0): 2
HighlyReflectiveLargeAsteroidSurface(ja=1,2;nein=0): 1
HighlyReflectiveSmallAsteroidSurface(ja=1,2;nein=0): 0
```

Animierte Wolkendecken benötigen wegen des großflächigen Alpha Blendings enorm viel Rechenzeit. Falls die Performance darunter zu sehr leidet, sollte dieser Effekt deaktiviert werden. Die Einstellung lässt sich im taktischen Modus zur Laufzeit jederzeit ändern.

```
PlanetaryCloudAnimation(ja=1,nein=0): 1
```

Als Nächstes lässt sich die zu verwendende Filtertechnik im Zusammenhang mit dem Einsatz von Mipmaps festlegen. Trilineares Filtern ist etwa achtmal so rechenintensiv wie bilineares Filtern, da bei dieser Technik weiche Übergänge zwischen den einzelnen Mipmap-Wechseln erzeugt werden.

```
MipmapFilterOptions:
BilinearWithMipMaps(1)
TrilinearWithMipMaps(2)
OptionNr: 1
```

Mit Hilfe des Parameters

```
InvExploPartikelAbnahme: 1000
```

wird die Anzahl der zu rendernden Explosionspartikel gemäß der Formel

```
AnzPartikel=(long)
          (AnzPartikelMax*InvExploPartikelAbnahme/AbstandSq);
```

in Abhängigkeit zum quadratischen Abstand von der Explosionsquelle berechnet. Bei Performanceproblemen sollte man den Wert entsprechend verkleinern.

Die nächsten Parameter legen fest, ab welchen quadratischen Abständen die Detailstufen der Waffen- und Schildmodelle heruntergesetzt und die Schiffs- sowie die Raketenantriebspartikel nicht mehr gerendert werden sollen.

```
WeaponLODAbstandSq: 2000
ShieldLODAbstandSq: 40000
MaxShipPartikelAbstandSq: 20000
MaxRocketEnginePartikelAbstandSq: 10000
```

Als Nächstes wird der Skalierungsfaktor der Einschlags-Explosionsanimation festgelegt.

```
Missile_Explo_ScaleFactor: 6.0
```

Für eine optimale Darstellung sollten sowohl die Explosions- als auch die Lenkwaffen-Antriebspartikel kreisförmig sein (Quads würden beim Rendern zu Transparenzfehlern führen, da es aus Performancegründen unmöglich ist, alle diese Partikel nach ihrem Abstand zur Kamera zu sortieren). Gerendert werden diese Partikel als indizierte Dreiecksfächer. An dieser Stelle wird die Anzahl der Partikeleckpunkte festgelegt (Sechseck, Achteck usw.).

```
AnzEckenExploPartikel: 6
AnzEckenRocketEnginePartikel: 6
```

Als Nächstes wird die maximale Anzahl der verschiedenen Partikeltypen festgelegt, die pro Objekt gerendert werden sollen.

```
AnzRocketEnginePartikel(Object): 50
AnzEnginePartikel(Object): 50
AnzSmokePartikel(Object): 50
AnzSpacePartikel: 100

AnzExploPartikelSensorCruisers: 200
AnzExploPartikelFastCruisers: 600
```

```
AnzExploPartikelMedCruisers: 800
AnzExploPartikelHeavyCruisers: 1000
AnzExploPartikelBattleCruisers: 1400
```

Weiterhin wird die Anzahl der Vertices für ein Planeten- sowie für ein Schildmodell festgelegt.

```
PlanetRinge: 30
PlanetSegmente: 30

SchildRinge: 10
SchildSegmente: 20
```

HINWEIS: Die angegebenen Werte gelten wiederum nur für die größte Detailstufe. Während der Initialisierung werden automatisch ein Low-Detail-Schild- bzw. Low-Detail-Planetenmodell erzeugt und im Spiel bei Bedarf verwendet.

Als Nächstes wird die Anzahl der verschiedenen Objekte (mit Ausnahme der Raumschiffe des taktischen Szenarios) festgelegt. Diese Angaben werden für die Initialisierung der Arrays sowie der Memory-Manager-Instanzen benötigt. Weiterhin wird die Anzahl an Raketen festgelegt, die zusätzlich zu den Raumschiffen und Explosionen entsprechend ihres Abstands zur Kamera gerendert werden sollen. Auf diese Weise werden Darstellungsfehler beim Rendern des Raketenschweifs vermieden.

```
MaxAnzWaffenObjekte: 400
AnzSortedMissilesMax: 10
MaxAnzBattleUnits: 400
MaxAnzAsteroids: 800
MaxAnzExplosionen: 100
```

Die folgenden zwei Parameter sind für eine intelligente Kameraführung wichtig. Nähert sich ein Raumschiff unaufhörlich der Kamera an, so muss diese – sofern man es nicht riskieren möchte, dass sie sich irgendwann innerhalb des Schiffs befindet – bei einem (quadratischen) Mindestabstand wieder vom Schiff wegbewegt werden.

```
MinSchiffsAbstandSq: 150
MinSchiffsExploAbstandSq: 300
```

Die letzten beiden Parameter sind für die Detaildarstellung in der strategischen Ansicht wichtig. Zoomt man von der Sternenkarte weg, legen diese Abstandswerte fest, ab welchen Entfernungen die Sonnenstrahlen bzw. die Systeminformationen nicht mehr gerendert werden sollen.

```
Render_SunFlaresZoomBorder: 30
Render_SystemInfo_ZoomBorder: 40
```

16.7 Explosionsanimationen

Eine Explosionsanimation ist schnell erzeugt. Man nimmt eine Textur, auf der alle Explosionsframes gespeichert sind, erzeugt für jedes Frame ein Quad und weist den vier Vertices die zum Frame zugehörigen Texturkoordinaten zu (siehe auch Kapitel 20.4).

Die Animationen, die bei der Explosion eines Raumschiffs Verwendung finden, werden in der Datei *ExploAnimationList.txt* gespeichert; die Animationen, die bei der Explosion einer Lenkwaffe zum Einsatz kommen, finden sich in der Datei *SmallExploAnimationList.txt*.

```
Anz_ExploAnimation2Texturen: 2
Graphic/Explosion1.bmp
Graphic/Explosion3.bmp

AnzFrames: 16
Texturkoordinaten_Frame_1:
0 , 0.25 , 0 , 0.25
Texturkoordinaten_Frame_2:
0.25 , 0.5 , 0 , 0.25
Texturkoordinaten_Frame_3:
0.5 , 0.75 , 0 , 0.25
Texturkoordinaten_Frame_4:
0.75, 1, 0.25, 0.5
Texturkoordinaten_Frame_5:
0 , 0.25 , 0.25 , 0.5
Texturkoordinaten_Frame_6:
0.25 , 0.5 , 0.25 , 0.5
Texturkoordinaten_Frame_7:
0.5 , 0.75 , 0.25 , 0.5
Texturkoordinaten_Frame_8:
0.75 , 1.0 , 0.25 , 0.5
Texturkoordinaten_Frame_9:
0 , 0.25 , 0.5 , 0.75
Texturkoordinaten_Frame_10:
0.25 , 0.5 , 0.5 , 0.75
Texturkoordinaten_Frame_11:
0.5 , 0.75 , 0.5 , 0.75
Texturkoordinaten_Frame_12:
0.75 , 1 , 0.5 , 0.75
Texturkoordinaten_Frame_13:
0 , 0.25 , 0.75 , 1
Texturkoordinaten_Frame_14:
0.25 , 0.5 , 0.75 , 1
Texturkoordinaten_Frame_15:
0.5 , 0.75 , 0.75 , 1
Texturkoordinaten_Frame_16:
0.75 , 1 , 0.75 , 1
```

16.8 Texturpfad-Dateien

Zu guter Letzt betrachten wir noch diejenigen Dateien, in denen die Texturpfade der zusätzlich verwendeten Texturen abgespeichert werden. Die Benennung dieser Dateien orientiert sich am Verwendungszweck der Texturen:

- *ExploLightList.txt*
- *ExploPartikelList.txt*
- *SmokeAndEnginePartikelList.txt*
- *SpacePartikelList.txt*
- *LensFlare.txt*
- *CloudList.txt*

16.9 Zusammenfassung

Bisher haben wir noch keine einzige Zeile programmiert und trotzdem schon alle Dateiformate entwickelt – warum? Für mich persönlich hat sich das als der beste Weg herausgestellt, denn beim Entwurf der Dateiformate müssen die im Konzeptpapier entwickelten Ideen weiter präzisiert werden. Bei der Entwicklung des Terrain- und Indoor-Renderers sind wir genauso vorgegangen: Bevor wir mit der Programmierung begonnen haben, haben wir zunächst festgelegt, auf welche Weise die Daten des Terrains bzw. des Interieurs in den entsprechenden Dateiformaten zu speichern sind. Wenn Sie beim Entwurf der Dateiformate zu schlampig vorgehen, führt das meist dazu, dass Sie sie zu einem späteren Zeitpunkt wieder und wieder modifizieren müssen, was dann natürlich auch Auswirkungen auf den schon geschriebenen Programmcode hat.

16.10 Workshop

Fragen und Antworten

F *Welche Daten sind für die Erzeugung eines strategischen Szenarios notwendig?*

A In einer Empire-Map-Datei werden nacheinander die folgenden Informationen gespeichert:

- zu verwendende Schiffsmodelle
- zu verwendende Sternenkarte

- Entfernung von einem Sternensystem, innerhalb derer die gegnerischen Schiffe zu orten sind
- Angabe des Verzeichnisses, in dem die 3D-Umgebungsinformationen für die einzelnen Sternensysteme gespeichert sind
- zeitliche Änderung der Kampfkraft der einzelnen Schiffe sowie des Zugehörigkeitsstatus der assoziierten Systeme
- Parameter, welche die dynamische Generierung der Raumschlachtszenarien beeinflussen
- Parameter, welche das Verhalten der strategischen KI beeinflussen
- zu verwendende Hintergrundnebel in der strategischen Ansicht
- imperiale Heimatwelten, Zustand der assoziierten Systeme und aller Raumschiffe

Quiz

1. Wie lassen sich Asteroiden auf der Grundlage einfacher Basismodelle erzeugen?
2. Welche Daten werden für die Speicherung unserer Schiffsmodelle benötigt?

Übung

Denken Sie darüber nach, welche Daten bei der Umsetzung Ihrer Spielidee gespeichert werden müssten und auf welche Weise man sie speichern könnte.

Tag 17

Game-Design – Entwicklung eines Empire Map Creators

Die Spielidee, die unser Spieleprojekt von der Masse der Space-Combat-Simulationen und Echtzeit-Strategiespiele unterscheidet, besteht darin, dass der Spieler verschiedenartige Kriegsszenarien gegen ein feindliches Sternenimperium nachspielen kann. Man ist also nicht an eine feste Storyline gebunden. Alle Daten, die für die Erzeugung eines Kriegsszenarios benötigt werden, werden in einer Empire-Map-Datei abgespeichert. Bisher besteht aber leider nur die Möglichkeit, diese Dateien mit einem Texteditor zu bearbeiten, was insgesamt mehr Frust als Freude bringt. Aus diesem Grund entwickeln wir jetzt ein kleines Tool, mit dessen Hilfe die Erstellung neuer Kriegsszenarien innerhalb kürzester Zeit möglich wird.

17.1 Der Empire Map Creator stellt sich vor

Um einen Eindruck von der Benutzeroberfläche des Creator-Programms zu bekommen, betrachten wir den folgenden Screenshot:

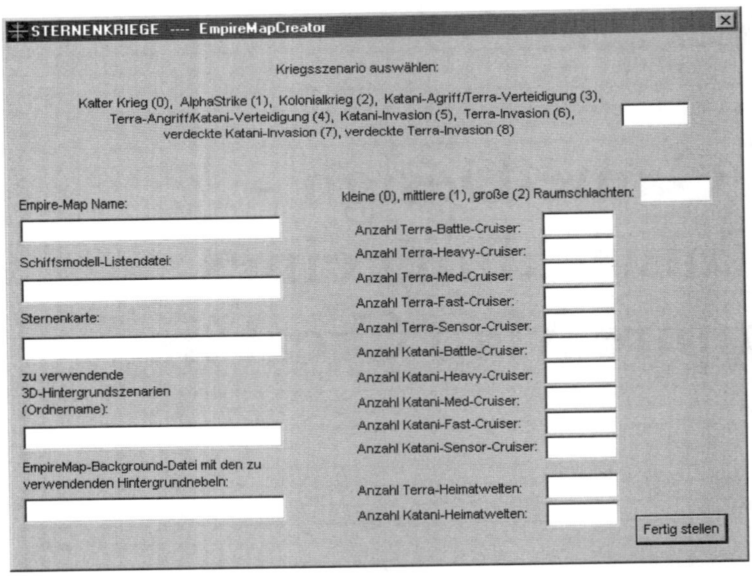

Abbildung 17.1: Der Empire Map Creator

Mit Hilfe des Empire Map Creator lassen sich die folgenden Kriegsszenarien erzeugen:

- kalter Krieg
- Alpha Strike (Erstschlagszenarien)
- Kolonialkriegsszenarien
- Katani-Angriff / Terra-Verteidigungsszenarien

- Terra-Angriff / Katani-Verteidigungsszenarien
- Katani-Invasionsszenarien
- Terra-Invasionsszenarien
- verdeckte Katani-Invasionsszenarien
- verdeckte Terra-Invasionsszenarien

Nachdem man sich für ein bestimmtes Kriegsszenario entschieden hat, legt man den Namen dieses Szenarios, die zu verwendenden Schiffsmodelle, die zu verwendende Sternenkarte sowie die zu verwendenden 3D-Umgebungsinformationen fest.

Im nächsten Schritt gibt man den Namen derjenigen EmpireMap-Background-Datei an, in der alle Daten der zu verwendenden Hintergrundnebel (Texturpfad, Position, Skalierungsfaktor, Farbe) gespeichert sind. Diese Dateien finden sich im Ordner *EmpireMapBackgrounds*.

Anschließend legt man die Größe der dynamisch generierten Raumschlachtszenarien sowie die Anzahl der Schiffe der einzelnen Schiffsklassen fest. Zu guter Letzt muss man noch für beide Imperien die Anzahl der Heimatwelten festlegen. Nur ein Sternensystem, welches auch über ein Planetensystem verfügt, kommt als eine mögliche Heimatwelt in Betracht.

17.2 Ein dialogfeldbasierendes MFC-Programm erstellen

Für die Programmentwicklung werden wir dieses Mal auf die MFC zurückgreifen. Die nachfolgenden Abbildungen sollen Ihnen die einzelnen Schritte bei der Erstellung eines dialogfeldbasierten MFC-Programms veranschaulichen:

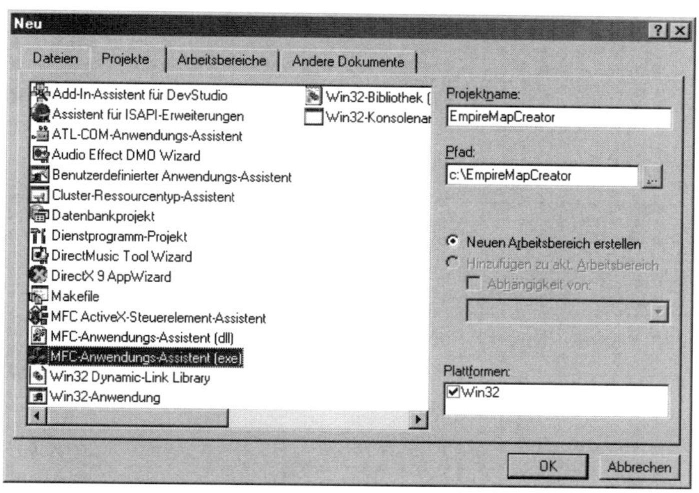

Abbildung 17.2: Beginn eines neuen MFC-Projekts

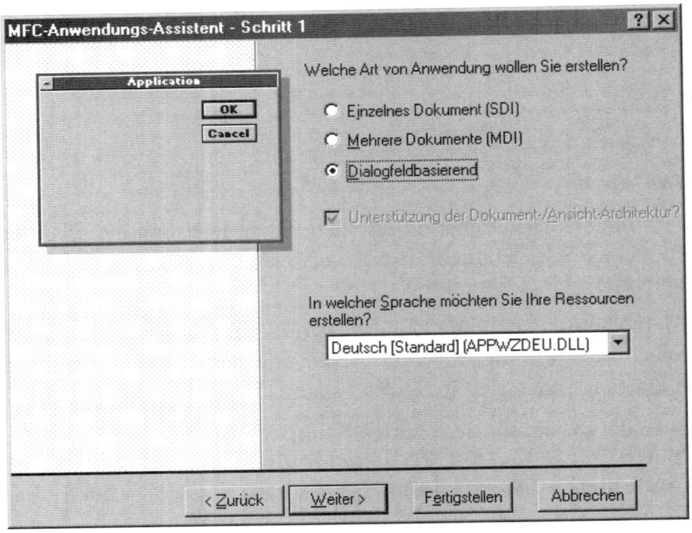

Abbildung 17.3: Ein dialogfeldbasierendes Programm erzeugen

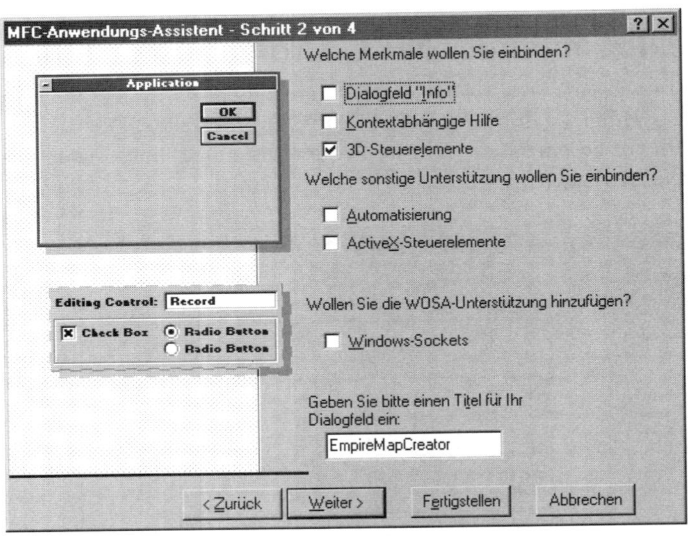

Abbildung 17.4: Verwendung von 3D-Steuerelementen

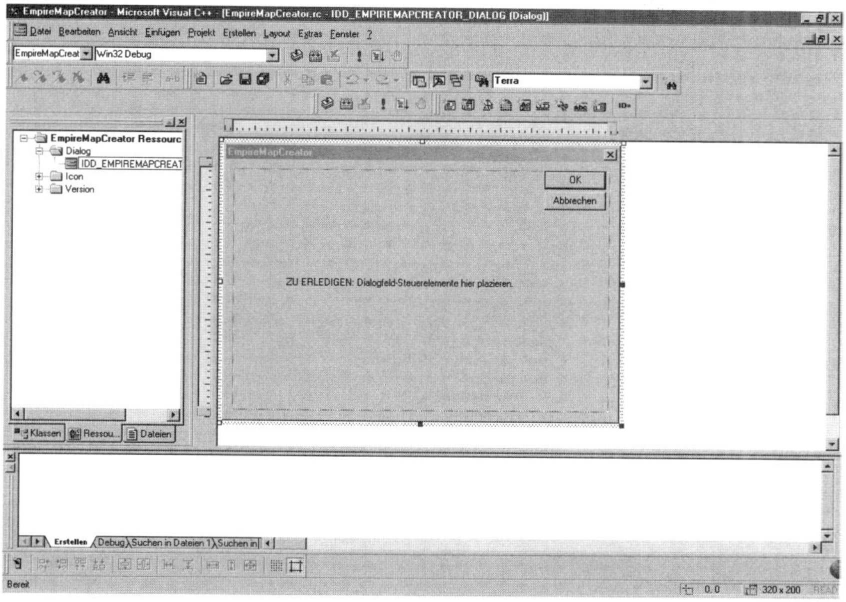

Abbildung 17.5: Das Dialogfeld bei Projektbeginn

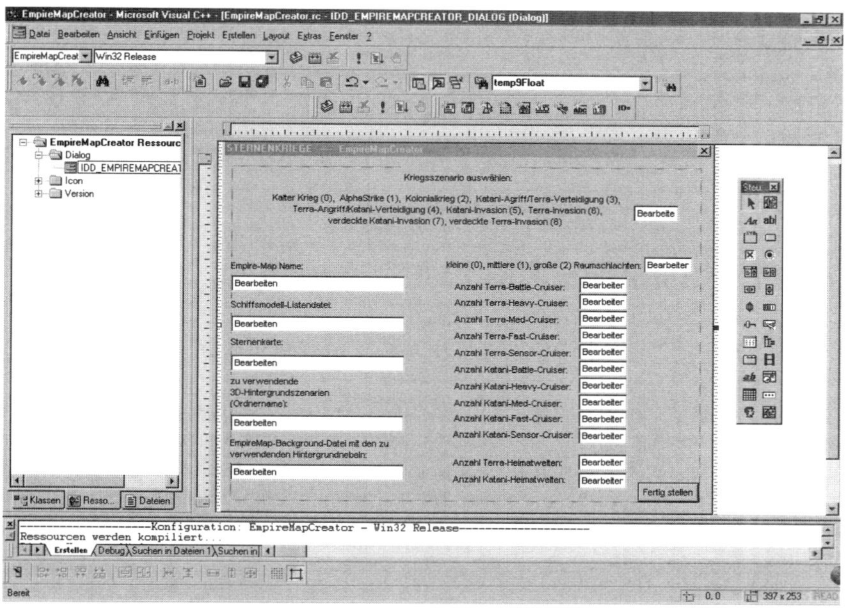

Abbildung 17.6: Das fertig gestellte Dialogfeld

Nachdem wir das Dialogfeld fertig gestellt haben, wählen wir jetzt im Menüpunkt ANSICHT den Eintrag KLASSEN-ASSISTENT aus und weisen jedem Eingabefeld eine Member-Variable vom Typ `CEdit` zu, in welcher die Daten des betreffenden Felds gespeichert werden.

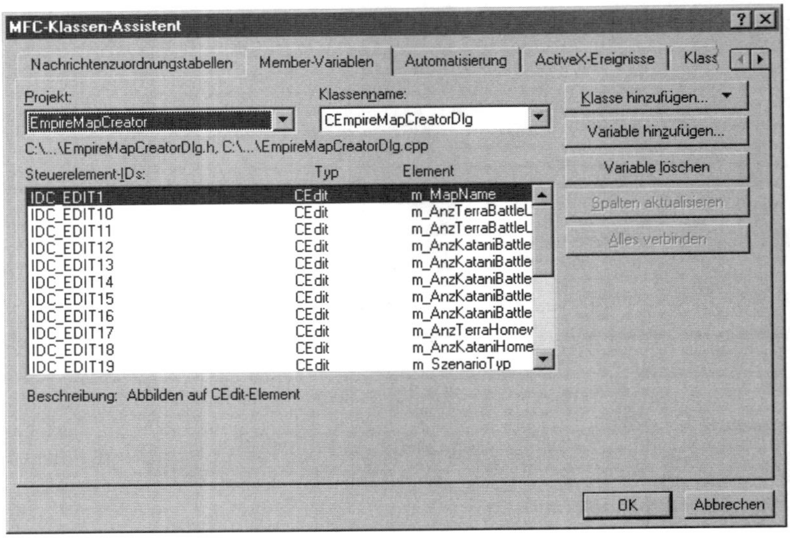

Abbildung 17.7: Verwendete Member-Variablen

Weiterhin fügen wir dem Projekt die Methode `EmpireMap_Fertigstellen()` hinzu, die immer dann aufgerufen wird, wenn man auf den Button FERTIGSTELLEN klickt. Innerhalb dieser Funktion werden wir den gesamten Code für die Erzeugung der EmpireMap-Dateien implementieren. Die Definition dieser Methode findet sich in der Datei *EmpireMapCreatorDlg.cpp*.

17.3 Eine neue EmpireMap-Datei erzeugen

Im Folgenden werden wir die Methode `EmpireMap_Fertigstellen()` etwas genauer betrachten.

HINWEIS: Nicht immer ist es möglich, das gewünschte Szenario zu erzeugen. Da die imperialen Heimatwelten nacheinander festgelegt werden, kann es beispielsweise vorkommen, dass für das zweite Imperium keine passenden Heimatwelten mehr gefunden werden können (zu wenig Sternensysteme mit einem Planetensystem). In diesem Fall wird die Ausführung der Methode `EmpireMap_Fertigstellen()` nach einigen Sekunden abgebrochen.

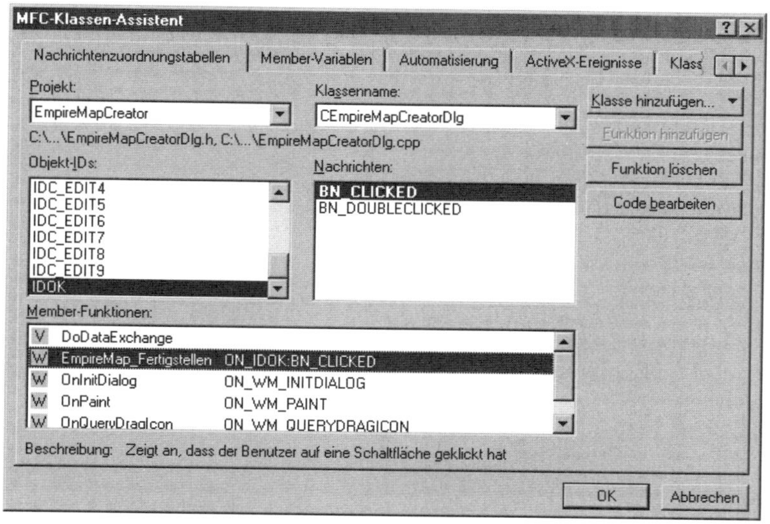

Abbildung 17.8: Die Methode EmpireMap_Fertigstellen() hinzufügen/bearbeiten

Zugriff auf die eingegebenen Daten nehmen

Im ersten Schritt nimmt die Methode `EmpireMap_Fertigstellen()` Zugriff auf die Eingabefelder und überträgt die eingegebenen Daten in die dafür vorgesehenen Stringvariablen. Hierfür wird die Methode `GetWindowText()` verwendet. Mit Hilfe der Funktion `atol()` werden diese Strings bei Bedarf in Ganzzahlen umgewandelt.

Wenn Sie sich den Programmcode ansehen, wird Ihnen auffallen, dass die Anzahl der Sensor Cruiser und Heimatwelten beider Imperien nur dann berücksichtigt wird, wenn es sich bei dem zu erstellenden Szenario um keinen Kolonialkrieg handelt – ein solcher Krieg findet immer fern den Heimatwelten statt. Diese Welten befinden sich jenseits des bespielbaren Raumsektors. Auch auf die Sensor Cruiser muss verzichtet werden, da diese als Stützpunkt immer eine Heimatwelt benötigen. Nur dort befinden sich die Einrichtungen für die Durchführung aller notwendigen Wartungsarbeiten – die **L**angreichweiten-**S**ubraum-**S**ensordynamik (**LSS**) gehört mit zu den kompliziertesten Technologien überhaupt.

In einem Invasionsszenario muss die Invasionsstreitmacht ebenfalls ohne Heimatwelten auskommen, da deren Heimatwelten wiederum viele tausend Lichtjahre vom bespielbaren Raumsektor entfernt liegen.

Die Größe der Raumkampfszenarien festlegen

Im nächsten Schritt wird die Größe der dynamisch generierten Raumkampfszenarien festgelegt. Insgesamt stehen drei Möglichkeiten zur Auswahl.

Listing 17.1: Die Größe der Raumkampfszenarien festlegen

```
if(RaumkampfOption == 0)
{
    MaxAnzFightingKataniBattleUnitsBlue   =
    MaxAnzFightingTerraBattleUnitsBlue    = 2;

    MaxAnzFightingKataniBattleUnitsGreen  =
    MaxAnzFightingTerraBattleUnitsGreen   = 3;
    MaxAnzFightingKataniBattleUnitsYello  =
    MaxAnzFightingTerraBattleUnitsYello   = 4;

    MaxAnzFightingKataniBattleUnitsOrange =
    MaxAnzFightingTerraBattleUnitsOrange  = 5;

    MaxAnzFightingKataniBattleUnitsRed    =
    MaxAnzFightingTerraBattleUnitsRed     = 1;
}
else if(RaumkampfOption == 1)
{
    MaxAnzFightingKataniBattleUnitsBlue   =
    MaxAnzFightingTerraBattleUnitsBlue    = 4;

    MaxAnzFightingKataniBattleUnitsGreen  =
    MaxAnzFightingTerraBattleUnitsGreen   = 5;

    MaxAnzFightingKataniBattleUnitsYello  =
    MaxAnzFightingTerraBattleUnitsYello   = 6;

    MaxAnzFightingKataniBattleUnitsOrange =
    MaxAnzFightingTerraBattleUnitsOrange  = 7;

    MaxAnzFightingKataniBattleUnitsRed    =
    MaxAnzFightingTerraBattleUnitsRed     = 1;
}
else
{
    MaxAnzFightingKataniBattleUnitsBlue   =
    MaxAnzFightingTerraBattleUnitsBlue    = 6;

    MaxAnzFightingKataniBattleUnitsGreen  =
    MaxAnzFightingTerraBattleUnitsGreen   = 7;

    MaxAnzFightingKataniBattleUnitsYello  =
    MaxAnzFightingTerraBattleUnitsYello   = 8;

    MaxAnzFightingKataniBattleUnitsOrange =
    MaxAnzFightingTerraBattleUnitsOrange  = 9;
```

```
    MaxAnzFightingKataniBattleUnitsRed      =
    MaxAnzFightingTerraBattleUnitsRed       = 1;
}
```

Das Verhalten der strategischen KI in Abhängigkeit vom gewählten Szenariotyp festlegen

Im dritten Schritt wird das Verhalten der strategischen KI in Abhängigkeit vom gewählten Szenariotyp festgelegt.

Kalter Krieg:

Die `OffensivStrategieWerte` orientieren sich an der Kampfkraft der einzelnen Schiffsklassen. Auf diese Weise wird verhindert, dass die strategische KI sinnlos die schwächeren Schiffsklassen verheizt. Die Verweildauer zwischen zwei Warpflügen in einem Sternensystem (`PassivStrategieWerte`) ist relativ lang. Die KI verhält sich getreu dem Motto »Wenn du mich nicht angreifst, dann greife ich dich auch nicht an«. Darüber hinaus ist die Wahrscheinlichkeit, dass es in einem Kriegsgebiet zu einer Raumschlacht kommt, relativ gering. Für die Verteidigung der Heimatwelten steht nur ein mäßig großes Flottenkontingent bereit.

Invasionskrieg:

Kontrolliert der Computer die Invasionsstreitmacht, werden für alle Schiffsklassen gleichermaßen hohe `OffensivStrategieWerte` festgelegt, denn schließlich soll ja die gesamte Invasionsflotte angreifen.

Kontrolliert der Computer das angegriffene Imperium, werden die gleichen `OffensivStrategieWerte` wie im kalten Krieg verwendet. Des Weiteren steht ein größeres Flottenkontingent als im kalten Krieg für die Verteidigung der Heimatwelten bereit.

Verdeckter Invasionskrieg:

Kontrolliert der Computer die Invasionsstreitmacht, werden für alle Schiffsklassen gleichermaßen hohe `OffensivStrategieWerte` festgelegt, denn schließlich soll ja die gesamte Invasionsflotte angreifen.

Kontrolliert der Computer das angegriffene Imperium, werden die gleichen `OffensivStrategieWerte` wie im kalten Krieg verwendet. Des Weiteren steht ein größeres Flottenkontingent als im kalten Krieg für die Verteidigung der Heimatwelten bereit.

Alpha Strike:

In einem Erstschlagszenario werden für alle Schiffsklassen gleichermaßen hohe `OffensivStrategieWerte` festgelegt, da die strategische KI den Spieler mit der gesamten Flotte angreifen soll. Die Verteidigung der Heimatwelten wird dagegen vollkommen vernachlässigt. Die Verweildauer zwischen zwei Warpflügen in einem Sternensystem (`PassivStrategieWerte`) ist nur äußerst kurz, damit es beim Angriff zu keinerlei Verzögerungen kommt.

Darüber hinaus ist die Wahrscheinlichkeit, dass es in einem Kriegsgebiet zu einer Raumschlacht kommt, äußerst hoch (heißer Krieg).

Angriffs-/Verteidigungsszenarien:

Kontrolliert der Computer das aggressive Imperium, werden für alle Schiffsklassen gleichermaßen hohe `OffensivStrategieWerte` festgelegt. Für die Verteidigung der Heimatwelten steht nur ein mäßig großes Flottenkontingent bereit.

Kontrolliert der Computer hingegen das defensive Imperium, werden stattdessen nur äußerst geringe `OffensivStrategieWerte` festgelegt. Diese Werte orientieren sich wiederum an der Kampfkraft der einzelnen Schiffsklassen. Auf die Verteidigung der Heimatwelten wird besonders großen Wert gelegt. Um die Ausbreitung des vom Computer kontrollierten Imperiums einzuschränken, werden für alle Schiffsklassen nur sehr kleine Operationsradien (jeweils 300 LJ) festgelegt.

Kolonialkrieg:

In einem Kolonialkriegsszenario werden wiederum für alle Schiffsklassen gleichermaßen hohe `OffensivStrategieWerte` festgelegt.

Listing 17.2: Das Verhalten der strategischen KI in Abhängigkeit des gewählten Szenariotyps festlegen

```
// Einstellungen für den gewählten Szenariotyp vornehmen:

if(SzenarioTyp == ColdWar)
{
    OffensivStrategieWert_Blue   = 1000;
    OffensivStrategieWert_Green  = 500;
    OffensivStrategieWert_Yello  = 200;
    OffensivStrategieWert_Orange = 100;

    NonBattleProbability = frnd(2000.0f, 2500.0f);

    PassivStrategieWert_Blue   = 1000;
    PassivStrategieWert_Green  = 1000;
    PassivStrategieWert_Yello  = 1000;
    PassivStrategieWert_Orange = 1000;

    AnzKataniBattleUnitBlue_Min_at_Homeworld   = lrnd(2, 4);
    AnzKataniBattleUnitGreen_Min_at_Homeworld  = lrnd(3, 5);
    AnzKataniBattleUnitYello_Min_at_Homeworld  = lrnd(3, 5);
    AnzKataniBattleUnitOrange_Min_at_Homeworld = lrnd(3, 5);

    KataniBattleUnitBlue_Max_Homeworld_Distance   = 200.0f;
    KataniBattleUnitGreen_Max_Homeworld_Distance  = 200.0f;
    KataniBattleUnitYello_Max_Homeworld_Distance  = 200.0f;
    KataniBattleUnitOrange_Max_Homeworld_Distance = 200.0f;
```

```
    KataniBattleUnitRed_Min_Homeworld_Distance     = 20.0f;
}
else if(SzenarioTyp == TerraInvasion ||
        SzenarioTyp == TerraInvasionVerdeckt)
{
    // OffensivStrategieWerte wie bei ColdWar

    NonBattleProbability = frnd(1000.0f, 1500.0f);

    PassivStrategieWert_Blue   = 500;
    PassivStrategieWert_Green  = 500;
    PassivStrategieWert_Yello  = 500;
    PassivStrategieWert_Orange = 500;

    AnzKataniBattleUnitBlue_Min_at_Homeworld   = lrnd(3, 5);
    AnzKataniBattleUnitGreen_Min_at_Homeworld  = lrnd(4, 6);
    AnzKataniBattleUnitYello_Min_at_Homeworld  = lrnd(4, 6);
    AnzKataniBattleUnitOrange_Min_at_Homeworld = lrnd(4, 6);

    KataniBattleUnitBlue_Max_Homeworld_Distance   = 100.0f;
    KataniBattleUnitGreen_Max_Homeworld_Distance  = 60.0f;
    KataniBattleUnitYello_Max_Homeworld_Distance  = 50.0f;
    KataniBattleUnitOrange_Max_Homeworld_Distance = 30.0f;
    KataniBattleUnitRed_Min_Homeworld_Distance    = 20.0f;
}
else if(SzenarioTyp == KataniInvasion ||
        SzenarioTyp == KataniInvasionVerdeckt)
{
    OffensivStrategieWert_Blue   = 1000;
    OffensivStrategieWert_Green  = 1000;
    OffensivStrategieWert_Yello  = 1000;
    OffensivStrategieWert_Orange = 1000;

    NonBattleProbability = frnd(1000.0f, 1500.0f);

    // PassivStrategieWerte wie bei TerraInvasion

    AnzKataniBattleUnitBlue_Min_at_Homeworld   = 0;
    AnzKataniBattleUnitGreen_Min_at_Homeworld  = 0;
    AnzKataniBattleUnitYello_Min_at_Homeworld  = 0;
    AnzKataniBattleUnitOrange_Min_at_Homeworld = 0;

    KataniBattleUnitBlue_Max_Homeworld_Distance   = -1.0f;
    KataniBattleUnitGreen_Max_Homeworld_Distance  = -1.0f;
    KataniBattleUnitYello_Max_Homeworld_Distance  = -1.0f;
    KataniBattleUnitOrange_Max_Homeworld_Distance = -1.0f;
    KataniBattleUnitRed_Min_Homeworld_Distance    = -1.0f;
}
```

```
else if(SzenarioTyp == AlphaStrike)
{
    // OffensivStrategieWerte wie bei KataniInvasion

    NonBattleProbability = frnd(1000.0f, 1500.0f);

    PassivStrategieWert_Blue   = 200;
    PassivStrategieWert_Green  = 200;
    PassivStrategieWert_Yello  = 200;
    PassivStrategieWert_Orange = 200;

    // Heimatweltverteidigung wie bei KataniInvasion

    KataniBattleUnitBlue_Max_Homeworld_Distance   = 200.0f;
    KataniBattleUnitGreen_Max_Homeworld_Distance  = 200.0f;
    KataniBattleUnitYello_Max_Homeworld_Distance  = 200.0f;
    KataniBattleUnitOrange_Max_Homeworld_Distance = 200.0f;
    KataniBattleUnitRed_Min_Homeworld_Distance    = 20.0f;
}
else if(SzenarioTyp == KataniAngriff_TerraVerteidigung)
{
    // OffensivStrategieWerte wie bei KataniInvasion

    NonBattleProbability = frnd(1500.0f, 2000.0f);

    // PassivStrategieWerte wie bei TerraInvasion

    // Heimatweltverteidigung wie bei ColdWar

    // Homeworld_Distanzen wie bei ColdWar
}
else if(SzenarioTyp == TerraAngriff_KataniVerteidigung)
{
    OffensivStrategieWert_Blue   = 1000;
    OffensivStrategieWert_Green  = 14;
    OffensivStrategieWert_Yello  = 7;
    OffensivStrategieWert_Orange = 1;

    NonBattleProbability = frnd(1500.0f, 2000.0f);

    // PassivStrategieWerte wie bei TerraInvasion

    AnzKataniBattleUnitBlue_Min_at_Homeworld   = lrnd(5, 7);
    AnzKataniBattleUnitGreen_Min_at_Homeworld  = lrnd(6, 8);
    AnzKataniBattleUnitYello_Min_at_Homeworld  = lrnd(6, 8);
    AnzKataniBattleUnitOrange_Min_at_Homeworld = lrnd(6, 8);
```

```
    KataniBattleUnitBlue_Max_Homeworld_Distance   = 30.0f;
    KataniBattleUnitGreen_Max_Homeworld_Distance  = 30.0f;
    KataniBattleUnitYello_Max_Homeworld_Distance  = 30.0f;
    KataniBattleUnitOrange_Max_Homeworld_Distance = 30.0f;
    KataniBattleUnitRed_Min_Homeworld_Distance    = 20.0f;
}
else if(SzenarioTyp == Kolonialkrieg)
{
    // OffensivStrategieWerte wie bei KataniInvasion

    NonBattleProbability = frnd(1000.0f, 1500.0f);

    // PassivStrategieWerte wie bei TerraInvasion

    // Heimatweltverteidigung wie bei KataniInvasion

    // Homeworld_Distanzen wie bei KataniInvasion
}
```

Die Heimatwelten und assoziierte Sternensysteme festlegen

Im vierten Schritt werden in Abhängigkeit vom gewählten Szenariotyp entweder die Heimatwelten oder die assoziierten Sternensysteme beider Imperien festgelegt. Zu diesem Zweck wird die ausgewählte System-Map-Datei geöffnet und die Positionen derjenigen Sternensysteme mit einem Planetensystem werden in einem Array vom Typ `CSystemPosition` zwischengespeichert. Die Zuweisung der einzelnen Sternensysteme erfolgt nach dem Zufallsprinzip. Um eine erneute Zuweisung eines Systems zu verhindern, werden zwei Arrays (`ListOfUsedPlanetsystems`, `ListOfAlreadyUsedPlanetsystems`) vom Typ `bool` erzeugt, in denen die Information darüber, ob ein Sternensystem bereits zugewiesen wurde, abgespeichert wird. Die Nummer eines Sternensystems entspricht dabei einem bestimmten Arrayelement. Nachdem ein Sternensystem zugewiesen wurde, wird das entsprechende Element auf `true` gesetzt.

Bei der Festlegung der Heimatwelten eines Imperiums muss der Abstand zwischen zwei Systemen stets kleiner als 400 LJ (40 Einheiten auf der Sternenkarte) sein. Ferner muss der Abstand zweier gegnerischer Heimatwelten größer als 500 LJ (50 Karteneinheiten) sein.

Listing 17.3: Die CSystemPosition-Struktur

```
struct CSystemPosition
{
    float x, y;
};
CSystemPosition* SystemPosition = NULL;
```

Listing 17.4: Die Heimatwelten des Katani-Imperiums

```
    do
    {
        HomeworldDistanceToFar = false;

        // ListOfUsedPlanetsystems für einen neuen Versuch in
        // ListOfAlreadyUsedPlanetsystems kopieren:

        memcpy(ListOfAlreadyUsedPlanetsystems,
               ListOfUsedPlanetsystems,
               AnzSystemeWithPlanets*sizeof(bool));

        for(i = 0; i < AnzKataniHomeworlds; i++)
        {

// Bei der Auswahl der Planetensysteme muss darauf geachtet werden,
// dass ein System nicht mehrfach verwendet wird.

            do
            {
              ListKataniHomeworlds[i]=lrnd(0,AnzSystemeWithPlanets);
            }
            while(ListOfAlreadyUsedPlanetsystems[
                  ListKataniHomeworlds[i]] == true);

            ListOfAlreadyUsedPlanetsystems[
            ListKataniHomeworlds[i]] = true;
        }

// Bei der Auswahl der Heimatwelten eines Imperiums muss ferner
// darauf geachtet werden, dass diese nicht weiter als 400 LJ
// (40 Karteneinheiten) voneinander entfernt liegen.

        for(i = 0; i < AnzKataniHomeworlds; i++)
        {
            for(j = i+1; j < AnzKataniHomeworlds; j++)
            {
              tempDiff1 = SystemPosition[ListKataniHomeworlds[i]].x-
                          SystemPosition[ListKataniHomeworlds[j]].x;
              tempDiff2 = SystemPosition[ListKataniHomeworlds[i]].y-
                          SystemPosition[ListKataniHomeworlds[j]].y;

              if(tempDiff1*tempDiff1+tempDiff2*tempDiff2 > 1600.0f)
              {
                 HomeworldDistanceToFar = true;
                 break;
              }
            }
```

```
            if(HomeworldDistanceToFar == true)
                break;
        }

// Wenn die Distanz einer Katani-Heimatwelt zu einer der
// terranischen Heimatwelten < 500 LJ (50 Karteneinheiten) ist,
// dann nach neuen potentiellen Katani-Heimatwelten suchen:

        if(HomeworldDistanceToFar == false)
        {
          if(AnzTerraHomeworlds > 0)
          {
            for(i = 0; i < AnzKataniHomeworlds; i++)
            {
            for(j = 0; j < AnzTerraHomeworlds; j++)
            {
              tempDiff1 = SystemPosition[ListKataniHomeworlds[i]].x-
                          SystemPosition[ListTerraHomeworlds[j]].x;
              tempDiff2 = SystemPosition[ListKataniHomeworlds[i]].y-
                          SystemPosition[ListTerraHomeworlds[j]].y;

              if(tempDiff1*tempDiff1+tempDiff2*tempDiff2 < 2500.0f)
              {
                  HomeworldDistanceToFar = true;
                  break;
              }
            }

            if(HomeworldDistanceToFar == true)
                break;
            }
          }
        }
    }
    while(HomeworldDistanceToFar == true);
}
```

Hintergrundgestaltung der strategischen Ansicht

Im fünften Schritt geht es um die Hintergrundgestaltung der strategischen Ansicht. Zu diesem Zweck wird die ausgewählte EmpireMap-Background-Datei geöffnet und alle in ihr enthaltenen Daten über die zu verwendenden Hintergrundnebel werden in einem Array vom Typ `CNebulaData` zwischengespeichert.

Listing 17.5: Die CNebulaData-Struktur

```
struct CNebulaData
{
    char  Speicherpfad[100];
    float x, y, z; // Position
    float ScaleFactor;
    long  red, green, blue; // Farbe
};
CNebulaData* Nebula = NULL;
long AnzNebulae;
```

Listing 17.6: Die Hintergrundnebel-Datei öffnen und Eigenschaften der Nebel herauslesen

```
// Hintergrundnebel-Datei öffnen und Eigenschaften der Nebel
// herauslesen:

// Datei zum Lesen öffnen
if((pfile = fopen(HintergrundnebelDateiPfad,"r")) == NULL)
{
    Free_HeapMemory();
    return;
}

fscanf(pfile,"%s", &strBuffer);
fscanf(pfile,"%d", &AnzNebulae);

Nebula = new CNebulaData[AnzNebulae];

for(i = 0; i < AnzNebulae; i++)
{
    fscanf(pfile,"%s", &strBuffer);
    fscanf(pfile,"%s", &Nebula[i].Speicherpfad);

    fscanf(pfile,"%s", &strBuffer);
    fscanf(pfile,"%f", &Nebula[i].x);

    fscanf(pfile,"%s", &strBuffer);
    fscanf(pfile,"%f", &Nebula[i].y);

    fscanf(pfile,"%s", &strBuffer);
    fscanf(pfile,"%f", &Nebula[i].z);

    fscanf(pfile,"%s", &strBuffer);
    fscanf(pfile,"%f", &Nebula[i].ScaleFactor);

    fscanf(pfile,"%s", &strBuffer);
```

```
        fscanf(pfile,"%s", &strBuffer);
        fscanf(pfile,"%d", &Nebula[i].red);

        fscanf(pfile,"%s", &strBuffer);
        fscanf(pfile,"%d", &Nebula[i].green);

        fscanf(pfile,"%s", &strBuffer);
        fscanf(pfile,"%d", &Nebula[i].blue);
}

fclose(pfile);
```

Die Eigenschaften der Schiffe festlegen

Im sechsten Schritt werden die Eigenschaften aller Schiffe festgelegt. Zum Zwischenspeichern aller Eigenschaften legt man für jede Schiffsklasse eines Imperiums ein Array vom Typ `CBattleUnitData` an. Die Zuweisung aller Eigenschaften wird innerhalb der Funktion `Eigenschaften_der_BattleUnits_festlegen()` durchgeführt. Die Festlegung der Schiffseigenschaften orientiert sich wiederum am gewählten Szenariotyp.

Listing 17.7: Die CBattleUnitData-Struktur

```
struct CBattleUnitData
{
    long  SystemNr;
    float xPos, yPos;    // Position
    float xDest, yDest; // Ziel
    float xVel, yVel;    // Geschwindigkeit
    long  WarpEnergy;
    long  BattlePower;
    float xDir, yDir;    // Flugrichtung
    long  OldSystemNr;
    long  ZielSystemNr;
    long  KursGesetzt;
    long  KursSetzen;
};
```

Listing 17.8: Die Eigenschaften der Raumschiffe festlegen

```
// Eigenschaften der Schiffe für den gewählten Szenariotyp
// festlegen:

// Schiffe befinden sich in den imperialen Heimatwelten.
// Warpenergie und Kampfkraft <= 50 %.
```

```
if(SzenarioTyp == ColdWar)
    Eigenschaften_der_BattleUnits_festlegen(-5000, -5000,
                                            -2, -1, -2, -1,
                                            -2, -1, -2, -1);

// Terra-Schiffe befinden sich in einem beliebigen System, die
// Katani-Schiffe in den imperialen Heimatwelten.
// Terra-Schiffe Warpenergie (80-100 %), Kampfkraft (75-100 %)
// Warpenergie und Kampfkraft der Katani-Schiffe <= 50 %.

else if(SzenarioTyp == TerraInvasion ||
        SzenarioTyp == TerraInvasionVerdeckt)
    Eigenschaften_der_BattleUnits_festlegen(-2000, -5000,
                                            -4, -4, -2, -1,
                                            -4, -4, -2, -1);

// Eigenschaften wie zuvor, nur mit umgedrehten Verhältnissen

else if(SzenarioTyp == KataniInvasion ||
        SzenarioTyp == KataniInvasionVerdeckt)
    Eigenschaften_der_BattleUnits_festlegen(-5000, -2000,
                                            -2, -1, -4, -4,
                                            -2, -1, -4, -4);

// Schiffe befinden sich in den assoziierten Systemen (Kolonien).
// Warpenergie und Kampfkraft 50-100 %

else if(SzenarioTyp == Kolonialkrieg)
    Eigenschaften_der_BattleUnits_festlegen(-6000, -6000,
                                            -4, -3, -4, -3,
                                            -4, -3, -4, -3);

// Schiffe befinden sich in den imperialen Heimatwelten.
// Warpenergie (80-100 %), Kampfkraft (75-100 %)

else if(SzenarioTyp == AlphaStrike)
    Eigenschaften_der_BattleUnits_festlegen(-5000, -5000,
                                            -4, -4, -4, -4,
                                            -4, -4, -4, -4);

// Schiffe befinden sich in den imperialen Heimatwelten.
// Warpenergie und Kampfkraft <= 50 %.

else if(SzenarioTyp == KataniAngriff_TerraVerteidigung)
    Eigenschaften_der_BattleUnits_festlegen(-5000, -5000,
                                            -2, -1, -2, -1,
                                            -2, -1, -2, -1);

// Eigenschaften wie zuvor
```

```
else if(SzenarioTyp == TerraAngriff_KataniVerteidigung)
    Eigenschaften_der_BattleUnits_festlegen(-5000, -5000,
                                            -2, -1, -2, -1,
                                            -2, -1, -2, -1);
```

Speichern aller Daten in der neuen EmpireMap-Datei

Im letzten Schritt werden alle Daten in der neuen EmpireMap-Datei abgespeichert. Alle Kommentare, die zusätzlich zu diesen Daten in die Datei geschrieben werden müssen, sind in Form von Zeichenketten in der Header-Datei *MapStrings.h* definiert:

```
// Benötigte EmpireMap-Strings:

char string1[] ="Schiffsmodelle: ";
char string2[] ="Verwendete_SystemMap: ";
char string3[] ="ScanPerimeter_System[1:=10LJ]: ";
...
```

Unter Verwendung dieser Strings werden alle Daten in einer fest vorgegebenen Reihenfolge in die EmpireMap-Datei geschrieben:

```
fprintf(pfile,"%s\n", string1);
fprintf(pfile,"%s\n\n", SchiffsmodellListePfad);

fprintf(pfile,"%s\n", string2);
fprintf(pfile,"%s\n\n", SternenkartePfad);
...
```

17.4 Zusammenfassung

Am heutigen Tag haben wir ein kleines Tool entwickelt, mit dessen Hilfe sich auf einfache Weise verschiedenartige Kriegsszenarien für unser Spieleprojekt erstellen lassen. Ganz nebenbei haben Sie noch einen kleinen Einblick in die MFC-Programmierung erhalten.

17.5 Workshop

Fragen und Antworten

F *Erläutern Sie die Arbeitsweise einer dialogfeldbasierten MFC-Anwendung.*

A In unserem speziellen Beispiel besteht das Dialogfeld aus verschiedenen Textfeldern, Eingabefeldern sowie einem Button. Für jedes Eingabefeld wird eine Member-Variable vom Typ `CEdit` angelegt, welche die eingegebenen Daten speichert. Mit Hilfe der Methode `GetWindowText()` erhält man Zugriff auf die in den Member-Variablen gespeicherten Daten. Weiterhin haben wir dem Programm eine Methode hinzugefügt, die immer dann aufgerufen wird, wenn man auf den Button klickt.

Quiz

1. Welche Schritte sind für die Erstellung einer dialogfeldbasierenden MFC-Anwendung notwendig?
2. Welche Probleme können sich bei der Festlegung der Heimatwelten und assoziierten Sternensysteme ergeben?

Übung

Erstellen Sie mit dem Empire Map Creator verschiedene Spielszenarien und testen Sie diese aus.

Programmentwurf – Funktionsprototypen, Strukturen und Klassengerüste

Am heutigen Tag beginnen wir mit dem Programmentwurf. Die Programmmodule, die dem Anwendungsgerüst hinzugefügt werden sollen, müssen benannt und die zu verwendenden Funktionsprototypen, Strukturen und Klassengerüste festgelegt und den einzelnen Modulen zugeordnet werden. Diese Arbeit erfordert viel Vorstellungskraft und vorausplanendes Denken, denn an dieser Stelle werden alle Funktionalitäten und Features festgelegt, die unser fertiges Spiel einmal haben wird.

18.1 Programmmodule und global verwendete Funktionen

Ein kurzer Blick in die *Space3D.h*-Header-Datei verschafft uns einen ersten Überblick über die Programmmodule und die global verwendeten Funktionen.

```
#include <io.h>
#include <stdio.h>
#include "d3dutil.h"
#include "d3dfont.h"
#include "dxutil.h"
#include "DXSubstitutions.h"
#include "GameExternals.h"
#include "D3DGlobals.h"
#include "CoolMath.h"
#include "tempGlobals.h"
#include "TextureClasses.h"
#include "GameGlobals.h"
#include "VertexFormats.h"
#include "BillboardFunctions.h"
#include "GoodSound.h"

// Global verwendete Funktionsprototypen; definiert in der Datei
// Space3D.cpp

void Select_StrategicScenario(void);
void Spiel_Laden(void);
void InitSpieleinstellungen(void);          // bereits bekannt
void CleanUpD3D(void);                      // bereits bekannt
void InitD3D(void);                         // bereits bekannt
void Einstellungen_Zuruecksetzen(void);
void InitFadenkreuz(void);
void CleanUpFadenkreuz(void);
void InitGameOptionScreen(void);
void CleanUpGameOptionScreen(void);
void CleanUpStrategicScenario(void);
void InitStrategicScenario(void);
```

```
void CleanUpTacticalScenario(void);
void InitInstantTacticalScenario(void);
void InitTacticalScenario(void);
void InitIntroTacticalScenario(void);
void Init_View_and_Projection_Matrix(void);     // bereits bekannt
void BuildIdentityMatrices(void);               // bereits bekannt
void ShowGameOptionScreen(void);
void ShowStrategicScenario(void);
void ShowTacticalScenario(void);
void ShowIntroTacticalScenario(void);
void Zoom_Strategic_View(long NearFar);
void Spieler_Game_Control(void);                // bereits bekannt
void PlayBackgroundMusic(long Nr);              // bereits bekannt
void StopBackgroundMusic(long Nr);              // bereits bekannt

// Zusätzliche Programmmodule: ////////////////////////////////////////

#include "BackgroundClass.h"
#include "ParticleClasses.h"
#include "LensFlareClass.h"
#include "StarFieldClass.h"
#include "SunClass.h"
#include "NebulaClass.h"
#include "GraphicItemsClass.h"
#include "PlanetClasses.h"
#include "ExplosionsFrameClass.h"
#include "AsteroidModellClasses.h"
#include "WaffenModellClass.h"
#include "SternenkreuzerModellClass.h"
#include "CursorClass.h"
#include "GameOptionScreenClass.h"
#include "Abstandsdaten.h"
#include "WaffenClasses.h"
#include "AsteroidClasses.h"
#include "SternenkreuzerClasses.h"
#include "TacticalScenarioClass.h"
#include "StrategicalObjectClasses.h"

#include "GiveInput.h"
```

18.2 Globale Funktionen

Initialisierungsfunktionen

Zunächst betrachten wir alle Initialisierungsfunktionen. Die Funktion

```
void InitD3D(void);
```

übernimmt alle Arbeiten, die bei der Initialisierung von DirectX Graphics anfallen.

Für die Initialisierung der View- und Projektionsmatrizen und die Durchführung der zugehörigen Transformationen wird die folgende Funktion verwendet:

```
void Init_View_and_Projection_Matrix(void);
```

Alle benötigten Einheitsmatrizen werden von der folgenden Funktion erzeugt:

```
void BuildIdentityMatrices(void);
```

Zum Auslesen der in der Datei *SpielEinstellungen.txt* gespeicherten Spielekonfiguration wird die folgende Funktion verwendet:

```
void InitSpieleinstellungen(void);
```

Die Initialisierung des Fadenkreuzes (Textur und Vertexbuffer), welches im Gunnary-Chair-Modus gerendert wird, erfolgt durch die Funktion

```
void InitFadenkreuz(void);
```

Mit Hilfe der Funktion

```
void InitInstantTacticalScenario(void);
```

wird ein Raumkampfszenario mit einer voreingestellten Anzahl von Raumschiffen (Soforteinsatz) initialisiert. Der Ausgang einer solchen Raumschlacht wirkt sich in keiner Weise auf das strategische Szenario aus.

Die Initialisierung eines taktischen Szenarios auf der Basis einer dynamisch generierten Konfliktsituation erfolgt durch die Funktion

```
void InitTacticalScenario(void);
```

Das Intro-Szenario wird durch die Funktion

```
void InitIntroTacticalScenario(void);
```

initialisiert. Die Anzahl der zu initialisierenden Raumschiffe findet sich in der Datei *SpielEinstellungen.txt*.

Für die Initialisierung des Start-/Auswahlbildschirms wird die folgende Funktion verwendet:

```
void InitGameOptionScreen(void);
```

Kommen wir nun zu den strategischen Szenarien. Hier übernimmt die Funktion

```
void InitStrategicScenario(void);
```

alle erforderlichen Initialisierungsarbeiten.

HINWEIS: Die Initialisierungsfunktionen für Direct X Audio und DirectInput finden sich in den Dateien *GoodSound.h* und *GiveInput.h*. Beide Funktionen sind uns bereits hinlänglich bekannt.

CleanUp-Funktionen

Als Nächstes betrachten wir die CleanUp-Funktionen, die alle notwendigen Aufräumarbeiten beim Beenden des Programms, eines strategischen Szenarios, des Startbildschirms oder eines Raumkampfszenarios übernehmen:

```
void CleanUpD3D(void);
void CleanUpStrategicScenario(void);
void CleanUpGameOptionScreen(void);
void CleanUpTacticalScenario(void);
void CleanUpFadenkreuz(void);
```

HINWEIS: Die CleanUp-Funktionen für Direct X Audio und DirectInput finden sich in den Dateien *GoodSound.h* und *GiveInput.h*. Beide Funktionen sind uns bereits hinlänglich bekannt.

Funktionen zum Aktualisieren und Rendern des Spielgeschehens

Kommen wir jetzt zu den Funktionen zum Aktualisieren und Rendern des Spielgeschehens. Wir benötigen jeweils eine Funktion für die Darstellung:

- des Startbildschirms
- des strategischen Szenarios
- des dynamisch generierten Raumkampfszenarios + Soforteinsatz
- sowie des Intro-Szenarios

```
void ShowGameOptionScreen(void);
void ShowStrategicScenario(void);
void ShowTacticalScenario(void);
void ShowIntroTacticalScenario(void);
```

Funktionen für die Spielsteuerung

Als Nächstes betrachten wir die für die Spielsteuerung notwendigen Funktionen.

Beim Beenden eines strategischen oder eines Raumkampfszenarios wird immer die Funktion

```
void Einstellungen_Zuruecksetzen(void);
```

aufgerufen, um alle zwischenzeitlich vorgenommenen Einstellungen (Steuerbefehle sowie Kameraeinstellung) wieder rückgängig zu machen.

Durch die Funktion

```
void Zoom_Strategic_View(long NearFar);
```

wird die Kamera in Abhängigkeit vom übergebenen Parameter entweder an die Sternenkarte heran- (`NearFar == 2`) oder von der Sternenkarte weggezoomt (`NearFar == 1`).

In der Funktion

```
void Player_Game_Control(void);
```

laufen alle Fäden der Spielsteuerung zusammen. Hier werden die über Joystick, Maus und Tastatur eingegangenen Steuerbefehle in konkrete Aktionen umgesetzt und die Kameraeinstellungen vorgenommen.

Die Funktion

```
void Spiel_Laden(void);
```

bereitet das Laden eines im Ordner SAVEDGAMES abgespeicherten Spielstands vor. Die Pfadangabe des zu ladenden Spiels wird in einer Zeichenkettenvariablen abgespeichert, auf die dann beim eigentlichen Ladevorgang zurückgegriffen wird.

Nach dem gleichen Prinzip arbeitet auch die Funktion

```
void Select_StrategicScenario(void);
```

mit deren Hilfe der Spieler ein gespeichertes strategisches Szenario auswählen kann. Im Unterschied zur `Funktion Spiel_Laden()` greift diese Funktion aber auf die gespeicherten Szenarien im Ordner EMPIREMAPS zu.

Sonstige Funktionen

Weiterhin werden noch zwei Funktionen zum Abspielen und Stoppen der Hintergrundmusik benötigt. Als Parameter wird einfach die Nummer des betreffenden Musikstücks übergeben. Beide Funktionen sind insofern ganz nützlich, als sie auch aus Programmmodulen heraus aufgerufen werden können, in denen die `CMusicSegment`-Klasse nicht deklariert ist (z.B. *GameRoutines.cpp*).

```
void PlayBackgroundMusic(long Nr)
void StopBackgroundMusic(long Nr)
```

18.3 ParticleClasses.h

Die Datei *ParticleClasses.h* beinhaltet fünf Klassen für die Verwaltung, Bewegung und Darstellung von Space-, Rauch,- Antriebs-, Explosions- und Raketenantriebspartikeln sowie die notwendigen Initialisierungs- und CleanUp-Funktionen.

Funktionen

```
void InitExploPartikelTextures(void);
void InitSmokeAndEnginePartikelTextures(void);
void InitSpaceParticles_and_Textures(void);

void CleanUpExploPartikelTextures(void);
void CleanUpSmokeAndEnginePartikelTextures(void);
void CleanUpSpaceParticles_and_Textures(void);
```

CSpaceParticle

Die Klasse `CSpaceParticle` wird für die Verwaltung, Bewegung und Darstellung eines einzelnen Spacepartikels verwendet. Diese Partikel sollen das Gefühl von Bewegung vermitteln.

Listing 18.1: CSpaceParticle-Klassengerüst

```
class CSpaceParticle // Handling eines einzelnen Partikels
{
public:

    long      LebensdauerStart, LebensdauerMomentan, LebensdauerMax;
    float     Velocity;          // Geschwindigkeitsbetrag
    float     ScaleFactor;
    long      TexturNr;

    D3DXVECTOR3  ParticleStartPunkt, ParticlePosition;
    long         AnzIndices, AnzVertices;
    long         AnzEcken;  // je mehr Ecken, umso runder die
                            // Partikel
    WORD*        IndexArray;
    INDEXBUFFER  ParticleIB; // Partikel ist ein
    VERTEXBUFFER ParticleVB; // Dreiecksfächer (Triangle Fan)

    CSpaceParticle();
    ~CSpaceParticle();

    void InitParticle(void); // Partikel reinitialisieren sich
                             // selbstständig

    void Translation_and_Render(void); // für die Ausrichtung des
                                       // Partikels wird die Funktion
                                       // Positioniere_2D_Object()
                                       // verwendet

};
```

CSmokeParticle

Die Klasse `CSmokeParticle` wird für die Verwaltung, Bewegung und Darstellung eines einzelnen Rauchpartikels verwendet.

Listing 18.2: CSmokeParticle-Klassengerüst

```
class CSmokeParticle // Handling eines einzelnen Partikels
{
public:

    // Abstand in Blickrichtung des Spielers, wird für die
    // Bestimmung der richtigen Render-Reihenfolge verwendet
    // => Vermeidung von Alpha-Blending-Darstellungsfehlern:

    float     PlayerflugrichtungsAbstand;

    long      LebensdauerStart, LebensdauerMomentan, LebensdauerMax;
    float     Velocity;
    float     ScaleFactor; // gleichmäßig zunehmend=>Feuerschweif
    long      TexturNr;    // variiert von Frame zu Frame

    BOOL      active; // wenn Objekt sichtbar, überprüfen, ob
                      // Partikel noch aktiv, falls nicht, dann
                      // neu initialisieren

    D3DXVECTOR3  ParticlePosition;    // Position in Weltkoordinaten
    D3DXVECTOR3  relParticlePosition; // Position, in Modell-
                                      // koordinaten des Objekts

    D3DXVECTOR3  ParticleFlugrichtung;
    VERTEXBUFFER ParticleVB;            // Partikel ist ein Quad

    CSmokeParticle();
    ~CSmokeParticle()

    void InitParticle(D3DXVECTOR3* pRichtung); // die anfängliche
                                               // Skalierung erfolgt
                                               // auf Zufallsbasis

    void Translation(D3DXVECTOR3* pPosition);

    void Render(void); // für die Ausrichtung wird die Funktion
                       // Positioniere_2D_Object_fluktuierend()
                       // verwendet
};
```

CEngineParticle

Die Klasse `CEngineParticle` wird für die Verwaltung, Bewegung und Darstellung eines einzelnen Antriebspartikels verwendet.

Listing 18.3: CEngineParticle-Klassengerüst

```
class CEngineParticle // Handling eines einzelnen Partikels
{
public:

    // Variablen siehe CSmokeParticle

    CEngineParticle();
    ~CEngineParticle();

    void InitParticle(D3DXVECTOR3* pRichtung, float Scale = 0.4f);
    void Translation(D3DXVECTOR3* pPosition);

    void Render(void); // für die Ausrichtung wird die Funktion
                       // Positioniere_2D_Object_gedreht() verwendet

};
```

CRocketEngineParticle

Die Klasse `CRocketEngineParticle` wird für die Verwaltung, Bewegung und Darstellung eines einzelnen Raketenantriebspartikels verwendet.

Listing 18.4: CRocketEngineParticle-Klassengerüst

```
class CRocketEngineParticle // Handling eines einzelnen
{                           // Partikels
public:

    // Variablen siehe CSmokeParticle

    long         AnzIndices, AnzVertices, AnzEcken;
    WORD*        IndexArray;
    INDEXBUFFER  ParticleIB;  // Partikel ist ein
    VERTEXBUFFER ParticleVB;  // Dreiecksfächer

    CRocketEngineParticle();
    ~CRocketEngineParticle();

    void InitParticle(D3DXVECTOR3* pRichtung, float Scale = 0.1f);
```

```
    void Translation(D3DXVECTOR3* pPosition);
    void Render(void);

// Anmerkung: für die Ausrichtung des Partikels wird die Funktion
// Positioniere_2D_Object() verwendet

};
```

CExploParticle

Die Klasse `CExploParticle` wird für die Verwaltung, Bewegung und Darstellung aller Explosionspartikel eines Objekts verwendet.

Listing 18.5: CExploParticle-Klassengerüst

```
class CExploParticle
{
public:

    long          PartikelCounter;
    long          AnzPartikel;
    long          LebensdauerMomentan, LebensdauerStart;
    long*         TexturNr;        // Zeiger auf TexturNr-Array
    float*        ScaleFactor;     // Zeiger auf ScaleFactor-Array
    long*         LebensdauerMax;  // Zeiger auf LebensdauerMax-Array
    D3DXVECTOR3*  Velocity;        // Zeiger auf Velocity-Array
    D3DXVECTOR3*  Position;        // Zeiger auf Position-Array
                                   // (Modellkoordinaten)

    D3DXVECTOR3   PartikelPosition; // wird für die Berechnung der
                                    // Weltkoordinaten benötigt
    long          AnzIndices, AnzVertices, AnzEcken;
    WORD*         IndexArray;
    INDEXBUFFER   ExploPartikelIB; // Partikel ist ein
    VERTEXBUFFER  ExploPartikelVB; // Dreiecksfächer

    CExploParticle(long anz, float scale,
                   float VelocityMultiplikator = 1.0f,
                   float ScaleMultiplikator = 1.0f);

    ~CExploParticle();

    void Activate(void);
    void Partikel_Bewegung(void);
    void Render(D3DXVECTOR3* pCenterPosition, float abstandSq);
```

```
// Anmerkung: Für die Ausrichtung der Partikel wird die Funktion
// Positioniere_2D_Object() verwendet

};
```

18.4 LensFlareClass.h

Die Datei *LensFlareClass.h* beinhaltet eine Klasse für die Erzeugung und Darstellung von Lens-Flare-Effekten.

CLensFlares

Listing 18.6: CLensFlares-Klassengerüst

```
class CLensFlares
{
public:

    CTexturPool *LensFlareTextur1, *LensFlareTextur2;
    CTexturPool *LensFlareTextur3, *LensFlareTextur4;
    VERTEXBUFFER LensFlareVB;        // Flare ist ein Quad
    D3DXVECTOR3  Abstandsvektor;

    CLensFlares();
    ~CLensFlares();

    void Render_LensFlares(void);
};
```

18.5 StarFieldClass.h

Die Datei *StarFieldClass.h* beinhaltet eine Klasse für die Erzeugung und Darstellung von planaren, planar-perspektivischen oder 3D-Sternenfeldern.

CStarfield

Listing 18.7: CStarfield-Klassengerüst

```
class CStarfield
{
public:

    float        Range; // Ausdehnung des planaren Sternenfelds
                        // in der xy-Ebene

    float        PlanarDepth; // Tiefe des Sternenfelds (z-Achse)

    long         HelpColorValue, AnzahlSterne;
    VERTEXBUFFER StarsVB;

    // Initialisierung eines 3D-Sternenfelds
    CStarfield(FILE* pFile);

    // Initialisierung eines 3D-Sternenfelds, wenn range == 0;
    // Initialisierung eines einfachen planaren Sternenfelds, wenn
    // perspectivStarfield == false und range > 0
    // Initialisierung eines planar-perspektivischen Sternenfelds,
    // wenn perspectivStarfield == true und range > 0
    // durch Variation der z-Komponente der einzelnen Sterne

    CStarfield(long Anz = AnzahlSterneMaximal_StrategicScene,
               float range = 0.0f, BOOL perspectiveStarfield=true);

    ~CStarfield()

    void Render_Starfield(void)
};
```

18.6 BackgroundClass.h

Die Datei *BackgroundClass.h* beinhaltet eine Klasse für die Erzeugung und Darstellung von nebularen Leuchterscheinungen (Nebula-Flashes) sowie für die Darstellung einer Sky-Box bzw. Sky-Sphäre.

Sky-Boxen und Sky-Sphären werden für die Darstellung von statischen Hintergründen verwendet.

CBackground

Listing 18.8: CBackground-Klassengerüst

```
class CBackground
{
public:

    long         Type; // 0: Sky-Sphere; 1: Sky-Box
    long         AnzVerticesZeile, AnzVerticesSpalte, AnzVertices;
    long         AnzIndices, AnzQuads, AnzTriangles;

    // Drehung der Sphären-Vertices bei Initialisierung um y-Achse:
    float        HorizontalwinkelOffset;

    long         red, green, blue; // ambientes Licht Hintergrund

    D3DXVECTOR3  NebulaFlashAbstandsvektor;
    long         NebulaFlashTimer;
    float        NebulaFlashWinkel;
    float        NebulaFlashScaleFactorX, NebulaFlashScaleFactorY;

    WORD*        IndexArray;
    CTexturPool* HintergrundTextur;
    CTexturPool* FlashTextur;
    VERTEXBUFFER HintergrundVB;
    INDEXBUFFER  HintergrundIB;
    VERTEXBUFFER NebulaFlashVB;

    CBackground(FILE* pFile);
    ~CBackground();

    void Render_Hintergrund(void);

    // Nebulare Leuchterscheinungen:
    void Render_NebulaFlash(void)
    void Handle_NebulaFlash(void);
};
```

18.7 SunClass.h

Die Datei *SunClass.h* beinhaltet eine Klasse für die Erzeugung und Darstellung eines Sonnen-Billboards inklusive animierter Sonnenstrahlen (zwei weitere Billboards).

CSun

Listing 18.9: CSun-Klassengerüst

```
class CSun
{
public:

    float       ScaleFactorSun;   // Skalierung des
                                   // Sonnen-Billboards
    float       ScaleFactorFlare; // Skalierung der beiden
                                   // Sonnenstrahlen-Billboards

    // Polarkoordinaten für die Ausrichtung der Sonne im 3D-Raum.
    // (Für die Ausrichtung im planar-perspektivischen Raum
    // werden kartesische Koordinaten verwendet):

    float       Vertikalwinkel, Horizontalwinkel, Entfernung;

    // Orient. senkr. zur Blickrichtung (Flare-Billboard 1):
    float       FlareWinkelRechts;

    // Orient. senkr. zur Blickrichtung (Flare-Billboard 2):
    float       FlareWinkelLinks;

// Anmerkung: Für die Animation der Sonnenstrahlen wird das
// Flare-Billboard einmal nach rechts gedreht und gerendert und
// anschließend nach links gedreht und gerendert.

// Anmerkung: Ein Sichtbarkeitstest für den planar-perspektivischen
// Raum ist nicht implementiert, weil bisher noch nicht benötigt.

    BOOL         visible;
    D3DXVECTOR3  Abstandsvektor;
    CTexturPool* SunFlareTextur;
    CTexturPool* SunTextur;
    VERTEXBUFFER SunVB;       // Quad

    CSun();
    ~CSun();

    void Sun_Initialisieren(FILE* pFile);
    void Planar_Sun_Initialisieren(FILE* pFile);

    void Render_Sun(void);
    void Render_SunFlare(void);
    void Render_PlanarSun(void);
    void Render_PlanarSunFlare(void);
};
```

18.8 NebulaClass.h

Die Datei *NebulaClass.h* beinhaltet eine Klasse für die Erzeugung und Darstellung eines Nebel-Billboards.

CNebula

Listing 18.10: CNebula-Klassengerüst

```
class CNebula
{
public:

    float         ScaleFactor;

    // Variable für den planar-perspektivischen Sichtbarkeitstest:
    float         VisibilityFactor;

    float         Vertikalwinkel, Horizontalwinkel, Entfernung;
    long          red, green, blue; // ambientes Licht Nebel

    D3DXVECTOR3  Abstandsvektor;
    CTexturPool* NebulaTextur;
    VERTEXBUFFER NebulaVB;

    CNebula();
    ~CNebula();

    void Nebula_Initialisieren(FILE* pFile);
    void Planar_Nebula_Initialisieren(FILE* pFile);
    void Render_Nebula(void);
    void Render_PlanarNebula(void);
};
```

18.9 GraphicItemsClass.h

Die Datei *GraphicItemsClass.h* beinhaltet eine Helperklasse für die Verwaltung aller in der strategischen Ansicht verwendeten Texturen (mit Ausnahme der Cursor-Texturen). Weiterhin stellt diese Klasse Methoden zum Zeichnen von Linien (wichtig für die Darstellung des 3D-Scanners) und Kreisen (wichtig für die Darstellung der Warpflug-Reichweite sowie der Sensorreichweiten) zur Verfügung.

CGraphic_Items

Listing 18.11: CGraphic_Items-Klassengerüst

```
class CGraphic_Items
{
public:

    // Texturen für die 2D-Darstellung der Schiffe, Sternensysteme
    // sowie der imperialen Insignien an dieser Stelle

    VERTEXBUFFER IconVB; //alle 2D-Objekte werden als Quad gerendert
    VERTEXBUFFER LineVB; //für die Darstellung des 3D-Scanners

    // Vertexbuffer für die Darstellung der kreisförmigen Perimeter:

    // BluePerimeter:  Sensorreichweite der Heimatwelten ohne
    //                 Sensor-Cruiser-Unterstützung
    // Blue2Perimeter: Sensorreichweite der Sternensysteme mit
    //                 Sensor-Cruiser-Unterstützung
    // RedPerimeter:   Sensorreichweite der Raumschiffe während
    //                 eines Warpflugs
    // Red2Perimeter:  Sensorreichweite der Raumschiffe bei
    //                 Unterwarpoperationen
    // GreenPerimeter: maximale Warpflugdistanz der Raumschiffe

    VERTEXBUFFER  BluePerimeterVB, Blue2PerimeterVB;
    VERTEXBUFFER  RedPerimeterVB, Red2PerimeterVB, GreenPerimeterVB;

    // Anzahl der Ringsegmente der Perimeter:

    long          RingSegmente1, RingSegmente2, RingSegmente3;
    long          RingSegmente4, RingSegmente5;

    POINTVERTEX*  pPointVertices;

    D3DXMATRIX    TransformationsMatrix, VerschiebungsMatrix;
    D3DXMATRIX    PerimeterScaleMatrix;

    CGraphic_Items();
    ~CGraphic_Items();

    void Render_BluePerimeter(D3DXVECTOR3* pPosition, float scale);
    void Render_Blue2Perimeter(D3DXVECTOR3* pPosition, float scale);
    void Render_RedPerimeter(D3DXVECTOR3* pPosition, float scale);
    void Render_Red2Perimeter(D3DXVECTOR3* pPosition, float scale);
```

```
    void Render_GreenPerimeter(D3DXVECTOR3* pPosition, float scale);
    void Render_Line(D3DXVECTOR3* pAnfangsPosition,
                     D3DXVECTOR3* pEndPosition, D3DCOLOR* pColor);
};
```

18.10 PlanetClasses.h

Die Datei *PlanetClasses.h* beinhaltet zwei Klassen für die Erzeugung und Darstellung der Planeten sowie alle hierfür notwendigen Initialisierungs- und CleanUp-Funktionen.

Funktionen

```
void InitPlanetModell(void);
void InitCloudTextures(void);

void CleanUpPlanetModell(void);
void CleanUpCloudTextures(void);
```

CPlanetModell

Die Klasse `CPlanetModell` ist für die Erzeugung und Verwaltung zweier Geometriemodelle für die Planetendarstellung verantwortlich. Die Auswahl eines Geometriemodells erfolgt in Abhängigkeit von der Größe und dem Kameraabstand des jeweiligen Planeten.

Listing 18.12: CPlanetModell-Klassengerüst

```
class CPlanetModell // siehe Tag 12, Planet-Demo
{
public:

// near distance model

// far distance model

    CPlanetModell();
    ~CPlanetModell();
};
```

CPlanet

Die Klasse `CPlanet` wird für die Erzeugung und Darstellung der einzelnen Planeten inklusive animierter Wolkendecke verwendet. Von besonderer Bedeutung ist der Parameter `ScaleDistanceRatio`, mit dessen Hilfe das beim Rendern zu verwendende Geometriemodell ausgewählt wird.

Listing 18.13: CPlanet-Klassengerüst

```
class CPlanet
{
public:

    long          CloudColor, CloudTexturNr;
    float         ScaleFactor;

    // Wenn ScaleDistanceRatio < 0.12f, dann Mipmap-Filterung
    // aktivieren und far-distance-Planetenmodell verwenden

    float         ScaleDistanceRatio;

    // weitere Variablen siehe Tag 12, Planet-Demo

    CPlanet();
    ~CPlanet();

    void Planet_Initialisieren(FILE* pFile);
    void Render_Planet(void);
};
```

18.11 ExplosionsFrameClass.h

Die Datei *ExplosionsFrameClass.h* beinhaltet eine Klasse für die Verwaltung der Vertexbuffer der einzelnen Explosionsanimations-Frames. Des Weiteren beinhaltet diese Datei die Initialisierungs- und CleanUp-Funktionen für die Erzeugung und Freigabe dieser Animationen sowie zwei weitere Methoden für die Erzeugung und Freigabe der Explosionslicht-Texturen.

Funktionen

```
void InitExplosionsAnimation(void);
void InitExploLightTextures(void);

void CleanUpExplosionsAnimation(void);
void CleanUpExploLightTextures(void);
```

CExploFrameVB

Listing 18.14: CExploFrameVB-Klassengerüst

```
class CExploFrameVB  // Klasse verwaltet 1 Frame einer
{                    // Explosionsanimation
public:

    VERTEXBUFFER ExploAnimationVB; // ein einfaches Quad

    CExploFrameVB();
    ~CExploFrameVB();

    void Init_Texture_Coordinates(float Frame_tu_links,
                                  float Frame_tu_rechts,
                                  float Frame_tv_oben,
                                  float Frame_tv_unten);
};
```

18.12 AsteroidModellClasses.h

Die Datei *AsteroidModellClasses.h* beinhaltet zwei Klassen für die Erzeugung und Darstellung der Asteroidenmodelle sowie die Initialisierungs- und CleanUp-Funktionen für die Erzeugung und Freigabe der Modelle und Texturen.

Funktionen

```
void InitAsteroidModelle_and_Textures(void);
void CleanUpAsteroidModelle_and_Textures(void);
```

CAsteroidVB

Die Klasse `CAsteroidVB` dient der Initialisierung und Verwaltung des Vertexbuffers eines Asteroidenmodells.

Listing 18.15: CAsteroidVB-Klassengerüst

```
class CAsteroidVB
{
public:
```

```
    float        Radius;
    long         AnzVerticesZeile, AnzVerticesSpalte, AnzVertices;
    float*       Radien;  // Zeiger auf Radienarray; wird zum
                          // Speichern der Vertexradien verwendet

    VERTEXBUFFER AsteroidVB;

    CAsteroidVB();
    ~CAsteroidVB();

    void Init_RadienArray(long ringe, long segmente);
    void Init_VertexBuffer(void);

// Anmerkung: Die Methode Init_RadienArray() muss vor der Methode
// Init_Vertexbuffer() aufgerufen werden! Vor der Initialisierung
// des Vertexbuffers müssen zunächst die Variablen AnzVerticesZeile,
// AnzVerticesSpalte sowie AnzVertices initialisiert werden!!!

};
```

CAsteroidModell

Die Klasse `CAsteroidModell` verwaltet den Indexbuffer eines Basismodells sowie die Vertexbuffer aller abgeleiteten Modelle und ist ferner für die Darstellung der Asteroiden verantwortlich. In unserem Spiel kommen zwei Basismodelle zum Einsatz – ein Modell für die Darstellung der großen Asteroiden und ein Modell für die Darstellung der kleineren Asteroiden.

Listing 18.16: CAsteroidModell-Klassengerüst

```
class CAsteroidModell
{
public:

    long                 AnzModelle;  // abgeleitete Modelle

    long     AnzVerticesZeile, AnzVerticesSpalte, AnzVertices;
    long     AnzTriangles, AnzQuads, AnzIndices;
    float    MinScaleFactor, MaxScaleFactor, MaxScaleFactorVarianz;

    WORD*                IndexArray;
    CAsteroidVB*         AsteroidVertexBufferArray;

    INDEXBUFFER          AsteroidIB;       // Indexbuffer des
                                           // Basismodells

    CAsteroidModell(long anzModelle, long ringe, long segmente,
                    FILE* pfile);
```

```
    ~CAsteroidModell();

    void Render_AsteroidModell(long &ModNr, long &TexturNr,
                               long &DetailGrad);

   // Der Detailgrad (1/2/3) legt fest, welche Detailtextur
   // verwendet werden soll (nicht mit Detailmapping verwechseln)
};
```

18.13 WaffenModellClass.h

Die Datei *WaffenModellClass.h* beinhaltet eine Klasse für die Erzeugung und Darstellung der Waffenmodelle sowie die hierfür notwendigen Initialisierungs- und CleanUp-Funktionen. Augenblicklich werden für die Darstellung der Waffenobjekte zwei Geometriemodelle mit jeweils zwei unterschiedlichen Detailstufen unterstützt. Modell 1 dient für die Darstellung von Lenkwaffen, Modell 2 für die Darstellung von Laser- und Energiewaffen. In Abhängigkeit davon, ob der Selbstzerstörungsmechanismus einer Lenkwaffe aktiviert wurde oder ob die Lenkwaffe ihr Ziel getroffen hat, stehen für die Darstellung der damit verbundenen Explosionen zwei unterschiedliche Renderfunktionen zur Verfügung.

Funktionen

```
void InitWaffenModelle_and_Textures(void);
void CleanUpWaffenModelle_and_Textures(void);
```

CWaffenModell

Listing 18.17: CWaffenModell-Klassengerüst

```
class CWaffenModell
{
public:

    long         Geometriemodell, Lenkwaffenmodell;
    BOOL         Lenkwaffe;
    float        length, width, Range, Wirkung;
    long         LebensdauerMax; // nur wichtig für Lenkwaffen

    // Kurvengeschwindigkeit der Lenkwaffe
    float  SinRotationsgeschwindigkeit, CosRotationsgeschwindigkeit;

    float        Impulsfaktor, Nachladezeit;
```

```
    long          ExploNr_SelfDestruct, ExploNr_Impact;
    long          AnzVerticesZeile, AnzVerticesSpalte;
    WORD*         IndexArray;

// Modell 1 (Lenkwaffen) ////////////////////////////////////////////

    // near distance model:
    long          AnzVerticesZeile1Near, AnzVerticesSpalte1Near;
    long          AnzVertices1Near, AnzIndices1Near;
    long          AnzQuads1Near, AnzTriangles1Near;
    INDEXBUFFER   WeaponNearIB1;
    VERTEXBUFFER  WeaponNearVB1;

    // far distance model (siehe near distance model)

// Modell 2 (Laserwaffen) ///////////////////////////////////////////

    // near distance model
    long          AnzVerticesZeile2Near, AnzVerticesSpalte2Near;
    long          AnzVertices2Near, AnzIndices2Near;
    long          AnzQuads2Near, AnzTriangles2Near;
    INDEXBUFFER   WeaponNearIB2;
    VERTEXBUFFER  WeaponNearVB2Inner, WeaponNearVB2Outer;

    // far distance model (siehe near distance model)

////////////////////////////////////////////////////////////////////

    CTexturPool* WeaponTextur;

    D3DXMATRIX TransformationsMatrix, VerschiebungsMatrix;
    D3DXMATRIX ScaleMatrix, InnerScaleMatrix; //wichtig für Modell 2

    // Schildreflektionsparameter (damit der getroffene Schild auch
    // in der richtigen Farbe aufleuchtet):
    // Diffuse und spekulare Materialanteile:
    float rd, gd, bd, rs, gs, bs;

    CWaffenModell();
    ~CWaffenModell();

    void Init_Modell(FILE* pFile);

   void Render_Weapon(D3DXVECTOR3* pOrtsvektor, float &AbstandSq,
                      D3DXMATRIX* pRotationsMatrix);

// Anmerkung: pRotationsMatrix wird zum Ausrichten der Waffenobjekte
// verwendet
```

```
    void Render_ExplosionImpact(D3DXVECTOR3* pOrtsvektor,
                                float &ExploAnimationWinkel,
                                float &ExplosionsFrameNr);

// Anmerkung: ExploAnimationWinkel ist der Winkel, um den das Explo-
// Animationsbillboard senkrecht zur Blickrichtung gedreht wird

    void Render_ExplosionSelfDestruct(D3DXVECTOR3* pOrtsvektor,
                                      float &ExploAnimationWinkel,
                                      float &ExplosionsFrameNr);
};
```

18.14 SternenkreuzerModellClass.h

Die Datei *SternenkreuzerModellClass.h* beinhaltet eine Klasse für die Erzeugung und Darstellung der Sternenkreuzermodelle sowie die hierfür notwendigen Initialisierungs- und CleanUp-Funktionen.

Funktionen

```
void InitSternenkreuzerModelle_and_Textures(FILE* pfile);
void InitIntroSternenkreuzerModelle_and_Textures(void);
void CleanUpSternenkreuzerModelle_and_Textures(void);
```

CSternenkreuzerModell

Listing 18.18: CSternenkreuzerModell-Klassengerüst

```
class CSternenkreuzerModell
{
public:

    char            Speicherpfad[100];
    float           MaxSchiffsScaleFactor;

    // technische Eigenschaften der Schiffsklasse:
    float           KurvengeschwindigkeitMax, Kurvenbeschleunigung;
    float           Impulsfaktor, ImpulsBeschleunigung;
    BOOL            PrimaryWeapon, SecondaryWeapon, TertiaryWeapon;
    long            PrimaryWeaponModel, SecondaryWeaponModel;
    long            TertiaryWeaponModel;
    float           Antriebspartikel_ZVerschiebung;
```

```
// Geschwindigkeit, mit der die Primärwaffe ausgerichtet wird
float          WeaponAusrichtungsgeschwindigkeit;

// Variablen für das Sternenkreuzermodell:
long           AnzTrianglesShip, AnzIndicesShip, AnzVerticesShip;
INDEXBUFFER    SternenkreuzerIB;
VERTEXBUFFER   SternenkreuzerVB;

// Variablen für das near-distance-Schildmodell:
long           AnzVerticesZeileShield, AnzVerticesSpalteShield;
long           AnzIndicesShield, AnzVerticesShield;
long           AnzTrianglesShield, AnzQuadsShield;
INDEXBUFFER    ShieldIB;
VERTEXBUFFER   ShieldVB;

// Variablen für das far-distance-Schildmodell:
// siehe auch near-distance-Schildmodell

VERTEXBUFFER   ExploLightVB;

CTexturPoolEx* SternenkreuzerTexturen, DamageTexturen;
CTexturPool*   ShieldTextur;

D3DXMATRIX     TexturMatrix; // für die Schild-Texturanimation
D3DXMATRIX     TransformationsMatrix, VerschiebungsMatrix;
D3DXMATRIX     SchiffsScaleMatrix, SchildScaleMatrix;
D3DXMATRIX     ExploScaleMatrix;

// Pointlights zum Beleuchten der Schiffshülle:

LIGHT          ShieldLight;    // Lichtschein, der durch den
                               // aufleuchtenden Schutzschild
                               // verursacht wird
LIGHT          HullFireLight;  // Lichtschein, der durch die
                               // brennende Schiffshülle
                               // verursacht wird
LIGHT          EngineLight;    // Lichtschein, der durch die
                               // Antriebspartikel verursacht
                               // wird

long           AnzBoundingBoxes;
CAABB*         BoundingBoxes;

CSternenkreuzerModell();
~CSternenkreuzerModell();

void Init_Modell(void);
```

```
    // Kollisionstest zwischen Waffenobjekt und Schiffshülle.
    // pPosition und pDirection beziehen sich auf das Waffenobjekt.
    // DamagedTriangleList: Zeiger auf Liste, in welche die Nummmern
    // der getroffenen Dreiecke eingetragen werden.

    BOOL Point_Collision_Test( D3DXVECTOR3* pPosition,
                               D3DXVECTOR3* pDirection,
                               long* DamagedTriangleList);

    // Kollisionstest zwischen Schiffsmodell und Sonnenstrahl
    BOOL Ray_Intersection_Test(D3DXVECTOR3* pPosition,
                               D3DXVECTOR3* pDirection);

    // Shieldlight ausrichten und einschalten:
    void Adjust_ShieldLight(D3DXVECTOR3* pTrefferPosition);

    void Render_Schiffsmodell( D3DXVECTOR3* pOrtsvektor,
                               D3DXVECTOR3* pSmokeDirection,
                               float        &AbstandSq,
                               D3DXVECTOR3* pFlugrichtung,
                               D3DXMATRIX*  pRotationsMatrix,
                               long*        damagedTriangleListe,
                               BOOL &HullDamage, BOOL &Engine);

// Anmerkungen: pSmokeDirection wird zur Ausrichtung des
// HullFireLight verwendet.
// Die Parameter HullDamage und Engine legen fest, ob
// HullFireLight und EngineLight eingeschaltet werden sollen.
// damagedTriangleListe wird benötigt, damit die beschädigten
// Dreiecke mit der Schadenstextur überzogen werden können.

    void Render_Schiffsmodell_With_ShieldLight(
                               D3DXVECTOR3* pOrtsvektor,
                               D3DXVECTOR3* pSmokeDirection,
                               float        &AbstandSq,
                               D3DXVECTOR3* pFlugrichtung,
                               D3DXMATRIX*  pRotationsMatrix,
                               long*        damagedTriangleListe,
                               float        &ShieldCounter,
                               float &RD, float &GD, float &BD,
                               BOOL &HullDamage, BOOL &Engine);

// Anmerkung: Die diffusen Schildreflektionsparameter werden für die
// korrekte Einstellung der Materialeigenschaften des Schiffsmodells
// benötigt: grüner Schild => grüne Hüllenreflektion.
// Der ShieldCounter wird zur Einstellung der Helligkeit des
// Schutzschilds sowie zur Einstellung der Hüllenreflektion des
// Schildlichts verwendet.
```

```
    void Render_Shield(          D3DXVECTOR3* pOrtsvektor,
                                 D3DXVECTOR3* pTrefferPosition,
                                 float        &AbstandSq,
                                 D3DXVECTOR3* pFlugrichtung,
                                 float        &ShieldCounter,
                                 D3DXMATRIX*  pRotationsMatrix,
                                 float &RD, float &GD, float &BD,
                                 float &RS, float &GS, float &BS);

// Anmerkung: Die diffusen und spekularen Schildreflektionsparameter
// (RD, GD usw) werden für die korrekte Einstellung der Material-
// eigenschaften des Schilds benötigt. Das ShieldLight an sich ist
// ein weißes Pointlight, die Schildtextur ist in Grauweiß gehalten.

    void Render_Explosion(       D3DXVECTOR3* pOrtsvektor,
                                 long  &ExploLightTexturNr,
                                 float &scale,
                                 float &EploLightWinkel,
                                 long  &ExploAnimationTexturNr,
                                 long  &ExploAnimationTexturNr2,
                                 float &ExplosionsFrameNr,
                                 float &ExplosionsFrameNr2,
                                 float &ExploAnimationWinkel,
                                 float &ExploAnimationWinkel2);

// Anmerkung: die Explosion besteht aus drei Komponenten:
// Explosionslicht + 2 Explosionsanimationen.
// Der Parameter scale wird zur Skalierung aller Komponenten
// verwendet. Die Parameter EploLightWinkel, ExploAnimationWinkel,
// ExploAnimationWinkel2 werden zur Drehung der Billboards senkrecht
// zur Blickrichtung verwendet.
};
```

18.15 CursorClass.h

Die Datei *CursorClass.h* beinhaltet eine Klasse für die Erzeugung und Darstellung der strategischen und taktischen Cursor.

CCursor

Listing 18.19: CCursor-Klassengerüst

```
class CCursor
{
public:
```

```
    float        ScaleFactor;

    // Taktische+strategische Cursor:
    CTexturPool* CursorTextur1;  // grünes Fadenkreuz (Standard)
    CTexturPool* CursorTextur2;  // oranges Fadenkreuz

    // Wird im strategischen Modus ein oranges Fadenkreuz
    // angezeigt, dann kann der Warpflug eines Schiffs
    // durch Anvisieren gestoppt werden.
    // Im taktischen Modus zeigt ein oranges Fadenkreuz an, dass
    // im Augenblick ein Schiff anvisiert wird.

    // Rein strategische Cursor:
    CTexturPool* CursorTexturBlue;  // Objekt anvisiert
    CTexturPool* CursorTexturGreen; // Objekt selektiert
    CTexturPool* CursorTexturRed;   // Ziel ausgewählt

    VERTEXBUFFER CursorVB;  // Quad

    CCursor();
    ~CCursor();

    void Render_StrategicalCursor(void);
    void Render_TacticalCursor(void);
};
```

18.16 GameOptionScreenClass.h

Die Datei *GameOptionScreenClass.h* beinhaltet eine Klasse für die Erzeugung und Darstellung des Start-/Auswahlbildschirms.

CGameOptionScreen

Listing 18.20: CGameOptionScreen-Klassengerüst

```
class CGameOptionScreen
{
public:

    CNebula*     Nebula;
    CSun*        Sun;
    CStarfield*  Sternenfeld;
    long         AnzNebulae, AnzSonnen;
```

```
    float   TitleScaleFactorX, TitleScaleFactorY, TitleScaleFactorZ;

    // Verschiebung der Titelanzeige in z-Richtung (pro Frame)
    float        dz;

    D3DXVECTOR3 TitleAbstandsvektor;
    D3DXMATRIX  TitleScaleMatrix, TitleVerschiebungsMatrix;
    D3DXMATRIX  TitleTransformationsMatrix;

    CTexturPool* TitleTextur;
    VERTEXBUFFER TitleVB; // Titel wird als Quad gerendert

    long counter, i;

    CGameOptionScreen();
    ~CGameOptionScreen();

    void Render_GameOptionScreen(void);

// Anmerkung: Bei counter >= 1000 Frames wird die Titelanzeige
// wieder auf die ursprüngliche Position und der counter auf 0
// zurückgesetzt.
};
```

18.17 Abstandsdaten.h

Die Datei *Abstandsdaten.h* beinhaltet eine Klasse für die Verwaltung der Abstandsdaten aller Raumschiffe, Waffenobjekte, Explosionen und Partikel sowie eine Callback-Funktion zum Sortieren und eine Funktion zum Zurücksetzen dieser Daten. Die Abstandsdaten werden für die korrekte Darstellung der Transparenzeffekte benötigt.

Funktionen

```
inline int ObjektSortCB( const void*  arg1, const void*  arg2 )
inline void ObjektAbstandsDaten_Zuruecksetzen(void)
```

CObjektAbstandsDaten

Listing 18.21: CObjektAbstandsDaten-Klassengerüst

```
class CObjektAbstandsDaten
{
public:
```

```
    long  ObjektTyp;    // Objekttypen sind frei wählbar;
    long  ObjektNummer;
    float Abstand;

    CObjektAbstandsDaten();
    ~CObjektAbstandsDaten();

    void Zuruecksetzen(void);
};
```

18.18 WaffenClasses.h

Die Datei *WaffenClasses.h* beinhaltet eine Struktur für die Verwaltung der Trefferdaten, eine Klasse für die Bewegung und die KI (künstliche Intelligenz) der einzelnen Waffenobjekte sowie eine Klasse für die Verwaltung und das Handling aller Waffenobjekte.

CSternenkreuzer_Trefferdaten

Über die Struktur `CSternenkreuzer_Trefferdaten` findet die Kommunikation zwischen einem Raumschiff und den Waffenobjekten statt. Für jedes Raumschiff wird vor Beginn der Raumschlacht eine Instanz dieser Struktur erzeugt. Anhand der in dieser Struktur gespeicherten Daten (die Daten werden in jedem Frame aktualisiert) wird der Treffertest zwischen einem Waffenobjekt und einem Raumschiff durchgeführt. Dieser Treffertest läuft in zwei Schritten ab. Im ersten Schritt wird überprüft, ob die Waffe den Schutzschild getroffen hat (Bounding-Sphären-Test). Für den Fall, dass der Schutzschild bereits zusammengebrochen ist, wird ein zweiter Treffertest mit der Schiffshülle durchgeführt. Test 1 wird in der `CWaffe`-Methode `Handle_Weapon()` durchgeführt, Test 2 in der Methode `Traverse_ObjektList_and_Handle_Ships()` der jeweiligen `CMemory_Manager_..._Sternenkreuzer`-Klasse.

Listing 18.22: CSternenkreuzer_Trefferdaten-Struktur

```
struct CSternenkreuzer_Trefferdaten
{
    long        WeaponIdNr;
    float       TargetTrefferRadiusSq, Wirkung;
    D3DXVECTOR3 Ortsvektor, TrefferPosition;
    BOOL        getroffen, active, visible;

    // Schildreflektionsparameter
    // Diffuse und spekulare Materialanteile
    float rd, gd, bd, rs, gs, bs;
};
```

CWaffe

Listing 18.23: CWaffe-Klassengerüst

```
class CWaffe
{
public:

    BOOL            id, SortedMissile;  // nach Abstand sortiert
                                         // rendern

    long            Abschusszeitpunkt, Lebensdauer, LebensdauerMax;
    float           ExploWinkel, ExploFrameNr;
    BOOL            ShowExplosionSelfDestruct, ShowExplosionImpact;
    BOOL            ExplosionComplete; // dann Objekt
                                       // wieder freigeben
    BOOL            Lenkwaffe, visible;
    long            Lenkwaffenmodell, ModellNr /* CWaffenModell */;
    float           Wirkung;
    float           Abstand, AbstandSq, PlayerflugrichtungsAbstand;
    float           Range, RangeSq, Impulsfaktor;
    long            InitialisierungsModus;

    // KI-Variablen /////////////////////////////////////////////////////

    long   TargetId, TargetZugehoerigkeit;
    BOOL   active, help_active;
    float  SinRotationsgeschwindigkeit, CosRotationsgeschwindigkeit;
    float  TrackingDot, OldTrackingDot;
    long   Ausweichrichtung, OldAusweichrichtung;

    D3DXVECTOR3 Eigenverschiebung, Abstandsvektor, Abschussposition;
    D3DXVECTOR3 Flugrichtung;
    D3DXMATRIX  RotationsMatrix;

    CRocketEngineParticle* EnginePartikel;
    CObjektAbstandsDaten*  AbstandsDatenPartikel;
    long i;

    CWaffe();
    ~CWaffe();

    void Initialisieren(long targetID, long targetZugehoerigkeit,
                        long ModellNummer, D3DXVECTOR3* pOrtsvektor,
                        D3DXVECTOR3* pFlugrichtung,
                        D3DXMATRIX* pRotationsMatrix,
                        long Initialisierungsmodus);
```

```
// Anmerkung: Initialisierungsmodus=-1: Primärwaffe im Gunnary-Modus
// Die Parameter targetID und targetZugehörigkeit sind
// nur von Bedeutung, wenn der Initialisierungsmodus != -1. Im
// Gunnary-Modus kann man mit der Primärwaffe auf jedes Ziel
// schiessen, folglich muss jedes mögliche Ziel auf einen Treffer
// hin überprüft werden. Wird die Primärwaffe nicht im Gunnary-Modus
// abgeschossen (Initialisierungsmodus = 1), wird nur eine
// einfache Trefferüberprüfung mit dem anvisierten Ziel (targetID) // durchgeführt.
//
// Werden beispielsweise 2 Lenkwaffen simultan abgeschossen, dann
// sollte man für die erste Waffe den Initialisierungsmodus = 1
// und für die zweite Waffe = 2 setzen. Auf diese Weise erreicht
// man, dass der Abschuss-Sound nur ein einziges Mal abgespielt wird
// (klingt besser).

    void Zuruecksetzen(void);
    void Handle_Weapon(void);
    void KI_Steuerung(void);
    void Render(void);
    void Sorted_Render(void);
    void Render_ExplosionImpact(void);
    void Render_ExplosionSelfDestruct(void);
};
```

CMemory_Manager_Weapons

Listing 18.24: CMemory_Manager_Weapons-Klassengerüst

```
class CMemory_Manager_Weapons
{
public:

    CWaffe* pObjekt;
    long    Element_Unbenutzt, NoMore_Element, ActiveElements, Size;
    long    *pReadingOrder, *pUsedElements;
    long    i, j;

    CMemory_Manager_Weapons(long size = 20);
    ~CMemory_Manager_Weapons();

    void New_Objekt(long TargetId, long targetZugehoerigkeit,
                    long ModellNummer, D3DXVECTOR3* pOrtsvektor,
                    D3DXVECTOR3* pFlugrichtung,
                    D3DXMATRIX* pRotationsMatrix,
                    long Initialisierungsmodus = 1);

    void Traverse_ObjektList_and_Handle_and_Render_Weapons(void);
```

```
// Amerkung: Gerendert werden nur diejenigen Waffenobjekte, die
// nicht nach dem Abstand sortiert gerendert werden sollen.
// SortedMissile == false

    void Delete_all_Objekts_in_List(void);
    void Delete_Objekt_with_Index_Nr(long element);
    void Delete_Objekt_with_ListPosition_Nr(long iii);
};
```

18.19 AsteroidClasses.h

Die Datei *AsteroidClasses.h* beinhaltet eine Klasse für die Bewegung und die KI der einzelnen Asteroiden sowie eine Klasse für die Verwaltung und das Handling aller Asteroiden.

CAsteroid

Listing 18.25: CAsteroid-Klassengerüst

```
class CAsteroid
{
public:

    long            id, id_CollisionAsteroid; // ID-Nummer des
                                               // Kollisionspartners

    long            Type;  // 1: Small; 2: Large
    BOOL            visible, positive_AsteroidCollisionTest;
    float           IntegrityFactor, Integrity;
    BOOL            destroySequence, destroyed;
    long            destroyTime, destroyTimer;

// Anmerkung: In der Variablen destroyTime wird der Zeitpunkt der
// Zerstörung gespeichert. Im Anschluss daran beginnt die
// Zerstörungssequenz (destroySequence = true). Deren Dauer wird in
// der Variablen destroyTimer gespeichert. Nach Ablauf einer vorher
// festgelegten Dauer wird die Variable destroyed = true gesetzt.

    float          mass, ScaleFactorMax, ScaleFactorMaxSq;
    long           TexturNummer, ModellNummer;
    float          Rotationsgeschwindigkeit, Impulsfaktor, AbstandSq;
    D3DXVECTOR3    Abstandsvektor, Eigenverschiebung, Rotationsachse;
    D3DXMATRIX     RotationsMatrix, FrameRotationsMatrix;
    D3DXMATRIX     VerschiebungsMatrix, ScaleMatrix;
    D3DXMATRIX     TransformationsMatrix;
    CExploParticle* ExploPartikel;
```

```
    // pBigBoundingBox umschließt den gesamten Asteroiden u. wird
    // nur für den AABB-Kollisionsausschluss-Test verwendet.
    C_OBB*          pBigBoundingBox;

    long            AnzBoundingBoxen;
    C_OBB*          pBoundingBox;

    CAsteroid();
    ~CAsteroid();

    void Initialisieren(long type);
    void Zuruecksetzen(void);
    void Bewegung(void);
    void Render_LargeAsteroid(void);
    void Render_SmallAsteroid(void);
};
```

CMemory_Manager_Asteroids

Listing 18.26: CMemory_Manager_Asteroids-Klassengerüst

```
class CMemory_Manager_Asteroids
{
public:

    CAsteroid* pObjekt;
    long    Element_Unbenutzt, NoMore_Element, ActiveElements, Size;
    long    *pReadingOrder, *pUsedElements;
    long    i, ii, j, jj, index1, index2;

// Anmerkung: index1 u. index2 werden für den Bounding-Box-
// Kollisionstest zwischen zwei Asteroiden benötigt.

    BOOL        Kollision;

    CMemory_Manager_Asteroids(long size = 20);
    ~CMemory_Manager_Asteroids();

    void New_Objekt(long type);
    void Traverse_ObjektList_and_Move_Asteroids(void);
    void Traverse_ObjektList_and_Look_for_Asteroid_Collisions(void);
    void Traverse_ObjektList_and_Render_Asteroids(void);
    void Delete_all_Objekts_in_List(void);
    void Delete_Objekt_with_Index_Nr(long element);
    void Delete_Objekt_with_ListPosition_Nr(long iii);
};
```

18.20 SternenkreuzerClasses.h

Die Datei *SternenkreuzerClasses.h* beinhaltet alle Klassen, Strukturen und Funktionen, die für die Verwaltung und das Handling der Sternenkreuzer benötigt werden.

Funktionen

```
inline void Sternenkreuzer_Kollisionsdaten_Zuruecksetzen(void)
inline void Test_Sternenkreuzer_Kollisionsalarm(void)
```

Strukturen

Die Struktur `CSternenkreuzer_Zielflugdaten` wird für die Festlegung eines Angriffsziels- und -kurses benötigt. Für jedes Schiff wird vor Beginn der Raumschlacht eine Instanz dieser Struktur erzeugt. In jedem Frame aktualisiert ein Schiff seine Zielflugdaten selbstständig und ermöglicht so den anderen Schiffen, einen neuen Angriffskurs festzulegen.

_Listing 18.27: CSternenkreuzer_Zielflugdaten-Struktur_

```
struct CSternenkreuzer_Zielflugdaten
{
    long        IdNr;
    D3DXVECTOR3 Ortsvektor;
    BOOL        active;
};
```

Die Strukturen `CDestroyedBattleUnitId` und `CBattleUnitShipStatus` werden für die Aktualisierung des strategischen Szenarios nach Beendigung einer dynamisch generierten Raumschlacht benötigt. In den Instanzen der ersten Struktur werden die ID-Nummern der zerstörten Schiffe gespeichert, in den Instanzen der zweiten Struktur die verbliebene Energie der nicht zerstörten Schiffe. Aktualisiert werden die Werte für Warpenergie und Kampfkraft in der `CMemory_Manager_BattleUnits`-Methode `Look_for_Objekt_with_Index_Nr_and_transfer_new_ShipPower()`.

Listing 18.28: CDestroyedBattleUnitId-Struktur

```
struct CDestroyedBattleUnitId
{ long id; };
```

Listing 18.29: CBattleUnitShipStatus-Struktur

```
struct CBattleUnitShipStatus
{
    long  id;
    float ShipPower;
};
```

CSternenkreuzer_Kollisionsdaten

Die Klasse `CSternenkreuzer_Kollisionsdaten` wird für die Kollisionsprävention zwischen den Raumschiffen benötigt. Auf die Instanzen dieser Klasse wird von innerhalb der Funktionen `Sternenkreuzer_Kollisionsdaten_Zuruecksetzen()` und `Test_Sternenkreuzer_Kollisionsalarm()` zugegriffen. Aktualisiert werden die Kollisionsdaten innerhalb der Methode `Traverse_ObjektList_and_Restore_CollisionsData()` der jeweiligen `CMemory_Manager_..._Sternenkreuzer`-Klasse.

Listing 18.30: CSternenkreuzer_Kollisionsdaten-Klassengerüst

```
class CSternenkreuzer_Kollisionsdaten
{
    public:

    float       KurvengeschwindigkeitMax; // in Grad
    long        ShipId;
    long        polit_Zugehoerigkeit;  // 1: Terra; 2: Katani
    D3DXVECTOR3 Abstandsvektor, Flugrichtung;


    CSternenkreuzer_Kollisionsdaten();
    ~CSternenkreuzer_Kollisionsdaten();

    void Zuruecksetzen(void);
};
```

CSternenkreuzer

Die Klasse `CSternenkreuzer` wird für das Handling eines Raumschiffs in einem Raumkampfszenario sowie für die Darstellung des Schiffs und aller schiffsrelevanten Informationen benötigt.

Listing 18.31: CSternenkreuzer-Klassengerüst

```
class CSternenkreuzer
{
public:

    long   id, BattleUnitNr; // im strategischen Szenario
    long   ModellNr;  // 0-4: Terra Modelle; 5-9: KataniModelle
    long   ExploLightTexturNr;
    long   ExploAnimationTexturNr, ExploAnimationTexturNr2;
    float  ExploLightWinkel;
    float  ExploAnimationWinkel, ExploAnimationWinkel2;
    float  ExplosionsFrameNr, ExplosionsFrameNr2;
    BOOL   AutoTargeting, AutoSteuerung, AutoFire, GunnaryChair;
    BOOL   destroyed, destroySequence, visible, selected;
    long   destroyTime, destroyTimer;
    float  Warpenergie, BattlePower, ShipPower, SystemDamage;
    float  SystemRechargeRate;
    long   TargetId;
    float  FlugDrehgeschwindigkeit, FlugDrehbeschleunigung;
    float  FlugDrehgeschwindigkeitMax, KurvengeschwindigkeitMax;
    float  HorKurvengeschwindigkeit;  // Hor:  horizontal
    float  VertKurvengeschwindigkeit; // Vert: vertikal
    float  HorKurvenbeschleunigung, VertKurvenbeschleunigung;
    float  Impulsfaktor, ImpulsfaktorMax, ImpulsBeschleunigung;
    float  KurvengeschwindigkeitMaxDegree;

    long*  DamagedTriangleList;

    // Variablen für die Beschreibung der Primärwaffe:

    BOOL    PrimaryWeapon, PrimaryFeuerbereit, PrimaryWeaponFired;
    long    PrimaryWeaponModel, PrimaryLadebeginn, CannonNr;
    float   PrimaryWeaponRange, PrimaryWeaponRangeSq;
    float   PrimaryNachladezeit, PrimaryNachladezeitMax;

    // Variablen für die Beschreibung der Sekundärwaffe:

   BOOL SecondaryWeapon, SecondaryFeuerbereit, SecondaryWeaponFired;
   long        SecondaryLenkwaffenmodell, SecondaryWeaponModel;
   long        SecondaryLadebeginn;
   float       SecondaryWeaponRange, SecondaryWeaponRangeSq;
   float       SecondaryNachladezeit, SecondaryNachladezeitMax;

    // Variablen Tertiärwaffe (siehe Variablen Sekundärwaffe)

    float       AbstandSq, PlayerflugrichtungsAbstand;
    float       ScannerAbstand;
```

```
    float         ScaleFactorX, ScaleFactorY, ScaleFactorZ;
    float         ScaleFactorMax, ScaleFactorMaxSq;
    float         ShieldScaleFactorX, ShieldScaleFactorY;
    float         ShieldScaleFactorZ;
    float         ShieldScaleFactorMax, ShieldScaleFactorMaxSq;

    // KI-Variablen:

    BOOL          FernAngriff, NahAngriff, normaleAngriffsDistanz;
    BOOL          AngriffsDistanzVerlassen;
    float         KollisionsAbstandSq, TestDot1;
    float         TestDot2, FireTrackingDot, OldFireTrackingDot;
    long          WeaponAusrichtung, OldWeaponAusrichtung;

    float         HorWeaponAusrichtungsgeschwindigkeit;
    float         VertWeaponAusrichtungsgeschwindigkeit;
    float         WeaponAusrichtungsgeschwindigkeit;Max;
    float         WeaponAusrichtungsbeschleunigung;
    float         SinWeaponAusrichtungsgeschwindigkeit;
    float         CosWeaponAusrichtungsgeschwindigkeit;
    D3DXVECTOR3 WeaponFlugrichtung, Targetvektor, Kollisionsvektor;
    D3DXMATRIX  WeaponRotationsMatrix;

    D3DXVECTOR3 EinheitsAbstandsvektor, Abstandsvektor;
    D3DXVECTOR3 Eigenverschiebung, Flugrichtung, TrefferPosition;
    D3DXVECTOR3 ShipHorizontale; //wichtig zum Ausrichten der Waffen
    D3DXVECTOR3 RadarProjektionsvektor, SmokePartikelrichtung;
    D3DXVECTOR3 EinheitsRadarProjektionsvektor;

    D3DXMATRIX  RotationsMatrix;

    BOOL          KollisionsAlarm, SchiffGetroffen, ShowShieldLight;
    float         ShieldCounter, Antriebspartikel_ZVerschiebung;
    BOOL          ShowEnginePartikel, Render_EnginePartikel_First;
    long          AnzPartikel; // Antriebspartikel + Rauchpartikel

// Anmerkung: wenn Render_EnginePartikel_First == true, dann zuerst
// die Antriebspartikel und dann das Schiff rendern

    CEngineParticle*      EnginePartikel;
    CSmokeParticle*       SmokePartikel;
    CExploParticle*       ExploPartikel;
    CObjektAbstandsDaten* AbstandsDatenPartikel;

    // Schildreflektionsparameter
    // Diffuse und spekulare Materialanteile
    float rd, gd, bd, rs, gs, bs;

    long i, j, FireCounter;
```

```
    CSternenkreuzer();
    ~CSternenkreuzer();

    void Initialisieren(long ModellNummer, float kampfkraft,
                        float warpenergie, long battleUnitNr)

// Anmerkung: battleUnitNr ist die ID-Nummer des Schiffs im
// aktuellen strategischen Szenario. Für einen Soforteinsatz muss
// der Wert -1 übergeben werden

    void Zuruecksetzen(void);

    // Ausrichtung der Primärwaffe im Gunnary-Chair-Modus
    void Cannon_HorizontalDrehung(void);
    void Cannon_VertikalDrehung(void);
    void Cannon_SteuerungsInfo_Zuruecksetzen(void);

    // KI-Hilfsfunktionen für die Festlegung der Flugrichtung
    long Sternenkreuzer_TestHorizontalDrehung(D3DXVECTOR3* pVec);
    long Sternenkreuzer_TestVertikalDrehung(D3DXVECTOR3* pVec);

    // Flugmodell
    void Sternenkreuzer_HorizontalDrehung(void);
    void Sternenkreuzer_VertikalDrehung(void);
    void Sternenkreuzer_FlugDrehung(void);
    void Handle_Ship(void);

    // Zentrale KI-Funktion
    void KI_Steuerung(void);

    void Render(void);
    void Render_Explosion(void);
    void Render_GunnaryHUD(void);
    void Render_ScannerProjection_and_TacticalData(void);
    void Render_SystemStatus(void);
};
```

CMemory_Manager_Terra_Sternenkreuzer

Die Klasse `CMemory_Manager_Terra_Sternenkreuzer` wird für die Verwaltung und das Handling aller terranischen Sternenkreuzer eingesetzt.

Listing 18.32: CMemory_Manager_Terra_Sternenkreuzer-Klassengerüst

```
class CMemory_Manager_Terra_Sternenkreuzer
{
public:
```

```
CSternenkreuzer* pObjekt;
long    Element_Unbenutzt, ActiveElements, NoMore_Element, Size;
long    *pReadingOrder, *pUsedElements;
float   NewAbstandSq, OldAbstandSq; // zu einem möglichen Ziel
long    i, ii, j, index;

CMemory_Manager_Terra_Sternenkreuzer(long size = 20);
~CMemory_Manager_Terra_Sternenkreuzer();

void New_Objekt(long ModellNummer, float kampfkraft,
                float warpenergie, long battleUnitNr = -1);

// Setzt alle Instanzen von CSternenkreuzer_Zielflugdaten zurück
// und bereitet diese dadurch für erneute Datenaufnahme vor.

void Kreuzer_Zielflugdaten_Zuruecksetzen(void);

// Die folgenden beiden Funktionen werden aus der Funktion
// Traverse_ObjektList_and_Handle_Ships() heraus aufgerufen.

long Look_for_selected_KataniKreuzerTargetVektor(
                                        D3DXVECTOR3* pVektorOut,
                                        long selected_Nr,
                                        long Nr);

long Look_for_nearest_KataniKreuzerTargetVektor(
                                        D3DXVECTOR3* pVektorOut,
                                        long Nr);

// Wenn innerhalb der Funktion Test_Sternenkreuzer_Kollisionsalarm()
// eine mögliche Kollision entdeckt wird, werden eine
// Kollisionswarnung sowie alle notwendigen Daten zur Vermeidung
// dieser Kollision über die nachfolgende Funktion an das
// gefährdete Schiff weitergegeben.

void CollisionAlert_for_Objekt_with_Index_Nr(
                                long index,
                                float KollisionsAbstandSq,
                                D3DXVECTOR3* pKollisionsVektor);

// Übergabe der neuesten Kollisionsdaten an die nächstfreie
// Instanz der CSternenkreuzer_Kollisionsdaten-Klasse:

void Traverse_ObjektList_and_Restore_CollisionsData(void);

void Traverse_ObjektList_and_Handle_Ships(void);
void Traverse_ObjektList_and_Render_GunnaryHUD(void);
void Traverse_ObjektList_and_Render_
```

```
        ScannerProjection_and_TacticalData(void);
    void Traverse_ObjektList_and_Render_SystemStatus(void);
    void Delete_all_Objekts_in_List(void);
    void Delete_Objekt_with_Index_Nr(long element);
    void Delete_Objekt_with_ListPosition_Nr(long iii);
};
```

CMemory_Manager_Katani_Sternenkreuzer

Die Klasse CMemory_Manager_Katani_Sternenkreuzer wird für die Verwaltung und das Handling aller Katani-Sternenkreuzer eingesetzt.

Listing 18.33: CMemory_Manager_Katani_Sternenkreuzer-Klassengerüst

```
class CMemory_Manager_Katani_Sternenkreuzer
{
public:

    CSternenkreuzer* pObjekt;
    long    Element_Unbenutzt, NoMore_Element, ActiveElements, Size;
    long    *pReadingOrder, *pUsedElements;
    float   NewAbstandSq, OldAbstandSq; // zu einem möglichen Ziel
    long    i, ii, j, index;

    CMemory_Manager_Katani_Sternenkreuzer(long size = 20);
    ~CMemory_Manager_Katani_Sternenkreuzer();

    void New_Objekt(long ModellNummer, float kampfkraft,
                    float warpenergie, long battleUnitNr = -1);

    void Kreuzer_Zielflugdaten_Zuruecksetzen(void);

    long Look_for_nearest_TerraKreuzerTargetVektor(
                                  D3DXVECTOR3* VektorOut,
                                  long Nr)

    void CollisionAlert_for_Objekt_with_Index_Nr(
                                long index,
                                float KollisionsAbstandSq,
                                D3DXVECTOR3* pKollisionsVektor);

    void Traverse_ObjektList_and_Restore_CollisionsData(void);
    void Traverse_ObjektList_and_Handle_Ships(void);
    void Traverse_ObjektList_and_Render_
         ScannerProjection_and_TacticalData(void);
    void Traverse_ObjektList_and_Render_SystemStatus(void);
    void Delete_all_Objekts_in_List(void);
```

```
    void Delete_Objekt_with_Index_Nr(long element);
    void Delete_Objekt_with_ListPosition_Nr(long iii);
};
```

18.21 TacticalScenarioClass.h

Die Datei *TacticalScenarioClass.h* beinhaltet eine Klasse für die Erzeugung, das Handling und die Darstellung eines Raumkampfszenarios.

CTacticalScenario

Die Klasse `CTacticalScenario` stellt die oberste Instanz eines Raumkampfszenarios dar.

Listing 18.34: CTacticalScenario-Klassengerüst

```
class CTacticalScenario
{
public:

    CPlanet*      Planet;
    CSun*         Sonne;
    CNebula*      Nebula;
    CBackground* Hintergrund;
    CStarfield*  Sternenfeld;
    CLensFlares* LensFlares;
    long         AnzSmallAsteroiden, AnzLargeAsteroiden;
    long         AnzPlaneten, AnzNebulae;
    D3DXVECTOR3  vecDir;
    LIGHT        light[MaxAnzStaticLights];
    long         i, RenderCounter;

    CTacticalScenario();
    ~CTacticalScenario();

    void New_Scene(void);
};
```

18.22 StrategicalObjectClasses.h

Die Datei *StrategicalObjectClasses.h* beinhaltet alle Klassen und Strukturen für die Erzeugung, das Handling sowie die Darstellung eines strategischen Szenarios.

CSubspace_Sensor

Eine Instanz der Struktur `CSubspace_Sensor` speichert alle Sensoreigenschaften eines Raumschiffs oder Sternensystems. Die Sensoreigenschaften der Raumschiffe müssen im Gegensatz zu denen der Sternensysteme in jedem Frame aktualisiert werden, da sich Raumschiffe zum einen bewegen können und zum anderen deren Sensorreichweite bei einem Warpflug stark eingeschränkt ist. Feindliche Schiffe sind nur dann sichtbar (zu orten), wenn sie sich innerhalb der Sensorreichweite eines Sternensystems oder eines alliierten Schiffs befinden. Bei diesem Sichtbarkeitstest wird der quadratische Abstand zwischen dem feindlichen Schiff und einem Sternensystem oder alliierten Schiff mit dessen quadratischer Sensorreichweite verglichen. Ist die quadratische Sensorreichweite größer, dann ist das feindliche Schiff sichtbar und auf weitere Tests kann verzichtet werden. Andernfalls muss der Test mit einem anderen Sternensystem oder alliierten Schiff wiederholt werden. Vor der Durchführung dieser Bounding-Circle-Tests wird noch ein weniger rechenintensiver Bounding-Box-Ausschlusstest durchgeführt.

Listing 18.35: CSubspace_Sensor-Struktur

```
struct CSubspace_Sensor
{
    BOOL  active;
    float ScanningRange, ScanningRangeSq;
    float x, y;  // Position
};
```

CTargetInformation

In einer Instanz der Klasse `CTargetInformation` wird die Entfernung eines Schiffs oder Sternensystems zu einem ausgewählten Ziel (Sternensystem) berechnet und angezeigt. Diese Information ist unverzichtbar bei der Planung der Warpflüge.

Listing 18.36: CTargetInformation-Klassengerüst

```
class CTargetInformation
{
public:

    char        SystemName[50];
    long        SystemNr;
    long        TargetType; // 0: nichts, 1: Sonnensystem
    long        SourceType; // 0: nichts, 1: Sonnensystem,
                            // 2: BattleUnit
    float       Distance;
    D3DXVECTOR3 TargetPositionsvektor, SourcePositionsvektor;
```

```
    CTargetInformation();
    ~CTargetInformation();

    void Render_TargetInformation(void);
};
```

CSystem

Die Klasse `CSystem` wird für das Handling eines Sternensystems sowie für die Darstellung des Systems und aller systemrelevanten Informationen benötigt.

Listing 18.37: CSystem-Klassengerüst

```
class CSystem
{
public:

    long Timer_For_DisplayInfo__Terra_Spacecraft_arrived;
    BOOL ShowInfo__Terra_Spacecraft_arrived;

    long Timer_For_DisplayInfo__Katani_Spacecraft_arrived;
    BOOL ShowInfo__Katani_Spacecraft_arrived;

    long Timer_For_DisplayInfo__System_becomes_neutral;
    BOOL ShowInfo__System_becomes_neutral;

    long Timer_For_DisplayInfo__System_becomes_ConflictZone;
    BOOL ShowInfo__System_becomes_ConflictZone;

    long Timer_For_DisplayInfo__System_becomes_KataniAssoz;
    BOOL ShowInfo__System_becomes_KataniAssoz;

    long Timer_For_DisplayInfo__System_becomes_TerraAssoz;
    BOOL ShowInfo__System_becomes_TerraAssoz;

    long Timer_For_DisplayInfo__ConflictZone_becomes_KataniSystem;
    BOOL ShowInfo__ConflictZone_becomes_KataniSystem;

    long Timer_For_DisplayInfo__ConflictZone_becomes_TerraSystem;
    BOOL ShowInfo__ConflictZone_becomes_TerraSystem;

    float Zugehoerigkeits_Status;

    BOOL BattleUnit_already_rendered; // pro System nur eine
                                      // BattleUnit rendern
```

```
    BOOL Sensor_Cruiser_already_started;    // wichtig für die KI
    BOOL Target_of_a_Sensor_Cruiser;        // wichtig für die KI

    long  Zugehoerigkeit;  // 0: neutral; 1/-1: Terra; 2/-2: Katani;
                           // 3: Terra assoziiert;
                           // 4: Katani assoziiert

// Anmerkung:  -1: eine Terra-Heimatwelt, die von Katani-Schiffen
// angegriffen wird
// -2: eine Katani-Heimatwelt, die von Terra-Schiffen angegriffen
// wird

    long  OldZugehoerigkeit;

    // Anzahl an Schiffen im System

    char        SystemName[50];
    long        SystemNr;
    float       solar_activity, ScanPerimeter, ScanPerimeterSq;
    float       ScaleFactorSystem, ScaleFactorFlare;
    float       FlareWinkelLinks, FlareWinkelRechts;
    float       ScaleFactorPolit_Icon;
    D3DXVECTOR3 SystemLocation;

    CSystem();
    ~CSystem();

    void Read_System_Info(FILE* pfile);
    void Handle_and_Render_System(void);
    void RenderSunFare(void);
    void Render_SystemInfo(void);
    void Reset_SystemStatus(void);
};
```

CBattleUnit

Die Klasse `CBattleUnit` wird für das Handling eines Raumschiffs im strategischen Szenario sowie für die Darstellung des Schiffs und aller schiffsrelevanten Informationen benötigt.

Listing 18.38: CBattleUnit-Klassengerüst

```
class CBattleUnit
{
public:

    long  id;
```

```
float KampfKraft, KampfKraftMax, RelKampfKraft;

// Timing des Scan-Impulses (nur für die Optik wichtig):
float ScanPerimeter_Effekt_Teiler;

BOOL  KataniBattleUnitVisibleInSystem;

long  Zugehoerigkeit; // 1: Terra; 2: Katani

float WarpEnergie, WarpEnergieVerbrauch, WarpRechargeFactor;
float ActualRange;

long  Type;  // 1: blue      BattleCruiser
             // 2: green     HeavyCruiser
             // 3: yello     MedCruiser
             // 4: orange    FastCruiser
             // 5: red       SensorCruiser

long  old_SternenSystem;           // wichtig für KI
long  aktuelles_SternenSystem;
long  Zielsystem;
BOOL  Stop_in_deep_Space;          // wichtig für KI
BOOL  Kurs_gesetzt, Kurs_setzen;

float ScanPerimeter ;  // Sensorreichweite während Warpflug
float ScanPerimeterSq, ScanPerimeter_keineBewegung;
float ScanPerimeter_keineBewegungSq;

float SinKurs, CosKurs; // Flugrichtung;

D3DXVECTOR3 Position, Destination, Verschiebungsvektor;

float ScaleFactorBattleUnit;
long  i;

CBattleUnit();
~CBattleUnit();

void Initialisieren(D3DXVECTOR3 position,
                    D3DXVECTOR3 destination,
                    D3DXVECTOR3 verschiebung,
                    long zugehoerigkeit, long type,
                    float energie, float kampfkraft,
                    float cosKurs, float sinKurs,
                    long oldSystem, long zielsystem,
                    long kursGesetzt, long kursSetzen,
                    long system);
```

```
    void Zuruecksetzen(void);

    // Die nachfolgende Funktion wird aus der Funktion
    // Handle_BattleUnit() heraus aufgerufen und kümmert sich nur um
    // die Belange (Bewegung und Rendering) einer bestimmten
    // Schiffsklasse (type):

    void Perform_BattleUnit(long type);

    void Handle_BattleUnit(void);


    // Einem Sternensystem die Anwesenheit mitteilen:
    void Send_PresenceInfo_to_System(void);

    void Stop_BattleUnit_in_deep_Space(void); // wird von der KI
                                              // benutzt
};
```

CMemory_Manager_BattleUnits

Die Klasse `CMemory_Manager_BattleUnits` wird für die Verwaltung und das Handling aller Schiffe im strategischen Szenario eingesetzt.

Listing 18.39: CMemory_Manager_BattleUnits-Klassengerüst

```
class CMemory_Manager_BattleUnits
{
public:

    CBattleUnit* pObjekt;
    long IndexObjekt1;      // wichtig für die Generierung der takt.
    long IndexObjekt2;      // Szenarien sowie für die Berechnung
                            // des Ausgangs einer Raumschlacht

    long  Element_Unbenutzt, NoMore_Element, ActiveElements, Size;
    long  *pReadingOrder, *pUsedElements;
    long  i, ii, j;

    CMemory_Manager_BattleUnits(long size = 20);
    ~CMemory_Manager_BattleUnits();

    void New_Objekt(D3DXVECTOR3 position, D3DXVECTOR3 destination,
                    D3DXVECTOR3 verschiebung, long zugehoerigkeit,
                    long type,  float energie, float kampfkraft,
                    float cos, float sin, long oldSystem,
```

```
                    long zielSystem, long kursGesetzt,
                    long kursSetzen, long system);

    // Initialisierung aller CSubspace_Sensor-Instanzen, in denen
    // die Sensoreigenschaften der Schiffe und Sternensysteme
    // gespeichert werden:

    void Init_all_Subspace_Sensors(void);

    // Initialisierung aller Schiffe, die an einer dynamisch
    // generierten Raumschlacht teilnehmen:

    void Initialize_Ships_of_the_tactical_Scenario(long SystemNr);

    // Aktualisiert die Eigenschaften der an einer Raumschlacht
    // beteiligten Schiffe nach Beendigung der Schlacht:

    void Look_for_Objekt_with_Index_Nr_and_transfer_new_ShipPower(
                                        long index, float power);

    // Rundenbasierte Berechnung des Ausgangs eines Space-Combats
    // zwischen zwei Raumschiffen:

    long Compute_Battle(long type1, long type2, long SystemNr);

    // Erneuerung der Sensoreigenschaften, die für die Sensorortung
    // der gegnerischen Schiffe benötigt werden. Befindet sich ein
    // gegnerisches Schiff in Sensorreichweite, dann ist es
    // sichtbar, andernfalls nicht:

void Traverse_ObjektList_and_Restore_BattleUnit_Subspace_Sensors(
                                                          void);

    // KI-Routinen für die strategische Flottenkontrolle des
    // Computergegners:

    void BattleUnit_KI(void);

    // Vor dem Speichern eines strategischen Szenarios muss die
    // noch verbliebene Anzahl an Raumschiffen einer Schiffsklasse
    // ermittelt werden_

    void Traverse_ObjektList_and_Count_BattleUnits(void);

    // Abspeichern der Raumschiffe sortiert nach Schiffsklasse und
    // politischer Zugehörigkeit:

    void Traverse_ObjektList_and_Save_Properties(FILE* pfile,
```

```
                                        long type,long zugehoerigkeit);

    void Traverse_ObjektList_and_Send_PresenceInfo_to_System(void);
    void Traverse_ObjektList_and_Handle_and_Render_BattleUnits(void);
    void Delete_all_Objekts_in_List(void);
    void Delete_Objekt_with_Index_Nr(long element);
    void Delete_Objekt_with_ListPosition_Nr(long iii);
};
```

CBattle

Die Klasse `CBattle` überwacht die politische Situation in den Sternensystemen und generiert auf Basis dieser Informationen alle Raumschlachten.

Listing 18.40: CBattle-Klassengerüst

```
class CBattle
{
public:

    BOOL PossibleBattle;
    long SystemNr;

    // Wenn counter > 200, dann beginnt die KI mit der Berechnung
    // des Ausgangs einer Raumschlacht (falls gewünscht).

    long counter;

    // Variablen zum temporären Speichern der Anzahl der einzelnen
    // Schiffsklassen in einem Kriegsgebiet an dieser Stelle

    CBattle();
    ~CBattle();

    void Zuruecksetzen(void);
    void Look_For_Possible_Battles(void);
    void Display_BattleWarning_and_Compute_Battle_If_Desired(void);
};
```

CStrategicScenario

Die Klasse `CStrategicScenario` stellt die oberste Instanz eines strategischen Szenarios dar und ist für dessen Erzeugung, Handling und Darstellung verantwortlich.

Listing 18.41: CStrategicScenario-Klassengerüst

```
class CStrategicScenario
{
public:

    CStarfield* Sternenfeld;
    CNebula*    Nebula;
    long        AnzNebulae;
    char        SystemMapDateiPfad[MaxLength];
    FILE        *pfile, *pfile2;
    long i;

    CStrategicScenario();
    ~CStrategicScenario();

    void Spielstand_Speichern(void);
    void Initialisiere_EmpireMap(void);
    void New_Scene(void);
};
```

18.23 Zusammenfassung

Das heutige Kapitel ist ein gutes Beispiel dafür, dass es ohne eine gehörige Portion Erfahrung eigentlich unmöglich ist, einen guten Programmentwurf hinzubekommen. Die hier gezeigten Klassen, deren Variablen und Methoden sind das Ergebnis dreier vorangegangener, mehr oder weniger erfolgreich verlaufender Versuche – wie gesagt, es handelt sich hierbei um die vierte Entwicklungsstufe einer Sternenkriegs-Simulation. Eines aber kann ich Ihnen versprechen: Wenn Sie nur genügend Ausdauer aufbringen, wird Sie jeder weitere Entwicklungsschritt Ihrem Traumspiel etwas näher bringen.

18.24 Workshop

Fragen und Antworten

F *Wie könnte man ein Schiff mit zusätzlichen Tarnkappen-Fähigkeiten ausstatten?*

A Ein Tarnkappen-Schiff hat die Fähigkeit, das gegnerische Radar zu verwirren, oder ist im besten Fall völlig unsichtbar. Die Zielerfassungssysteme der gegnerischen Schiffe lassen sich jetzt dadurch verwirren, dass man die aktuelle Position eines Tarnkappen-Schiffs mit mehr oder weniger starken Abweichungen in der zugehörigen

`CSternenkreuzer_Zielflugdaten`-Instanz abspeichert. Bei einem vollständig getarnten Schiff setzt man einfach die `CSternenkreuzer_Zielflugdaten`-Member-Variable `active = false` und schon wird das getarnte Schiff von der weiteren Zielerfassung ausgeschlossen.

Quiz

1. Wie könnte man Minen und Raumstationen in dieses Spiel integrieren?

Übung

Denken Sie darüber nach, welche Klassen, Strukturen und Funktionen bei der Umsetzung Ihrer Spielidee ganz hilfreich sein könnten.

Künstliche Intelligenz

Am heutigen Tag dreht sich alles um das Thema künstliche Intelligenz (in einem Computerspiel). Werfen wir gleich einen Blick auf die heutigen Themen:

- Was ist eigentlich künstliche Intelligenz (in einem Computerspiel) und was nicht?
- Deterministisches Verhalten
- Zufälliges Verhalten
- Primitive Zielverfolgung und Flucht
- Die goldenen Regeln der KI-Programmierung
- Der Zustandsautomat
- Zufallsentscheidungen (probabilistische Systeme)
- Eine selbst lernende KI
- Adaptives Verhalten
- Patterns (Schablonen)
- Skripte
- Flugsteuerungstechniken für Lenkwaffen und Sternenkreuzer, Manövertaktiken
- Wegpunkte-System
- Strategische Flottenbewegung

19.1 Was ist eigentlich künstliche Intelligenz (in einem Computerspiel) und was nicht?

Zunächst sollten wir die Frage klären, was künstliche Intelligenz (KI) in einem Computerspiel ist und was nicht. Der Zusatz »in einem Computerspiel« ist in diesem Zusammenhang besonders wichtig, denn es geht hier nicht darum, menschliche Denkstrukturen nachzubilden (in der Tat gibt es solche wissenschaftlichen Projekte), sondern es geht einzig und allein darum, die Spielewelt zum Leben zu erwecken und dem Spieler einige unterhaltsame Stunden zu verschaffen. Würde man alle KI-Routinen aus einem Spiel entfernen, würde der Spieler nur noch ein Standbild sehen – oder anders herum ausgedrückt, jede Bewegung in einem Spiel wird durch eine KI-Routine (und sei sie noch so kurz) kontrolliert.

19.2 Deterministisches Verhalten

Am einfachsten ist das deterministische Verhalten nachzubilden (zumindest wenn man sich ein wenig mit Physik auskennt). Dazu gehört beispielsweise die Bewegung von Asteroiden, Planeten, ungelenkten Geschossen, Regen, Schnee usw. Das Verhalten eines deterministischen Systems ist jederzeit berechenbar, sofern man die zugrunde liegenden Gesetzmäßigkeiten kennt.

19.3 Zufälliges Verhalten

In den Spielen der ersten Generation wurde die Bewegungsrichtung der Computergegner nach dem Zufallsprinzip variiert. Von dieser Methode haben wir bereits in unseren beiden Übungsspielen Gebrauch gemacht.

19.4 Primitive Zielverfolgung und Flucht

Ein halbwegs intelligenter Computergegner sollte auf das Verhalten des Spielers angemessen reagieren können. Dabei lassen sich zwei extreme Verhaltensweisen unterscheiden – Verfolgung und Flucht. Das eigentlich Komplizierte an der Umsetzung dieser beiden Verhaltensweisen ist ihre Anpassung an das jeweils verwendete Bewegungsmodell. Beispielsweise kann ein Raumschiff nicht so ohne weiteres seine Flugrichtung ändern wie eine Rakete (siehe Tag 5). Ein anderes Extrem sind sicherlich die Geister aus dem allseits bekannten Pac-Man-Spiel. Hier gibt es nur die vier Bewegungsrichtungen rechts/links/auf/ab. Entsprechend einfach lässt sich ein Verfolgungs-Algorithmus programmieren:

Listing 19.1: Ein primitiver Zielverfolgungs-Algorithmus

```
if(player_x > ghost_x)
    ghost_x++;
else if(player_x < ghost_x)
    ghost_x--;

if(player_y > ghost_y)
    ghost_y++;
else if(player_y < ghost_y)
    ghost_y--;
```

Der zugehörige Flucht-Algorithmus sieht dagegen wie folgt aus:

Listing 19.2: Ein primitiver Flucht-Algorithmus

```
if(player_x > ghost_x)
    ghost_x--;
else if(player_x < ghost_x)
    ghost_x++;

if(player_y > ghost_y)
    ghost_y--;
else if(player_y < ghost_y)
    ghost_y++;
```

19.5 Die goldenen Regeln der KI-Programmierung

Man muss kein Genie sein, um eine unterhaltsame KI für ein Spiel entwickeln zu können. Man muss aber eine Menge Geduld aufbringen, um die KI-Routinen Schritt für Schritt zu verbessern. Die nachfolgenden Regeln sollen Sie bei der Entwicklung Ihrer eigenen KI-Routinen unterstützen:

- Beginnen Sie mit einer einfachen KI-Routine.
- Spielen Sie das Spiel so lange, bis die Gegner etwas wirklich Dummes tun.
- Überlegen Sie sich, was Sie anders gemacht hätten und welche Informationen Ihrer Entscheidung zugrunde liegen.
- Arbeiten Sie die neu gewonnenen Erkenntnisse in Ihre KI-Routine ein und spielen Sie dann so lange weiter, bis die Gegner wiederum etwas wirklich Dummes tun.

Was dann kommt, können Sie sich sicher denken, oder?

HINWEIS: Achten Sie immer darauf, dass die Gegner nicht zu perfekt werden. Letzten Endes sollte immer der Spieler gewinnen, sich dabei aber niemals unterfordert fühlen.

19.6 Der Zustandsautomat

Eine Möglichkeit, um intelligentes Verhalten zu simulieren, besteht in der Verwendung eines so genannten Zustandsautomaten (finite state machine, FSM). Ein Computergegner kann sich den äußeren Bedingungen entsprechend in verschiedenen Zuständen befinden:

- Angriff
- Verteidigung
- Flucht

- Suche neue Waffe
- Suche neue Munition
- Suche Med-Kit
- Sammeln bei den folgenden Koordinaten
- Warte auf Verstärkung
- usw.

Die Computergegner verhalten sich jetzt umso realistischer, je größer die Anzahl der möglichen Zustände ist.

Ein einfacher Zustandsautomat

Ein einfacher Zustandsautomat lässt sich jetzt durch eine einfache Abfolge von if/else if/else-Bedingungen realisieren:

Listing 19.3: Ein einfacher Zustandsautomat

```
if(Bedingung1 == true)
{
    // Zustand1;
}
else if(Bedingung2 == true)
{
    // Zustand2;
}
else if(Bedingung3 == true)
{
    // Zustand3;
}
else
{
    // Zustand4;
}
```

Die tatsächlichen Abläufe in einem ausgewählten Zustand interessieren erst einmal nicht. Sie sind von der Art des Spiels, vom Bewegungsmodell oder auch von der Art des Gegners abhängig.

Simulation von Charaktereigenschaften – der Draufgänger

In einem Zustandsautomaten lassen sich natürlich auch Charaktereigenschaften berücksichtigen. Betrachten wir zunächst den Draufgänger – er kämpft bis zum letzten Schuss und sucht sich erst dann ein Med-Kit, wenn er kurz vor dem Verbluten ist:

Listing 19.4: Zustandsautomat – Typ Draufgänger

```
if(Gesundheit < 10.0f)
{
    // suche Med-Kit
}
else if(Munition < 1)
{
    // suche Munition;
}
```

Simulation von Charaktereigenschaften – der umsichtige Typ

Natürlich gibt es auch den umsichtigen Typ, der alles daran setzt, nicht zu sterben, und immer genügend Munition in Reserve hat:

Listing 19.5: Zustandsautomat – der umsichtige Typ

```
if(Gesundheit < 30.0f)
{
    // suche Med-Kit
}
else if(Munition < 50)
{
    // suche Munition;
}
```

Ein flexibler Zustandsautomat

Keine Frage, die beiden Codebeispiele aus den vorangegangenen Abschnitten sind zwar voll funktionstüchtig, leider aber auch absolut unflexibel. Für jedes Persönlichkeitsprofil müsste man einen eigenen Zustandsautomaten implementieren und was noch schlimmer ist, das Profil lässt sich zur Laufzeit nicht mehr verändern.

Die Implementierung eines flexiblen Zustandsautomaten ist jetzt einfacher, als man denkt. Man muss hierfür einfach das »Persönlichkeitsprofil« von der »Gehirnkontrolleinheit« trennen.

Das Persönlichkeitsprofil

Sinnvollerweise legt man für das Persönlichkeitsprofil eine Strukturvariable oder ein Klassenobjekt an. Die Verwendung einer Klasse hat den Vorteil, dass man spezielle Methoden zum Laden und Speichern eines Profils sowie für dessen Veränderung während der Laufzeit (Lernprozess) integrieren könnte:

Listing 19.6: Flexibler Zustandsautomat – Persönlichkeitsprofil

```
class CPersonality
{
public:
    long  minimale_Munition;
    float minimale_Gesundheit;
    ... // usw.

    CPersonality();
    ~CPersonality();
    void Load_Personality(FILE* pfile);
    void Save_Personality(FILE* pfile);
    void Change_Personality(void); // lernen
};
```

Die Gehirnkontrolleinheit

Den eigentlichen Zustandsautomaten implementiert man jetzt in einer zweiten Klasse:

Listing 19.7: Flexibler Zustandsautomat – Gehirnkontrolleinheit

```
class CBrain
{
private:
    long  minimale_Munition;
    float minimale_Gesundheit;

public:
    CBrain(CPersonality* pPersonality)
    {
        minimale_Munition = pPersonality->minimale_Munition;
        minimale_Gesundheit = pPersonality->minimale_Gesundheit;
    }
    ~CBrain()
    {}
    void Change_Personality(CPersonality* pPersonality)
    {
        // Neue Persönlichkeitswerte übernehmen:
        minimale_Munition = pPersonality->minimale_Munition;
        minimale_Gesundheit = pPersonality->minimale_Gesundheit;
    }

    void Teste_den_Zustand(long munition, float gesundheit)
    {
        if(gesundheit < minimale_Gesundheit)
        {
            // suche Med-Kit;
```

```
        }
        else if(munition < minimale_Munition)
        {
            // suche Munition;
        }
    }
};
```

19.7 Zufallsentscheidungen (probabilistische Systeme)

Variables Verhalten

Durch die Persönlichkeitsprofile wird das Verhalten der Computergegner exakt festgelegt und damit durchschaubar. Menschliches Verhalten ist hingegen deutlich schwerer vorherzusagen und nicht selten auch unlogisch. Am einfachsten lässt sich solch ein Verhalten simulieren, indem man das Persönlichkeitsprofil während der Laufzeit ein wenig auf Zufallsbasis variiert:

```
minimale_Munition = minimale_Munition_Mittel
                    +lrnd(minimale_Munition_untere_Varianz,
                          minimale_Munition_obere_Varianz);

minimale_ Gesundheit = minimale_Gesundheit_Mittel
                       +frnd(minimale_Gesundheit_untere_Varianz,
                             minimale_Gesundheit_obere_Varianz);
```

Die Klasse `CPersonality` muss natürlich entsprechend erweitert werden:

Listing 19.8: Flexibler Zustandsautomat – erweitertes Persönlichkeitsprofil

```
class CPersonality
{
public:
    long  minimale_Munition, minimale_Munition_Mittel;
    long  minimale_Munition_untere_Varianz;
    long  minimale_Munition_obere_Varianz;

    float minimale_Gesundheit, minimale_Gesundheit_Mittel;
    float minimale_Gesundheit_untere_Varianz;
    float minimale_Gesundheit_obere_Varianz;

... // usw.

    CPersonality();
    ~CPersonality();
    void Load_Personality(FILE* pfile);
```

```
    void Save_Personality(FILE* pfile);
    void Change_Personality(void); // lernen

    void variiere_Personality(void) // menschl. Verhalten
    {
        minimale_Munition = minimale_Munition_Mittel
                            +lrnd(minimale_Munition_untere_Varianz,
                                  minimale_Munition_obere_Varianz);

        minimale_ Gesundheit = minimale_Gesundheit_Mittel
                            +frnd(minimale_Gesundheit_untere_Varianz,
                                  minimale_Gesundheit_obere_Varianz);
    }
};
```

An der Klasse `CBrain` muss nichts verändert werden. Man darf nur nicht vergessen, im Falle einer Persönlichkeitsänderung deren Member-Funktion `Change_Personality()` aufzurufen.

Bauchentscheidungen

Wir alle kennen solche Situationen, in denen man gezwungen ist, eine Entscheidung aus dem Bauch heraus zu treffen. Man ist zwar bemüht, alle möglichen Konsequenzen gegeneinander abzuwägen, häufig hat man aber nicht genügend Informationen, um eine wirklich fundierte Entscheidung treffen zu können. Auch die Computergegner stehen häufig vor solch einem Dilemma. Die einfachste Lösung wäre natürlich, das Verhalten nach dem Zufallsprinzip festzulegen. Das würde aber bedeuten, dass die Persönlichkeit des Gegners keinerlei Einfluss auf die zu treffende Entscheidung hat. Auch wenn es sich um eine Entscheidung aus dem Bauch heraus handelt, der draufgängerische Typ wird sich im Gegensatz zum umsichtigen Typ sehr viel häufiger für die risikoreichere Variante entscheiden. Als Beispiel betrachten wir einen Zustandsautomaten, der sich gerade im Angriffszustand befindet. Zur Auswahl stehen zwei Angriffstaktiken, von denen die erste Taktik sehr viel riskanter, aber auch wirkungsvoller als die zweite ist.

```
bool perform_tactic_1; // die riskantere Variante
bool perform_tactic_2;
```

Die Simulation von solchen Bauchentscheidungen ist denkbar einfach. Nehmen wir an, der draufgängerische Typ würde sich in sieben von zehn Fällen für die riskantere Variante entscheiden. Im ersten Schritt wird jetzt eine Zufallszahl im Bereich von 0 bis 9 erzeugt. Für den Fall, dass diese Zahl kleiner sieben ist, wird Taktik 1 ausgeführt, andernfalls Taktik 2:

```
tempLong = lrnd(0, 10); // Zufallszahlen 0 - 9

if(tempLong < 7)             // Zufallszahlen 0 - 6
    perform_tactic_1 = true;
else                         // Zufallszahlen 7 - 9
    perform_tactic_2 = true;
```

Der umsichtige Typ wählt dagegen in acht von zehn Fällen die sichere, dafür aber wenig effektive Taktik:

```
tempLong = lrnd(0, 10); // Zufallszahlen 0 - 9

if(tempLong < 2)            // Zufallszahlen 0 - 1
    perform_tactic_1 = true;
else                        // Zufallszahlen 2 - 9
    perform_tactic_2 = true;
```

Das Verhaltensprofil

Eine andere Möglichkeit für die Simulation solcher Verhaltensweisen besteht darin, für jede Persönlichkeit ein individuelles Verhaltensprofil anzulegen. Hierbei ordnet man jeder möglichen Entscheidung eine Nummer zu. Entscheidet sich der Gegner beispielsweise in sieben von zehn Fällen für Variante 1 und in drei von zehn Fällen für Variante 2, dann speichert man in einem eindimensionalen Array einfach siebenmal die 1 und dreimal die 2 ab:

```
long Verhaltensprofil[10] = {1, 1, 1, 1, 1, 1, 1, 2, 2, 2};
```

Mittels einer Zufallszahl greift man auf eines der Arrayelemente zu und führt die dort gespeicherte Entscheidung aus:

```
tempLong = lrnd(0, 10); // Zufallszahlen 0 - 9

if(Verhaltensprofil[tempLong] == 1)
    perform_tactic_1 = true;
else if(Verhaltensprofil[tempLong] == 2)
    perform_tactic_2 = true;
```

Die Verwendung von Verhaltensprofilen hat nun den großen Vorteil, dass sich verschiedene Verhaltensweisen simulieren lassen, ohne dass irgendetwas im Programmcode verändert werden muss. Man benötigt nur eine Funktion (bzw. eine Klassenmethode) für die Umsetzung eines gegebenen Verhaltensprofils in die entsprechende Verhaltensweise.

Listing 19.9: Verwendung von Verhaltensprofilen

```
void perform_behaviour(long* pProfil, long AnzElements)
{
    tempLong = lrnd(0, AnzElements);

    if(pProfil[tempLong] == 1)
    {
        // führe Variante 1 aus
    }
    else if(pProfil[tempLong] == 2)
    {
```

```
        // führe Variante 2 aus
    }
    ...   // usw.
}
```

19.8 Eine selbst lernende KI

Lernen durch Erfahrung

Wie heißt es doch so schön? – Aus Fehlern wird man klug. Für uns mag das zwar gelten, nicht jedoch für die Computergegner. Um etwas lernen zu können, sind zwei Eigenschaften notwendig, die unseren Gegnern bisher fehlten: Erinnerung und Erfahrung.

Wie implementiert man nun aber so etwas? Die Lösung ist wieder einmal einfacher, als Sie vielleicht glauben. Betrachten wir als Beispiel einen Gegner, der sich gerade zum Angriff entschlossen hat. Für welche Angriffstaktik wird sich der Gegner jetzt wohl entscheiden? Wenn wir einmal vom Verhaltensprofil absehen, sollte sich der Gegner für diejenige Taktik entscheiden, die ihm bisher den größten Erfolg eingebracht hat (das ist zum einen von den Fähigkeiten des Gegners aber auch von der Taktik selbst abhängig). Betreiben wir also etwas Statistik.

Erfahrungswerte in Angriffsstatistiken speichern

Listing 19.10: Lernen durch Erfahrung; Angriffsstatistiken anlegen

```
// Statistik Angriffstaktik 1:
long total_use_of_tactic_1;     // Häufigkeit
long Anz_failure_tactic_1;      // Anzahl an Fehlschlägen

// Statistik Angriffstaktik 2:
long total_use_of_tactic_2;
long Anz_failure_tactic_2;
```

Bei Spielbeginn müssen für die einzelnen Taktiken Erfahrungswerte vorgegeben werden. Das kann sowohl zufällig als auch durchdacht erfolgen. Entsprechend den individuellen Fähigkeiten eines Gegners ist mal die eine, mal die andere Taktik erfolgversprechender.

Listing 19.11: Lernen durch Erfahrung; Erfahrungswerte vorgeben

```
total_use_of_tactic_1 = 10;
Anz_failures_tactic_1 = 5;

total_use_of_tactic_2 = 10;
Anz_failures_tactic_2 = 5;
```

Entscheidung für eine Taktik auf der Basis von Erfahrungswerten und des Verhaltensprofils

Auf der Basis der momentanen Erfahrungswerte und des Verhaltensprofils kann die KI jederzeit eine fundierte Entscheidung darüber treffen, welche Taktik eingesetzt werden soll:

Listing 19.12: Lernen durch Erfahrung; Entscheidung für eine Taktik auf der Basis von Erfahrungswerten und des Verhaltensprofils

```
// Zufällige Auswahl einer Taktik:
selected_tactic = lrnd(1, Anz_tactics+1);

// Berücksichtigung des Verhaltensprofils:
tempLong = lrnd(0, 10);


if(selected_tactic == 1 && Verhaltensprofil[tempLong] == 1)
{
    tempLong = lrnd(0, total_use_of_tactic_1)

    if(tempLong < Anz_failures_tactic_1)
    {
        // Taktik 1 nicht einsetzen
    }
    else
    {
        // Taktik 1 einsetzen
    }
}
else if(selected_tactic == 2 && Verhaltensprofil[tempLong] == 2)
{
    tempLong = lrnd(0, total_use_of_tactic_2)

    if(tempLong < Anz_failures_tactic_2)
    {
        // Taktik 2 nicht einsetzen
    }
    else
    {
        // Taktik 2 einsetzen
    }
}
```

HINWEIS: Wenn die Erfolgsaussichten für die eine Taktik zu gering sind, muss der Test für eine andere Taktik wiederholt werden.

Erfolgsbeurteilung

Nachdem eine Taktik ausgeführt wurde, muss das Ergebnis anhand vorgegebener Parameter beurteilt werden. Hierfür könnte man beispielsweise das Verhältnis aus angerichtetem Schaden (Wirkung) und eingestecktem Schaden heranziehen. Jede Beurteilung wirkt sich auf die Erfahrungswerte mit einer Taktik aus und beeinflusst damit alle späteren Entscheidungen für oder gegen diese Taktik.

Listing 19.13: Lernen durch Erfahrung; Erfolgsbeurteilung

```
success_ratio = effect/damage;

if(success_ratio < 1.0f)  // Misserfolg
{
    if(actual_tactic == 1)
    {
        total_use_of_tactic_1++;
        Anz_failures_tactic_1++;
    }
    else if(actual_tactic == 2)
    {
        total_use_of_tactic_2++;
        Anz_failures_tactic_2++;
    }
}
else if(success_ratio >= 1.0f) // Taktik erfolgreich
{
    if(actual_tactic == 1)
        total_use_of_tactic_1++;
    else if(actual_tactic == 2)
        total_use_of_tactic_2++;
}
```

Weiterentwicklung der Persönlichkeit

Mit zunehmender Erfahrung entwickelt sich auch die Persönlichkeit weiter. Der Draufgänger muss erkennen, dass die »Erst handeln und dann denken«-Methode oftmals zum Misserfolg führt, und der umsichtige Typ muss einsehen, dass auch er zuweilen ein Risiko eingehen muss.

HINWEIS: Für die Änderung des Persönlichkeitsprofils ist in der Klasse `CPersonality` bereits die Methode `Change_Personality()` vorgesehen.

Kritische und harmlose Situationen – Schlüsselerlebnisse für die Weiterentwicklung der Persönlichkeit

Katalysatoren für die Weiterentwicklung der Persönlichkeit sind Schlüsselerlebnisse, die man für den Rest seines Lebens nicht mehr vergisst. Beispielsweise kämpft der Draufgänger häufig bis zum letzten Schuss und ist während der Munitionssuche relativ wehrlos und nicht selten sogar in Lebensgefahr. Diese kritischen Situationen werden nun gezählt. Nachdem sich der Draufgänger mehrmals in solch eine gefährliche Situation gebracht hat, ist es an der Zeit, etwas am eigenen Verhalten zu ändern:

```
if(Munition == 0 && Gesundheit < 5.0f)
    Anz_kritische_Situationen++;

if(Anz_kritische_Situationen > 5)
{
     minimale_Munition_Mittel += 4;
     minimale_Gesundheit_Mittel += 3.0f;
     Anz_kritische_Situationen = 0;
}
```

So, und wie kann der umsichtige Typ jetzt lernen, etwas mehr Risiken einzugehen?

Drehen wir doch den Spieß einfach um und definieren einige harmlose Situationen, in denen man etwas mehr Risikobereitschaft an den Tag legen sollte:

- Ein Gegner bei guter Gesundheit und mit genügend Munition hat sich gerade Munitionsnachschub besorgt, statt den Spieler anzugreifen.
- Ein Gegner bei guter Gesundheit und mit genügend Munition hat gerade die Suche nach einem Med-Kit erfolgreich abgeschlossen, statt den Spieler anzugreifen.

```
if((Munition > 50 && Gesundheit > 20.0f &&
    Ammunition_Search_Successful == true) ||
   (Munition > 30 && Gesundheit > 50.0f &&
    MedKid_Search_Successful == true))

    Anz_harmlose_Situationen++;

if(Anz_harmlose_Situationen > 5)
{
     minimale_Munition_Mittel -= 4;
     minimale_Gesundheit_Mittel -= 3.0f;
     Anz_harmlose_Situationen = 0;
}
```

19.9 Adaptives Verhalten

Eine gute KI sollte in der Lage sein, sich auf das Verhalten des Spielers einzustellen, auf alle Aktionen des Spielers eine entsprechende Antwort zu finden und mögliche Schwachstellen gnadenlos auszunutzen. Hat der Spieler erst einmal einen sicheren Weg gefunden, die KI zu besiegen, dann ist der Spielspaß weg und das Spiel somit reif für den Papierkorb.

Schön und gut, aber wie entwickelt man jetzt solch eine adaptive (anpassungsfähige) KI? Zunächst müssen wir zwei Spielarten auseinander halten, die beide in der Praxis Anwendung finden – die echte Adaption und das pseudoadaptive Verhalten.

Echte Adaption

Mit Hilfe spezieller Spionageeinheiten, Sensor-Phalanxen, Radarsysteme usw. kundschaftet die KI die Aktionen und Ressourcen des Spielers aus und berücksichtigt diese Informationen bei der Planung der weiteren Aktionen. Betrachten wir ein Beispiel aus dem Bereich der Strategiespiele:

Dank neuartiger Spionageeinheiten besitzt die KI Informationen darüber, dass der Spieler vermehrt schwere Schlachtkreuzer bauen lässt und diverse Kampfverbände in den Sektoren a, b und d für einen Angriff auf die gegnerische Basis zusammenzieht. Wie soll die KI nun auf diese Bedrohung reagieren?

- **Reicht die eigene Flottenstärke aus?**

  Falls nein, weitere Schiffe (schwere Schlachtkreuzer) bauen.

- **Gegenstrategie wählen:**

  Eigene Kampfverbände entlang den wahrscheinlichen Angriffsrouten des Spielers zusammenziehen sowie zusätzliche Befestigungs- und Verteidigungsanlagen bauen.

  Basis des Spielers angreifen (sofern genügend Schiffe in Angriffsreichweite) und diesen so zum Rückzug der Kampfverbände zwingen.

Die Vorgehensweise der KI hängt natürlich von der gegebenen Situation ab. Ist noch genügend Zeit, um die eigene Flotte entlang den Angriffsrouten des Spielers zu formieren, oder ist es günstiger, die Basis des Spielers anzugreifen?

Pseudoadaptives Verhalten

Reagiert die KI auf das Verhalten des Spielers nach einem vom KI-Designer vorgegebenen Muster, dann spricht man von einem pseudoadaptiven Verhalten (das Verhalten wirkt zwar adaptiv, ist es in Wahrheit aber nicht).

Nehmen wir an, der Spieler greift mit einer Flotte schwerer Schlachtkreuzer ein bestimmtes Sternensystem an. Das System gehört zwar momentan zum gegnerischen Imperium, augenblicklich befinden sich aber nur einige wenige leichte Kreuzer vor Ort. Die KI wird diese Schiffe natürlich abziehen und das System aufgeben, denn ein Sieg gegen die überlegene Flotte des Spielers ist so gut wie aussichtslos.

Hier und da ist die Verwendung solcher vorgegebenen Verhaltensmuster ganz nützlich. Aber übertreiben Sie es nicht, ansonsten wird der Spieler das Verhalten der KI irgendwann vorhersagen können, wenn er das Spiel nur oft genug gespielt hat. Dennoch kommt kein komplexes Simulations- oder Strategiespiel in Echtzeit ohne ein Minimum an vorgegebenen Verhaltensmustern aus. Die Rechenleistung und Speicherkapazität reicht heutzutage bei weitem noch nicht aus, um alles in Echtzeit berechnen zu können.

19.10 Patterns (Schablonen)

Ein Pattern ist nichts weiter als eine vorgespeicherte Bewegungssequenz. Zum ersten Mal wurde diese Technik in den so genannten Arcade-Games wie beispielsweise Space Invaders oder R-Type eingesetzt. Der Einsatz von Zielverfolgungstechniken, wie in Kapitel 19.4 beschrieben, ist zwar höchst effektiv, dafür aber leider auch recht langweilig anzusehen. Durch die Verwendung von Patterns lassen sich dagegen sehr viel interessantere Flugmanöver realisieren. Die Auswahl der Flugmanöver wird, wie kann es auch anders sein, von einem Zustandsautomaten übernommen. Eine Pattern-Engine lässt sich gottlob sehr leicht implementieren. Zunächst müssen die ausführbaren Aktionen definiert werden:

Listing 19.14: Verwendung eines Patterns – Definieren aller ausführbaren Aktionen

```
const long WAIT  = 0;
const long UP    = 1;
const long DOWN  = 2;
const long LEFT  = 3;
const long RIGHT = 4;
const long END   = -1  // letztes Pattern-Element
```

Das gesamte Pattern wird in einem Array vom Typ `CPattern` gespeichert. Die `CPattern`-Struktur speichert die auszuführende Aktion sowie den Zeitpunkt (bezogen auf den Zeitpunkt der Aktivierung), ab dem diese Aktion ausgeführt werden soll:

Listing 19.15: Verwendung eines Patterns – CPattern-Struktur

```
struct CPattern
{
    long          Aktion;
    unsigned long Zeitpunkt;
};
```

Für die Verarbeitung eines Patterns entwerfen wir zweckmäßigerweise eine eigene Klasse. Jede Klasseninstanz speichert die Länge eines aktiven Patterns, die Nummer des momentan aktiven Pattern-Elements sowie den Aktivierungszeitpunkt eines Patterns. Weiterhin beinhaltet diese Klasse eine Methode zum Aktivieren eines neuen Patterns sowie zum Auslesen der im aktuellen Pattern-Element gespeicherten Aktion:

Listing 19.16: Verwendung eines Patterns – die CPatternReader-Klasse zum Aktivieren eines Patterns und zum Auslesen der einzelnen Pattern-Aktionen

```
class CPatternReader
{
public:

    long AnzPatternElements, ActualElement, InitialTime;

    CPatternReader()
    {}

    ~CPatternReader()
    {}

    void Activate_Pattern(long initialTime, long anzElements)
    {
        InitialTime = initialTime;
        AnzPatternElements = anzElements;
        ActualElement = 0;
    }
    long Read_Actual_Element(CPattern* Pattern)
    {
        if(ActualElement < AnzPatternElements - 1)
        {
            if(GetTickCount()-InitialTime >
               Pattern[ActualElement].Zeitpunkt)
                ActualElement++;
        }
        return Pattern[ActualElement].Aktion;
    }
};
```

19.11 Skripte

Skripte sind eine logische Erweiterung der Patterns und finden heutzutage in nahezu jedem Spiel Verwendung. Wenn Sie beispielsweise ein missionsbasiertes Spiel entwickeln wollen, müssen Sie natürlich auch eine Möglichkeit vorsehen, mit deren Hilfe sich auf einfache Weise viele unterhaltsame Missionen entwerfen lassen. Hier bietet sich der Einsatz einer einfachen Skriptsprache an. Analog zu den Patterns definiert man einen Satz von möglichen Aktionen:

```
const long nothing = 0;
const long feindliche_Abfangjaeger_erscheinen = 1;
const long feindliche_Abfangjaeger_greifen_an = 2;
const long feindliche_Abfangjaeger_drehen_ab = 3;
const long eigene_Jaegerunterstuetzung_trifft_ein = 4;
// usw.
```

Im Missionsskript müssen Sie jetzt einfach festlegen, zu welchem Zeitpunkt welche Aktionen stattfinden sollen, und schon steht die neue Mission.

Skripte lassen sich hervorragend einsetzen, um die Spielewelt mit Leben zu erfüllen (dabei sind der Phantasie nahezu keine Grenzen gesetzt). In diesem Zusammenhang muss man zwischen autonomen und nicht autonomen Skripten unterscheiden. Ein autonomes Skript wird unabhängig vom Verhalten des Spielers abgearbeitet. Beispiele hierfür sind der Tag-Nacht-Wechsel oder Wetteränderungen. Dagegen ist der Einsatz eines nicht autonomen Skripts abhängig vom Verhalten des Spielers. Die Auswahl eines Skripts wird für gewöhnlich von einem Zustandsautomaten übernommen. Es erfordert einiges an Kreativität beim Skriptdesign, damit die Computergegner auf das Verhalten des Spielers (z.B. ein Angriff) immer in geeigneter Weise reagieren können.

19.12 Flugsteuerungstechniken für Lenkwaffen und Sternenkreuzer

An dieser Stelle werden wir damit beginnen, die Flugsteuerungstechniken, die in unserem Spiel zum Einsatz kommen, zu entwickeln. Ein Objekt im 3D-Raum auf den richtigen Kurs zu bringen, ist eigentlich gar nicht so schwer, kompliziert wird die Sache erst dadurch, dass die Kurskorrektur mit dem verwendeten Bewegungsmodell im Einklang stehen muss.

Raketen im Anflug

Für die Raketensteuerung und die computergestützte Ausrichtung der Primärwaffe legen wir, wie an Tag 5 beschrieben, eine konstante Kurven- bzw. Ausrichtgeschwindigkeit fest. Weiterhin geben wir neun verschiedene Flugrichtungen bzw. Ausrichtungsmöglichkeiten vor:

- vorwärts
- aufwärts und abwärts
- rechts und links
- rechts aufwärts und rechts abwärts
- links aufwärts und links abwärts

Die Aufgabe der KI besteht jetzt darin, die Flugrichtung eines Waffenobjekts ständig zu korrigieren, um so eine bestmögliche Ausrichtung auf das anvisierte Ziel zu erreichen. Zunächst einmal muss der Trackingvektor, also die Richtung, in der sich das Ziel vom Waffenobjekt aus gesehen befindet, berechnet werden. Hierfür bildet man einfach den normierten Differenzvektor aus den Ortsvektoren von Ziel und Waffenobjekt:

Listing 19.17: Raketensteuerung – Trackingvektor berechnen

```
TrackingVektor = TargetAbstandsvektor - WeaponAbstandsvektor;
NormalizeVector(&TrackingVektor, &TrackingVektor);
```

Im nächsten Schritt muss überprüft werden, inwieweit die Waffe bereits auf ihr Ziel ausgerichtet ist. Zu diesem Zweck berechnet man das Punktprodukt aus dem Trackingvektor und der aktuellen Flugrichtung des Waffenobjekts. Hat das Produkt einen Wert von nahezu eins, dann ist die Waffe bestmöglich auf ihr Ziel ausgerichtet. Bei kleineren Werten muss die Flugrichtung korrigiert werden, sofern sich der Wert des Punktprodukts mit jedem Frame verringert, die Kursabweichung also größer wird.

Listing 19.18: Raketensteuerung – Ausrichtung auf das Ziel überprüfen und bei Bedarf eine neue Flugrichtung festlegen

```
TrackingDot = D3DXVec3Dot(&TrackingVektor, &Flugrichtung);

if(TrackingDot < 0.999f)
{
    if(OldTrackingDot > TrackingDot) // Ausrichtung wird schlechter
    {
        // Neue Richtung festlegen:
        do
        {
            Richtung = lrnd(0,8);
        }
        while(OldRichtung == Richtung);
    }
}
else // Richtung nicht korrigieren => geradeaus fliegen
    Richtung = -1;

OldRichtung = Richtung;
OldTrackingDot = TrackingDot;
```

Im Anschluss daran wird die Waffe neu ausgerichtet. Konkret bedeutet das, dass eine neue Flugrichtung, ein neuer Eigenverschiebungsvektor sowie eine neue Ausrichtungsmatrix berechnet werden müssen:

Listing 19.19: Raketensteuerung – neue Flugrichtung, neue Eigenverschiebung und neue Ausrichtungsmatrix berechnen

```
if(Richtung == 0)  // lower right
{
CreateRotXMatrix(&tempMatrix, SinWeaponAusrichtungsgeschwindigkeit,
                              CosWeaponAusrichtungsgeschwindigkeit);
CreateRotYMatrix(&tempMatrix1,SinWeaponAusrichtungsgeschwindigkeit,
                              CosWeaponAusrichtungsgeschwindigkeit);

    RotationsMatrix = tempMatrix1*tempMatrix*RotationsMatrix;

    Flugrichtung.x = RotationsMatrix._31;
    Flugrichtung.y = RotationsMatrix._32;
    Flugrichtung.z = RotationsMatrix._33;

    Eigenverschiebung = Flugrichtung*Impulsfaktor*SpeedFaktor;
}

else if(Richtung == 1)  // upper left
{
CreateRotXMatrix(&tempMatrix, -SinWeaponAusrichtungsgeschwindigkeit,
                              CosWeaponAusrichtungsgeschwindigkeit);
CreateRotYMatrix(&tempMatrix1,-SinWeaponAusrichtungsgeschwindigkeit,
                              CosWeaponAusrichtungsgeschwindigkeit);

// Wie bei Richtung 0 ////////////////////////////////////////////////

}

else if(Richtung == 2)  // lower left
{
CreateRotXMatrix(&tempMatrix, SinWeaponAusrichtungsgeschwindigkeit,
                              CosWeaponAusrichtungsgeschwindigkeit);
CreateRotYMatrix(&tempMatrix1,-SinWeaponAusrichtungsgeschwindigkeit,
                              CosWeaponAusrichtungsgeschwindigkeit);

// Wie bei Richtung 0 ////////////////////////////////////////////////

}

else if(Richtung == 3)  // upper right
{
CreateRotXMatrix(&tempMatrix,-SinWeaponAusrichtungsgeschwindigkeit,
                              CosWeaponAusrichtungsgeschwindigkeit);
CreateRotYMatrix(&tempMatrix1,SinWeaponAusrichtungsgeschwindigkeit,
                              CosWeaponAusrichtungsgeschwindigkeit);
```

```
RotationsMatrix=tempMatrix1*tempMatrix*RotationsMatrix;

// Wie bei Richtung 0 ///////////////////////////////////////////////

}

else if(Richtung == 4)  // right
{
CreateRotYMatrix(&tempMatrix1,SinWeaponAusrichtungsgeschwindigkeit,
                              CosWeaponAusrichtungsgeschwindigkeit);

    RotationsMatrix = tempMatrix1*RotationsMatrix;

// Wie bei Richtung 0 ///////////////////////////////////////////////

}

else if(Richtung == 5)  // left
{
CreateRotYMatrix(&tempMatrix1,-SinWeaponAusrichtungsgeschwindigkeit,
                              CosWeaponAusrichtungsgeschwindigkeit);

RotationsMatrix = tempMatrix1*RotationsMatrix;

// Wie bei Richtung 0 ///////////////////////////////////////////////

}

else if(Richtung == 6)  // down
{
CreateRotXMatrix(&tempMatrix, SinWeaponAusrichtungsgeschwindigkeit,
                              CosWeaponAusrichtungsgeschwindigkeit);

    RotationsMatrix = tempMatrix*RotationsMatrix;

// Wie bei Richtung 0 ///////////////////////////////////////////////

}
else if(Richtung == 7)  // up
{
CreateRotXMatrix(&tempMatrix, -SinWeaponAusrichtungsgeschwindigkeit,
                              CosWeaponAusrichtungsgeschwindigkeit);

    RotationsMatrix = tempMatrix*RotationsMatrix;

// Wie bei Richtung 0 ///////////////////////////////////////////////

}
```

Sternenkreuzer auf Kurs

An Tag 6 habe ich Ihnen bereits das Bewegungsmodell für unsere Sternenkreuzer vorgestellt. Die Berechnung der Flugrichtung sowie die der Ausrichtungsmatrix erfolgt in den drei Methoden:

```
void CSternenkreuzer::Sternenkreuzer_FlugDrehung(void);
void CSternenkreuzer::Sternenkreuzer_HorizontalDrehung(void);
void CSternenkreuzer::Sternenkreuzer_VertikalDrehung(void);
```

Manuelle Flugsteuerung eines Sternenkreuzers

Bevor wir uns mit der KI-kontrollierten Flugsteuerung befassen, betrachten wir erst einmal den Code für die manuelle Steuerung der Schiffe:

Listing 19.20: Manuelle Flugsteuerung eines Sternenkreuzers

```
if(ShipRotateCW == TRUE)
{
    if(FlugDrehgeschwindigkeit > -FlugDrehgeschwindigkeitMax)
        FlugDrehgeschwindigkeit -= FlugDrehbeschleunigung*FrameTime;
}
else if( ShipRotateCCW == TRUE)
{
    if(FlugDrehgeschwindigkeit < FlugDrehgeschwindigkeitMax)
        FlugDrehgeschwindigkeit += FlugDrehbeschleunigung*FrameTime;
}
ShipRotateCCW = FALSE;
ShipRotateCW = FALSE;

if(ShipDrehungRight == TRUE)
{
    if(HorKurvengeschwindigkeit < KurvengeschwindigkeitMax)
      HorKurvengeschwindigkeit += HorKurvenbeschleunigung*FrameTime;
}
else if(ShipDrehungLeft  == TRUE)
{
    if(HorKurvengeschwindigkeit > -KurvengeschwindigkeitMax)
      HorKurvengeschwindigkeit -= HorKurvenbeschleunigung*FrameTime;
}
if(ShipDrehungDown == TRUE)
{
    if(VertKurvengeschwindigkeit < KurvengeschwindigkeitMax)
    VertKurvengeschwindigkeit += VertKurvenbeschleunigung*FrameTime;
}
else if(ShipDrehungUp  == TRUE)
{
```

```
    if(VertKurvengeschwindigkeit > -KurvengeschwindigkeitMax)
    VertKurvengeschwindigkeit -= VertKurvenbeschleunigung*FrameTime;
}

Sternenkreuzer_HorizontalDrehung();
Sternenkreuzer_VertikalDrehung();
Sternenkreuzer_FlugDrehung();
```

KI-kontrollierte Flugsteuerung eines Sternenkreuzers

Übernimmt die KI die Steuerkontrolle, dann obliegt es ihrer Verantwortung, die korrekte Flugrichtung festzulegen. Zu diesem Zweck werden die beiden KI-Helpermethoden

```
long Sternenkreuzer_TestHorizontalDrehung(D3DXVECTOR3* pVec);
long Sternenkreuzer_TestVertikalDrehung(D3DXVECTOR3* pVec);
```

verwendet. Diese Methoden werden jetzt wie folgt in den Code für die Flugsteuerung mit eingebaut:

Listing 19.21: KI-kontrollierte Flugsteuerung eines Sternenkreuzers

```
temp1Long = Sternenkreuzer_TestVertikalDrehung(&Targetvektor);
temp2Long = Sternenkreuzer_TestHorizontalDrehung(&Targetvektor);

// Flugdrehung stoppen:

tempFloat = FlugDrehbeschleunigung*FrameTime;

if(!(FlugDrehgeschwindigkeit > - tempFloat &&
   FlugDrehgeschwindigkeit < tempFloat))
{
    if(FlugDrehgeschwindigkeit > 0.0f)
        FlugDrehgeschwindigkeit -= tempFloat;
    else if(FlugDrehgeschwindigkeit < 0.0f)
        FlugDrehgeschwindigkeit += tempFloat;
}

if(temp2Long == -1)
{
    if(HorKurvengeschwindigkeit < KurvengeschwindigkeitMax)
      HorKurvengeschwindigkeit += HorKurvenbeschleunigung*FrameTime;
}
else if(temp2Long == 1)
{
    if(HorKurvengeschwindigkeit > -KurvengeschwindigkeitMax)
      HorKurvengeschwindigkeit -= HorKurvenbeschleunigung*FrameTime;
}
if(temp1Long == -1)
```

```
{
    if(VertKurvengeschwindigkeit < KurvengeschwindigkeitMax)
    VertKurvengeschwindigkeit += VertKurvenbeschleunigung*FrameTime;
}
else if(temp1Long == 1)
{
    if(VertKurvengeschwindigkeit > -KurvengeschwindigkeitMax)
    VertKurvengeschwindigkeit -= VertKurvenbeschleunigung*FrameTime;
}

Sternenkreuzer_HorizontalDrehung();
Sternenkreuzer_VertikalDrehung();
Sternenkreuzer_FlugDrehung();
```

Die Arbeitsweise der KI-Helperfunktionen ist denkbar einfach. Es werden einfach zwei Testdrehungen mit entgegengesetztem Drehsinn ausgeführt und im Anschluss daran wird überprüft, welche dieser Drehungen eine bessere Ausrichtung zum Objekt hin bzw. bei Kollisionsalarm eine bessere Ausrichtung vom Objekt weg ergibt. Die Helperfunktionen übernehmen als Parameter die Adresse des Targetvektors (Zielanflugvektor) bzw. im Falle des Kollisionsalarms die Adresse des Kollisionsvektors und berücksichtigen ferner die gewählte Manövertaktik. Zur Auswahl stehen:

- Fernangriff
- Nahangriff
- normale Angriffsdistanz
- Angriffsdistanz verlassen

Wenn die Schiffssysteme zu mehr als 75% beschädigt sind, verlassen die Schiffe automatisch die Angriffsdistanz.

Listing 19.22: KI-Helpermethoden für die Bestimmung der Flugrichtung

```
long CSternenkreuzer::Sternenkreuzer_TestHorizontalDrehung(
                                               D3DXVECTOR3* pVec)
{
    if(pVec == &Targetvektor)
    {
        if(Game_State == 3) // Raumkampf
        {
            if(ModellNr < 5) // alliiertes Schiff
            {
                if(ShipPower > 25.0f)
                {
                    // Manövertaktik berücksichtigen:
                    if(FernAngriff == TRUE)
```

```
                    tempFloat = FernAngriffsFaktor;
                else if(NahAngriff == TRUE)
                    tempFloat = NahAngriffsFaktor;
                else if(normaleAngriffsDistanz == TRUE)
                    tempFloat = normaleAngriffsDistanzFaktor;
                else if(AngriffsDistanzVerlassen == TRUE)
                     tempFloat = AngriffsDistanzVerlassenFaktor;
            }
            else
                tempFloat = AngriffsDistanzVerlassenFaktor;
        else  // Feindschiff
        {
            if(ShipPower > 25.0f)
                tempFloat = normaleAngriffsDistanzFaktor;
            else
                tempFloat = AngriffsDistanzVerlassenFaktor;
        }
    }
    else    // Intro-Raumkampf
        tempFloat = normaleAngriffsDistanzFaktor;

   // Testen, ob Änderung der HorKurvengeschwindigkeit überhaupt
   // notwendig ist:

   if(HorKurvengeschwindigkeit<HorKurvenbeschleunigung*FrameTime)
    {
        if(HorKurvengeschwindigkeit >
           -HorKurvenbeschleunigung*FrameTime)
        {
            if(tempTargetAbstandSq >
               tempFloat*ShipCollisionsDistanceSqEnemies)
            {
                if(D3DXVec3Dot(pVec,&Flugrichtung) > 0.5f)
                    return 0; // Flugrichtung ist OK
            }
        }
    }
}
else if(pVec == &Kollisionsvektor)
{
   // Testen, ob Änderung der HorKurvengeschwindigkeit überhaupt
   // notwendig ist:

   if(HorKurvengeschwindigkeit<HorKurvenbeschleunigung*FrameTime)
    {
        if(HorKurvengeschwindigkeit >
           -HorKurvenbeschleunigung*FrameTime)
        {
```

```
            if(D3DXVec3Dot(pVec,&Flugrichtung) < 0.0f)
               return 0; // Schiffe entfernen sich voneinander
                         // => Flugrichtung ist OK
        }
    }
}

// Änderung der HorKurvengeschwindigkeit ist notwendig:

// Erste Testdrehung:

tempMatrix2 = RotationsMatrix;

CalcRotYMatrixS(&tempMatrix1,HorKurvenbeschleunigung*FrameTime);

tempMatrix2 = tempMatrix1*tempMatrix2;

// Flugrichtung bestimmen:
tempVektor3.x = tempMatrix2._31;
tempVektor3.y = tempMatrix2._32;
tempVektor3.z = tempMatrix2._33;

NormalizeVector_If_Necessary(&tempVektor3,&tempVektor3);

TestDot1 = D3DXVec3Dot(pVec,&tempVektor3);

// Zweite Testdrehung:

tempMatrix2 = RotationsMatrix;

CalcRotYMatrixS(&tempMatrix1,-HorKurvenbeschleunigung*FrameTime);

tempMatrix2 = tempMatrix1*tempMatrix2;

temp1Vektor3.x = tempMatrix2._31;
temp1Vektor3.y = tempMatrix2._32;
temp1Vektor3.z = tempMatrix2._33;

NormalizeVector_If_Necessary(&temp1Vektor3,&temp1Vektor3);

TestDot2 = D3DXVec3Dot(pVec,&temp1Vektor3);

// Auswertung der Testdrehungen:

if(pVec == &Targetvektor)
{
    if(tempTargetAbstandSq >
       tempFloat*ShipCollisionsDistanceSqEnemies)
    {
```

```
            // beidrehen:

            if(TestDot1 < TestDot2)
                return 1;
            else if(TestDot1 > TestDot2)
                return -1;
            else
                return 0;
        }
        else  // abdrehen:
        {
            if(TestDot1 < TestDot2)
                return -1;
            else if(TestDot1 > TestDot2)
                return 1;
            else
                return 0;
        }
    }
    else  // abdrehen:
    {
        if(TestDot1 < TestDot2)
            return -1;
        else if(TestDot1 > TestDot2)
            return 1;
        else
            return 0;
    }
}

long CSternenkreuzer::Sternenkreuzer_TestVertikalDrehung(
                                             D3DXVECTOR3* pVec)
{
    if(pVec == &Targetvektor)
    {
     // Manövertaktik berücksichtigen ////////////////////////////////

      // Testen, ob Änderung der VertKurvengeschwindigkeit überhaupt
      // notwendig ist:

    if(VertKurvengeschwindigkeit<VertKurvenbeschleunigung*FrameTime)
        {
            if(VertKurvengeschwindigkeit >
              -VertKurvenbeschleunigung*FrameTime)
            {
                if(tempTargetAbstandSq >
                   tempFloat*ShipCollisionsDistanceSqEnemies)
                {
```

```
                if(D3DXVec3Dot(pVec,&Flugrichtung) > 0.5f)
                    return 0; // Flugrichtung ist OK
            }
        }
    }
}
else if(pVec == &Kollisionsvektor)
{
    // Testen, ob Änderung der VertKurvengeschwindigkeit überhaupt
    // notwendig ist:

    if(VertKurvengeschwindigkeit <
       VertKurvenbeschleunigung*FrameTime)
    {
        if(VertKurvengeschwindigkeit >
           -VertKurvenbeschleunigung*FrameTime)
        {
            if(D3DXVec3Dot(pVec,&Flugrichtung) < 0.0f)
                return 0; // Flugrichtung ist OK
        }
    }
}

// Änderung der VertKurvengeschwindigkeit ist notwendig:

// Erste Testdrehung:

tempMatrix2 = RotationsMatrix;

if(ModellNr < 5)
    CalcRotXMatrixS(&tempMatrix1,
                    VertKurvenbeschleunigung*FrameTime);
else
    CalcRotXMatrixS(&tempMatrix1,
                    -VertKurvenbeschleunigung*FrameTime);

// Siehe TestHorizontalDrehung

//Zweite Testdrehung:

tempMatrix2 = RotationsMatrix;

if(ModellNr < 5)
    CalcRotXMatrixS(&tempMatrix1,
                    -VertKurvenbeschleunigung*FrameTime);
else
    CalcRotXMatrixS(&tempMatrix1,
                    VertKurvenbeschleunigung*FrameTime);
```

```
    // Siehe TestHorizontalDrehung

    // Alles weitere identisch mit TestHorizontalDrehung
}
```

19.13 Einsatz von Wegpunkte-Systemen

Ein fortgeschrittenes Problem aus dem Bereich der KI sind die so genannten Wegfindungsroutinen, mit deren Hilfe der Computergegner seine Einheiten durch die Spielewelt steuert. Zu diesem Zweck definiert man eine Reihe von Wegpunkten, die der KI als Orientierungshilfe bei der Wegfindung dienen.

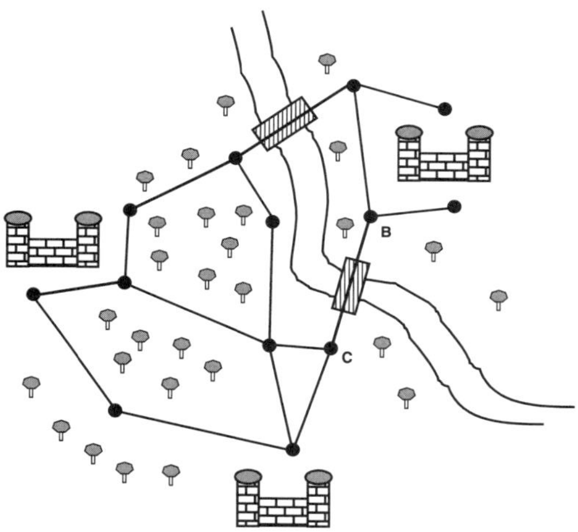

Abbildung 19.1: Ein einfaches Wegpunkte-System

Nehmen wir an, eine computergesteuerte Einheit befindet sich bei Wegpunkt B und soll sich zum Wegpunkt C bewegen. Um die Bewegungsrichtung festzulegen, bildet man jetzt einfach den normierten Differenzvektor aus den Ortsvektoren beider Wegpunkte (auch Pfadvektor genannt):

```
Pfadvektor = WegpunktC - WegpunktB;
NormalizeVector(&Pfadvektor, &Pfadvektor);
```

Durch Multiplikation des Pfadvektors mit dem Geschwindigkeitsbetrag ergibt sich schließlich der Verschiebungsvektor:

```
Eigenverschiebung = Pfadvektor*Geschwindigkeitsbetrag
```

Für gewöhnlich stehen immer mehrere Wege zur Auswahl, um das anvisierte Ziel zu erreichen. Die KI muss nun in Echtzeit berechnen können, welcher Weg für ein gegebenes Problem die beste Wahl ist. Betrachten wir hierzu einige Beispiele:

- Die Kondition der Truppen (Nahrung, Energie, Verletzungen) ist nach einem Kampf äußerst schlecht:

  Den kürzesten Weg zu einem Versorgungsposten nehmen

- Die Basis wird angegriffen:

  Einige Einheiten müssen zur Verteidigung den kürzesten Weg zurück zur Basis nehmen.

- Der Spieler hat entlang einem Weg Stellung bezogen und versucht, eine Nachschubeinheit des Gegners abzufangen:

  Wenn die begleitenden Truppen zu schwach sind, dann einen anderen Weg nehmen oder umkehren (und Verstärkung holen)

- Eine Kampfgruppe besteht vorwiegend aus schweren Einheiten und soll von Punkt C nach Punkt B verlegt werden:

  Den kürzesten passierbaren Weg nehmen (der Weg muss breit genug sein, er darf keine zu großen Gefälle haben, die Tragfähigkeit evtl. vorhandener Brücken muss genügend groß sein usw.)

Die einfachste Möglichkeit, ein Wegpunkte-System in einem Computerspiel zu integrieren, besteht in der Verwendung von voraufgezeichneten Pfaden. Dabei ergeben sich jedoch zwei Probleme. Zum einen ergibt sich für ein reales Wegpunkte-System eine riesig große Anzahl von möglichen Pfaden und zum anderen muss sich ein Wegpunkte-System während des Spielverlaufs dynamisch verändern lassen können. Eine Brücke könnte zerstört werden, ein neuer Waldweg könnte durch Rodung entstehen, ein unpassierbarer Weg könnte planiert werden usw. – kurzum, kein Strategiespiel kommt heutzutage ohne eine vernünftige dynamische Wegfindungsroutine aus. Im nächsten Abschnitt werden wir gemeinsam eine solche Routine für unser Spieleprojekt entwickeln.

19.14 Strategische Flottenbewegung

Die zentrale Aufgabe der strategischen KI in unserem Spiel besteht darin, die gegnerische Raumflotte halbwegs intelligent über die Sternenkarte zu navigieren. Die Sternensysteme stellen hierbei die einzelnen Wegpunkte dar. Die denkbar einfachste KI-Routine macht nun nichts anderes, als die einzelnen Schiffe nach dem Zufallsprinzip von einem Sternensystem zum anderen zu schicken. Zugegeben, dieses Verhalten zeugt nicht gerade von Intelligenz, für den Anfang ist es aber gar nicht so übel. Wir müssen uns jetzt überlegen, wie wir das KI-Verhalten Schritt für Schritt verbessern können. Die KI muss irgendwie zwischen den dummen und den intelligenten Zufallsentscheidungen unterscheiden können und dafür Sorge tragen, dass nur die intelligenten Entscheidungen ausgeführt werden – klingt eigentlich ganz einfach, oder? Die richtige Entscheidung kann nur derjenige treffen, der auch die richtigen Informationen besitzt, das ist bei einer KI nicht anders. Rufen wir uns also noch einmal die Parameter in Erinnerung, die für die Kontrolle der strategischen KI verwendet werden (Tag 16):

- Die Parameter `OffensivStrategieWert_...` legen fest, wie zielstrebig eine bestimmte Schiffsklasse die terranischen Heimatwelten anfliegen soll.
- Die Parameter `PassivStrategieWert_...` legen fest, wie lange eine bestimmte Schiffsklasse zwischen zwei Warpflügen in einem Sternensystem verweilen soll.
- Die Parameter `KataniBattleUnit..._Max_Homeworld_Distance(Sq)` legen fest, wie viele Lichtjahre sich eine bestimmte Schiffsklasse maximal von den Katani-Heimatwelten entfernen darf.
- Die Parameter `AnzKataniBattleUnit..._Min_at_Homeworld` legen fest, wie viele Schiffe einer Schiffsklasse mindestens für die Verteidigung einer Heimatwelt bereitstehen müssen.
- Die Parameter `KataniBattleUnit..._MaxWarpOperationsDistance` legen den maximalen Operationsradius einer Schiffsklasse für einen Warpflug fest. Der Operationsradius berechnet sich auf der Basis des Verbrauchs an Warpenergie.

Zusätzlich zu diesen beliebig einstellbaren Parametern finden noch die folgenden Informationen Berücksichtigung:

- momentane Warpenergie und Kampfkraft eines Schiffs
- solare Strahlungsintensität (wichtig für die Dauer des Regenerationszyklus)

Damit haben wir alles beisammen, was wir für die Entwicklung einer halbwegs intelligent arbeitenden KI-Routine benötigen.

HINWEIS: Alle Routinen bezüglich des strategischen Flottenmanagements finden sich in der Methode `BattleUnit_KI()` der Klasse `CMemoryManager_BattleUnits`.

Listing 19.23: Navigation eines Battle Cruisers über die Sternenkarte

```
// Handelt es sich um einen Battle Cruiser und befindet sich das
// Schiff in einem Sternensystem?

if(pObjekt[j].Type == Blue &&
   pObjekt[j].aktuelles_SternenSystem != -1000)
{

// Handelt es sich bei dem aktuellen Sternensystem um eine Katani-
// Heimatwelt, so ist ein Warpflug nur dann möglich, wenn im
// Anschluss daran noch genügend Schiffe für die Verteidigung der
// Heimatwelt zurückbleiben.

if(!(System[pObjekt[j].aktuelles_SternenSystem].Zugehoerigkeit ==
```

```
      KataniHomeworld &&
      System[pObjekt[j].aktuelles_SternenSystem].
      AnzKataniBattleUnitsBlue <=
      AnzKataniBattleUnitBlue_Min_at_Homeworld))
{

// Vor einem möglichen Warpflug benötigt das Schiff ein Mindestmaß
// an Warpenergie und Kampfkraft.
// Für den Fall, dass sich das Schiff weder in einer Katani-
// Heimatwelt noch in einem assoziierten System befindet, ist ein
// Alarmstart (Flucht) natürlich zu jeder Zeit möglich, sofern
// hierfür ausreichend Warpenergie zur Verfügung steht.

if(pObjekt[j].WarpEnergie>=100.0f &&
   (pObjekt[j].RelKampfKraft>90.0f ||
    (System[pObjekt[j].aktuelles_SternenSystem].Zugehoerigkeit !=
      KataniHomeworld &&
      System[pObjekt[j].aktuelles_SternenSystem].Zugehoerigkeit !=
      KataniAssociated)))
{

// An dieser Stelle wird entschieden, ob ein Warpflug stattfinden
// soll:

if(lrnd(0,
  (long)((float)PassivStrategieWert_Blue/StrategicSpeedFaktor))==0)
{

// Auswahl des Zielsystems nach dem Zufallsprinzip:

tempLong = ZufallsSystem->NeueZufallsZahl();

// Das ausgewählte Ziel darf nicht mit dem aktuellen Sternensystem
// identisch sein. Weiterhin darf die solare Strahlungsstärke einen
// Minimalwert nicht unterschreiten, da ansonsten der Regenerations-
// zyklus zu lange dauern würde.

if(tempLong != pObjekt[j].aktuelles_SternenSystem &&
   System[tempLong].solar_activity >= 1.0f)
{

// Berechnung des Pfadvektors sowie der quadratischen Distanz
// zum Ziel:

tempVektor3 = System[tempLong].SystemLocation;
temp1Vektor3 = pObjekt[j].Position;
temp2Vektor3 = tempVektor3 - temp1Vektor3; // Pfadvektor
```

```
tempFloat = D3DXVec3LengthSq(&temp2Vektor3);

// Es werden die aktuellen sowie die zukünftigen quadrat. Distanzen
// zu den einzelnen Terra-Heimatwelten miteinander verglichen.
// Wenn die kleinste zukünftige quadrat. Distanz kleiner ist als
// die kleinste aktuelle quadrat. Distanz, dann ist alles O.K. und
// die Offensive kann gestartet werden.
// Andernfalls wird noch einmal eine Zufallsentscheidung über
// den Flug getroffen.
// Die Wahrscheinlichkeit, daraufhin in die falsche Richtung zu
// fliegen, ist umso kleiner, je größer der strategische
// Offensivwert der Schiffsklasse ist.

temp3Float = 1000000.0f;
temp4Float = 1000000.0f;

for(ii = 0; ii < AnzTerraHomeworldsAnfang; ii++)
{
temp3Vektor3 = System[List_of_Terra_Homeworlds[ii]].
               SystemLocation;

// Terra-Heimatwelt - aktuelle Position:
temp4Vektor3 = temp3Vektor3 - temp1Vektor3;

// Terra-Heimatwelt - Ziel:
temp5Vektor3 = temp3Vektor3 - tempVektor3;

// Aktueller quadratischer Abstand zu einer Terra-Heimatwelt:
temp2Float = D3DXVec3LengthSq(&temp4Vektor3);

if(temp2Float < temp3Float)
    temp3Float = temp2Float;

// Neuer quadratischer Abstand zu einer Terra-Heimatwelt:
temp2Float = D3DXVec3LengthSq(&temp5Vektor3);

if(temp2Float < temp4Float)
    temp4Float = temp2Float;
}

// Kleinste zukünftige quadrat. Distanz größer als
// kleinste aktuelle quadrat. Distanz zu einer Terra-Heimatwelt:

if(temp4Float > temp3Float)
    temp1Long = lrnd(1, OffensivStrategieWert_Blue);

else
    temp1Long = 1;
```

```
// Das Schiff soll einen maximalen quadrat. Abstand zu den
// eigenen Heimatwelten (falls vorhanden) nicht überschreiten.

if(temp1Long == 1)
{
temp2Long = 0;

for(ii = 0; ii < AnzKataniHomeworldsAnfang; ii++)
{
temp4Vektor3=System[tempLong].SystemLocation -
            System[List_of_Katani_Homeworlds[ii]].SystemLocation;

temp1Float = D3DXVec3LengthSq(&temp4Vektor3);

// Wenn der maximale quadratische Abstand unterschritten wird, dann
// ist alles O.K. und die Schleife kann verlassen werden.

    if(temp1Float < KataniBattleUnitBlue_Max_Homeworld_DistanceSq)
    {
        temp2Long = 1;
        break;
    }
}

// Der Test entfällt, falls keine Katani-Heimatwelt vorhanden ist:
if(KataniBattleUnitBlue_Max_Homeworld_Distance < 0.0f)
    temp2Long = 1;

if(temp2Long == 1)
{

// Berechnung der Länge des Pfadvektors:
tempFloat = FastWurzelExact(tempFloat);

if(pObjekt[j].WarpEnergie/(pObjekt[j].WarpEnergieVerbrauch*100.0f) -
   tempFloat > 1.0f) // 10 LJ Sicherheitsreserve
{
if(tempFloat < KataniBattleUnitBlue_MaxWarpOperationsDistance)
{
// Normieren des Pfadvektors
temp2Vektor3 /= tempFloat;

// Bei einem StrategicSpeedFaktor = 1 soll sich eine BattleUnit pro
// Frame um 0.1 LJ weiterbewegen.
// Entsprechend muss der Verschiebungsvektor auf eine Länge von 0.01
// skaliert werden (1 Einheit := 10LJ).

pObjekt[j].Verschiebungsvektor = 0.01f*temp2Vektor3;
```

```
// Ausrichtung der BattleUnit festlegen:
pObjekt[j].SinKurs = -temp2Vektor3.x;
pObjekt[j].CosKurs = temp2Vektor3.y;

pObjekt[j].Destination = tempVektor3;
pObjekt[j].Kurs_gesetzt = true;
pObjekt[j].Kurs_setzen = false;
pObjekt[j].aktuelles_SternenSystem = -1000; // freier Raum
pObjekt[j].Zielsystem = tempLong;

}}}}}}}}}

// Wenn sich der Battle Cruiser im freien Raum befindet, muss
// überprüft werden, ob er sich schon in der Nähe des
// Zielsystems befindet. In diesem Fall muss der Warpflug gestoppt
// werden.

else if(pObjekt[j].Type == Blue &&
        pObjekt[j].aktuelles_SternenSystem == -1000)
{
tempVektor3 = pObjekt[j].Destination;
temp1Vektor3 = pObjekt[j].Position;

if(fabs(tempVektor3.x-temp1Vektor3.x) < 0.5f*StrategicSpeedFaktor &&
   fabs(tempVektor3.y-temp1Vektor3.y) < 0.5*StrategicSpeedFaktor)
{
    pObjekt[j].Stop_BattleUnit_in_System();
}}
```

19.15 Zusammenfassung

Am heutigen Tag haben wir einen kleinen Streifzug durch die große Welt der KI-Programmierung unternommen. Im ersten Teil haben wir uns mit deterministischem und zufälligem Verhalten sowie mit den Zielverfolgungstechniken der Pac-Man-Ära befasst. Im zweiten Teil haben wir uns den so genannten Zustandsautomaten (finite state machines) und den probabilistischen Systemen zugewandt. In diesem Zusammenhang haben Sie erfahren, wie man der KI Persönlichkeit und menschliche Verhaltensweisen verleihen kann. Im dritten Teil sind wir noch kurz auf die Verwendung von Patterns und Skripten eingegangen, und im vierten Teil haben wir schließlich die wichtigsten KI-Routinen für unser Spieleprojekt entwickelt – Flugsteuerungstechniken für Lenkwaffen und Sternenkreuzer, Manövertaktiken sowie die strategische Flottenbewegung über die Sternenkarte.

19.16 Workshop

Fragen und Antworten

F *Erläutern Sie den Zielverfolgungs-Algorithmus, den wir in unserem Spieleprojekt für die Steuerung der Lenkwaffen einsetzen werden.*

A Für die Steuerung der Lenkwaffen geben wir eine konstante Kurvengeschwindigkeit vor, was den Rechenaufwand bei der Erstellung der Frame-Rotationsmatrizen extrem verringert (wir können direkt mit dem Sinus- und Kosinuswert der Kurvengeschwindigkeit arbeiten). Für die Korrektur der Flugrichtung wird das Punktprodukt aus dem Trackingvektor (Richtung, in der sich das Ziel von der Waffe aus gesehen befindet) und der aktuellen Flugrichtung der Lenkwaffe gebildet. Bei einem Wert von nahezu 1 befindet sich die Waffe auf dem richtigen Kurs. Bei kleineren Werten muss die Flugrichtung korrigiert werden, sofern sich der Wert des Punktprodukts mit jedem Frame verringert (Kursabweichung wird größer). Hierbei hat man die Auswahl zwischen neun vorgegebenen Flugrichtungen (geradeaus, rechts, links usw.).

F *Erläutern Sie die KI-kontrollierte Flugsteuerung der Sternenkreuzer.*

A Für die Flugsteuerung stehen drei Funktionen zur Verfügung, mit deren Hilfe das Schiff um drei zueinander senkrechte Achsen gedreht werden kann (Drehung senkrecht zur Flugrichtung, horizontale Drehung, vertikale Drehung). Bei der manuellen Steuerung ändert der Spieler die zugehörigen Drehgeschwindigkeiten mittels Joystick. Bei der KI-kontrollierten Steuerung werden zwei Helperfunktionen aufgerufen, in denen die Entscheidung über die Änderung der Drehgeschwindigkeiten getroffen wird. Diese Entscheidungen orientieren sich an der gewählten Manövertaktik, an der Beschädigung der Schiffssysteme (Angriffs- und Fluchtverhalten) und daran, ob im Augenblick eine mögliche Kollisionsgefahr mit einem anderen Schiff besteht.

Quiz

1. Welche Aufgaben hat die KI in einem Computerspiel?
2. Erläutern Sie die Arbeitsweise der denkbar einfachsten Zielverfolgungs- und Flucht-Algorithmen.
3. Benennen Sie die goldenen Regeln der KI-Programmierung.
4. Erläutern Sie die Arbeitsweise eines Zustandsautomaten.
5. Wie lässt sich ein Zustandsautomat flexibel gestalten?
6. Wie lassen sich menschliche Verhaltensweisen simulieren?
7. Erläutern Sie die Arbeitsweise einer selbst lernenden KI.

8. Erläutern Sie den Verwendungszweck von Patterns und Skripten.
9. Wie wird die Bewegungsrichtung der KI-kontrollierten Einheiten bei der Verwendung eines Wegpunkte-Systems festgelegt?
10. Erläutern Sie die Arbeitsweise der KI bei der Kontrolle der strategischen Flottenbewegung.

Übung

Sicher können Sie sich noch alle an unser kleines »Asteroidhunter«-Übungsprojekt erinnern. Da wir uns aber erst am heutigen Tag mit der KI-Programmierung beschäftigt haben, mussten wir uns damals mit einigen Asteroiden zufrieden geben, die auf einer geradlinigen Flugbahn den Weltraum durchquerten.

Auf der Grundlage des »Asteroidhunter«-Übungsprojekts werden wir jetzt ein drittes Übungsspiel mit dem Titel »AlienAttack« schreiben, in dem sich nun auch Ufos bedrohlich über den Bildschirm bewegen. Gesteuert werden die Ufos von einer einfachen Pattern-KI, wie wir sie im Kapitel 19.10 kennen gelernt haben.

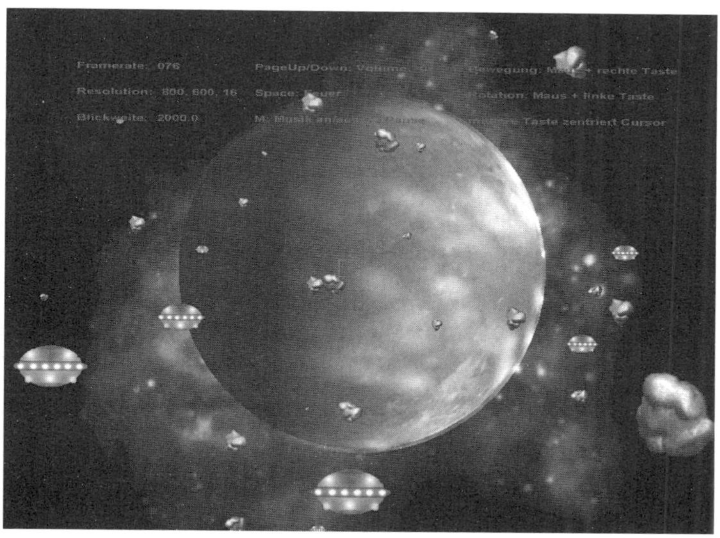

Abbildung 19.2: Screenshot aus dem AlienAttack-Übungsprojekt

Hinweise:

- Verwenden Sie das Übungsspiel *Asteroidhunter* als Ausgangspunkt für die Projektentwicklung.
- Benennen Sie das Programmmodul *SimpleAsteroidClasses.h* in *SimpleAlienAttackClasses.h* um.

- Erweitern Sie die Klasse `CObject` um die Methode `Init_Object(BOOL Asteroid = TRUE)` und verwenden Sie diese anstelle des Konstruktors für die Initialisierung der Asteroiden bzw. Ufos.
- Ersetzen Sie die Klasse `CAsteroid_Graphics` durch die Klasse `CAlienAttack_Graphics` für die Darstellung der Asteroiden und Ufos. Verwenden Sie die Methode `Render_Object()` für deren Darstellung.
- Erweitern Sie die Datei *SimpleAlienAttackClasses.h* um die Ihnen aus Kapitel 19.10 bekannten Pattern-Konstanten, um die `CPattern`-Struktur sowie um die `CPatternReader`-Klasse.
- Für jedes Ufo sollen bei der Initialisierung zwei Patterns auf Zufallsbasis erzeugt werden. Erweitern Sie hierfür die `CObject`-Klasse um die Möglichkeit, bei Bedarf zwei `CPattern`-Strukturvariablen sowie eine Instanz der `CPatternReader`-Klasse erzeugen zu können.
- Orientieren Sie sich bei der Umsetzung der Pattern-Aktionen in entsprechende Flugmanöver an dem folgenden Codebeispiel:

```
if(PatternAktion == WAIT)
{
    temp3Float = D3DXVec3Dot(&Velocity, &PlayerFlugrichtung);

    Position += temp3Float*PlayerFlugrichtung;

    PlayerflugrichtungsAbstand = D3DXVec3Dot(&Position,
                                             &PlayerFlugrichtung);
}
else if(PatternAktion == UP)
{
    temp1Float = D3DXVec3Dot(&Velocity,
                             &PlayerVertikaleOriginal);
    temp3Float = D3DXVec3Dot(&Velocity, &PlayerFlugrichtung);

    Position += ((float)fabs(temp1Float)*PlayerVertikaleOriginal
                 + temp3Float*PlayerFlugrichtung);

    PlayerflugrichtungsAbstand = D3DXVec3Dot(&Position,
                                             &PlayerFlugrichtung);
}
```

Spielgrafik

Unser Spieleprojekt tritt nun in die heiße Phase ein: Die Planungen sind abgeschlossen, die Dateiformate und Klassengerüste stehen, nun beginnt die Implementierung aller Funktionen und Klassenmethoden. Am heutigen Tag werden wir gemeinsam alle grafischen Features unseres Spieleprojekts entwickeln. Die Themen heute:

- Sky-Boxen und -Sphären
- Nebulare Leuchterscheinungen
- Lens Flares
- Explosionen
- Partikeleffekte
- Asteroiden
- Waffenmodelle
- Raumschiffe und Schutzschildeffekte

20.1 Sky-Boxen und -Sphären

Sky-Boxen und -Sphären werden für die Darstellung von statischen Hintergründen verwendet. Der Spieler betrachtet von ihrem Zentrum aus die Innenflächen der Box/Sphäre, auf welche die Hintergrundtextur gemappt wird. Für die Darstellung des Weltraumhintergrunds werden alle sechs Innenflächen der Box bzw. die komplette Kugelinnenseite benötigt. Bei Terrain-Spielen kann hingegen auf die untere Innenfläche der Box bzw. auf die Innenseite der unteren Halbkugel verzichtet werden, da diese Flächen vom Terrain verdeckt sind. In diesem Fall spricht man nun nicht mehr von einer Sky-Sphäre, sondern von einem Sky Dome. Betrachten wir einmal zwei Texturbeispiele:

Abbildung 20.1: Sky-Dome-Textur aus dem DX9-SDK-Demospiel Donuts4

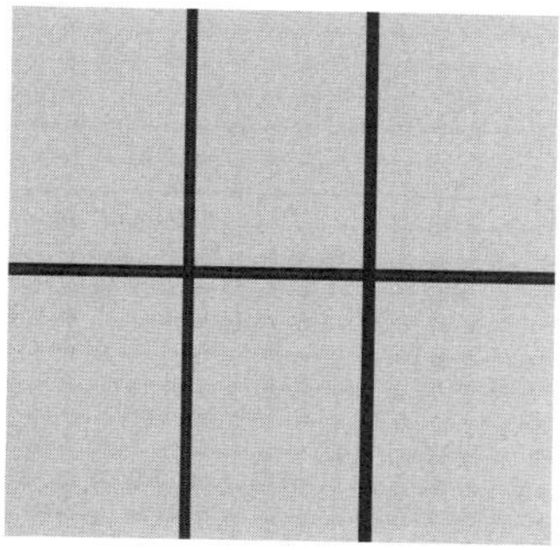

Abbildung 20.2: Sky-Box-Textur, Hervorhebung der 6 Bereiche, wie sie über die 6 Flächen unserer Sky-Box gemappt werden

Bei der Erstellung von Hintergrundtexturen für eine Sky-Sphäre oder einem Sky Dome müssen die perspektivischen Verzerrungen berücksichtigt werden, die sich beim Texture Mapping auf eine Kugelfläche ergeben. Gleiches gilt übrigens auch für die Erstellung von Planetentexturen. Die Kunst bei der Erstellung von Hintergrundtexturen für eine Sky-Box besteht darin, dass sich die einzelnen Texturbereiche so zusammensetzen lassen, dass weder die Ecken noch die Kanten der Box sichtbar werden.

Vertexdaten für eine Sky-Sphäre erzeugen

Listing 20.1: Vertexdaten für eine Sky-Sphäre erzeugen

```
float Radius       = 2.0;
AnzVerticesZeile  = 20;  // RingSegmente
AnzVerticesSpalte = 10;  // Ringe

AnzVertices   = AnzVerticesZeile*AnzVerticesSpalte;
AnzQuads      = (AnzVerticesZeile-1)*(AnzVerticesSpalte-1);
AnzTriangles = 2*AnzQuads;
AnzIndices    = 3*AnzTriangles;

COLOREDVERTEX*           pColVertices;

HintergrundVB->Lock(0, 0, (VOID**)&pColVertices, 0);

for(zeilenNr = 0; zeilenNr < AnzVerticesSpalte; zeilenNr++)
{
    for(spaltenNr = 0; spaltenNr < AnzVerticesZeile; spaltenNr++)
    {
        pColVertices[zeilenNr*AnzVerticesZeile+spaltenNr].position =
        D3DXVECTOR3(
          /* x-Wert */
          Radius*sinf(zeilenNr*RingTeilwinkel)
```

```
            *sinf(HorizontalwinkelOffset+spaltenNr*SegmentTeilwinkel),

            /* y-Wert */
            Radius*cosf(zeilenNr*RingTeilwinkel),

            /* z-Wert */
            Radius*sinf(zeilenNr*RingTeilwinkel)
            *cosf(HorizontalwinkelOffset+spaltenNr*SegmentTeilwinkel)

           );

          pColVertices[zeilenNr*AnzVerticesZeile+spaltenNr].color =
          D3DCOLOR_XRGB(red,green,blue);

          pColVertices[zeilenNr*AnzVerticesZeile+spaltenNr].tu    =
          (float)spaltenNr/(AnzVerticesZeile-1);

          pColVertices[zeilenNr*AnzVerticesZeile+spaltenNr].tv    =
          (float)zeilenNr/(AnzVerticesSpalte-1);

    }
}
HintergrundVB->Unlock();
```

Vertexdaten für eine Sky-Box erzeugen

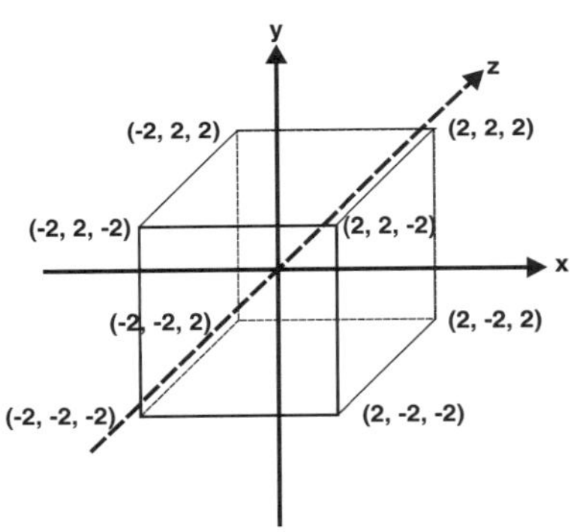

Abbildung 20.3: Vertexkoordinaten einer Sky-Box

Listing 20.2: Vertexdaten für eine Sky-Box erzeugen

```
AnzVertices  = 24; // 4 Ecken mal 6 Flächen
AnzIndices   = 36; // 6 Indices mal 6 Flächen (indizierte
                   // Dreiecksliste)
AnzTriangles = 12; // 2 Dreiecke mal 6 Flächen
```

```
COLOREDVERTEX*          pColVertices;

HintergrundVB->Lock(0, 0, (VOID**)&pColVertices, 0);

...

// sechste Fläche (Face) der Sky-Box
pColVertices[20].position = D3DXVECTOR3(-2.0f,-2.0f,-2.0f);
pColVertices[20].tu       = 0.66f;
pColVertices[20].tv       = 1.0f;
pColVertices[20].color    = D3DCOLOR_XRGB(red,green,blue);

pColVertices[21].position = D3DXVECTOR3(2.0f,-2.0f,-2.0f);
pColVertices[21].tu       = 1.0f;
pColVertices[21].tv       = 1.0f;
pColVertices[21].color    = D3DCOLOR_XRGB(red,green,blue);

pColVertices[22].position = D3DXVECTOR3(2.0f,-2.0f,2.0f);
pColVertices[22].tu       = 1.0f;
pColVertices[22].tv       = 0.5f;
pColVertices[22].color    = D3DCOLOR_XRGB(red,green,blue);

pColVertices[23].position = D3DXVECTOR3(-2.0f,-2.0f,2.0f);
pColVertices[23].tu       = 0.66f;
pColVertices[23].tv       = 0.5f;
pColVertices[23].color    = D3DCOLOR_XRGB(red,green,blue);

HintergrundVB->Unlock();
```

Eine Sky-Box/-Sphäre rendern

Listing 20.3: Rendern einer Sky-Box/-Sphäre

```
void CBackground::Render_Hintergrund(void)
{
    g_pd3dDevice->SetRenderState(D3DRS_LIGHTING, FALSE);
    g_pd3dDevice->SetRenderState(D3DRS_ZENABLE, FALSE);
    g_pd3dDevice->SetRenderState(D3DRS_CULLMODE, D3DCULL_CCW);

    g_pd3dDevice->SetTransform(D3DTS_WORLD, &identityMatrix);
    g_pd3dDevice->SetTexture(0, HintergrundTextur->pTexture);
    g_pd3dDevice->SetStreamSource(0, HintergrundVB, 0,
                                  sizeof(COLOREDVERTEX));
    g_pd3dDevice->SetFVF(D3DFVF_COLOREDVERTEX);
    g_pd3dDevice->SetIndices(HintergrundIB);
    g_pd3dDevice->DrawIndexedPrimitive(D3DPT_TRIANGLELIST, 0,
                                        0, AnzVertices,
                                        0, AnzTriangles);
```

```
    g_pd3dDevice->SetTexture(0, NULL);
    g_pd3dDevice->SetRenderState(D3DRS_CULLMODE, D3DCULL_CW);
    g_pd3dDevice->SetRenderState(D3DRS_LIGHTING, TRUE);
    g_pd3dDevice->SetRenderState(D3DRS_ZENABLE, TRUE);
}
```

20.2 Nebulare Leuchterscheinungen

Die Abbildungen 20.5 und 20.8 illustrieren eine typische nebulare Leuchterscheinung, einen so genannten Nebula-Flash (Blitz). Die Erzeugung einer solchen Leuchterscheinung ist denkbar einfach. Nachdem alle 3D-Objekte der Szene gerendert worden sind, wird in Blickrichtung des Spielers ein texturiertes Quad mit eingeschaltetem Alpha Blending gerendert. Als Textur wird eine 24-Bit-Bitmap verwendet, die nur aus Grautönen besteht. Die richtige Farbe erhält der Nebula-Flash durch die korrekte Einstellung der selbstleuchtenden Materialeigenschaften. Dabei weist man den einzelnen `emissive`-Parametern die Rot-, Grün- und Blauanteile der Nebelfarbe zu und multipliziert diese Werte anschließend mit einem Zufallswert, wodurch sich Helligkeitsschwankungen erzielen lassen.

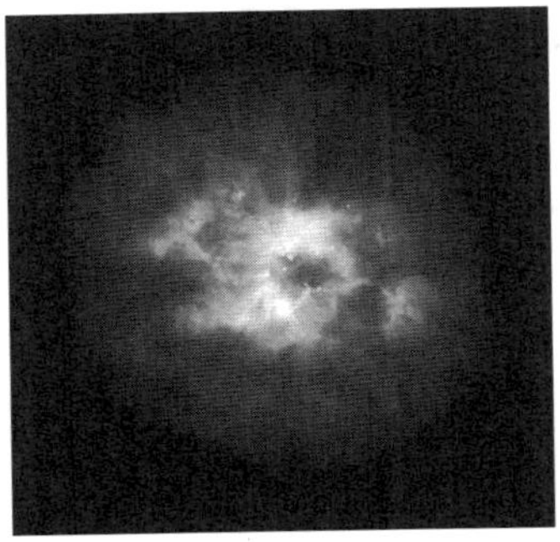

Abbildung 20.4: Nebula-Flash-Textur (24-Bit-Bitmap bestehend aus Grautönen)

Handling eines Nebula-Flashes

Die Methode `Handle_NebulaFlash()` ist für das Handling eines Nebula-Flashes verantwortlich. Hierzu zählen die folgenden Aufgaben:

- Aufruf der Renderfunktion, sofern ein Nebula-Flash gerade aktiv ist
- Initialisierung eines neuen Nebula-Flashes:
  - Winkel festlegen, um den der Flash senkrecht zur Blickrichtung des Spielers gedreht werden soll

- Skalierungsfaktoren festlegen
- Position festlegen
- Timer initialisieren, ein Nebula-Flash ist jeweils für 1000 ms sichtbar

Listing 20.4: Handling eines Nebula-Flashes

```
void CBackground::Handle_NebulaFlash(void)
{
    if(ShowNebulaFlash == FALSE)
    {
        if(lrnd(0, 50) == 0)
        {
            ShowNebulaFlash = TRUE;
            NebulaFlashWinkel = frnd(-3.0f, 3.0f);
            NebulaFlashScaleFactorX = frnd(6.0f, 10.0f);
            NebulaFlashScaleFactorY = frnd(6.0f, 10.0f);
            NebulaFlashAbstandsvektor = 5.0f*PlayerFlugrichtung;
            NebulaFlashAbstandsvektor.x += frnd(-1.0f,1.0f);
            NebulaFlashAbstandsvektor.y += frnd(-1.0f,1.0f);
            NebulaFlashAbstandsvektor.z += frnd(-1.0f,1.0f);
            NebulaFlashTimer = GetTickCount();
        }
    }
    if(ShowNebulaFlash == TRUE)
    {
        tempLong = GetTickCount() - NebulaFlashTimer;
        if(tempLong < 1000)
            Render_NebulaFlash();
        else
            ShowNebulaFlash = FALSE;
    }
}
```

Nebula-Flash rendern

Die Methode `Render_NebulaFlash()` übernimmt die Darstellung eines aktiven Nebula-Flashes:

Listing 20.5: Einen Nebula-Flash rendern

```
void CBackground::Render_NebulaFlash(void)
{
    g_pd3dDevice->SetRenderState(D3DRS_ZENABLE, FALSE);
    g_pd3dDevice->SetRenderState(D3DRS_ALPHABLENDENABLE, TRUE);
    g_pd3dDevice->SetRenderState(D3DRS_DESTBLEND, 2);
```

```
    tempFloat = frnd(0.0f, 0.02f);
    ZeroMemory(&mtrl, sizeof(MATERIAL));
    mtrl.Emissive.r = tempFloat*NebulaHintergrundRed;
    mtrl.Emissive.g = tempFloat*NebulaHintergrundGreen;
    mtrl.Emissive.b = tempFloat*NebulaHintergrundBlue;
    g_pd3dDevice->SetMaterial(&mtrl);

    Positioniere_2D_Object_gedreht(&NebulaFlashAbstandsvektor,
                                   NebulaFlashScaleFactorX,
                                   NebulaFlashScaleFactorY,
                                   NebulaFlashWinkel);

    g_pd3dDevice->SetTexture(0, FlashTextur->pTexture);
    g_pd3dDevice->SetStreamSource(0, NebulaFlashVB, 0,
                                  sizeof(SPACEOBJEKT3DVERTEX));
    g_pd3dDevice->SetFVF(D3DFVF_SPACEOBJEKT3DVERTEX);
    g_pd3dDevice->DrawPrimitive(D3DPT_TRIANGLESTRIP, 0, 2);
    g_pd3dDevice->SetTexture(0, NULL);
    g_pd3dDevice->SetRenderState(D3DRS_ZENABLE, TRUE);
    g_pd3dDevice->SetRenderState(D3DRS_ALPHABLENDENABLE, FALSE);
}
```

20.3 Lens Flares

Lens Flares (Linsenreflektionen) gehören heutzutage in jedem 3D-Spiel zu den Standardeffekten – sie sehen gut aus und lassen sich sehr einfach implementieren. In unserem Spiel verwenden wir vier Lens-Flare-Texturen und erzeugen insgesamt acht Linsenreflektionen. Sieben der Reflektionen befinden sich in der nachfolgenden Abbildung links unterhalb von der Sonne, die achte Reflektion befindet sich rechts oberhalb von der Sonne.

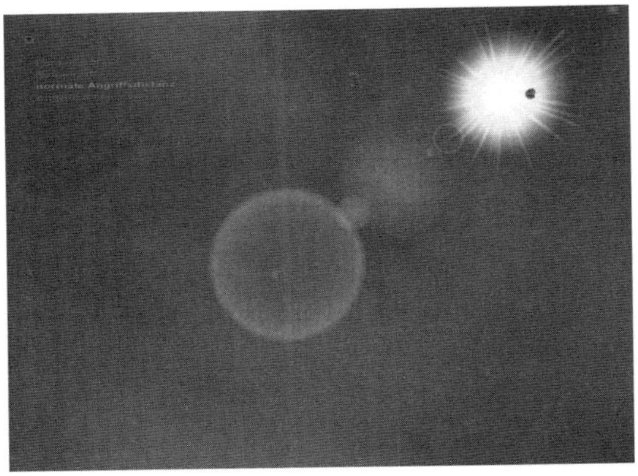

Abbildung 20.5: Lens Flares (Linsenreflektionen) mit Nebula-Flash

Lens Flares initialisieren

Unsere Lens Flares sind schnell initialisiert. Zunächst einmal muss ihr Abstandsvektor festgelegt werden. Dieser Vektor zeigt in die Richtung der Lichtquelle bzw. in die Richtung der Sonne. Der Abstandsvektor wird zum einen für den Sichtbarkeitstest und zum anderen für die Berechnung der Helligkeitsintensität der Linsenreflektionen in Abhängigkeit von der Blickrichtung des Spielers benötigt. Weiterhin müssen die vier Lens-Flare-Texturen initialisiert werden.

Listing 20.6: Lens Flares initialisieren

```
CLensFlares::CLensFlares()
{
    Abstandsvektor = NormalizedSonneAbstandsvektor;
    Abstandsvektor = 2.0f*Abstandsvektor;

    LensFlareTextur1 = new CTexturPool;
    LensFlareTextur2 = new CTexturPool;
    LensFlareTextur3 = new CTexturPool;
    LensFlareTextur4 = new CTexturPool;

    FILE* pfile;
    if((pfile = fopen("LensFlare.txt","r")) == NULL)
        Game_Shutdown();

    fscanf(pfile,"%s", strBuffer);
    fscanf(pfile,"%s", LensFlareTextur1->Speicherpfad);
    fscanf(pfile,"%s", LensFlareTextur2->Speicherpfad);
    fscanf(pfile,"%s", LensFlareTextur3->Speicherpfad);
    fscanf(pfile,"%s", LensFlareTextur4->Speicherpfad);

    LensFlareTextur1->CreateTextur();
    LensFlareTextur2->CreateTextur();
    LensFlareTextur3->CreateTextur();
    LensFlareTextur4->CreateTextur();

    fclose(pfile);

    // Vertexbuffer für ein unbeleuchtetes untransformiertes
    // Quad erzeugen
}
```

Lens Flares rendern

Bei der Darstellung der einzelnen Linsenreflektionen besteht die eigentliche Schwierigkeit darin, die Position und Intensität der Linsenreflektionen in Abhängigkeit von der Blickrichtung des Spielers zu berechnen. Der Intensitätsberechnung und dem Sichtbarkeitstest liegt das

Punktprodukt aus der Blickrichtung des Spielers und dem Lens-Flare-Abstandsvektor zugrunde. Die Positionsvektoren der einzelnen Lens Flare Billboards werden als Linearkombinationen aus den drei Vektoren `PlayerVertikale`, `PlayerHorizontale` und `PlayerFlugrichtung` gebildet. Die einzelnen Linsenreflektionen, die in Abbildung 20.5 dargestellt sind, werden nacheinander von rechts oben nach links unten gerendert.

Listing 20.7: Lens Flares rendern

```
void CLensFlares::Render_LensFlares(void)
{
    tempFloat = D3DXVec3Dot(&Abstandsvektor,&PlayerFlugrichtung);
    temp2Float = tempFloat*tempFloat;

    // Sichtbarkeitstest (Die ersten beiden Zahlenwerte wurden
    // durch Ausprobieren gefunden. Die zweite Bedingung verhindert
    // das Rendern der Lens Flares, wenn sich die Sonne im Bild-
    // Mittelpunkt befindet):

    if(temp2Float > 2.04f && temp2Float < 3.996f && tempFloat >0.0f)
    {
        temp3Float = temp2Float*temp2Float*temp2Float;
        temp3Float *= temp3Float;
        temp3Float *= 0.00390f;

   temp4Float=D3DXVec3Dot(&SonneAbstandsvektor,&PlayerHorizontale);
   temp5Float=D3DXVec3Dot(&SonneAbstandsvektor,&PlayerVertikale);
   temp6Float=D3DXVec3Dot(&SonneAbstandsvektor,&PlayerFlugrichtung);

        g_pd3dDevice->SetRenderState(D3DRS_ZENABLE, FALSE);
        g_pd3dDevice->SetRenderState(D3DRS_ALPHABLENDENABLE, TRUE);
        g_pd3dDevice->SetRenderState(D3DRS_DESTBLEND, 2);

        if(ShowNebulaFlash == TRUE)
        {
            temp3Float *= 0.05f;
            ZeroMemory(&mtrl, sizeof(MATERIAL));
            mtrl.Emissive.r = temp3Float*NebulaHintergrundRed;
            mtrl.Emissive.g = temp3Float*NebulaHintergrundGreen;
            mtrl.Emissive.b = temp3Float*NebulaHintergrundBlue;
            g_pd3dDevice->SetMaterial(&mtrl);
        }
        else
        {
         temp3Float *= 0.5f;
         ZeroMemory(&mtrl, sizeof(MATERIAL));
         mtrl.Emissive.r=mtrl.Emissive.g=mtrl.Emissive.b=temp3Float;
         g_pd3dDevice->SetMaterial(&mtrl);
        }
```

```
// Mipmap-Filterung einstellen wie gehabt /////////////////

temp1Vektor3 = 1.6f*temp4Float*PlayerHorizontale +
               1.6f*temp5Float*PlayerVertikale +
                    temp6Float*PlayerFlugrichtung;

tempFloat = 0.1f;
Positioniere_2D_Object(&temp1Vektor3, tempFloat);
g_pd3dDevice->SetStreamSource(0, LensFlareVB, 0,
                              sizeof(SPACEOBJEKT3DVERTEX));
g_pd3dDevice->SetFVF(D3DFVF_SPACEOBJEKT3DVERTEX);
g_pd3dDevice->SetTexture(0, LensFlareTextur1->pTexture);
g_pd3dDevice->DrawPrimitive(D3DPT_TRIANGLESTRIP, 0, 2);
g_pd3dDevice->SetTexture(0, NULL);

temp1Vektor3 = 0.8f*temp4Float*PlayerHorizontale +
               0.8f*temp5Float*PlayerVertikale +
                    temp6Float*PlayerFlugrichtung;

tempFloat = 0.2f;
Positioniere_2D_Object(&temp1Vektor3, tempFloat);
g_pd3dDevice->SetTexture(0, LensFlareTextur1->pTexture);
g_pd3dDevice->DrawPrimitive(D3DPT_TRIANGLESTRIP, 0, 2);
g_pd3dDevice->SetTexture(0, NULL);

temp1Vektor3 = 0.7f*temp4Float*PlayerHorizontale +
               0.7f*temp5Float*PlayerVertikale +
                    temp6Float*PlayerFlugrichtung;

tempFloat = 0.3f;
Positioniere_2D_Object(&temp1Vektor3, tempFloat);
g_pd3dDevice->SetTexture(0, LensFlareTextur3->pTexture);
g_pd3dDevice->DrawPrimitive(D3DPT_TRIANGLESTRIP, 0, 2);
g_pd3dDevice->SetTexture(0, NULL);

temp1Vektor3 = 0.6f*temp4Float*PlayerHorizontale +
               0.6f*temp5Float*PlayerVertikale +
                    temp6Float*PlayerFlugrichtung;

tempFloat = 0.1f;
Positioniere_2D_Object(&temp1Vektor3, tempFloat);
g_pd3dDevice->SetTexture(0, LensFlareTextur1->pTexture);
g_pd3dDevice->DrawPrimitive(D3DPT_TRIANGLESTRIP, 0, 2);
g_pd3dDevice->SetTexture(0, NULL);

temp1Vektor3 = 0.4f*temp4Float*PlayerHorizontale +
               0.4f*temp5Float*PlayerVertikale +
                    temp6Float*PlayerFlugrichtung;
```

```
        tempFloat = 1.0f;
        Positioniere_2D_Object(&temp1Vektor3, tempFloat);
        g_pd3dDevice->SetTexture(0, LensFlareTextur1->pTexture);
        g_pd3dDevice->DrawPrimitive(D3DPT_TRIANGLESTRIP, 0, 2);
        g_pd3dDevice->SetTexture(0, NULL);

        temp1Vektor3 = 0.18f*temp4Float*PlayerHorizontale +
                       0.18f*temp5Float*PlayerVertikale +
                             temp6Float*PlayerFlugrichtung;

        tempFloat = 0.3f;
        Positioniere_2D_Object(&temp1Vektor3, tempFloat);
        g_pd3dDevice->SetTexture(0, LensFlareTextur2->pTexture);
        g_pd3dDevice->DrawPrimitive(D3DPT_TRIANGLESTRIP, 0, 2);
        g_pd3dDevice->SetTexture(0, NULL);

        temp1Vektor3 = -0.18f*temp4Float*PlayerHorizontale -
                       0.18f*temp5Float*PlayerVertikale +
                             temp6Float*PlayerFlugrichtung;

        tempFloat = 1.5f;
        Positioniere_2D_Object(&temp1Vektor3, tempFloat);
        g_pd3dDevice->SetTexture(0, LensFlareTextur4->pTexture);
        g_pd3dDevice->DrawPrimitive(D3DPT_TRIANGLESTRIP, 0, 2);
        g_pd3dDevice->SetTexture(0, NULL);

        temp1Vektor3 = -0.25f*temp4Float*PlayerHorizontale -
                       0.25f*temp5Float*PlayerVertikale +
                             temp6Float*PlayerFlugrichtung;

        tempFloat = 0.1f;
        Positioniere_2D_Object(&temp1Vektor3, tempFloat);
        g_pd3dDevice->SetTexture(0, LensFlareTextur1->pTexture);
        g_pd3dDevice->DrawPrimitive(D3DPT_TRIANGLESTRIP, 0, 2);
        g_pd3dDevice->SetTexture(0, NULL);

        g_pd3dDevice->SetSamplerState(0, D3DSAMP_MIPFILTER,
                                      D3DTEXF_NONE);
        g_pd3dDevice->SetRenderState(D3DRS_ALPHABLENDENABLE, FALSE);
        g_pd3dDevice->SetRenderState(D3DRS_ZENABLE, TRUE);
    }
}
```

20.4 Explosionen

In unserem Spiel besteht jede Explosionsanimation aus 16 Frames, die bei einer Explosion nacheinander als Billboard gerendert werden. Die komplette Animationssequenz wird in einer einzigen Bitmap gespeichert. Für jedes einzelne Explosionsframe wird ein untransformiertes, beleuchtetes Quad erzeugt, welches von einer Instanz der Klasse `CExploFrameVB` verwaltet wird. Die Texturkoordinaten der einzelnen Frames werden aus einer externen Datei geladen (siehe Kapitel 16.7).

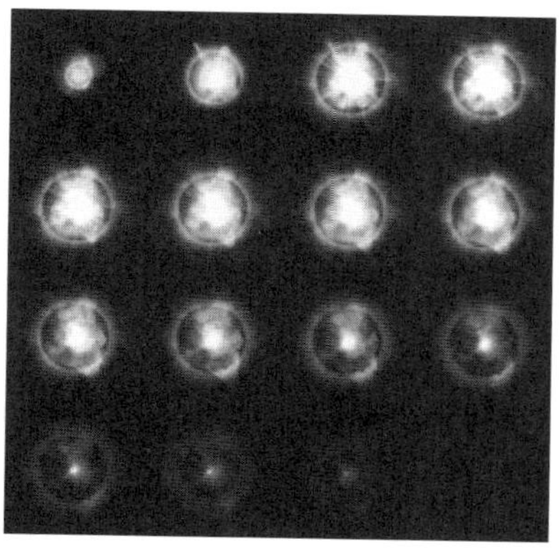

Abbildung 20.6: Explosionsanimations-Sequenz

Initialisierung der einzelnen Explosionsframes

Listing 20.8: Klasse zur Verwaltung eines Explosionsframes

```
class CExploFrameVB
{
public:

    VERTEXBUFFER ExploAnimationVB;

    CExploFrameVB()
    {
        COLOREDVERTEX* pColVertices;

        g_pd3dDevice->CreateVertexBuffer(4*sizeof(COLOREDVERTEX),
                                         D3DUSAGE_WRITEONLY,
                                         D3DFVF_COLOREDVERTEX,
                                         D3DPOOL_MANAGED,
                                         &ExploAnimationVB, NULL);
```

```
        ExploAnimationVB->Lock(0, 0, (VOID**)&pColVertices, 0);

        // beleuchtetes Vertex-Quad erzeugen ////////////////////////

        ExploAnimationVB->Unlock();
    }
    ~CExploFrameVB()
    { SAFE_RELEASE(ExploAnimationVB) }

    void Init_Texture_Coordinates(float Frame_tu_links,
                                  float Frame_tu_rechts,
                                  float Frame_tv_oben,
                                  float Frame_tv_unten)
    {
        COLOREDVERTEX* pColVertices;

        ExploAnimationVB->Lock(0, 0, (VOID**)&pColVertices, 0);

        pColVertices[0].tu      = Frame_tu_links;
        pColVertices[0].tv      = Frame_tv_oben;
        pColVertices[1].tu      = Frame_tu_links;
        pColVertices[1].tv      = Frame_tv_unten;
        pColVertices[2].tu      = Frame_tu_rechts;
        pColVertices[2].tv      = Frame_tv_oben;
        pColVertices[3].tu      = Frame_tu_rechts;
        pColVertices[3].tv      = Frame_tv_unten;

        ExploAnimationVB->Unlock();
    }
};
```

Lenkwaffenexplosionen

Als erste praktische Anwendung werden wir uns jetzt mit den Explosionen einer Lenkwaffe befassen.

Funktionen zum Rendern der Explosionen

Eine Lenkwaffe wird aus Sicherheitsgründen immer dann zur Explosion gebracht, wenn diese entweder im Begriff ist, ihren maximalen Wirkungsbereich zu verlassen, oder wenn ihre Lebensdauer abgelaufen ist (Treibsatz ist verbraucht). Für die Darstellung der Selbstzerstörung wird die `CWaffenModell`-Methode

```
void Render_ExplosionSelfDestruct(D3DXVECTOR3* pOrtsvektor,
                                  float &ExploAnimationWinkel,
                                  float &ExplosionsFrameNr);
```

aufgerufen. Das richtige Feuerwerk gibt es immer dann, wenn die Waffe entweder in den Schutzschild oder in die Hülle des Zielobjekts einschlägt. Die Darstellung einer solchen Einschlagsexplosion wird von der CWaffenModell-Methode

```
void Render_ExplosionImpact(D3DXVECTOR3* pOrtsvektor,
                            float &ExploAnimationWinkel,
                            float &ExplosionsFrameNr);
```

übernommen. Bis auf die folgenden beiden Unterschiede sind beide Funktionen absolut identisch:

- Zur Vermeidung von Grafikfehlern wird eine Impact-Explosion immer mit ausgeschaltetem z-Buffer gerendert.
- Für die Skalierung der Impact-Explosion wird die Variable Missile_Explo_Scale verwendet, deren Wert in der Datei *SpielEinstellungen.txt* festgelegt ist. Für die Selbstzerstörung wird dagegen immer ein Skalierungsfaktor von 1.0f verwendet.

Listing 20.9: Eine Lenkwaffenexplosion rendern

```
if(ExplosionsFrameNr > 15.5f) // Das letze Frame soll noch
    return;                   // einige Zeit lang angezeigt
                              // werden.

temp2Long = (long)ExplosionsFrameNr;

Positioniere_2D_Object_gedreht(pOrtsvektor, Missile_Explo_Scale,
                               ExploAnimationWinkel);

// Bei einem Einschlag (Impact) in den Schutzschild muss die
// Explosion mit ausgeschaltetem z-Buffer gerendert werden,
// ansonsten kommt es zu Grafikfehlern.

g_pd3dDevice->SetRenderState(D3DRS_ZENABLE, FALSE);
g_pd3dDevice->SetRenderState(D3DRS_LIGHTING, FALSE);
g_pd3dDevice->SetRenderState(D3DRS_ALPHABLENDENABLE, TRUE);
g_pd3dDevice->SetRenderState(D3DRS_DESTBLEND, 2);

// Mipmap-Filterung einstellen wie gehabt //////////////////////////

g_pd3dDevice->SetTexture(0,
g_pSmallExploAnimationTexturen[ExploNr_SelfDestruct].pTexture);

g_pd3dDevice->SetStreamSource(0,
SmallExploFrames[temp2Long].ExploAnimationVB, 0,
sizeof(COLOREDVERTEX));

g_pd3dDevice->SetFVF(D3DFVF_COLOREDVERTEX);
g_pd3dDevice->DrawPrimitive(D3DPT_TRIANGLESTRIP, 0, 2);
```

```
g_pd3dDevice->SetTexture(0, NULL);
g_pd3dDevice->SetSamplerState(0, D3DSAMP_MIPFILTER, D3DTEXF_NONE);

// nur für Impact-Explosionen
g_pd3dDevice->SetRenderState(D3DRS_ZENABLE, TRUE);

g_pd3dDevice->SetRenderState(D3DRS_LIGHTING, TRUE);
g_pd3dDevice->SetRenderState(D3DRS_ALPHABLENDENABLE, FALSE);
```

Auslösen und Ablaufsteuerung der Explosion

Als Nächstes sehen wir uns an, wie eine Explosion ausgelöst und wie ihr Ablauf gesteuert wird. Das Auslösen und die Ablaufsteuerung einer Lenkwaffenexplosion geschieht innerhalb der `CWaffe`-Methode

```
void Handle_Weapon(void);
```

Jedes aktive Waffenobjekt wird durch eine Instanz der `CWaffe`-Klasse repräsentiert. Verwaltet werden all diese Instanzen durch ein Objekt der Klasse `CMemory_Manager_Weapons`.

Zunächst einmal muss überprüft werden, ob eine Explosion unmittelbar bevorsteht oder gerade stattfindet. Das ist immer dann der Fall, wenn eine Lenkwaffe gerade im Begriff ist, entweder ihren maximalen Wirkungsbereich zu verlassen oder ihre maximale Lebensdauer zu überschreiten, bzw. wenn ihr momentaner Status `active == FALSE` ist (Einschlag (Impact) hat stattgefunden bzw. Selbstzerstörung wurde eingeleitet). Zu Beginn der Explosion (`ExploFrameNr == 0.0f`) wird erst einmal festgelegt, um was für eine Explosion es sich handelt. Weiterhin wird am Ort der Explosion eine 3D-Soundquelle positioniert und ein passendes Explosions-Sample abgespielt.

Mit Hilfe der Variablen `ExplosionsAbspielGeschwindigkeit` sowie dem Framefaktor wird bei jedem Durchlauf das aktuelle Explosionsframe berechnet.

Wie schon im Kapitel 16.6 erwähnt wurde, ist in der Datei *SpielEinstellungen.txt* festgeschrieben, wie viele Explosionen maximal zur selben Zeit gerendert werden können. Sofern die Explosion überhaupt sichtbar und die Anzahl der momentan sichtbaren Explosionen kleiner als der festgelegte Maximalwert ist, werden die zugehörigen Abstandsinformationen in die nächste freie Instanz der `CObjektAbstandsDaten`-Klasse geschrieben. Vor dem Rendern werden diese Instanzen nach ihrem Kameraabstand sortiert (Back to front Order) und die zugehörigen Objekte gemäß dieser Reihenfolge gerendert.

Listing 20.10: Auslösen und Ablaufsteuerung einer Lenkwaffenexplosion

```
if(Lenkwaffe == TRUE && (tempFloat > RangeSq ||
   Lebensdauer > LebensdauerMax || active == FALSE))
{
    active = FALSE;

    if(ExploFrameNr == 0.0f)
```

```
{
    if(tempFloat > RangeSq || Lebensdauer > LebensdauerMax)
    {
        ShowExplosionSelfDestruct = TRUE;
        Eigenverschiebung = -0.3f*Eigenverschiebung;
    }
    else
    {
        ShowExplosionImpact = TRUE;
    }
    if(AbstandSq < 30000.0f)
    {
        SetObjectProperties(&Abstandsvektor,&Eigenverschiebung);
        Play3DSound(g_pExplosion2);
    }
}

// Explosionsframe aktualisieren
ExploFrameNr += FrameFactor*ExplosionsAbspielGeschwindigkeit;

if(visible == TRUE)
{
if(AnzExplosionenAktiv < AnzExplosionenMax &&
   ShowExplosionSelfDestruct == TRUE)
{

  pAbstandsDatenObjekte->Abstand=PlayerflugrichtungsAbstand;
  pAbstandsDatenObjekte->ObjektTyp = 5;
  pAbstandsDatenObjekte->ObjektNummer = id;
  pAbstandsDatenObjekte++;

  AnzExplosionenAktiv++;
  AnzTransparentObjectsMomentan++;
}
else if(AnzExplosionenAktiv < AnzExplosionenMax &&
        ShowExplosionImpact == TRUE)
{

 pAbstandsDatenObjekte->Abstand=PlayerflugrichtungsAbstand;
 pAbstandsDatenObjekte->ObjektTyp = 6;
 pAbstandsDatenObjekte->ObjektNummer = id;
 pAbstandsDatenObjekte++;

 AnzExplosionenAktiv++;
 AnzTransparentObjectsMomentan++;
}
}
```

```
}

if(Lenkwaffe == TRUE && ExploFrameNr > 15.5f)
    ExplosionComplete = TRUE;
```

Aufruf der Renderfunktionen

Die Renderfunktionen der Klasse CWaffenModell werden nicht direkt, sondern aus der jeweiligen CWaffe-Instanz heraus aufgerufen, die das explodierende Waffenobjekt repräsentiert:

Listing 20.11: Aufruf der Renderfunktionen einer Lenkwaffenexplosion

```
void CWaffe::Render_ExplosionImpact(void)
{
    if(ShowExplosionImpact == TRUE)
        WaffenModell[ModellNr].Render_ExplosionImpact(
        &Abstandsvektor, ExploWinkel, ExploFrameNr);
}

void CWaffe::Render_ExplosionSelfDestruct(void)
{
    if(ShowExplosionSelfDestruct == TRUE)
        WaffenModell[ModellNr].Render_ExplosionSelfDestruct(
        &Abstandsvektor, ExploWinkel, ExploFrameNr);
}
```

Explosion eines Sternenkreuzers

Die Explosion eines Sternenkreuzers besteht neben den Explosionspartikeln aus der Kombination zweier Explosionsanimationen, die zeitlich versetzt abgespielt werden, sowie einem Explosionslicht-Billboard zur Erhellung des umliegenden Raums.

Abbildung 20.7: Explosionslicht-Textur

Rendern der Explosion

Die Darstellung einer Sternenkreuzer-Explosion läuft vom Prinzip her ganz ähnlich ab wie die Darstellung einer Lenkwaffenexplosion, nur werden halt zwei Animationen sowie ein zusätzliches Explosionslicht-Billboard gerendert. Werfen wir also gleich einen Blick auf die zugehörige Renderfunktion:

Listing 20.12: Eine Sternenkreuzer-Explosion rendern

```
void CSternenkreuzerModell::Render_Explosion(
                              D3DXVECTOR3* pOrtsvektor,
                              long  &ExploLightTexturNr,
                              float &scale,
                              float &ExploLightWinkel,
                              long  &ExploAnimationTexturNr,
                              long  &ExploAnimationTexturNr2,
                              float &ExplosionsFrameNr,
                              float &ExplosionsFrameNr2,
                              float &ExploAnimationWinkel,
                              float &ExploAnimationWinkel2)
{
    if(ExplosionsFrameNr2 > 15.5f)
        return;

    // Mipmap-Filterung einstellen wie gehabt //////////////////////

    tempFloat = 15.0f*scale + 2.5f*MaxSchiffsScaleFaktor;
    temp2Float = tempFloat*tempFloat*tempFloat;

    ZeroMemory(&mtrl, sizeof(MATERIAL));
    mtrl.Emissive.r = 4000.0f/temp2Float;
    mtrl.Emissive.g = 4000.0f/temp2Float;
    mtrl.Emissive.b = 4000.0f/temp2Float;
    g_pd3dDevice->SetMaterial(&mtrl);

    g_pd3dDevice->SetRenderState(D3DRS_ZENABLE, FALSE);
    g_pd3dDevice->SetRenderState(D3DRS_ALPHABLENDENABLE, TRUE);
    g_pd3dDevice->SetRenderState(D3DRS_DESTBLEND, 2);

    // Explosionslicht-Billboard rendern:

    Positioniere_2D_Object_gedreht(pOrtsvektor, tempFloat,
                                   ExploLightWinkel);

    g_pd3dDevice->SetTexture(0,
                 g_pExploLightTexturen[ExploLightTexturNr].pTexture);

    g_pd3dDevice->SetStreamSource(0, ExploLightVB, 0,
                                  sizeof(SPACEOBJEKT3DVERTEX));

    g_pd3dDevice->SetFVF(D3DFVF_SPACEOBJEKT3DVERTEX);
    g_pd3dDevice->DrawPrimitive(D3DPT_TRIANGLESTRIP, 0, 2);
    g_pd3dDevice->SetTexture(0, NULL);
```

```
g_pd3dDevice->SetRenderState(D3DRS_LIGHTING, FALSE);

// Zweite Explosionsanimation rendern:

if(ExplosionsFrameNr > 7.0f)
{
    tempFloat = 10.0f*scale + 2.0f*MaxSchiffsScaleFaktor;
    temp2Long = (long)ExplosionsFrameNr2;

    Positioniere_2D_Object_gedreht(pOrtsvektor, tempFloat,
                                   ExploAnimationWinkel2);

    g_pd3dDevice->SetTexture(0,
            g_pExploAnimationTexturen[ExploAnimationTexturNr2].
            pTexture);

    g_pd3dDevice->SetStreamSource(0,
                  ExploFrames[temp2Long].ExploAnimationVB, 0,
                  sizeof(COLOREDVERTEX));

    g_pd3dDevice->SetFVF(D3DFVF_COLOREDVERTEX);
    g_pd3dDevice->DrawPrimitive(D3DPT_TRIANGLESTRIP, 0, 2);
    g_pd3dDevice->SetTexture(0, NULL);
}

// Erste Explosionsanimation rendern:

if(ExplosionsFrameNr < 15.5f)
{
    tempFloat = 10.0f*scale + 2.0f*MaxSchiffsScaleFaktor;
    temp2Long = (long)ExplosionsFrameNr;

    Positioniere_2D_Object_gedreht(pOrtsvektor, tempFloat,
                                   ExploAnimationWinkel);

    g_pd3dDevice->SetTexture(0,
    g_pExploAnimationTexturen[ExploAnimationTexturNr].pTexture);

    g_pd3dDevice->SetStreamSource(0,
                  ExploFrames[temp2Long].ExploAnimationVB, 0,
                  sizeof(COLOREDVERTEX));

    g_pd3dDevice->SetFVF(D3DFVF_COLOREDVERTEX);
    g_pd3dDevice->DrawPrimitive(D3DPT_TRIANGLESTRIP, 0, 2);
    g_pd3dDevice->SetTexture(0, NULL);
}
g_pd3dDevice->SetSamplerState(0, D3DSAMP_MIPFILTER,
                              D3DTEXF_NONE);
```

```
    g_pd3dDevice->SetRenderState(D3DRS_ZENABLE, TRUE);
    g_pd3dDevice->SetRenderState(D3DRS_ALPHABLENDENABLE, FALSE);
    g_pd3dDevice->SetRenderState(D3DRS_LIGHTING, TRUE);
}
```

Auslösen und Ablaufsteuerung der Explosion

Das Auslösen und die Ablaufsteuerung einer Sternenkreuzer-Explosion geschieht innerhalb der `CSternenkreuzer`-Methode

```
void Handle_Ship(void);
```

Jeder nicht zerstörte Sternenkreuzer wird durch eine Instanz der `CSternenkreuzer`-Klasse repräsentiert. Die Gesamtheit der terranischen Kreuzer wird durch ein Objekt der Klasse `CMemory_Manager_Terra_Sternenkreuzer` verwaltet, die Gesamtheit der Katani-Kreuzer hingegen durch ein Objekt der Klasse `CMemory_Manager_Katani_Sternenkreuzer`.

Listing 20.13: Auslösen und Ablaufsteuerung einer Sternenkreuzer-Explosion

```
if(ShipPower <= 0.0f && destroySequence == FALSE)
{
    destroySequence = TRUE;
    ExploPartikel->Activate();
    destroyTime = GetTickCount();

    if(AbstandSq < 30000.0f)
    {
        SetObjectProperties(&Abstandsvektor,&Eigenverschiebung);
        Play3DSound(g_pExplosion1);
    }
}

if(destroySequence == TRUE)
{
    // Mögliche gedockte Kameraeinstellung auf das explodierende
    // Schiff zurücksetzen

    ExploPartikel->Partikel_Bewegung();
    destroyTimer = GetTickCount() - destroyTime;
    ExplosionsFrameNr += FrameFactor*
                         ExplosionsAbspielGeschwindigkeit;

    if(ExplosionsFrameNr > 10.0f)
    {
        if(ExplosionsFrameNr2 == 0.0f && AbstandSq < 30000.0f)
        {
            SetObjectProperties(&Abstandsvektor,&Eigenverschiebung);
            Play3DSound(g_pExplosion1);
        }
```

```
        ExplosionsFrameNr2 += FrameFactor*
                              ExplosionsAbspielGeschwindigkeit;
    }
}
if(destroySequence == TRUE && destroyTimer > 8500) // (8.5 Sekunden)
    destroyed = TRUE;
```

Natürlich müssen noch alle Explosionsdaten im Falle der Sichtbarkeit in die nächste freie Instanz der `CObjektAbstandsDaten`-Klasse übertragen werden. Wie genau das funktioniert, haben wir ja bereits bei den Lenkwaffenexplosionen kennen gelernt.

Aufruf der Renderfunktion

Ähnlich wie bei den Waffenobjekten wird die Renderfunktion der Klasse `CSternenkreuzerModell` nicht direkt, sondern aus der jeweiligen `CSternenkreuzer`-Instanz heraus aufgerufen, die den explodierenden Sternenkreuzer repräsentiert. Neben der Darstellung der Explosionsanimationen kümmert sich die zuständige Funktion auch um die Darstellung der Explosionspartikel.

Listing 20.14: Aufruf der Renderfunktion einer Sternenkreuzer-Explosion

```
void CSternenkreuzer::Render_Explosion(void)
{
    ExploPartikel->Render(&Abstandsvektor, AbstandSq);
    temp3Float = destroyTimer*0.001f;

    SternenkreuzerModell[ModellNr].Render_Explosion(
                                   &Abstandsvektor,
                                   ExploLightTexturNr,
                                   temp3Float,
                                   ExploLightWinkel,
                                   ExploAnimationTexturNr,
                                   ExploAnimationTexturNr2,
                                   ExplosionsFrameNr,
                                   ExplosionsFrameNr2,
                                   ExploAnimationWinkel,
                                   ExploAnimationWinkel2);
}
```

20.5 Partikeleffekte

Im Folgenden werden wir uns mit den Partikeleffekten beschäftigen, die in unserem Spiel zum Einsatz kommen:

- Spacepartikel
- Rauchpartikel
- Antriebspartikel
- Explosionspartikel
- Antriebspartikel für eine Lenkwaffe

Spacepartikel

Die Spacepartikel vermitteln einen Eindruck von Geschwindigkeit und werden immer dann gerendert, wenn sich die Kamera mit einem der Raumschiffe mitbewegt. Die Bewegungsrichtung der einzelnen Partikel passt sich automatisch der Bewegungsrichtung des betreffenden Raumschiffs an. Reinitialisiert wird ein Partikel durch Aufruf der `InitParticle()`-Methode nach Ablauf seiner Lebensdauer. Aufgerufen wird diese Methode ihrerseits durch die Methode `Translation_and_Render()`. Zur Vermeidung von Darstellungsfehlern (man würde die schwarzen Umrisse der Partikel erkennen) werden die Spacepartikel als indizierte Dreiecksfächer (siehe Grafikprimitiven) bei ausgeschaltetem Alpha Blending gerendert (auf diese Weise spart man sich das Rendern in Back to Front Order). Damit die einzelnen Partikel jederzeit korrekt ausgerichtet und reinitialisiert werden können, sind die folgenden beispielhaften Zuweisungen notwendig (rechts: Variablen eines `CSternenkreuzer`-Objekts, links: globale Spacepartikel-Variablen).

```
SpaceParticleAbstandSq = AbstandSq;
SpaceParticleGegenRichtung = Flugrichtung; // inverse Flugrichtung
SpaceParticlePosition = Abstandsvektor;
SpaceParticleVelocity = Impulsfaktor;
SpaceParticleShipMinDistance = ScaleFactorZ+1.0f;
```

Konstruktor und Destruktor der CSpaceParticle-Klasse

Der Konstruktor dient zur Initialisierung des Vertex- und des Indexbuffers. Damit die Partikel als Dreiecksfächer gerendert werden können, müssen zunächst einmal die Vertex- und Texturkoordinaten für den Mittelpunkt sowie für die Partikeleckpunkte festgelegt werden. Bei der Erstellung des Indexbuffers wird an erste Position der Index des Mittelpunktvertex eingetragen, anschließend folgen die Indices der Eckpunktvertices im Uhrzeigersinn.

Listing 20.15: Konstruktor und Destruktor der CSpaceParticle-Klasse

```
CSpaceParticle::CSpaceParticle()
{
    COLOREDVERTEX* pVertices;
    AnzEcken = 8;
    AnzVertices = AnzEcken+1;        // +1 für Mittelpunkt
    AnzIndices = AnzVertices+1-2;    // Anzahl Dreiecke

    IndexArray = new WORD[AnzIndices+2]; // ein Triangefan besteht
                          // immer aus zwei zusätzlichen Eckpunkten


    float SegmentTeilwinkel = 2.0f*D3DX_PI/AnzEcken;

    g_pd3dDevice->CreateIndexBuffer((AnzIndices+2)*sizeof(WORD),
                              D3DUSAGE_WRITEONLY, D3DFMT_INDEX16,
                              D3DPOOL_MANAGED, &ParticleIB, NULL);

    g_pd3dDevice->CreateVertexBuffer(
                  AnzVertices*sizeof(COLOREDVERTEX),
                  D3DUSAGE_WRITEONLY, D3DFVF_COLOREDVERTEX,
                  D3DPOOL_MANAGED, &ParticleVB, NULL);

    ParticleVB->Lock(0, 0, (VOID**)&pVertices, 0);

    for(long i = 0; i < AnzEcken; i++)
    {
    pVertices[i].position = D3DXVECTOR3(sinf(i*SegmentTeilwinkel),
                                  cosf(i*SegmentTeilwinkel),
                                  0.0f);


    pVertices[i].color    = D3DCOLOR_XRGB(100 ,100, 100);
    pVertices[i].tu = 0.5f+0.5f*pVertices[i].position.x;
    pVertices[i].tv = 0.5f+0.5f*pVertices[i].position.y;
    }

    pVertices[AnzEcken].position = D3DXVECTOR3(0.0f, 0.0f,0.0f);
    pVertices[AnzEcken].color    = D3DCOLOR_XRGB(100 ,100, 100);
    pVertices[AnzEcken].tu = 0.5f;
    pVertices[AnzEcken].tv = 0.5f;

    ParticleVB->Unlock();

    IndexArray[0] = AnzEcken;
    for(i = 1 ; i <= AnzEcken; i++)
    {
```

```
        IndexArray[i] = i-1;
    }
    IndexArray[AnzEcken+1] = 0;

    WORD* iii = NULL;
    ParticleIB->Lock(0, 0, (VOID**)&iii, 0);
    memcpy( iii, IndexArray, (AnzIndices+2)*sizeof(WORD));
    ParticleIB->Unlock();
    SAFE_DELETE_ARRAY(IndexArray)
}
CSpaceParticle::~CSpaceParticle()
{
    SAFE_RELEASE(ParticleVB)
    SAFE_RELEASE(ParticleIB)
    SAFE_DELETE_ARRAY(IndexArray)
}
```

Spacepartikel initialisieren

Bei der Reinitialisierung wird der Startpunkt eines Spacepartikels zunächst gleich dem Wert der Variablen `SpaceParticlePosition` gesetzt. Im Anschluss daran wird dieser Startpunkt sowohl in x-, y- als auch z-Richtung um den Wert + oder - `frnd(SpaceParticleShipMinDistance,20.0f)` variiert.

Listing 20.16: Spacepartikel initialisieren

```
void CSpaceParticle::InitParticle(void)
{
    TexturNr = lrnd(0, AnzSpacePartikelTexturen);
    ScaleFactor = frnd(0.05f, 0.1f);
    LebensdauerStart = GetTickCount();
    LebensdauerMax = lrnd(1000, 5000);
    ParticleStartPunkt = SpaceParticlePosition;
    tempLong = lrnd(0,2);

    if(tempLong == 0)
        ParticleStartPunkt.x = ParticleStartPunkt.x+
            frnd(SpaceParticleShipMinDistance,20.0f);
    else
        ParticleStartPunkt.x = ParticleStartPunkt.x-
            frnd(SpaceParticleShipMinDistance,20.0f);

    tempLong = lrnd(0,2);

    if(tempLong == 0)
        ParticleStartPunkt.y = ParticleStartPunkt.y+
            frnd(SpaceParticleShipMinDistance,20.0f);
```

```
    else
        ParticleStartPunkt.y = ParticleStartPunkt.y-
            frnd(SpaceParticleShipMinDistance,20.0f);

    tempLong = lrnd(0,2);

    if(tempLong == 0)
        ParticleStartPunkt.z = ParticleStartPunkt.z+
            frnd(SpaceParticleShipMinDistance,20.0f);
    else
        ParticleStartPunkt.z = ParticleStartPunkt.z-
            frnd(SpaceParticleShipMinDistance,20.0f);

    ParticlePosition = ParticleStartPunkt +=
                       20.0f*SpaceParticleGegenRichtung;
    Velocity = 75.0f*frnd(1.0f, 3.0f);
}
```

Spacepartikel bewegen und rendern

Listing 20.17: Spacepartikel bewegen und rendern

```
void CSpaceParticle::Translation_and_Render(void)
{
    ParticlePosition = ParticlePosition-
                       SpaceParticleVelocity*Velocity*
                       SpaceParticleGegenRichtung*FrameTime;

    g_pd3dDevice->SetRenderState(D3DRS_LIGHTING, FALSE);
    g_pd3dDevice->SetRenderState(D3DRS_CULLMODE, D3DCULL_CCW);

    // Mipmap-Filter festlegen wie gehabt //////////////////////////

    g_pd3dDevice->SetStreamSource(0, ParticleVB, 0,
                                  sizeof(COLOREDVERTEX));
    g_pd3dDevice->SetFVF(D3DFVF_COLOREDVERTEX);
    Positioniere_2D_Object(&ParticlePosition, ScaleFactor);
    g_pd3dDevice->SetTexture(0,
                 g_pSpacePartikelTexturen[TexturNr].pTexture);
    g_pd3dDevice->SetIndices(ParticleIB);
    g_pd3dDevice->DrawIndexedPrimitive(D3DPT_TRIANGLEFAN, 0,
                                       0, AnzVertices,
                                       0, AnzIndices);
    g_pd3dDevice->SetTexture(0, NULL);
    g_pd3dDevice->SetSamplerState(0, D3DSAMP_MIPFILTER,
                                  D3DTEXF_NONE);
    g_pd3dDevice->SetRenderState(D3DRS_LIGHTING, TRUE);
```

```
    g_pd3dDevice->SetRenderState(D3DRS_CULLMODE, D3DCULL_CW);

    LebensdauerMomentan = GetTickCount() - LebensdauerStart;

    if(LebensdauerMomentan > LebensdauerMax)
        InitParticle();
}
```

Rauch- und Antriebspartikel

Für jedes Raumschiff wird eine fest vorgegebene Anzahl von Rauch- und Antriebspartikeln initialisiert (siehe Datei *Spieleinstellungen.txt*). Es handelt sich dabei um texturierte Quads, die mit eingeschaltetem Alpha Blending gerendert werden. Damit es dabei zu keinen Darstellungsfehlern kommt, werden alle aktiven Partikel eines Raumschiffs in Back to Front Order sortiert gerendert. Sinkt die momentane Framerate unter den in der Variable `MinimalAcceptableFrameRate` gespeicherten Wert ab, wird nur noch jedes zweite Partikel gerendert.

Rauch- und Antriebspartikel initialisieren

Im Gegensatz zu den Spacepartikeln findet die Reinitialisierung der Rauch- und Antriebspartikel immer nur dann statt, wenn diese auch sichtbar sind. Aufgerufen werden die Initialisierungsfunktionen aus der Methode `Handle_Ship()` der betreffenden `CSternenkreuzer`-Instanz. Dieses Vorgehen sieht zwar auf den ersten Blick etwas umständlich aus, bringt aber einen gewaltigen Performancegewinn mit sich. Stellen Sie sich nur einmal vor, es müssten für 100 Raumschiffe die Partikel in jedem Frame bewegt und immer wieder reinitialisiert werden, obwohl der Spieler gerade einmal fünf Schiffe sehen kann – was für eine Verschwendung von Rechenleistung. Sowohl die Rauch- wie auch die Antriebspartikel werden im Ursprung des Modellkoordinatensystems initialisiert.

Listing 20.18: Rauch- und Antriebspartikel initialisieren

```
void CSmokeParticle::InitParticle(D3DXVECTOR3* pRichtung)
{
    active = true;
    ScaleFactor = frnd(0.5f, 1.1f);
    relParticlePosition  = NullVektor; // Ursprung des Modell-
                                       // koordinatensystems
    ParticleFlugrichtung = *pRichtung;
    TexturNr = lrnd(0, AnzSmokeAndEnginePartikelTexturen);
    LebensdauerStart = GetTickCount();
    LebensdauerMax = lrnd(500, 800);
    Velocity = frnd(2.0f, 6.0f);
}

void CEngineParticle::InitParticle(D3DXVECTOR3* pRichtung,
                                   float Scale = 0.4f)
{
```

```
    active = true;
    relParticlePosition  = NullVektor;
    ParticleFlugrichtung = *pRichtung;
    TexturNr = lrnd(0, AnzSmokeAndEnginePartikelTexturen);
    ScaleFactor = Scale;
    LebensdauerStart = GetTickCount();
    LebensdauerMax = lrnd(300, 400);
    Velocity = 12.0f;
}
```

Rauch- und Antriebspartikel bewegen

Die Berechnung der neuen Partikelposition verläuft in zwei Schritten:

- Bewegung der Partikel im Modellkoordinatensystem
- Transformation der Modellkoordinaten in Weltkoordinaten

Listing 20.19: Rauch- und Antriebspartikel bewegen

```
void Translation(D3DXVECTOR3* pPosition)
{
    if(active == false)
        return;

    relParticlePosition += Velocity*ParticleFlugrichtung*FrameTime;
    ParticlePosition = relParticlePosition+(*pPosition);
    PlayerflugrichtungsAbstand = D3DXVec3Dot(&PlayerFlugrichtung,
                                             &ParticlePosition);
    LebensdauerMomentan = GetTickCount() - LebensdauerStart;

    if(LebensdauerMomentan*SpeedFaktor > LebensdauerMax)
        active = false;
}
```

Antriebspartikel rendern

Sowohl die Antriebspartikel wie auch der Raumschiff-Schutzschild müssen häufig gleichzeitig (in einem Frame) gerendert werden. Damit es dabei zu keinen Darstellungsfehlern kommt, müssen die Antriebspartikel mit ausgeschaltetem z-Buffer gerendert werden. Das führt unweigerlich zu einem anderen Problem – werden die Antriebspartikel vom zugehörigen Sternenkreuzer teilweise oder vollständig verdeckt, müssen zuerst die Partikel gerendert werden. Andernfalls muss zuerst der Sternenkreuzer gerendert werden. Das Skalarprodukt aus Flugrichtung und Ortsvektor des Sternenkreuzers hilft uns, die richtige Entscheidung über die Renderreihenfolge zu treffen:

```
if(D3DXVec3Dot(&Abstandsvektor,&Flugrichtung) < 0.0f)
    Render_EnginePartikel_First = TRUE;
else
    Render_EnginePartikel_First = FALSE;
```

Ist das Skalarprodukt aus Ortsvektor und Flugrichtung kleiner `0.0f` (und ist der Sternenkreuzer für den Betrachter sichtbar), dann bewegt sich der Sternenkreuzer auf den Betrachter zu und die Antriebspartikel werden teilweise oder vollständig verdeckt.

Listing 20.20: Antriebspartikel rendern

```
void CEngineParticle::Render(void)
{
    if(active == FALSE)
        return;

    if(lrnd( 0, 10) == 0)
        TexturNr = lrnd(0, AnzSmokeAndEnginePartikelTexturen);

    ScaleFactor += 0.032f;

    tempFloat = LebensdauerMomentan/50.0f;

    ZeroMemory(&mtrl, sizeof(MATERIAL));
    mtrl.Emissive.r = 1.2f/tempFloat;
    mtrl.Emissive.g = 0.7f/tempFloat;
    mtrl.Emissive.b = 0.4f/tempFloat;
    g_pd3dDevice->SetMaterial(&mtrl);

    g_pd3dDevice->SetRenderState(D3DRS_ALPHABLENDENABLE, TRUE);
    g_pd3dDevice->SetRenderState(D3DRS_DESTBLEND, 2);
    g_pd3dDevice->SetRenderState(D3DRS_ZENABLE, FALSE);

    // Mipmap-Filterung festlegen wie gehabt ///////////////////////

    g_pd3dDevice->SetFVF(D3DFVF_SPACEOBJEKT3DVERTEX);
    g_pd3dDevice->SetStreamSource(0, ParticleVB , 0,
                                  sizeof(SPACEOBJEKT3DVERTEX));
    Positioniere_2D_Object_gedreht(&ParticlePosition, ScaleFactor,
                                   Drehwinkel);
    g_pd3dDevice->SetTexture(0,
       g_pSmokeAndEnginePartikelTexturen[TexturNr].pTexture);
    g_pd3dDevice->DrawPrimitive(D3DPT_TRIANGLESTRIP, 0, 2);
    g_pd3dDevice->SetTexture(0, NULL);
    g_pd3dDevice->SetSamplerState(0, D3DSAMP_MIPFILTER,
                                  D3DTEXF_NONE);
    g_pd3dDevice->SetRenderState(D3DRS_ALPHABLENDENABLE, FALSE);
    g_pd3dDevice->SetRenderState(D3DRS_ZENABLE, TRUE);
}
```

Rauchpartikel rendern

Bis auf die folgenden beiden Unterschiede entspricht die Renderfunktion der Rauchpartikel derjenigen der Antriebspartikel:

- Rauchpartikel werden mit eingeschaltetem z-Buffer gerendert, da Partikel und Schutzschild niemals zur selben Zeit gerendert werden.
- Für die Ausrichtung der Partikel wird die Funktion `Positioniere_2D_Object_fluktuierend()` verwendet.

Explosionspartikel

Zusätzlich zu den Rauch- und Antriebspartikeln wird für jedes Raumschiff (und jeden Asteroiden) eine fest vorgegebene Anzahl von Explosionspartikeln initialisiert. Verwaltung und Handling der Gesamtheit aller Partikel eines Raumschiffs (oder Asteroiden) wird von einer Instanz der Klasse `CExploParticle` übernommen. Gerendert werden die Explosionspartikel als indizierte Dreiecksfächer bei ausgeschaltetem Alpha Blending.

HINWEIS: Die Verwendung von transparenten Quads würde zu Darstellungsfehlern führen (man erkennt die schwarzen Umrisse der Partikel), da das Rendern aller Partikel (ca. 200 – 1400 Stück) in Back to Front Order einfach viel zu zeitaufwändig wäre.

Die Anzahl der Ecken der Explosionspartikel sowie die Anzahl der Partikel für jede Schiffsklasse sind ebenfalls in der Datei *SpielEinstellungen.txt* vorgegeben.

Explosionspartikel initialisieren

Die Initialisierung der Gesamtheit aller Partikel findet neben der Erzeugung von Vertex- und Indexbuffer dieses Mal im Konstruktor statt, da das Partikelsystem keiner Reinitialisierung bedarf.

Listing 20.21: Explosionspartikel initialisieren

```
CExploParticle::CExploParticle(long anz, float scale,
                              float VelocityMultiplikator = 1.0f,
                              float ScaleMultiplikator = 1.0f)
{
    SPACEOBJEKT3DVERTEX* pVertices;

    AnzPartikel = anz;

    Position        = new D3DXVECTOR3[anz];
    Velocity        = new D3DXVECTOR3[anz];
    LebensdauerMax = new long[anz];
```

```
    ScaleFactor      = new float[anz];
    TexturNr         = new long[anz];

    for(PartikelCounter = 0; PartikelCounter < AnzPartikel;
        PartikelCounter++)
    {
        LebensdauerMax[PartikelCounter] = lrnd(3000, 10000);
        ScaleFactor[PartikelCounter] = ScaleMultiplikator*frnd(0.1f,
                                                             0.2f);
        TexturNr[PartikelCounter] = lrnd(0, AnzExploPartikelTexturen);
        Position[PartikelCounter] = D3DXVECTOR3(frnd(-1.0f, 1.0f),
                                                frnd(-1.0f, 1.0f),
                                                frnd(-1.0f, 1.0f));

        NormalizeVector(&Position[PartikelCounter],
                        &Position[PartikelCounter]);

        Position[PartikelCounter] = frnd(0.001f,0.005f)*
                                    Position[PartikelCounter];
        Velocity[PartikelCounter] = VelocityMultiplikator*787.5f*
                                    Position[PartikelCounter]*
                                    frnd(1.0f,2.0f);
        Position[PartikelCounter] = 20.0f*scale*
                                    Position[PartikelCounter];
    }

    // Vertex- und Indexbuffer erzeugen (Dreiecksfächer) ///////////
}
```

Explosionspartikel aktivieren

Bevor das Explosionspartikelsystem eingesetzt werden kann, muss es zunächst einmal aktiviert werden.

Listing 20.22: Explosionspartikel aktivieren

```
void CExploParticle::Activate(void)
{ LebensdauerStart = GetTickCount(); }
```

Explosionspartikel bewegen

Listing 20.23: Explosionspartikel bewegen

```
void CExploParticle::Partikel_Bewegung(void)
{
    LebensdauerMomentan = GetTickCount() - LebensdauerStart;

    for(PartikelCounter = 0; PartikelCounter < AnzPartikel;
```

```
        PartikelCounter++)
    {
        if(LebensdauerMomentan <
           LebensdauerMax[PartikelCounter])
        {
            Position[PartikelCounter] +=
            Velocity[PartikelCounter]*FrameTime;
        }
    }
}
```

Explosionspartikel rendern

Der Renderfunktion für die Explosionspartikel kommen zwei Besonderheiten zu: Zum einen wird in Abhängigkeit vom quadratischen Abstand zwischen Partikelursprung und Kameraposition die Anzahl der zu rendernden Partikel dynamisch berechnet, zum anderen wird beim Unterschreiten der `MinimalAcceptableFrameRate` die Anzahl der zu rendernden Partikel halbiert, sofern ein quadratischer Mindestabstand zur Kamera überschritten wird.

Listing 20.24: Explosionspartikel rendern

```
void CExploParticle::Render(D3DXVECTOR3* pCenterPosition,
                            float &abstandSq)
{
    tempLong = (long)(AnzPartikel*ExploPartikelAbnahme/abstandSq);

    if(FrameRate < MinimalAcceptableFrameRate &&
       abstandSq > 10000.0f)
        tempLong /= 2;

    if(tempLong > AnzPartikel)
        tempLong = AnzPartikel;

    if(abstandSq < 90000.0f)
    {
        tempFloat = LebensdauerMomentan/2000.0f;

        ZeroMemory(&mtrl, sizeof(MATERIAL));
        mtrl.Emissive.r = mtrl.Emissive.g = 1.0f/tempFloat;
        mtrl.Emissive.b = 1.0f/tempFloat;
        g_pd3dDevice->SetMaterial(&mtrl);

        // Mipmap Filter festlegen wie gehabt //////////////////////

        g_pd3dDevice->SetStreamSource(0, ExploPartikelVB, 0,
                                      sizeof(SPACEOBJEKT3DVERTEX));
        g_pd3dDevice->SetFVF(D3DFVF_SPACEOBJEKT3DVERTEX);
```

```
        for(PartikelCounter = 0; PartikelCounter < tempLong;
            PartikelCounter++)
        {
        if(LebensdauerMomentan < LebensdauerMax[PartikelCounter])
        {
        PartikelPosition = Position[PartikelCounter] +
                           *pCenterPosition;

        tempFloat = ScaleFactor[PartikelCounter]*
                    (1.0f+LebensdauerMax[PartikelCounter] -
                    LebensdauerMomentan)/70000.0f;

        Positioniere_2D_Object(&PartikelPosition, tempFloat);

        g_pd3dDevice->SetTexture(0,
        g_pExploPartikelTexturen[TexturNr[PartikelCounter]].
        pTexture);

        g_pd3dDevice->SetIndices(ExploPartikelIB);
        g_pd3dDevice->DrawIndexedPrimitive(D3DPT_TRIANGLEFAN, 0,
                                           0, AnzVertices,
                                           0, AnzIndices);
        g_pd3dDevice->SetTexture(0, NULL);
        }}

        g_pd3dDevice->SetSamplerState(0, D3DSAMP_MIPFILTER,
                                      D3DTEXF_NONE);
        g_pd3dDevice->SetRenderState(D3DRS_CULLMODE, D3DCULL_CW);
    }
    else
        LebensdauerMomentan = GetTickCount() - LebensdauerStart;
}
```

Raketenantriebspartikel

Zu guter Letzt müssen wir noch kurz auf die Antriebspartikel für eine Lenkwaffe eingehen. Aus Performancegründen ist es nicht möglich, sämtliche Raumschiffe, Explosionen und Lenkwaffen in Back to Front Order sortiert zu rendern. Aus diesem Grund wird die Anzahl der Lenkwaffen, die nach ihrem Abstand sortiert gerendert werden, limitiert (der entsprechende Wert ist in der Datei *SpielEinstellungen.txt* festgeschrieben). Beim Rendern der Antriebspartikel der nicht sortiert gerenderten Lenkwaffen würde es unweigerlich zu Darstellungsfehlern kommen, sofern man Quads verwendet (man erkennt die schwarzen Umrisse der Partikel). Aus diesem Grund werden die Antriebspartikel als indizierte Dreiecksfächer bei eingeschaltetem Alpha Blending gerendert (ein Dreiecksfächer gibt die Form eines Partikels einfach besser wieder als ein Quad).

20.6 Asteroidenmodelle

In unserem Spiel kommen zwei Asteroiden-Basismodelle zum Einsatz (eines für die großen Asteroiden und eines für die kleinen Asteroiden). In beiden Fällen handelt es sich um einfache Kugelmodelle mit unterschiedlicher Vertexanzahl. Alle Asteroidenmodelle lassen sich von einem dieser beiden Basismodelle ableiten. Für jedes dieser abgeleiteten Modelle wird zwar ein eigener Vertexbuffer angelegt, es kann jedoch der Indexbuffer des Basismodells genutzt werden. Die Asteroidenform selbst wird durch die Variation der Vertexabstände vom Asteroidenmittelpunkt (Vertexradien) modelliert. Die gültigen Werte liegen dabei im Bereich von `0.0f` bis `1.0f`. Bei Spielbeginn werden zwei Instanzen der Klasse `CAsteroidModell` erzeugt. Dabei speichert die eine Instanz den Indexbuffer sowie die Vertexbuffer aller großen Asteroiden, die andere Instanz speichert die entsprechenden Daten aller kleinen Asteroiden. Die einzelnen Asteroidenmodelle werden in unskalierter Form gespeichert. Skaliert wird ein Modell erst während des Renderprozesses. Auf diese Weise lässt sich jeder Asteroid individuell skalieren. Die hierfür notwendigen Skalierungsmatrizen sind in den `CAsteroid`-Instanzen gespeichert, die jeweils einen Asteroiden repräsentieren.

Ein Asteroidenmodell erzeugen

Der Vertexbuffer eines abgeleiteten Asteroidenmodells wird in einer Instanz der Klasse `CAsteroidVertexBuffer` initialisiert und verwaltet. Der erste Initialisierungsschritt besteht darin, die Vertexanzahl festzulegen und das Radienarray zu erzeugen. Hierfür muss die Methode `Init_RadienArray()` aufgerufen werden. Im zweiten Schritt werden die einzelnen Radien Vertex für Vertex aus der Asteroidenmodell-Datei herausgelesen und in das Radienarray geschrieben. Im dritten Schritt wird mit Hilfe der Methode `Init_VertexBuffer()` ein Vertexbuffer für ein Kugelmodell erzeugt (siehe ***Tag 12***) und durch Einbeziehung des Radienarrays in die Asteroidenform überführt.

Radienarray initialisieren

Listing 20.25: Radienarray für ein Asteroidenmodell initialisieren

```
void CAsteroidVertexBuffer::Init_RadienArray(long ringe,
                                             long segmente)
{
    Radius            = 1.0f;     //    Standardvorgabe
    AnzVerticesZeile  = segmente;
    AnzVerticesSpalte = ringe;
    AnzVertices       = AnzVerticesZeile*AnzVerticesSpalte;
    Radien            = new float[AnzVertices];
}
```

Abgeleitete Asteroidenmodelle initialisieren

Listing 20.26: Abgeleitete Asteroidenmodelle initialisieren

```
CAsteroidModell::CAsteroidModell(long anzModelle, long ringe,
                                 long segmente, FILE* pfile)
{
    if(anzModelle <= 0)  // zur Sicherheit
        anzModelle = 1;  // abgeleitete Modelle

    AnzModelle = anzModelle;

    // Indexbuffer für das Basismodell (Kugel) erzeugen ////////////

  AsteroidVertexBufferArray = new CAsteroidVertexBuffer[AnzModelle];

    fscanf(pfile,"%s", &strBuffer);
    fscanf(pfile,"%f", &MinScaleFaktor);
    fscanf(pfile,"%s", &strBuffer);
    fscanf(pfile,"%f", &MaxScaleFaktor);
    fscanf(pfile,"%s", &strBuffer);
    fscanf(pfile,"%f", &MaxScaleFaktorVarianz);

    for(long j = 0; j < AnzModelle ; j++)
    {
        AsteroidVertexBufferArray[j].Init_RadienArray(
        AnzVerticesSpalte, AnzVerticesZeile);

        for(long i = 0; i < AnzVertices; i++)
        {
        fscanf(pfile,"%f", &AsteroidVertexBufferArray[j].Radien[i]);
        fscanf(pfile,"%s", &strBuffer);
        }

        AsteroidVertexBufferArray[j].Init_VertexBuffer();
    }
}
```

Ein Asteroidenmodell rendern

In der Renderfunktion der `CAsteroidModell`-Klasse werden nacheinander die folgenden Arbeitsschritte ausgeführt:

- Einstellen der Materialeigenschaften in Abhängigkeit davon, ob im Augenblick ein Nebula-Flash aktiv ist oder nicht
- Auswahl der korrekten Textur in Abhängigkeit von der übergebenen Texturnummer und dem übergebenen Detailgrad

- Mipmap-Filterung aktivieren, sofern die Textur mit dem niedrigsten Detailgrad verwendet wird
- Rendern des korrekten Asteroidenmodells in Abhängigkeit von der übergebenen Modellnummer

Listing 20.27: Ein Asteroidenmodell rendern

```
void CAsteroidModell::Render_AsteroidModell(long ModNr,
                                            long TexturNr,
                                            long DetailGrad)
{
    if(ShowNebulaFlash == TRUE) // Nebelszenario
    {
        ZeroMemory(&mtrl, sizeof(MATERIAL));
        mtrl.Ambient.r = mtrl.Ambient.g = mtrl.Ambient.b = 0.5f;
        mtrl.Diffuse.r = 0.5f*NebulaHintergrundRed;
        mtrl.Diffuse.g = 0.5f*NebulaHintergrundGreen;
        mtrl.Diffuse.b = 0.5f*NebulaHintergrundBlue;
        g_pd3dDevice->SetMaterial(&mtrl);
    }
    else if(ShowNebulaFlash == FALSE)
    {
        ZeroMemory(&mtrl, sizeof(MATERIAL));
        mtrl.Ambient.r = mtrl.Ambient.g = mtrl.Ambient.b = 0.5f;
        mtrl.Diffuse.r = mtrl.Diffuse.g = mtrl.Diffuse.b = 5.0f;
        g_pd3dDevice->SetMaterial(&mtrl);
    }

    g_pd3dDevice->SetRenderState(D3DRS_CULLMODE, D3DCULL_CCW);

    if(DetailGrad == 1)
        g_pd3dDevice->SetTexture(0,
                     g_pAsteroidTexturen[TexturNr].M1->pTexture);
    else if(DetailGrad == 2)
        g_pd3dDevice->SetTexture(0,
                     g_pAsteroidTexturen[TexturNr].M2->pTexture);
    else if(DetailGrad == 3)
    {
        // Mipmap-Filterung festlegen wie gehabt ///////////////////

        g_pd3dDevice->SetTexture(0,
                     g_pAsteroidTexturen[TexturNr].M3->pTexture);
    }

    g_pd3dDevice->SetStreamSource(0,
                 AsteroidVertexBufferArray[ModNr].AsteroidVB, 0,
                 sizeof(SPACEOBJEKT3DVERTEX));
```

```
    g_pd3dDevice->SetFVF(D3DFVF_SPACEOBJEKT3DVERTEX);
    g_pd3dDevice->SetIndices(AsteroidIB);
    g_pd3dDevice->DrawIndexedPrimitive(D3DPT_TRIANGLELIST, 0,
                                       0, AnzVertices,
                                       0, AnzTriangles);
    g_pd3dDevice->SetTexture(0, NULL);
    g_pd3dDevice->SetSamplerState(0, D3DSAMP_MIPFILTER,
                                     D3DTEXF_NONE);
    g_pd3dDevice->SetRenderState(D3DRS_CULLMODE, D3DCULL_CW);
}
```

Aufruf der Renderfunktion

Aufgerufen wird die `CAsteroidModell`-Renderfunktion aus der jeweiligen `CAsteroid`-Instanz, die den betreffenden Asteroiden repräsentiert. Je nachdem, ob ein großer oder kleiner Asteroid gerendert werden soll, stehen die beiden folgenden Methoden zur Auswahl:

```
void Render_LargeAsteroid(void);
void Render_SmallAsteroid(void);
```

In beiden Funktionen werden nacheinander die folgenden Arbeitsschritte ausgeführt:

- (Rendern der Explosionspartikel, sofern der Asteroid sichtbar und die Zerstörungssequenz eingeleitet ist – wird momentan nicht benötigt, da die Asteroiden unzerstörbar sind)
- Berechnung der Transformationsmatrix und Durchführung der Welttransformation
- Festlegen der Farboperation, mit welcher Texelfarbe und Streulichtfarbe gemischt werden sollen
- Festlegen des zu verwendenden Textur-Detailgrads
- Aufruf der `CAsteroidModell`-Methode `Render_AsteroidModell()`

Listing 20.28: Aufruf der Renderfunktion für einen großen Asteroiden

```
void CAsteroid::Render_LargeAsteroid(void)
{
    if(visible == TRUE)
    {
        if(destroySequence == TRUE)
        {
            ExploPartikel->Render(&Abstandsvektor, AbstandSq);
            return;
        }

        RotationsMatrix = RotationsMatrix*FrameRotationsMatrix;

        VerschiebungsMatrix = RotationsMatrix;
```

```
    VerschiebungsMatrix._41 = Abstandsvektor.x;
    VerschiebungsMatrix._42 = Abstandsvektor.y;
    VerschiebungsMatrix._43 = Abstandsvektor.z;

    TransformationsMatrix = ScaleMatrix*VerschiebungsMatrix;

    g_pd3dDevice->SetTransform(D3DTS_WORLD,
                               &TransformationsMatrix);

    if(ReflectiveLargeAsteroidTextures == 1)
    {
        g_pd3dDevice->SetTextureStageState(0, D3DTSS_COLOROP,
                                           D3DTOP_ADDSIGNED);
    }
    else if(ReflectiveLargeAsteroidTextures == 2)
    {
        g_pd3dDevice->SetTextureStageState(0, D3DTSS_COLOROP,
                                           D3DTOP_ADDSIGNED2X);
    }
    if(AbstandSq <= 250000.0f)
    {
        tempLong = 1;
        LargeAsteroidModell->Render_AsteroidModell(ModellNummer,
                             TexturNummer, tempLong);
    }
    else if(AbstandSq > 250000.0f && AbstandSq < 2000000.0f)
    {
        tempLong = 2;
        LargeAsteroidModell->Render_AsteroidModell(ModellNummer,
                             TexturNummer, tempLong);
    }
    else if(AbstandSq >= 2000000.0f)
    {
        tempLong = 3;
        LargeAsteroidModell->Render_AsteroidModell(ModellNummer,
                             TexturNummer, tempLong);
    }
    g_pd3dDevice->SetTextureStageState(0, D3DTSS_COLOROP,
                                       D3DTOP_MODULATE);
}
```

20.7 Waffenmodelle

In unserem Spiel kommen zwei Waffenmodelle (Geometriemodelle) in zwei verschiedenen Detailstufen zum Einsatz, die sich wiederum von einem Kugelmodell ableiten lassen. Geometriemodell 1 wird für alle Lenkwaffen verwendet, Geometriemodell 2 für alle Laserwaffen.

Laserwaffen

Zunächst werden wir die Darstellung einer Laserwaffe etwas genauer betrachten.

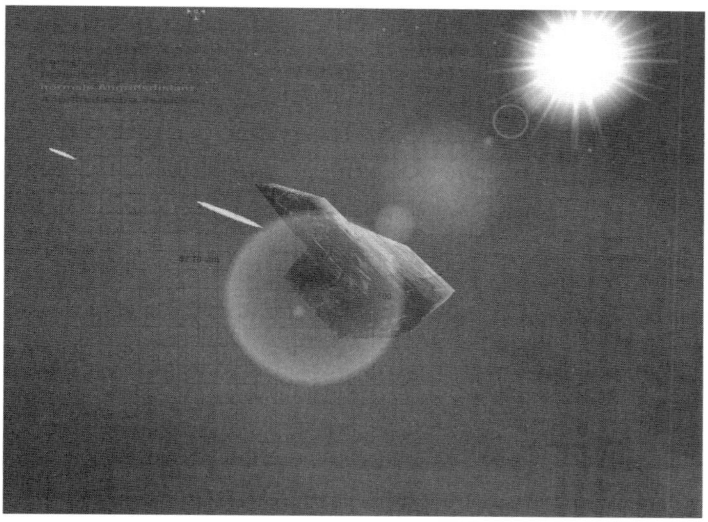

Abbildung 20.8: Laserwaffen im Einsatz

Zum Rendern des Geometriemodells werden zwei Vertexbuffer benötigt, die sich beide nur in den verwendeten Texturkoordinaten voneinander unterscheiden. Betrachten wir hierzu eine typische Laserwaffentextur:

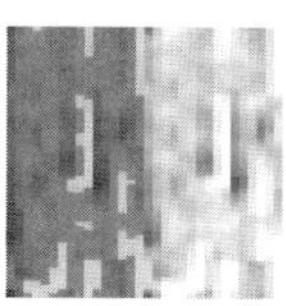

Abbildung 20.9: Textur für eine Laserwaffe

Der eine Vertexbuffer wird für die Darstellung des inneren weißen Bereichs verwendet, der andere Vertexbuffer für die Darstellung des äußeren grünen Bereichs.

Vertexbuffer für eine Laserwaffe erzeugen

Als Nächstes beschäftigen wir uns mit der Initialisierung der beiden Vertexbuffer. Beachten Sie hierbei insbesondere die mathematischen Gleichungen, auf deren Grundlage die Vertexkoordinaten generiert werden.

Listing 20.29: Vertexbuffer für eine Laserwaffe erzeugen

```
WeaponNearVB2Inner->Lock(0, 0, (VOID**)&pColVertices, 0);

for(zeilenNr = 0; zeilenNr < AnzVerticesSpalte; zeilenNr++)
{
    for(spaltenNr = 0; spaltenNr < AnzVerticesZeile; spaltenNr++)
    {
    pColVertices[zeilenNr*AnzVerticesZeile+spaltenNr].position =
    D3DXVECTOR3(
                /* x-Wert */
                width*sinf(zeilenNr*RingTeilwinkel)*
                     sinf(spaltenNr*SegmentTeilwinkel),
                /* y-Wert */
                width*sinf(zeilenNr*RingTeilwinkel)*
                     cosf(spaltenNr*SegmentTeilwinkel),
                /* z-Wert */
                -length*cosf(zeilenNr*RingTeilwinkel));

    pColVertices[zeilenNr*AnzVerticesZeile+spaltenNr].color =
    D3DCOLOR_XRGB(250,250,250);

    pColVertices[zeilenNr*AnzVerticesZeile+spaltenNr].tu =
    0.5f+0.5f*zeilenNr/(AnzVerticesSpalte-1);

    pColVertices[zeilenNr*AnzVerticesZeile+spaltenNr].tv =
    (float)spaltenNr/(AnzVerticesZeile-1);
    }
}
WeaponNearVB2Inner->Unlock();

WeaponNearVB2Outer->Lock(0, 0, (VOID**)&pColVertices, 0);

for(zeilenNr = 0; zeilenNr < AnzVerticesSpalte; zeilenNr++)
{
for(spaltenNr = 0; spaltenNr < AnzVerticesZeile; spaltenNr++)
{
    pColVertices[zeilenNr*AnzVerticesZeile+spaltenNr].position =
    D3DXVECTOR3(
                /* x-Wert */
                width*sinf(zeilenNr*RingTeilwinkel)*
                     sinf(spaltenNr*SegmentTeilwinkel),
```

```
                /* y-Wert */
                width*sinf(zeilenNr*RingTeilwinkel)*
                     cosf(spaltenNr*SegmentTeilwinkel),
                /* z-Wert */
                -length*cosf(zeilenNr*RingTeilwinkel));

    pColVertices[zeilenNr*AnzVerticesZeile+spaltenNr].color =
    D3DCOLOR_XRGB(250,250,250);

    pColVertices[zeilenNr*AnzVerticesZeile+spaltenNr].tu =
    0.5f*zeilenNr/(AnzVerticesSpalte-1);

    pColVertices[zeilenNr*AnzVerticesZeile+spaltenNr].tv =
    (float)spaltenNr/(AnzVerticesZeile-1);
}
}
WeaponNearVB2Outer->Unlock();
```

Lenkwaffen

Vertexbuffer für eine Lenkwaffe erzeugen

Das Geometriemodell der Lenkwaffen kommt mit einem einzigen Vertexbuffer aus – riskieren wir einen Blick:

Listing 20.30: Vertexbuffer für eine Lenkwaffe erzeugen

```
WeaponNearVB1->Lock(0, 0, (VOID**)&pColVertices, 0);

for(zeilenNr = 0; zeilenNr < AnzVerticesSpalte; zeilenNr++)
{
for(spaltenNr = 0; spaltenNr < AnzVerticesZeile; spaltenNr++)
{
    pColVertices[zeilenNr*AnzVerticesZeile+spaltenNr].position =
    D3DXVECTOR3(
                /* x-Wert */
                width*sinf(zeilenNr*RingTeilwinkel)*
                     sinf(spaltenNr*SegmentTeilwinkel),
                /* y-Wert */
                width*sinf(zeilenNr*RingTeilwinkel)*
                     cosf(spaltenNr*SegmentTeilwinkel),
                /* z-Wert */
                -(length*zeilenNr/Ringe)*
                cosf(zeilenNr*RingTeilwinkel));

                tempLong = 200*zeilenNr/Ringe;
```

```
    pColVertices[zeilenNr*AnzVerticesZeile+spaltenNr].color =
    D3DCOLOR_XRGB(250-tempLong,250-tempLong,250-tempLong);

    pColVertices[zeilenNr*AnzVerticesZeile+spaltenNr].tu =
    4.0f*spaltenNr/(AnzVerticesZeile-1); //4-faches Texture-Wrapping

    pColVertices[zeilenNr*AnzVerticesZeile+spaltenNr].tv =
    (float)zeilenNr/(AnzVerticesSpalte-1);
}
}
WeaponNearVB1->Unlock();
```

Waffenmodelle rendern

In der Renderfunktion der `CWaffenModell`-Klasse werden nacheinander die folgenden Schritte abgearbeitet:

- Licht ausschalten
- Mipmap-Filterung aktivieren
- Wird die `MinimalAcceptableFrameRate` unterschritten, wird der quadratische Mindestabstand zum Betrachter, ab welchem die Low-Detail-Geometriemodelle verwendet werden, um ein Viertel seines Werts verringert.
- Transformationsmatrix erstellen und Welttransformation durchführen
- Waffenmodell rendern
- Licht einschalten

Listing 20.31: Waffenmodelle rendern

```
void CWaffenModell::Render_Weapon(D3DXVECTOR3* pOrtsvektor,
                                  float &AbstandSq,
                                  D3DXMATRIX* pRotationsMatrix)
{
    g_pd3dDevice->SetRenderState(D3DRS_LIGHTING, FALSE);
    g_pd3dDevice->SetRenderState(D3DRS_CULLMODE, D3DCULL_CCW);

    // Mipmap Filter festlegen wie gehabt //////////////////////

    if(FrameRate >= MinimalAcceptableFrameRate)
        tempFloat = WeaponLODAbstandSq;
    else
        tempFloat = WeaponLODAbstandSq/4.0f;

    if(Geometriemodell == 1) // Lenkwaffe
    {
```

```
        TransformationsMatrix= *pRotationsMatrix;
        TransformationsMatrix._41 = pOrtsvektor->x;
        TransformationsMatrix._42 = pOrtsvektor->y;
        TransformationsMatrix._43 = pOrtsvektor->z;

        g_pd3dDevice->SetTransform(D3DTS_WORLD,
                                   &TransformationsMatrix);

        g_pd3dDevice->SetTexture(0, WeaponTextur->pTexture);

        if(AbstandSq < tempFloat) // High-Detail-Modell
        {
            g_pd3dDevice->SetStreamSource(0, WeaponNearVB1, 0,
                          sizeof(COLOREDVERTEX));
            g_pd3dDevice->SetFVF(D3DFVF_COLOREDVERTEX);
            g_pd3dDevice->SetIndices(WeaponNearIB1);
            g_pd3dDevice->DrawIndexedPrimitive(D3DPT_TRIANGLELIST,
                                               0,
                                               0, AnzVertices1Near,
                                               0, AnzTriangles1Near);
        }
        else
        {
            g_pd3dDevice->SetStreamSource(0, WeaponFarVB1, 0,
                          sizeof(COLOREDVERTEX));
            g_pd3dDevice->SetFVF(D3DFVF_COLOREDVERTEX);
            g_pd3dDevice->SetIndices(WeaponFarIB1);
            g_pd3dDevice->DrawIndexedPrimitive(D3DPT_TRIANGLELIST,
                                               0,
                                               0, AnzVertices1Far,
                                               0, AnzTriangles1Far);
        }
    }

    else if(Geometriemodell == 2) // Laserwaffe
    {
        // Flugrichtung aus der Rotationsmatrix extrahieren:
        tempVektor3.x = pRotationsMatrix->_31;
        tempVektor3.y = pRotationsMatrix->_32;
        tempVektor3.z = pRotationsMatrix->_33;

        CalcRotAxisMatrix(&tempMatrix,&tempVektor3,
                          Zufallswinkel->NeueZufallsZahl());

        TransformationsMatrix = *pRotationsMatrix;

        // Waffenmodell um Flugrichtungsachse drehen:
        TransformationsMatrix *= tempMatrix;
```

```
        TransformationsMatrix._41 = pOrtsvektor->x;
        TransformationsMatrix._42 = pOrtsvektor->y;
        TransformationsMatrix._43 = pOrtsvektor->z;

        // Transformationsmatrix für den äußeren VB:
        tempMatrix1 = ScaleMatrix*TransformationsMatrix;

        // Transformationsmatrix für den inneren VB:
        tempMatrix2 = InnerScaleMatrix*TransformationsMatrix;

        g_pd3dDevice->SetTexture(0, WeaponTextur->pTexture);

    if(AbstandSq < tempFloat) // High-Detail-Modell
    {
        g_pd3dDevice->SetTransform(D3DTS_WORLD, &tempMatrix2);

        g_pd3dDevice->SetStreamSource(0, WeaponNearVB2Inner, 0,
                                      sizeof(COLOREDVERTEX));

        g_pd3dDevice->SetFVF(D3DFVF_COLOREDVERTEX);
        g_pd3dDevice->SetIndices(WeaponNearIB2);
        g_pd3dDevice->DrawIndexedPrimitive(D3DPT_TRIANGLELIST,
                                           0,
                                           0, AnzVertices2Near,
                                           0, AnzTriangles2Near);

        g_pd3dDevice->SetRenderState(D3DRS_ALPHABLENDENABLE,
                                      TRUE);

        g_pd3dDevice->SetRenderState(D3DRS_DESTBLEND, 2);
        g_pd3dDevice->SetTransform(D3DTS_WORLD, &tempMatrix1);
        g_pd3dDevice->SetStreamSource(0, WeaponNearVB2Outer, 0,
                                      sizeof(COLOREDVERTEX));

        g_pd3dDevice->SetFVF(D3DFVF_COLOREDVERTEX);
        g_pd3dDevice->SetIndices(WeaponNearIB2);
        g_pd3dDevice->DrawIndexedPrimitive(D3DPT_TRIANGLELIST,
                                           0,
                                           0, AnzVertices2Near,
                                           0, AnzTriangles2Near);

        g_pd3dDevice->SetRenderState(D3DRS_ALPHABLENDENABLE,
                                      FALSE);
    }
    else
    {
     // Low-Detail-Modell rendern
    }
}
```

```
    g_pd3dDevice->SetTexture(0, NULL);
    g_pd3dDevice->SetSamplerState(0, D3DSAMP_MIPFILTER,
                                  D3DTEXF_NONE);
    g_pd3dDevice->SetRenderState(D3DRS_LIGHTING, TRUE);
    g_pd3dDevice->SetRenderState(D3DRS_CULLMODE, D3DCULL_CW);
}
```

20.8 Raumschiffe und Schutzschildeffekte

Zu guter Letzt wenden wir uns den Schiffsmodellen zu. In den nächsten Abschnitten werden Sie lernen, wie die Schiffsmodelle initialisiert und gerendert werden und wie sich die aus STAR TREK so bekannten Schutzschildeffekte in unser Spiel integrieren lassen.

Initialisierung der Schiffsmodelle

Mit dem Aufbau der Schiffsmodelldatei haben wir uns an Tag 16 bereits ausführlich beschäftigt. An dieser Stelle werden wir uns mit den bei der Initialisierung notwendigen Arbeitsschritten befassen:

- `ShieldLight`, `HullFireLight` sowie `EngineLight` initialisieren
- Sternenkreuzertexturen, Schadenstexturen sowie die Schutzschildtextur laden und initialisieren
- alle taktischen Daten der Schiffsklasse aus der Modelldatei laden
- Skalierungsmatrizen für Schiff und Schutzschild initialisieren
- Vertex- und Indexbuffer der Schildmodelle (Near Distance Shield sowie Far Distance Shield) initialisieren
- Vertexbuffer initialisieren, Position und Texturkoordinaten der Schiffs-Vertices aus der Modelldatei laden
- Vertexindices aus der Modelldatei laden und Indexbuffer initialisieren
- Flächennormalen und Gouraudnormalen (auf Wunsch) berechnen
- achsenausgerichtete Bounding-Boxen sowie die zugehörigen Dreiecke initialisieren

Da wir bereits bestens mit der Initialisierung von Lichtquellen, Vertex- und Indexbuffern vertraut sind, werden wir uns an dieser Stelle nur mit der Berechnung der Vertexnormalen sowie der Initialisierung der Bounding-Boxen der Schiffsmodelle befassen.

Listing 20.32: Berechnung der Vertexnormalen und Initialisierung der Bounding-Boxen eines Sternenkreuzermodells

```
void CSternenkreuzerModell::Init_Modell(void)
{
...
    // Berechnung der Flächennormalen
    D3DXVECTOR3 DiffVektor1;
    D3DXVECTOR3 DiffVektor2;

    SternenkreuzerVB->Lock(0, 0, (VOID**)&pModellVertices, 0);

    for(i = 0; i < AnzIndicesShip; i+=3)
    {
        DiffVektor2 = pModellVertices[IndexArray[i+1]].position-
                      pModellVertices[IndexArray[i]].position;
        DiffVektor1 = pModellVertices[IndexArray[i+2]].position-
                      pModellVertices[IndexArray[i]].position;

        D3DXVec3Cross(&pModellVertices[IndexArray[i]].normal,
                      &DiffVektor2, &DiffVektor1);

        D3DXVec3Normalize(&pModellVertices[IndexArray[i]].normal,
                          &pModellVertices[IndexArray[i]].normal);
        // Flächennormale zuweisen:
        pModellVertices[IndexArray[i+2]].normal =
        pModellVertices[IndexArray[i+1]].normal =
        pModellVertices[IndexArray[i]].normal;
    }
    SternenkreuzerVB->Unlock();

    SAFE_DELETE_ARRAY(IndexArray)

    //Gouraudnormalen berechnen:

    fscanf(pfile,"%s", &strBuffer);
    fscanf(pfile,"%d", &tempLong);

    if(tempLong == TRUE)
    {
    D3DXVECTOR3 tempGouraudNormale;
    i = 0;
    k = 0;

    SternenkreuzerVB->Lock(0, 0, (VOID**)&pModellVertices , 0);

    while(i < AnzVerticesShip-1)
    {
        j = i;
```

```
        tempGouraudNormale = pModellVertices[i].normal;
        k = 1;

      while(pModellVertices[i].position-
            pModellVertices[j+1].position == NullVektor)
      {
          // Vertexnormalen addieren:
          tempGouraudNormale += pModellVertices[j+1].normal;
          k++;
          j++;
      }
      // Vertexnormalen mitteln:
      tempGouraudNormale/=(float)k;
      NormalizeVector_If_Necessary(&tempGouraudNormale,
                                   &tempGouraudNormale);
      // Gouraudnormale zuweisen:
      for(l = i ; l <= j; l++)
          pModellVertices[l].normal = tempGouraudNormale;

      i = j+1;
  }
  SternenkreuzerVB->Unlock();

  }

  // Bounding-Boxen initialisieren:

  long TriangleNr = 0;

  fscanf(pfile,"%s", &strBuffer);
  fscanf(pfile,"%d", &AnzBoundingBoxes);

  BoundingBoxes = new CAABB[AnzBoundingBoxes];

  for(i = 0; i < AnzBoundingBoxes; i++)
  {
      // Eckpunkte der Box lesen

      // Anzahl von Dreiecken in der Box:
      fscanf(pfile,"%s", &strBuffer);
      fscanf(pfile,"%d", &tempLong);

      BoundingBoxes[i].Init_Box(tempLong);

      for(j = 0; j < BoundingBoxes[i].AnzTriangles; j++)
      {
          // Indices der Dreiecks-Eckpunkte lesen

          BoundingBoxes[i].Triangles[j].Init_Triangle(
              pModellVertices[temp1Long].position,
```

```
                pModellVertices[temp2Long].position,
                pModellVertices[temp3Long].position,
                SchiffsScaleMatrix._11, SchiffsScaleMatrix._22,
                SchiffsScaleMatrix._33, TriangleNr);

            TriangleNr++;
        }
    }
    fclose(pfile);
}
```

Rendern der Raumschiffe

Für die Darstellung der Raumschiffe stehen zwei `CSternenkreuzerModell`-Methoden zur Verfügung. Die Schiffe können sowohl bei eingeschaltetem Schildlicht (immer dann, wenn ein Waffenobjekt in den Schutzschild bzw. die Hülle einschlägt) als auch bei ausgeschaltetem Schildlicht (im Normalfall) gerendert werden.

Sternenkreuzer bei eingeschaltetem Schildlicht rendern

In der nachfolgenden Renderfunktion werden nacheinander die folgenden Schritte abgearbeitet:

- `HullFireLight` ausrichten und einschalten, sofern ein Hüllenschaden vorliegt
- `EngineLight` ausrichten und einschalten, sofern der Antrieb aktiviert ist
- `ShieldLight` einschalten (die Ausrichtung erfolgt innerhalb der Methode `Adjust_ShieldLight()`)
- Transformationsmatrix erstellen und Welttransformation durchführen
- Einstellen der Materialeigenschaften in Abhängigkeit davon, ob im Augenblick ein Nebula-Flash aktiv ist oder nicht
- Auswahl der Sternenkreuzertextur (Detailgrad) in Abhängigkeit vom quadratischen Abstand zum Betrachter
- Mipmap-Filterung aktivieren, sofern die Textur mit dem niedrigsten Detailgrad verwendet wird und der quadratische Abstand mehr als doppelt so groß ist wie der quadratische Abstand, bis zu welchem die Schiffspartikel noch gerendert werden sollen (`MaxShipPartikelAbstandSq`)
- Farboperation einstellen
- Schiffsmodell rendern
- einzelne Dreiecke des Schiffsmodells unter Verwendung einer Schadenstextur rendern, sofern die Hülle an der betreffenden Stelle beschädigt ist und der quadratische Abstand kleiner als `MaxShipPartikelAbstandSq` ist.

Listing 20.33: Sternenkreuzer bei eingeschaltetem Schildlicht rendern

```
void CSternenkreuzerModell::Render_Schiffsmodell_With_ShieldLight(
                                D3DXVECTOR3* pOrtsvektor,
                                D3DXVECTOR3* pSmokeDirection,
                                float &AbstandSq,
                                D3DXVECTOR3* pFlugrichtung,
                                D3DXMATRIX* pRotationsMatrix,
                                long* damagedTriangleListe,
                                float &ShieldCounter,
                                float &RD, float &GD, float &BD,
                                BOOL &HullDamage,
                                BOOL &Engine)
{
    if(HullDamage == TRUE)
    {
        HullFireLight.Position.x = pOrtsvektor->x +
         MaxSchiffsScaleFaktor*pSmokeDirection->x;
        HullFireLight.Position.y = pOrtsvektor->y +
         MaxSchiffsScaleFaktor*pSmokeDirection->y;
        HullFireLight.Position.z = pOrtsvektor->z +
         MaxSchiffsScaleFaktor*pSmokeDirection->z;
        g_pd3dDevice->SetLight(MaxAnzStaticLights+1,
                               &HullFireLight);
        g_pd3dDevice->LightEnable(MaxAnzStaticLights+1, TRUE);
    }
    if(Engine == TRUE)
    {
        EngineLight.Position.x = pOrtsvektor->x -
         MaxSchiffsScaleFaktor*pFlugrichtung->x;
        EngineLight.Position.y = pOrtsvektor->y -
         MaxSchiffsScaleFaktor*pFlugrichtung->y;
        EngineLight.Position.z = pOrtsvektor->z -
         MaxSchiffsScaleFaktor*pFlugrichtung->z;
        g_pd3dDevice->SetLight(MaxAnzStaticLights+2,
                               &EngineLight);
        g_pd3dDevice->LightEnable(MaxAnzStaticLights+2, TRUE);
    }

    // Schildlicht einschalten
    g_pd3dDevice->LightEnable(MaxAnzStaticLights, TRUE);

    if(ShowNebulaFlash == FALSE)
    {
        ZeroMemory(&mtrl, sizeof(MATERIAL));
        mtrl.Ambient.r = mtrl.Ambient.g = mtrl.Ambient.b = 0.1f;

        if(HullDamage == TRUE)
```

```
    {
        mtrl.Diffuse.r = 2.0f+RD/ShieldCounter;
        mtrl.Diffuse.g = 1.0f+GD/ShieldCounter;
    }
    else
    {
        mtrl.Diffuse.r = 2.0f+RD/ShieldCounter;
        mtrl.Diffuse.g = 2.0f+GD/ShieldCounter;
        mtrl.Diffuse.b = 2.0f+BD/ShieldCounter;
    }
    g_pd3dDevice->SetMaterial(&mtrl);
}
else if(ShowNebulaFlash == TRUE)
{
    ZeroMemory(&mtrl, sizeof(MATERIAL));
    mtrl.Ambient.r = mtrl.Ambient.g = mtrl.Ambient.b = 0.05f;

    if(HullDamage == TRUE)
    {
        mtrl.Diffuse.r =
        0.5f*NebulaHintergrundRed+RD/ShieldCounter;
        mtrl.Diffuse.g =
        0.1f*NebulaHintergrundGreen+GD/ShieldCounter;
        mtrl.Diffuse.b = 0.0f;
    }
    else
    {
        mtrl.Diffuse.r =
        0.5f*NebulaHintergrundRed+RD/ShieldCounter;
        mtrl.Diffuse.g =
        0.5f*NebulaHintergrundGreen+GD/ShieldCounter;
        mtrl.Diffuse.b =
        0.5f*NebulaHintergrundBlue+BD/ShieldCounter;
    }
    g_pd3dDevice->SetMaterial(&mtrl);
}

VerschiebungsMatrix= *pRotationsMatrix;

VerschiebungsMatrix._41 = pOrtsvektor->x;
VerschiebungsMatrix._42 = pOrtsvektor->y;
VerschiebungsMatrix._43 = pOrtsvektor->z;

TransformationsMatrix = SchiffsScaleMatrix*VerschiebungsMatrix;

g_pd3dDevice->SetTransform(D3DTS_WORLD, &TransformationsMatrix);

g_pd3dDevice->SetStreamSource(0, SternenkreuzerVB, 0,
                              sizeof(SPACEOBJEKT3DVERTEX));
```

```
g_pd3dDevice->SetFVF(D3DFVF_SPACEOBJEKT3DVERTEX);
g_pd3dDevice->SetRenderState(D3DRS_CULLMODE, D3DCULL_CCW);

if(AbstandSq <= 2500.0f)
    g_pd3dDevice->SetTexture(0,
                  SternenkreuzerTexturen->M1->pTexture);
else if(AbstandSq > 2500.0f && AbstandSq < 5000.0f)
    g_pd3dDevice->SetTexture(0,
                  SternenkreuzerTexturen->M2->pTexture);
else if(AbstandSq >= 5000.0f)
{
    if(AbstandSq > 2.0f*MaxShipPartikelAbstandSq)
    {
        // Mipmap-Filterung aktivieren wie gehabt //////////////
    }
    g_pd3dDevice->SetTexture(0,
                  SternenkreuzerTexturen->M3->pTexture);
}

// Farboperation einstellen:

if(MetallicShipTextures != 0)
{
    if(MetallicShipTextures == 1 || (MetallicShipTextures == 2
       && ShowNebulaFlash == TRUE))
    {
        g_pd3dDevice->SetTextureStageState(0, D3DTSS_COLOROP,
                                           D3DTOP_ADDSIGNED);
    }
    else if(MetallicShipTextures == 2)
    {
        g_pd3dDevice->SetTextureStageState(0, D3DTSS_COLOROP,
                                         D3DTOP_ADDSIGNED2X);
    }
}

// Schiff rendern:

g_pd3dDevice->SetIndices(SternenkreuzerIB);
g_pd3dDevice->DrawIndexedPrimitive(D3DPT_TRIANGLELIST, 0,
                                   0, AnzVerticesShip,
                                   0, AnzTrianglesShip);

g_pd3dDevice->SetTexture(0, NULL);
g_pd3dDevice->SetSamplerState(0, D3DSAMP_MIPFILTER,
                              D3DTEXF_NONE);

// Beschädigte Dreiecke mit Schadenstextur rendern:

if(AbstandSq < MaxShipPartikelAbstandSq)
```

```
    {
        if(AbstandSq <= 2500.0f)
         g_pd3dDevice->SetTexture( 0, DamageTexturen->M1->pTexture);
        else if(AbstandSq > 2500.0f && AbstandSq < 5000.0f)
         g_pd3dDevice->SetTexture( 0, DamageTexturen->M2->pTexture);
        else if(AbstandSq >= 5000.0f)
         g_pd3dDevice->SetTexture( 0, DamageTexturen->M3->pTexture);

        for(i = 0; i < AnzTrianglesShip; i++)
        {
            tempLong = damagedTriangleListe[i];

            if(tempLong != -1)
            g_pd3dDevice->DrawIndexedPrimitive(D3DPT_TRIANGLELIST,
                                               0,
                                               0, AnzVerticesShip,
                                               tempLong*3, 1);

        }
        g_pd3dDevice->SetTexture(0, NULL);
    }
    g_pd3dDevice->LightEnable(MaxAnzStaticLights, FALSE);
    g_pd3dDevice->LightEnable(MaxAnzStaticLights+1, FALSE);
    g_pd3dDevice->LightEnable(MaxAnzStaticLights+2, FALSE);
    g_pd3dDevice->SetTextureStageState(0, D3DTSS_COLOROP,
                                       D3DTOP_MODULATE);
    g_pd3dDevice->SetRenderState(D3DRS_CULLMODE, D3DCULL_CW);
}
```

Sternenkreuzer bei ausgeschaltetem Schildlicht rendern

Die zweite Renderfunktion, in der die Raumschiffe bei ausgeschaltetem Schildlicht gerendert werden, unterscheidet sich von der ersten Funktion neben der Parameterliste (siehe Kapitel 18.4) nur in den verwendeten Materialeigenschaften:

Listing 20.34: Sternenkreuzer bei ausgeschaltetem Schildlicht rendern – Materialeigenschaften festlegen

```
if(ShowNebulaFlash == FALSE)
{
    ZeroMemory(&mtrl, sizeof(MATERIAL));
    mtrl.Ambient.r = mtrl.Ambient.g = mtrl.Ambient.b = 0.1f;

    // Variation der Helligkeit im Bereich (-0.5f,0.5f):
    tempFloat = HalfEinheitsZufallszahlen->NeueZufallsZahl();

    if(HullDamage == TRUE)
    {
        mtrl.Diffuse.r = 2.0f+tempFloat;
```

```
        mtrl.Diffuse.g = 1.0f+tempFloat;
    }
    else
    {
        mtrl.Diffuse.r = mtrl.Diffuse.g = 2.0f+tempFloat;
        mtrl.Diffuse.b = 2.0f+tempFloat;
    }
    g_pd3dDevice->SetMaterial(&mtrl);
}
else if(ShowNebulaFlash == TRUE)
{
    ZeroMemory(&mtrl, sizeof(MATERIAL));
    mtrl.Ambient.r = mtrl.Ambient.g = mtrl.Ambient.b = 0.05f;

    if(HullDamage == TRUE)
    {
        mtrl.Diffuse.r = 0.5f*NebulaHintergrundRed;
        mtrl.Diffuse.g = 0.1f*NebulaHintergrundGreen;
    }
    else
    {
        mtrl.Diffuse.r = 0.5f*NebulaHintergrundRed;
        mtrl.Diffuse.g = 0.5f*NebulaHintergrundGreen;
        mtrl.Diffuse.b = 0.5f*NebulaHintergrundBlue;
    }
    g_pd3dDevice->SetMaterial(&mtrl);
}
```

Schutzschildeffekte

Coole Schutzschildeffekte gehören heutzutage zum Standardrepertoire eines jeden Space Games. Betrachten wir hierzu einen weiteren Screenshot aus unserem Spiel:

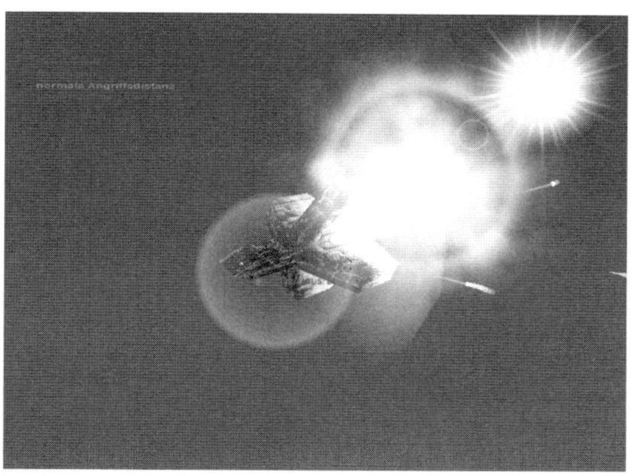

Abbildung 20.10: Schutzschilde im Einsatz

Ausrichten des Schildlichts

Vor dem Rendern des Schildmodells muss zunächst einmal das Schildlicht korrekt positioniert werden:

Listing 20.35: Ausrichten des Schildlichts

```
void CSternenkreuzerModell::Adjust_ShieldLight(
                            D3DXVECTOR3* pTrefferPosition)
{
    ShieldLight.Position.x = pTrefferPosition->x;
    ShieldLight.Position.y = pTrefferPosition->y;
    ShieldLight.Position.z = pTrefferPosition->z;
    g_pd3dDevice->SetLight(MaxAnzStaticLights, &ShieldLight);
}
```

Den Schild rendern

Für die Darstellung des Schutzschilds sind die folgenden fünf Schritte notwendig:

- Ausschalten der statischen Lichtquellen
- Transformationsmatrix erstellen und Welttransformation durchführen
- Einstellen der Materialeigenschaften, damit der Schild in der richtigen Farbe aufleuchtet (hierfür werden die Schildreflektionsparameter verwendet, die der Renderfunktion als Parameter übergeben werden)
- Überprüfen, ob man den Schild von innen oder von außen sieht und Einstellung des entsprechenden Cullmodes (Bewegt sich ein Schiff beispielsweise vom Betrachter weg und schlägt ein Waffenobjekt in dessen Bug ein, würde man den Schild von innen sehen. Schlägt das Waffenobjekt dagegen in dessen Heck ein, sieht man den Schild von außen.)
- Durchführung einer Texturtransformation (Texturanimation) für die Darstellung von Schildfluktuationen, sofern das Near-Distance-Schildmodell zum Rendern verwendet wird
- Rendern des Schildmodells
- Einschalten der statischen Lichtquellen

Listing 20.36: Den Schutzschild rendern

```
void CSternenkreuzerModell::Render_Shield(
                                    D3DXVECTOR3* pOrtsvektor,
                                    D3DXVECTOR3* pTrefferPosition,
                                    float &AbstandSq,
                                    D3DXVECTOR3* pFlugrichtung,
                                    float &ShieldCounter,
                                    D3DXMATRIX* pRotationsMatrix,
```

```
                                        float &RD, float &GD, float &BD,
                                        float &RS, float &GS, float &BS)
{
    for(i = 0; i < AnzStaticLights; i++)
        g_pd3dDevice->LightEnable(i, FALSE);

    g_pd3dDevice->LightEnable(MaxAnzStaticLights, TRUE);

    VerschiebungsMatrix= *pRotationsMatrix;

    VerschiebungsMatrix._41 = pOrtsvektor->x;
    VerschiebungsMatrix._42 = pOrtsvektor->y;
    VerschiebungsMatrix._43 = pOrtsvektor->z;

    TransformationsMatrix = SchildScaleMatrix*VerschiebungsMatrix;

    g_pd3dDevice->SetTransform(D3DTS_WORLD, &TransformationsMatrix);

    ZeroMemory(&mtrl, sizeof(MATERIAL));
    mtrl.Diffuse.r = RD/ShieldCounter;
    mtrl.Diffuse.g = GD/ShieldCounter;
    mtrl.Diffuse.b = BD/ShieldCounter;
    mtrl.Specular.r = RS;
    mtrl.Specular.g = GS;
    mtrl.Specular.b = BS;
    mtrl.Power = 10.0f;
    g_pd3dDevice->SetMaterial(&mtrl);

    g_pd3dDevice->SetRenderState(D3DRS_ALPHABLENDENABLE, TRUE);
    g_pd3dDevice->SetRenderState(D3DRS_DESTBLEND, 2);
    g_pd3dDevice->SetTexture(0, ShieldTextur->pTexture);
    g_pd3dDevice->SetFVF(D3DFVF_SPACEOBJEKT3DVERTEX);

    tempVektor3 = *pOrtsvektor - *pTrefferPosition;
    tempFloat = D3DXVec3Dot(&tempVektor3, &PlayerFlugrichtung);

    // Der Schild muss immer von der richtigen Seite sichtbar sein:
    if(tempFloat <= 0.0f)
        g_pd3dDevice->SetRenderState(D3DRS_CULLMODE, D3DCULL_CCW);
    else
        g_pd3dDevice->SetRenderState(D3DRS_CULLMODE, D3DCULL_CW);

    // Mipmap Filterung festlegen wie gehabt ////////////////////////

    if(AbstandSq < ShieldLODAbstandSq) // High-Detail-Modell
    {
        // Matrix für Texturanimation erstellen:
        CalcRotAxisMatrix(&TexturMatrix, pFlugrichtung,
```

```
                    EinheitsZufallszahlen->NeueZufallsZahl());

        // Texturtransformation durchführen:
        g_pd3dDevice->SetTransform(D3DTS_TEXTURE0, &TexturMatrix);

        // Festlegen, dass tu/tv-Koordinaten für Texturanimation verwendet werden
        // sollen:
        g_pd3dDevice->SetTextureStageState(0,
                     D3DTSS_TEXTURETRANSFORMFLAGS, D3DTTFF_COUNT2);

        g_pd3dDevice->SetStreamSource(0, ShieldVB, 0,
                                      sizeof(SPACEOBJEKT3DVERTEX));

        g_pd3dDevice->SetIndices(ShieldIB);
        g_pd3dDevice->DrawIndexedPrimitive(D3DPT_TRIANGLELIST, 0,
                                           0, AnzVerticesShield,
                                           0, AnzTrianglesShield);

        g_pd3dDevice->SetTransform(D3DTS_TEXTURE0, &identityMatrix);
        g_pd3dDevice->SetTextureStageState(0,D3DTSS_TEXTURETRANSFORMFLAGS,
                     D3DTTFF_DISABLE);
    }
    else
    {
        g_pd3dDevice->SetStreamSource(0, ShieldFarVB, 0,
                                      sizeof(SPACEOBJEKT3DVERTEX));

        g_pd3dDevice->SetIndices(ShieldFarIB);
        g_pd3dDevice->DrawIndexedPrimitive(D3DPT_TRIANGLELIST, 0,
                                           0, AnzVerticesShieldFar,
                                           0, AnzTrianglesShieldFar);
    }

    g_pd3dDevice->SetSamplerState(0, D3DSAMP_MIPFILTER,
                                  D3DTEXF_NONE);
    g_pd3dDevice->SetTexture(0, NULL);
    g_pd3dDevice->SetRenderState(D3DRS_CULLMODE, D3DCULL_CW);
    g_pd3dDevice->SetRenderState(D3DRS_ALPHABLENDENABLE, FALSE);
    g_pd3dDevice->LightEnable(MaxAnzStaticLights, FALSE);

    for(i = 0; i < AnzStaticLights; i++)
        g_pd3dDevice->LightEnable(i, TRUE);
}
```

20.9 Zusammenfassung

Nach der doch recht formellen Entwurfsarbeit und unserem Ausflug in die Welt der künstlichen Intelligenz haben wir nun wieder zur Grafikprogrammierung zurückgefunden. Dieses Kapitel soll Ihnen vor allem zeigen, dass man kein Genie sein muss, um solche Features wie Lens Flares, Sky-Boxen und -Sphären, nebulare Leuchteffekte, Waffenobjekte, Asteroiden, Raumschiffe, Schutzschild- und Partikeleffekte in ein Spiel zu integrieren. Alles, was man benötigt, ist ein wenig Kreativität und die Geduld, an einem Feature so lange herumzufeilen, bis man mit dem Ergebnis zufrieden ist.

20.10 Workshop

Fragen und Antworten

F *Warum haben wir uns die Mühe gemacht, für Asteroiden-, Waffen- und Schiffsmodelle eigene Modellformate zu entwickeln, warum haben wir nicht auf ein Standardformat wie beispielsweise das X-Modellformat zurückgegriffen?*

A Die Verwendung von Standardformaten hat zwei Nachteile. Auf der einen Seite werden viele Informationen abgespeichert, die man unter Umständen gar nicht benötigt, auf der anderen Seite werden benötigte Informationen unter Umständen gar nicht abgespeichert. Zudem ist Modell nicht gleich Modell, bestimmte Modelle lassen sich algorithmisch erzeugen (z.B. Asteroiden- und Waffenmodelle), andere wiederum (z.B. Schiffsmodelle) müssen Eckpunkt für Eckpunkt definiert werden. Letztere Modelle werden in einem 3D-Modellerprogramm erzeugt und mittels eines Tools in das eigens definierte Modellformat konvertiert.

Quiz

1. Wie können statische Hintergründe und nebulare Leuchterscheinungen in einem Spiel dargestellt werden?
2. Wie lassen sich die Positionen und Intensitäten von Linsenreflektionen berechnen?
3. Wie lassen sich Explosionsanimationen erzeugen?
4. Welche Partikeleffekte kommen in unserem Spiel zum Einsatz? Wie unterscheiden sich Initialisierung und Darstellung der einzelnen Partikel voneinander? Warum verwenden wir nicht einfach eine einheitliche Partikelklasse?

5. Wie werden die Asteroiden-, Waffen- und Schiffsmodelle erzeugt und inwiefern unterscheiden sich die zugehörigen Renderfunktionen voneinander?
6. Wie lässt sich ein Schutzschildeffekt für ein Raumschiff erzeugen?

Übungen

Experimentieren Sie ein wenig mit den neuen grafischen Features, die Sie in diesem Kapitel kennen gelernt haben. Beispielsweise könnten Sie die Asteroiden- und Waffen-Billboards, die wir in unseren drei Übungsspielen verwendet haben, durch echte 3D-Modelle ersetzen. Der Einsatz von Explosionsanimationen und -partikeln würde sich auch nicht schlecht machen. Weiterhin könnten Sie die Lava im *Lava*-Übungsprojekt zum Rauchen und Brennen bringen.

Spielmechanik

An unserem letzten gemeinsamen Tag wird es noch einmal spannend, denn heute werden wir unserem Spielprojekt den Atem des Lebens einhauchen – kurz gesagt: Wir beschäftigen uns mit der Spielmechanik.

- Kameraeinstellungen
- Eine Zoomfunktion für die strategische Ansicht
- Szenenaufbau – strategisches Szenario
- Szenenaufbau – Raumkampf
- Einen Raumkampf initialisieren und beenden
- Bewegung der Asteroiden
- Handling der Waffenobjekte
- Handling der Raumschiffe
- Kollisionsprävention

21.1 Kameraeinstellungen

In einem 3D-Spiel nimmt der Spieler das Geschehen durch das Auge einer Kamera wahr. Die im Spiel wählbaren Kameraperspektiven entscheiden jetzt darüber, ob sich beim Spieler das Gefühl einstellt, ein Teil des Spielgeschehens oder nur passiver Beobachter zu sein. Natürlich sind die möglichen Perspektiven abhängig vom Spielgenre, nichtsdestoweniger sollte eine gute Einstellung die folgenden zwei Kriterien erfüllen. Zum einen sollte sie in einer bestimmten Situation eine besondere Übersicht ermöglichen und zum anderen sollte sie den Spieler näher an das Spielgeschehen heranbringen. Schön anzusehen, aber absolut überflüssig für den praktischen Einsatz sind Einstellungen, aus denen sich das Spielgeschehen nicht kontrollieren lässt. Was nutzt einem die schönste Perspektive, wenn man aus ihr doch nur den eigenen Tod erblicken kann. Unter Umständen eignen sich diese Perspektiven jedoch für den Einsatz in Cut-Scenes.

In unserem Spiel hat der Spieler während einer Raumschlacht die Auswahl aus den folgenden Kameraperspektiven, die allesamt in der Funktion `Player_Game_Control()` eingestellt werden:

- **Standardeinstellung:** Die Kamera ist frei beweglich und drehbar.
- **CenterSelectedAlliedShip:** Hat man das selektierte alliierte Raumschiff einmal aus dem Blick verloren, lässt sich die Kamera jederzeit so positionieren, dass das Schiff wieder in der Bildmitte sichtbar wird.
- **Kameraeinstellung 1:** Die Kamera bewegt sich mit dem selektierten alliierten Raumschiff mit, bleibt jedoch frei drehbar.
- **Kameraeinstellung 2:** Die Kamera wird in der Nähe des selektierten alliierten Raumschiffs positioniert und bewegt sich mit diesem mit; die Kamera bleibt frei drehbar, wobei das Schiff aber immer in der Bildmitte positioniert wird.

- **Kameraeinstellung 3:** Die Kamera wird direkt hinter dem selektierten alliierten Raumschiff positioniert, bewegt sich mit diesem mit und blickt immer in dessen Flugrichtung.
- **Kameraeinstellung 4:** Wie Einstellung 3, nur dass der Abstand zwischen Kamera und Schiff größer ist, was zu einer besseren Übersicht beiträgt.
- **Kameraeinstellung 5:** Die Kamera wird direkt vor dem selektierten alliierten Raumschiff positioniert, bewegt sich mit diesem mit und blickt immer in dessen entgegengesetzte Flugrichtung (Blick nach hinten).
- **Kameraeinstellung 6:** Wie Einstellung 5, nur dass der Abstand zwischen Kamera und Schiff größer ist, was zu einer besseren Übersicht beiträgt.
- **Gunnary Chair View:** Der Spieler nimmt das Geschehen aus der Sicht des Bordschützen eines Schiffs wahr und blickt in die Richtung, in welche die Primärwaffe momentan ausgerichtet ist.

HINWEIS

Aus den in Kapitel 8.4 (Sichttransformation) beschriebenen Gründen bleibt die Kamera die ganze Zeit über im Ursprung des Weltkoordinatensystems positioniert. Die Verschiebung der Kamera pro Frame wird über die inverse Verschiebung aller 3D-Objekte realisiert. Hierfür wird der `PlayerVerschiebungsvektor` verwendet, der zu Beginn eines jeden Frames innerhalb der Funktion `ReadImmediateDataKeyboard()` als Nullvektor reinitialisiert wird.

In der Kameraeinstellung 1 wird die Kamera einfach mit dem selektierten Schiff mitbewegt. Hierfür wird der Vektor `SelectedFriendShip_Eigenverschiebung` benötigt, der die Eigenverschiebung des selektierten Schiffs speichert.

In allen weiteren Einstellungen (mit Ausnahme der Gunnary Chair View) wird die Kamera zusätzlich in einem festen Abstand vom Schiff positioniert. Hierfür wird der `SelectedFriendShip_Abstandsvektor` benötigt, in dem der Ortsvektor des selektierten Schiffs gespeichert wird.

Wird ein neues Schiff selektiert, dann wird die Kamera in der Nähe dieses Schiffs positioniert. Diese Verschiebung wird im Vektor `PlayerTempVerschiebungsvektor` gespeichert.

In den Einstellungen 3 und 4 wird die Kamera zusätzlich entsprechend der Flugrichtung des Schiffs ausgerichtet. Hierfür wird die `CameraViewRotationsmatrix` benötigt, welche die Rotationsmatrix des selektierten Schiffs speichert. In den Einstellungen 5 und 6 wird die Kamera entsprechend der entgegengesetzten Flugrichtung ausgerichtet (Blick nach hinten). Hierbei muss die Blickrichtung noch zusätzlich um 180° um die y-Achse gedreht werden.

HINWEIS

Eine kleine Schwierigkeit ergibt sich noch daraus, dass der Cursor bei einer Drehung immer neu ausgerichtet werden muss, damit dessen Bildschirmkoordinaten während der Drehung unverändert bleiben. Wie an Tag 11 beschrieben (Spielsteuerung des *Billboard*-Demos), wird der `CursorRichtungsVektor` als Linearkombination aus `PlayerFlugrichtung`, `PlayerVertikale` und `PlayerHorizontale` dargestellt. Im Gegensatz zu den Drehachsen der Kamera ändern sich die zugehörigen Vorfaktoren bei der Drehung nicht.

Listing 21.1: Einstellen der Kameraperspektiven und Bewegen der Kamera

```
void Player_Game_Control(void)
{
...
if(Game_State == 3  && Pause == FALSE)
{
if(selectedTerraShip > -1)
{
if(Terranische_Sternenkreuzer->pObjekt[selectedTerraShip].destroyed
   == FALSE || Terranische_Sternenkreuzer->pObjekt[
   selectedTerraShip].destroySequence == FALSE)
{
if(CenterSelectedAlliedShip == TRUE)
{
// Kameraverschiebung berechnen:
PlayerVerschiebungsvektor = (SelectedFriendShip_Abstandsvektor-
20.0f*PlayerFlugrichtung + SelectedFriendShip_Eigenverschiebung);

CenterSelectedAlliedShip = FALSE;
}
else if(CameraView1 == TRUE)
{
// Kameraverschiebung berechnen:
PlayerVerschiebungsvektor = SelectedFriendShip_Eigenverschiebung;
}
else if(CameraView2 == TRUE)
{
// Kameraverschiebung berechnen:
PlayerVerschiebungsvektor = (SelectedFriendShip_Abstandsvektor-
20.0f*PlayerFlugrichtung + SelectedFriendShip_Eigenverschiebung);
}
else if(CameraView3 == TRUE)
{
// Korrekturmatrix (wird für die Ausrichtung einiger Billboards
// sowie der 3D-Soundbuffer benötigt) an die Orientierung
// des selektierten Schiffs anpassen:
g_ObjectKorrekturMatrix = CameraViewRotationsmatrix;

// Berechnung der einzelnen Vorfaktoren für die
// Neuausrichtung des Cursors:
temp1Float = D3DXVec3Dot(&CursorRichtungsVektor,
                         &PlayerFlugrichtung);
temp2Float = D3DXVec3Dot(&CursorRichtungsVektor,
                         &PlayerVertikale);
temp3Float = D3DXVec3Dot(&CursorRichtungsVektor,
                         &PlayerHorizontale);
```

```
// Die neuen Drehachsen der Kamera berechnen:
PlayerFlugrichtung.x = g_ObjectKorrekturMatrix._31;
PlayerFlugrichtung.y = g_ObjectKorrekturMatrix._32;
PlayerFlugrichtung.z = g_ObjectKorrekturMatrix._33;

MultiplyVectorWithMatrix(&PlayerVertikale,
                         &PlayerVertikaleOriginal,
                         &CameraViewRotationsmatrix);
MultiplyVectorWithMatrix(&PlayerHorizontale,
                         &PlayerHorizontaleOriginal,
                         &CameraViewRotationsmatrix);

NormalizeVector_If_Necessary(&PlayerFlugrichtung,
                             &PlayerFlugrichtung);
NormalizeVector_If_Necessary(&PlayerVertikale,
                             &PlayerVertikale);
NormalizeVector_If_Necessary(&PlayerHorizontale,
                             &PlayerHorizontale);

// Den Cursor neu ausrichten:
CursorRichtungsVektor = temp1Float*PlayerFlugrichtung+
                        temp2Float*PlayerVertikale+
                        temp3Float*PlayerHorizontale;

// Neue Sichtmatrix berechnen und Durchführen der Sicht-
// transformation:
D3DXMatrixLookAtLH(&matView, &D3DXVECTOR3(0.0f, 0.0f, 0.0f),
                   &PlayerFlugrichtung, &PlayerVertikale);
g_pd3dDevice->SetTransform(D3DTS_VIEW, &matView);

// Kameraverschiebung berechnen:
PlayerVerschiebungsvektor = (SelectedFriendShip_Abstandsvektor -
                             20.0f*PlayerFlugrichtung +
                             SelectedFriendShip_Eigenverschiebung);
}
else if(CameraView4 == TRUE)
{
// Siehe CameraView3

PlayerVerschiebungsvektor = (SelectedFriendShip_Abstandsvektor -
                             40.0f*PlayerFlugrichtung +
                             SelectedFriendShip_Eigenverschiebung);
}
else if(CameraView5 == TRUE)
{
// Wie CameraView3, damit man das Schiff aber von vorn sehen kann,
// muss eine zusätzliche Kameradrehung um 180° um die y-Achse
// durchgeführt werden.
```

```
// Berechnung der einzelnen Vorfaktoren für die
// Neuausrichtung des Cursors

CreateRotYMatrix(&tempMatrix, 0.0f, -1.0f ); // 180° Drehung
g_ObjectKorrekturMatrix = tempMatrix*CameraViewRotationsmatrix;

// Alles weitere wie bei CameraView3

}
else if(CameraView6 == TRUE)
{
// Siehe CameraView5

PlayerVerschiebungsvektor = (SelectedFriendShip_Abstandsvektor -
                             40.0f*PlayerFlugrichtung +
                             SelectedFriendShip_Eigenverschiebung);
}
else if(GunnaryChairView == TRUE)
{
// Siehe CameraView3

PlayerVerschiebungsvektor = (SelectedFriendShip_Abstandsvektor +
                             SelectedFriendShip_Eigenverschiebung);
}}}
else  // Kein Schiff selektiert
{
    CenterSelectedAlliedShip = FALSE;
    CameraView1              = FALSE;
    CameraView2              = FALSE;
    CameraView3              = FALSE;
    CameraView4              = FALSE;
    CameraView5              = FALSE;
    CameraView6              = FALSE;
    GunnaryChairView         = FALSE;
}

// Freie Drehung der Kamera:

if(CameraView3 == FALSE && CameraView4 == FALSE &&
   CameraView5 == FALSE && CameraView6 == FALSE &&
   GunnaryChairView == FALSE)
{

    // Drehung um die Blickrichtungsachse:

    if(rotateCCW == TRUE)
        Player_Flugdrehung(-37.5f*FrameTime);
    else if(rotateCW == TRUE)
        Player_Flugdrehung(37.5f*FrameTime);
```

```
    rotateCW = FALSE;
    rotateCCW = FALSE;
}
if(DrehungRight == TRUE)
{
    if(DrehGeschwindigkeitHorizontal < DrehGeschwindigkeitMax)
      DrehGeschwindigkeitHorizontal += DrehBeschleunigung*FrameTime;
}
else if(DrehungLeft  == TRUE)
{
    if(DrehGeschwindigkeitHorizontal > -DrehGeschwindigkeitMax)
      DrehGeschwindigkeitHorizontal -= DrehBeschleunigung*FrameTime;
}
if(DrehungDown == TRUE)
{
    if(DrehGeschwindigkeitVertikal < DrehGeschwindigkeitMax)
        DrehGeschwindigkeitVertikal += DrehBeschleunigung*FrameTime;
}
else if(DrehungUp  == TRUE)
{
    if(DrehGeschwindigkeitVertikal > -DrehGeschwindigkeitMax)
        DrehGeschwindigkeitVertikal -= DrehBeschleunigung*FrameTime;
}

Player_Horizontaldrehung(DrehGeschwindigkeitHorizontal*FrameTime);
Player_Vertikaldrehung(DrehGeschwindigkeitVertikal*FrameTime);
}
}
```

21.2 Eine Zoomfunktion für die strategische Ansicht

In der strategischen Ansicht blickt der Spieler immer in z-Richtung auf die Sternenkarte (siehe Abbildung 11.1). Die `Ebenentiefe` kennzeichnet den Abstand zur Karte und entspricht der z-Komponente des `PlayerVerschiebungsvektor`. Durch die Vergrößerung bzw. Verkleinerung der `Ebenentiefe` zoomt die Kamera von der Sternenkarte weg bzw. an die Sternenkarte heran. Dabei ergibt sich jedoch das Problem, dass sich während des Zoomens kein Objekt anvisieren lässt. Aus diesem Grund werden wir die Zoomfunktion dahin gehend erweitern, dass ein bildmittiges Objekt (Sternensystem, Raumschiff oder Cursor) während des Zoomens immer in der Bildmitte verbleibt. Zu diesem Zweck müssen zusätzlich zur z-Komponente auch die x- und y-Komponenten aller Objekte und der Kamera angepasst werden. Die Änderungen dieser Komponenten berechnen sich hierbei wie folgt:

```
Delta_x = x(Ebenentiefe_neu) - x(Ebenentiefe_alt);
Delta_y = y(Ebenentiefe_neu) - y(Ebenentiefe_alt);
```

Weiterhin gelten die beiden folgenden Zusammenhänge:

```
x(Ebenentiefe_neu) = x(Ebenentiefe_alt)*Faktor;
y(Ebenentiefe_neu) = y(Ebenentiefe_alt)*Faktor;
```

Dabei gilt:

```
Faktor = Ebenentiefe_alt/Ebenentiefe_neu;
```

HINWEIS

Zoomt man von der Sternenkarte weg (`Ebenentiefe_neu > Ebenentiefe_alt`), bewegen sich alle Objekte in Richtung Bildmitte (ausprobieren!), mit anderen Worten, ihre x- und y-Koordinaten streben gegen null.

Unter Verwendung der letzten drei Beziehungen lassen sich die ersten beiden Gleichungen wie folgt umformen:

```
Delta_x = Faktor*x(Ebenentiefe_alt) - x(Ebenentiefe_alt;
Delta_y = Faktor*y(Ebenentiefe_alt) - y(Ebenentiefe_alt);
```

Mit Hilfe dieser umgeformten Gleichungen können wir uns nun an die Implementierung der Zoomfunktion heranwagen. Dabei ist zu beachten, dass sich zusätzlich zum `PlayerVerschiebungsvektor` auch die Komponenten des `CursorAbstandsvektor` sowie die Matrixelemente `_41` und `_42` der `g_VerschiebungsMatrix3` (wird von den planar-perspektivischen Billboardfunktionen für die Positionierung aller 2D-Objekte verwendet) verändern.

Listing 21.2: Eine Zoomfunktion für die strategische Ansicht

```
void Zoom_Strategic_View(long NearFar)
{
    tempFloat = Ebenentiefe;

    if(NearFar == 1 && Ebenentiefe < 90.0f)
        Ebenentiefe += 1.0f;

    if(NearFar == 2 && Ebenentiefe > 22.5f)
        Ebenentiefe -= 1.0f;

    tempFloat = tempFloat/Ebenentiefe; // Faktor

    temp1Float = PlayerVerschiebungsvektor.x;
    temp2Float = PlayerVerschiebungsvektor.y;

    g_VerschiebungsMatrix3._41  -= temp1Float;
    PlayerVerschiebungsvektor.x -= temp1Float;

    g_VerschiebungsMatrix3._42  -= temp2Float;
    PlayerVerschiebungsvektor.y -= temp2Float;
```

```
    g_VerschiebungsMatrix3._41  += temp1Float*tempFloat;
    PlayerVerschiebungsvektor.x += temp1Float*tempFloat;

    g_VerschiebungsMatrix3._42  += temp2Float*tempFloat;
    PlayerVerschiebungsvektor.y += temp2Float*tempFloat;

    CursorAbstandsvektor.x -= temp1Float;
    CursorAbstandsvektor.y -= temp2Float;

    CursorAbstandsvektor.x += temp1Float*tempFloat;
    CursorAbstandsvektor.y += temp2Float*tempFloat;
    CursorAbstandsvektor.z =  Ebenentiefe;
}
```

21.3 Szenenaufbau – strategisches Szenario

In diesem Abschnitt werden wir uns mit der Berechnung und der Darstellung einer neuen Szene des strategischen Szenarios befassen.

Eine neue Szene des strategischen Szenarios anzeigen

Die Funktion `ShowStrategicScenario()` stellt die oberste Instanz bei der Berechnung und der Darstellung einer neuen Szene sowie beim Speichern des aktuellen Spielstands dar. Zweifelsohne ist die Methode `New_Scene()` der Klasse `CStrategicScenario` das eigentliche Arbeitspferd dieser Funktion, denn nahezu der gesamte Szenenaufbau wird innerhalb dieser Methode durchgeführt.

***Listing 21.3:** Eine neue Szene des strategischen Szenarios anzeigen*

```
void ShowStrategicScenario(void)
{
    if(SaveGame == TRUE)
    {
        SaveGame = FALSE;
        StrategicScenario->Spielstand_Speichern();
    }

    g_pd3dDevice->Clear(0, NULL, D3DCLEAR_TARGET|D3DCLEAR_ZBUFFER,
                        D3DCOLOR_XRGB(0,0,0), 1.0f, 0);

    g_pd3dDevice->BeginScene();

    // Wird für die Skalierung der Systeminformationen benötigt:
    ScaleRatio = 25.0f/Ebenentiefe;
```

```
    StrategicScenario->New_Scene();

    Cursor->Render_StrategicalCursor();

    if(ObjectSelected == TRUE)
        TargetInformation->Render_TargetInformation();

    g_pd3dDevice->EndScene();

    g_pd3dDevice->Present(NULL, NULL, NULL, NULL);
}
```

Eine neue Szene des strategischen Szenarios berechnen

Im Folgenden werden wir die einzelnen Abläufe innerhalb unseres Arbeitspferds `CStrategicScenario::New_Scene()` aus der Nähe betrachten.

- Für den Fall, dass für ein Kriegsgebiet ein dynamisches Raumkampfszenario generiert wurde, wird nach einer festgelegten Zeitdauer von 37 Sekunden mit dem Laden dieses Szenarios begonnen und im Anschluss daran in die taktische Ansicht gewechselt. Alternativ kann man den Ausgang einer Raumschlacht auch vom Computer berechnen lassen. Während dieser Zeitdauer wird die »Prepare to Battle«-Musik abgespielt, um den Spieler auf den kommenden Raumkampf einzustimmen.
- Sensoren der Raumschiffe ausschalten. Für alle nicht zerstörten Schiffe werden die Sensoreigenschaften (Sensorreichweite und Position) zu einem späteren Zeitpunkt neu eingestellt.
- Rendern des Sternenfelds
- Zurücksetzen des Status aller Sternensysteme (politische Zugehörigkeit, Schiffe im System nach Schiffsklassen und politischer Zugehörigkeit geordnet). Der aktuelle Status eines Systems ergibt sich im weiteren Verlauf des Szenenaufbaus.
- Sensoreigenschaften aller aktiven (nicht zerstörten) Schiffe neu einstellen, Aktivieren der neu eingestellten Sensoren.
- Die aktiven Raumschiffe müssen den betreffenden Sternensystemen ihre Anwesenheit mitteilen, damit der Status der einzelnen Systeme aktualisiert werden kann.
- Neuen Kurs für die vom Computer kontrollierten Raumschiffe berechnen (strategische KI)
- Status der Sternensysteme aktualisieren, Rendern der Statusanzeigen und aller sichtbaren Sternensysteme
- Alle sichtbaren Hintergrundnebel rendern
- Alle Raumschiffe bewegen und rendern (falls sichtbar)
- Systeminformationen rendern, sofern der Spieler dicht genug an die Sternenkarte herangezoomt hat

- Alle Sternensysteme nach Kriegsgebieten absuchen und für diese Systeme dynamische Raumkampfszenarien generieren, anzeigen und auf Wunsch deren Ausgang berechnen.
- Überprüfen, ob der Spieler bzw. der Computer den Krieg gewonnen hat. In diesem Fall wird das Spiel beendet, ein entsprechendes Musikstück (Sieg oder Niederlage) abgespielt und ein Infotext angezeigt.
- Auf Wunsch das aktuelle Soforteinsatz-Setup anzeigen
- Auf Wunsch die aktuelle Kriegsstatistik anzeigen

Listing 21.4: Eine neue Szene des strategischen Szenarios berechnen

```
void CStrategicScenario::New_Scene(void)
{
    AnzAssoziatedTerraSystems = 0;
    AnzAssoziatedKataniSystems = 0;
    AnzConflictSystems = 0;

    // Die folgenden Variablen werden benötigt, um zu verhindern,
    // dass sich Statusmeldungen gegenseitig überschreiben.
    // Erreichen beispielsweise zwei Katani-Schiffe innerhalb des-
    // selben Frames ihr Zielsystem, würden sich die
    // entsprechenden Meldungen nacheinander überschreiben, was
    // natürlich sehr unschön aussieht.

    Info__Terra_Spacecraft_arrived_alreadyDisplayed = FALSE;
    Info__Katani_Spacecraft_arrived_alreadyDisplayed = FALSE;
    Info__System_becomes_neutral_alreadyDisplayed = FALSE;
    Info__System_becomes_ConflictZone_alreadyDisplayed = FALSE;
    Info__System_becomes_KataniAssoz_alreadyDisplayed = FALSE;
    Info__System_becomes_TerraAssoz_alreadyDisplayed = FALSE;
    Info__ConflictZone_becomes_KataniSystem_alreadyDisplayed=FALSE;
    Info__ConflictZone_becomes_TerraSystem_alreadyDisplayed=FALSE;

    if(Battle == TRUE)
    {
        if((GetTickCount() - TimeSinceBattleStarted > 37000) &&
           CalculateTacticalBattle == FALSE)
            StartBattleSequence = TRUE;
    }

    // Testen, ob der Kameraabstand von der Sternenkarte zum Rendern
    // der Sonnenstrahlen klein genug ist:

    if(Ebenentiefe > Render_SunFlaresZoomBorder)
        Render_SunFlaresZoom = FALSE; // Abstand zu groß
    else if(Ebenentiefe <= Render_SunFlaresZoomBorder)
        Render_SunFlaresZoom = TRUE;
```

```
tempLong = AnzSysteme+MaxAnzBattleUnits;

for(i = AnzSysteme; i < tempLong; i++)
    Subspace_Sensor[i].active = FALSE;

if(Render_Starfield == TRUE)
{
    tempVektor3 = D3DXVECTOR3(0.0f, 0.0f, Ebenentiefe);
    tempFloat = 1.0f;
    Positioniere_2D_Object_Verschoben(&tempVektor3, tempFloat);

    Sternenfeld->Render_Starfield();
}

SolarSystem_im_Visier = FALSE;
BattleUnit_im_Visier = FALSE;

for(i = 0; i < AnzSysteme; i++)
    System[i].Reset_SystemStatus();

BattleUnits->
Traverse_ObjektList_and_Restore_BattleUnit_Subspace_Sensors();
BattleUnits->
Traverse_ObjektList_and_Send_PresenceInfo_to_System();

BattleUnits->BattleUnit_KI(); //Kursberechnungen für die
                              //gegnerischen Raumschiffe

for(i = 0; i < AnzSysteme; i++)
  System[i].Handle_and_Render_System(); //+ evtl. Sonnenstrahlen

if(Render_Nebulae == TRUE)
{
    for(i = 0; i < AnzNebulae; i++)
        Nebula[i].Render_PlanarNebula();
}

BattleUnits->
Traverse_ObjektList_and_Handle_and_Render_BattleUnits();

if(Ebenentiefe < Render_SystemInfoZoomBorder)
{
    for(i = 0; i < AnzSysteme; i++)
        System[i].Render_SystemInfo();
}

// Dynamische Generierung der Raumschlachten:
StrategicBattle->Look_For_Possible_Battles();
```

```
StrategicBattle->Display_BattleWarning_and_
                 Compute_Battle_If_Desired();

if(Show_Blue_BattleUnits == TRUE)
    Font1->DrawTextScaled(0.5f, 0.9f, 0.9f, 0.02f, 0.02f,
    D3DCOLOR_XRGB(0,0,250), "Show BattleCruisers in System",
    D3DFONT_FILTERED);

// Für die anderen Schiffsklassen ebenso

sprintf(strBuffer, "%s ", PlayerName);
Font1->DrawTextScaled(-0.9f, 0.9f, 0.9f, 0.02f, 0.02f,
D3DCOLOR_XRGB(0,250,0), strBuffer, D3DFONT_FILTERED);

// Spieler hat verloren:

if(TerraBattleUnitsGesamt == 0 && KataniBattleUnitsGesamt > 0)
{
    if(alreadyPlayFailure == FALSE)
    {
        StopBackgroundMusic(2);
        PlayFailure();
        alreadyPlayFailure = TRUE;
    }

    ShowStatistik = FALSE;
    Show_SetupSoforteinsatz = FALSE;
    Battle = FALSE;

    Font1->DrawTextScaled(-0.85f, -0.2f, 0.9f, 0.032f, 0.03f,
    D3DCOLOR_XRGB(0,0,250),
    "Nach erbitterten Gefechten wurde Ihre Raumflotte
    vernichtend geschlagen.\n\nKurz darauf erfolgte die
    bedingungslose Kapitulation des hohen Rates.\n\nDie
    Heimatwelten wurden ruecksichtslos versklavt,\n\nund ein
    Zeitalter des Schreckens brach ueber Ihr Volk herein ..."
    , D3DFONT_FILTERED);
}

// Spieler hat gewonnen:

if(KataniBattleUnitsGesamt == 0 && TerraBattleUnitsGesamt > 0)
{
    if(alreadyPlaySuccess == FALSE)
    {
        StopBackgroundMusic(2);
        PlaySuccess();
        alreadyPlaySuccess = TRUE;
    }
```

```
    ShowStatistik = FALSE;
    Show_SetupSoforteinsatz = FALSE;
    Battle = FALSE;

    Font1->DrawTextScaled(-0.85f, -0.2f, 0.9f, 0.032f, 0.03f,
    D3DCOLOR_XRGB(0,0,250),
    "Nach erbitterten Gefechten trug Ihre Raumflotte
    schliesslich den Sieg davon.\n\nIhre Vormachtstellung in
    diesem Raumsektor wurde von allen\n\nbewohnten Welten
    bedingungslos anerkannt,\n\nund fuer Ihr Volk sollte ein
    goldenes Zeitalter seinen Anfang nehmen ..."
    , D3DFONT_FILTERED);
}

if(ShowStatistik == FALSE && Show_SetupSoforteinsatz == TRUE)
{
  sprintf(strBuffer, "S O F O R T E I N S A T Z  -  S E T U P");

    Font1->DrawTextScaled(-0.8f, 0.2f, 0.9f, 0.03f, 0.025f,
          D3DCOLOR_XRGB(250,0,0), strBuffer, D3DFONT_FILTERED);

    sprintf(strBuffer, "Terra Cruisers:    %03d
                        Katani Cruisers:    %03d",
             AnzTerraKreuzerMax_Soforteinsatz,
             AnzKataniKreuzerMax_Soforteinsatz);

    Font1->DrawTextScaled(-0.8f, 0.3f, 0.9f, 0.03f, 0.025f,
        D3DCOLOR_XRGB(250,100,0), strBuffer, D3DFONT_FILTERED);
}

if(ShowStatistik == TRUE && Show_SetupSoforteinsatz == FALSE)
{
    sprintf(strBuffer, "K R I E G S S T A T I S T I K");

    Font1->DrawTextScaled(-0.8f, 0.2f, 0.9f, 0.03f, 0.025f,
          D3DCOLOR_XRGB(250,0,0), strBuffer, D3DFONT_FILTERED);

    sprintf(strBuffer, "Terra BattleCruisers:    %03d
                        Katani BattleCruisers:    %03d",
    TerraBattleUnitsGesamtBlue, KataniBattleUnitsGesamtBlue);

    Font1->DrawTextScaled(-0.8f, 0.3f, 0.9f, 0.022f, 0.02f,
        D3DCOLOR_XRGB(250,100,0), strBuffer, D3DFONT_FILTERED);

    // Für die anderen Schiffsklassen ebenso

    sprintf(strBuffer, "Terra Systeme:              %03d
                        Katani Systeme:              %03d",
           AnzSystemeTerra, AnzSystemeKatani);
```

```
        Font1->DrawTextScaled(-0.8f, 0.6f, 0.9f, 0.0223f, 0.02f,
            D3DCOLOR_XRGB(250,100,0), strBuffer, D3DFONT_FILTERED);

        sprintf(strBuffer, "Terra assoz. Systeme:  %03d
                            Katani assoz. Systeme:  %03d",
        AnzAssoziatedTerraSystems, AnzAssoziatedKataniSystems);

        Font1->DrawTextScaled(-0.8f, 0.65f, 0.9f, 0.022f, 0.02f,
            D3DCOLOR_XRGB(250,100,0), strBuffer, D3DFONT_FILTERED);

        sprintf(strBuffer, "Anz. Kriegsgebiete:      %03d",
        AnzConflictSystems);

        Font1->DrawTextScaled(-0.8f, 0.75f, 0.9f, 0.0223f, 0.02f,
            D3DCOLOR_XRGB(250,100,0), strBuffer, D3DFONT_FILTERED);

    }
}
```

21.4 Szenenaufbau – Raumkampf

Wir verlassen jetzt die zweidimensionale Welt und begeben uns in die Tiefen des Weltraums, in denen fürchterliche Raumschlachten das Schicksal uns unbekannter Zivilisationen entscheiden. Uns kommt nun die wenig ruhmreiche Aufgabe zu, all das Leid und den Schrecken des Kriegs in Szene zu setzen.

Eine neue Szene des Raumkampfszenarios anzeigen

Die Funktion `ShowTacticalScenario()` stellt die oberste Instanz bei der Berechnung und der Darstellung einer neuen Szene dar. Für den Intro-Kampf kommt mit `ShowIntroTacticalScenario()` eine leicht abgewandelte Funktion zum Einsatz. Zu Beginn eines jedes Frames wird auf der Basis der voreingestellten Farbe der nebularen Leuchterscheinungen (siehe Kapitel 15.2) die aktuelle Nebelfarbe nach dem Zufallsprinzip ein wenig variiert. Mit Hilfe dieser Farbe werden später die Materialeigenschaften eines aktiven Nebula-Flashes sowie die der Raumschiffe, Asteroiden und Lens Flares eingestellt. Sofern kein Nebula-Flash aktiv ist, wird die Nebelfarbe nicht berücksichtigt. Das Arbeitspferd beider Funktionen ist die Methode `New_Scene()` der Klasse `CTacticalScenario`, in welcher nahezu der gesamte Szenenaufbau durchgeführt wird.

Listing 21.5: Eine neue Szene des Raumkampfszenarios anzeigen

```
void ShowTacticalScenario(void)
{
    g_pd3dDevice->Clear(0, NULL, D3DCLEAR_TARGET|D3DCLEAR_ZBUFFER,
                        D3DCOLOR_XRGB(HintergrundRed,
                        HintergrundGreen,HintergrundBlue), 1.0f, 0);

    if(NebulaSzenario == 1)
    {
        NebulaHintergrundRed = HintergrundRed + lrnd(0,10);
        NebulaHintergrundGreen = HintergrundGreen + lrnd(0,10);
        NebulaHintergrundBlue = HintergrundBlue  + lrnd(0,10);
    }

    g_pd3dDevice->BeginScene();

    TacticalScenario->New_Scene(); // CTacticalScenario-Instanz

    Cursor->Render_TacticalCursor();

    if(GunnaryChairView == TRUE) // Fadenkreuz rendern
    {
    g_pd3dDevice->SetRenderState(D3DRS_ALPHABLENDENABLE, TRUE);
    g_pd3dDevice->SetRenderState(D3DRS_SRCBLEND, D3DBLEND_SRCALPHA);
    g_pd3dDevice->SetRenderState(D3DRS_DESTBLEND,
                                 D3DBLEND_INVSRCALPHA);

    g_pd3dDevice->SetTexture(0, g_pFadenkreuzTextur->pTexture);
    g_pd3dDevice->SetStreamSource(0, g_FadenkreuzVB, 0,
                                  sizeof(SCREENVERTEX));
    g_pd3dDevice->SetFVF(D3DFVF_SCREENVERTEX);
    g_pd3dDevice->DrawPrimitive(D3DPT_TRIANGLESTRIP, 0, 2);
    g_pd3dDevice->SetTexture(0, NULL);
    g_pd3dDevice->SetRenderState(D3DRS_ALPHABLENDENABLE, FALSE);
    }

    g_pd3dDevice->EndScene();

    g_pd3dDevice->Present(NULL, NULL, NULL, NULL);
}
```

Eine neue Szene des Raumkampfszenarios berechnen

Im Folgenden verschaffen wir uns einen Überblick über die einzelnen Schritte beim Szenenaufbau:

- Berechnung der Bildschirmkoordinaten des Cursors (diese werden zum Anvisieren und Selektieren der Raumschiffe im 3D-Raum oder über den 3D-Scanner benötigt)

- Im Falle einer Niederlage oder eines Siegs das zugehörige Musiksample abspielen
- Alle Abstandsdaten und Kollisionsdaten der Raumschiffe zurücksetzen
- Aktualisieren der Kamerabewegung
- Alle Asteroiden bewegen, Asteroid-Asteroid-Kollisionstest durchführen und gegebenenfalls die Kollisionsantwort berechnen
- Sky-Box/-Sphäre, die Hintergrundnebel, die Sonne sowie die Planeten rendern
- Kollisionsdaten zur Vermeidung möglicher Raumschiff-Raumschiff-Kollisionen aktualisieren
- Testen, ob Raumschiff-Raumschiff-Kollisionen bevorstehen und gegebenenfalls Kollisionsalarm auslösen
- Handling (KI, Bewegung, Waffen abfeuern, angreifen oder ausweichen usw.) aller Sternenkreuzer
- Rendern der Asteroiden
- Handling der Waffenobjekte, Rendern derjenigen Objekte, die nicht nach ihrem Abstand zur Kamera sortiert gerendert werden sollen
- Sortieren aller Objekte mit Transparenzeigenschaften (Raumschiffe, einige Waffenobjekte sowie Explosionsanimationen) anhand ihrer Abstandsdaten in Back to Front Order
- Rendern aller Objekte mit Transparenzeigenschaften in Back to Front Order
- Rendern der Sonnenstrahlen sowie der Lens Flares, sofern kein Asteroid oder Raumschiff die Sonne verdeckt
- Einen aktiven Nebula-Flash rendern
- Rendern der Spacepartikel in den gedockten Kameraeinstellungen (Einstellungen 1-6 sowie Gunnary Chair)
- Rendern der Scannerdarstellung der einzelnen Raumschiffe sowie ihrer taktischen Daten (optional). In der Gunnary Chair View werden die taktischen Daten im HUD (head up display) dargestellt (optional).
- Rendern des Systemstatus aller sichtbaren Raumschiffe innerhalb einer Mindestdistanz (optional)

Listing 21.6: Eine neue Szene des Raumkampfszenarios berechnen

```
void CTacticalScenario::New_Scene(void)
{
    // Matrix für die Berechnung der Bildschirmkoordinaten:
    ViewProjectionMatrix = matView*matProj;

    if(NebulaSzenario == 0 || Render_Hintergrund == FALSE)
        ShowNebulaFlash = FALSE;
```

```
Calculate_Screen_Coordinates(&Cursor_ScreenX, &Cursor_ScreenY,
                             &CursorRichtungsVektor);

if(alreadyPlayFailure == FALSE && AnzTerraKreuzer == 0 &&
   AnzTerraKreuzerMax > 0 && AnzKataniKreuzer > 0)
{
    StopBackgroundMusic(1);
    PlayFailure();
    alreadyPlayFailure = TRUE;
}

if(alreadyPlaySuccess == FALSE && AnzKataniKreuzer == 0 &&
   AnzKataniKreuzerMax > 0 && AnzTerraKreuzer > 0)
{
    StopBackgroundMusic(1);
    PlaySuccess();
    alreadyPlaySuccess = TRUE;
}

alreadySelected = FALSE;
ObjektAbstandsDaten_Zuruecksetzen();
Sternenkreuzer_Kollisionsdaten_Zuruecksetzen();

if(LeftMouseClick == FALSE && CameraView1 == FALSE &&
   Game_State != -1)
    PlayerTempVerschiebungsvektor = NullVektor;

if(CameraView1 == FALSE && CameraView2 == FALSE &&
   CameraView3 == FALSE && CameraView4 == FALSE &&
   CameraView5 == FALSE && CameraView6 == FALSE &&
   GunnaryChairView == FALSE && LeftMouseClick == TRUE &&
   Game_State != -1)
{
    // Neu selektiertes Schiff bestätigen:

    if(NextSelectedTerraShip > -1)
        selectedTerraShip = NextSelectedTerraShip;

    // Die Kamera in der Nähe des selektierten Schiffs
    // positionieren:

    PlayerVerschiebungsvektor += PlayerTempVerschiebungsvektor;
    PlayerTempVerschiebungsvektor = NullVektor;
}

if((CameraView1 == TRUE || CameraView2 == TRUE ||
    CameraView3 == TRUE || CameraView4 == TRUE ||
    CameraView5 == TRUE || CameraView6 == TRUE ||
```

```
        GunnaryChairView == TRUE) && LeftMouseClick == FALSE &&
        Game_State != -1)

   // Da kein neues Schiff selektiert wurde (LeftMouseClick==FALSE),
   // muss die Kamera nicht zusätzlich verschoben werden. Sie bewegt
   // sich stattdessen mit dem zuvor selektierten Schiff mit.

        PlayerTempVerschiebungsvektor = NullVektor;

   // Selektieren der Schiffe im Intro-Battle:
   if(Game_State == -1 && IntroBattleSelectionAufruf2 == TRUE)
   {
        PlayerVerschiebungsvektor += PlayerTempVerschiebungsvektor;
        PlayerTempVerschiebungsvektor = NullVektor;
        IntroBattleSelectionAufruf2 = FALSE;
        IntroBattleSelectionTime = GetTickCount();
   }

   // Wenn sich ein Objekt zu nahe an der Kamera befindet, dann
   // muss diese "zur Seite" geschoben werden:

   if(GunnaryChairView == FALSE)
   {
        PlayerVerschiebungsvektor += PlayerTemp2Verschiebungsvektor;
        PlayerTemp2Verschiebungsvektor = NullVektor;
   }

   NormalizeVector(&NormalizedCursorRichtungsVektor,
                   &CursorRichtungsVektor);

   SunFlareVisible = TRUE;

   Asteroids->Traverse_ObjektList_and_Move_Asteroids();
   Asteroids->
   Traverse_ObjektList_and_Look_for_Asteroid_Collisions();

   if(Render_Hintergrund == TRUE)
       Hintergrund->Render_Hintergrund();

   if(Render_Nebulae == TRUE)
   {
       for(i = 0; i < AnzNebulae; i++)
           Nebula[i].Render_Nebula();
   }

   Sternenfeld->Render_Starfield();

   if(Show_Sun_in_Szenario == TRUE)
       Sonne->Render_Sun();
```

```
    if(Render_Planets == TRUE)
    {
        for(i = 0; i < AnzPlaneten; i++)
            Planet[i].Render_Planet();
    }

    if(AnzTerraKreuzerMax > 0)
        Terranische_Sternenkreuzer->
        Traverse_ObjektList_and_Restore_CollisionsData();

    if(AnzKataniKreuzerMax > 0)
        Katani_Sternenkreuzer->
        Traverse_ObjektList_and_Restore_CollisionsData();

    Test_Sternenkreuzer_Kollisionsalarm();

    if(AnzTerraKreuzerMax > 0)
        Terranische_Sternenkreuzer->
        Traverse_ObjektList_and_Handle_Ships();

    if(AnzKataniKreuzerMax > 0)
        Katani_Sternenkreuzer->
        Kreuzer_Zielflugdaten_Zuruecksetzen();

    if(AnzKataniKreuzerMax > 0)
        Katani_Sternenkreuzer->
        Traverse_ObjektList_and_Handle_Ships();

    if(AnzTerraKreuzerMax > 0)
        Terranische_Sternenkreuzer->
        Kreuzer_Zielflugdaten_Zuruecksetzen();

    if(Show_Sun_in_Szenario == TRUE && SunFlareVisible == FALSE &&
       Render_SunFlares == TRUE)
        Sonne->Render_SunFlare(); // Sonnenstrahlen hinter einem
                                  // Schiff oder Asteroiden

    Asteroids->Traverse_ObjektList_and_Render_Asteroids();
    Weapons->Traverse_ObjektList_and_Handle_and_Render_Weapons();

//-----------------------------------------------------------------
// Objekte mit Transparenzeigenschaften werden in Back to Front
// Order sortiert und gerendert.
//-----------------------------------------------------------------

    qsort(AbstandsDatenObjekte, AnzTransparentObjectsMomentan,
          sizeof(CObjektAbstandsDaten), ObjektSortCB);
```

```
for(RenderCounter = 0; RenderCounter <
    AnzTransparentObjectsMomentan; RenderCounter++)
{
    if(AbstandsDatenObjekte[RenderCounter].ObjektTyp == 1)
     Terranische_Sternenkreuzer->pObjekt[
     AbstandsDatenObjekte[RenderCounter].ObjektNummer].Render();

    else if(AbstandsDatenObjekte[RenderCounter].ObjektTyp == 2)
     Katani_Sternenkreuzer->pObjekt[
     AbstandsDatenObjekte[RenderCounter].ObjektNummer].Render();

    else if(AbstandsDatenObjekte[RenderCounter].ObjektTyp == 3)
     Terranische_Sternenkreuzer->pObjekt[
     AbstandsDatenObjekte[RenderCounter].ObjektNummer].
     Render_Explosion();

    else if(AbstandsDatenObjekte[RenderCounter].ObjektTyp == 4)
     Katani_Sternenkreuzer->pObjekt[
     AbstandsDatenObjekte[RenderCounter].ObjektNummer].
     Render_Explosion();

    else if(AbstandsDatenObjekte[RenderCounter].ObjektTyp == 5)
     Weapons->pObjekt[
     AbstandsDatenObjekte[RenderCounter].ObjektNummer].
     Render_ExplosionSelfDestruct();

    else if(AbstandsDatenObjekte[RenderCounter].ObjektTyp == 6)
     Weapons->pObjekt[
     AbstandsDatenObjekte[RenderCounter].ObjektNummer].
     Render_ExplosionImpact();

    else if(AbstandsDatenObjekte[RenderCounter].ObjektTyp == 7)
     Weapons->pObjekt[
     AbstandsDatenObjekte[RenderCounter].ObjektNummer].
     Sorted_Render();
}

if(Show_Sun_in_Szenario == TRUE && SunFlareVisible == TRUE &&
   Render_SunFlares == TRUE)
{
    Sonne->Render_SunFlare();  // Sonnenstrahlen vor einem
                               // Schiff oder Asteroiden

        if(Show_LensFlares_in_Szenario == 1)
            LensFlares->Render_LensFlares();
}

if(NebulaSzenario == TRUE && Render_Hintergrund == TRUE)
    Hintergrund->Handle_NebulaFlash(); // inkl. Rendering
```

```
if(Render_EnginePartikel == TRUE)
{
if(selectedTerraShip > -1 && SpaceParticleAbstandSq < 2500.0f &&
   (CameraView1 == TRUE || CameraView2 == TRUE ||
    CameraView3 == TRUE || CameraView4 == TRUE ||
    CameraView5 == TRUE || CameraView6 == TRUE ||
    GunnaryChairView == TRUE) && Game_State != -1)
{
    for(i = 0; i < AnzahlSpaceParticle; i++)
        SpaceParticle[i].Translation_and_Render();
}
}

if(ShowScanner == TRUE)
{
    if(AnzTerraKreuzerMax > 0)
        Terranische_Sternenkreuzer->Traverse_ObjektList_
        and_Render_ScannerProjection_and_TacticalData();

    if(AnzKataniKreuzerMax > 0)
        Katani_Sternenkreuzer->Traverse_ObjektList_
        and_Render_ScannerProjection_and_TacticalData();
}

if(GunnaryChairView == TRUE)
{
    if(AnzTerraKreuzerMax > 0)
      Terranische_Sternenkreuzer->
      Traverse_ObjektList_and_Render_GunnaryHUD();
}

if(ShowSystemStatus == TRUE)
{
    if(AnzTerraKreuzerMax > 0)
        Terranische_Sternenkreuzer->
        Traverse_ObjektList_and_Render_SystemStatus();

    if(AnzKataniKreuzerMax > 0)
        Katani_Sternenkreuzer->
        Traverse_ObjektList_and_Render_SystemStatus();
}

ChangeTargetMode = FALSE;
ChangeSteuerMode = FALSE;
ChangeFireMode   = FALSE;
}
```

21.5 Ein Raumkampfszenario initialisieren und beenden

In Abhängigkeit davon, ob ein Intro-Raumkampf, ein Soforteinsatz oder ein dynamisch generierter Raumkampf initialisiert werden soll, kommt eine der drei folgenden Funktionen zum Einsatz:

```
void InitIntroTacticalScenario(void);
void InitInstantTacticalScenario(void);
void InitTacticalScenario(void);
```

Alle drei Funktionen sind einander sehr ähnlich. In den beiden ersten Varianten werden die Schiffe jedoch nach dem Zufallsprinzip generiert. In Variante 1 wird zudem noch ein Vertexquad für die Darstellung des Spieletitels erzeugt.

An dieser Stelle werden wir lediglich die Funktion `InitTacticalScenario()` etwas näher betrachten.

- Zwischenspeichern der Kameraposition auf der Sternenkarte, damit die Kamera nach Beendigung des Raumkampfs wieder an der gleichen Stelle positioniert werden kann
- Mit dem Abspielen der Raumkampf-Hintergrundmusik beginnen
- Alle Einstellungen (Grafik, Sound, Kamera usw.) zurücksetzen, Einheitsmatrizen erstellen, Sicht- und Projektionsmatrizen erzeugen sowie die zugehörigen Transformationen durchführen
- Die maximale Anzahl an terranischen sowie Katani-Schiffen ermitteln. Beide Angaben werden benötigt, um die maximale Anzahl von Objekten mit Transparenzeigenschaften und die Anzahl der `CKollisionsdaten`-Instanzen festzulegen.
- Alle `CObjektAbstandsDaten`-Instanzen erzeugen
- Alle `CKollisionsdaten`-Instanzen erzeugen
- Eine `CMemory_Manager_Asteroids`-Instanz erzeugen
- Eine `CTacticalScenario`-Instanz erzeugen
- Eine `CMemory_Manager_Terra_Sternenkreuzer`-Instanz sowie für jedes Schiff eine `CDestroyedBattleUnitId`- und `CBattleUnitShipStatus`-Instanz erzeugen, damit der Status der an der Schlacht beteiligten Schiffe nach Beendigung des Raumkampfs aktualisiert werden kann
- Eine `CMemory_Manager_Katani_Sternenkreuzer`-Instanz sowie für jedes Schiff eine `CDestroyedBattleUnitId`- und `CBattleUnitShipStatus`-Instanz erzeugen, damit der Status der an der Schlacht beteiligten Schiffe nach Beendigung des Raumkampfs aktualisiert werden kann
- Eine `CMemory_Manager_Weapons`-Instanz erzeugen
- Alle an der Schlacht beteiligten Schiffe mit Hilfe der `CMemory_Manager_BattleUnits`-Methode `Initialize_Ships_of_the_tactical_Scenario()` initialisieren

Alle Aufräumarbeiten werden unabhängig davon, welche Funktion die Raumschlacht initialisiert hat, von der Funktion `CleanUpTacticalScenario()` durchgeführt.

Beim Beenden eines Raumkampfszenarios müssen alle bei der Initialisierung erzeugten Objekte wieder vernichtet werden. Für den Fall, dass es sich um eine dynamisch generierte Raumschlacht handelt, muss zudem der Status der an der Schlacht beteiligten Schiffe aktualisiert werden. Zu guter Letzt wird die Kamera wieder auf ihre frühere Position auf der Sternenkarte zurückgesetzt.

21.6 Bewegung der Asteroiden, Handling der Waffenobjekte und Sternenkreuzer in einem Raumkampfszenario

Wir werden jetzt tiefer ins Detail gehen und uns mit der Bewegung der Asteroiden sowie dem Handling der Waffenobjekte und der Sternenkreuzer beschäftigen.

Bewegung der Asteroiden

Die Bewegung eines Asteroiden wird innerhalb der Methode `Bewegung()` der Klasse `CAsteroid` ausgeführt. Aufgerufen wird diese Methode ihrerseits durch die Methode `Traverse_ObjektList_and_Move_Asteroids()` der Klasse `CMemory_Manager_Asteroids`. Innerhalb der Methode `Bewegung()` werden nacheinander die folgenden Schritte abgearbeitet:

- Asteroid bewegen
- Kamera verschieben, sofern ein Asteroid im Begriff ist, diese zu rammen
- Wenn sich ein Asteroid zu weit von der Kamera entfernt hat, wird dieser auf der entgegengesetzten Seite im Raum neu positioniert
- Sichtbarkeitstest durchführen.
- Überprüfen, ob ein sichtbarer Asteroid die Sonne verdeckt

Die Einzelheiten der Implementierung entnehmen Sie bitte der Buch-CD.

Handling der Waffenobjekte

Das Handling der Waffenobjekte ist natürlich ein wenig komplexer als die Bewegung der Asteroiden. Verantwortlich hierfür ist die Methode `Handle_Weapon()` der Klasse `CWaffe`. Aufgerufen wird diese Methode ihrerseits durch die Methode `Traverse_ObjektList_and_Handle_and_Render_Weapons()` der Klasse `CMemory_Manager_Weapons`. Betrachten wir die Abläufe im Einzelnen:

- KI-Steuerung für eine Lenkwaffe ausführen
- Waffenobjekt bewegen
- Sichtbarkeitstest durchführen
- Abstandsdaten der Lenkwaffe für das Back to Front Order Rendering übergeben, sofern die maximale Anzahl der so zu rendernden Lenkwaffen noch nicht überschritten wurde
- Antriebspartikel bewegen und reinitialisieren (für alle sichtbaren Lenkwaffen innerhalb der Partikel-Sichtbarkeitsdistanz)
- Auslösen und Ablaufsteuerung der Lenkwaffenexplosion, falls notwendig
- Treffertest mit den Raumschiffen durchführen:
  - Lenkwaffe: Treffertest mit dem selektierten Ziel
  - Primärwaffe (Laserwaffe): Treffertest mit allen sichtbaren Schiffen (im Gunnary-Chair-Modus), ansonsten Treffertest mit dem selektierten Ziel. Im Gunnary-Chair-Modus wird die Primärwaffe im `InitialisierungsModus == -1` initialisiert.

  Ein positiver Treffertest muss noch durch die betreffende `CSternenkreuzer`-Instanz bestätigt werden. Sofern der Schutzschild intakt ist, erfolgt diese Bestätigung in jedem Fall. Andernfalls wird noch ein genauerer Treffertest mit der Schiffshülle durchgeführt.

Die Einzelheiten der Implementierung entnehmen Sie bitte der Buch-CD.

Handling der Sternenkreuzer

Das Handling der Sternenkreuzer ist mit Abstand der komplexeste Part im gesamten Spiel. Verantwortlich hierfür sind die Methoden `Handle_Ship()` und `KI_Steuerung()` der Klasse `CSternenkreuzer`. Aufgerufen werden diese Methoden ihrerseits durch die Methode `Traverse_ObjektList_and_Handle_Ships()` der beiden Klassen `CMemory_Manager_Terra_Sternenkreuzer` und `CMemory_Manager_Katani_Sternenkreuzer`.

Handling der Raumflotte eines Imperiums

Damit die Übersicht gewahrt bleibt, befassen wir uns zunächst mit der Methode `Traverse_ObjektList_and_Handle_Ships()`:

- Ein Angriffsziel festlegen
- Die Methode `Handle_Ship()` aufrufen
- Die Methode `KI_Steuerung()` aufrufen
- Den aktuellen Schiffsstatus speichern
- Die ID-Nummer eines zerstörten Schiffs speichern
- Zielflugdaten an die nächste freie `CSternenkreuzer_Kollisionsdaten`-Instanz übergeben, damit das Schiff von einem anderen Schiff als Angriffsziel ausgewählt werden kann.

- Trefferdaten an die zugehörige CSternenkreuzer_Trefferdaten-Instanz übergeben, damit gegebenenfalls ein Treffertest mit einem Waffenobjekt durchgeführt werden kann
- Bestätigung eines möglichen Treffers

Listing 21.7: Handling der Raumflotte eines Imperiums

```
void CMemory_Manager_Terra_Sternenkreuzer::
     Traverse_ObjektList_and_Handle_Ships(void)
{
for(j = 0,  i = 0; i < Size; i++)
{

j = pReadingOrder[i];

if(j != NoMore_Element)
{
// Angriffsziel festlegen:

if(pObjekt[j].AutoTargeting == FALSE)
    pObjekt[j].TargetId=Look_for_selected_KataniKreuzerTargetVektor(
    &pObjekt[j].Targetvektor, manualTargetedKataniShip, j);

if(pObjekt[j].AutoTargeting == TRUE || pObjekt[j].TargetId == -1)
    pObjekt[j].TargetId=Look_for_nearest_KataniKreuzerTargetVektor(
    &pObjekt[j].Targetvektor, j);

pObjekt[j].Handle_Ship();
pObjekt[j].KI_Steuerung();

// Aktuellen Schiffsstatus speichern:

if(TerraBattleUnitShipStatus != NULL)
{
    TerraBattleUnitShipStatus[j].id = pObjekt[j].BattleUnitNr;
    TerraBattleUnitShipStatus[j].ShipPower = pObjekt[j].ShipPower;
}

if(pObjekt[j].destroyed == TRUE)
{
    AnzTerraKreuzer--;

    // ID-Nr. eines zerstörten Schiffs speichern:
    if(pObjekt[j].BattleUnitNr > -1)
        DestroyedTerraBattleUnitId[j].id = pObjekt[j].BattleUnitNr;

    Delete_Objekt_with_Index_Nr(j);
    i--;
```

```
}
else if(pObjekt[j].destroySequence == FALSE)
{
    // Zielflugdaten an die nächste freie
    // CSternenkreuzer_Kollisionsdaten-Instanz übergeben, damit das
    // Schiff von einem anderen Schiff als Angriffsziel ausgewählt
    // werden kann:

    templVektor3 = pObjekt[j].Abstandsvektor;

    pTerra_Kreuzer_Zielflugdaten->Ortsvektor = templVektor3;
    pTerra_Kreuzer_Zielflugdaten->active = TRUE;
    pTerra_Kreuzer_Zielflugdaten->IdNr = pObjekt[j].id;
    pTerra_Kreuzer_Zielflugdaten++;

    // Trefferdaten an die zugehörige CSternenkreuzer_Trefferdaten-
    // Instanz übergeben, damit gegebenenfalls ein Treffertest mit
    // einem Waffenobjekt durchgeführt werden kann:

    Terra_Kreuzer_Trefferdaten[j].visible = pObjekt[j].visible;
    Terra_Kreuzer_Trefferdaten[j].Ortsvektor = templVektor3;
    Terra_Kreuzer_Trefferdaten[j].TargetTrefferRadiusSq =
    pObjekt[j].SchildScaleFactorMaxSq;

    // Bestätigung eines möglichen Treffers durch ein Waffenobjekt:

    if(Terra_Kreuzer_Trefferdaten[j].getroffen == TRUE)
    {
        Terra_Kreuzer_Trefferdaten[j].getroffen = FALSE;

        if(pObjekt[j].ShipPower > 20.0f) // Schutzschild aktiv
        {

        // Treffer bestätigen:

        Weapons->pObjekt[
        Terra_Kreuzer_Trefferdaten[j].WeaponIdNr].active = FALSE;
        Weapons->pObjekt[
        Terra_Kreuzer_Trefferdaten[j].WeaponIdNr].Eigenverschiebung=
        pObjekt[j].Eigenverschiebung;

        pObjekt[j].SystemDamage =
        Terra_Kreuzer_Trefferdaten[j].Wirkung;

        // Die Waffenwirkung dient als Grundlage für die Berechnung
        // des tatsächlichen Schadens an den Schiffssystemen.

        pObjekt[j].SchiffGetroffen = TRUE;
```

```
        pObjekt[j].TrefferPosition =
        Terra_Kreuzer_Trefferdaten[j].TrefferPosition;

        // Schildreflektionsparameter übernehmen:
        pObjekt[j].rd = Terra_Kreuzer_Trefferdaten[j].rd;
        pObjekt[j].gd = Terra_Kreuzer_Trefferdaten[j].gd;
        pObjekt[j].bd = Terra_Kreuzer_Trefferdaten[j].bd;
        pObjekt[j].rs = Terra_Kreuzer_Trefferdaten[j].rs;
        pObjekt[j].gs = Terra_Kreuzer_Trefferdaten[j].gs;
        pObjekt[j].bs = Terra_Kreuzer_Trefferdaten[j].bs;

        }
        else // Treffertest mit der Schiffshülle durchführen:
        {

        // Rücktransformation des Waffenobjekts auf die
        // Modellkoordinaten des Schiffs:

        tempVektor3 = Weapons->pObjekt[
        Terra_Kreuzer_Trefferdaten[j].WeaponIdNr].Abstandsvektor;
        tempVektor3 -= pObjekt[j].Abstandsvektor;

        temp1Vektor3 = Weapons->pObjekt[
        Terra_Kreuzer_Trefferdaten[j].WeaponIdNr].Flugrichtung;

        D3DXMatrixInverse(&tempMatrix, &tempFloat,
                          &pObjekt[j].RotationsMatrix);

        MultiplyVectorWithRotationMatrix(&tempVektor3, &tempVektor3,
                                         &tempMatrix);

        MultiplyVectorWithRotationMatrix(&temp1Vektor3,
                                         &temp1Vektor3,
                                         &tempMatrix);

        if(SternenkreuzerModell[pObjekt[j].ModellNr].
        Point_Collision_Test(&tempVektor3, &temp1Vektor3,
        pObjekt[j].DamagedTriangleList) == TRUE)
        {

        // Treffer bestätigen ////////////////////////////////////////

        }}
    }
}}
else if(j == NoMore_Element)
    break;
}}
```

Handling eines einzelnen Sternenkreuzers

Im Folgenden werden wir etwas mehr ins Detail gehen und uns mit allen Einzelheiten der Methode `Handle_Ship()` beschäftigen.

- Raumschiff bewegen
- Kamera verschieben, sofern ein Schiff im Begriff ist, diese zu rammen
- Abstand zur Kamera für das Back to Front Order Rendering berechnen
- Eine mögliche Explosion vorbereiten, Abspielen des Explosions-Samples (3D-Sound)
- Gedockte Kameraeinstellung oder Gunnary Chair View während der Zerstörungssequenz verlassen
- Ablaufsteuerung der Sternenkreuzer-Explosion, falls notwendig
- Nach 8.5 Sekunden eine mögliche Zerstörungssequenz beenden
- Regeneration der Schiffssysteme
- Smokepartikelrichtung festlegen (bei einem Hüllenbruch)
- Neuen Systemstatus nach Waffentreffer berechnen
- Maximale Helligkeit des Schutzschilds und der zugehörigen Hüllenreflektion gewährleisten (bei einem Treffer)
- Abspielen des Schildtreffer- bzw. Hüllentreffer-Samples (bei einem Treffer)
- Energiezuteilung der Waffensysteme. Nach einem Hüllendurchbruch steht zeitweilig nur noch wenig Energie zum Aufladen der Waffensysteme zur Verfügung, da die Energie für die Reparatur des Schiffs benötigt wird
- Intensität des Schutzschilds sowie der Hüllenreflektion reduzieren (bei einem Treffer)
- Wenn die Zeitdauer, die der Schild gerendert werden soll, überschritten worden ist, das Schildlicht ausschalten
- Überprüfen, ob die Waffen schon nachgeladen worden sind
- Intro-Battle-Kameraführung: Selektieren eines neuen Schiffs im Intro-Battle, sofern sich das vorherige Schiff aus dem Bild bewegt hat. Entweder wird ein neues Schiff nach dem Zufallsprinzip oder aber das erstbeste Schiff unter Beschuss ausgewählt
- Radarprojektionsvektor für die Darstellung des Schiffs im 3D-Scanner berechnen
- Anvisieren und Selektieren eines Raumschiffs mittels Cursor oder Fadenkreuz im 3D-Raum oder über den 3D-Scanner (die neuen Einstellungen gelten ab dem nächsten Frame)
- Steueroptionen für das selektierte alliierte Schiff festlegen
- Sichtbarkeitstest durchführen
- Abstandsdaten des Schiffs für das Back to Front Order Rendering übergeben

- Abstandsdaten der Explosionsanimationen für das Back to Front Order Rendering übergeben
- Überprüfen, ob ein sichtbares Schiff die Sonne verdeckt
- Abstandsvektor des selektierten Schiffs speichern (wird für die Positionierung der Kamera benötigt)
- Die notwendigen Daten für die Darstellung der Spacepartikel und Positionierung der Kamera übergeben
- Antriebs- und Smokepartikel bewegen und reinitialisieren, Abstandsdaten für das Back to Front Order Rendering übergeben

Die Einzelheiten der Implementierung entnehmen Sie bitte der Buch-CD.

Die taktische KI eines Sternenkreuzers

In Kapitel 19.12 haben wir bereits die zum Einsatz kommenden Techniken für die Flugsteuerung eines Raumschiffs und die Ausrichtung der Waffensysteme kennen gelernt. Aus diesem Grund kann hier auf die komplette Darstellung der KI-Methode verzichtet werden. Stattdessen werden wir uns mit einer Übersicht der einzelnen Abläufe begnügen und uns lediglich mit der Abschusskontrolle der Waffensysteme etwas genauer beschäftigen.

- Schiffssteuerung
- Primärwaffe im Gunnary Mode auf ein Ziel ausrichten
- Primärwaffe manuell abfeuern
- Sekundärwaffe manuell abfeuern
- Tertiärwaffe manuell abfeuern
- Sekundärwaffe automatisch abfeuern
- Tertiärwaffe automatisch abfeuern
- Primärwaffe automatisch auf das Ziel ausrichten und abfeuern

HINWEIS: Ob eine Waffe automatisch oder manuell ausgerichtet und abgefeuert wird, ist natürlich von der gewählten Steueroption abhängig.

In vielen Space-Combat-Simulationen ist es üblich, dass sich eine Energiewaffe nur in Flugrichtung abfeuern lässt. Bei einem wendigen Raumjäger geht das in Ordnung, ein träger Raumkreuzer hingegen muss die Möglichkeit haben, seine Waffen in alle Richtungen abfeuern zu können. Im Gunnary-Chair-Modus übernimmt der Spieler die Rolle des Bordschützen und muss sich um die Ausrichtung der Waffensysteme kümmern. Der Abschuss der Primärwaffe erfolgt dabei in festgelegter Reihenfolge aus vier unabhängigen Geschützrohren (eigentlich nicht notwendig, sieht aber cool aus). In jeder anderen Kameraeinstellung wird als Abschussposition einfach der Ortsvektor (Mittelpunkt) des Schiffs verwendet. Damit das Waffenobjekt in die richtige Richtung fliegt und beim Rendern korrekt ausgerichtet werden kann, muss der Waffeninstanz bei der Initialisierung die Abschussrichtung (`WeaponFlugrichtung`) sowie die Ausrichtungsmatrix (`WeaponRotationsMatrix`) übergeben werden. Da der Spieler im Gunnary-Chair-Modus die Möglichkeit hat, auf jedes Schiff zu feuern, muss eine Primärwaffe ferner im `Initialisierungsmodus = -1` initialisiert werden. Dadurch wird gewährleistet, dass ein Treffertest mit allen sichtbaren Schiffen durchgeführt wird.

Listing 21.8: Abschusskontrolle – Primärwaffe

```
if(GunnaryChair == TRUE)
{
    // Der Abschuss der Primärwaffe erfolgt aus vier unabhängigen
    // Geschützrohren (sieht cooler aus!).

    // Abschussposition festlegen:

    if(CannonNr == 1)
       tempVektor3 = -0.5f*Abstandsvektor + 1.8f*PlayerVertikale -
                     1.8f*PlayerHorizontale;
    else if(CannonNr == 2)
       tempVektor3 = -0.5f*Abstandsvektor + 1.8f*PlayerVertikale +
                     1.8f*PlayerHorizontale;
    else if(CannonNr == 3)
       tempVektor3 = -0.5f*Abstandsvektor - 1.8f*PlayerVertikale +
                     1.8f*PlayerHorizontale;
    else if(CannonNr == 4)
       tempVektor3 = -0.5f*Abstandsvektor - 1.8f*PlayerVertikale -
                     1.8f*PlayerHorizontale;
}
else
    tempVektor3 = Abstandsvektor;

CannonNr++;

if(CannonNr == 5)
    CannonNr = 1;

if(ModellNr < 5 && GunnaryChair == TRUE)
    Weapons->New_Objekt(TargetId, KataniZugehoerigkeit,
                        PrimaryWeaponModel, &tempVektor3,
                        &WeaponFlugrichtung, &WeaponRotationsMatrix,
                        -1);

else if(ModellNr < 5 && GunnaryChair == FALSE && TargetId > -1)
    Weapons->New_Objekt(TargetId, KataniZugehoerigkeit,
                        PrimaryWeaponModel, &tempVektor3,
                        &WeaponFlugrichtung, &WeaponRotationsMatrix,
                        1);
```

An Tag 16 haben wir besprochen, dass bei den Lenkwaffen zwei verschiedene Waffensysteme zum Einsatz kommen. Entweder werden die Lenkwaffen allesamt in Flugrichtung oder in verschiedene Zufallsrichtungen abgefeuert. Bei der Berechnung der Ausrichtungsmatrix für eine Zufallsrichtung kommt die DirectX-Funktion `D3DXMatrixRotationYawPitchRoll()` zum Einsatz. Als Parameter erwartet diese Funktion die Adresse der Rotationsmatrix sowie je einen Drehwinkel für die Rotation um die x-, y- sowie z-Achse. Beim Abschuss der Lenkwaffen in Flugrichtung werden diese nebeneinander, parallel zur Schiffshorizontalen und symmetrisch zur Schiffslängsachse abgefeuert. Die Flugrichtung einer Lenkwaffe wird innerhalb der KI-Routine der `CWaffe`-Klasse berechnet, daher übergeben wir der Initialisierungsfunktion einfach einen Nullvektor.

Listing 21.9: Abschusskontrolle – Lenkwaffe

```
// Lenkwaffe(n) in Flugrichtung abfeuern:
if(SecondaryLenkwaffenmodell > 0)
{
    if(ModellNr < 5) // alliierte Schiffsmodelle
    {
        MultiplyVectorWithRotationMatrix(&ShipHorizontale,
                                         &PlayerHorizontaleOriginal,
                                         &RotationsMatrix);

        for(FireCounter = 1; FireCounter <=
            SecondaryLenkwaffenmodell; FireCounter++)
        {
          // Abschussposition festlegen:
          tempVektor3 = Abstandsvektor +
          (-0.5f*(float)(SecondaryLenkwaffenmodell-1) +
          (float)(FireCounter-1))*ShipHorizontale;

         // Anmerkung: Die Formel für die Berechnung der
         // Abschussposition sieht zwar ziemlich wüst aus, wenn Sie
         // aber nachrechnen, werden Sie feststellen, dass die
         // Positionen tatsächlich symmetrisch zur Schiffslängsachse
         // liegen.

          Weapons->New_Objekt(TargetId, KataniZugehoerigkeit,
                              SecondaryWeaponModel, &tempVektor3,
                              &NullVektor, &RotationsMatrix,
                              FireCounter);
        }
    }
    else if(ModellNr > 4) // Katani Schiffsmodelle
    {
        // Wie bei den alliierten Schiffsmodellen
    }

// Lenkwaffe(n) in Zufalls-Richtung abfeuern:
```

```
else if(SecondaryLenkwaffenmodell < 0)
{
    if(ModellNr < 5) // alliierte Schiffsmodelle
    {
        for(FireCounter = 1; FireCounter <=
            labs(SecondaryLenkwaffenmodell); FireCounter++)
        {
            // Abschussrichtung festlegen:
            D3DXMatrixRotationYawPitchRoll(&tempMatrix,
            frnd(0.1f,6.0f), frnd(0.1f,6.0f), frnd(0.1f,6.0f));

            Weapons->New_Objekt(TargetId, KataniZugehoerigkeit,
                              SecondaryWeaponModel, &Abstandsvektor,
                              & NullVektor, &tempMatrix,
                              FireCounter);

        }
    }
    else if(ModellNr > 4) // Katani Schiffsmodelle
    {
        // Wie bei den alliierten Schiffsmodellen
    }
}
```

Kollisionsprävention

Als erfahrener Spieler kennen Sie sicher solche Situationen, in denen viele Einheiten auf engem Raum miteinander interagieren. Damit sich diese Einheiten nicht ständig gegenseitig rammen, benötigen wir eine Routine, die bevorstehende Kollisionen frühzeitig entdeckt, bei den betreffenden Einheiten einen Kollisionsalarm auslöst und diesen ferner alle Daten für ein mögliches Ausweichmanöver zur Verfügung stellt. Die Funktion `Test_Sternenkreuzer_Kollisionsalarm()`, die in unserem Spiel zum Einsatz kommt, ist zwar nicht wirklich kompliziert, abgedruckt sieht sie jedoch sehr unübersichtlich aus. In der Header-Datei `SternenkreuzerClasses.h` unseres Spieleprojekts finden Sie die komplette Funktion, an dieser Stelle werden wir nur ihre Arbeitsweise besprechen.

Im Falle einer möglichen Kollision muss zunächst unterschieden werden, ob sich zwei gegnerische oder zwei alliierte Schiffe einander annähern. In der Regel sollten sich alliierte Schiffe im gleichen Flottenverband Seite an Seite bewegen können, ohne dass andauernd Kollisionsalarm ausgelöst wird (bietet besseren Schutz bei Angriffen). Gegnerische Schiffe sollten sich dagegen einander nicht zu dicht annähern, da sonst der Schutz des eigenen Flottenverbands verloren geht.

Zum Speichern der minimalen quadratischen Abstände zwischen zwei Schiffen werden die folgenden beiden Variablen verwendet:

```
float ShipCollisionsDistanceSqEnemies = 27000.0f;
float ShipCollisionsDistanceSqFriends = 24000.0f;
```

Weiterhin müssen die Manövrierfähigkeiten der Raumschiffe berücksichtigt werden. Zwei wendige Schiffe können sich gefahrlos einander viel dichter annähern, als das bei zwei trägen Großkampfschiffen möglich wäre. Die Manövrierfähigkeiten beider Schiffe werden bei einem Kollisionstest in Form eines zusätzlichen Faktors (Wendigkeitsfaktor) berücksichtigt, der sich wie folgt berechnet:

```
tempFloat = Kollisionsdaten[i].KurvengeschwindigkeitMax +
            Kollisionsdaten[j].KurvengeschwindigkeitMax;

tempFloat = 1.0f/tempFloat;
```

HINWEIS: Die Klasse `CSternenkreuzer_Kollisionsdaten` speichert alle notwendigen Daten, die für die Kollisionsprävention benötigt werden.

Im nächsten Schritt muss der Abstandsdifferenzvektor zweier Schiffe sowie der quadratische Abstand berechnet werden:

```
tempVektor3 = Kollisionsdaten[i].Abstandsvektor -
              Kollisionsdaten[j].Abstandsvektor;

temp2Float = D3DXVec3LengthSq(&tempVektor3);
```

Ist diese quadratische Länge kleiner als das Produkt aus minimalem quadratischem Kollisionsabstand und Wendigkeitsfaktor, ist die Gefahr einer Kollision gegeben und weitere Tests sind erforderlich. Eine Kollision ist natürlich nur dann möglich, wenn sich mindestens eines der Schiffe auf das andere Schiff zubewegt. Zu diesem Zweck wird für beide Schiffe das Skalarprodukt aus Flugrichtung und Kollisionsvektor berechnet. Dabei ist zu berücksichtigen, dass der Kollisionsvektor immer in die Richtung des jeweils anderen Schiffs zeigen muss. Für eines der Schiffe stimmt der Differenzvektor mit dem Kollisionsvektor überein, für das andere Schiff ist der Kollisionsvektor jedoch gleich dem negativen Differenzvektor. Falls das Skalarprodukt größer null ist, dann wird für das betreffende Schiff ein Kollisionsalarm ausgelöst, denn es besteht die Gefahr, dass das andere Schiff gerammt wird. Zu diesem Zweck wird entweder die Methode `CollisionAlert_for_Objekt_with_Index_Nr()` der Klasse `CMemory_Manager_Terra_Sternenkreuzer` oder aber die gleichnamige Methode der `CMemory_Manager_ Katani_Sternenkreuzer`-Klasse aufgerufen.

Im Folgenden betrachten wir einen Ausschnitt aus dem präventiven Kollisionstest:

Listing 21.10: Präventiver Kollisionstest, Ausschnitt

```
if(temp2Float < ShipCollisionsDistanceSqEnemies*tempFloat)
{
// Gewährleisten, dass der Kollisionsvektor immer in die
// Richtung des jeweils anderen Schiffs zeigt:
temp1Vektor3 = -tempVektor3;

// An dieser Stelle wird eine mögliche Kollision zwischen einem
```

```
// terranischen und einem Katani-Schiff überprüft. Da natürlich die
// Möglichkeit besteht, dass der Kollisionsalarm bereits
// ausgelöst wurde, muss zusätzlich überprüft werden, ob der neue
// Kollisionsabstand kleiner ist (eine Kollision wäre in diesem Fall
// wahrscheinlicher):

if(Kollisionsdaten[i].polit_Zugehoerigkeit == TerraShip &&
   temp2Float < Terranische_Sternenkreuzer->pObjekt[
   Kollisionsdaten[i].ShipId].KollisionsAbstandSq)
{
   if(D3DXVec3Dot(&Terranische_Sternenkreuzer->pObjekt[
                  Kollisionsdaten[i].ShipId].Flugrichtung,
                 &temp1Vektor3) > 0.0f)
   {
     Terranische_Sternenkreuzer->
     CollisionAlert_for_Objekt_with_Index_Nr(
               Kollisionsdaten[i].ShipId, temp2Float, &temp1Vektor3);
   }
}

// An dieser Stelle wird eine mögliche Kollision zwischen einem
// Katani- und einem terranischen Schiff überprüft:

else if(Kollisionsdaten[i].polit_Zugehoerigkeit ==
        KataniShip && temp2Float < Katani_Sternenkreuzer->pObjekt[
        Kollisionsdaten[i].ShipId].KollisionsAbstandSq)
{
   if(D3DXVec3Dot(&Katani_Sternenkreuzer->pObjekt[
                  Kollisionsdaten[i].ShipId].Flugrichtung,
                 &temp1Vektor3) > 0.0f)
   {
     Katani_Sternenkreuzer->
     CollisionAlert_for_Objekt_with_Index_Nr(
               Kollisionsdaten[i].ShipId, temp2Float, &temp1Vektor3);
   }
}
```

Damit Sie einen besseren Gesamteindruck von der Funktion erhalten, werfen wir nun noch einen Blick auf die beiden Schleifen, innerhalb derer die Tests durchgeführt werden. Beim Entwurf der inneren Schleife ist zum einen darauf zu achten, dass ein Schiff nicht auf eine mögliche Kollision mit sich selbst getestet wird, und zum anderen, dass zwei Schiffe nicht doppelt auf eine mögliche Kollision miteinander getestet werden.

Listing 21.11: Präventiver Kollisionstest – Funktionsgerüst

```
inline void Test_Sternenkreuzer_Kollisionsalarm(void)
{
   for(i = 0; i < AnzSternenkreuzer; i++)
```

```
  {
    for(j = (i+1); j < AnzSternenkreuzer; j++)
    {
      if((Kollisionsdaten[i].polit_Zugehoerigkeit==TerraShip &&
          Kollisionsdaten[j].polit_Zugehoerigkeit==KataniShip) ||
         (Kollisionsdaten[i].polit_Zugehoerigkeit==KataniShip
         && Kollisionsdaten[j].polit_Zugehoerigkeit==TerraShip))
      {
        // 2 opponierende Schiffe auf eine mögliche Kollision
        // hin testen.
      }
      else if((Kollisionsdaten[i].polit_Zugehoerigkeit==TerraShip
        && Kollisionsdaten[j].polit_Zugehoerigkeit==TerraShip) ||
          (Kollisionsdaten[i].polit_Zugehoerigkeit==KataniShip &&
            Kollisionsdaten[j].polit_Zugehoerigkeit==KataniShip))
      {
        // 2 miteinander alliierte Schiffe auf eine mögliche
        // Kollision hin testen.
      }
    }
  }
}
```

21.7 Zusammenfassung

Damit wären wir auch am Ende des letzten Kapitels angelangt. Die Mechanik ist die Lehre von der Bewegung, und genau damit haben wir uns heute auch beschäftigt: Wir haben Bewegung und Leben in unser Spieleprojekt gebracht. Zu Beginn des Kapitels haben wir uns mit dem Einsatz der verschiedenen Kameraperspektiven vertraut gemacht und eine Zoomfunktion für die strategische Ansicht entwickelt. Im Anschluss daran haben wir uns mit der Initialisierung, dem Szenenaufbau und der Beendigung eines strategischen bzw. Raumkampfszenarios befasst. Zu guter Letzt haben wir uns mit allen Details der Asteroidenbewegung sowie mit dem Handling der Waffenobjekte und der Raumschiffe beschäftigt.

21.8 Workshop

Fragen und Antworten

F *Erläutern Sie die einzelnen Schritte bei der Kollisionsprävention.*

A Im ersten Schritt wird überprüft, ob sich zwei Schiffe einander bis auf einen gefährlich kleinen, quadratischen Abstand angenähert haben. Dieser Abstand berechnet sich aus den Manövrierfähigkeiten der beiden Schiffe sowie einem vorgegebenen quadratischen Mindestabstand. Für zwei alliierte Schiffe ist dieser quadratische Abstand etwas kleiner als für zwei opponierende Schiffe. Auf diese Weise können sich die alliierten Schiffe im Flottenverband bewegen, ohne dass ständig Kollisionsalarm ausgelöst wird, und die opponierenden Schiffe laufen nicht Gefahr, aus dem eigenen Flottenverband herausgedrängt zu werden. Im nächsten Schritt wird überprüft, ob sich beide Schiffe aufeinander zu- oder voneinander wegbewegen. Im ersten Fall wird für ein Schiff immer dann ein Kollisionsalarm ausgelöst, sofern sich dieses Schiff nicht bereits in einer gefährlicheren Kollisionssituation befindet (kleinerer quadratischer Abstand zu einem anderen Schiff).

Quiz

1. Worin unterscheidet sich eine gute Kameraperspektive von einer schlechten?
2. Erläutern Sie die einzelnen Schritte beim Handling der Asteroiden, Waffenobjekte und Sternenkreuzer.

Übung

In diesem Kapitel haben Sie einen kleinen Eindruck davon erhalten, wie komplex das Handling der Spieleobjekte unter Umständen werden kann – und Sie dachten, die Grafikprogrammierung wäre kompliziert. Machen Sie sich Gedanken darüber, wie sich das Verhalten beider Raumflotten realistischer gestalten lässt. Wie könnte man beispielsweise eine Flottenhierarchie implementieren? In einer realen Schlacht gibt es immer ein Admiralsschiff, welches das Oberkommando führt, sowie diverse Kommandoschiffe, die ihrerseits kleinere Flottenverbände kommandieren. Im Augenblick hat der Spieler zwar die Möglichkeit, alle Schiffe individuell zu steuern, die Möglichkeit, ganze Flottenverbände zu kontrollieren, fehlt aber bisher.

Schlusswort

Ich hoffe, die Arbeit mit diesem Buch hat Ihnen viel Freude bereitet und Ihr Interesse an der Spieleentwicklung geweckt bzw. noch vergrößert. Mein Hauptziel war es nicht, Ihnen alle topaktuellen Technologien der Grafikprogrammierung vorzustellen, sondern Ihnen vielmehr zu zeigen, wie man Spiele plant und entwickelt. Im Internet findet man inzwischen unzählige Seiten mit Tutorials, Anleitungen, Tipps und Tricks rund um das Thema Grafikprogrammierung, Anleitungen zum Thema Spieleprogrammierung haben dagegen Seltenheitswert.

Mir ist bewusst, dass einige unter Ihnen den Traum hegen, eine eigene Game Engine zu programmieren, mit der man solche Spiele wie Unreal 2, Neverwinter Nights oder Command & Conquer entwickeln kann.

Es gibt inzwischen genügend Hobbyentwickler, die sich an der Entwicklung solcher Game Engines versuchen, die neuesten Features in diese Engine einbauen und Tech-Demos ins Internet stellen. Auf die groß angekündigten Spiele wartet man meistens vergebens. Machen Sie also nicht den gleichen Fehler.

Investieren Sie Ihre Energie lieber in die Entwicklung Ihres Traumspiels – die Game Engine entsteht dann ganz von allein. In der Regel verläuft die Entwicklung der Game Engine immer parallel zu der Entwicklung eines Spiels, es sei denn, man lizenziert eine Engine.

Jetzt sind Sie gefragt, ein eigenes Spiel auf die Beine zu stellen, ein Konzept zu entwickeln und dieses dann umzusetzen. Legen Sie die Messlatte am Anfang aber nicht zu hoch an, sondern erweitern Sie Ihr Spiel Schritt für Schritt um zusätzliche Features. Suchen Sie dabei auch immer nach neuen Möglichkeiten, um die Performance Ihres Spiels zu verbessern. Es reicht nicht, wenn das Spiel nur gut aussieht, es muss sich auch auf normalen Rechnern flüssig spielen lassen.

In diesem Sinne wünsche ich Ihnen viel Erfolg bei der Umsetzung Ihrer eigenen Ideen.

A

Workshop-Auflösung

An dieser Stelle werden die Quizfragen zu den einzelnen Tagen beantwortet. Musterlösungen für die Übungs-Projekte finden Sie auf der beiliegenden Buch-CD.

Tag 1

1. Initialisierung, Spielschleife und Aufräumarbeiten
2. Beim Frame Based Rendering versucht man, die Framerate konstant zu halten.
3. Framezeit und -Faktor werden für die Synchronisation der Spielgeschwindigkeit benötigt.
4. `Framerate = 1000.0f/Framezeit`
5. Anpassung der Darstellungsqualität und -komplexität an die momentane Framerate
6. `MessageBox()`
7. `WNDCLASSEX`
8. `RegisterClassEx()` und `CreateWindowEx(`
9. `WinMain()`
10. In einer Message-Queue werden alle Nachrichten an ein Windows-Programm gespeichert.
11. `PeekMessage()`, `TranslateMessage()` und `DispatchMessage()`
12. Nachrichtenverarbeitung
13. `GameInitialisierungsRoutine()`, `GameMainRoutine()` und `GameCleanUpRoutine()`
14. `InitResolution()` und `InitRenderOptions()`

Tag 2

1. Zufallszahlen werden mit der Funktion `rand()` erzeugt. Mit ihrer Hilfe lassen sich Spielablauf und Gegnerverhalten variabler gestalten.
2. Eine einfach verkettete Liste besteht aus einer Reihe von Borg-Datenknoten (Strukturvariablen oder Klassenobjekten), wobei jeder Knoten mit dem nachfolgenden Knoten über einen Zeiger verbunden ist.
3. Die Reihenfolge, in der die Game-Objekte in der Liste abgespeichert sind, entspricht normalerweise nicht der Reihenfolge, in der Sie auf diese Objekte Zugriff nehmen müssen. Der direkte Zugriff auf einen Listenknoten ist nicht möglich. Stattdessen muss die Liste immer beim ersten Element beginnend bis hin zum gesuchten Knoten durchlaufen werden.

4. Wichtig für die Dateiverwaltung ist die `_finddata_t`-Struktur.
5. Mit Hilfe der `_findfirst()`-Funktion wird getestet, ob ein Ordner existiert. Mit Hilfe der `_findnext()`-Funktion werden alle Dateien innerhalb des Ordners durchlaufen.

Tag 3

1. Beschreibung eines Vektors durch einen Winkel und den Vektorbetrag
2. Zum einen ist die Multiplikationsreihenfolge der Transformationsmatrizen von der gewählten Vektorform abhängig. Weiterhin müssen bei der Änderung der Vektorform die transponierten Transformationsmatrizen verwendet werden.
3. Multiplikation zweier Vektoren, so dass eine Zahl dabei herauskommt
4. Alle Transformationsschritte lassen sich in einer einzigen Matrix zusammenfassen.
5. Die w-Komponente ist eine zusätzliche Komponente, die für die Aufstellung der Translationsmatrix benötigt wird.
6. Gemäß der Regel Zeile Mal Spalte
7. Die Multiplikationsreihenfolge legt die Reihenfolge der einzelnen Transformationsschritte fest.
8. Bei einer transponierten Matrix sind die Matrixelemente an der Hauptdiagonale gespiegelt.

Tag 4

1. Beschreibung eines Vektors durch zwei Winkel und den Vektorbetrag
2. Polarkoordinaten sind unter bestimmten Umständen leichter interpretierbar.
3. Multiplikation zweier Vektoren, so dass ein Vektor dabei herauskommt, der senkrecht auf den ersten beiden Vektoren steht
4. Die Multiplikation eines Vektors mit einer Rotationsmatrix entspricht der Multiplikation mit einer 3x3-Matrix.
5. Rotation um die x-, y-, z- sowie um eine beliebige Achse
6. Eine inverse Matrix macht die Transformation einer Matrix wieder rückgängig.
7. Für die Initialisierung der Transformationsmatrizen
8. Eine Frame-Rotationsmatrix beschreibt die Drehung von Frame zu Frame, die Gesamtrotationsmatrix ist für die entgültige Ausrichtung eines Objekts aus dessen Anfangsorientierung heraus verantwortlich.

9. $x=\sqrt{y}$; $x^2=y$; $x_1x_2=y$; $x_2=\frac{y}{x_1}$; $x_1^{'}=\frac{x_1+x_2}{2}=\frac{x_1+\frac{y}{x_1}}{2}$

$\frac{1}{\sqrt{y}}\approx 1.5\cdot x-0.5\cdot y\cdot x^3=x\cdot\left(1.5-0.5\cdot y\cdot x^2\right)$ mit x:Startwert des Iterationsschrittes ±

10. `NormalizeVector()`, `NormalizeVectorApprox()` (näherungsweises Normieren), `NormalizeVector_If_Necessary()` (normieren falls notwendig)
11. Näherungsweise Berechnung der Sinus- und Kosinuswerte eines Drehwinkels
12. Rotationsmatrizen mit Look-up-Tabellen erzeugen, Rotationsmatrizen mit Hilfe von vorberechneten Sinus- und Kosinuswerten erzeugen

Tag 5

1. Für die Drehung einer Lenkwaffe kann eine konstante Kurvengeschwindigkeit angenommen werden.
2. Im ersten Schritt wird eine Framedrehung um die x-, y- oder z-Achse durchgeführt, im zweiten Schritt wird das Schiff in die entgültige Orientierung transformiert.
3. Die dritte Zeile der Gesamtrotationsmatrix entspricht der neuen Bewegungsrichtung.
4. Durch die Definition einer maximalen Fallgeschwindigkeit
5. Durch zufällige Variation der Windgeschwindigkeit und Drehung der Windrichtung
6. Fallbeschleunigung, Luftreibung sowie Windkraft; `Anfangsgeschwindigkeit=velocity*Flugrichtung`
7. Leichte Objekte passen sich einer neuen Windgeschwindigkeit ohne Verzögerungen an.
8. Die Haftreibung spielt nur dann eine Rolle, wenn sich ein Objekt noch nicht bewegt. Die Gleitreibung spielt nur während der Bewegung eine Rolle.
9. Die Stärke der Reibungskraft wird durch den so genannten Reibungskoeffizienten festgelegt, der wiederum von der Bodenbeschaffenheit abhängig ist.
10. **Gegenkraft = m g μ sin α + m g cos α** (siehe Abbildung 5.8)
11.
```
Differenzvektor = aktuelle_Position - voherige_Position;
NormalizeVector(&Bewegungsrichtung, &Differenzvektor);
```
12. Fliehkraft und Bodenhaftung
13. Der Gravitationseffekt einer Schockwelle ist ein zeitlich und räumlich begrenztes Phänomen. Zudem ist der Effekt nicht überall gleichzeitig messbar.

Tag 6

1. Die senkrecht zur Fläche stehende Geschwindigkeitskomponente ändert ihr Vorzeichen.
2. Im Zusammenhang mit achsenausgerichteten Bounding-Boxen
3. `Flugrichtung-=2*D3DXVec3Dot(&Normal,&Flugrichtung)*Normal;`
4. Im Zusammenhang mit orientierten Bounding-Boxen
5. Eine Bounding-Geometrie ist eine vereinfachte Version des Modells, deren Oberflächen sich für die Kollisionsbeschreibung einsetzen lassen.
6. Bei einer elastischen Kollision gilt sowohl der Energie- als auch der Impulserhaltungssatz.
7. Bounding-Sphären-Test (Abbildung 6.9), AABB-AABB-Test (Abbildung 6.10)
8. Bei n Objekten: **n*(n-1)/2** Kollisionstestdurchläufe
9. Ausschluss zweier Kollisionspartner aus der gegenseitigen Kollisionsüberprüfung bis zu einer erneuten Kollision eines der Partner; Ausschluss zweier Kollisionspartner aus der weiteren Kollisionsüberprüfung im aktuellen Prüfdurchlauf; Kollisionsüberprüfungen nur im Blickfeld des Spielers und innerhalb einer begrenzten Entfernung vornehmen, partielle Kollisionsüberprüfung pro Frame, begrenzte Treffertests
10. Kollisionstests müssen nur noch zwischen den Objekten innerhalb eines Sektors durchgeführt werden.
11. Wenn sich ein Objekt sehr dicht an einer Sektorengrenze befindet, kann die zugehörige Bounding-Sphäre/Box unter Umständen in den benachbarten Sektor hineinreichen. Das Problem lässt sich jetzt dadurch beheben, dass man die Objekt-ID-Nummer einfach in die ID-Listen all derjenigen Sektoren einträgt, in welche die Bounding-Sphäre/Box hineinreicht.
12. Portale bieten ein einfache Möglichkeit, den Sektor, in dem sich ein Objekt augenblicklich befindet, zu bestimmen. Der Portaldurchtritt lässt sich mit Hilfe des so genannten Seitentests (Abbildung 6.13) feststellen.

Tag 7

1. Durch die Verwendung von (achsenausgerichteten) Bounding-Boxen, die jeweils ein Teil der Dreiecke umschließen
2. Siehe Abbildungen 7.2 sowie 7.3
3. Siehe Abbildung 7.4
4. Mit dem Halbseitentest (Abbildung 7.5)

5. Überprüfung, ob eine der drei Kanten des einen Dreiecks die Fläche des anderen Dreiecks schneidet
6. Am Ende der Erstellung eines hierarchischen Kollisionsmodells steht das Ziel, dass jedes Dreieck von einer Bounding-Box umschlossen wird. Hierbei werden die Boxen in Form einer Baumstruktur organisiert. Für ein all-equal Kollisionsmodell definiert man einen Satz von gleichberechtigten Bounding-Boxen, welche die Modellgeometrie möglichst gut wiedergeben müssen (siehe Abbildung 6.5).
7. In einer OBB-Struktur müssen zusätzlich die drei Normalenvektoren der Box gespeichert werden.
8. Eine Box-Box-Kollision kann immer dann ausgeschlossen werden, wenn sich die beiden Boxen entlang von separierbaren Achsen nicht überlappen.
9. Bei einem OBB-OBB-Test müssen maximal 15 separierbare Achsen (2*3 Normalenvektoren der Boxen + 9 Vektorprodukte zwischen den Normalenvektoren) auf eine mögliche Überlappung getestet werden. Bei einem AABB-AABB-Test müssen maximal 3 separierbare Achsen (x-, y- und z-Achse) auf eine mögliche Überlappung getestet werden.

Tag 8

1. Welttransformation, Sichttransformation, Projektionstransformation, Clipping, Beleuchtung, Vertex Fog, Texture Mapping und Blending, Pixel Fog, Rasterisation
2. Welttransformation: Transformation eines Objekts aus den Modellkoordinaten in die Spielewelt; Sichttransformation: Transformation eines Objekts aus der 3D-Welt in den Kameraraum. In der sich anschließenden Projektionstransformation wird die 3D-Szene schließlich auf den zweidimensionalen Bildschirm projiziert.
3. Multiplikation eines Vektors mit der `ViewProjectionMatrix` (`matView*matProj`), Umrechnung der Viewportkoordinaten in Bildschirmkoordinaten
4. Aussondern der nicht sichtbaren Objekte
5. Bei der Doppelpufferung wird ein Bild im Backbuffer aufgebaut und anschließend auf die Display-Surface kopiert bzw. in einer Fullscreen-Anwendung auf die Display-Surface geflippt. Die Tiefenpufferung ist ein Verfahren für die Entfernung der verdeckten Polygonoberflächen.
6. HAL steht für **H**ardware **A**bstraction **L**ayer (Hardware-Abstraktionsschicht) und ist gewissermaßen der Ersatz für den direkten Zugriff auf die Grafikkarte.
7. Hardware Transform and Lightning (evtl. als reines Gerät), Mixed Transform and Lightning, Software Transform and Lightning
8. Die Klasse `CD3DFont`
9. `Clear()`, `BeginScene()`, `EndScene()` sowie `Present()`

10. FVF steht für flexibles Vertexformat. Bisher verwendete Formate: `POINTVERTEX`, `COLOREDVERTEX` und `SCREENVERTEX`

11. Vertexbuffer initialisieren: `CreateVertexBuffer()`. Bevor man auf einen Vertexbuffer Zugriff nehmen kann, muss er mit der Funktion `Lock()` verriegelt werden. Nach dem Zugriff wird der Vertexbuffer mit der Funktion `Unlock()` wieder entriegelt. Die Funktionen `SetFVF()` bzw. `SetVertexShader()` ermöglichen die korrekte Transformation der Vertexdaten. Mit der Funktion `SetStreamSource()` werden die Vertexdaten durch die Transformationspipeline geschickt und mit der Funktion `DrawPrimitive()` gerendert.

12. Eine Grafikprimitive (Point List, Line List, Line Strip, Triangle List, Triangle Strip und Triangle Fan) legt fest, auf welche Weise die Vertices beim Rendern miteinander verbunden werden sollen.

13. `D3DXCreateTextureFromFileEx()`

14. Das Texturkoordinatenpaar (0/0) repräsentiert die linke obere Ecke, das Koordinatenpaar (1/1) die rechte untere Ecke der als Textur verwendeten Bitmap. Beim Texture Wrapping wird eine Textur mehrfach über ein Polygon gemappt.

15. `SetTexture()`

Tag 9

1. Aufruf der Funktion `GetDeviceState()`. Falls dieser Aufruf fehlschlägt, muss die Tastatur reakquiriert werden. Die Abfrage der Nachrichten erfolgt mit Hilfe des Makros `KEYDOWN(buffer, DIK_Taste)`. Soll bei gedrückt gehaltener Taste nur einmal auf die Nachricht reagiert werden, dann muss der folgende Code verwendet werden:

```
if(KEYDOWN(buffer, DIK_Taste) && PressSameKeyTaste == FALSE)
{
    // Aktion
    PressSameKeyTaste = TRUE;
}
if(!KEYDOWN(buffer, DIK_ Taste))
    PressSameKey Taste = FALSE;
```

2. Die Mauskoordinaten werden relativ zur vorherigen Position angegeben. Die Umrechnung in die absoluten Koordinaten erfolgt auf folgende Weise:

```
Mouse_X_Value += dims2.lX;
Mouse_Y_Value += dims2.lY;
```

3. Der Joystick gehört nicht zu den Standardeingabegeräten. Aus diesem Grund informieren die Joystick-Treiber DirectInput leider nicht immer automatisch darüber, ob sich der Gerätezustand geändert hat. Stattdessen müssen die neuen Daten explizit angefordert werden, wofür die Methode `Poll()`verwendet wird.

Tag 10

1. Die `CMusicManager`-Klasse kümmert sich um alle Verwaltungsaufgaben, die im Zuge der Arbeit mit DirectX Audio anfallen und ist zudem für das Laden der Musikstücke verantwortlich. Die Klasse `CMusicSegment` vereinfacht den Umgang mit den einzelnen Soundobjekten – Abspielen, Stoppen, Lautstärke verändern (um nur ein paar Beispiele zu nennen).
2. WAVE-Dateien sind digitalisierte Soundsamples oder Musikstücke, eine MIDI-Datei kann man sich als Partitur für den Soundprozessor der Soundkarte vorstellen.
3. Soundbuffer repräsentieren einen Speicherbereich, in denen Sounddaten abgelegt werden. Jedes einzelne Soundsample wird in einem sekundären Soundbuffer gespeichert. Alle Samples, die abgespielt werden sollen, werden in den primären Soundbuffer kopiert und dort abgemischt. Ein 3D-Soundbuffer dient zum Speichern eines 3D-Soundsamples. Der 3D-Listener speichert alle Eigenschaften des Zuhörers. Ein Audiopath kann sowohl für die Zusammenarbeit mit 2D- wie auch für die Zusammenarbeit mit 3D-Soundbuffern und Listenern eingesetzt werden.
4. Dopplerfaktor, Rolloff-Faktor, minimale Distanz, maximale Distanz
5. Die 3D-Soundbuffer werden mit Hilfe der inversen `g_ObjectKorrekturMatrix` relativ zum Listener ausgerichtet.

Tag 11

1. Ausrichten eines Billboards im 3D-Raum unter Verwendung des Billboard-Ortsvektors, des Billboard-Ortsvektors sowie einer Rotationsmatrix unter Verwendung der Billboard-Polarkoordinaten; Ausrichten eines Billboards im planar-perspektivischen Raum unter Verwendung des Billboard-Ortsvektors
2. Ausrichten eines Billboards im 3D-Raum unter Verwendung der Polarkoordinaten
3. Ausrichten eines Billboards im 3D-Raum unter Verwendung des Billboard-Ortsvektors
4. Im 3D-Raum kann die Kamera um drei zueinander senkrechte Achsen gedreht und beliebig im Raum verschoben werden. Im planar-perspektivischen Raum kann die Kamera nach rechts/links bzw. oben/unten bewegt sowie an das Spielgeschehen heran- bzw. vom Spielgeschehen weggezoomt werden.

Tag 12

1. Wird zum gleichmäßigen Ausleuchten der Szene verwendet. Direkte Lichtquellen sind das **Directional Light**, **Point Light** sowie das **Spot Light**.
2. Vertexbasiertes Licht nutzt für die Berechnung von Lichteinflüssen im Gegensatz zu pixelbasiertem Licht nur die Dreieckseckpunkte.
3. Diffuse Reflektion findet immer an rauen Oberflächen, spiegelnde Reflektion immer an glatten Oberflächen statt. Ambiente Reflektion ist nur eine andere Bezeichnung für ambientes Licht (Licht ohne eine spezielle Ausbreitungsrichtung). Die Intensität der diffusen Reflektion ist im Gegensatz zu der spiegelnden Reflektion unabhängig von der Blickrichtung.
4. Flächennormalen: Vertexnormalen, mit deren Hilfe sich einheitlich schattierte Dreiecksflächen darstellen lassen (Flat-Shading). Gouraudnormalen: Vertexnormalen, mit deren Hilfe sich Dreiecksflächen mit einem kontinuierlichen Farbverlauf darstellen lassen (Gouraud-Shading).
5. Sieht man einmal von der Verwendung von Texturen ab, dann ergibt sich die Oberflächenfarbe erst durch die Kombination von Licht- und Materialeigenschaften. Die Lichteigenschaften legen fest, welche Lichtfarbe in welcher Intensität reflektiert werden könnte und die Materialeigenschaften legen fest, welche Lichtfarbe in welcher Intensität tatsächlich reflektiert wird.
6. `SPACEOBJEKT3DVERTEX`, `SPACEOBJEKT3DVERTEX_EX`
7. Eine Farboperation verknüpft zwei Farbargumente miteinander (z. B. Streulichtfarbe und Texelfarbe).
8. Detailmapping, Glowmapping und Darkmapping
9. Nearest Point Sampling, bilineare Texturfilterung mit oder ohne Mipmaps, anisotrope Filterung mit oder ohne Mipmaps, trilineare Texturfilterung
10. Zum Rendern einer indizierten Dreiecksliste wird neben dem Vertexbuffer ein Indexbuffer benötigt, in dem die Indices der einzelnen Dreieckseckpunkte Dreieck für Dreieck abgespeichert sind.
11. Siehe Abbildung 12.8
12. Wenn die Objekte mit Transparenzeigenschaften nicht in Back to Front Order gerendert werden, kann es zu Grafikfehlern kommen.
13. Alpha Blending erzeugt Mischfarben aus den Texelfarben des transparenten Objekts und den Farben der Hintergrundpixel.

    Berechnungsmethoden:

    ```
    g_pd3dDevice->SetRenderState(D3DRS_SRCBLEND, D3DBLEND_SRCALPHA);
    g_pd3dDevice->SetRenderState(D3DRS_DESTBLEND, D3DBLEND_INVSRCALPHA);
    ```

    bzw.

    ```
    g_pd3dDevice->SetRenderState(D3DRS_DESTBLEND, 2);
    ```

Tag 13

1. Bessere Performance beim Rendern, flexible Landschaftsgestaltung, Minimierung des Polygon-Counts
2. Detailmapping erhöht den Detailreichtum der Landschaft.
3. Die Farbwerte einer Heightmap-Textur werden in entsprechende Terrain-Höhenwerte umgerechnet.
4. Der Sichtbarkeitstest wird mit den Tile-Eckpunkten sowie dem Tile-Mittelpunkt durchgeführt, für die Einzelheiten siehe Tag 8, Objekt-Culling
5. Für jedes Animationsframe wird ein Vertexbuffer angelegt. Die Vertexpositionen werden mit Hilfe der beiden folgenden Gleichungen berechnet: `cosf(2*n*D3DX_PI*FrameNr/AnzAnimationsFrames)` sowie `sinf(2*n*D3DX_PI*FrameNr/AnzAnimationsFrames)`

Tag 14

1. Sichtbarkeitstests für alle potentiell sichtbaren Portale durchführen, um so die sichtbaren Sektoren zu bestimmen; sichtbare Bauteile in den sichtbaren Sektoren bestimmen und rendern
2. In dieser Sequenz sind alle potentiell sichtbaren Sektoren und Portale aufgelistet, die durch ein aus einem Sektor hinausführenden Portal unter Umständen eingesehen werden können. Fällt beim Übergang von einem zum nächsten Sektor ein Sichtbarkeitstest negativ aus und gibt es ferner keine weiteren Portale, die in den nächsten Sektor führen, sind alle weiteren Sektoren ebenfalls nicht sichtbar und die Testsequenz kann abgebrochen werden.
3. Es werden die folgenden Kollisionen getestet: Spieler läuft frontal gegen eine Wand, Spieler läuft rückwärts gegen eine Wand, Spieler läuft halb rechts / rechts vorwärts bzw. rückwärts gegen eine Wand, Spieler läuft halb links / links vorwärts bzw. rückwärts gegen eine Wand. Der Spieler kann sich bei einer Kollision nicht mehr in die Kollisionsrichtung drehen bzw. bewegen.
4. Für die Berechnung von Lichteinflüssen (siehe Abbildungen 14.3 sowie 14.4)

Tag 15

Arbeitstitel, Genre und Systemanforderungen, Storyboard, Spielverlauf, Spielkontrolle, Aufbau der Spielewelt und Game-Design

Tag 16

1. Vertexbuffer für ein Kugelmodell erzeugen, Variation der Vertexabstände vom Kugelmittelpunkt
2. Textur, Schadenstextur, Schildtextur, max. Kurvengeschwindigkeit, Kurvenbeschleunigung, max. Impulsgeschwindigkeit, Impulsbeschleunigung, verwendete Waffen, Ausrichtungsgeschwindigkeit der Primärwaffe, Vertex- und Texturkoordinaten, indizierte Dreiecksliste, Bounding-Boxen samt Dreiecken für die Treffererkennung

Tag 17

1. Neues MFC-Projekt beginnen, dialogfeldbasierendes Programm erzeugen (mit Hilfe des Anwendungs-Assistenten), Dialogfeld erstellen, Dialogfeld-Steuerelemente mit den gewünschten Aktionen verknüpfen
2. Bei einer zu geringen Anzahl an Sternensystemen mit einem Planetensystem kann es vorkommen, dass für ein Imperium keine passenden Heimatwelten oder assoziierten Sternensysteme gefunden werden können.

Tag 18

Man benötigt jeweils eine Modellklasse, eine Klasse für das Handling einer Raumstation bzw. einer Mine sowie eine Memory-Manager-Klasse für das Handling aller Raumstationen bzw. Minen.

Tag 19

1. Eine KI soll die Spielewelt zum Leben erwecken und dem Spieler einige unterhaltsame Stunden verschaffen.
2. Zielverfolgung: Verkleinerung des Gegnerabstands in x-, y- und z-Richtung; Flucht: Vergrößerung des Gegnerabstands
3. Beginnen Sie mit einer einfachen KI-Routine und verbessern Sie diese dann Schritt für Schritt.
4. In Abhängigkeit von den äußeren Bedingungen werden bestimmte Aktionen ausgeführt.
5. Durch Trennung von Persönlichkeitsprofil und Gehirnkontrolleinheit
6. Durch zufällige Variation des Persönlichkeitsprofils und Verwendung von Verhaltensprofilen

7. Erfahrungswerte in Form von Statistiken speichern, anhand dieser Statistiken das weitere Handeln festlegen, den Erfolg dieser Handlungen beurteilen und die Statistiken entsprechend aktualisieren
8. In Patterns lassen sich Flugmanöver und Bewegungsabläufe speichern. Skripte sind eine logische Erweiterung der Patterns und können beispielsweise für das Missions- und KI-Design verwendet werden.
9. Den normierten Differenzvektor (Pfadvektor) aus den Ortsvektoren zweier Wegpunkte bilden und den Pfadvektor mit dem Geschwindigkeitsbetrag multiplizieren
10. Einen neuen Kurs nach dem Zufallsprinzip festlegen und überprüfen, ob der gewählte Kurs eine sinnvolle Entscheidung darstellt (siehe auch Kapitel 19.14)

Tag 20

1. Mit Hilfe von Sky-Boxen und -Sphären
2. Der Intensitätsberechnung und dem Sichtbarkeitstest liegt das Punktprodukt aus der Blickrichtung des Spielers und dem Lens-Flare-Abstandsvektor zugrunde. Die Positionsvektoren der einzelnen Lens Flare Billboards werden als Linearkombinationen aus den drei Vektoren `PlayerVertikale`, `PlayerHorizontale` und `PlayerFlugrichtung` gebildet.
3. Für jedes Explosionsframe wird ein Vertexquad erzeugt. Die Texturkoordinaten orientieren sich an der Position der Explosionsframe-Darstellung auf der zugehörigen auf der Explosionstextur.
4. Space-, Rauch-, Antriebs-, Explosions- und Antriebspartikel für eine Lenkwaffe (alles weitere siehe Kapitel 20.5)
5. Siehe Kapitel 20.6, 20.7 sowie 20.8
6. Schildlicht an der Trefferposition positionieren und einschalten; statische Lichtquellen ausschalten; überprüfen, ob der Schild von innen oder von außen sichtbar ist und den Cullmode entsprechend einstellen; Materialeigenschaften festlegen; Welttransformation und Texturanimation (Schildfluktuationen) durchführen und den Schild rendern

Tag 21

1. Eine gute Kameraperspektive sollte in einer bestimmten Situation eine besondere Übersicht ermöglichen und zum anderen sollte sie den Spieler näher an das Spielgeschehen heranbringen.
2. Siehe Kapitel 21.6

B

Internetseiten rund um die Spieleentwicklung

B.1 Deutschsprachige Seiten

http://www.softgames.de
Zusammenschluss von kleineren Spieleentwicklern mit Foren, Chats und der Möglichkeit, eigene Spiele vorzustellen und zum Download anzubieten.

http://www.untergrund-spiele.de
Eine weitere Seite, auf der man die eigenen Spiele vorstellen und zum Download anbieten kann.

http://www.gameprog.info/links.php
Robsite-Links, eine der besten Adressen für den Spieleprogrammierer im Internet: Artwork, Sourcecode, Tutorials, 3D-Modeller uvm.

http://www.german-games-connection.de
Tutorials und Quellcodes: Allgemeines, DirectX, Windows, C++.

http://www.spieleentwickler.org
Hier finden sich viele Links zu weiteren Seiten, die sich mit der Spieleentwicklung befassen.

http://www.game-developers.net
Tutorials und Artikel über Spieleentwicklung, hauptsächlich für Programmierer.

http://www.games-net.de
Eine Seite, die insbesondere für den Spieleprogrammierer und -designer geeignet ist

B.2 Englischsprachige Seiten

http://www.microsoft.com/directx
Microsofts offizielle DirectX-Seite

http://www.nvidia.com/developer.nsf
Die Internetseite des Grafikkartenherstellers nVidia mit vielen Informationen, Artikeln, Tutorials und Demos rund um die Grafikprogrammierung mit Direct X Graphics und OpenGL.

http://www.gamasutra.com
Die englischsprachige Superseite über alle Themenbereiche des Spieleentwicklung. Die Artikel des Game Developer Magazine finden sich hier ebenfalls wieder.

http://www.gdmag.com
Die Internetseite des Game Developer Magazine.

http://www.gamedev.net
Große Datenbank mit vielen Artikeln und Links zu Artikeln sowie ein sehr aktives Forum.

http://www.flipcode.com
Aktuelle Seite mit Ankündigungen, Neuigkeiten, vielen professionellen Tutorials sowie vielen weiterführenden Links zu allen Themenbereichen der Spieleentwicklung.

http://www.xenonaut.com
Eine weitere Seite, auf der man die eigenen Spiele vorstellen und zum Download anbieten kann.

http://www.3dcafe.com
Hier findet man freie 3D-Modelle, Soundeffekte und Tutorials.

C

Die Buch-CD

Begleitend zum Buch finden Sie auf der CD-ROM das DirectX SDK, eine Visual C++-Autorenversion, alle Programm- und Übungsbeispiele sowie das in der dritten Woche entwickelte 3D-Spiel. Darüber hinaus befinden sich auf der CD-ROM eine Vielzahl kleinerer Beispielprogramme sowie ein C/C++-Lehrgang, mit deren Hilfe sich insbesondere Anfänger in die Geheimnisse der C/C++-Programmierung einarbeiten können.

Sie finden auf der Buch-CD folgende Ordner:

- *Vc6*: Visual C++-Autorenversion
- *dx9sdk*: DirectX 9 Software Development Kit
- *Sternenkriege:* Das Spiel zum Buch (mit Anleitung)
- *C/C++-Tutorial*: Grundlagen und fortgeschrittene Themen der C++-Programmierung sowie ein Bonuskapitel »Bäume«, jeweils mit Programmbeispielen
- *Programmbeispiele*: Die Beispiele und Übungen sind nach den Buchkapiteln geordnet.
  - *Tag01*

    HelloWindows

    GameShell1

    GameShell2
  - *Tag02*

    LookUp1

    LookUp2

    Zufallszahlen

    ZufallszahlenKlasse

    SimpleLinkedList

    MemoryManager

    Dateiverwaltung
  - *Tag08*

    FirstContact

    Punkte_Linien_Kreise

    Texturen
- Simulationen (Elastische Stoßprozesse zwischen Billardkugeln, perspektivische Bewegung der Erde um die Sonne, Gravitationseinflüsse)
  - *Tag09*

    Spielsteuerung

    BallerBumm

- *Tag10*

  Hintergrundmusik

  3Dsound

- *Tag11*

  Billboards

  Asteroidhunter

- *Tag12*

  MultiTexturing

  Planet

- *Tag13*

  Terrain

  Vulkan

- *Tag14*

  Indoor

  Indoor2

- *Tag17*

  EmpireMapCreator

- *Tag19*

  AlienAttack

Die Tage 03 bis 07 beschäftigen sich mit den mathematischen und physikalischen Grundlagen, wie sie für Sie als Spieleentwickler unverzichtbar sind.
Mit Hilfe dieser Grundlagen habe ich die Datei »CoolMath.h« geschrieben, die in alle DirectX-Programmbeispiele eingebunden worden ist.

Die Beispielprogramme lassen sich nur von der Festplatte aus starten. Legen Sie zu diesem Zweck ein neues Verzeichnis auf ihrer Festplatte an (z.B. *C:\Buch_CD*), kopieren Sie die Programmbeispiele von der CD in dieses Verzeichnis hinein und entzippen Sie die Beispiele.

Bevor sie mit ihrem ersten Projekt beginnen, besuchen Sie doch mal die nachfolgende Internet-Seite:
Robsite-Links (*http://www.gameprog.info/links.php*) – eine der besten Adressen für den Spieleprogrammierer im Internet: Artwork, Sourcecode, Tutorials, 3D-Modeller, u.v.m.
Ich möchte mich an dieser Stelle außerdem ausdrücklich bei Xtreme Games LLC (*http://www.xgames3d.com*) bedanken – für die Asteroidentexturen, die in den Übungsprojekten »BallerBumm«, »Asteroidhunter« und »AlienAttack« verwendet werden.

Stichwortverzeichnis

Numerics

A

B

C